Eine Publikation der

Ferdinand-Möller-Stiftung

in Zusammenarbeit mit der Nationalgalerie SMPK

Überbrückt

Ästhetische Moderne und Nationalsozialismus
Kunsthistoriker und Künstler 1925–1937

Eugen Blume und Dieter Scholz
(Hrsg.)

Verlag der Buchhandlung
Walther König, Köln

Die Deutsche Bibliothek – CIP-Einheitsaufnahme
Überbrückt: Ästhetische Moderne und Nationalsozialismus – Kunsthistoriker und Künstler 1925–1937; [eine Publikation der Ferdinand-Möller-Stiftung in Zusammenarbeit mit der Nationalgalerie Berlin SMPK] / Eugen Blume und Dieter Scholz (Hrsg.). – Köln: König, 1999

Abbildungsnachweis

Gestaltung: Silke Fahnert + Uwe Koch, Köln
Lithographie: Art Publishing, Lohmar
Herstellung: Druckerei Fries, Köln

ISBN 3-88375-348-3

Printed in Germany

Inhalt

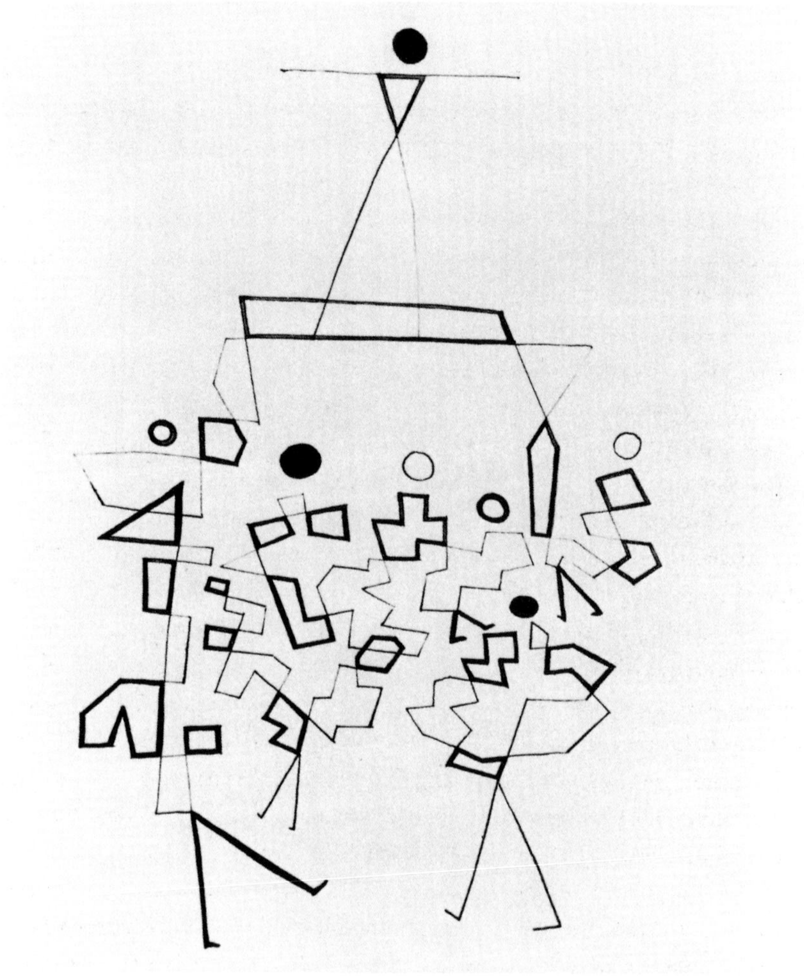

Paul Klee, Überbrückt, 1931, 135 (Qu 15), Tusche auf Papier, 63,7 x 40,5 cm, Privatbesitz USA.

Vorwort

«Überbrückt» untertitelte Paul Klee 1931 die Tuschezeichnung einer mit wenigen Strichen konturierten Figur, welche versucht, eine Balance über dem Abgrund zu halten. Dasselbe Motiv hatte sich dem Zeichner ein Jahrzehnt zuvor ganz anders dargestellt: als eleganter «Seiltänzer»[1], der im Zirkusambiente seine Kunst des Gleichgewichts vorführt. Doch 1931 ist aus dem souveränen Artisten eine schwankende Gestalt geworden, die ihren Balancierstab eingebüßt hat und sich nun ohne Hilfsmittel darum bemühen muß, nicht dorthin zu stürzen, wo der labile Zustand gleichenteils erzeugt und gefährdet wird. In dieser doppelten Bodenlosigkeit hat sich die Situation verschärft, die Formen einer abstrahierten Menge sind zugespitzt und stehen hart gegeneinander.

Klees Figuration ist sinnfälliges bildliches Resümee für die Auseinandersetzungen des Zeitraums im Bogen zwischen 1925, als die Schließung des Weimarer Bauhauses in einem ersten kulturpolitischen Handstreich der Deutschnationalen den Anfang vom Ende der Weimarer Demokratie markierte, und 1937, als die nationalsozialistische Gleichschaltungsoffensive im Kunstbereich mit der Ausstellung «Entartete Kunst» abgeschlossen erschien.

Ebensowenig wie die Zäsur von 1933 den Beginn nationalsozialistischer Kunstpolitik bedeutete, konnte zu diesem Zeitpunkt von einer einheitlichen NS-Ästhetik gesprochen werden. In der Kulturadministration personalisierten sich die vorhandenen Widersprüche im Machtkampf zweier Ideologen: Alfred Rosenberg als Exponent des völkisch-konservativen «Kampfbundes für Deutsche Kultur» und der im Vergleich ‹moderne›, aus dem Expressionismus kommende Joseph Goebbels an der Spitze des Reichsministeriums für Volksaufklärung und Propaganda.

Während die Ästhetische Moderne heute als internationale Formensprache mit demokratischer Konnotation vor Augen steht, war die damalige Situation geraume Zeit immerhin so offen und die Herausbildung eines Kanons der NS-Staatskunst so unentschieden, daß nicht wenige Vertreter der Ästhetischen Moderne die Erwartung hegen konnten, ihre künstlerische Arbeit werde den neuen Machthabern als opportun und zu Repräsentationszwecken dienlich erscheinen.

Für die Politologin Hildegard Brenner stellt Hitlers Reichsparteitagsrede vom 5. September 1934, in der dieser gegen «Rückwärtse» ebenso polemisierte wie gegen die künstlerischen Avantgarden, die «Entscheidung» dar, welche «das Ende der kunstpolitischen Opposition» bedeutet habe.[2] Ihr Kollege Reinhard Bollmus stellt demgegenüber

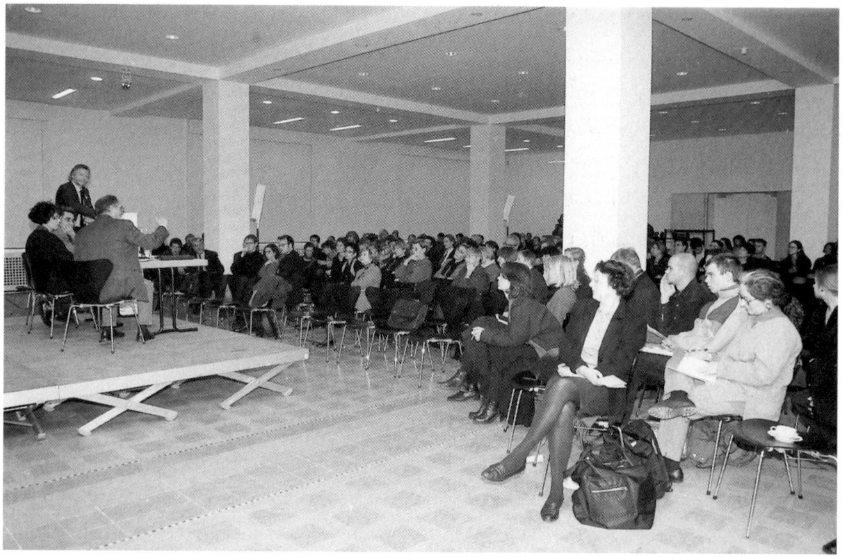

Kolloquium «Überbrückt» im Hamburger Bahnhof - Museum für Gegenwart, Berlin, 27.–29. November 1997.

fest, daß «moderne Kunst noch bis in den Herbst 1936 hinein geduldet»[3] worden sei; und in der Tat: Wäre die Situation unzweideutig geklärt gewesen, hätte es dann der Aktion «Entartete Kunst» bedurft?

Aus diesen Überlegungen heraus entstand die Konzeption für ein wissenschaftliches Kolloquium, auf das der vorliegende Band zurückgeht. Unter den Künstlern, Kunsthistorikern, Publizisten, Kunst-Philosophen und Wissenschaftlern im Museum, die in den kunstpolitischen Auseinandersetzungen der Jahre 1925 bis 1937 Position beziehen mußten, interessieren vor allem diejenigen, die in der eigenen Arbeitsbiographie etwas «überbrücken», was uns heute durch einen tiefen Graben getrennt zu sein scheint: Ästhetische Moderne und Nationalsozialismus.

Versuche zur Kooperation mit den nationalsozialistischen Machthabern werden zumeist, sofern sie nicht ganz aus entsprechenden Darstellungen ausgeklammert bleiben[4], als strategische Maßnahmen der Lebensbewältigung und Arbeitssicherung eingestuft. Ein tiefergehender Erklärungsversuch indes könnte bei eben jener Disposition ansetzen, welche die ästhetische Moderne als mit dem Nationalsozialismus konvergent ansah. Benötigt werden hierzu differenzierte Analysen zu den die jeweilige ‹Identität› bildenden Strukturen: Rekonstruktionen, welche die zeitgenössische Situierung der Einzelperson klären helfen.

Ansätze zu solcherart ‹exemplarischer Aussprache› wollen die in der vorliegenden Publikation versammelten, um einzelne Personen zentrierten Beiträge bereitstellen. Vorab finden sich drei das Thema unterschiedlich konzeptualisierende Texte, die das bislang wenig beschrittene Forschungsfeld vermessen; am anderen Ende des Bandes gilt das Interesse der Aktion «Entartete Kunst», bevor zum Abschluß der Versuch unternommen wird, aus einer sozialpsychologischen Analyse der Berufsfelder im Bereich der Kunst Folgerungen für Gegenwart und Zukunft abzuleiten.

Wir hoffen, daß sich die produktive Atmosphäre des Kolloquiums[5] bei der Lektüre mitteilt und die wissenschaftlichen Disziplinen, namentlich die Kunstgeschichte, zu einer intensiveren Erforschung ihrer eigenen Vergangenheit anregt.

Das Kolloquium fand statt vom 27. bis 29. November 1997 im Aktionsraum des Hamburger Bahnhof – Museum für Gegenwart, Berlin, und wurde von der Ferdinand-Möller-Stiftung in Zusammenarbeit mit der Nationalgalerie SMPK veranstaltet.

Wir möchten uns an dieser Stelle bedanken für die Unterstützung seitens der Mitglieder des wissenschaftlichen Beirats der Ferdinand-Möller-Stiftung, Uwe M. Schneede, Carla Schulz-Hoffmann und Armin Zweite. Die vorliegende Publikation wurde durch die Ferdinand-Möller-Stiftung ermöglicht. Ein besonderer Dank gilt ihrer Präsidentin Angelika Fessler-Möller sowie dem Vorstand Wolfgang Wittrock, ohne dessen unermüdlichen Einsatz Kolloquium und Publikation nicht zustande gekommen wären.

Eugen Blume und Dieter Scholz, Berlin im Oktober 1998

Anmerkungen

1 Eberhard W. Kornfeld, *Verzeichnis des graphischen Werkes von Paul Klee*, Bern 1963, Nr. 95, IVb.

2 Hildegard Brenner, «Die Kunst im politischen Machtkampf der Jahre 1933/34», in: *Vierteljahreshefte für Zeitgeschichte*, 10(1962)1, S. 17–42, hier S. 42; dies., *Die Kunstpolitik des Nationalsozialismus*, Reinbek bei Hamburg 1963, S. 86.

3 Reinhard Bollmus, *Das Amt Rosenberg und seine Gegner. Zum Machtkampf im nationalsozialistischen Herrschaftssystem*, Stuttgart 1970, S. 276, Anm. 90.

4 Unverzichtbares Fundament dagegen ist hier die disziplingeschichtliche Studie von Heinrich Dilly, *Deutsche Kunsthistoriker 1933–1945*, München/Berlin 1988. Auf dem Gebiet der Architektur reflektiert diesen Zusammenhang Winfried Nerdinger (Hrsg.), *Bauhaus-Moderne im Nationalsozialismus. Zwischen Anbiederung und Verfolgung*, München 1993.

5 Die während des Kolloquiums gezeigten Filme *Der gewöhnliche Faschismus* von Michail Romm (UdSSR 1965) und *Architektur des Untergangs* von Peter Cohen (Schweden 1984), die das Programm eindrucksvoll ergänzten, sind im gegebenen Rahmen nicht dokumentierbar.

I. Rahmungen: Ästhetische Moderne und Nationalsozialismus

Eckhart Gillen

Die Zwischenkriegsgeneration auf der Suche nach einer Synthese aus expressionistischen ‹Ballungen› und klassizistischer Ordnung

«Es gibt jetzt nichts als die inneren Werte, wenn man nicht verstumpfen will.» (Feldpostbrief 15.12.1944)

«Jetzt lebe ich ganz nach Innen, so daß das Außen fast ausgelöscht ist, und so wird auch diese Zeit noch kostbar und legt guten Samen für die Zukunft...» (Feldpostbrief 2.1.1945)

I. Im Dunkeln: Seele und Innerlichkeit

Max Beckmanns erste Skulptur *Mann im Dunkeln* von 1934 zeigt den fünfzigjährigen Künstler im Dunkeln, den Kopf abgewandt vor einer imaginären Gefahr, die er mit übergroßen Händen abzuwehren versucht. Der Blick nach Innen, Intuition, Tast- und Gehörsinn treten an die Stelle bewußter Wahrnehmung der Außenwelt, nachdem die Machtübernahme der Nazis 1933 dem Künstler den sicheren Boden seiner Existenz entzogen hatte.

In einem Vortrag 1938 in London bekannte er, sich «niemals in irgend einer Form [...] politisch betätigt zu haben. [...] so bin ich vielleicht blind an vielen Dingen des realen und politischen Lebens vorbeigegangen.» Für Beckmann existieren «die Welt des Geistes und die der politischen Realität» als «streng gesonderte Funktionen der Lebensmanifestationen, die sich wohl manchmal berühren – aber im Prinzip grundverschieden sind.»[1] Beckmann ging mit keinem Wort auf die Realität Nazideutschlands, insbesondere die Aktion «Entartete Kunst» ein, wozu die Londoner Gegenausstellung zur Münchner «Schandausstellung» ein Jahr zuvor eine Plattform geboten hätte. Stattdessen warnte er vor der weltweiten Bedrohung durch den «Collektivismus» eines «Termitenstaates» und erinnerte sein englisches Publikum daran, daß die Kunst «seit Ur in Chaldäa» aus dem «tiefsten Gefühl für das Mysterium des Seins» entstanden sei. Erst ein Jahr zuvor hatte ihm die Radioübertragung von Hitlers berüchtigter Rede zur Eröffnung des Hauses der Deutschen Kunst in München (18. Juli 1937) den letzten Anstoß gegeben, am Tag darauf, parallel zur Eröffnung der Ausstellung «Entartete Kunst» (590 Arbeiten, darunter 28 Gemälde von ihm waren bereits beschlagnahmt worden), nach Amsterdam zu emigrieren.

Ein Jahr nach Beckmanns anrührender künstlerischer Selbsterforschung auf dem Weg in eine ungewisse Zukunft, beschrieb Wolfgang Koeppen in seinem Roman *Die Mauer schwankt* das gleiche Gefühl der Hilf- und Orientierungslosigkeit nach dem Einbruch einer unfaßbaren, dumpfen Gewalt: «Wußte man irgendetwas? Man wußte nichts. Ein jeder Schritt war ein Schritt in das Dunkel hinein. Abstürzen konnte man in jeder Sekunde, und wenn man das Gute wollte, war man noch mehr in Gefahr, das Unrechte zu tun.»[2] Wolfdietrich Schnurre sprach mitten im Krieg in einem der zahlreichen Truppenbetreuungsblätter, *Front und Heimat*, von der «seelische[n] Ebene» als einer «unantastbare[n] Landschaft.»[3] Die Seele als eine Art ‹Hortus conclusus› spende dem Soldaten Kraft im «Kampf [...] mit den Mächten des Chaos und der Zerstörung».[4]

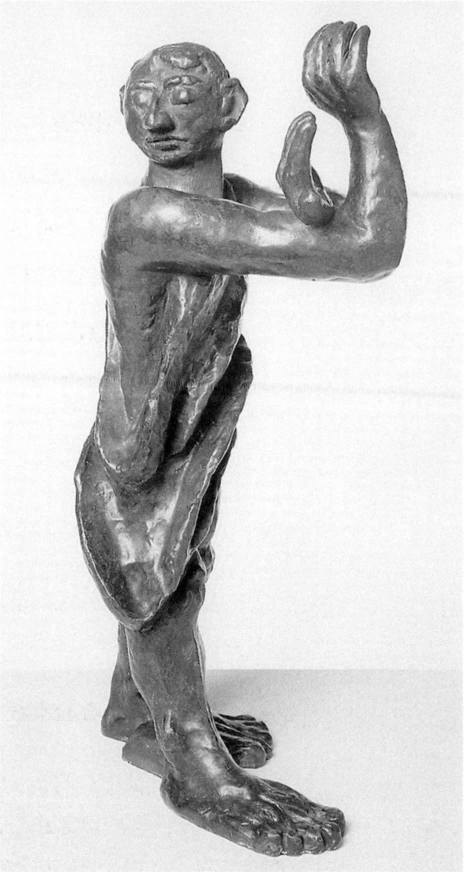

Max Beckmann, Mann im Dunkeln, 1934, Bronze, Höhe 58 cm, Sprengel Museum Hannover

In der polemischen Debatte mit Thomas Mann um Exil und «Innere Emigration» erklärte Frank Thies 1945: «[...] die Welt, auf die wir innerdeutschen Emigranten uns stützten, war ein innerer Raum, dessen Eroberung Hitler trotz aller Bemühungen nicht gelungen ist.»[5] Parallel zu diesem Streit über den ‹Verrat› am Vaterland durch die Emigration und die Bedeutung dabeigewesen zu sein, versuchte Thomas Mann am 29. Mai 1945, drei Wochen nach der bedingungslosen Kapitulation der Deutschen Wehrmacht, der amerikanischen Siegermacht in der Library of Congress, Washington, eine Erklärung jener prekären und zugleich «schönsten deutschen Eigenschaft», der deutschen Innerlichkeit, zu geben, in der er den Ausdruck einer verwirrenden Paradoxie von Gedankentiefe und «Verführung zum Tode» der deutschen Romantik fand. Am Dualismus von geistiger, verinnerlichter Freiheit und politischer Devotheit, welchen er auf Martin Luthers Reformation (einerseits Stärkung des individuellen Gewissens und andererseits Untertanen-Hörigkeit[6]) zurückführte, sei Deutschland als Nation gescheitert.[7]

Der Rückzug auf das Residuum des Seelischen und auf das Ästhetische konnte in dieser Tradition während der Nazi-Diktatur zu einem Bollwerk deutscher Innerlichkeit werden. Die feine Gestimmtheit des Kunstwerks wurde sorgsam abgeschottet gegen jeden Einbruch der äußeren Welt. Das «Eigentümliche» dieser neuen Empfindsamkeit «liegt in dem Einziehen der äußeren Welt in das Innere der Seele, die bereit ist, jeden äußeren Eindruck als ein schöneres Bild zurückzustrahlen und damit die Wirklichkeit zu übergießen.»[8]

«Innerlichkeit» und «innere Emigration» wurden zu einer Rückzugsposition deutscher Künstler und Intellektueller, die gezeichnet war von Selbsttäuschungen, partieller Blindheit und Abschottung von der Realität zunehmenden Terrors in der NS-Zeit. Man suchte Trost in einem reichen Innenleben christlicher Werte, insbesondere der Mystik, Lyrik und vormodernen Kunstformen. Diese Haltung einer zwischen 1895 und 1912 geborenen Generation geht zurück auf die Erfahrung des Ersten Weltkrieges, mit dem viele Künstler und Intellektuelle die Hoffnung auf einen großen Befreiungsschlag aus der Enge philiströser Bürgerlichkeit verbunden hatten.

Das reale Fronterlebnis dagegen hatte eine unüberwindliche Barriere zwischen den Soldaten und den Zivilisten entstehen lassen: Ernst Jünger war angeekelt, als er zu Hause «die ausgelaugten Worte von Helden und Heldentod» hörte.[9] Die Frontsoldaten empfanden sich in den Unterständen abgeschnitten von der realen Welt, ihr einziger Halt war die Kameradschaft im Angesicht des Todes. «Es herrschte in jenen Tagen der Kameradschaft und der Hingabe eine Hochstimmung, die wohl nichts sonst zustandegebracht hätte», zitiert Modris Eksteins einen jungen Offizier.[10] Nach dem Krieg hatten sie große Schwierigkeiten, sich in die Gesellschaft und die Arbeitswelt zu integrieren. Eksteins berichtet, daß von den Männern im Alter von dreißig bis vierunddreißig Jahren, die Ende der zwanziger Jahre arbeitslos waren, 80% Frontsoldaten waren.[11] In der Publizistik tauchten Begriffe wie ‹Schicksalsgemeinschaft› und ‹verlorene Generation› auf.

Die verblassende Vision, die der Krieg in Aussicht gestellt hatte, wußten die Nationalsozialisten wieder zu beleben. Sie verdankten ihren Erfolg nicht zuletzt dem Versuch, dieser enttäuschten Kriegsgeneration noch einmal die «Apotheose eines diesseitigen Idealismus» zu vermitteln, der, «getrieben von einem entsetzlichen Bewußtsein für die existentielle Krise, jede Spur von Demut und Bescheidenheit, ja letztlich auch jeden Sinn für die Realität verlor.» Der Nationalsozialismus bot sich als «Ästhetisierung der Existenz schlechthin» an.[12] Für Adolf Hitler wurde der Krieg, den er von Anfang bis Ende mitgemacht hatte, ausgezeichnet mit dem Eisernen Kreuz I. und II. Klasse, zur prägenden Lebensschule, wichtiger als jedes Universitätsdiplom. «Nur wenn man das Fronterlebnis versteht, kann man den Nationalsozialismus verstehen», wird einer seiner Anhänger zitiert. Es ging ihm nur um die Idee an sich, die Selbstbehauptung, den Kampf. Er konnte sich nicht damit abfinden, daß das zentrale Erlebnis seines Lebens mit einer Niederlage endete. So kämpfte er für die «Ideen von 1914», den «Geist der Front» und die «Gemeinschaft der Gräben». Ernst Jünger schrieb 1921, es würde die Zeit kommen, da der Krieg den Menschen erschiene «wie manche Kreuzigungsbilder alter Meister: Als großer Gedanke, der Nacht und Blut überstrahlt.»[13]

Wie eine Kriegserklärung der deutschen Seele an die ganze Welt klingt Theodor Däublers 1916 auf dem Höhepunkt der Materialschlachten geschriebener Hymnus auf Wilhelm Lehmbrucks (1881–1919) Skulptur *Knieende*: «In der Bildhauerei sollte die ethische Lotrechte wieder durchbrechen [...] aus sich herausfliegen sollten die verängstigten Gemüter. [...] Wenn dieses Weib aufstünde, [...] sie wäre ein groteskes Gespenst: sie wird aber einmal aufstehen, uns mitreißen.»[14]

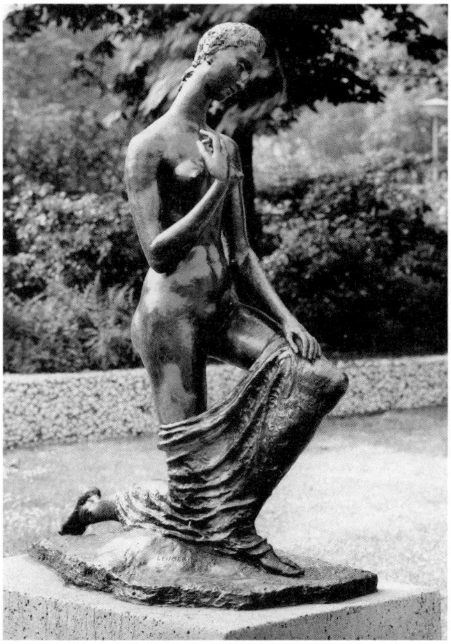

Wilhelm Lehmbruck, Knieende, 1911, Bronze, Guß um 1925, 175 x 68,5 x 138,5 cm, Wilhelm Lehmbruck Museum Duisburg.

Eine vitalistische Aufbruchstimmung hatte die deutsche Kunst vor dem Ersten Weltkrieg erfaßt. Die Kunst sollte den Materialismus überwinden und ins Geistig-Kosmische transzendieren. Dafür bot sich der Expressionismus an, der unterschwellig die Botschaft nationaler Selbstfindung transportierte. Die Abwehr gegen das Fremde verband sich mit der Suche nach dem deutschen Wesen in der Kunst der Gotik und der altdeutschen Malerei eines Matthias Grünewald sowie der Romantik. «Nur die guten Dinge bleiben, die echten, inhaltsschweren, wahren; sie gehen geläutert und gestählt durch das Fegefeuer des Krieges. [...] Wer ihn draußen miterlebt und das neue Leben ahnt, das wir uns mit ihm erobern, der denkt wohl, daß man den neuen Wein nicht in alte Schläuche faßt. Wir werden das neue Jahrhundert mit unserem formbildnerischen Willen durchsetzen.»[15]

Die deutschen Künstler glaubten von sich selbst, sie seien weitaus vergeistigter als ihre Nachbarn, da sie ihre Formen nicht von der äußeren Natur aus, sondern aus einer inneren Vision, die nur ihnen zu eigen ist, schaffen würden. Aus diesem Geist formulierte Paul Westheim, Herausgeber der später vielseitigsten und einflußreichsten Kunstzeitschrift der Weimarer Republik, *Das Kunstblatt*, im ersten Heft (Januar 1917), das programmatisch der mittelalterlichen Mystik gewidmet war: «Ein Aufschrei war es, Aufschrei der Seele, die wieder heimfinden mußte, heim zum Quell des Lebendigen, zum schöpferisch Göttlichen.»[16] Zwei Jahre später beschrieb er hymnisch in der ersten Monographie nach Lehmbrucks Selbstmord 1919 «[...] das Begehren des Irdischen nach dem Überirdischen, das Wehen des Seelischen im Fleisch [...] und Stille breitet sich um diese Schlankheit, um dieses Aufstreben aus dem Endlichen. [...] Welch erhabene Wehmut das Fleisch da spiritualisiert.»[17]

«Deutsche Innerlichkeit» und «Innigkeit» verkörpert idealtypisch die «keuschanmutige Weiblichkeit» der *Knieenden* in den Augen von August Hoff: «In sich hinein sieht der Blick, horcht die Gestalt [...]. Dies Hinhorchen in sich hinein war den mittelalterlichen Mystikern eigen.»[18]

Der Bruch mit dem Kunstidealismus des 19. Jahrhunderts, den *Brücke*-Künstler wie Ernst Ludwig Kirchner vollzogen hatten, wenn sie ihre ‹primitiven› Skulpturen unter dem Einfluß der «Negerplastik»[19] und ozeanischer Kunst direkt aus dem Rohmaterial des Holzstammes ohne Umweg über ein Gipsmodell[20] herausarbeiteten, wurde von der nachfolgenden Generation, von der hier die Rede sein soll, mit Berufung u.a. auf Lehmbruck überbrückt zurück zur Suche nach dem Ideal und dem Geistigen hinter den äußerlichen Erscheinungen. Lehmbruck, der sich geistig den Expressionisten[21] zugehörig fühlte, ging es darum, «[...] präzis aus unserm Material den geistigen Gehalt heraus[zu]ziehen.»[22] Theodor Däubler bewunderte die *Knieende,* weil in ihr das Spirituelle in eine strenge Form gegossen erscheine: «Viel Seele kann man aber bloß bei starkem Stil fassen, denn Seele fließt über, verströmt sich [...].»[23] Seine Betonung einer sich emporreckenden «ethischen Lotrechte» erinnert an Wilhelm Worringers Analogisierung von Expressionismus und Gotik.[24] 1925 entwickelte Worringer aus der Behauptung einer Verwandtschaft zwischen deutscher Spätgotik und dem Expressionismus die für die erste Nachkriegsgeneration prägende Definition deutschen «Ausdruckswillens» als Vereinigung zweier Gegensätze: «Haften an der Wirklichkeit und abstrakter Spekulationsdrang [...]. Scharfe Beobachtung der Wirklichkeit setzt sich um in eine höchst künstliche Spintisiererei formaler Dialektik [...] eine abstrakte Grimasse der Natur, jeder Übersteigerung und Ausdrucksverstärkung zugänglich, aber eine tiefbedeutsame.»[25]

In Lehmbruck, der die Formzertrümmerung überwunden habe, sah die Nachkriegsgeneration um 1930 ein Vorbild für eigenes Kunstwollen, das eine Synthese von Expression und Klassizität, Seele und Form suchte. Seelische Erschütterung und Spiritualisierung sollte gerade in der Skulptur zugleich strenge Form werden, «wie ein Gebäude, wo Maß gegen Maß spricht.»[26]

Lange vor der kunstpolitischen Entscheidung Hitlers für den Klassizismus als Stilideal[27], versuchte die Nachkriegsgeneration den expressionistischen Aufbruch vor 1914 einzuschmelzen in eine neue, zeitlose Klassizität. Hans Dieter Schäfer hat im Zusammenhang mit seinen Studien zur nichtnationalsozialistischen Literatur der jungen Generation im Dritten Reich darauf aufmerksam gemacht, «daß eines der Hauptargumente Hitlers, nämlich die Identifikation der extremen Formzertrümmerung mit der Krise der Gesellschaft, damals in zahlreichen nichtnationalsozialistischen Kreisen erstaunlich populär war. Die historischen Stile wie Romantik und Biedermeier, der Realismus des 19. Jahrhunderts und vor allem der Klassizismus gewannen auch als Ordnungsfaktoren überall an Boden, denn die Tendenz, in der Kunst Altes und Bewährtes wiederherzustellen, ist kein Ergebnis der Kulturpolitik Hitlers, sondern ein Produkt ein und derselben geschichtlichen Krise, die auch den Nationalsozialismus zum Sieg geführt hatte.»[28] Während und nach der Katastrophe des Ersten Weltkrieges fand in Frankreich, Italien, Spanien, in der Sowjetunion und auch in den USA der Aufruf zu Ordnung und Klarheit im Sinne der Parole «Rückkehr zur Ordnung»[29] einer «klassizistischen Moderne»[30] zunehmend Gehör.

Vom «Ende des Expressionismus» wurde bereits 1920 gesprochen: «Was vor zehn Jahren anfing, den Bürger heftig zu verwirren, hat [...] 1920 nicht einmal mehr das Rührende der Sensation»[31], erklärte Kasimir Edschmid zur Eröffnung der ersten Deutschen Expressionisten-Ausstellung in Darmstadt am 10. Juni 1920. Mit dem Bild *Tod des Dichters Walter Rheiner*, das den Todessprung des morphiumsüchtigen Dichters aus dem Fenster in den Großstadtschungel zeigt, gab Conrad Felixmüller (der mit Rheiner befreundet war, sein Tod war ein Schock für ihn) 1925 den Expressionismus zugunsten einer neusachlichen, in den 30er Jahren biedermeierlich-salonhaften Genremalerei der Interieurs und eleganten akademischen Malerei auf.

Während Herwarth Walden seit 1925 Galerie und Zeitschrift *Der Sturm* einschränken mußte bis zu seiner endgültigen Abreise im Juni 1932 in die Sowjetunion, mit der er die Hoffnung einer Fortführung der geistigen Revolution des Expressionismus als politischer Revolution verband, wandte sich der Sturm- und Bauhauskünstler Lothar Schreyer (Bauhaustheater) dem Christentum und der Mystik zu. Über den Abschied von Walden schrieb er in seinen *Erinnerungen an Sturm und Bauhaus*: «Es gab nichts mehr zu sagen. Wir sahen uns nur noch an. [...] Er wußte, daß ich seinen Weg in den Kommunismus achtete, wenn auch nicht verstand. Ich wußte, daß er meinen Weg in die christliche Kirche achtete, wenn auch nicht verstand. Wir begriffen unsere Wege gegenseitig nicht mehr.»[32]

Gescheitert schien der Versuch, durch Transparenz und Leere den Horror vacui der bürgerlichen Interieurs als Trutzburgen des Subjekts zu überwinden und die Entfremdung positiv als Befreiung von einengenden sozialen Bindungen zu sehen. Das Amerika des «Machine Age»[33] war für viele Künstler der zwanziger Jahre in Europa noch der Inbegriff ihrer Visionen einer freien Gesellschaft gleicher Chancen. Während Westheim 1917 die Mystik entdeckte, beschwor George Grosz, der seinen Vornamen amerikanisierte, im gleichen Jahr «Amerika!!! Zukunft!!!»[34]

Die Avantgarde hinterließ einen mentalen Hohlraum, den andere mit ihrer Ideologie zu füllen wußten. «Die Häuser Corbusiers sind weder räumlich noch plastisch: Luft weht durch sie! Luft wird konstituierender Faktor! Es gilt [...] nur Beziehung und Durchdringung! [...] Zwischen Innen und Außen fallen die Schalen.»[35] – «Bei soviel Wind», bemerkte Ernst Bloch 1932 trocken, «wurde die Luft recht dünn. [...] Zunächst spricht sich darin nichts aus als Leere.[...] Die Entseelung des Lebens, das zur Ware-Werden der Menschen und Dinge wird poliert, als sei es in Ordnung, ja, die Ordnung selbst [...].»[36]

Den expressionistischen «Ballungen» und transparenten Wohnmaschinen folgte ein «Realismus» ohnegleichen, «nämlich einer der wieder gesetzten Welt, des Friedens mit dem bürgerlichen Sein. [...] Eine Reprise von klassizistischer Ruhe und Strenge ging durch die Welt, durch jenes Dasein voll edler Einfalt, stiller Größe, worin die Kapitalisten leben»[37] und das die Hallen der «Großen Deutschen Kunstausstellungen» im Haus der Deutschen Kunst in München seit 1937 erfüllte.

III. Klarheit in das Chaos bringen

Die 1933 etwa zwanzig- bis dreißigjährigen Dichter, Künstler und Kunstkritiker dagegen suchten zwischen den expressionistischen «Ballungen» und der klassizistischen Ruhe in den Hallen des Hauses der Deutschen Kunst zu vermitteln. Sie waren geprägt durch die Jugendbewegung, den Antagonismus von Kultur und Zivilisation, den Ersten Weltkrieg (1. August 1914 und November 1918) und den Expressionismus. Viele erlebten noch als jugendliche Frontsoldaten den Zusammenbruch ihrer Vorstellungen von einem heroischen, sinnerfüllten Kampf für die deutsche «Kulturnation» gegen die westliche «Zivilisation» in den anonymen, industrialisierten Materialschlachten und Giftgasangriffen. «Als die Geschichte ihren Sinn verlor», die «Außenwelt in Trümmer fiel, wurde die individuelle Persönlichkeit zur letzten Redoute der Integrität.»[38]

Die Ideale und Wertvorstellungen dieser Generation kommen in den zahlreichen Almanachen junger Dichter um 1930/33 zum Ausdruck, sie gelten aber auch für die bildenden Künstler dieser Zeit und ihre Interpreten. Otto Heuschele formuliert im Nachwort zum *Almanach der jungen Generation auf das Jahr 1933* die Erwartungen an diese Generation. Sein Plädoyer gilt einer Jugend, «die aus der Not dieser Zeit herausgewachsen, Adel und Würde des Menschen in sich erneuert. Es ist die Jugend, welche die große deutsche Tradition zu erhalten und fortzusetzen sucht, es ist die Jugend, die an die geistigen Kräfte unerbittlichen Glauben hat, [...] die eine Neuordnung der Welt allein aus neuen schöpferischen Ideen und aus der Besinnung auf die uraltheiligen Ordnungen der Natur und des Geistes für möglich hält. [...] Dichter ist nur, [...] wer das Chaos in sich selbst bändigt und zur Gestalt erhebt [...]. Dichter sein heißt in Zeiten wie den unseren auch ein Einiger und Vereiner aller Zweiheit und aller Zwiespälte aller Parteien und aller Klassengegensätze sein. [...] In diesem Sinne mag jeder Dichter ein politischer Dichter in des Wortes tieferer Bedeutung sein, das heißt, er schafft und erhält die Bindungen, durch die die Einzelnen zur Volksgemeinschaft und zur Nation geschlossen werden, er schafft die Grundlagen des Staates, die immer geistige sind. Er ist aber auch ganz und gar unpolitisch, insofern er dem Göttlichen und dem Zeitlos-Ewigen dient.» Otto Heuschele fordert von dieser Jugend, daß sie durch «Läuterungsfeuer» gehe, «daß sie Klarheit und Reinheit, Lauterkeit und Einfachheit in das Chaos der gegenwärtigen Welt bringe [...].»[39]

Die Überwindung des inneren und äußeren Chaos stellte sich dieser «verlorenen», nach Orientierung suchenden Generation als zentrale Aufgabe. Die Formen der Klassik als «Gegenstil jeder letztjährigen Romantik, die für unsere Zeit ‹Expressionismus› hieß«[40], standen bereit für eine neue Synthese von revolutionärer Ausdruckskunst und maßvoller Gestalt.

Die Zeitschrift *Kunst der Nation*[41] wurde von 1933 bis 1935 das Sprachrohr dieser zwischen 1895 und 1912 geborenen Generation. Einer der jungen Autoren dieser Zeitschrift, Gustav René Hocke[42], bat im Sommer 1930 als 22jähriger Student der Romanistik in Bonn Alfred Döblin, den berühmten Autor des Romans *Berlin Alexanderplatz,* um Orientierungshilfe im «Labyrinth» der widerstreitenden geistigen und politischen Ideologien am Ende der Weimarer Republik: «Weil gerade für uns, die wir nach einem Prinzip der Gestaltung suchen, nichts bindender sein kann als das Wort des Führers, der mithalf, das geistige Antlitz unserer Zeit zu formen, wenden wir uns aus innerer Nötigung an Sie [...].»[43]

Für einen der Herausgeber und Wortführer der Zeitschrift, Otto Andreas Schreiber[44], war der Expressionismus nur ein Anfang: «Die Ausstellungen der heutigen jungen Maler ergeben, daß die Legion von Nachbetern und Nachläufern des Expressionismus von der Bildfläche verschwunden ist. Der Nationalsozialismus beseitigte die letzten Reste derer, die den ‹neuen Stil› unter Applaus der Akademien in der Form der ‹Dekoration› lehrbar machen wollten. Gerade nämlich die ‹dekorative Behandlung› war die schlimmste Verkennung jenes Kunstwillens. Außerdem war der Expressionismus keine endgültige Errungenschaft, sondern ein Anfang [...].» Sein Verdienst liege in der «energischen Rückbesinnung auf das Urmaterial der Malerei, Farbe und Form [...]. Diesen an der Jahrhundertwende notwendigen Anfang haben die Expressionisten gemacht [...].» Heute setze die junge Generation auf eine «organische Kontinuierlichkeit»[45] zu einer «Höherentwicklung der deutschen Malerei».[46]

IV. Der junge Werner Haftmann: Ein Beispiel

Der zweiundzwanzigjährige Werner Haftmann[47] debütierte 1934 in der Zeitschrift *Kunst der Nation* mit einer Reihe von Grundsatzartikeln über die Zukunftsaufgabe der deutschen Kunst in Europa. In seinem Beitrag «Zur Vielfältigkeit deutscher Kunst» argumentierte er im Dezember 1934 gegen die Vergewaltigung einer jeden Kulturepoche, wenn man ihr eine einzige Kulturabsicht unterstelle, und warnte davor, die deutsche Kunst der Gegenwart auf einen Nenner bringen zu wollen. Er versuchte die noch vorhandene Vielfalt zeitgenössischer Kunst in Deutschland, die vom Verdikt der «Entartung» bedroht war, zu verteidigen. Die Forderung nach einheitlicher Erscheinung der künstlerischen Phänomene im Sinne eines Epochenstils sei ein außerkünstlerischer Gedanke. Selbst ein Dürer könne nicht allein Repräsentant seiner Zeit sein, «denn neben ihm steht Grünewald.» Für die deutsche Kunst sei vielmehr eine durch alle Zeiten verfolgbare Antithese der «klaren Form und der expressiven Form» charakteristisch. Dieses Nebeneinanderwirken gelte auch für die jüngste Vergangenheit und die Gegenwart: «Die ‹Brücke›, deren Auftreten so geschlossen und voll war, umfaßte doch gleichzeitig zwei Malabsichten, die sich uns in zwei Namen verkörpern, in Kirchner und Otto Mueller. Kirchner lieferte zumal in seinen Holzschnitten Beispiele unerhörter Formphantasie, Füllen von expressiv gestalteten Vorstellungen, die sich ganz nach den Endleistungen der deutschen Gotik verbanden. Er lebte aus ganz unmittelbaren Expressionen seines so sehr vitalen Formwillens. Ganz anders Otto Mueller […]. Otto Mueller lebte aus dem Maß und aus der Zahl, aus der Struktur und dem inneren Gehalt. Er ließ seine Schüler nie anders dem lebenden Modell gegenübertreten als mit dem Bewußtsein des zu ergründenden Proportionsgesetzes. So war es dann natürlich, daß er seinen Schülern nicht die deutsche Spätgotik zum Vorbild gab, sondern die klassischen Meister Dürer und Holbein und ihr Verhältnis zu Maß und Zahl.»

Haftmanns historische Analyse zielte letztendlich auf die Kunst im Jahr 1934. Hier fand er «die strukturellen Elemente der Klassizität» nicht in einer «neuerdachten sachlichen Romantik», sondern in «aller Reinheit» bei Hofer und seinem Kreis: «Stabilität und Sicherheit des Bildgefüges, überlegene und überlegende Knappheit der Form, Einfachheit und Größe der Empfindung. Von hier aus ist es denn auch möglich, zum großen und gestalteten Wandbild zu kommen, zu dem die Gruppe um Hofer (ich denke an Nagel) voller Zielstrebigkeit kommt. Die Bildhauerei geht diesen ‹klassischen Weg› in aller Bewußtheit. Marcks und der Berliner Bildhauer Kasper scheuen sich nicht, direkt auf die archaische Antike zu deuten […].»

Die expressive Form der Moderne auf der anderen Seite «ist uns allen gegenwärtig, fast scheint es zu gegenwärtig, so daß sie uns das Klassische unserer Epoche schwerer erkennbar macht. Der große Vertreter dieser erregten und leidenschaftlichen Form ist Nolde, in ihm faßt sich all das mystische und leidvoll erregte dieser brennenden Zeit in seiner Weise noch einmal ganz voll zusammen.» In der Gegensätzlichkeit von Hofer und Nolde liege heute die deutsche Antithese der klaren Form und der expressiven Form und sie gestaltete «die moderne deutsche Kunst.»[48]

Obwohl Haftmann die Vielfalt deutscher Kunstformen theoretisch verteidigte, die antithetische Spannung einer von oben verordneten Synthese vorzog, ist nicht zu übersehen, daß, mit Ausnahme von Emil Nolde, die von ihm genannten Künstler der Gegenwart (Hofer, Marcks, Kasper) gerade die Synthese von klarer und expressiver Form anstrebten und somit das äußere und innere «Chaos» durch einen «klassischen» Formenkanon zu bändigen suchten. Als strukturelle Elemente dieser neuen «Klassizität» führt Haftmann Begriffe wie Reinheit, Stabilität und Sicherheit, Knappheit der Form, Einfachheit und Größe der Empfindung an.

Auch Max Beckmann wurde ein Jahr später von Hans Eckstein[49] in der Zeitschrift *Kunst der Nation* als Beispiel vorgestellt, wie in einer Person und in einem Werk die Synthese von seelischer Expression und klarer Form («Naturalismus gegen das eigene Ich») gelinge: «Bei Beckmann trifft das bloß Visionäre glücklich mit einer starken formenden Energie und einem zupackenden Wirklichkeitssinn zusammen. [...] Beckmann wagte das Äußerste: die inneren Gesichte in die Sphäre des Realen zu rücken.»

In seinem Artikel «Form und Wirklichkeit. Exkurs über deren Einheit in der modernen Kunst» definierte Werner Haftmann gegen den biederen Pseudonaturalismus der NS-Kunst die Kunst der Moderne als «Synthese von Natur und Geist, von Wirklichkeit und Form» im Begriff der «inneren Vorstellung» des Künstlers als «autonomer Schöpfer» seiner «Kunstanschauung». Zitiert wurden Barlach, Dix und Hofer. Barlach: «Jede Lauterkeit entquillt einem Bewußtsein des Wahren, ist nur persönlich formuliert, soviel Persönlichkeit, soviel verschieden gestaltete Wahrheit.» Es ist bedeutungslos, zitierte Haftmann Hofer, «ob ich einer aus der bildnerischen Vorstellung geborenen Vision die Erscheinung der Wirklichkeit verleihe [...] oder einer inneren Vorstellung Erscheinungsformen verleihe, denen in der gegenständlichen Welt nichts entspricht, also abstrakt mich ausdrücke [...].»[51]

In einem dritten Artikel «Geographie und unsere bewußte Kunstsituation. Abhandlung zur Frage des West-Östlichen» definierte Haftmann die Aufgabe der deutschen Kunst darin, vorbildlich für Europa die Synthese aus westlichen und östlichen Einflüssen zu leisten. Dabei ließ er zeitbedingt oder auch aus innerer Überzeugung keinen Zweifel daran, daß die östliche Inspiration die westliche rationale Formfindung dominiere und überwinde. Franz Marc und der *Blaue Reiter* «sagte innerlich Nein zum Westen und orientierte sich – Schicksalsbestimmung der Geographie – östlich. [...] Selbstverständlich verwandte auch Marc die Strukurformen westlichen Malens, aber die innere Form (innere Malabsicht) löste sich vom westlichen Denken los, indem sie über die rationale Anschauung eine metaphysisch-pantheistische setzte. Sie gab also zum Werk des westlichen Malens einen dem Fremden neuen Wert hinzu, der innerlich deutsch und absichtsvoll so war. Indem diese eine Absage zum Westen aber so war, wurde das Östliche nun in einem ganz neuen Sinne bewußt, dem Westen war man in der Auseinandersetzung entraten, nun stand groß und fremd der Osten vor dem deutschen Künstler und rief zur Auseinandersetzung.» Die von den deutschen Künstlern zu leistende westöstliche Synthese habe nichts zu tun mit einer wechselnden Übernahme westlicher oder östlicher Gestaltungsprinzipien, sondern sei eine «innerlich notwendige und eigengewachsene deutsche Form. [...] Unsere heutige Kunst geht diesen Weg unbeirrt. Ihre Distanzierung vom Westen ist fast ganz allgemein. Dafür erlebt man neu die Leidenstiefe und Empfängnisweite des östlichen Menschen. Barlach, dessen Anschauung und innere Haltung weithin im Östlichen vorstieß, ist einer der Zentralpunkte im Bewußtsein dieser modernen Kunstabsicht. Und so ist es mit der tieferen Kraft Noldes, so ist es mit dem späten Rohlfs und mit unseren jungen Malern, wie Werner Scholz usw. Ihre Fülle der Sendung ist so deutscher Art wie nur etwas, sie ist aber auch zukünftiger Art, weil sie das europäische Bild der Kunst neu gruppiert, es nicht mehr westlich verlagert, sondern deutsch zentralisiert und als deutsche Sendung West und Ost unter seine Einheit begreift, unter der Einheit der west-östlichen Synthese.»[52]

Auch nach 1945 verfolgte Werner Haftmann den zentralen Gedanken der Synthese aus diesen drei frühen Aufsätzen von 1934 weiter. Er interpretierte die informelle Kunst der fünfziger Jahre als geglückte Einheit einer rationalen, technikbejahenden, demokratischen Gesellschaft mit Elementen der Magie, des Archaischen und Mythischen. In seiner bahnbrechenden Bestandsaufnahme der *Malerei im 20. Jahrhundert* erwartete er von der Kunst seiner Gegenwart wieder, daß sie aus dem gesellschaftlichen und schöpferischen Chaos neue Realitäten herstellte, «Realitäten harmonikalen Charakters als rein in sich bestehende Farbform-Gefüge; [...] Realitäten psychischen Charakters als Ausformungen menschlicher Innenwelt; [...] Realitäten gesetzter Wirklichkeit, die den Setzungen der modernen Naturerkenntnis entsprachen.»[53] Die Flüchtigkeit dieser «harmonikalen» Malerei bedurfte metaphysischer Anker, wie sie der damalige «Jargon der Eigentlichkeit» mit dem sich an ungezählte Substantive hängenden Wort ‹-grund› bereithielt: «Erfahrungsgrund, Erlebnisgrund, Wirklichkeitsgrund, Seinsgrund, Bildgrund als Daseinsgrund etc.»[54]

Theodor W. Adorno dagegen, der sich auf einer Diskussionsveranstaltung 1951 mit der «modernen Kunst in ihrer extremen Gestalt» identifizierte, warf den anwesenden Künstlern und implizit dem abwesenden Werner Haftmann vor, die moderne Kunst zu verharmlosen mit der Behauptung, sie strebe nach neuen Harmonien. «Der Grundton ist, daß eigentlich alles gar nicht so schlimm sei. So macht die neue Kunst sich selber harmlos.» Mit seinem Gegenspieler, dem konservativ-katholischen Nazi-Sympathisanten Hans Sedlmayr, stimmte er überein, daß in der modernen Kunst die Disharmonie, «das Element der Negativität wesentlich sei». Vom modernen Kunstwerk erwartete Adorno, «daß es das Zerissene, selber unversöhnt, unversetzt zum Ausdruck bringt und ihm standhält, und daß eigentlich in diesem Standhalten, in diesem Wortefinden für das, was sonst wortlos ist, das einzig Versöhnende liegt, während jeder Versuch, etwa unter Bezugnahme auf die Idee des Kosmischen nun diese Harmonie unmittelbar in der modernen Kunst durchzusetzen, eben doch darauf hinausläuft, daß wir uns der eigenen Exponiertheit schämen und so genau jene Brücke zur Vergangenheit schlagen wollen, die es abzubrechen gilt. Wir sollten sie nicht verleugnen und ihnen gegenüber das Ideal einer unmittelbaren, positiven, kosmischen, harmonischen Kunst aufrichten, sondern sollten eigentlich in dieser Negativität die Positivität sehen» sowie «die Bereitschaft, dem Leid standzuhalten, indem man ihm zum Zeichen verhilft.»[55]

Anmerkungen

1 Max Beckmann, «Über meine Malerei», Vortrag, gehalten am 21. Juli 1938 in den Londoner New Burlington Galleries während der Ausstellung «Twentieth Century German Art», in: ders., *Die Realität der Träume in den Bildern. Aufsätze und Vorträge. Aus Tagebüchern, Briefen, Gesprächen 1903–1950,* Leipzig 1984, S. 134–142, hier S. 134 f. Der Herausgeber der Textsammlung, Rudolf Pillep, vermutet, Beckmann habe sich «gegen faschistische Spitzel bzw. Agenten» schützen wollen.

2 Wolfgang Koeppen, *Die Mauer schwankt,* Berlin, 1935, S. 247, zit. n. Hans Dieter Schäfer, «Die nichtnationalsozialistische Literatur der jungen Generation im Dritten Reich», in: ders., *Das gespaltene Bewußtsein. Deutsche Kultur und Lebenswirklichkeit 1933–1945,* München 1981, S. 29.

3 «Vom inneren Reifen. Trost und Verheißung im Alltag des Krieges. Vom Obergefreiten Wolfdietrich Schnurre», in: *Front und Heimat* (Dezember 1944), S. 7, zit. n. Hans Dieter Schäfer, «Kultur als Simulation», in: Günther Rüther (Hrsg.), *Literatur in der Diktatur,* Paderborn 1997, S. 234.

4 «Das Schlachtfeld der Herzen. Wenn der Soldat zur Feder greift. Die Frage nach Stil und Gehalt, beantwortet von Wolfdietrich Schnurre», in: *Front und Heimat* (1942), (wie Anm. 3).

5 Frank Thieß, «Die innere Emigration» (1945), in: J.F.G. Grosser (Hrsg.), *Die große Kontroverse,* Hamburg 1963, S.31 f.

6 Vgl. Martin Luther, «Von christlicher Freiheit», in: *Buch der Reformation. Eine Auswahl zeitgenössischer Zeugnisse (1476–1555),* bearb. u. hrsg. von Detlev Plöse und Günter Vogler nach der Ausgabe von Karl Kaulfuß-Diesch, Berlin (DDR) 1989, S. 215–218. «Ein Christenmensch ist ein freier Herr uober alle Ding und niemand untertan. Ein Christenmensch ist ein dienstbarer Knecht aller Ding und idermann untertan.» (S. 216)

7 Thomas Mann, *Schriften zur Politik,* Frankfurt a.M. 1970, S. 178 u. 180 f.

8 Ulrich Christoffel, *Deutsche Innerlichkeit,* München 1940, S. 8.

9 Ernst Junger, *In Stahlgewittern,* S. IX, zit. n. Modris Eksteins, *Tanz über Gräben. Die Geburt der Moderne und der Erste Weltkrieg,* Reinbek bei Hamburg 1990, S. 342.

10 Ebd. S. 348. Die folgenden Ausführungen über den Ersten Weltkrieg beziehen sich auf Eksteins Buch, insbesondere S. 409–456.

11 Ebd. S. 434.

12 Ebd. S. 448 f.

13 Ernst Jünger, Vorwort zur 2. Auflage *In Stahlgewittern,* zit. n. Eksteins, (wie Anm. 9), S. 456.

14 Theodor Däubler, *Der neue Standpunkt,* Dresden-Hellerau 1916 (Neuausgabe: Fritz Löffler, Dresden 1957), zit. n. Dietrich Schubert, *Die Kunst Lehmbrucks,* Worms/Dresden 1990, 2. Aufl., S. 157.

15 Franz Marc, «Im Fegefeuer des Krieges», zit. n. Thomas Anz und Michael Stark (Hrsg.), *Expressionismus. Manifeste und Dokumente einer künstlerischen Revolution 1909–1918,* Stuttgart 1982, S. 304.

16 Paul Westheim, «Von den inneren Gesichten», in: *Das Kunstblatt,* 1(1917)1, S.1. *Das Kunstblatt* erschien bis März 1933. Westheim mußte im selben Jahr emigrieren. Nach antifaschistischer Arbeit in Paris und Internierung ab 1939 gelang ihm 1941 die Flucht nach Mexiko.

17 Paul Westheim, *Wilhelm Lehmbruck,* Potsdam/Berlin 1919. Herwarth Walden kritisiert in einem seiner polemischen «Briefe gegen Paul Westheim», daß dieser Gedichte von Konrad Ferdinand Meyer als «Aufzeichnungen aus dem Nachlaß« von Lehmbruck ausgibt, «um die Bedeutung Lehmbrucks als Künstler nachzuweisen», in: *Der Sturm,* 11(1920)3, S. 45, zit. n. Freya Mülhaupt (Hrsg.), *Herwarth Walden,* Berlin 1991, S. 80.

18 August Hoff, *Wilhelm Lehmbruck,* Berlin 1933, zit. n. Eduard Trier, *Lehmbruck – Die Knieende,* Stuttgart 1958, S. 28. Vgl. Manfred Lehmbruck, «Erinnerungen an meinen Vater», in: *Kunst der Nation,* 1(1933)2, S. 5; dort Abb. *Junges Weib,* 1911. Nachgedruckt in: *Wilhelm Lehmbruck (1881–1919), Plastik, Malerei, Graphik aus den Sammlungen des Wilhelm-Lehmbruck-Museums der Stadt Duisburg,*

1987/88 (Ausst. Kat. Gotha: Museum der Stadt, Berlin/DDR: Nationalgalerie und Leipzig: Museum der bildenden Künste), S. 19 f.

19 Carl Einstein, *Negerplastik,* München 1915.

20 «In jedem Stamm steckt eine Figur, man braucht sie nur herauszuschälen», schreibt Kirchner am 27. Juni 1911 an den Kunstsammler Gustav Schiefler, zit. n. *Ernst Ludwig Kirchner – Gustav Schiefler, Briefwechsel 1910–1935/1938,* Stuttgart/Zürich 1990, S. 42.

21 Bezüglich Lehmbrucks Zugehörigkeit zum Expressionismus vgl. Schubert, (wie Anm. 14), S. 21 f.: «Zugegeben ist die Phase um 1910 neuklassisch (klassizistisch, ja idealistisch), der expressionistische Bruch zu *Kniender* und *Emporsteigendem* 1913 aber exakt das, was seinerzeit als Expressionismus (des ‹neuen› Menschen) empfunden wurde (Zeugnisse von Däubler, Fr. von Unruh, Ehrenstein, Meidner).»

22 Lehmbruck gegenüber Fritz von Unruh, ebd. S. 154.

23 Theodor Däubler, zit. ebd. S. 157.

24 Wilhelm Worringer, *Formprobleme der Gotik,* München 1911. Vgl. Magdalena Bushart, *Der Geist der Gotik und die expressionistische Kunst. Kunstgeschichte und Kunsttheorie 1911–1925,* München 1990.

25 Wilhelm Worringer, *Spätgotisches und expressionistisches Formsystem* (1925), zit. n. Schubert, (wie Anm. 14), S. 165.

26 Lehmbruck zit. n. Trier, wie Anm. 18, S. 31.

27 Das Ende der kunstpolitischen Opposition wurde durch die programmatische Rede von Adolf Hitler auf dem Reichsparteitag im September 1934 in Nürnberg eingeleitet: Hitler polemisierte aus Gründen politischer Zweckrationalität sowohl gegen die traditionsfeindlichen «Kunstverderber» (Kubisten, Futuristen, Dadaisten usw.), die «weder rassisch [...] noch volklich erträglich» seien und den «unverdorbenen und gesunden Instinkt» der Bewegung (im Sinne Rosenbergs) bedrohten, als auch «gegen das plötzliche Auftauchen jener Rückwärtse, die meinen, eine ‹teutsche Kunst› aus der krausen Welt ihrer eigenen romantischen Vorstellungen der nationalsozialistischen Revolution als verpflichtendes Erbteil für die Zukunft mitgeben zu können [...].» Damit wandte er sich zugleich auch gegen Rosenbergs Garde der Völkischen nach der Devise: «Deutsch sein heißt klar sein!», vgl. Hildegard Brenner, *Die Kunstpolitik des Nationalsozialismus,* Reinbek 1963, S. 84.

28 Schäfer, (wie Anm. 2), S. 58.

29 Vgl. Jean Cocteau, *Rappel à l'ordre,* Paris 1926.

30 Vgl. *Canto d'Amore. Klassizistische Moderne in Musik und bildender Kunst 1914–1935,* Basel 1996 (Ausst. Kat. Basel: Kunstmuseum).

31 Zit. n. Schäfer, (wie Anm. 2), S. 56, Anm. 4. Gustav Ferdinand Hartlaub initiierte 1923 unter den Künstlern eine Rundfrage «Ein neuer Naturalismus?» (veröffentlicht im *Kunstblatt* Paul Westheims), die in eine Ausstellung der «Neuen Sachlichkeit» in der Kunsthalle Mannheim mündete (1925). Im gleichen Jahr erschien das Buch *Nach-Expressionismus* von Franz Roh.

32 Lothar Schreyer, *Erinnerungen an Sturm und Bauhaus,* München 1956, S. 17. Im Jahre 1933 schrieb Lothar Schreyer *Die Mystik der Deutschen. Vom Reich der Liebe,* Hamburg 1933. Zu seinem Buch *Deutsche Landschaft. Eine Naturbetrachtung* wird in der Verlagswerbung aus einer Rezension der *Goslarschen Zeitung* zitiert: «Schreyer darf schon heute als der Exponent jener immer reiner gereiften urdeutschen Weltschau bezeichnet werden, die das seit der Zeit des Rationalismus und Materialismus verschüttete Quellgut der großen, tiefen und alliebenden germanischen Seele entriegelte.» In seinem Buch *Die bildende Kunst der Deutschen. Geschichte und Betrachtung,* Hamburg/Berlin/Leipzig 1931, warnte Schreyer die deutschen Bildhauer vor den Verlockungen der Renaissance, die er für «die Geburt des intellektuellen Menschen» verantwortlich machte. Mit «deutscher Kraft» sollten sie der Verführung durch «das Idealbild der klassischen Statue» widerstehen und «im Wirken der Seelenkräfte das Urbild des Menschen» suchen.

33 *The Machine Age in America 1918–1941,* New York 1986 (Ausst. Kat. New York: The Brooklyn Museum).

34 George Grosz, «Gesang der Goldgräber», in: *Neue Jugend,* (Februar/März 1917)11/12. 1931 dagegen bekannte Grosz: «Betrachte rückwärts ruhig deine Vorfahren. Sieh sie dir an, die *Multscher, Bosch, Breughel* und *Mäleßkircher,* und den *Huber* und *Altdorfer.* [...] Warum nicht an unsere Vorfahren anknüpfend eine ‹deutsche› Tradition fortsetzen? Unter uns gesagt, lieber doch als zweitklassig einrangiert werden, aber wenigstens ein wenig von unserer Volksgemeinschaft ausgesagt zu haben.» (George Grosz, «Unter anderem ein Wort für deutsche Tradition», in: *Das Kunstblatt,* 15(1931)3, S. 79–84, zit. n. *Realismus. Zwischen Revolution und Reaktion 1919–1939,* München 1981 (Ausst. Kat. Berlin: Staatliche Kunsthalle), S. 162.

35 Siegfried Giedion, *Bauen in Frankreich,* Berlin 1928, S.85.

36 Ernst Bloch, «Übergang: Berlin, Funktionen im Hohlraum», in: ders., *Erbschaft dieser Zeit,* Frankfurt a.M. 1962, S. 216.

37 Ernst Bloch, «Sachlichkeit, unmittelbar», ebd. S. 216.
38 Ekstreins, (wie Anm. 9), S. 318.
39 Otto Heuschele, Nachwort zum «Almanach der jungen Generation auf das Jahr 1933: Jugend in Front vor dem Leben im Auftrag der Notgemeinschaft junger Autoren (NGJA)», S. 238 f. Ein Mitglied der Anthologie, Waldemar Glaser, schreibt in seiner Kurzbiographie: «Zwischendurch nach dem Wandervogel SA-Mann und SA-Führer in Breslau.» In der gleichen Anthologie ist auch Klaus Mann vertreten, der 1933 emigrieren muß und dafür von Gottfried Benn angegriffen wird.
40 Bernhard Diebold, Vorwort zu Frank Matzke, *Jugend bekennt: so sind wir!*, Leipzig 1930, S. 3, zit. n. Schäfer, (wie Anm. 2), S. 22.
41 Die Zeitschrift *Kunst der Nation* gehört in den Kontext der «zweiten Oppositionswelle» gegen die NS-Kunstpolitik ab Herbst 1933, vgl. Brenner, (wie Anm. 27), S. 73. Den meisten Autoren der *Kunst der Nation* aus der Nachkriegsgeneration, die sich nach 1935 in eine Art ‹innere Emigration› begaben, ging es jedoch nicht um eine Nationalisierung des Expressionismus, wie Stefan Germer, «Kunst der Nation. Zu einem Versuch, die Avantgarde zu nationalisieren», in: Bazon Brock und Achim Preiß (Hrsg.), *Kunst auf Befehl?* 33–45, München 1990, S. 21–40, nahelegt; sie suchten vielmehr eine neue Synthese von Expression und Klassizität. Vgl. zur *Kunst der Nation* den Beitrag von Dieter Scholz im vorliegenden Band.
42 Geb. 1908, Schüler von Ernst Robert Curtius. In der *Kunst der Nation*, 2(1934)9, S. 4 publiziert er 1934 «Wird Frankreich nationalsozialistisch?». 1937 erscheint in der *Kölnischen Zeitung* als Verteidigung der französischen modernen Kunst sein mehrteiliger Essay «Das geistige Paris», vgl. Schäfer, (wie Anm. 2), S.23.. Heute sei aber eine «Rückbesinnung» zu spüren. Man mache sich wieder die «edle Einfachkeit der klassischen Überlieferung» bewußt. In den 50er Jahren ist er bekannt geworden mit den Büchern *Die Welt als Labyrinth* (1957) und *Manierismus in der Literatur* (1959).
43 Der offene Brief erschien unter der Überschrift «Offene Antwort an einen jungen Menschen» in der Berliner Zeitschrift *Das Tagebuch*, 11(5. Juli 1930)27.
44 Zu Otto Andreas Schreiber vgl. den Beitrag von Dieter Scholz im vorliegenden Band.
45 Vgl. Hartmut Eggert, Erhard Schütz und Peter Sprengel (Hrsg.), *Faszination des Organischen. Konjunktur einer Kategorie der Moderne,* München 1995.
46 Otto Andreas Schreiber, «Fortsetzung des Expressionismus», in: *Kunst der Nation*, 2(1. April 1934)7, S. 1.
47 Geboren 1912 in Posen; Studium der Kunstgeschichte und Archäologie in Göttingen und Berlin; ab 1936 Assistent am Kunsthistorischen Institut Florenz und Promotion über das «italienische Säulenmonument», ab 1940 Soldat, 1950–55 Dozent an der Staatlichen Hochschule für Bildende Künste Hamburg, 1954 Publikation der zweibändigen *Malerei im 20. Jahrhundert,* Initiator der documenta I–III, 1967–74 Direktor der Nationalgalerie Berlin.
48 Werner Haftmann, «Zur Vielfältigkeit deutscher Kunst», in: *Kunst der Nation*, 2(2. Dezember 1934)24, S. 1 f.
49 1925–34 Mitarbeiter der Staatlichen Museen Berlin, nach 1945 Kunstreferent der *Süddeutschen Zeitung*.
50 Hans Eckstein, «Der Maler Max Beckmann», in: *Kunst der Nation*, 3(1935)4, S. 2. Neben Beckmann wurden in der Zeitschrift u.a. folgende Künstler mit monographischen Beiträgen hervorgehoben: Otto Dix und Franz Lenk (F. Paul), Edgar Ende, Karl Hofer (F. Paul), Joachim Karsch, Ludwig Kasper, Georg Kolbe, Bernhard Kretzschmar, Gerhard Marcks, Horst von Marée, Emil Nolde, Otto Pankok, Josef Scharl (H. Eckstein), Kurt Schumacher (W. Haftmann).
51 Werner Haftmann, «Form und Wirklichkeit. Exkurs über deren Einheit in der modernen Kunst», in: *Kunst der Nation*, 2(1. August 1934)15, S. 1.
52 Werner Haftmann, «Geographie und unsere bewußte Kunstsituation. Abhandlungen zur Frage des West-Östlichen», in: *Kunst der Nation*, 2(2. Oktober 1934)20, S. 3 f.
53 Werner Haftmann, *Malerei im 20. Jahrhundert,* 2 Bde., München 1954–55, zit. n. der 4. erweiterten Auflage 1965, Bd. 1, S. 429.
54 Karl Markus Michel, «Heiliger Lukas! Kritik der Kunstkritik», in: *Kunst-Betrieb, Kursbuch 99,* (März 1990), S.136.
55 Hans Gerhard Evers (Hrsg.), *Erstes Darmstädter Gespräch,* Darmstadt 1951, S. 215 f.

Peter Reichel

Der Nationalsozialismus und die Modernisierungsfrage

I. Nationalsozialismus und Moderne

Wer über den Nationalsozialismus als Problem der Moderne spricht – oder über Modernisierung und Modernität im ‹Dritten Reich› –, der kann nicht nur über die rückwärtsgewandte, antimoderne Seite diese Regimes reden: mit ‹SS-Ahnenerbe›, Germanenkult und Heimatschutzstil, mit Erntedankfest und Heldengedenktag, mit dem ‹Kampfbund für Deutsche Kultur›, der ‹Schandausstellung Entartete Kunst› oder den ‹Großen Deutschen Kunstausstellungen›. So fragwürdig und verwerflich diese und andere Maßnahmen und Institutionen der NS-Zeit auch sind, für sich genommen müßte man ihnen nicht allzu viel Aufmerksamkeit schenken. Man könnte sie als das ansehen, was sie zunächst waren: zeitlich begrenzte kulturpolitische Verirrungen eines totalitären Regimes und seiner exzessiven Nutzung und völkisch-nationalistischen Kontrolle der ästhetischen Kultur. Von ihnen allein geht jedenfalls keine nachhaltige Beunruhigung aus. Sie stellen unser Bild von der Moderne nicht in ihren zivilisationstheoretischen Grundlagen in Frage.

Wenn wir vom Nationalsozialismus als einem Problem der Moderne und der Modernisierung in Deutschland sprechen, dann beziehen wir uns unausgesprochen oder nicht auf Auschwitz.[1] Dann sprechen wir von der nachhaltigen Erschütterung unseres Vertrauens in die Verläßlichkeit der Normen, Verfahren und Institutionen der modernen Zivilgesellschaft. Aus ihr sind die nationalsozialistischen Gewaltverbrechen hervorgegangen, aus ihr scheinen sie aber doch nur in begrenztem Maße begreifbar zu sein. Jedenfalls werden wir trotz fortgeschrittener und weiter fortschreitender Erforschung des Nationalsozialismus immer wieder auf eine der zentralen Fragen dieses Jahrhunderts zurückverwiesen: Wie konnte das alles geschehen? So gut und differenziert wir darauf inzwischen auch antworten können, das Entsetzen darüber bleibt, daß Auschwitz sich ereignet hat, «daß es geschehen konnte inmitten aller Tradition der Philosophie, der Kunst und der aufklärenden Wissenschaften» – wie Adorno schrieb.[2] Dieses Entsetzen ist Anfang und

Ende aller Versuche, Auschwitz zu erklären. Das Verlangen nach umfassender Erklärung und die Unfaßbarkeit des Holocaust stehen spannungsvoll gegeneinander.

Wie es scheint, mag gegenwärtig ein erheblicher Teil unserer Gesellschaft dieses Dilemma nicht mehr akzeptieren. Er mag sich aber offenbar auch nicht mit den anhaltenden wissenschaftlichen Anstrengungen anfreunden, den zumeist ganz unspektakulären Analysen, die sich Jahr für Jahr und in anhaltend großer Zahl an diesem Dilemma abarbeiten. Jedenfalls artikuliert sich seit einiger Zeit ein gesellschaftlich-allgemeines Bedürfnis nach einfachen Wahrheiten, nach moralisch eindeutigem und emotional ausdrucksstarkem Umgang mit dem Nationalsozialismus. Es stellt sich vehement gegen jene wissenschaftlich-diskursive Auseinandersetzung mit der NS-Zeit, die sich um sachlich-differenzierte und notwendig distanzierte Aufklärung bemüht. Das wurde zuletzt in der Goldhagen-Debatte erkennbar.[3] Die breite Zustimmung für Goldhagens stereotype Formeln und Pauschalierungen und ihre Zurückweisung durch die Fachkritik hat der amerikanische Historiker Christopher Browning mit einem fiktiven, aber doch sehr treffenden vox populi-Zitat erklärt: «Wir wollen keine komplexen Antworten, wir wollen sie einfach. Wir wollen den Holocaust so verstehen wie vor fünfzig Jahren – die deutsche Kultur ist böse, sie schuf böse Menschen, die böse Dinge taten.»[4]

So wenig sich Politikwissenschaft und Zeitgeschichtsforschung in den Dienst derartiger populistischer Tendenzen und Meinungen stellen dürfen, so sehr sind sie mit ihrem je aktuellen geschichtspolitischen Umfeld konfrontiert. In ihm findet die populäre Vermittlung von Forschungsergebnissen und -kontroversen statt. Das macht ihre interpretierende Zusammenfassung und Zuspitzung erforderlich, was ohne übergreifende theoretische Konzeptionen allerdings unmöglich erscheint. Gegenüber der reduktionistischen und (‹braune› und ‹rote› Diktaturen) identifizierenden Totalitarismustheorie früherer Jahre stellt die Modernisierungstheorie einen offenbar deutlich leistungsfähigeren Interpretationsansatz bereit. Zum einen, weil sie die zeitlich übergreifende Perspektive betont und nach Kontinuitäten und Diskontinuitäten fragt. Zum anderen, weil sie die gesellschaftliche Totalität und modern-antimoderne Heterogenität des Nationalsozialismus in den Blick bekommt. Denn sie ist nicht nur auf den Herrschaftsapparat und seine Machttechniken fixiert, auf Krieg und Gewaltverbrechen. Dieser Ansatz thematisiert eben auch und insbesondere die sozial-, wirtschafts-, technik- und kulturgeschichtlichen Entwicklungen, auf deren Potentiale das NS-Regime in hohem Maße angewiesen war.

Die jüngste Modernisierungsdiskussion, die an die ältere Debatte der sechziger und siebziger Jahre anschließt, hat sich m.E. allerdings selbst den Weg dazu verbaut: Sei es, daß sie die Modernisierungstheorie nur selektiv benutzt, wie in den sehr unterschiedlich angelegten und politisch konträr akzentuierten Studien von Götz Aly bis Rainer Zitelmann. Sei es, daß der modernisierungstheoretische Ansatz durch eine tendenzielle Aufwertung des NS-Staates und seiner angeblich genuinen Modernisierungsleistung bzw. der

Stilisierung Hitlers zu einem ‹weißen› Revolutionär diskreditiert worden ist.[5] Sei es, daß die Debatte von der Gegenseite überwiegend defensiv geführt wird, insofern sie auf die Zurückweisung dieser in der Tat inakzeptablen affirmativen und reduktionistischen Tendenzen zielt.[6] Dadurch aber werden die analytischen Möglichkeiten des Konzeptes nicht ausgeschöpft oder überhaupt verkannt. Insbesondere kommt das nicht in den Blick, was in der Erinnerung von Menschen der Nachkriegszeit offenbar noch sehr präsent war.

II. Thesen zur Modernisierungsdebatte

Erlauben Sie mir, das einleitend mit einer persönlichen Erinnerung zu verdeutlichen: Als ich Anfang der 1950er Jahre Sonntag für Sonntag mit meinen Eltern und meiner Schwester in unserem ersten Nachkriegsauto, einem Volkswagen, an die Nordsee fuhr, war zumindest im Bewußtsein meines autobegeisterten Vaters die Vorkriegszeit mit ihren verheißungsvollen Zukunftsbildern noch sehr gegenwärtig. Jedenfalls sprach er mit Stolz von seinem zweiten KdF-Wagen – er hatte im Krieg an der Ostfront einen sogenannten VW-Schwimmer gefahren. Gelegentlich erzählte er auch von früheren NSKK-Zeiten, von der Kameradschaft der Kraftfahrer und den Anfängen einer Volksmotorisierung. Wenn er dann auch noch ins Schwärmen geriet über die ‹Straßen des Führers›, spätestens dann griff meine Mutter ein und beendete den Redefluß meines Vaters. Ihr waren solche Erzählungen uns Kindern gegenüber stets unangenehm, mein Vater sah die Sache ganz unpolitisch. Er dürfte mit dieser Sicht nicht der einzige seiner Generation gewesen sein.

Es spricht manches für die Vermutung, daß in der privaten Lebenswelt der Zeit die Erinnerung an den politikfernen Alltag unterm Hakenkreuz mit seinen verheißungsvollen Ansätzen und Aussichten auf einen allgemeinen, wenn auch zunächst bescheidenen Volkswohlstand – mit Volksempfänger, Volkswohnung und Volksauto – noch recht lebendig war. Diese Erinnerung befand sich allerdings im Gegensatz zum totalitär-abschreckenden und dämonischen NS- beziehungsweise Hitler-Bild, das in politischer Öffentlichkeit und Geschichtswissenschaft der fünfziger Jahre popularisiert wurde. Es galt, den Bruch mit der Vergangenheit zu betonen, eine wichtige Voraussetzung für den Mythos der Stunde Null. Vor diesem Hintergrund mußten der Neubeginn und die Modernisierung im Wiederaufbau der 1950er Jahre in einem umso vorteilhafteren und überzeugenderen Licht erstrahlen. Wie hätte man die Überwindung des Nationalsozialismus glaubwürdig machen können, wenn schon zu dieser Zeit seine modernen Züge thematisiert worden wären?

Noch in den siebziger Jahren behauptete Hitlers Lieblingsarchitekt und späterer Rüstungsminister, Albert Speer, Hitler sei «geradezu antimodern eingestellt» gewesen;

zum Symbol der NS-Ideologie habe er «nicht die moderne Sämaschine, sondern den Sämann gemacht.» Auf diese Weise konnte der Supertechnokrat Speer bei aller äußeren Nähe zu Hitler doch in eine deutliche Distanz zu ihm rücken.[7]

Es ist insofern kaum überraschend, daß nicht Historiker, sondern Außenseiter des Faches die Zeit des Nationalsozialismus von ihren sozialen Verhältnissen her in den Blick nahmen und diese Verhältnisse in die Kontinuität und den Wandel der deutschen Gesellschaft des 20. Jahrhunderts stellten. Mitte der 1960er Jahre behauptete der Soziologe Ralf Dahrendorf, daß das NS-Regime wider Willen zum Geburtshelfer der liberaldemokratischen westdeutschen Nachkriegsgesellschaft geworden sei.[8] Er sprach zwar nicht von «Modernisierung», charakterisierte den Nationalsozialismus aber als «soziale Revolution» besonderen Typs, nämlich «als brutalen Bruch mit der Tradition und Stoß in die Modernität.» Den Widerspruch zwischen antimodern-regressiver, antidemokratischer und völkisch-aggressiver Ideologie auf der einen Seite und modernisierender Wirkung des Regimes auf der anderen erklärte Dahrendorf aus dem besonderen Charakter dieser «Revolution»: Sie sei unbeabsichtigt gewesen und zugleich notwendige Bedingung und zwangsläufige Folge der NS-Herrschaft.

Dieses scheinbare Paradox hat der amerikanische Journalist und Historiker David Schoenbaum noch weiter zugespitzt.[9] Er sprach von einer «doppelten Revolution», einer «Revolution der Zwecke und der Mittel», von einem «Krieg gegen die industrielle Gesellschaft mit industriellen Mitteln.» Der Nationalsozialismus – so Schoenbaum – habe der bürgerlichen Gesellschaft in normativer und ideologischer Hinsicht den Krieg erklärt. Dieser Krieg sei aber nur mit einer Optimierung und Modernisierung ihrer eigenen Ressourcen und Instrumente zu führen gewesen, denen der technisch-industriellen Moderne eben. Das Ergebnis seiner Studie öffnete einen neuen Blickwinkel auf die Wirklichkeit des ‹Dritten Reiches›: Nicht die sozialen Verhältnisse seien einschneidend verändert worden, wie Dahrendorf gemeint hatte, wohl aber das gesellschaftliche Bewußtsein. Henry A. Turner schloß an die Thesen von Schoenbaum an und faßte seine Überlegungen in der Formel zusammen: Das NS-Regime sei geradezu gezwungen gewesen, die Gesellschaft partiell zu modernisieren: denn seine antimoderne Utopie habe es nur durch Krieg verwirklichen, diesen aber nur mit den Mitteln einer hochmodernen Industriegesellschaft führen können.[10]

Aus einer zeitlich übergreifenden Sicht versuchten amerikanische Soziologen den Nationalsozialismus entwicklungstheoretisch und vergleichend zu deuten. A.F.K. Organski interpretierte ihn, und faschistische Regime überhaupt, als Abweichung vom ‹normalen› Pfad der Modernisierung, zu der es immer dann kommen könne, wenn ein gesellschaftliches System unter Zeit- und Problemdruck gerate, weil sich Modernisierungsprobleme in mehreren oder allen gesellschaftlichen Teilsystemen – Wirtschaft – Politik – Kultur – gleichzeitig oder in kurzer Folge stellen würden, wie in der «verspäteten Nation» (H. Plessner) Deutschland, also nicht nacheinander gelöst werden könnten. Der Nationalsozialismus sei der Versuch gewesen, soziale Konflikte und politische Desintegration durch Konfliktunterdrückung zu lösen.[11] Und Talcott Parsons machte für den Nationalsozialismus ungleiche Modernisierungsgeschwindigkeiten in den einzelnen gesellschaftlichen Teilbereichen verantwortlich. Während sich Technik, Wirtschaft und auch die Sozialstruktur im Kaiserreich vergleichsweise schnell und erfolgreich modernisiert hätten, seien die politische Kultur und die Sozialisationsprozesse zurückgeblieben, traditionalistisch und antidemokratisch ausgerichtet.[12]

Der Nationalsozialismus war demzufolge ein Produkt der bürgerlichen Gesellschaft auf ihrem von Konflikten, Widersprüchen und Ungleichzeitigkeiten begleiteten Weg in die Moderne. Zugleich organisierte und inszenierte er erfolgreich den Protest gegen sie. Insofern trug er bürgerliche und antibürgerliche Züge, modernistische und traditionalistische, progressive, regressive und aggressive. Der Nationalsozialismus entstand aus den Kriegsfolgen, der politischen Instabilität, der politisch-kulturellen Fragmentierung und den sozio-ökonomischen Krisen als eine modern-antimoderne Protestbewegung. Er mobilisierte Menschen aus allen gesellschaftlichen Gruppen, insbesondere aber die desorientierten und radikalisierten kleinbürgerlichen und mittelständischen Schichten. Und er profitierte von den zahlreichen kollektiven Ängsten und Verstörungen der Zeit: der ‹nationalen Demütigung› durch Kriegsniederlage und Versailler ‹Diktatfrieden›, der Angst vor dem ‹jüdischen Bolschewismus›, vor dem Chaos, vor Revolution und Bürgerkrieg, der Verachtung für die ‹Novemberrepublik› und der Verunsicherung durch die Moderne überhaupt.

Der Nationalsozialismus an der Macht war der Versuch, den erreichten Stand struktureller Differenzierung in Gesellschaft, Politik, Kultur und Wirtschaft mit ihren je eigenen, bereichsspezifischen Rationalitäten und Geltungskriterien rückgängig zu machen, die ideologische und soziale ‹Zerrissenheit› der Weimarer Gesellschaft zu überwinden und diese wieder auf eine einheitliche, politisch-religiöse Weltanschauung zu verpflichten. Der NS-Staat war gegen die als ‹jüdisch-bolschewistisch› denunzierten, vorgeblich undeutschen Ideen, Institutionen und Repräsentanten der politischen und ästhetischen Moderne der Weimarer Republik gerichtet, stützte sich aber zugleich auf die modernen Steuerungsinstrumente der Massenkommunikation, tendenziell auch des Massenkonsums und der Massenmotorisierung, der modernen Sozialpolitik und Arbeitsorganisation, der Technik, Naturwissenschaften und Medizin. Und er versprach, auf der Grundlage der modernen, kapitalistischen Wirtschaftsordnung und seines rassistisch radikalisierten Nationalismus die ungelösten Fragen der Weimarer Republik, die nationale und die soziale Frage, nach außen friedlich und nach innen autoritär zu lösen – ohne das in weiten Teilen der Bevölkerung verachtete Parlament, ohne die verhaßten Parteien und ohne den gefürchteten Bürgerkrieg: den Wiederaufstieg Deutschlands zu nationaler Größe und Geltung sowie die Überwindung der inneren Zerrisenheit zugunsten einer politisch geeinten und ethnisch homogenen ‹Volksgemeinschaft› und zuungunsten der ausgegrenzten, mißliebigen Minderheiten, der Juden, Sozialisten, Homosexuellen, Erbkranken usw. Der Nationalsozialismus konnte die moderne, pluralistische Welt im wesentlichen nur gewaltsam und ästhetisch unter sein vorgeblich sinnstiftendes, rassistisch-nationalistisches Einheitsprinzip zwingen.

1. These: Der vielleicht wichtigste Ertrag der älteren Modernisierungsdiskussion ist also, daß sie Entstehung und Aufstieg des Nationalsozialismus als Produkt einer teils dynamischen, teils krisenhaft-zögerlich verlaufenen Modernisierung beschrieben und gedeutet hat. Vor diesem Hintergrund wird verständlich, daß und warum das NS-Regime zugleich Produzent oder Nutznießer von Modernität war, auf zahlreichen Politikfeldern. Sie gruppierten sich um die beiden ungelösten politischen Probleme der Weimarer Republik, die der Hitler-Staat zu lösen versprach: die nationale und die soziale Frage.

Charakteristisch für die neuere Diskussion scheint mir demgegenüber zu sein, daß sie nicht mehr den gesellschaftlichen Gesamtzusammenhang der Modernisierung und auch nicht die entwicklungsgeschichtliche Perspektive in Deutschland im Auge hat. Zahlreiche neuere Studien bleiben zwar dem Modernisierungsparadigma verpflichtet, aber sie sind weniger theoretisch orientiert. Sie untersuchen das Modernisierungsproblem vielmehr an einzelnen Beispielen und Politikfeldern und kaum in übergreifender zeitlicher oder gesellschaftlicher Perspektive.

Da ist zum einen das weite Feld der ästhetischen Kultur im allgemeinen und das der industriell angewandten Kunst im besonderen. Gefragt und geforscht wird etwa nach dem Fortbestand der Bauhaus-Moderne unter den spezifischen Bedingungen von Verfolgung und Terror, organisierter Ämter-Anarchie, Pragmatismus und Anbiederung, ob in Industriearchitektur, Städte- und Wohnungsbau oder in Werbung, Fotografie und Produktkultur usw. Dabei ist es allerdings m.E. auffällig, daß sich die politische Zeitgeschichtsforschung für die ästhetisch-kulturellen Handlungsfelder und Medien im Nationalsozialismus im allgemeinen nur wenig interessiert. Sie nehmen in den einschlägigen Monographien und Lehrbüchern zumeist nur eine Randstellung ein. Umgekehrt begnügen sich Kunst- und Kulturgeschichtsschreibung nicht mit einer immanenten, allein objektbezogenen Betrachtungsweise. Vielmehr bemühen sie sich, schon seit den siebziger Jahren, um eine systempolitisch-funktionale Sicht ihrer Gegenstände.[13]

Großes Interesse finden seit längerem sozialgeschichtliche und sozialpolitische Fragestellungen, insbesondere Ideologie und Realität der ‹Volksgemeinschaft›. Auf diesem Feld haben eine Reihe jüngerer Historiker wie Rainer Zitelmann und Michael Prinz «fortschrittliche» Elemente in der Arbeitsideologie und Arbeitsorganisation, der Sozialplanung und in den materiellen Lebensverhältnissen identifiziert. Für sich genommen sollen sie als Nachweis der Modernität des Dritten Reiches herhalten.[14] Die Interpretation einer «positiven gesellschaftspolitischen Vision [...] der nationalsozialistischen Führungsclique» ist in der Forschung allerdings nahezu unisono zurückgewiesen worden. Die Kritiker dieser unverantwortlichen «Rehabilitierung des Naziregimes» (C. Dipper) bestehen zu Recht darauf, daß alle bereichsspezifischen Elemente von Rationalität, Leistung und Effizienz in den Kontext der rassen- und rüstungspolitischen Programme und ihrer mörderischen Konsequenzen gestellt werden müssen und nur in ihrem janusköpfigen Profil angemessen beurteilt werden können.[15] Wenn das Leitbild aller langfristigen Modernisierung nicht das einer Zivilgesellschaft ist, welches dann?

Gleichwohl muß man von dem ernüchternden, historisch-vergleichenden Tatbestand ausgehen, daß es zumindest phasenweise auch anders gehen kann. Die für eine gesamtgesellschaftliche Modernisierung relevanten Prozesse der Industrialisierung und Mobilisierung, der politischen Integration und Demokratisierung verlaufen nicht etwa ‹naturwüchsig› synchron. Sie verlaufen als solche auch nicht störungsfrei. Zwischen diesen Prozessen und Subsystemen können erhebliche Spannungen und Verwerfungen auftreten. Mit Blick auf den NS-Staat heißt das: Industrielle Rationalisierung und wissenschaftlich-technischer Fortschritt sind, wie begrenzt immer, auch unter den Bedingungen eines nicht-demokratischen Herrschaftssystems möglich. Aus der Anerkennung seiner – trotz allem – empirisch nachweisbaren, zeitweilig bemerkenswerten technischen Leistungsfähigkeit und Effizienz wird man allerdings keine politisch-moralisch Aufwertung des NS-Regimes ableiten wollen.

2. These: Unverzichtbar und insoweit grundlegend ist die Unterscheidung zwischen den normativen Prämissen und dem empirisch-analytischen Gebrauch der Modernisierungstheorie. Dieser Interpretationsansatz kann auf empirische Operationalisierung ebensowenig verzichten wie auf einen explizit liberal-demokratischen Wertbezug.

Im Hinblick auf die empirisch-analytische Anwendung des Modernisierungsbegriffs müssen zwei Aspekte und Vorgehensweisen unterschieden werden, die sich durchaus ergänzen können, eine quantifizierende und eine kulturwissenschaftlich-hermeneutische. Modernisierungsprozesse lassen sich sozialstatistisch in zumeist langen Zeitreihen beschreiben. Das ist die Stärke des empirisch-quantitativen Modernisierungsbegriffs, die aber schon deshalb hinsichtlich des nur 12jährigen NS-Regimes nur bedingt zum Tragen kommt. Sein Nachteil ist, daß er relevante kulturelle Felder und die sozialpsychologische Dimension gesellschaftlicher Veränderung ausblenden muß, insoweit sie nicht quantifizierbar sind. Der zweite, qualitative Modernisierungsbegriff zielt gerade auf diese Dimension. Er rückt die mentalen Modernisierungen, die psychosozialen und symbolisch-visuellen Modernisierungseffekte ins Blickfeld, insbesondere die verheißungsvollen Zukunftsbilder und Versprechen, die auf die Beeinflussung der Wirklichkeitswahrnehmung und Loyalität relevanter Bevölkerungsgruppen zielten.

Dabei ging es in hohem Maße um die zugleich unterdrückten und umworbenen Arbeiter. Das eingeschüchterte, getäuschte und geschmeichelte Bewußtsein namentlich der Arbeiterschaft sollte die Akzeptanz der konkreten Lebensverhältnisse erleichtern. Dafür war vor allem eine Arena ausersehen, die der ‹Volksgemeinschaft›. Sie sollte die Weimarer Klassengesellschaft vergessen machen. Die zugkräftige Parole hieß «Volksgemeinschaft statt Klassenkampf». Die meßbare soziale Ungleichheit änderte sich allerdings kaum. Zwar wurde in wenigen Jahren Vollbeschäftigung und ein bescheidener Wirtschaftsaufschwung erreicht, aber um welchen Preis? Und die Arbeiter profitierten davon am wenigsten. Das Reallohnniveau lag 1938 kaum über dem Krisentiefststand von 1932. Der Anteil der Löhne am Volkseinkommen war in den dreißiger Jahren ebenso rückläufig wie der private Verbrauch. Die Mobilitätssteigerung blieb gering und sektoral beschränkt. Eine grundlegende Studie zur Lage der Arbeiterschaft nach der Weltwirtschaftskrise resümiert: «Nichts änderte sich [...] daran, daß die Masse der Arbeiterschaft sich am unteren Ende der Sozialskala befand [und] daß außerhalb rüstungsrelevanter Sektoren der Lebensstandard auf niedrigem Niveau verharrte.»[16]

Die Hauptstoßrichtung der Arbeits- und Sozialpolitik im NS-Staat zielte indes nicht auf die Veränderung der Lebensverhältnisse, wohl aber auf eine höhere Leistungsorientierung und die an Weimarer Erfahrungen anschließende Rationalisierung der industriellen Produktion und Arbeitsorganisation. Und die Sozialpolitik zielte nicht zuletzt auf die Veränderung der Wahrnehmung der sozialen Wirklichkeit durch Ästhetisierung, Statusaufwertung u.a. Formen symbolischer Gratifikation, ob durch die vom *Amt Schönheit der Arbeit* organisierten Kampagnen zur Verbesserung betrieblicher Arbeitsbedingungen oder durch die Freizeitprogramme der überaus beliebten KdF-Organisation. Die so lautstark propagierten ‹Arbeiter-Kreuzfahrten› waren realiter «Seereisen für den Mittelstand». Alle sozialpolitischen Aktvitäten und Planungen zusammengenommen kam der NS-Staat – so die weit überwiegende Auffassung der Sozialhistoriker heute – letztlich nicht über den «Schein der Modernität» hinaus.[17]

3. These: Unerläßlich ist demnach die Differenzierung zwischen einem empirisch-quantitativen und insofern «harten» Modernisierungsbegriff und seinem empirisch-qualitativen und insoweit «weichen» Pendant. Erst mit letzterem ist das spezifische Element nationalsozialistischer Modernität zu erschließen: die Auflösung traditionalistischer Mentalitäten und die massenmediale Vermittlung verheißungsvoller Zukunftsvisionen.

Die Frage nach der Bedeutung industrie- und konsumgesellschaftlich-moderner Leitbilder für die Mobilisierung und Loyalitätssicherung großer Bevölkerungsgruppen ist kaum zu überschätzen. Sie muß allerdings ergänzt werden um eine für den Bestand und die Leistungs- oder zutreffender: (Selbst-)Zerstörungsfähigkeit des Regimes kaum weniger bedeutsame Frage, nämlich die nach dem Verhalten der Modernisierungseliten.[18] Warum haben sich so viele Fachleute, Wissenschaftler, Techniker, Architekten, Ärzte, aber auch Intellektuelle und Künstler zeitweilig, insbesondere in der unübersichtlichen Phase der ‹nationalen Erhebung›, oder dauerhaft – mehr oder weniger bereitwillig – in den Dienst eines Regimes gestellt, das seine kriminellen Ziele mit modernen massenmedialen und technokratischen Mitteln verfolgte?

Die Antwort ist ebenso erschreckend wie einfach und ernüchternd: Wissenschaft, Technik und Kultur waren – und sind – demokratisch und totalitär anschlußfähig, mit welchen Verlusten und Rückschritten das auch immer verbunden ist. Schon Adorno und Horkheimer haben darauf aufmerksam gemacht, «daß Vernunft [...] das Organ der Kalkulation, des Plans» sei und «gegen Ziele [...] neutral».[19] Die Affinität künstlerischer und wissenschaftlich-technischer Eliten zum Nationalsozialismus resultierte aus dieser politischen Ambivalenz kognitiv-instrumenteller und ästhetisch-expressiver Rationalität. Verstärkt wurde sie durch ein unter Wissenschaftlern, Technikern und Künstlern weit verbreitetes unpolitisches, genauer: überparteilich-nationales Bewußtsein, das sie mit ihrem professionellen Selbstverständnis zu verknüpfen suchten. Nach neuen nationalen Synthesen wurde allenthalben gerufen: nach ‹Deutscher Technik›, ‹Deutscher Physik›, ‹Deutscher Kultur›. Andererseits war aber auch das nationalsozialistische Herrschaftssystem immer wieder auf Kompromißbildungen angewiesen. Der Hinweis auf die rigorose Gleichschaltungsideologie und -politik erklärt nicht alles. Die Wirklichkeit war komplizierter. Weder besaßen etwa die Verfechter einer ‹Deutschen Physik› einen festen Rückhalt in der NSDAP oder SS, noch waren sie alle besonders schlechte Wissenschaftler.

Wie schwierig die Frage nach Rationalität und Irrationalität im Verhältnis von Wissenschaft, Rassenideologie und Völkermord zu beantworten ist, hat zuletzt die Debatte um die bevölkerungspolitischen Studien von Götz Aly und Susanne Heim über den Zusammenhang von Sozialplanung und Völkermord gezeigt.[20] Die nationalsozialistischen Gewaltverbrechen werden von ihnen in dezidiert monokausaler Interpretation als Produkt wissenschaftlich-ökonomischer Bevölkerungsplanung gedeutet. Mehr noch: «Auschwitz», so heißt es in einer der einschlägigen Publikationen, war «ein spezifisch deutscher Beitrag zur Entwicklung der europäischen Moderne». Dieser reduktionistische Erklärungsansatz überbetont das seit der «Dialektik der Aufklärung» verschiedentlich thematisierte, latente Destruktionspotential der Moderne und stilisiert Auschwitz geradezu zu einer zwangsläufigen Entwicklung der modernen kapitalistischen Industriegesellschaft.

Den bevölkerungsökonomischen Studien der Berliner Forschungsgruppe um Götz Aly haben ihre Kritiker denn auch vorgeworfen, die Bedeutung des Kriegsverlaufs und der machtpolitischen Auseinandersetzungen in der NS-Führung zu übersehen. Vor allem aber würden sie die Funktion des Antisemitismus und der NS-Rassenideologie für den Vollzug der ‹Endlösung› verkennen, denn die ‹Lösung der Judenfrage› im Sinne einer ‹Entfernung› der jüdischen Minderheit aus der deutschen Gesellschaft sei von der Mehrheit der deutschen Führungsgruppen durchaus als ‹rationales› Ziel aufgefaßt und gebilligt worden.

Immerhin hat die Debatte doch ein weiteres Mal jene Erkenntnis unterstrichen und bestätigt, die für das Verständnis der pathologischen (D. Peukert) oder reaktionären

(J. Herf), also zutiefst widersprüchlichen, doppelgesichtigen Modernität des Nationalsozialismus zentral ist und die wir bereits zahlreichen Studien verdanken, sei es zur Medizin- und Psychiatriegeschichte, sei es zur Naturwissenschafts- und Technikgeschichte. Thomas Mann hat sie auf eine gültige Formel gebracht: «Dies eben war das Charakteristische und Bedrohliche», schrieb er schon 1945, «die Mischung von robuster Zeitgemäßheit, leistungsfähiger Fortgeschrittenheit und Vergangenheitstraum, der hochtechnisierte Romantizismus.»[21]

4. These: Der Nationalsozialismus war als antimodern-moderne Protestbewegung und als Regime in der Nutzung ästhetisch-kultureller, sozialtechnologischer und technischer Ressourcen nicht zuletzt deshalb und zumindest zeitweilig so erfolgreich, weil sich insbesondere Technik und Massenkultur eben auch für nichtdemokratische Systeme als funktional erweisen.

Der NS-Staat war ein antimodern-modernes Regime, er war eine – so Thomas Nipperdey – «Antwort auf die fundamentale Ambivalenz gegenüber der Modernität», die weite Teile der Weimarer Gesellschaft verunsichert und mobilisiert hatte. Der Nationalsozialismus versprach «einerseits Sicherheit vor Wandel, Konflikt, Entfremdung, und andererseits Produktivität, Effektivität und ein Stück Egalität als soziale Anerkennung».[22] Mit diesem Versprechen konnte er erfolgreich die Massen mobilisieren, aber keine zukunftsorientierte Modernisierungspolitik begründen, zumal er sich seinem Wesen nach in hohem Maße auf aggressive und ästhetische Mittel stützen mußte und seine polykratische Herrschaftsordnung die Umsetzung langfristiger Programme tendenziell unmöglich machte.

Erst wenn man die beiden Seiten seines Doppelgesichts aufeinander bezieht – den Glanz seiner Fassaden, den Mythos seiner technischen Modernität und ihre zeitweilige Effizienz auf der einen und den Terror und das Grauen seiner Gewaltverbrechen auf der anderen Seite –, erst dann wird man den Zusammenhang von konsensbildender Kraft und außerordentlicher Zerstörungsmacht verstehen können. Diese gewalttätigen und ästhetisierenden Züge im Doppelgesicht des NS-Staates resultieren aus dem spezifischen Charakter seines Herrschaftssystems und seiner ideologischen Grundlagen.

Ihr Kernelement, die Rassenlehre, entsprang einer wissenschaftlichen, also modernen Utopie und verlangte geradezu nach Visualisierung, ob im Bild des ‹nordischen Menschen›, des ‹Volkskörpers› oder der ‹Volksgemeinschaft›. Sie war eine sich im Bilde darstellende Ideologie mit einer scharfen, visuell fixierten Wir-Ihr Trennung zwischen den ‹Hochwertigen› und den ‹Minderwertigen›, den deutschen ‹Volksgenossen› und den politisch, biologisch und medizinisch stigmatisierten ‹Fremdvölkischen› und ‹Gemeinschaftsfremden›, eine Ideologie also, die eine erhebliche kriminelle Energie einschloß. Unter dem rassenideologischen Primat wurden ästhetische Fragen wie medizinische behandelt – und umgekehrt.

Insofern wird eine historisch-kritisch orientierte, modernisierungstheoretische Interpretation des ‹Dritten Reiches› mehrere dafür relevante Politikfelder zugleich in den Blick nehmen müssen: ausgehend von der rassistischen Bevölkerungs- und Vernichtungspolitik die Entwicklung im militärisch-industriell-technisch-wissenschaftlichen Komplex und die sozial- bzw. kulturpolitischen Aktivitäten zur Disziplinierung, Unterhaltung und Inszenierung der ‹Volksgemeinschaft›. Der systemnotwendige Anschein von Modernität, mit dem sich das ‹Dritte Reich› umgab, seine in bescheidenen Ansätzen verwirklichten Zukunftsversprechen und gerade deshalb so wirkungsvollen Aussichten auf Massenkonsum, Massenkommunikation, Massenmotorisierung und Massentourismus – sie waren die vielleicht wichtigste Modernisierungsleistung eines Regimes, dem eine Zukunftsorientierung fehlte; je länger der Krieg dauerte und je aussichtsloser die Zukunft erschien, konnte es mit der propagandistischen Inszenierung der ‹Wunderwaffen› zwar noch einmal die Trumpfkarte des Technik-Mythos' ausspielen und letzten Durchhaltewillen mobilisieren, von einer Nachkriegszeit war aber immer weniger die Rede.

Anmerkungen

1 Vgl. aus der Fülle der neueren Literatur: Frank Bajohr, Werner Johe, Uwe Lohalm (Hrsg), *Zivilisation und Barbarei. Die widersprüchlichen Potentiale der Moderne. Detlev Peukert zum Gedenken,* Hamburg 1991; Zygmunt Baumann, *Dialektik der Moderne. Die Moderne und der Holocaust,* Hamburg 1992; Dan Diner (Hrsg.), *Zivilsationsbruch. Denken nach Auschwitz,* Frankfurt 1988; Walter H. Pehle (Hrsg.), *Der historische Ort des Nationalsozialismus. Annäherungen,* Frankfurt 1990; Harald Welzer (Hrsg.), *Nationalsozialismus und Moderne,* Tübingen 1993.

2 Theodor W. Adorno, *Gesammelte Schriften,* hrsg. von Rolf Tiedemann, Frankfurt a.M. 1984, Bd. 6, S. 359.

3 Vgl. jetzt Johannes Heil und Rainer Erb (Hrsg.), *Geschichtswissenschaft und Öffentlichkeit. Der Streit um Daniel Goldhagen,* Frankfurt a.M. 1998.

4 Christopher Browning, «Böse Menschen, böse Taten», in: *Frankfurter Allgemeine Zeitung,* 6. Februar 1997.

5 Vgl. Rainer Zitelmann, *Hitler. Selbstverständnis eines Revolutionärs,* Stuttgart 1990.

6 Hans Mommsen, «Nationalsozialismus als vorgetäuschte Modernisierung», in: ders., *Der Nationalsozialismus und die deutsche Gesellschaft,* Reinbek 1991, S. 405 ff.; ders., «Noch einmal – Nationalsozialismus und Modernisierung», in: *Geschichte und Gesellschaft,* 21(1995)3, S. 391–402.

7 Albert Speer, *Technik und Macht,* hrsg. von Adalbert Reif, Frankfurt a.M. 1981, S. 45. Siehe dazu auch den gehaltvollen Beitrag von Barbara Orland, «Der Zwiespalt zwischen Politik und Technik. Ein kulturelles Phänomen in der Vergangenheitsbewältigung Albert Speers und seiner Rezipienten», in: Burkhard Dietz u.a. (Hrsg.), *Technische Intelligenz und «Kulturfaktor Technik». Kulturvorstellungen von Technikern und Ingenieuren zwischen Kaiserreich und früher Bundesrepublik Deutschland,* Münster u.a. 1996, S. 269–296.

8 Ralf Dahrendorf, *Gesellschaft und Demokratie in Deutschland,* München 1968, bes. S. 415 ff. u. S. 431 ff.

9 David Schoenbaum, *Die braune Revolution. Eine Sozialgeschichte des Dritten Reiches,* München 1980, bes. S. 13 ff. u. S. 336 ff.

10 Henry A. Turner, «Faschismus und Anti-Modernismus», in: ders., *Faschismus und Kapitalismus in Deutschland. Studien zum Verhältnis zwischen Nationalsozialismus und Wirtschaft,* Göttingen 1972, S. 157–182.

11 A.F.K. Organski, «Fascism and Modernization», in: *The Nature of Fascism,* hrsg. von S.J. Woolf, London 1968, S. 19–41.

12 Talcott Parsons, «Democracy and Social Structure in Pre-Nazi Germany», in: *Talcott Parsons on National Socialism*, hrsg. von Uta Gerhardt, New York 1993, S. 225–242.
13 Grundlegend und wegweisend: Hildegard Brenner, *Die Kunstpolitik des Nationalsozialismus*, Reinbek 1963. Diese Studie fand zunächst keine Fortsetzung. Für die siebziger Jahre: *Kunst im 3. Reich. Dokumente der Unterwerfung*, Frankfurt a. M. 1974 (Ausst. Kat. Frankfurt a. M.: Frankfurter Kunstverein); Otto Thomae, *Die Propaganda-Maschinerie. Bildende Kunst und Öffentlichkeitsarbeit im Dritten Reich*, Berlin 1978; Berthold Hinz, Hans-Ernst Mittig, Wolfgang Schäche und Angela Schönberger (Hrsg.), *Die Dekoration der Gewalt – Kunst und Medien im Faschismus*, Gießen 1979; aus der Fülle neuerer Studien, Tagungsbände, Ausstellungsprojekte usw. siehe insbesondere: Winfried Nerdinger (Hrsg.), *Bauen im Nationalsozialismus. Bayern 1933–1945*, München 1993; ders. (Hrsg.), *Bauhaus-Moderne im Nationalsozialismus. Zwischen Anbiederung und Verfolgung*, München 1993; Rudolf Herz, *Hoffmann & Hitler. Fotografie als Medium des Führer-Mythos*, München 1994 (Ausst. Kat. München: Stadtmuseum).
14 Vgl. Michael Prinz und Rainer Zitelmann (Hrsg.), *Nationalsozialismus und Modernisierung*, Darmstadt 1990, neben dem Vorwort bes. die Beiträge von Ronald Smelser und Michael Prinz. Außerdem: Rainer Zitelmann, «Nationalsozialismus und Moderne. Eine Zwischenbilanz», in: *Übergänge. Zeitgeschichte zwischen Utopie und Machbarkeit. Festschrift für H. G. Bütow*, hrsg. von Werner Süß, Berlin 1990, S. 195 ff.; Michael Prinz, «Der Nationalsozialismus – eine ‹Braune Revolution›?», in: *Revolutionen in Deutschland? 1789–1989*, Göttingen 1991, S. 70–89.
15 Vgl. neben den in Anm. 6 genannten Beiträgen von Hans Mommsen sowie Christof Dipper, «Modernisierung des Nationalsozialismus», in: *Neue Politische Literatur* 36(1991), S. 450 ff. insbesondere auch: Norbert Frei, «Wie modern war der Nationalsozialismus?», in: *Geschichte und Gesellschaft* 19(1993)3, S. 367–387; Inge Marßolek, «Der Nationalsozialismus und der Januskopf der Moderne», in: Frank Bajohr (Hrsg.), *Norddeutschland im Nationalsozialismus*, Hamburg 1993, S. 312–334; Axel Schildt, «NS-Regime, Modernisierung und Moderne. Anmerkungen zur Hochkonjunktur einer andauernden Diskussion», in: *Tel Aviver Jahrbuch für deutsche Geschichte*, 23(1994), S. 3–22.
16 Wolfgang Zollitsch, *Arbeiter zwischen Weltwirtschaftskrise und Nationalsozialismus. Ein Beitrag zur Sozialgeschichte der Jahre 1928 bis 1936*, Göttingen 1990, S. 243 f. Grundlegend außerdem: Rüdiger Hachtmann, *Industriearbeit im ‹Dritten Reich›. Untersuchungen zu den Lohn- und Arbeitsbedingungen in Deutschland 1933–1945*, Göttingen 1989 sowie die Arbeiten von Timothy W. Mason aus den siebziger Jahren.
17 So Bernd Weisbrod, «Der Schein der Modernität. Zur Historisierung der ‹Volksgemeinschaft›», in: Karsten Rudolph und Christel Wickert (Hrsg.), *Geschichte als Möglichkeit: Über die Chancen von Demokratie, Festschrift für Helga Grebing*, Essen 1995, S. 224–242. Vgl. außerdem: Günter Könke, «‹Modernisierungsschub› oder relative Stagnation? Einige Anmerkungen zum Verhältnis von Nationalsozialismus und Moderne», in: *Geschichte und Gesellschaft*, 20(1994)4, S. 584–608; Ulrich Herbert, «Arbeiterschaft im ‹Dritten Reich›. Zwischenbilanz und offene Fragen», in: *Geschichte und Gesellschaft*, 15(1989)3, S. 320–360.
18 Das Verhältnis der ‹technischen› Funktionseliten zum NS-Staat ist unterschiedlich gut erforscht; vgl. etwa Ralph Angermund, *Deutsche Richterschaft 1919–1945*, Frankfurt a. M. 1990; Robert Jay Lifton, *Ärzte im Dritten Reich*, Stuttgart 1988; Hans Mommsen, *Beamtentum im Dritten Reich*, Stuttgart 1966; Klaus-Jürgen Müller, *Armee und Drittes Reich 1933–1939*, Paderborn 1987; Karl-Heinz Ludwig, *Technik und Ingenieure im Dritten Reich*, Düsseldorf 1979; Alan D. Beyerchen, *Wissenschaftler unter Hitler. Physiker im Dritten Reich*, Köln 1980; Martin Broszat und Klaus Schwabe (Hrsg.), *Die deutschen Eliten und der Weg in den Zweiten Weltkrieg*, München 1989.
19 Max Horkheimer und Theodor W. Adorno, *Dialektik der Aufklärung*, Frankfurt a. M. 1971.
20 Götz Aly und Susanne Heim, *Vordenker der Vernichtung. Auschwitz und die deutschen Pläne für eine neue europäische Ordnung*, Hamburg 1991; Susanne Heim und Götz Aly (Hrsg.), *Bevölkerungsstruktur und Massenmord. Neue Dokumente zur deutschen Politik der Jahre 1938–1945*, Berlin 1991. Zur Kritik: Wolfgang Schneider (Hrsg.), *«Vernichtungspolitik». Eine Debatte über den Zusammenhang von Sozialpolitik und Genozid im nationalsozialistischen Deutschland*, Hamburg 1991; Dan Diner, «Rationalisierung und Methode. Zu einem neuen Erklärungsversuch der ‹Endlösung›», in: *Vierteljahreshefte für Zeitgeschichte*, 40(1992), S. 359–382.
21 Thomas Mann, «Deutschland und die Deutschen», in: *ders., Essays*, Bd. 2: *Politische Reden und Schriften*, hrsg. von Hermann Kurzke, Frankfurt a.M. 1977, S. 281 ff. (295).
22 Thomas Nipperdey, *Nachdenken über die deutsche Geschichte*, München 1990, S. 68 f.

Peter-Klaus Schuster

Die doppelte ‹Rettung› der modernen Kunst durch die Nationalsozialisten

In der Hoffnung, daß der Symposiumstitel «Überbrückt» auch als Behelf für ungeschützte Mutmaßungen hilfreich sein darf, beginne ich mit dem Erstaunen über die Kataloge zweier neuerer Ausstellungen zu Paula Modersohn-Becker in Bremen und im Münchner Lenbachhaus.[1] Im Literaturverzeichnis beider Kataloge wird als wichtiges und doch wohl auch hilfreiches Werk zur Künstlerin aufgeführt: *Paula Modersohn-Becker, Ein Buch der Freundschaft*, herausgegeben von Rolf Hetsch, erschienen 1932 in Berlin, mit Beiträgen von Herma Weinberg und vielen anderen, darunter Otto Modersohn, Carla Rilke-Westhoff, Rudolf-Alexander Schröder, Rolf Hetsch, Helene von Nostitz, Ernst Waldmann, Manfred Haussmann sowie Rainer Maria Rilke.[2]

Dr. Rolf Hetsch, der Herausgeber dieses Freundschaftsbuches für Paula Modersohn-Becker, wurde wenig später Assistent im Reichsministerium für Volksaufklärung und Propaganda, das ihn 1937 zum Leiter einer Kommission zur Verwertung der beschlagnahmten Werke «entarteter» Kunst machte.[3] Rolf Hetsch, der außer über Paula Modersohn-Becker auch über Barlach zu publizierten beabsichtigte[4], war trotz seiner Parteimitgliedschaft ganz offensichtlich ein Kenner und Liebhaber moderner Kunst. Er wollte, so müssen wir unterstellen, daß aus dem von ihm verwalteten Sammeldepot im Schloß Niederschönhausen als «entartet» beschlagnahmte Kunst durch mutige Kunsthändler wie Ferdinand Möller angekauft und so in Sicherheit gebracht werden konnte. Nur so, durch diese Einstimmung und Zustimmung von Rolf Hetsch, lassen sich auch die absurd niedrigen Preise verstehen, die es etwa dem Ehepaar Fohn ermöglichten, für eine Sepia-Zeichnung von Joseph Anton Koch eine ganze Vielzahl von Werken der klassischen Moderne zu erhalten.[5]

Dieses Lob auf die Verdienste von Rolf Hetsch, im Katalog zur Ausstellung «‹Entartete Kunst›: Dokumentation zum nationalsozialistischen Bildersturm am Bestand der Staatsgalerie moderner Kunst in München» 1987 als Verdienste eines kunstliebenden Nationalsozialisten bezeichnet[6], dieses Lob blieb nicht unwidersprochen.[7] Daß es im Schlechten irgendwie etwas Gutes geben sollte, ist einer kritischen Geschichtswissenschaft zutiefst unangenehm. Und man kann diesen anstößigen Aspekt sogar noch verschärfen, denn mit Fug und Recht läßt sich sagen, daß die moderne deutsche Kunst ihre internationale Verbreitung erst mit Hilfe des nationalsozialistischen Bildersturmes und durch die von den Nationalsozialisten betriebene Luzerner Auktion von 1939 erlangt hat. Auf dieser Auktion haben französische, belgische und Schweizer Museen sowie Sammler überhaupt erstmals deutsche Kunst des 20. Jahrhunderts im großen Stil angekauft.

Daß das Schlechte höchst unfreiwillig auch ein Gutes habe, hat im Falle der «entarteten» Kunst allerdings noch einen weiterreichenden Aspekt. Die Nationalsozialisten hatten ja anfänglich Zweifel, ob der Expressionismus nicht doch als eine nordische Kunst anerkannt werden sollte. Aber schon Hitlers Rede auf dem Reichsparteitag 1934 in Nürnberg machte deutlich, daß jegliche Form der künstlerischen Moderne innerhalb der nationalsozialistischen Kunstpolitik ausgeschlossen bleiben würde. Die nationalsozialistische Bewegung und Staatsführung, so Hitler, «darf nicht dulden, daß Nichtskönner und Gaukler plötzlich ihre Fahnen wechseln und so, als ob nichts geschehen wäre, in den neuen deutschen Staat einziehen, um dort auf dem Gebiet der Kunst- und Kulturpolitik abermals das große Wort zu führen.»[8] Damit wurde, wie der Blick in die Münchner Schandausstellung von 1937 zeigt, von Corinth nach dem Schlaganfall über die Werke der *Brücke* und des *Blauen Reiter* bis hin zu Dada und Neuer Sachlichkeit die deutsche ästhetische Moderne für «entartet» erklärt.

Weil aber nach offizieller Meinung der Nationalsozialisten die gesamte Moderne minderwertig war, blieb ihr in Deutschland jener Sündenfall erspart, den sich die Moderne im faschistischen Italien geleistet hat und der ihr dort erstaunlicherweise bleibend nicht geschadet hat. Das berühmteste Beispiel für diesen Sündenfall der Moderne Italiens sind die Bauten des Architekten Terragni[9], die er, wie der Vergleich mit den Häusern des Bauhauses zeigt, in den gesamten 30er Jahren im Stil des internationalen Bauens auch für die faschistische Partei errichtet hat. Sein wohl berühmtestes und elegantestes Gebäude ist die Casa del Fasco, das Haus der Faschisten in Como. Auch in der Werbung war im faschistischen Italien die ganze Vielfalt der Moderne vom Expressionismus bis zum Konstruktivismus möglich und auch üblich. Das faschistische Italien empfand sich unter dem Duce als ein moderner Staat und wollte dies auch zeigen.

Die Frage, ob das nationalsozialistische Deutschland nicht ebenfalls ein technikbegeisterter moderner Sozialstaat war, diese Frage wurde im Anschluß an die Modernisierungstheorien von Max Weber seit den 60er Jahren in Deutschland höchst intensiv und kontrovers diskutiert.[10] Es ist in der Tat ja nicht zu verkennen, daß sowohl die Industrieproduktion wie das Alltagsleben im nationalsozialistischen Deutschland ganz eindeutige Momente von Modernität enthält. Das zeigt sich etwa im Automobilbau beim stromlinienförmigen Mercedes-Rennwagen, den man stolz mit Hakenkreuz auf der Pariser

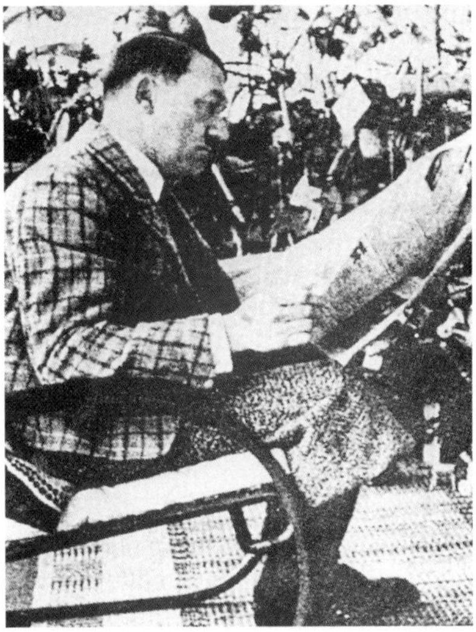

Hitler auf Thonet-Freischwinger, um 1938

Welt-Ausstellung von 1937 in Speers ‹Deutschem Haus› präsentierte. Diese Form der Modernität reicht im nationalsozialistischen Deutschland weit über den Volkswagen und die Autobahn, die wir alle noch heute benutzen, bis hin zur Reichsgaragen-Ordnung, die unverändert für alle Garagenbesitzer in Deutschland bis heute Gültigkeit hat. Das offizielle Hitler-Deutschland hat natürlich auch all jene noch heute erhältlichen Bauhaus-Möbel benutzt, so etwa Mies van der Rohes Stahlrohr-Freischwingerstuhl, wenn es auf Ausstellungen galt, einen aufgeschlossenen Eindruck zu erwecken. Hitler selbst benutzte mit seinem Thonet-Stuhl einen Klassiker des modernen Designs. Freilich wird man fragen dürfen, ob der Stuhl etwas dafür konnte, daß Hitler auf ihm saß.[11]

Zugleich zeugen all die genannten Beispiele von einem sehr eingeschränkten Begriff von Modernität. Es handelt sich wohl am ehesten um eine Zweckfunktionalität, die im Hinblick auf die genannten Beispiele auch dem Deutschland Hitlers gewiß zugesprochen werden muß angesichts der Ideologie des Völkischen, des Rassewahns und in den Künsten des Heimatstiles und der faschistischen Monumentalbauten im gereinigten Neo-Klassizismus. Wegen all dieser Grundelemente des nationalsozialistischen Denkens und der nationalsozialistischen Ästhetik und wegen der Diffamierung der gesamten modernen Kunst als «entartet», als unsittlich, ungesund und undeutsch, aus all diesen Gründen ist schon von der Gewichtung her offensichtlich, daß die vereinzelten Beispiele von Zweckfunktionalismus das reaktionäre Hitler-Deutschland keineswegs als einen Staat mit wesentlich modernen Impulsen rechtfertigen können. Dennoch bleibt eine Spur von Zweifel, wenn man etwa die große Schar von Bauhaus-Schülern bedenkt, die ohne Schwierigkeit auch noch für die Nazis gebaut haben. Industriebauten etwa für die florierende Rüstungsindustrie waren, wie Winfried Nerdinger gezeigt hat[12], zumeist Bauhaus-Nachfolgebauten.

Zu den Opportunisten gehören aber auch so angesehene Bauhaus-Künstler wie der Graphiker, Typograph und Gestalter Herbert Beyer. 1936 hat er im Vorfeld der Olympiade einen geradezu aufregenden Werbeprospekt gemacht, der mehrsprachig einem internationalen Publikum in absolut moderner und suggestiver Bildsprache die Vorzüge und Leistungen des nationalsozialistischen Deutschlands nahebringen sollte.[13] Die Ästhetisierung der Masse war ein Gebiet, auf dem das Bauhaus durchaus Wegweiser für die Nazis hätte werden können. In diesem Zusammenhang steht auch die schmerzliche

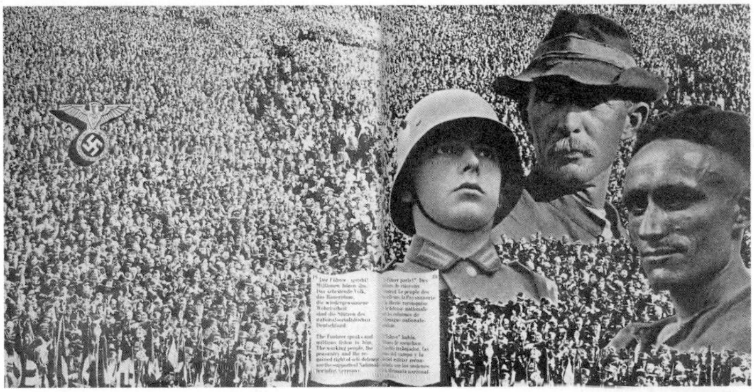

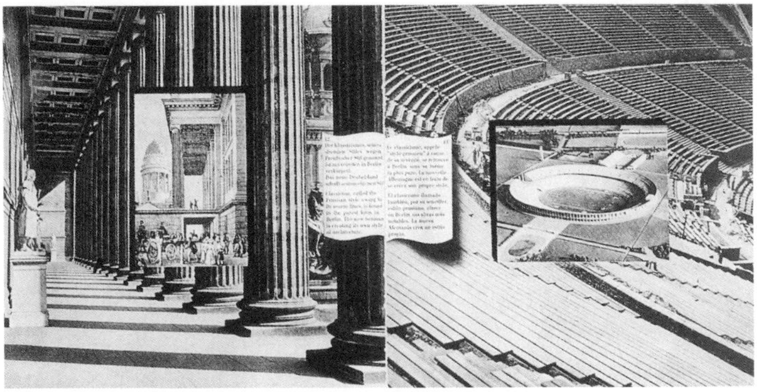

Herbert Bayer, Doppelseiten aus dem Prospekt «Große Deutsche Ausstellung zur Olympiade», Berlin 1936.

Einsicht, daß die beiden Kronzeugen des Bauhauses, sowohl Walter Gropius wie Mies van der Rohe, mit ihren Entwürfen auch nach 1934 und 1935 bei den Nazis als Architekten reüssieren wollten. Sie lieferten reine Bauhaus-Entwürfe mit Hakenkreuz-Fahnen, die auf den Plänen vor den Gebäuden eingezeichnet waren.[14] Der deutsche Geist, so die Bauhaus-Parole einst auf der Pariser Ausstellung von 1923, blieb bei Gropius auch nach seinem Umzug nach London im Herbst 1934 noch sehr, sehr deutsch. Unter Vermeidung aller Kontakte mit den deutschen Emigranten in London hat Gropius bis 1938 unbeirrt gehofft, im nationalsozialistischen Deutschland bei großen Aufträgen wieder mitwirken zu können. Erst der Wechsel in die USA auf Grund von Professuren in Harvard und Chicago Ende 1938 hat bei Gropius und Mies van der Rohe zur nötigen Klarsicht geführt.

Entsprechend unsichere Kantonisten gab es auch bei den bildenden Künstlern. Nolde und Radziwill waren seit 1933 Parteimitglieder und wurden dennoch 1937 in München als «entartet» ausgestellt und mit Berufsverbot belegt. Ernst Ludwig Kirchner reagierte 1933 auf die Aufforderung der Nationalsozialisten, freiwillig aus der Berliner Akademie der Künste auszutreten, mit völligem Unverständnis: «Seit nun bald 30 Jahren kämpfe ich durch meine Arbeit für eine neue, starke und echte deutsche Kunst und werde das tun, so lange ich lebe.» Noch 1937 schreibt er, «es wäre doch tragisch,

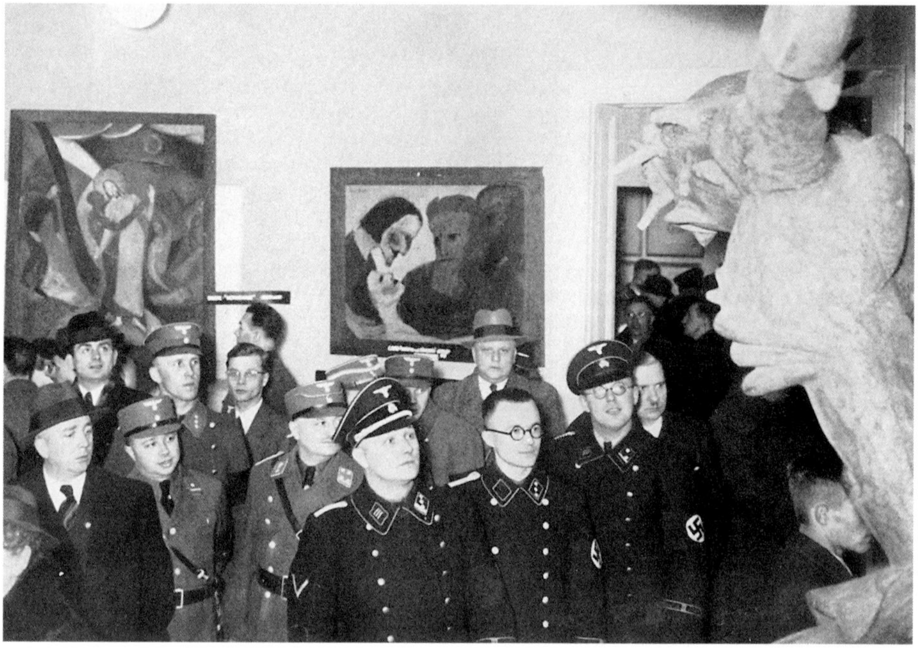

Besucher in der Berliner Version der Ausstellung «Entartete Kunst», 1938.

wenn mir, der ich mein ganzes Leben für die deutsche Kunst kämpfte, gerade von den Leuten, die doch dasselbe wollen, der Garaus gemacht wird». Doch im Februar 1938 ist er stolz, daß in der Münchner Ausstellung 20 Bilder von ihm hängen: «ich bin durch die deutschen Ereignisse tief erschüttert, und doch bin ich stolz darauf, daß die braunen Bilderstürmer auch mein Werk verfolgen und vernichten. Ich würde es als Schmach empfinden, von ihnen geduldet zu werden.»[15] Im Juli 1938 beging Ernst Ludwig Kirchner in seinem Schweizer Exil Selbstmord. Auch Schlemmer, dessen Bauhaus-Fresken in Weimar bereits 1930 auf Anordnung von Schulze-Naumburg übertüncht worden waren, rechtfertigte sich noch 1933 in Briefen an Goebbels und andere Nazi-Größen, er «fühle sich rein und meine Kunst streng den nationalsozialistischen Grundsätzen entsprechend, nämlich heroisch, stählern, romantisch, unsentimental, hart, scharf, klar, Typen schaffend». Wie wenig Schlemmers Menschentypen jedoch dem nationalsozialistischen Kunstmenschen entsprachen, zeigt der Vergleich mit den Heroen von Thorak im Haus der Deutschen Kunst. Auch Schlemmer sah seinen Irrtum rasch ein und ging verzweifelt über den «Bildersturm» und die «Schreckenskammern» der Kunst in Deutschland in die innere Emigration.[16]

Was aber wäre, und diese Frage sei als Gedankenexperiment erlaubt, wenn die Nationalsozialisten der irrigen Selbsteinschätzung von Schlemmer gefolgt wären? Was wäre, wenn die jungen Soldaten als Besucher der Ausstellung «Entartete Kunst» in Wirklichkeit als staunende und bewundernde Besucher einer expressionistischen Kunstausstellung fotografiert worden wären? Was wäre, wenn alles ganz anders wäre und die Nationalsozialisten die moderne Kunst geschätzt und ihre jungen Soldaten zu ihrer ästhetischen Bildung in die entsprechenden Ausstellungen geschickt hätten? Wenn es überhaupt etwas Gutes im Schlechten gibt, so war es Hitlers unnachsichtiger Haß gegen die Moderne, der diese in geradezu perverser Umkehrung letztlich ‹gerettet› hat. Denn was Hitler geschätzt hat, das hängt dieser Kunst bis heute als Vorwurf nach. Das gilt besonders für den Klassizismus Schinkels und seine häufig so hämisch vermerkte Rezeption durch die nationalsozialistische Architektur. Daß Schinkel lange vor Troost und Speer wirkte, ist für eine heutige Kunstkritik oft weit weniger aufregend, als daß Troost, Speer und Hitler sich auf Schinkel beziehen. Ein gleicher Fluch Hitlers liegt unabwendbar auch auf der deutschen Romantik und besonders auf Caspar David Friedrich. Daß Hitler ihn, Blechen und andere deutsche Romantiker liebte, wird nun so ausgelegt, als habe der Romantiker Caspar David Friedrich gleichsam den Irrationalismus der Nationalsozialisten verschuldet.

Das Thema «Nationalsozialistischer Bildersturm und Rettung der Moderne» hat also ein Doppelgesicht. Oder anders: Die von den Nationalsozialisten bis zur Ermordung einzelner Künstler so gnadenlos verfolgte Moderne, dies ist der Kern unserer Vermutungen, wurde vor ihrer endgültigen Vernichtung im nationalsozialistischen Deutschland auf zweierlei Weise ‹gerettet›. Einmal durch Privatsammler, Kunsthändler und kunstliebende Nationalsozialisten, die den rettenden Ausverkauf der beschlagnahmten Bestände zu Spottpreisen ermöglichten und so viele Werke, und zumeist waren es die Hauptwerke, vor der nationalsozialistischen Vernichtung wieder in sichere Hände brachten. Zum anderen ist das Ansehen der Moderne in Deutschland durch den nationalsozialistischen Bildersturm selbst ‹gerettet› worden. Durch unnachsichtige Verfolgung wurde sie vor dem Sündenfall, vor der Blamage und dem schier untilgbaren Makel ‹gerettet›, mit den Nationalsozialisten paktiert zu haben.

Ohne Schuld, ohne jegliche Schuld darf man die Moderne somit zum Widerstand gegen Hitler rechnen, und gerade darin liegt ihre Leitbildfunktion und ihre schier grenzenlose Wirkungsmöglichkeit, die ihr beim Wiederaufbau Deutschlands nach dem Zweiten Weltkrieg zukam. Unbelastet verkörperte sie ein besseres Deutschland, an das man bis in die Niederungen der beschwingt modernen Möbeleinrichtung der 50er Jahre gerne anschloß. Mit nichts war Hitler so anschaulich überwunden, als mit dem Rückgriff auf die von ihm so gehaßte Kunst. Kaum verwunderlich also, daß die Bundesregierung ihren Bonner Kabinettsaal, also das Zentrum der Regierungsmacht, mit Werken der einstigen «Entarteten» schmückt. Werke der *Brücke*-Künstler sowie von Marc und Macke bilden seit Helmut Schmidt den anregenden Hintergrund für den Kanzler und sein Kabinett.

Kaum verwunderlich auch, daß die Neue Nationalgalerie in Berlin 1968 als Museum der Moderne von einem Emigranten, von Mies van der Rohe, erbaut wurde. Auf Fotocollagen zeigt Mies die ihm besonders passend erscheinenden Kunstwerke für seinen nationalen Sühnetempel der Moderne: Picassos *Guernica*, das große Protestbild gegen die Nazis, und immer wieder Lehmbrucks feierliche Skulpturen, die von den Nazis allesamt als «entartet» diffamiert worden waren.[17] Was in der Neuen Nationalgalerie dann stattfand, war in der Tat die Rückkehr der «Entarteten» bis hin zu Ernst Wilhelm Nay, der als jüngster Künstler einstmals in der Münchner Schandausstellung gezeigt worden war und dessen Werk 1969 durch eine große posthume Retrospektive in der Neuen Nationalgalerie einen Höhepunkt seiner Wirkungsgeschichte erlebte.[18] Es war eine Leichtigkeit, ein von Schuld befreites Bewußtsein, dessen man durch den Blick auf die von Hitler so gehaßte Moderne in der Neuen Nationalgalerie teilhaftig werden konnte.

Allmählich wurde diese Leichtigkeit allerdings als allzu leicht und unerträglich empfunden. Kritische Intellektuelle und bildkünstlerisch tätige Dichter schmähten die Abstraktion plötzlich als inhaltlose Tapetenkunst.[19] Das Pathos und die Leistung der Moderne und ihres Widerstandes gegen nationalsozialistische und andere totalitäre Verfolgung war so nicht mehr glaubhaft. Ebenso wenig geeignet schien dazu freilich auch die figurative Kunst, etwa die altmeisterliche Beschwörung von *Hitler in der Hölle*, gemalt 1942 von George Grosz, oder dessen 1945 entstandener *Maler des Lochs* als Allegorie auf das Ende der Malerei im Zeichen der Atombombe.[20] All das erschien als Sackgasse der Moderne im Blick zurück auf die deutsche Vergangenheit.

Eine neue wegweisende Künstlerfigur, durch deren Werk die zeitgenössische Kunst nicht mehr nur ein beschönigender, sondern auch ein erkenntnisreicher Blick auf die peinigende jüngste deutsche Vergangenheit ermöglicht wurde, eine solche neue wegweisende Künstlerfigur der deutschen Moderne war erst wieder Joseph Beuys. Der Kriegsteilnehmer rehabilitierte als eine Mischung aus Dadaist, Sozialist und Schamane die durch Hitler und seine Kunstdiktatur korrumpierte Lieblingsvorstellung der Deutschen vom Künstler als Führer: der Künstler als eine öffentlich wirksame Leitfigur. Zugleich unterlief Beuys durch seinen Rückgriff auf neueste Formen der internationalen Avantgarde, wie Fluxus und die Arte povera, jeglichen Geschichtspomp. Gleichsam mit franziskanischer Armut und Sparsamkeit arrangiert, werden Gegenstände des Krieges wie des banalen Alltages zu bedeutsamen Ensembles. Die Folgen des Krieges und aller sonstigen denkbaren Katastrophen gewinnen bei Beuys etwa in seiner monumentalen Steinskulptur *Das Ende des 20. Jahrhunderts* erstmals wieder Anschaulichkeit in der zeitgenössischen Kunst. Erst jetzt erscheint die Moderne vom nationalsozialistischen Bildersturm und auch die deutsche Romantik von jener so verhängnisvollen Kunstliebe, die Hitler ihr entgegenbrachte, wirklich wieder ‹gerettet›.[21]

Dieser Beitrag folgt Überlegungen, die erstmals vorgetragen wurden auf dem Symposium «Verfemte Moderne. Kunst in Deutschland und Japan im Vorfeld des Zweiten Weltkrieges», Goethe-Institut Tokyo, 23. September 1995.

Anmerkungen

1 Helmut Friedel (Hrsg.), *Paula Modersohn-Becker 1876–1907. Retrospektive,* München 1997 (Ausst. Kat. München: Lenbachhaus); *Paula Modersohn-Becker in Bremen. Die Gemälde aus den Sammlungen der Kunsthalle Bremen, der Paula Modersohn-Becker-Stiftung und den Kunstsammlungen Böttcherstraße,* Bremen 1996/97 (Ausst. Kat. Bremen: Paula Modersohn-Becker-Haus).
2 *Paula Modersohn-Becker, Ein Buch der Freundschaft,* hrsg. von Rolf Hetsch, Berlin 1932.
3 Vgl. Christoph Zuschlag, *«Entartete Kunst». Ausstellungsstrategien im Nazi-Deutschland,* Worms 1995, S. 214 f.
4 Vgl. Eberhard Roters, *Galerie Ferdinand Möller. Die Geschichte einer Galerie für Moderne Kunst in Deutschland 1917–1956,* Berlin 1984, S. 171.
5 Thomas Hirthe, «Die ehemalige Sammlung Fohn: Kunst des 18. und 19. Jahrhunderts», in: Carla Schulz-Hoffmann (Hrsg.), Die Sammlung Sofie und Emanuel Fohn, Eine Dokumentation, München 1980, S. 82 ff. Vgl. auch Andreas Hüneke, «‹Dubiose Händler operieren im Dunst der Macht›. Vom Handel mit ‹entarteter› Kunst», in: *Alfred Flechtheim. Sammler. Kunsthändler. Verleger,* Düsseldorf 1987 (Ausst. Kat. Düsseldorf: Kunstmuseum und Münster: Westfälisches Landesmuseum für Kunst und Kulturgeschichte), S. 101 ff.
6 Peter-Klaus Schuster (Hrsg.), *Die ‹Kunststadt› München. Nationalsozialismus und ‹Entartete Kunst›,* München 1987, 5. überarbeitete und aktualisierte Auflage 1998, S. 8.
7 Hans-Ernst Mittig, «München, 50 Jahre nach der Ausstellung ‹Entartete Kunst›», in: *Kritische Berichte,* 16(1988)2, S. 76–88, hier S. 80 f.
8 Zit. n. Werner Haftmann, *Verfemte Kunst. Bildende Künstler der inneren und äußeren Emigration in der Zeit des Nationalsozialismus,* Köln 1986, S. 21.
9 Vgl. Stefan Germer und Achim Preiß (Hrsg.), *Giuseppe Terragni 1904–1943. Moderne und Faschismus in Italien,* München 1991.
10 Winfried Nerdinger (Hrsg.), *Bauhaus-Moderne im Nationalsozialismus. Zwischen Anbiederung und Verfolgung,* München 1993, S. 9 ff.
11 Ebd. S. 20, Abb. 13 u. S. 48 ff., Abb. 8 –10.
12 Winfried Nerdinger, «Bauhaus-Architekten im ‹Dritten Reich›», in: ebd. S. 153 ff.
13 Ute Brüning, «Bauhäusler zwischen Propaganda und Wirtschaftswerbung», in: ebd. S. 24 ff. u. S. 34, Taf. II.
14 Nerdinger (wie Anm. 12), S. 155, Abb. 2 u. S. 156 f., Abb. 4 – 6.
15 Zit. n. Peter-Klaus Schuster (Hrsg.), *Dokumentation zum nationalsozialistischen Bildersturm am Bestand der Staatsgalerie moderner Kunst in München,* München 1987, S. 32 f.
16 Zit n. Nerdinger (wie Anm. 10), S. 19. Vgl. ferner dazu Magdalena Droste, «Bauhaus-Maler im Nationalsozialismus. Anpassung, Selbstentfremdung, Verweigerung», in: ebd. S. 131 ff. Vgl. auch Schlemmers Briefe vom 25. April 1933 an Willi Baumeister und Joseph Goebbels, in: *Oskar Schlemmer, Idealist der Form. Briefe, Tagebücher, Schriften 1912–1943,* hrsg. von Andreas Hüneke, Leipzig 1989, S. 273 f.
17 Die Collagen sind abgebildet bei Gabriele Wachter (Hrsg.), *Mies van der Rohes Neue Nationalgalerie in Berlin,* Berlin 1995, S. 28 u. 31.
18 *E. W. Nay (1902–1968),* Köln 1969 (Ausst. Kat. Berlin: Nationalgalerie u.a.).
19 Zur abstrakten Kunst als unverständlicher ‹Tapetenkunst› vgl. Peter-Klaus Schuster, «Fruhtrunks Frühwerk», in: ders. (Hrsg.), Günter Fruhtrunk, München 1993 (Ausst. Kat. Berlin: Nationalgalerie u.a.), S. 29 – 41, hier S. 30.
20 Peter-Klaus Schuster (Hrsg.), *George Grosz. Berlin – New York,* Berlin 1995 (Ausst. Kat. Berlin: Neue Nationalgalerie), S. 378 –381.
21 Vgl. Peter-Klaus Schuster, «Auf der Suche nach dem verlorenen Paradies: Runge – Marc – Beuys», in: Ernste Spiele. Der Geist der Romantik in der deutschen Kunst 1790 –1990, Stuttgart 1995 (Ausst. Kat. München: Haus der Kunst), S. 47– 67.

II. Kunsthistoriker: Das Museum als ideologischer Ort

Eugen Blume

Im Bannkreis des Meisters – Ludwig Thormaehlen

Thormaehlen zählt zu jenen Figuren, die durch die besondere Ausprägung ihres Charakters an bedeutenden, uns interessierenden Bewegungen nicht nur beteiligt waren, sondern deren Richtung mitbestimmt haben. Es ist schwierig, aus den noch erhaltenen fragmentarischen Zeugnissen zu umreißen, was diese Person einmal wirklich ausgemacht hat.

Thormaehlen wurde am 24. Mai 1889 in Hanau geboren, sein Vater war Architekt, Pädagoge und Mitbegründer des Werkbundes im Kunstschulwesen. Er studierte Kunstgeschichte und neben seiner späteren Profession, sich als Museumsmann praktisch und theoretisch der Kunst zu nähern, dilettierte er als Bildhauer und schuf vor allem sensible Porträtbüsten von Stefan George und von Mitgliedern seines Kreises, die Thormaehlen besonders nahe standen. Immerhin hatte der Autodidakt Thormaehlen einen interessanten Schüler, den Schweizer Alexander Zschokke, und sein späterer Kollege, der Kunsthistoriker Alfred Hentzen, zählt ihn in seinem gleichnamigen Buch zu einem der wichtigsten «Bildhauer der Gegenwart». Die Biographie des reifen Thoermaehlen ist ganz und gar von der charismatischen Strahlkraft Stefan Georges und dessen Vorstellungen von der Welt beherrscht. Aus diesem Bund und der Treue zum Meister über dessen Tod hinaus zieht Thormaehlen den Sinn seiner Existenz. Trotzdem ist sein Weltbild nicht unmittelbar identisch mit dem Georges, schon deshalb nicht, weil es ein geschlossenes Weltbild in diesem Sinne nicht gab; auch der Meister blieb eine ambivalente Gestalt, die sich nicht in einer bestimmten Ordnung spiegeln ließ. So ist vieles, was wir bei Thormaehlen entdecken, lediglich Interpretation, die aus der gelebten Nähe zu George Anspruch auf Authentizität erhebt.

Über den George-Kreis erlangte Thormaehlen auf Empfehlung Robert Boehringers unmittelbar nach seiner Promotion, ohne das üblicherweise vorausgesetzte Volontariat, 1914 eine Anstellung als wissenschaftlicher Hilfsarbeiter an der Nationalgalerie in Berlin bei dem berühmten Ludwig Justi, den er in einem ersten Brief an seine Eltern als «Bonviant, etwas aristokratisch, Wein, Weib und Gesang» charakterisiert.[1] Thormaehlen, der 1925 Kustos und Professor wurde, war bis 1933 Justis rechte Hand und entscheidender Beförderer dessen, was die zeitgenössische Abteilung der Nationalgalerie, die Galerie der Lebenden im Kronprinzen Palais, auszeichnete. Dies ist umso erstaunlicher als beide, Justi und Thormaehlen sich bis 1918 um zeitgenössische Entwicklungen in der Kunst nicht gekümmert haben, ja ihnen bewußt abgeneigt gegenüber standen. Über Walter Kaesbach, einen noch aus der Epoche Tschudis herübergeretteten Assistenten Justis, der in dieser Zeit der einzige wirkliche Sachwalter des Expressionismus in der Nationalgalerie war, schreibt Thormaehlen im September 1914 indigniert an seine Mutter: «Kaesbach kraucht wieder herum in der Rahmenwerkstatt des Kellers, um sich für seine Nauens und Rohlfs Rahmen machen zu lassen.»[2]

In einem Brief an Ernst Morwitz schreibt Thormaehlen 1919, also im Jahr der Eröffnung des Kronprinzen-Palais, davon, «das haupt der expressionistenschule dem expressionismus abwendig zu machen. [...] Die ganze neue richtung so zunichte zu machen.»[3] Gemeint ist Erich Heckel, in den Thormaehlen große Hoffnung setzte und dessen zu jener Zeit vermeintlich beginnende festere Formensprache er unbescheiden seinem Einfluß und der Kenntnis seiner Porträtköpfe zuschreibt. Die Situation in der Nationalgalerie, in die Thormaehlen nunmehr involviert war, erfuhr nach dem Kriegsende eine entscheidende Wandlung.

Es ist hinreichend bekannt, daß Justi unter dem Verdikt des Kaisers die Hände gebunden waren, daß er selbst deutschen Impressionismus nicht in die Nationalgalerie aufnehmen konnte und sein erster wirklicher Ankauf eines impressionistischen Bildes nur mit Hilfe einer dem Kaiser vorgelegten, von Kaesbach gefälschten Abbildung gelang. Justi war trotz dieser Beschränkung seines Amtes kein Gegner der Monarchie, ganz im Gegenteil, er hielt, wie er dem im Exil befindlichen Kaiserhaus brieflich mitteilte, eine demokratische Republik für eine Katastrophe und für eine den Deutschen nicht gemäße Ordnung. Hierin war sich Thormaehlen mit ihm einig, nur hielt er Justi nicht für den Mann, der sich um geistige Ordnungen, um ein neues Reich wahrhaftig bemühte. Noch in seinen Memoiren resümiert Thormaehlen über Justi: «Er hätte Städtebauer oder Architekt werden können, wenn er Leidenschaft zur Gestaltung und nicht nur zur Ordnung und Gliederung gehabt hätte. Damit in eins geht, daß er den geistigen Werten und Leidenschaften, die aus den Formen der Kunst sprechen, nicht völlig uneingeschränkt gegenüber stand. Er begnügte sich der Aufnehmende und Begreifende zu sein, der Anerkennende und Bewundernde, Kämpfer für ein Geistiges, für ein bestimmtes Geistiges war er nicht.»[4]

Dieses bestimmte Geistige aber meinte Thormaehlen unter der Führerschaft Georges erfahren zu haben, und er glaubte zu wissen, wofür es sich lohnte seine Kräfte einzusetzen und wie das geistige Klima Deutschlands zu verändern sei. Thormaehlen war von einem Elitenbewußtsein durchdrungen, von der rettenden Führerschaft geistig und körperlich wohlgeformter antikischer Idealgestalten. In der bildenden Kunst war von diesem Ideal nach den Zerstörungen des Weltkrieges nichts zu sehen. Im Gegenteil, die ernstzunehmenden Künstler spiegelten die im Krieg erfahrene Destruktion und entwarfen eine deformierte und depersonalisierte Menschengestalt. Diesem irren Taumel scheinbar «entarteter» Figuren, der antibürgerlichen Groteske der Dadakünstler und der beginnenden abstrakten Malerei verschloß sich Thormaehlen.

In den ersten Jahren nach dem Krieg, vor allem in der Zeit der Einrichtung des Kronprinzen-Palais war Thoermaehlens Mitspracherecht in der Nationalgalerie noch nicht sehr ausgeprägt. In Briefen an die Eltern und Freunde beklagt er seine dienende Funktion. Dennoch, die grundsätzlichen Aufgaben waren klar. Der noch während des Krieges gegründete Deutsche Museumsbund hatte bereits 1918 in einer ersten Konferenz nach Kriegsende die entscheidenden Fragestellungen aus konservativer Sicht umrissen. Gustav Pauli, Fritz Wichert, Max Sauerlandt, Edwin Redslob u.a. vertraten die Vorstellung, daß die Museen bei der Wiedergeburt der Persönlichkeit, der Bildung eines Volkskörpers, der das Deutsche Reich in die ihm angeblich zustehende geistige Führungsrolle einzusetzen helfen sollte, eine außerordentlich wichtige Rolle zu spielen hatten.

Der Reichskunstwart Edwin Redslob sah den entscheidenden Antrieb der europäischen Jugend, 1914 gegen Deutschland zu kämpfen, darin, daß sie in Deutschland den Rückstand verkörpert sah. Redslob kam zu dem Schluß, und hier zitiert er den konservativen Historiker Alfred Weber, «daß der Krieg so nicht gegen uns hätte geführt werden können, wenn unsere neue Generation schon sichtbar geworden wäre.»[5] Der Kunst wurde dabei ein hoher Stellenwert eingeräumt. Noch 1928 schrieb Sauerlandt in einem seiner Briefe: «[...] wäre mehr deutsche Kunst draußen und drüben, wäre der Lügen- und Barbarenfeldzug der Kriegszeit vielleicht nicht so widerstandslos gelungen».[6]

Die Erfahrung des ästhetischen und politischen Historismus wilhelminischer Prägung, der neue Ideen nicht nur zurückdrängte, sondern das Land mit «Halbwahrheiten und Fälschungen überzog», die Aufbruchstimmung und schließlich das nicht selbst verschuldete Scheitern der Kriegsgeneration, die – wie Sauerlandt formulierte – «innerlich Sieger geblieben ist», prägte entscheidend die Vor-

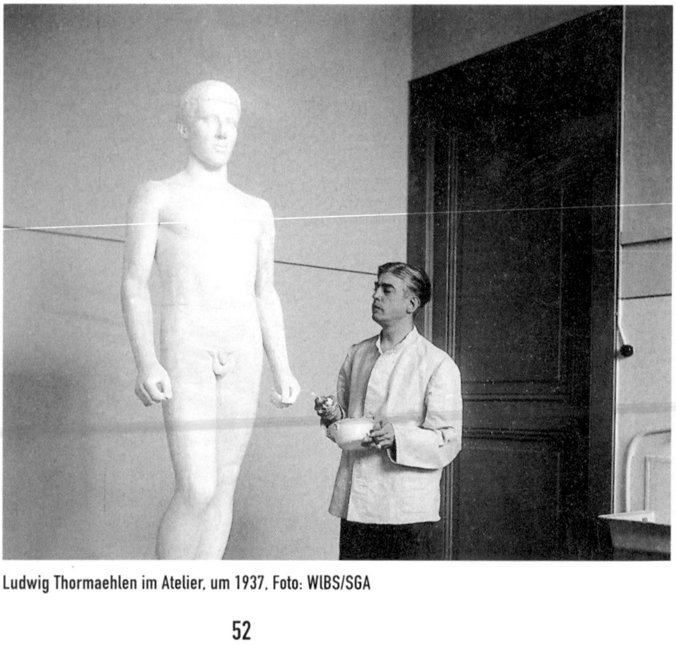

Ludwig Thormaehlen im Atelier, um 1937. Foto: WIBS/SGA

stellung von einem Kunstmuseum der Zukunft. Das Museum hatte aus dieser Sicht einen ungemein hohen Stellenwert bei der Formierung einer konservativ geprägten Gesellschaftsordnung. Es sollte zum charaktervollen Denkmal einer Überzeugung werden und nicht bloßer Versammlungsort einer Mischung beliebiger Kunstwerke sein, die unabhängig von ihrer Qualität die Kunstgeschichte dokumentierten.

Die Wiederherstellung eines echten Formempfindens aus einem einheitlichen, alle Gattungen umfassenden Stil als Voraussetzung originärer Kultur, galt den meisten als eine der wichtigsten Sinnsetzungen des beendeten Krieges. Fritz Wichert spricht mit einem Nietzsche-Zitat allen aus dem Herzen: «Hätten wir wirklich aufgehört sie [die Franzosen] nachzuahmen, so würden wir damit noch nicht über sie gesiegt, sondern uns nur von ihnen befreit haben: erst dann, wenn wir ihnen originale deutsche Kultur aufgezwungen hätten, dürfte auch von einem Triumphe der deutschen Kultur die Rede sein.»[7] Sauerlandt hatte 1914 gehofft, daß der Krieg der neuen Kunst mit einem Schlage zum Siege verhelfen und «an die Stelle des quietistischen Impressionismus die Energie des Expressionismus setzen wird.»[8]

Dem Expressionismus als neuem deutschen Nationalstil konstruierte man Wurzeln, die in der nordisch-germanischen Hemisphäre siedeln und nichts mit westlicher und östlich-slawischer Kultur gemein haben sollten. Künstler wie der ‹nordische› Edvard Munch und der vorgeblich germanische Vincent van Gogh galten als Vorbilder, nicht etwa Matisse und Picasso. Die Nationalgalerie hatte diesen Vorstellungen Rechnung zu tragen, und Justi und Thormaehlen mußte man nicht erst auf diese Linie einschwören.

Von Anbeginn war die Repräsentation der deutschen Moderne im Kronprinzen-Palais im Sinne einer selektierenden Sicht auf einen neuen deutschen Nationalstil ausgerichtet. Der von Osten her kommende religiöse Mystizismus, der besonders durch Dostojewskij auf den deutschen Expressionismus, auf die frühen Brücke-Künstler und auf Beckmann einwirkte, alle morbiden, deformierenden, auf dem ethnologischen Primitivismus beruhenden und vom klassischen Ideal abweichenden Gestaltungsprinzipien, die Depersonalisierung der Figur, veristisch-soziale Bildfindungen und ein auf den Gegenstand völlig verzichtender Abstraktionismus, der in Kandinsky als Überfremdung der deutschen Kunst gesehen wurde, gehörten nicht in das Hauptprogramm des Kronprinzen-Palais.

Eine der ersten Sonderausstellungen war die 1921 auf Empfehlung von Theodor Däubler veranstaltete Schau des italienischen, aus der pittura metafisica kommenden Neoklassizismus der Gruppe *Valori plastici,* die in Ausschnitten 1933 wiederholt wurde. Die 1933 erfolgte Erwerbung einiger dieser Bilder war für die sich zuspitzende Ideologisierung des Programms im Kronprinzen-Palais bezeichnend. Thormaehlen begrüßte in einer Besprechung die «Gewinnung klassischer Formen und traditioneller Gehalte aus den bizarren Versuchen des Futurismus, Kubismus und Dadaismo metafisico.»[9] Langsam schien sich in der Kunst das einzustellen, was Thormaehlen lange erhofft hatte. Bereits 1931/32 hatte er in der von ihm betreuten «Ausstellung neuer deutscher Kunst» in Oslo, die auf Wunsch von Edvard Munch als Gegenausstellung zu der 1927 im Kronprinzen-Palais gezeigten Munch-Retrospektive zustande gekommen war und in mehreren skandinavischen Ländern gezeigt wurde, nur dem «ausgewogenen, bereits klassisch Wirkenden den Vorzug vor dem Experiment gegeben.»[10]

In der deutschen Gesandtschaft in Oslo hielt Thormaehlen 1931 einen Vortrag, in dem er schilderte, wie er George seine Auffassung vortrug, «daß eine große Kunst- und Stil-Absicht nur von einer oder zwei Generationen erfüllt wird. Wenn die Nachfolgenden demselben Kunstziel obliegen, so kommen sie nicht weit. George widerspricht und behauptet, daß dieser Gesichtspunkt verderblich ‹modern› sei [...]. Die gewollte Stilneuerung sei modern und zerebral, eine vorwiegend hirnliche Anstrengung [...] das Neue ist meist nur eine Teilwucherung eines vordem ‹gebundenen› und ein- und untergeordnetes Kunstelement.» Thormaehlen fährt fort: «Also hat jemand wie Adolf Hitler oder der Dichter begriffen, wodurch oder woran Menschenwesen sich erhält, wo der Ausgangspunkt, wo die bleibende Höhe und das Haltgebende im Menschenwesen liegt, so hat er eine Abneigung gegen alles Verzichtende, gegen jede Form, die eine Aus-Spaltung, eine Abspaltung, ein Nachglanz, ein Reflex – wenn auch ein noch so schimmernder – einer umfassenderen Kunst und Geistes-Art ist.» Die Kunst, die hier gemeint ist, sollte in dem neuen Staatswesen erst erscheinen, denn, so Thormaehlen weiter: «Hymnik bringen von den Expressionisten nur wenig auf: Rohlfs in Luft, Türmen und Blumen (seine Menschen sind dumm), Nolde in Wasser und Wolken und Blumen (seine Menschen sind wirklich Gespenster). Feininger in Räumen, zwischen alten Mauern, Segeln und Himmel (nie Mensch). Nur Müller und Heckel bringen das Hymnische noch im Menschenbild fertig, aber Müller bei sozial zweifelhaften Halbwüchsigen – Heckel bei Clowns und Akrobaten. So auf das Ganze und das Ganze des Menschen gehende Menschen wie Hitler und George ärgert das.»[11]

Thormaehlen hatte die Auswahl für die Oslo-Ausstellung ganz in diesem Sinne getroffen, denn es kam ihm darauf an, wie Sauerlandt 1932 in einem Brief aus Oslo schrieb, «Deutschland gegenüber Frankreich in die Front zu stellen [...] die Autarkie Deutschlands zu erweisen» in der Hoffnug eines «kulturellen Zusammenschlusses der nordisch germanischen Länder von England bis Finnland.»[12] Der erste Vorsteher der Magdeburger Industrie- und Handelskammer, Fahrenholtz, schreibt 1933 an Göring, die Oslo-Ausstellung habe «Künstler wie Emil Nolde, Erich Heckel und andere Kämpfer für die Befreiung der deutschen Bildkunst aus den Einflüssen des westlichen Liberalismus» gezeigt und «bewußt jüdische und jüdisch-marxistisch verdorbene Künstler ferngehalten».[13]

Etwa zur selben Zeit verfaßte Thormaehlen eine Schrift über Kunst und Staat, in der es heißt: «Es ist ein Heil, daß wieder die Forderung nach der ‹heroischen› Gestaltung der Körperlichkeit aufgestellt wird und nicht die entgegengesetzte, die auch im

Bereich völkischer Möglichkeiten liegt: die der ‹Rune› und der faustischen Kunst. […] Nichts herrlicher, als wenn wieder einmal alle Künste sich einem großen Sein unterwürfen und an einem einheitlichen Bau des Geistes teilhätten. […] Um es allgemein und kurz zu sagen: einer Form des Mensch-Seins, die als wertvoll, lebenswahr, Staat und allgemeines Wesen haltend oder steigernd empfinden will, Genüge zu tun – diese Art zu huldigen, sie als geltend und sinnbildlich herauszustellen […] und sie schließlich als Norm zu verfertigen». Thormaehlen führt die Antike als vorbildlich an, der Krieg hätte dort die Funktion der «Auslese an männlichen und geistigen Fähigkeiten durch Geschlechter hindurch […] nur den Besten gab der Krieg Gewähr zu siegen.» Thormaehlen fährt fort: «Ein Staat und Geistesideal wie das heutige kann als Bildkunst keine Kunst der Reize nur privater Empfänglichkeit gebrauchen […] eine neue Kunst wird dinglich sein müssen. […]» Thormaehlen schreibt den Sinn für den «Adel des Gewachsenseins» – was nach seiner Auffassung zur Kunst von Bamberg und Naumburg geführt hat – dem unverbrauchten «heidnisch-germanischen Erb-Gut im Christentum» zu. Und wieder wird der Künstler mit dem Soldaten verglichen: «Wir verehren geschichtlich im wirklichen Künstler den Opfer- und Einsatzbereiten, wie wir in jedem Soldaten den Soldaten ehren.»[14]

Die Hoffnung, aus dem «öden Wartesaal», wie den Konservativen die Republik erschienen war, einen Nationalstaat zu entwickeln, der von den besten geistigen Kräften geführt würde, veranlaßte Thormaehlen, seit etwa 1931 für Adolf Hitler und den Nationalsozialismus einzutreten. In einem Brief an Goebbels bot er 1931 an – wie er später schreibt: «als uns Beamten die Israeliten verboten hatten Kontakt zur NSDAP aufzunehmen»[15] –, unbemittelte nationalsozialistische Studenten am Mittagstisch in seiner Wohnung teilnehmen zu lassen. Er forderte viele seiner Freunde, die noch dem «Stahlhelm» nahe standen, auf, in die NSDAP einzutreten und erschien selbst mit einem – freilich nur geliehenen – Parteiabzeichen am Revers in der Nationalgalerie. An vielen prominenten Orten vor wichtigen Persönlichkeiten zeichnete sich Thormaehlen durch eine schlüssige Darstellung der Ziele des Nationalsozialismus aus.

Was die Kunst anbelangte, so hatte er nicht wenig Grund zu der Annahme, daß die im Kronprinzen-Palais ausgestellte Auswahl, bis auf wenige Ausnahmen, im neuen Staat anerkannt würde. Der neue Kultur-Minister Rust sammelte Klee, Nay und Barlach, Goebbels trat für Nolde, Barlach und Heckel ein. Hitler hatte, wie Thormaehlen in einer Denkschrift von 1937 an Göring schrieb, mehrmals die Hoffnung auf einen geistigen Wandel in der Kunst ausgesprochen und sich gegen eine Herbeiführung dessen durch Druck und Terror gewandt. Thormaehlen führt ein ihm von dem Präsidenten der Akademie, Max von Schillings, berichtetes Gespräch zwischen Hitler und Schultze-Naumburg an, in dem Hitler angeblich von einer Verfehmung des Expressionismus nichts wissen wollte. Hitler habe, so Thormaehlen, mit der Genehmigung und Eröffnung der Ausstellung «Entartete Kunst» gezögert, unterstützt von Frau Troost, Leo von König und Goebbels, der das Verhängnis vom Expressionismus abwenden wollte.

Die großen Widersacher und wirklichen Verderber waren für Thormaehlen der Kreis um Julius Rosenberg und besonders der Kunsthändler Karl Haberstock, von dem er überliefert, er habe ihm im Vorzimmer des Staatssekretärs Hinkel mitgeteilt, «alle Kunstgesetze des neuen Staates, von denen Sie hören und die erlassen wurden, sind von mir vorgearbeitet und durch mich bewirkt.»[16] Haberstock habe auch jene berühmte Mappe zusammengestellt, mit deren Hilfe Schultze-Naumburg bei Hitler einen Gesinnungswandel erreicht hatte.

Zu tief waren Thormaehlens Einlassungen mit der Ideologie des NS-Staates, als daß er daran glauben konnte, daß von dieser Seite willentlich das zerstört und ausgegrenzt wurde, was ihm gerade im Sinne dieses neuen Staates als die wichtigsten geistigen Kräfte erschien. Welche Ironie des Schicksals, daß gerade Schultze-Naumburg in seinen demagogischen Vorträgen gegen die sogenannte Verfallskunst als leuchtendes Gegenbeispiel, als Beispiel erwünschter Kunst, den Magdeburger Kopf, das Krieger-Ehrenmal von Thormaehlen im Dom zu Magdeburg anführte.

Thormaehlen hatte auf ein Reinheitsprinzip gesetzt, das nur Männern gestattete, die Führung zu übernehmen, die – ähnlich wie der Künstler – einen Opfergang im geistigen Sinne vollzogen haben, der sie geläutert hervortreten läßt und sie von aller Wankelmütigkeit befreit. 1941 schreibt er an Frank Mehnert: «Laßt keine Mächte und keine Kräfte zweiter Ordnung als ‹erste› fungieren, oder schiebt sie nicht in die Bahn der ersten ein, haltet sie heraus!»[17] Die Kräfte erster Ordnung in der deutschen Bewegung, zu denen für ihn an erster Stelle natürlich Stefan George, aber besonders nach dessen Tod – in der Annahme einer ähnlichen Gesinnung – Adolf Hitler und ein Teil der NS-Aktivisten gehörten, hatten für ihn nach 1937 diesen grundlegenden Fehler begangen. Sie hatten der von ihm verachteten Schicht zur Macht verholfen.

Seinen Feind Rosenberg empfand er «als kalt, grausam, gefühllos wie ein Asiate oder Lette». Für Thormaehlen war nach seiner großen Enttäuschung «Das ganze, wie wenn etwa die Dienstboten und prächtigen Kutscher einer Herrschaft in deren Abwesenheit deren Fräcke und Abendkleider anziehen und es sich nicht nur im Salon gemütlich machten, sondern auch auf das Büro des Herrn gehen und dort deren Obliegenheiten als Bank- und Fabrikdirektoren plötzlich übernehmen und nun aus dem Stehgreif selbst lenken und leiten. Kurz: Bolschewsimus der weißen Neger».[18] 1948 schreibt er an Robert Boeringer: «Nach einem angehörten Vortrag des Herrn Streicher äußerte ich zu meiner Umgebung lachend: Also Quintessenz: schlagt die Juden tot, wir wollen selbst die Juden sein.»[19]

Wie viele seiner Zeitgenossen war er trotz hervorragender jüdischer Intellektueller wie Friedrich Gundolf und Karl Wolfskehl im George-Kreis ein bekennender Antisemit und zwar auch noch nach dem Kriege, also nach Ausschwitz. In besagtem Brief an

Boeringer schreibt er: «Ich bitte meine Abneigung gegen immer wiederkehrende Gepflogenheiten der Kinder Israel – blinder Rachedurst und zwanghafte Vorstellung der Obliegenheiten anderer – nicht mit Nazifreundschaft, gar Bindung zu identifizieren. Beide Sorten sind und waren mir in gleicher Weise von je zuwider.»[20]

Zu den erwähnten Kräften zweiter Ordnung, wenn nicht gar noch niedriger angesiedelt, gehörten für Thormaehlen die Juden. Aus tiefster innerer Überzeugung hielt er, wo er konnte, Juden von den Orten fern, an denen ein neues geistiges Deutschland aufscheinen sollte. Thormaehlen, dem Justi alle Personalangelegenheiten der Nationalgalerie überlassen hatte, sorgte bewußt dafür, daß kein Jude eine Anstellung fand. Seine Phantasien über Merkmale der jüdischen Rasse, die er gegen 1934/35 zu Papier brachte, befinden sich angeblich über weite Strecken in Übereinstimmung mit dem Dichter, wie er George nennt, der sich bekanntlich nie eindeutig zur sogenannten Judenfrage geäußert hat.[21]

Thormaehlens Antisemitismus ist insofern an dieser Stelle von Interesse, als er mit seinen ästhetischen Vorstellungen, seinem Reinheitsempfinden in Geistesangelegenheiten sehr viel zu tun hat. Als Zeugen ruft er einen Mitstreiter Georges auf, Paul Gerardy, der 1897 in einer Rede über Arnold Böcklin behauptet hatte: «Die Deutschen seien widerstandsloser und mehr gefährdet gegenüber den Einwirkungen von seiten jüdischer Geistigkeit als jedes der romanischen und angelsächsischen Völker.»[22] Wenn wir uns daran erinnern, was Thormaehlen von einer neuen Kunst, einer neuen Geistigkeit in Deutschland erwartete, so waren es für ihn vorwiegend die Juden, die das Heraufkommen dessen behinderten, denn «Wo Ordnung ist, können sie nicht leben, da hat ihre Fähigkeit und Tätigkeit keinen Sinn mehr, ja dann ist ihr Bestreben, aufzulösen [...] Ihr Lebenselement ist die Auflösung.»[23]

Über eine der interessantesten Begabungen im Kreise Georges, über Karl Wolfskehl, schreibt Thormaehlen: «Er war von einem unerschütterlichen Glauben an die Größe, die Macht und die Bedeutung des Dichters besessen, was ihn nicht hinderte, ebenso anderen Tendenzen, wie denen des Dadaismus, des Kubismus, des Zionismus, des Kommunismus anzuhängen. [...] Er [George] hatte in der Gestalt Wolfskehls die ganze moderne Gegenwelt, die Welt, die gegen seine Welt stand.» Und schließlich: «Juden wollen regiert sein und eine feste Hand über sich spüren, sie wünschen die Zügel, sonst sind sie nicht glücklich und gedeihen nicht. Der Druck erst führt sie zur Besinnung und macht sie gesund. Ohne Zwang, ohne Druck, sich selbst überlassen, vor allem ihrer Entscheidung überlassen richten sie andere und sich zugrunde.»[24] 1948 schreibt Thormaehlen: «Mein einstiger Wunsch, das gebe ich heute noch zu, war, dass den Übergriffen und dem Terror der Kinder Israel einmal, wenigstens gelinde das Handwerk gelegt wird [...] Dass die Zurückweisung und Ausschaltung so blutig werden könnte hatte ich mir allerdings nicht träumen lassen [...]», und am Ende des Briefes: «Nicht gegen die armen Juden, aber etwa gegen arme Pharisäer, hege ich, sagen wir gelinde so etwas Mitleid».[25]

Anmerkungen

1 Ludwig Thormaehlen, Brief an die Eltern, 4. Februar 1914, Nachlaß Ludwig Thormaehlen, Württembergische Landesbibliothek Stuttgart, Stefan George-Archiv (= WLBS/SGA).
2 Ebd.
3 Ludwig Thormaehlen, Brief an Stefan George, undat. [28. Januar 1919], Nachlaß Ludwig Thormaehlen, WLBS/SGA.
4 Ludwig Thormaehlen, *Erinnerungen an Stefan George,* hrsg. von Walter Greischel, Hamburg 1962, S. 20.
5 Edwin Redslob, «Zeitgenössische Kunst in öffentlichen Sammlungen», in: Deutscher Museumsbund (Hrsg.), *Die Kunstmuseen und das deutsche Volk,* München 1919, S. 69.
6 Max Sauerlandt, *Im Kampf um die moderne Kunst. Briefe 1902–1933,* hrsg. von Kurt Dingelstedt, München 1957, Bd. 2, S. 553.
7 Fritz Wichert, «Die Bildende Kunst als Mittel der Selbstgestaltung des Volkes», in: Deutscher Museumsbund (wie Anm. 5), S. 22.
8 Sauerlandt (wie Anm. 6), Bd. 2, S. 546.
9 Ludwig Thormaehlen, «Neue Italienische Malerei im Kronprinzen-Palais», in: *Museum der Gegenwart,* 2(1933)4, S. 140.
10 Thormaehlen (wie Anm. 4), S. 270.
11 Ludwig Thormaehlen, *Stefan George und die Kunst,* Vortrag in der Deutschen Gesandtschaft in Oslo, undat. [Ende 1931], Typoskript, WLBS/SGA.
12 Max Sauerlandt, Brief an Lotte, Oslo, 16. Januar 1932, in: ders. (wie Anm. 6), Bd. 2, S. 389.
13 W. A. Farenholtz an Göring, 25. Juni 1933, Nachlaß Ludwig Justi, Zentralarchiv Akademie der Wissenschaften, Berlin, Nr. 448.
14 Ludwig Thormaehlen, *Kunst und Staat,* Typoskript, undat. [etwa 1933], Nachlaß Ludwig Thormaehlen, WLBS/SGA.
15 Ludwig Thormaehlen, *Verteidigungsschrift,* Typoskript, undat. [nach 1936], Nachlaß Ludwig Thormaehlen, WLBS/SGA.
16 Ludwig Thormaehlen, *Über die Korruption in Kunstangelegenheiten, Kunsthandel und Museumsleitungen – Denkschrift, gerichtet an den Ministerpräsidenten von Preußen, Hermann Göring,* Oktober 1937, Typoskript, Nachlaß Ludwig Thormaehlen, WLBS/SGA.
17 Ludwig Thormaehlen, Brief an Frank Mehnert, 11. Januar 1941, Nachlaß Ludwig Thormaehlen, WLBS/SGA.
18 Ludwig Thormaehlen, Brief an Adolf … [?], 21. Januar 1947, Nachlaß Ludwig Thormaehlen, WLBS/SGA.
19 Ludwig Thormaehlen, Brief an Robert Boehringer, 12. August 1948, Nachlaß Ludwig Thormaehlen, WLBS/SGA.
20 Ebd.
21 George wich einer eindeutigen Stellungnahme zum Judenproblem bis zu seinem Tode aus. 1933 wurde er von Ernst Morwitz in Thormaehlens Wohnung danach gefragt. George antwortete: «Ob ein solches Begehren nicht zwergisch sei angesichts einer ungeheuerlichen, nur von ihm erahnbaren Zukunft!», zit. n.: Klaus Kyriander, *Vom Vater zum Sohn. Eine mehr oder weniger sokratische Apologie,* Ettenheim o.J. [1977], S. 40.
22 Ludwig Thormaehlen, *Über die sogenannten «Schimpfworte» von Stefan George unter «Juden»,* undat. Typoskript, Nachlaß Ludwig Thormahlen, WLBS/SGA.
23 Ebd.
24 Ebd.
25 Thormaehlen (wie Anm. 19).

Andrea Bärnreuther

Ludwig Justi und das Völkische

«So bestand zu Beginn des zwanzigsten Jahrhunderts die Tatsache, daß die alten großen organisierten Mächte dem echten Künstler nichts boten, wenn er unter den Sternen schuf, die seiner Geburt geschienen hatten [...]. Wie herrlich dagegen die alten Mosaiken und Glasfenster, Darstellungen des nie Gesehenen aber wirklich Geglaubten! Welch erhabener Himmel von hohen Gedanken, welch reiche Welt tiefer Empfindungen ist in diesen streng gebundenen Werken enthalten, wie oberflächlich erscheint dagegen das meiste aus den späteren Jahrhunderten. Und sogar die Schnitzereien der ‹wilden› Völker: wie zwingend waren diese seltsamen Dinge – für die Stammesgenossen gemacht, die aus tiefen und festgegründeten Ängsten solchen Zauberdingen nahten. Wovor fürchtete sich der aufgeklärte, bilderkaufende Europäer? Gegen alle Gefahren gab es Versicherungs-Gesellschaften. Der Weltkrieg brachte Sturm in diese Windstille.»[1]

Nach dem Ende des Ersten Weltkriegs war Ludwig Justi mit der Gründung des Kronprinzenpalais ins Kreuzfeuer der Kritik geraten. Das Skandalon: Derselbe Justi, der seit 1915 mit großer Emphase die Idee eines Reichskriegsmuseums lanciert und propagiert hatte, schien mit fliegenden Fahnen zur Republik übergelaufen zu sein, um nun einen «zeitgemäßen Proletkult» zu treiben. War Justi der gesinnungslose Taktierer, gegen den Karl Scheffler 1921 in seiner Philippika *Berliner Museumskrieg*[2] so schwere Geschütze auffuhr, daß er sogar seine Entlassung aus dem Amt des Direktors der Nationalgalerie forderte? «In seinen Instinkten reaktionär» – «als Kunstpolitiker aber ungemein wandlungsfähig», dieses Verdikt verfolgte Justi bis zu seiner Beurlaubung und Versetzung durch die Nationalsozialisten am 1. Juli 1933. Auch Adolf Behne, der Anfang Januar 1933 eine Diskussion im Kunstclub lancierte, die Justi nationale Beschränktheit – «Germano-Manie» – vorwarf, witterte Konjunkturpolitik.[3] Erst sein Schicksal im nationalsozialistischen Deutschland hat Justi als Kämpfer für die moderne Kunst rehabilitiert.

Man wird Justi nicht gerecht, wenn man seine irritierende Museumspolitik hinter dem Bild des Streiters für die expressionistische Kunst verdrängt. Vieles spricht dafür, daß sich Justi auch dann in der Kontinuität seines Denkens bewegte, wenn sein Handeln scheinbar Widersprüche formulierte.

Justis Denken kreist um die von Hegel inspirierte Frage, ob und unter welchen Bedingungen «Kunst nach ihrer höchsten Bestimmung» im bürgerlichen Zeitalter noch möglich sei. In der rückwärtsgewandten Utopie artikuliert sich ein tiefes Unbehagen an der Kultur seiner Zeit und insbesondere am zeitgenössischen Kunstbetrieb. Die Kunst, aus der Justi Maßstäbe auch zur Beurteilung der Gegenwartskunst gewann, und die ihn auch emotional am meisten berührte, war die Kunst der Romantik, die er als eine andere in sich geschlossene Reihe «zu Thoma hin und weiter zu Caspar Friedrich, zu den Lukas-Brüdern und Carl Philipp Fohr, und schliesslich zu den Meistern der hohen und späten Gotik, zu Grünewald»[4] begriff.

Justis Kunstauffassung und seine Kunsterwartung waren in seinem Selbstverständnis verankert, in dem «Abstammung» und «Überlieferung» die Eckpfeiler bildeten.[5] Er sah sich in eine Traditionslinie gestellt, die vom Uradel der Staufer-Zeit, Ahnen aus dem Ritterstand, über goethesche Erblinien bis zu einem alten deutschen Gelehrtengeschlecht führte, und in der er «die allgemeine geistige Entwicklung in Deutschland» gespiegelt fand. Was Justi in der Kunst suchte, war eine geistige Welt jenseits der als nüchtern und banal empfundenen Wirklichkeit der bürgerlichen Welt. Der Impressionismus als Weltanschauung, so wie ihn Max Liebermann und seine Mitstreiter verstanden, bildete seinen schärfsten Angriffspunkt.[6] Er identifizierte ihn mit «genießerischem Großbürgertum» und «artistischer Feinschmeckerei» und sah ihn als Entfremdungsphänomen, als Schlußpunkt der Spaltung der «Künstler-Kunst» von der «Publikums-Kunst»; die damit verbundene Forderung nach «Autonomie der Kunst» schien ihm ein Irrweg, der letztlich den Abgesang der Kunst bedeutete.

Die Idee eines Reichskriegsmuseums zu betreiben[7] und sich für die ästhetische Moderne zu engagieren, – darin lag für Justi kein Widerspruch. Hätte er den Weltkrieg nach der Ernüchterung vielleicht nicht mehr als «das deutsche Wunder, die grösste Leistung eines Volkes so lange es Geschichte gibt» apostrophiert[8], so sah er den Krieg letztlich doch als heilsam in der Zurückdrängung aller Partikularinteressen und zur Festigung der «Volksgemeinschaft»: als Promotor des geistigen Umbruchs und Schrittmacher zur Überwindung der spätbürgerlichen Gesellschaft.[9] Und diese Bedeutung hatte für ihn auch die expressionistische Malerei: ein «Wetterleuchten der Zukunft, die da kommen sollte, die äußerlich und vor allem innerlich das Dasein auf andere Bahnen bringen sollte».[10]

Justi gelangte mit seiner weit in den gesellschaftspolitischen Raum vordringenden Kunsterwartung an den Punkt, daß ihm «die Trennung zwischen dem, was nun Kunst im eigentlichen und höchsten Sinne sein will, und der Masse des Geschaffenen, die dagegen als Unkunst gelten soll»[11], nicht zu überbrücken schien. Die Wertmaßstäbe, die das Kunsturteil objektivieren sollten, glaubte er in ewigen, in der menschlichen Natur begründeten Formgesetzen und in der «Volksgemeinschaft» – den Berufungsinstanzen der Romantik – zu finden. Doch ging er nie so weit, einen unwandelbaren Volkscharakter dekretieren zu wollen. Wie der einzelne Mensch – «in jedem Augenblick ein anderes Netz von geistigen Fäden»[11] – so der «Gesamtgeist des Volkes, der Zeit: sein Leben verläuft in einem fortwährenden Sichverhalten der Anschauungen und Ziele [...]. Wenn die Kunst das Wesen des einzelnen schöpferischen Menschen am genauesten ausdrückt, so ist sie auch die feinste Gestaltung des Gesamtgeistes und daher einer ständigen Umlagerung unterworfen.»[12] Mit der Auffassung der Kunstgeschichte als Teil der Geistesgeschichte, als einem «stets neue Voraussetzungen des individuellen Schaffens und stets neue Entwicklungsreihen hervorstoßenden Prozeß»[13], an der auch Justi partizipierte, war der Verabsolutierung des «Volksgeistes» Einhalt geboten.

Der «Kampf der Meinungen» galt ihm als «Zeichen der Lebendigkeit und des schönen Gefühls, daß alles Schöpferische innerhalb einer seelischen Gemeinschaft bleiben sollte».[14] «Gegensätze, die einander auszuschließen scheinen [...] entsprechen der Vielfältigkeit des Blutes und der Geschichte auf der deutschen Erde; sie sind seit je ein Quell unseres geistigen Reichtums gewesen.»[15]

Justi begriff seine Aufgabe als Leiter eines «Museums der Gegenwart» als «Gestaltungsakt» – eine «lebenwirkende Aufgabe», die darin bestehen sollte, eine Vorstellung vom «Formsuchen unserer Zeit» zu geben und dabei «die echten schöpferischen Kräfte» erkennbar werden zu lassen, um «den Strom des geistigen Gestaltens» zu klären und zu fördern: «aus der Anhäufung von entwurzelten Dingen» einen «geistigen Organismus schaffen»: «Auf der höchsten Stufe wird die Sammlung zum Kunstwerk: wenn Bau und Bestand von hohem Rang sind und beide vollkommen ineinander aufgehen.»[17]

Zu einer Zeit, da das Kunsturteil zerfallen, und die Kunst «atomisiert», in den Augen vieler ihre Bedeutung als Kulturfaktor zu verlieren schien, wiederholte Justi den Balanceakt der Romantik, eine dem einzelnen Künstler überantwortete Kunst mit der Aufgabe der Lebensgestaltung und Sinnstiftung zu belasten und damit einem ständigen Rechtfertigungszwang auszusetzen. Die Berufung auf «Natur» und «Volksgeist» als Legitimationsinstanzen war für Justi die Voraussetzung, der Kunst im emphatischen Sinn «ihre Bedeutung für die Gesamtheit des geistigen Lebens zurückzugeben». Eine gefährliche Konstruktion, mit der ein Weg beschritten wurde, der die Freiheit der Kunst aufs Spiel setzte, um den längst obsoleten Anspruch auf Verbindlichkeit geltend zu machen. «Da das Kunstwerk vom Geiste des Künstlers geschaffen wird, richtet sich sein Wert nach dem Rang dieses Geistes.»[18] Damit verschob sich das Kunsturteil aus dem Bereich der Ästhetik in den Bereich der Politik.

Mit der Ablehnung des gesamten malerischen Œuvres von George Grosz sowie der Gemälde von Otto Dix – mit Ausnahme seiner Porträts – gewinnt der Begriff der «sozialen Kunstpflege», den Justi zeitgemäß gebrauchte, Kontur. Die Grenzen waren für ihn dort überschritten, wo seitens «der Kämpferischen» der Boden der Volksgemeinschaft verlassen und – aus seiner Sicht – Partikularinteressen verfolgt wurden.[19] Im Fall Dix bekannte Justi in einem Schreiben an den Künstler vom 12. April 1933, wie sehr ihn seine Dirnen- und Kriegsdarstellungen mit «Entsetzen und Abscheu» erfüllten, er aber andererseits seine «ungewöhnliche Begabung» bewunderte, – um schließlich eine Perspektive zu skizzieren, die Dix «an einer ins Positive gewendeten schöpferischen deutschen Kunst» mitwirken sah: «Gelingt die gewünschte Umwandlung des Volkes, von der Wurzel aus, so halte ich es für möglich, dass auch Sie einer solchen Wandlung nicht fern bleiben würden, da nach allen geschichtlichen Erfahrungen der begabte und gereifte Künstler zu gestalten pflegt, was sein Volk wahrhaft bewegt.»[20]

Justi ging nie so weit, ‹das Deutsche› von der Kunst zu fordern oder einzuklagen. Doch wollte er die Voraussetzungen schaffen. In diesem Sinn forderte er in einer Reportage «um deutsche Kunst»: «Stellt den Künstlern Aufgaben einer volkstümlich deutschen Kunst, auf die sie warten! Sucht eine Bindung zwischen Volk und Künstlern zu schaffen! Dann handeln wir im Sinne einer Verdeutschung der Kunst.»[21]

Sinn und Rechtfertigung der Kunst – der «deutschen Kunst» – lagen für Justi darin, daß sie «durch die künstlerische Form seelische Werte» gestaltete. Die Rolle, die er ihr «im geistigen Haushalt Europas» zuwies, war therapeutischer Natur: «Wie soll sich eine zarte Seele heute retten vor all den immer neuen schrecklichen Stößen, deren einer allein ihren Vorfahren den Lebensmut vernichtet hätte?»[22] «Zwischen fast erschreckendem Ernst und schmetterlinghaftem Spiel», zwischen den Polen von Nolde und Klee – «genau dem Zustand der deutschen Seele nach den Schrecken der nahen Vergangenheit und in der Not der Gegenwart entsprechend»[23] – erstreckte sich für ihn die Kunst, die solches leistete: «Nolde baut aus starker innerer Anschauung eine geheimnisvolle Wirklichkeit, auf höherer Ebene sozusagen, Klee spielt mit seiner Erfindungsfülle, zaubert das Unwahrscheinliche, Unmögliche wie in holdfarbigem Traum. Damit kommt er jener seelischen Haltung entgegen, die in empfindsamen Menschen den Schrecken des Krieges und der nächsten Jahre gefolgt ist, jener Scheu vor der großen Erregung und dem Ernst des Schicksals; und zugleich entspricht seine Kunst jener Übermüdung durch das schulmäßig Europäische, [...] hier ist alles, was die kunstempfängliche Seele des gegenwärtigen Europäers [...] braucht, was sie entzückt und dankbar macht: [...] jedes Bild eine ganz eigene überraschende Schöpfung von Grund auf [...].»[24]

Justis Glaube an den mystischen Grund der Kunst im «Volksgeist» schlug eine Brücke zum Nationalsozialismus, doch eignete sich weder die Auffassung der Kunst als Ausdruck eines geistigen Prozesses noch die ihr zugewiesene therapeutische Funktion dazu, die Kunst als Herrschaftsinstrument zu begründen. Politisch mißbraucht wurden dagegen die Kriterien, auf die sich auch Justi zur Erkennung «deutschen Ausdruckscharakters» in der Kunst berief[25]: die schaffende Persönlichkeit – «der germanische Künstler» –, die Verankerung in der Tradition und der Unterschied von der Kunst anderer Völker.

Es scheint bis heute schwerzufallen, sich dem von Justi mitgeprägten Bild einer «deutschen Kunst» zu entziehen, wenn von Kunst im Deutschland des 20. Jahrhunderts die Rede ist. Neu aufgelegt geisterte das «Kunstwollen im Deutschland des 20. Jahrhunderts» sechzig Jahre später im Katalog der Ausstellung *Deutsche Kunst im 20. Jahrhundert* (London und Stuttgart 1986) als «Feuerriß durch die Welt»: als «existentielle Selbstbehauptung», als Sehnsucht, «durch die Bilder hinter die Dinge der faßbaren Realität zu blicken und doch noch einen als verloren empfundenen Sinnzusammenhang zutage zu fördern», «als Weg zu einer besseren und erhabeneren Form des Lebens», als ein «beständiges Koordinatensystem in der visuellen Kultur [...], das von der expressiven Vision und dem durch die Romantik geprägten Weltgefühl bestimmt wird».[26]

Justi hat der Frage nach einer spezifisch «deutschen Kunst» eine die ästhetische Moderne einschließende Wendung gegeben. Siegfried Gohr hat mit der Einführung der «Wunde» als Leitmotiv für die Betrachtung der «deutschen Kunst» im Katalog zur Ausstellung *Deutschlandbilder* (Berlin 1997)[27] ihren Begriff gänzlich von stilistischen Vorstellungen befreit. Bleibt zu fragen, inwieweit das in seinen Grundzügen fortgeschriebene Bild einer «deutschen Kunst», das sich als Projektion einer in der deutschen Geschichte gründenden Kunsterwartung zu erkennen gibt, noch die Komplexität eines Gegenstandes trifft, der hinsichtlich der Existenzbedingungen und Ausdrucksmöglichkeiten der Kunst sowie der politischen, wirtschaftlichen und kulturellen Herausforderungen unserer Zeit nicht mehr derselbe ist, der Justi vorschwebte.

Anmerkungen

1 Ludwig Justi, *Von Corinth bis Klee,* Berlin 1931, S. 102.

2 Karl Scheffler, *Berliner Museumskrieg,* Berlin 1921, S. 96 ff.; vgl. dazu die Verteidigungsschrift: Ludwig Justi, *Habemus Papam,* Berlin 1921.

3 Zu Behnes Auseinandersetzung mit Justis Museumspolitik siehe den Nachlaß Justi im Akademiearchiv der Berlin-Brandenburgischen Akademie der Wissenschaften (= BBAW, Akademiearchiv), Nachlaß Justi 453.

4 Ludwig Justi, *Volkstum und öffentliche Kunstsammlung,* Manuskript, undat., S. 5, BBAW, Akademiearchiv, Nachlaß Justi 179.

5 Ludwig Justi, *Memoiren,* Manuskript, undat. [ca. 1935/36], S. 1–84, Zentralarchiv der Staatlichen Museen zu Berlin und BBAW, Akademiearchiv, Nachlaß Justi.

6 Ebd. S. 535; vgl. auch Justi (wie Anm. 1), S. 12 ff.

7 Ludwig Justi, «Das Kriegsmuseum», in: ders., *Im Dienste der Kunst,* Breslau 1936, S. 272 ff. (geschrieben 1917 im Namen des Kriegs-Ministeriums und im Einvernehmen mit der Obersten Heeresleitung).

8 Ludwig Justi, *Reichskriegsministerium,* Denkschrift an Kaiser Wilhelm II. (1916), zit. n. den *Memoiren* (wie Anm. 5), S. 494.

9 Justi (wie Anm. 1), S. 108; ders. (wie Anm. 2), S. 19.

10 Ludwig Justi, *Neue Kunst. Ein Führer zu den Gemälden der sogenannten Expressionisten in der Nationalgalerie,* Berlin 1921, S. 8, BBAW, Akademiearchiv, Nachlaß Justi 133.

11 Ebd. S. 15.

12 Ebd. S. 5.

13 Max Dvořák, *Kunstgeschichte als Geistesgeschichte,* München 1928, Vorwort der Herausgeber Johannes Wilde und Karl M. Swoboda.

14 Justi (wie Anm. 10), S. 5.
15 Justi (wie Anm. 1), S. 198.
16 Siehe die programmatischen Äußerungen von Ludwig Justi in der von ihm herausgegebenen Zeitschrift *Museum der Gegenwart. Zeitschrift der deutschen Museen für neuere Kunst,* 1(1930)1, S. 28.
17 Ludwig Justi, «Das Museum der Gegenwart», in: ders. (wie Anm. 7), S. 292 (geschrieben 1932 für eine Tageszeitung).
18 Ludwig Justi, *Über Kunstwerke als Ergebnis gesellschaftlicher Wandlungen,* Manuskript, undat., S. 43, BBAW, Akademiearchiv, Nachlaß Justi 277; vgl. ders. (wie Anm. 10), S. 14.
19 Justi (wie Anm. 1), S. 182 ff.
20 Brief Ludwig Justis an Otto Dix, 12. April 1933, BBAW, Akademiearchiv, Nachlaß Justi 803.
21 Ludwig Justi, «Um deutsche Kunst», Reportage «Zum Thema des Tages», Verlag Presse-Tagesdienst, BBAW, Akademiearchiv, Nachlaß Justi 337.
22 Justi (wie Anm. 1), S. 189 f.
23 Ebd. S. 197.
24 Ebd. S. 193 f.
25 Justi (wie Anm. 21).
26 Christos M. Joachimides, «Feuerriß durch die Welt», in: Christos M. Joachimides, Norman Rosenthal und Wieland Schmied (Hrsg), *Deutsche Kunst im 20. Jahrhundert. Malerei und Plastik 1905–1985,* München 1986 (Ausst. Kat. Stuttgart: Staatsgalerie und London: Royal Academy of Arts), S. 11.
27 Siegfried Gohr, «‹Die Wunde› – ein Leitmotiv für die Betrachtung der deutschen Kunst», in: Eckhart Gillen (Hrsg.), *Deutschlandbilder. Kunst aus einem geteilten Land,* Berlin 1997 (Ausst. Kat. Berlin: Martin-Gropius-Bau), S. 22–31.

Kurt Winkler

Max Sauerlandt – Das expressionistische Museum und die konservative Revolution

«Euer Exzellenz haben es für richtig gehalten [...] die schärfsten Angriffe gegen die Sammelpolitik der deutschen Städte und ihrer ‹jungen› Sammlungsdirektoren zu richten [...] Ew. Exzellenz sind diese Werke anstößig – ohne daß Sie sie gesehen hätten, und ohne sie gesehen zu haben, glauben Sie mit Fanfaren zum Sturm [...] blasen zu müssen [...] Die ‹Modernsten› dürfen nach Ew. Exzellenz Meinung von einer öffentlichen Kunstsammlung nicht gekauft werden, weil sie dem ‹einfachen Kunstfreund› ‹unverständlich und abschreckend› sind [...] Ew. Exzellenz sind, meine ich, zu gut, um weiter die Rolle eines Don Quijote zu spielen, der gegen Windmühlen kämpft. Oder meinen Sie im Ernst, die frische Entwicklung der neuen deutschen Kunst durch Feuilletons aufhalten zu können [...]?»[1]

Mit diesen kämpferischen Worten verwahrte sich der Direktor des Städtischen Museums für Kunst und Gewerbe in Halle, Max Sauerlandt, im April 1914 gegen einen öffentlichen Angriff Wilhelm von Bodes.[2] Bodes Attacke gegen die Ankaufspolitik der jungen Museumsleiter hatte sich an der Erwerbung von Emil Noldes *Abendmahl* für die Hallenser Sammlung entzündet, einer der frühen und spektakulären Ankäufe expressionistischer Kunst für ein staatliches bzw. kommunales Museum. Die Kontroverse Sauerlandt versus Bode fand landesweit ein großes Echo, nicht zuletzt da sie in einer Reihe mit mehreren ähnlich gelagerten Fällen stand, der «Tschudi-Affäre» von 1908, dem «Böcklin-Streit» zwischen Julius Meier-Graefe, Max Liebermann und Henry Thode von 1905, dem «Bremer Kunststreit» zwischen Gustav Pauli und Carl Vinnen von 1911.[3]

In all diesen Auseinandersetzungen um die moderne Kunst in Deutschland schwang ein ideologisches Motiv mit: Durch die Aufnahme ausländischer, vor allem französischer Moderne und ihrer angeblichen Epigonen, den deutschen Sezessionisten, vergingen sich, so der Vorwurf, die öffentlichen Sammlungen an ihrem Auftrag, nationale Kulturgüter zu repräsentieren. In diesem Konflikt unterschied sich die Position Sauerlandts von der der Protagonisten der Museumsreform der Jahrhundertwende. Hatten etwa Tschudi und Osthaus die Moderne als internationale Bewegung gegen einen ästhetisch konservativen Begriff nationaler Kunst verteidigt, so postulierte Sauerlandt 1914 gerade die seit etwa zehn Jahren entstandenen Werke der expressionistischen Avantgarde als die eigentliche und die gegenwärtige Verkörperung deutscher Kunst – eine Frontenverschiebung, die bis 1933 folgenreich nachwirkte.

Mit seiner Replik auf den mächtigsten Museumsmann Europas hatte Sauerlandt für die ganze Generation der im ersten Jahrzehnt in die Museumsämter rückenden Kunsthistoriker das Fanal gegeben zur ‹zweiten› Museumsreform: zur Integration des Expressionismus in die öffentlichen Kunstsammlungen und zu einer aus dem Geist des Expressionismus entwickelten Neudefinition der Bildungsziele und der Arbeitsweisen des Kunstmuseums schlechthin.

Der 1880 in Berlin geborene Sauerlandt hatte in Marburg, München und Berlin klassische Philologie und Kunstgeschichte studiert und 1903 bei Heinrich Wölfflin mit einer Arbeit über Giovanni Pisano promoviert. Seit 1905 war er als «Aspirant» bei Justus Brinckmann am Hamburger Museum für Kunst und Gewerbe tätig, wo er den Grundstein für seine Kennerschaft des älteren Kunstgewerbes legte und Brinckmanns Arbeitsansatz, die Präsentation von Kunstgewerbe im kulturhistorischen Zusammenhang statt getrennt nach Gattungen, übernahm. Seit 1908 leitete Sauerlandt das Museum für Kunst und Kunstgewerbe in Halle, gliederte die Sammlung neu und integrierte in sie Werke zeitgenössischer Kunst, unter anderen Arbeiten von Liebermann, Corinth, Slevogt, Beckmann und Lehmbruck. Aus einer Nolde-Ausstellung im Hallischen Kunstverein 1913 erwarb er das *Abendmahl,* was zu einer Kontroverse in der Stadtverordnetenversammlung und schließlich zu dem eingangs erwähnten Streit mit Bode führte. Am Weltkrieg nahm Sauerlandt als Offizier auf dem Balkan teil, in patriotischer Begeisterung, aber ohne chauvinistische Ressentiments, wie seine publizierten Briefe, Hauptquelle unserer Kenntnis der Persönlichkeit, vielfach belegen.[4] 1919 übernahm er als Nachfolger Brinckmanns die Direktion des Hamburger Museums für Kunst und Gewerbe, später zusätzlich eine Dozentur für Kunstgeschichte an der dortigen Universität und 1930 darüber hinaus die Leitung der Landeskunstschule. In Hamburg setzte Sauerlandt das in Halle entwickelte Programm im vergrößerten Maßstab fort: klassische Museumsarbeit auf dem Feld des Kunstgewerbes, aktive Förderung der zeitgenössischen Kunst, insbesondere des Expressionismus. Sauerlandt wurde am 5. April 1933 beurlaubt und starb, erst dreiundfünfzigjährig, am 1. Januar 1934.[5]

Aufgrund seines energischen Auftretens und seiner pointierten Haltung in der Diskussion um die Rolle der Museen war Sauerlandt zu einem der bekannten Museumsmänner Deutschlands geworden. Sein mit Sendungsbewußtsein vorgetragenes Credo, das Museum müsse gleichsam als ‹moralische Anstalt› im Sinne des deutschen Idealismus die geistigen Tendenzen der Gegenwart wie im Brennglas bündeln und in die gesellschaftliche Gegenwart zurückstahlen, ließ ihn zu einer der Leitfiguren der Reformbewegung der Museen in der Weimarer Republik werden.

Doch auch für die ambivalente Haltung vieler deutscher Kunsthistoriker zum erstarkenden Nationalsozialismus ist Max Sauerlandt eine paradigmatische Figur. So formulierte Heinrich Dilly 1988 mit Bezug auf Sauerlandt und insbesondere auf sein Auftreten bei einer Tagung des Deutschen Museumsbundes 1933 folgendes Verdikt: «Der Nationalsozialismus hatte leichtes Spiel, unter den Museumsbeamten Parteigänger zu finden. Auch seine Propagandisten versprachen zeitgemäße Museen, und der *Deutsche Museumsbund* machte sich alsbald die entsprechenden Schlagworte zu eigen: ‹Die Museen müssen sich der großen Aufgabe bewußt einordnen, mit allen Kräften an der Umformierung von Masse zu Volk mitzuwirken›, sagte Max Sauerlandt, damals Vorsitzender des Internationalen Museumsbundes, auf der Verbandstagung am 20. August 1933 in Mainz.»[6]

Waren Max Sauerlandt und die im Deutschen Museumsbund organisierten Museumsleiter tatsächlich die Parteigänger des Nationalsozialismus, als die sie hier erscheinen? Oder wurzelte Sauerlandts Forderung nach «Volksgemeinschaft» im Museum nicht in viel komplexeren ideologiegeschichtlichen Konstellationen? Und auf welche Situation der Gegenwartsmuseen der Weimarer Republik wurde mit solchen Ideologien geantwortet?

Der Deutsche Museumsbund war 1917 auf Initiative von Karl Koetschau, dem Direktor des Städtischen Kunstmuseums Düsseldorf und Herausgeber der Zeitschrift *Museumskunde* gegründet worden. Der Bund verstand sich als Standesvertretung und Fachverband der Museumskunsthistoriker, brachte die Interessen der Institute gegenüber den staatlichen Behörden zur Geltung und trug sie in die Öffentlichkeit. 1929 hatte allein die Gruppe der Kunst- und Kulturmuseen 121 Mitglieder – Direktoren oder beamtete Kustoden, die laut Satzung gleichzeitig ihre Häuser repräsentieren. Das Mitgliederverzeichnis enthielt alle Namen, die im Bereich der deutschen Kunstmuseen Ruf und Rang hatten. Der Deutsche Museumsbund war also gewissermaßen der offiziöse Berufsverband der deutschen Museumsbeamten.

Mitte Oktober 1929 fand in Danzig eine Tagung statt, in deren Verlauf es zu einer bemerkenswerten Debatte um die Integration der Gegenwartskunst in die Museen kam. Sauerlandt forderte in einem Grundsatzreferat über «Die deutschen Museen und die deutsche Gegenwartskunst» eine Neuorientierung der Museumspolitik. Leidenschaftlich setzte er sich dafür ein, daß die Museen die gegenwärtige Kunst durch Ankäufe, Aufnahme in die Schausammlung und Ausstellungen nach Kräften fördern müßten. Er ließ keinen Zweifel daran, was unter Gegenwartskunst zu verstehen sei. Gemeint sei jene Kunst, «die um den Formausdruck unserer Zeit ringt, jedoch noch nicht allgemeine Anerkennung gefunden hat. Also nicht die Kunst Liebermann's, Slevogt's, Kolbe's, de Fiori's, wohl aber die der Brücke-Künstler und derer, die auf sie gefolgt sind.»[7]

Daß sich die Museen bisher fast ausschließlich der Kunst der Vergangenheit zugewandt hätten, betrachtete Sauerlandt als ein schweres Versäumnis, denn ein Museum sei kein «geistesgeschichtliches Lehrbuch», sondern ein «handelnder Faktor [...] des geistigen Lebens». Die Museen sollten darauf verzichten, Dauerleihgaben zeitgenössischer Kunst auszustellen und stattdessen die Arbeiten erwerben. Sie sollten Aufträge für Skulpturen im öffentlichen Raum vermitteln und «ideelle Pflegschaften» für lebende Künstler übernehmen. Ein solches Engagement würde letztlich nicht nur der Kunst und dem Gemeinwesen, sondern auch dem Museum zugute kommen, denn: «Was auf dem Spiele steht, ist nicht mehr und nicht weniger, als die Geltung des Museums als einer wirkenden Kulturmacht [...] Die gegenwärtige Museumskrisis, unter der wir alle leiden, ist nach meiner festen Überzeugung am fruchtbarsten, vielleicht sogar einzig und allein von der Gegenwartskunst her zu überwinden [...] Das Museum bedarf, um lebendig zu bleiben, der zündenden Sprengkraft einer neuen Idee.»[8]

Diese sehr pointiert vorgetragenen Überlegungen lösten eine heftige Diskussion aus. Der Referent wurde aufgefordert, seinen Beitrag zu publizieren, da er auf der Tagung des folgenden Jahres als Grundlage einer ausführlichen Diskussion dienen sollte.[9] Sauerlandts Gegenspieler war Gustav Pauli, der die Position verfocht, die Museen sollten in kritischer und historisierender Distanz zur Gegenwart verbleiben. Keinesfalls dürften sie im aktuellen Kunstleben Partei ergreifen, das heißt sich in Kunststreitereien instrumentalisieren lassen. Dennoch waren Sauerlandts Thesen, wie er selbst berichtete, «von der überwiegenden Mehrzahl als eine Art von Befreiung und Durchbruch» empfunden worden.[10] Sie hatten gewissermaßen die Position der proexpressionistischen Fraktion der Museumsdirektoren öffentlich und aggessiv markiert.

Tatsächlich hat Max Sauerlandt sein Referat zweimal veröffentlicht, einmal Anfang 1930 in der Aufsatzsammlung *Drei Betrachtungen zur Stellung der Kunst in unserer Zeit*[11] und dann in gekürzter Fassung als programmatisches Vorwort zu der von Ludwig Justi am Berliner Kronprinzenpalais herausgegebenen Zeitschrift *Museum der Gegenwart*, einer populärwissenschaftlichen Vierteljahresschrift, die sich als Forum jener Museen verstand, die sich für die zeitgenössische Kunst engagierten.[12]

Am 14. und 15. September 1930 veranstaltete der Deutsche Museumsbund seine Jahrestagung im Folkwangmuseum Essen. Sauerlandt hatte sich, wie er vorab an Werner Noack, den Vorsitzenden des Museumsbundes schrieb, vorgenommen, «die Frage der Gegenwartskunst so human zu behandeln wie irgend möglich, damit wir nicht zu Differenzen, sondern möglichst zu einer Einheitsfront kommen.»[13] Tatsächlich gelang es ihm, die einstimmige Annahme einer Resolution durchzusetzen, in der die versammelten Museumsleiter sich öffentlich zu der Verpflichtung bekannten, «durch Ankauf für die öffentlichen Sammlungen sich für die deutsche Gegenwartskunst einzusetzen».[14]

Die Bildung einer «Einheitsfront», die Sauerlandt vorschwebte, hatte einen aktuellen und brisanten Hintergrund, den sogenannten «Zwickauer Skandal». Hildebrand Gurlitt, Direktor des Städtischen König-Albert-Museums in Zwickau, war zum 1. April 1930 entlassen worden. Die Kündigung geschah zwar nicht, wie immer wieder dargestellt[15], aufgrund einer Hetzkampagne der örtlichen Sektion des Kampfbundes für Deutsche Kultur, sondern auf Betreiben einiger konservativer Honoratioren; der Kampfbund schaltete sich aber ein und stilisierte die Entlassung Gurlitts zum Fanfarenstoß im nun beginnenden Kampf gegen die ‹entartete Kunst› und ihre Museen.[16] Das überregionale Feuilleton berichtete, und der Fall Zwickau geriet zum ersten Prüfstein für die Kräfteverhältnisse bei der Verteidigung der Moderne. Daß die für heutige Begriffe harmlose, von Sauerlandt durchgesetzte Verlautbarung des Deutschen Museumsbundes zur Förderung der Gegenwartskunst sich direkt, wenngleich unausgesprochen auf die Angriffe der Nationalsozialisten bezog, belegt das Anschreiben, mit dem Werner Noack Justi um den Abdruck im *Museum der Gegenwart* gebeten hatte: «Im Hinblick auf die neuerdings mehrfach zutage getretenen Bestrebungen (z.B. den Fall Gurlitt in Zwickau), die Pflege moderner Kunst zum Vorwand politischen Kampfes gegen das betreffende Museum zu machen und bei der inzwischen durch den Ausgang der Wahlen noch verstärkten Gefahr in dieser Richtung, waren wir einmütig der Auffassung, uns mit folgender Resolution an die Öffentlichkeit zu wenden.»[17]

Dieses Schreiben stammt vom 17. November 1930, zwei Monate nach der Reichstagswahl, die den Nationalsozialisten den Durchbruch gebracht hatte. Überall standen die Zeichen auf Sturm. Nachdem im Januar 1930 die NSDAP an der Landesregierung in Thüringen beteiligt worden war, hatten der neue Innen- und Volksbildungsminister Wilhelm Frick und Paul Schultze-Naumburg, der von ihm eingesetzte Direktor der Staatlichen Hochschule für Baukunst, bildende Kunst und Handwerk (Nachfolgerin des nach Dessau verlagerten Bauhauses), die Entfernung der ‹Modernen› aus dem Weimarer Schloßmuseum und die Zerstörung der Schlemmer-Fresken im Van-de-Velde-Bau des ehemaligen Bauhauses veranlaßt.

Am 9. Oktober 1930 erschien im *Völkischen Beobachter* ein Artikel, in dem die fortschrittlichen Museumsleiter unter anderem wegen der von Sauerlandt durchgesetzten Programmatik angegeriffen wurden: «Ja wenn die derzeitigen Museumshüter das [...] Wort von der Pflege des Lebendigen, Richtungsgebenden so verstehen, daß sie im Siechtum das Lebendige und in der Entartung die verheißungsvolle Zukunft erblicken, dann allerdings wird es begreiflich, weshalb außer dem Abendmahl auch die ‹Zwitschermühle› (sic!) Noldes und viele Irrsinnigkeiten von Kandinski und Gesinnungsgenossen für die Berliner Nationalgalerie angekauft wurden. Unverständlich scheint es uns nur, daß die Museen bei einer derartigen Einstellung ihre lebendigen Kunstwerte nicht gleich unmittelbar aus den Irrenhäusern beziehen.»[18] Nach weiteren Tiraden dieser Art schließt der Text mit einer unverhohlenen Warnung: «Unsere Absicht war es in erster Linie, die Allgemeinheit über die geradezu katastrophalen Bestrebungen unserer derzeitigen Museumsleitungen aufzuklären, damit vom Volk aus eine neue Kulturpropaganda erwächst.»[19]

Auf die Vorgänge in Thüringen reagierte der Deutsche Museumsbund mit einer Presseerklärung, die im Namen der deutschen Museumsleiter gegen den «Weimarer Bildersturm» protestierte, allerdings aus einer sehr formalen Argumentation heraus. Man pochte auf die kulturelle Autonomie der Museen und «bedauerte» den Eingriff einer Landesregierung in künstlerische Fragen.[20]

Im Herbst 1930 trat zunächst eine scheinbare Beruhigung ein. Politisch schien die NSDAP an Macht zu verlieren. Vor allem aber bot sie in ihrer kulturpolitischen Ausrichtung, insbesondere in der Haltung zum Expressionismus ein völlig widersprüchliches Bild, und das bis weit ins Jahr 1933 hinein. In den Museen vertraute man darauf, daß sich die im Kampfbund für Deutsche Kultur versammelten Ultras um Alfred Rosenberg und Paul Schultze-Naumburg innerhalb der NSDAP nicht würden durchsetzten können. Zudem machten Gerüchte die Runde, Goebbels bewundere Nolde und sympathisiere mit dem Expressionismus. Man blickte nach Italien, wo Margherita Sarfatti, die Vertraute Mussolinis und eine der einflußreichsten Figuren der faschistischen Kulturpolitik, nicht nur für die ehemaligen Futuristen eintrat, sondern sich auch rühmend über die deutschen *Brücke*-Künstler geäußert hatte.[21] Es kursierte ein unterstützender Brief Sarfattis an Hans Posse, den Direktor der Staatlichen Gemäldegalerie Dresden, der 1930 den deutschen Biennale-Beitrag zusammengestellt hatte und deswegen in der deutschen Presse heftig angegriffen worden war.[22]

In der von Goebbels gelenkten Berliner Zeitung *Angriff* erschien am 31. Oktober 1931 in der Serie «Der Angriff führt durch die Berliner Museen» eine geradezu enthusiastische Besprechung des Kronprinzenpalais. Der Autor, Hans Stahn, feierte ganz in der Diktion der expressionistischen Kunstkritik das Werk Munchs, Noldes und Kirchners und schloß mit den Worten: «Das Kronprinzen-Palais ist kein Museum, wenn man damit den Begriff der Starrheit verbindet. Es gehört der Gegenwart! Es gehört der Zukunft! Und wir sind gewiß, daß ein neues Deutschland auch hier seine Existenz unter Beweis stellen wird.»[23]

Wie unklar die kulturpolitische Richtung der NSDAP und wie schwankend bei den Museumsleitern die Einschätzung der tatsächlichen Stärke des Kampfbundes für Deutsche Kultur im Jahr 1932 und noch im Sommer 1933 war, zeigt ein Briefwechsel zwischen Gustav Hartlaub und der Redaktion des *Museums der Gegenwart.*

Am 11. Januar 1932 forderte Hartlaub die Kollegen am Kronprinzenpalais auf, sich um eine gemeinsame Abwehrfront der Gegenwartsmuseen zu bemühen und sich dazu der Unterstützung des Deutschen Museumsbundes zu versichern: «Wenn die Angriffe überall nach dem gleichen Schema gemacht werden, müßte man doch daran denken, wie man sich gemeinsam zu Wehr setzt. Haben Sie sich mit dem deutschen Museumsbund (Direktor Noack) in Verbindung gesetzt?»[24] Alfred Hentzens Antwort vom 25. Februar spiegelt die Hoffnung, die proexpressionistischen Kreise innerhalb des Nationalsozialismus würden die Oberhand behalten: «Vor kurzem [hat] der Berliner ‹Angriff›, Goebbels's Organ, Nolde, Heckel, Kokoschka und andere als deutsche Künstler gefeiert. Jetzt ist es wieder still geworden, aber auch mit Angriffen auf die junge Kunst hat man aufgehört. Neuerdings, hörte ich, soll der ‹Stahlhelm› sich lebhaft für Nolde eingesetzt haben.»[25]

Am Kronprinzenpalais bemühte man sich um einen Brückenschlag zu nationalrevolutionären Ideologien und knüpfte dabei an Argumentationsmuster an, die in der deutschtümelnden Expressionismusrezeption der Jahre 1914–1918 vorgezeichnet waren. So veröffentlichte Alfred Hentzen im April 1932 unter dem Pseudonym Walter Pennel in der konservativen Wochenzeitung *Der Ring* einen Text über die vermeintliche «kunstpolitische Frontenverwirrung». Selten, so schreibt er, «ist die Unsicherheit der deutschen Zeitungen in künstlerischen Dingen, vor allem aber der nationalen Blätter in ihrem ganzen bedauernswerten Umfang so deutlich zutage getreten [...] Es muß mit aller Entschiedenheit gefordert werden, daß sich die nationale Bewegung über Fragen der Kunst endlich klar wird, aus dem Stadium ideologischer Programme einerseits und liberalistischer Verwaschenheit andererseits herauskommt und sich dessen bewußt wird, was ist.»[26] Hentzen bedauert also die ablehnende Haltung der rechtskonservativen Zeitungen als Mißverständnis; lediglich einige nationalsozialistische Zeitungen böten «erfreuliche Anzeichen eines Umschwungs».

Auch Ludwig Justi versuchte, den Expressionismus bei der «nationalen Bewegung» akzeptabel zu machen. Am 16. Januar 1932 erschien in der Illustrierten *Die Woche*, einem rechtspopulistischen Magazin des Hugenberg-Konzerns, ein Interview mit dem Direktor der Nationalgalerie unter dem Titel «Das Deutsche in der Kunst».[27] Um der deutschen Öffentlichkeit bewußt zu machen, «welchen nationalen Wert die heimische Gegenwartskunst darstellt», lieferte Justi eine populärwissenschaftliche Version jener auf Völkerpsychologie gegründeten Theorie des Nationalstils, die vor allem durch das Werk von Heinrich Wölfflin und dann Wilhelm Pinder zu einem Paradigma der deutschen Kunstwissenschaft geworden war. Justi strich die «zutiefst deutsche Wesensart» der «bildenden Kunst unserer Tage» (gemeint ist selbstverständlich der Expressionismus) heraus. Wer den Expressionismus als «bolschewistisch» angreife, offenbart für Justi damit, daß er dem Philistergeschmack des 19. Jahrhunderts anhänge und daß er die Fühlung mit dem Volkscharakter und dessen schöpferischer Kraft verloren habe.

Zurück zu Max Sauerlandt und seiner Rolle im Deutschen Museumsbund. Am 28. und 29. August 1931 versammelten sich die Mitglieder des Verbandes in Ulm. Sauerlandt referierte diesmal über Maßnahmen zur ‹Verlebendigung› des Museums, d.h. über museumsdidaktische Fragen, nicht ohne erneut die Notwendigkeit der Förderung von Gegenwartskunst zu betonen.[28] Da die geplante Jahrestagung des Deutschen Museumsbundes 1932 entfiel, trat man erst am 20. August 1933 in Mainz wieder zusammen. Auch diese Tagung wäre nicht zustandegekommen, hätten nicht, wie es im Einladungsschreiben heißt, «verschiedene Kollegen» (wir dürfen dahinter in erster Linie Max Sauerlandt vermuten), «den dringenden Wunsch geäußert, im Hinblick auf die einschneidenden Ereignisse dieses Jahres wenigstens in beschränktem Rahmen eine Aussprache zu ermöglichen.»[29] Die Situation war zu diesem Zeitpunkt noch immer ungeklärt, denn die «einschneidenden Ereignisse» boten ein widersprüchliches Bild. In Karlsruhe, Mannheim, Nürnberg und Chemnitz hatte man ‹Schandausstellungen› mit Werken zeitgenössischer Kunst veranstaltet. Justi, Hartlaub, Kaesbach, Wichert und eine Reihe anderer Museumleute waren aus dem Museumsdienst entlassen oder zwangsbeurlaubt worden. Auch Max Sauerlandt selbst war seit April beurlaubt und hielt an der Universität Hamburg sein vielbeachtetes Kolleg «Die Kunst der letzten dreißig Jahre», das dann 1935 posthum als Buch erschien und kurz nach Auslieferung verboten wurde.[30]

Noch aber schien der Kampf um den Expressionismus nicht verloren: Am 29 Juni fand, als Höhepunkt des sogenannten Expressionismusstreits, die bekannte Protestkundgebung des Nationalsozialistischen Deutschen Studentenbundes «Jugend kämpft für Deutsche Kunst» im Audimax der Berliner Universität statt, bei der sich die dem sozialrevolutionären Flügel der NSDAP nahestehenden Studentenführer gegen die «übellaunigen Pinselschwinger» des Kampfbundes stellten und Nolde, Barlach, Heckel, Schmidt-Rottluff zu Heroen der neuen deutschen Kunst ausriefen.[31] Als kommissarischer Nachfolger Justis arbeitete Alois Schardt an der Neuordnung des Kronprinzenpalais, die in einer Apotheose des Expressionismus gipfeln sollte. Erst im Oktober sollte Bernhard Rust die Entscheidung fällen, diese Ausstellung nicht zu eröffnen und Schardt nicht als neuen Direktor der Nationalgalerie zu bestätigen. Und die beiden Ereignisse, die die endgültige Ausgrenzung der Avantgarde aus der nationalsozialistischen Kulturpolitik besiegeln sollten, standen noch bevor: der «Tag der Deutschen Kunst» vom 13. bis 15. Oktober in München und die Verabschiedung des Reichskulturkammer-Gesetzes am 22. September 1933.

Unter diesen Vorzeichen begann die Mainzer Tagung des Deutschen Museumsbundes mit einer Erklärung des Vorstandes, der das Taktieren anzumerken ist: «Unsere Zusammenkunft fällt in eine Zeit, die [...] auch für die deutschen Museen und ihre Beamten von grundlegender Bedeutung ist [...] Ich möchte [...] im Namen des DBM aussprechen, daß wir allen Kollegen, die persönlich vorläufig oder endgültig von Maßnahmen betroffen sind, die die Regierung der nationalen Erhebung für erforderlich gehalten hat, mit aufrichtiger und herzlicher Anteilnahme gedenken in dem dankbaren Bewußtsein, daß sie ihre ganze Kraft und ihre Lebensarbeit dem Wohle der deutschen Museen geweiht haben. Die Stellung des Bundes aber [...] muß davon ausgehen, daß wir Beamte des nationalsozialistischen Deutschland sind, daß es unsere Pflicht ist, uns ohne Vorbehalt hinter die nationale Regierung zu stellen.»[32]

Anschließend hielt Max Sauerlandt sein von Dilly erwähntes Referat «Die gegenwärtige Lage und die Aufgaben der Museen im neuen Staat».[33] Der Beitrag wurde, wie das Protokoll vermerkt, mit «stürmischem Beifall der Anwesenden» aufgenommen. Sauerlandt betonte zunächst, daß die Haltung des Nationalsozialismus zur modernen Kunst in sich widersprüchlich sei und die Aktionen gegen sie nicht einheitlich organisiert wären. Es sei daher Zeit für eine Selbstpositionierung der Museen, wenn sie noch Einfluß auf den Gang der Dinge nehmen wollten. In seinen politischen Aussagen ist der Text ambivalent: Sauerlandt argumentiert mit Zitaten aus Hitlers *Mein Kampf*, leitet aus ihnen aber gerade die Notwendigkeit ab, die Museen für die Gegenwartskunst zu öffnen. Je nach Standpunkt kann man diese Rede als opportunistischen Kniefall vor dem neuen Regime oder als listige Anpassung an dessen Jargon lesen. Ein gläubiges Bekenntnis zum Nationalsozialismus jedoch stellt sie, in Anbetracht der politischen Umstände und der taktischen Position des Deutschen Museumsbundes sicherlich nicht dar.

Das eigentlich Interessante an Sauerlandts Vortag sind jene Passagen, in denen die soziologische Stellung des Gegenwartsmuseums und die daraus zu ziehenden Konsequenzen angesprochen werden. Hier blieb Sauerlandt ganz den Überlegungen treu, die sein Denken und Handeln seit 20 Jahren bestimmt hatten. Er entwirft eine große, kulturanthropologische Perspektive: Im Gegensatz zu früheren Gesellschaftsformationen sei die heutige Industriegesellschaft mit einer «die ganze Kulturwelt [...] bedrohenden Tatsache» konfrontiert, dem Auftreten der Massen als Machtfaktor, der daraus resultierenden politischen Forderung nach Gleichheit und der kulturellen Tendenz zur Egalisierung auf dem kleinsten gemeinsamen Nenner.[34] Beides laufe hinaus auf einen Verlust der Lebenskraft Deutschlands. So wie der Nationalsozialismus durch die Abschaffung des republikanischen Prinzips dieser Gefahr entgegengetreten sei, so müßten sich auch die Kulturinstitute der Aufgabe stellen, «diese vorhandene ‹Masse› so umzuformen, daß sie nicht mehr nur Masse ist, daß sie zum ‹Volk› und damit einer Rangordnung unterworfen wird.»[35] Diese Umformung von Masse zu Volk könne geschehen durch die Konzentration der Museen auf die Kunst des Expressionismus, da diese «die im harten Arbeitsablauf des Tages mechanisierte Seele wieder zu organischem Leben» erwecke. Letztlich handle es sich bei dieser Museumsreform um nichts weniger als eine sittliche Aufgabe: «So dient das Museum dadurch, daß es das Verständnis des Künstlerischen vermittelt, daß es selbst gefundene und abgeleitete Form, echt und unecht, wahr und falsch, zu unterscheiden lehrt, zugleich der höchsten Erziehungsidee: menschlicher, sittlicher Charakterbildung.»[36]

Diese Überlegung stimmt ebenso mit Sauerlandts programmatischen Äußerungen zur Lösung der «gegenwärtigen Museumskrisis» durch Integration des Expressionismus von 1929 überein, wie mit seiner praktischen Museumsarbeit seit jener Kontroverse mit Bode, die ihn bekannt gemacht hatte. Als Anpassung an neue politische Gegebenheiten oder als rückhaltlose Zustimmung zum Nationalsozialismus ist sein Referat nicht zu interpretieren, zumal er ja selbst zu diesem Zeitpunkt bereits entlassen war. Die Thesen Sauerlandts und das sich in ihnen aussprechende Selbstverständnis der Gegenwartsmuseen müssen vielmehr vor dem ideologiegeschichtlichen Hintergrund der Expressionismus-Verarbeitung in den Museen verstanden werden.

Wie oben bereits angesprochen, war die Deutung des Expressionismus bei den Zeitgenossen von Anfang an umstritten. Es ging um die Frage, ob er als Teil der internationalen Avantgarde zu verstehen sei, als Paralellbewegung zu Fauvismus, Kubismus und Futurismus, oder ob er sich als deutscher Sonderweg gegen die französische und italienische Bewegung abgrenzen lasse. Und es ging zweitens um das Problem, ob Expressionismus überhaupt als Stil, als Kunstform aufzufassen sei, oder als Geisteshaltung, als Lebensgefühl. In der deutschen Kunstkritik zwischen 1910 und 1933 wurde mit immer wechselnden Artikulationen um die Zuordnung dieser Topoi gerungen.[37]

Die nationalistische Position interpretierte den Expressionismus als ‹neue Gotik› und knüpfte dabei an die Schriften Wilhelm Worringers, an Alois Riegls Theorie des Kunstwollens und ganz allgemein an die psychologistische Wendung der Geisteswissenschaften bei Theodor Lipps, Georg Simmel und Wilhelm Dilthey an. Folgenreicher als diese wissenschaftlichen Positionen war aber die populärwissenschaftliche Kunst- und Kulturschriftstellerei, in der die Interpretation des Expressionismus ideologisiert und zu einer Frage von Weltanschauung, ja zum kulturellen und politischen Glaubenskrieg hochgespielt wurde. Die entscheidende Weichenstellung in Richtung eines vitalistischen, chauvinistischen oder völkischen Irrationalismus geschah wärend des Krieges. 1914 erschien mit Paul Fechters Buch *Der Expressionismus*[38] die einflußreichste Schrift der ‹Germanisierung› der neuen Kunstbewegung. Fechter vollzog die folgenschwere Verknüpfung von Expressionismus, ‹neuer Gotik› und deutschem, ‹germanischem› oder ‹nordischem› Kunstwollen.

Das Phantasma des ‹nordischen› Expressionismus beherrschte nun jene Flut von Publikationen, die bis 1920, dem Höhepunkt der deutschen Expressionismusbegeisterung, erschienen. Hermann Bahr griff 1916 auf die Zivilisationskritik Nietzsches und Langbehns zurück und stilisierte den neuen Stil geradezu zur Erlösungsideologie.[39] In Eckart von Sydows *Die deutsche expressionistische Kultur und Malerei* (1919/20)[40] dominierten dann bereits chauvinistische Töne: der «deutsche» Expressionismus stand nun explizit dem «Romanentum» entgegen.

Doch auch das Gegenmodell war möglich. Nach 1918 verband sich bei einem Teil der Kunstpublizistik der pseudoreligiöse Expressionismustopos mit den sozialrevolutionären Utopien der ersten Nachkriegsmonate. In den Idealentwürfen der *Gläsernen Kette* wurde der Expressionismus als ‹neue Gotik› aus dem Kontext der Deutschtümelei gelöst und utopisch-pazifistisch gewendet. In eigenartiger Verschränkung wurde 1919/20 der

Expressionismus gleichzeitig in nationalkonservative Ideologeme vom Krieg als Läuterung, vom «Opfergang der Künstlerjugend» eingebaut, aber ebenso in schwärmerische Revolutionsutopien nach der Art des *Arbeitsrats für Kunst* oder der frühen *Novembergruppe.*

Im Gegensatz zu anderen Ländern, wo die Avantgarden – Kubismus, Futurismus, Fauvismus – über einen längeren Zeitraum vergleichsweise kontinuierlich in das kulturelle Bewußtsein der Öffentlichkeit übernommen wurden, war die Rezeption in Deutschland sprunghaft und widersprüchlich. Mit Kriegsausbruch wurde der Expressionismus plötzlich zum chauvinistischen Ideologem, dann zum Verarbeitungsmodus des Kriegstraumas, schließlich 1918/19 zur Metapher der Revolution. Mit der Stabilisierung der politischen Verhältnisse 1923 endete die Expressionismusbegeisterung der Intellektuellen, das Wort vom «Ende des Expressionismus» machte in den literarischen Cafés die Runde.

Für die Museen hingegen mit ihrer konstitutiven Phasenverschiebung zwischen dem Auftreten eines neuen Stils und seiner Aufnahme in die Sammlungen stand die Verarbeitung des Expressionismus bis in die dreißiger Jahre hinein auf der Agenda. Dorners immer wieder genanntes Engagement für den Konstruktivismus in Hannover war durchaus untypisch; das Vorbild für die etwa fünfzig öffentlichen Sammlungen, die auf dem Feld der zeitgenössischen Kunst arbeiteten, stellte viel eher das Kronprinzenpalais dar, wo die Meister der *Brücke* die ‹Gegenwartskunst› repräsentierten und Justi sich erst spät und vorsichtig jüngeren Meistern zuwandte. Und zugleich hatten die Museen eine originäre Vermittlungsfunktion, die das Problem ganz anders erscheinen ließ, als es sich für die interne Diskussion in Avantgardekreisen oder auch für die papierenen Manifestationen der Kritik darstellte. Denn expressionistische Kunst war Mitte der zwanziger Jahre keineswegs bei weiten Kreisen des Publikums durchgesetzt. Die angebliche expressionistische Mode von 1920 bis 1923 war, bezogen auf gesamtgesellschaftliche Größen, eine reine Intellektuellenfiktion.[41] Kultursoziologisch hatte man es vielmehr mit einer Verschiebung entlang des Bildungsstatus im Publikums zu tun. Während die Eliten den Expressionismus hinter sich ließen, war er im Bewußtsein der Öffentlichkeit noch nicht angekommen. Diese Ungleichzeitigkeit war besonders brisant, da die Avantgarden um 1910 doch genau jene Spaltung von Kunst und ‹Leben›, jene Schichtung nach Connaisseur und Massenpublikum zu überwinden meinten und ihr Werk jenseits aller ästhetischen Vorbildung seine Adressaten unmittelbar ansprechen sollte.

Dieser Widerspruch blieb nicht verborgen. Ernüchtert stellte der Bonner Kunstsoziologe Willi Wygodzinski 1920 fest, daß nach dem Zerfall des klassischen Bildungskanons und dem Zurücktreten der großbürgerlichen und aristokratischen Eliten nun keineswegs ‹der Mensch› oder ‹das Volk› in paradiesischer Unschuld vor das Kunstwerk trete, sondern das Publikum der großstädtischen Massengesellschaft: «Die ‹Masse› ist neu, sie hat keinen Traditionszusammenhang, [...] es klaffen Abgründe zwischen dem

Großstadtvolk und allem, was bisher Kunst war [...] Das Problem ist gestellt. Nicht mehr: wie verhält sich der einzelne, wie kommt der einzelne zur Kunst? Sondern: wie sind die Beziehungen zwischen der Kunst und den gesellschaftlichen Typen, welche die Großstadt herausgebildet hat? [...] Anders ausgedrückt: es kommt darauf an, ob das Industrievolk der Großstadt, um mit Spengler zu reden, den Weg von der Zivilisation zur Kultur zurückfinden wird.»[42] Hier wird von einem Standpunkt aus, der der neokonservativen Expressionismusrezeption Worringers und Fechters verpflichtet ist, die völlig neuartige, spezifisch moderne Problematik der Vermittlung zwischen Avantgarde und Massenpublikum in den Industriemetropolen artikuliert.

Sauerlandt wollte gerade wegen des Auseinandertretens von Kunst und kulturellem Konsens das Museum zum Vermittler zwischen Künstler und Gesellschaft machen und es damit als aktiven, organischen Bestandteil des Kunstlebens der Gegenwart wiedergewinnen. Die Ungleichzeitigkeit von Avantgarde und Publikumsgeschmack erschien ihm nicht als unveränderbares Phänomen der modernen Kultur als solcher, sondern eher als eine aus dem 19. Jahrhundert ererbte Schwäche der Vermittlungsapparate, die sich durch eine Neudefinition des Museums kurieren ließe.

In seinem oben erwähnten Vortrag vor dem Deutschen Museumsbund 1929 hieß es daher: Die Museen «sind bestimmt, den Geschmack und das Urteil der Allgemeinheit zu führen, nicht ihm zu folgen [...] die Dauer der starken Empfindung, das unbeirrbare Festhalten an dem einmal als wertvoll Erkannten ist es, was uns so dringend not tut in unserer Welt der schwankenden Begriffe.»[43] Hier klingen die moralischen Implikationen der Museumarbeit an. In einer «Welt schwankender Begriffe» könne, so glaubte er, nur das Museum den Sinn der Kunst erschließen und Orientierung geben. Dies setzte für Sauerlandt voraus, daß das Museum die Impulse der Gegenwartskunst in seine eigene Konzeption übersetzt: «Noch eines ist gewiß für die heutige Situation der Museen dem Publikum gegenüber beherzigenswert. Dadurch, daß [...] *gerade* der umstrittenen Gegenwartskunst Raum im Museum geschaffen wird, wird ihm [...] die lebensnotwendige Aktualität mitgeteilt, die Voraussetzung lebendiger geistiger Einwirkung ist.»[44]

Auf diese Weise sollte das Gegenwartsmuseum die Spaltung von Kunst und ‹Leben›, von Avantgarde und Publikum überwinden. Gerade der radikale Bruch, den die Avantgarde mit den ästhetischen Überlieferungen des 19. Jahrhunderts vollzogen hatte, sollte die vermeintliche Kulturkrise der Gegenwart überwinden helfen und auf eine neue Gesellschaftsordung vorausweisen. Diesem Begriff der Gegenwartskunst korrespondierte das Konzept des Gegenwartsmuseums, das nicht nur Teil, sondern letztlich Produzent einer erneuerten, organisch-ganzheitlichen Nationalkultur sein sollte. Aufgabe des Museums schien es zu sein, den Expressonismus zum Ferment für die Erneuerung der Gemeinschaft des Volkes zu machen.

Eine erstaunlich große Zahl deutscher Museen war ab 1919 energisch an die Aufnahme des Expressionismus gegangen und hatte ihn nach einem Jahrzehnt halbwegs durchgesetzt. Der Kampf um die Gegenwartskunst, wie ihn Sauerlandt und seine Kollegen führten, war beflügelt von einer aus Enthusiasmus und Zivilisationsängsten gemischten Bewußtseinslage, die nur vor dem Hintergrund der politischen, wirtschaftlichen und kulturellen Krisen verständlich wird, die die kurzen Jahre der Weimarer Republik überschatteten.

Gerade eine Figur wie Max Sauerlandt dokumentiert aber auch die Schattenseite der Vision einer Verschmelzung von Expressionismus und Volkskultur. Die Vordenker des Gegenwartsmuseums wollten die Avantgarde vergesellschaften, ohne sich wirklich auf kulturelle Öffentlichkeit einzulassen, auf kontroverse Auslegung, auf das Mode-Werden, auf das Populär-Sein von Kunst. Die Definitionsmacht über das Wesen des Expressionismus sollte einer kulturellen Elite vorbehalten bleiben, die das hermeneutische Monopol für sich beanspruchte und von messianischem Sendungsbewußtsein beseelt war. So erlagen die Verfechter des Gegenwartsmuseums der Versuchung, auf dem langen Weg vom Atelier in die Herzen des Publikums gewissermaßen eine Abkürzung zu wählen – das Phantasma des Museums als Ort des Erhabenen, in dem Avantgarde und Volkskultur kraft einer metaphysischen Instanz, kraft des ‹Deutschen›, ineins fällt.

Der Traum vom Avantgardemuseum als sinnstiftende neue Mitte, in der alle Widersprüche der modernen Kultur aufgehoben sein sollten, wies eine offene Flanke für faschistische Besetzungen auf. Die Museumsleiter der Weimarer Republik führten die öffentlichen Kunstsammlungen mit einer in vielen Belangen bis heute vorbildlichen Vielfalt und Lebendigkeit. Sie schufen durch die Aufnahme der historisch ersten Avantgarde einen heute im öffentlichen Bewußtsein dominierenden Sammlungstypus, das Museum zeitgenössischer Kunst. Gleichzeitig aber suchten sie, angesichts der Auflösung ästhetischer Standards, angesichts des Untergangs der alten Bildungseliten und des Aufkommens der Massenkultur nach der Verbindlichkeit eines gültigen Stils, einer gesellschaftlichen Legitimität, einer sinngebenden Autorität. Dies ließ sie die Gefährlichkeit der faschistischen Propaganda, die die große Vereinfachung des Konflikts zwischen Avantgarde und Popularkultur versprach, solange unterschätzen, bis ihr Lebenswerk durch einen gewaltsamen Hieb von außen vernichtet wurde.

Anmerkungen

1 Max Sauerlandt, «Offener Brief an den Herrn Generaldirektor der Königlichen Museen zu Berlin, wirklichen Geheimen Rat Wilhelm von Bode, Exzellenz», in: *Frankfurter Zeitung,* 5. April 1914, zit. n.: ders., *Im Kampf um die moderne Kunst. Briefe 1902–1933,* hrsg. von Kurt Dingelstedt, München 1957, S. 49–53.

2 Wilhelm v. Bode, «Der Oberbürgermeister von Halle und die Sammelpolitik der deutschen Städte», in: *Der Kunstfreund,* 1(April 1914)7, unpaginierte Sonderbeilage (4 S.).

3 Zu den hier in Stichworten angedeuteten Vorgängen vgl. die zusammenfassende Darstellung mit weiterführender Literatur bei Hans Belting, *Die Deutschen und ihre Kunst. Ein schwieriges Erbe,* München 1992, S. 33–39.

4 Sauerlandt (wie Anm. 1).

5 Zur Biographie Sauerlandts vgl. Andreas Hüneke, «Von der Verantwortung eines Museumsdirektors – Max Sauerlandt», in: Henrike Junge (Hrsg.), *Avantgarde und Publikum. Zur Rezeption avantgardistischer Kunst in Deutschland 1905–1933,* Köln/Weimar/Wien 1992, S. 261–268, sowie: Max Sauerlandt, *Ausgewählte Schriften, Bd. 1: Reiseberichte 1925–1932,* hrsg. von Heinz Spielmann, Hamburg 1971, S. 7–16.

6 Heinrich Dilly, *Deutsche Kunsthistoriker 1933–1945,* München/Berlin 1988, S. 57 f.

7 Max Sauerlandt, «Die deutschen Museen und die deutsche Gegenwartskunst», in: ders., *Drei Betrachtungen zur Stellung der Kunst in unserer Zeit,* Hamburg 1930, S. 29–63, hier S. 29.

8 Ebd. S. 51 f.

9 «Bericht über die Tagung des Deutschen Museumsbundes in Danzig vom 9.–13. Oktober 1929», in: *Museumskunde,* N.F.2(1930), S. 28–33.

10 Sauerlandt (wie Anm.1), S. 337. Vgl. hierzu auch Sauerlandt (wie Anm.5), S. 122.

11 Sauerlandt (wie Anm.7).

12 Max Sauerlandt, «Die deutschen Museen und die deutsche Gegenwartskunst», in: *Museum der Gegenwart,* 1(1930/31), S. 5–16.

13 Akten des Deutschen Museumsbundes, als Deposita im Institut für Museumskunde der Staatlichen Museen zu Berlin – Preußischer Kulturbesitz (= DMB), Akte «Tagung 1930 in Essen V», unpaginiert.

14 Auch diese Resolution wurde im *Museum der Gegenwart* abgedruckt und damit Teil einer erklärten Programmatik des Verbandes, vgl. «Der Deutsche Museumsbund für die Kunst der Lebenden», in: *Museum der Gegenwart,* 1(1930/31), S. 137.

15 Vgl. Paul Ortwin Rave, *Kunstdiktatur im Dritten Reich,* Hamburg 1949, S.19 f.; Hildegard Brenner, *Die Kunstpolitik des Nationalsozialismus,* Reinbek bei Hamburg 1963, S. 17.

16 Karl Zimmermann, «Der Kampf um das Zwickauer Museum», in: *Zwickauer Zeitung,* 21. Februar 1930.

17 SMBPK, Zentralarchiv, NG Gen.19, Bd.15, Bh.4, Bl.153.

18 Dr. Sk [Initialen nicht aufgelöst], «Der Zwickauer Skandal. Ein Beispiel für viele», in: *Völkischer Beobachter,* 9. Oktober 1930. Der falsche Titel «Zwitschermühle» samt der Hervorhebung «(sic)» und die falsche Schreibweise in «Kandinski» im Original.

19 Ebd.

20 Der Text dieser Erklärung lautet: «Ohne sich in eine Erörterung der besonderen, in diesem Falle betroffenen Kunstwerke einzulassen, erklären sie [die Museumsleiter] es für ungewöhnlich und bedauerlich, daß eine Landesregierung, um in einer rein künstlerischen Frage ihren Einfluß geltend zu machen, solchermaßen in eine Museumsverwaltung eingreift. Mit der Sammeltätigkeit eines öffentlichen Museums ist Parteipolitik grundsätzlich unvereinbar; das Museum hat allen Bevölkerungsschichten zu dienen. Entscheidend für die Bewertung eines Kunstwerkes kann lediglich sein künstlerischer Wert sein. Der deutsche Museumsbund erhebt vor der Gesamtheit des deutschen Volkes mit aller Entschiedenheit Einspruch gegen jede voreingenommene und unsachliche Einstellung der Behörden zur Kunst der Gegenwart und zu ihrer Pflege in den deutschen Museen.» SMBPK, Zentralarchiv, NG Gen.19. Bd.15, Bh.4, Bl.149.

21 Vgl. Margherita Sarfatti, *Storia della pittura moderna,* Rom 1930.

22 Alfred Hentzen an Hans Posse, 28. Oktober 1930: «Das vierte Heft vom Museum der Gegenwart soll soweit es möglich ist, Wirkung und Erfolg der deutschen Kunst im Auslande spiegeln [...] Es ist nun die Frage, ob in diesem Zusammenhang der oft erwähnte, nie veröffentlichte Brief, den Ihnen Frau Sarfatti geschrieben hat, nicht einen guten Platz fände. Die Angriffe auf die neue deutsche Kunst in rechts radikalen Blättern nehmen immer wildere Formen an [...] und gerade die Haltung der italienischen Presse gilt den Herren als besonders schlagendes Argument. Frau Sarfattis gegenteilige Meinung würde Ihnen doch vielleicht zu denken geben.» SMBPK, Zentralarchiv, NG Gen. 19, Bd. 15, Bh. 3, Bl. 327. Posse kommt der Bitte Hentzens nicht direkt

nach, verspricht aber in seinem Antwortschreiben vom 30. Oktober 1930: «Ich will gern bei Frau Sarfatti anfragen, ob sie mit einer Veröffentlichung Ihres Briefes einverstanden ist. Wenn ja, steht er Ihnen zur Verfügung. Im Übrigen können mich die Leute mit ihrer Schimpferei gernhaben.» (ebd. Bl. 326).

23 Hans Stahn, «Welch brennende Feierlichkeit», in: *Der Angriff,* 31. Oktober 1931.

24 SMBPK, Zentralarchiv, NG ad Spec.30, Bd.2, Bl.96.

25 Ebd. Bl. 95.

26 Alfred Hentzen unter dem Pseudonym «Walter Pennel», «Kunstpolitische Frontenverwirrung. Aus Anlaß einer Auslandsausstellung», in: *Der Ring,* 5(1932), S. 228 ff.

27 Ludwig Justi, «Das Deutsche in der Kunst», in: *Die Woche,* 34(1932)2, S. 73 f.

28 DMB Unbezeichnete Sammelmappe mit Tagungsprotokollen. Protokoll der Tagung der Abteilung A (Kunst- und Kulturmuseen) in Ulm am 28. und 29. August 1931.

29 DMB Unbezeichnete Sammelmappe mit Tagungsprotokollen. Rundbrief an die Mitglieder des Deutschen Museumsbunds – Abteilung A – (Kunst- und Kulturmuseen). 4. August 1933.

30 Max Sauerlandt, *Die Kunst der letzten 30 Jahre,* hrsg. von Harald Busch, Berlin 1935. Vgl. Alfred Hentzen, *Die Berliner National-Galerie im Bildersturm,* Köln/Berlin 1971, S. 14 f., zuerst erschienen unter dem Titel «Das Ende der Neuen Abteilung der National-Galerie im ehemaligen Kronprinzen-Palais», in: *Jahrbuch Preußischer Kulturbesitz.,* 8(1970), S. 24–89.

31 Brenner (wie Anm. 15), S. 66–68; Hentzen (wie Anm. 30), S. 8.

32 DMB Unbezeichnete Sammelmappe mit Tagungsprotokollen, Protokoll der Tagung der Abteilung A (Kunst- und Kulturmuseen) in Mainz am 20. August 1933.

33 Max Sauerlandt, «Die gegenwärtige Lage und die Aufgaben der Museen im neuen Staat», in: ders., *Ausgewählte Schriften. Bd. 2: Aufsätze und Referate 1912–1933,* hrsg. von Heinz Spielmann, Hamburg 1974, S. 520–544.

34 Ebd. S. 536–539.

35 Ebd. S. 539.

36 Ebd. S. 544.

37 Vgl. Magdalena Bushart, *Der Geist der Gotik und die expressionistische Kunst. Kunstgeschichte und Kunsttheorie 1911–1925,* München 1990; Marit Werenskiold, *The concept of expressionism. Origin and metamorphoses,* Oslo 1984.

38 Paul Fechter, *Der Expressionismus,* München 1914.

39 Hermann Bahr, *Expressionismus,* München 1916.

40 Eckart von Sydow, *Die deutsche expressionistische Kultur und Malerei,* Berlin 1920.

41 Lillian Schacherl, *Die Zeitschriften des Expressionismus. Versuch einer zeitungswissenschaftlichen Strukturanalyse,* Diss. München 1958, S. 136.

42 Willy Wygodzinski, «Industrievolk und Kunst», in: *Feuer,* 2(1920/21), S. 171–173, hier S. 173.

43 Sauerlandt (wie Anm. 7), S. 40.

44 Ebd., S. 52.

Ulrike Wendland

Überbrückungsversuche in der Provinz: Alexander Dorner in Hannover

I.

Am Provinzial-, ab Juli 1933 Landesmuseum in Hannover versuchte Alexander Dorner, die Kunstwerke der Moderne mit den Erscheinungen in Einklang zu bringen, die gemeinhin als nationalsozialistische Kunstpolitik bezeichnet werden. Dies war ihm möglich, weil er nicht von den Nationalsozialisten entlassen wurde wie 17 andere Museumsdirektoren, die vor 1933 in ihren Häusern moderne Kunst gekauft, ausgestellt und vermittelt hatten.[1] In den meisten Fällen war schon in den zwanziger Jahren die Ankaufs- und Ausstellungspraxis dieser Museumsleiter Gegenstand erbitterter Debatten und polemischer Angriffe gewesen; die Entlassung war der von den Nationalsozialisten vollzogene letzte Schritt. Bei Alexander Dorner stand eine Entlassung offenbar nicht einmal zur Debatte – und das, obwohl er eine der kühnsten Sammlungen moderner Kunst in einem staatlichen Museum aufgebaut hatte.

1893 wurde Alexander Dorner in Königsberg in eine Gelehrten- und Theologenfamilie hineingeboren. Der Vater August Dorner, Theologieprofessor, war als Kantianer mehr Anhänger antiker Philosophen als Theologen. Alexander Dorner studierte, nach einer intensiven humanistischen Schulausbildung, Kunstgeschichte in Königsberg und Berlin bei Adolph Goldschmidt, u.a. zusammen mit Erwin Panofsky. Sein Studium unterbrach der freiwillige Kriegsdienst im Ersten Weltkrieg – durch Verschüttung behielt er lebenslang gesundheitliche Schäden. 1919 wurde er mit einer Dissertation über die romanische Architektur-Ornamentik östlich der Elbe in Berlin promoviert.

Unmittelbar danach kam er an die Kunstsammlungen des Provinzialmuseums in Hannover, erst als wissenschaftlicher Hilfsarbeiter, ab 1923 als Direktor – mit 30 Jahren war er jüngster Museumdirektor Deutschlands. Parallel hatte er sich 1920 habilitiert, war zunächst Privatdozent, ab 1928 dann außerordentlicher Professor an der Technische Hochschule Hannover. Er hatte eine auch für die damalige Zeit außerordentliche Karriere gemacht.

II.

In Hannover wurden Expressionismus und Abstraktion zwar erst mit zehnjähriger Verspätung rezipiert, doch entwickelte sich gegen Ende des Ersten Weltkrieges, angeregt und gefördert durch eine kleine Gruppe von Mäzenen, Kunstfreunden, Intellektuellen und Künstlern, ein Avantgarde-Biotop in bildender Kunst, Literatur und Theater. Das Bemerkenswerteste geschah auf dem Feld der bildenden Kunst: 1916 wurde die Kestner-Gesellschaft gegründet – gegen die offizielle Kunstpolitik der Stadt und des Kunstvereins. Fast alle wesentlichen deutschen zeitgenössischen Künstler wurden dort in Ausstellungen präsentiert. Unter dem Patronat der Kestner-Gesellschaft fand sich 1917 die Hannoversche Sezession zusammen, aus der auch Kurt Schwitters hervorging. Er knüpfte schnell internationale Verbindungen, u.a. zur Dada-Bewegung. Der Sammler Herbert von Garvens baute eine exzellente Sammlung auf und führte über zwei Jahre eine Galerie für zeitgenössische Kunst. Hannover wurde aber auch ein Konzentrationspunkt des Konstruktivismus. Schwitters schlug die Verbindung zur Stijl-Bewegung in Holland, Doesburg und Arp waren häufig zu Besuch, Lissitzky wohnte jahrelang in Hannover. Die jüngeren hannoverschen Maler Vordemberge-Gildewart, Nitzschke, Buchheister schlossen sich mit Schwitters zur Gruppe der Abstrakten Hannover zusammen.[2]

In diesem Kontext und eng verbunden mit diesen künstlerischen Gruppen sind die Aktivitäten Alexander Dorners und Justus Biers, des künstlerischen Leiters der Kestner-Gesellschaft zu sehen. Trotzdem darf die Breitenwirkung dieser Gruppierungen nicht überbewertet werden – der Großteil der Bevölkerung blieb bei einer konservativen Kunstauffassung und nahm die Angebote nur sehr bedingt an.[3]

Dorner gestaltete die disparaten Kunstsammlungen des Provinzialmuseums radikal um und entwickelte dabei ein neues Museumskonzept. Die ungeordnete und veraltete Präsentation wurde versachlicht und in eine chronologische Reihenfolge gebracht. Hinter seiner Neukonzeption stand ein von ihm erdachtes, entwicklungsgeschichtliches Modell. Danach entwickelt sich alle Kunst evolutionär, greifen alle Epochen ineinander, geht ein Kunstwerk aus dem vorigen sukzessive hervor.[4] Er schuf «Atmosphäreräume», in denen er die Kunstwerke einer Epoche vor einen Hintergrund hängte und stellte, der in Form und Farbe die Stimmung und den Geist der betreffenden Kunstepoche wiedergeben sollte. «Das Museum selbst wird aktiv: der Farbton der Säle ist nun vielleicht mit einem Bühnenbild vergleichbar, das die Stimmung der dramatischen Szene unterstützt. So verstärkt das Museum das Erlebnis des einzelnen Kunstwerkes, es vermittelt, ja es schafft eigentlich erst das Erlebnis einer Kunstperiode und es belebt schließlich gefühlsmäßig die Vorstellung der Entwicklungsgeschichte der Kunst.»[5] Um sein Konzept aktiv zu vermitteln, verfaßte Dorner Texttafeln, die er in die Türfüllungen der Räume hängte.

Diesen Prinzipien folgte die Rauminstallation zur Präsentation der Abstrakten Kunst: 1925 entwickelte er mit El Lissitzky das *Abstrakte Kabinett.* Den Plan für einen «Raum der Gegenwart» zur Darstellung zeitgenössischer Kunst – Fotografie, Film, Design eingeschlossen – entwickelte er mit Laszlo Moholy-Nagy. Er wurde allerdings nicht verwirklicht.[6] So entwickelte Dorner das Provinzialmuseum zu einem Zentrum moderner, speziell konstruktivistischer Kunst. Doch darf man ihn nicht auf die Förderung der Moderne reduzieren, denn er kaufte Kunst aller Epochen an. Seine bedeutendste Erwerbung war der Altar von Meister Bertram. Der Verkauf einer Münzsammlung zur Finanzierung des Ankaufes trug ihm scharfe Kritik aus Hannoveraner Kreisen ein, brachte jedoch Lob von vielen Kollegen.[7]

Populäre Führungen und Vorträge unterstützten das Konzept. Mit der Neuordnung und seiner Museumsdidaktik stand Dorner nicht allein in der Weimarer Republik. Auch in Mannheim und andernorts bemühte man sich aktiv, eine breitere Öffentlichkeit an künstlerisch-kulturellen Entwicklungen zu beteiligen und aus den Museen lebende Volksbildungsinstitute zu machen.[8]

Dorner war einer der innovativsten und progressivsten Museumsdirektoren der Weimarer Republik. Mit Lust am Streit entfachte er innerhalb der Museumsleute und Kunsthistoriker eine heftige Diskussion um Original und Kopie in Museen.[9] Seine Mitherausgeberschaft der Zeitschrift *Museum der Gegenwart* von 1930–33 zeigt, daß ihm generell an einer Veränderung der Museen gelegen war.

III.

Umso erstaunlicher ist Dorners Verbleiben im Direktorenamt nach dem Beginn der nationalsozialistischen Herrschaft. Denn auch in Hannover gab es konservative und rechte Kräfte, die das kleine Avantgarde-Biotop, das sich in den zwanziger Jahren entwickelt hatte, schon lange gerne auf ihre Art kultiviert hätten. Doch scheinen sich die Emotionen nicht so hochgeschaukelt zu haben wie in anderen Städten. Und Dorner betrieb eine Anpassungsstrategie, um die moderne Kunst weiterhin ausstellen zu können. Es gelang ihm, die meisten expressionistischen und abstrakten Kunstwerke in seinem Museum bis 1936 weiterhin ausstellen zu können. Dorner selbst nennt seine Bemühungen «einen Kampf». Doch er hatte auch Verbündete im Landesdirektorium der Provinz Hannover, vor allem den Schatzrat Dr. Hartmann, aber offenbar auch den Vorsitzenden einer neugegründeten Museumskommission, Oberregierungsmedizinalrat Dr. Lambert. Außerdem wurde, verglichen mit anderen Museen, die über moderne Sammlungen verfügten, relativ wenig Druck von Seiten der Partei, Presse und vom Preußischen Ministerium für Wissenschaft, Kunst und Volksbildung ausgeübt.

Dorner gab sehr deutliche Signale der Anpassung: Schon im März 1933 waren einzelne, für die neuen Machthaber und ihre Kunstauffassung ‹anstößige› Bilder aus den modernen Sälen entfernt worden.[10] Ebenfalls im Frühjahr wurden der Expressionistenraum und das *Abstrakte Kabinett* mit neuen Beschriftungen versehen:

«Der Expressionismus sucht das seelische Erlebnis des Künstlers auszudrücken. Dadurch treten notwendig an die Stelle der sog. objektiven Formen und Farben unnatürliche Formen und Farben, die allein durch das subjektive Empfinden des Künstlers bestimmt werden. [...] Der Weg des Expressionismus führt von selbst zu einer Auflösung der traditionellen Bildform und zu einer Übersteigerung des Individualismus, die, je weiter sie getrieben wird, umso unverständlicher für die Allgemeinheit wird. Nur eine kleine Gemeinde kann die persönlichen Erlebnisse des Künstlers miterleben. Eine Volkskunst konnte der Expressionismus nie werden. Er ist ein typisches Produkt des liberalistischen Individualismus in seinem letzten Stadium.»

«Der späte Expressionismus geht verschiedene Wege. Der eine führt zu einer derartigen Übertreibung in der Darstellung persönlichster Erlebnisse, daß die Bilder, wie zum Beispiel bei Klee, der Allgemeinheit so gut wie unverständlich bleiben. Der andere führt zu einer überperspektivischen Bildkonstruktion. Daß diese abstrakte Konstruktion bei der gegenständlichen Darstellung angewandt wird, erzeugt so komplizierte Bilder, daß auch diese nur wenigen verständlich sein können (Franz Marc, Feininger). Man kann also hier von Auswüchsen des Individualismus sprechen, innerhalb deren sich teilweise produktive Gedanken regen.»

«Der Sinn der abstrakten Bewegung ist der, an die Stelle des perspektivisch geordneten Bildes einen Bildaufbau zu setzen, der die Enge des perspektivisch gefaßten Raumes sprengt. Was die abstrakte Kunst ersehnt, hat der Film erfüllt. Beide haben uns anstelle des ‹Bühnenbildes› den allseitig offenen Raum gebracht, der nur in der Bewegung erlebt werden kann, das heißt der feste ‹absolute› Standpunkt des Betrachters wird durch den wechselnden ‹relativen› ersetzt. Dieses neue weitere Sehen ist in alle Erscheinungen unseres täglichen Lebens eingedrungen (vom Geschäftspapier bis zum Tapetenmuster, von der Schaufensterdekoration bis zu unserer Kleidung.) Die Schwäche der abstrakten Kunst ist es, daß sie als reines Bild zu kompliziert ist, um von der Allgemeinheit verstanden zu werden. Dieselbe Allgemeinheit, die diese Kunstwerke als Bilder und Plastiken ablehnt, hat die ihnen zugrunde liegenden Formideen in den Dingen des täglichen Lebens und vor allem im Film restlos angenommen. Es ist das der Beweis dafür, daß die neue Basis lebensfähig ist. Was uns fehlt, das ist die Durchblutung dieses neuen Geistes mit dem Leben neuer volkstümlicher Inhalte. Dies ist der Weg zu der neuen deutschen Volkskunst, die im Werden ist.»[11]

Dorner versuchte, die abstrakte Kunst als Vorstufe einer zukünftigen deutschen Volkskunst darzustellen, ließ aber offen, wie diese sein würde. Er griff die Kritik an der

«Unverständlichkeit» der Bilder auf, machte dafür aber nicht die Künstler verantwortlich, sondern die «Allgemeinheit» selbst.

Expressionismus und abstrakte Kunst sollten, basierend auf dem entwicklungsgeschichtlichen Modell, aus didaktischen Gründen weiterhin gezeigt werden. In Richtlinien für das Provinzialmuseum, die in Einklang mit denen der Berliner Nationalgalerie aufgestellt wurden, erläuterte Dorner: «Nach Möglichkeit und nach Maßgabe des vorhandenen Materials kommen alle Perioden der Kunstentwicklung und alle Kunstrichtungen zu Worte. Sie sind auch dann vertreten, wenn gegen einzelne Kunstrichtungen oder Perioden der Entwicklung aus irgendwelchen Gründen von Seiten des Publikums eine Abneigung besteht. Denn bei der in erster Linie auf die Kunsterziehung gerichteten Aufstellung der Sammlungen bedeutete es große Lücken, wenn einzelne Phasen der Entwicklung ganz ausfielen, auch würde das durch die besondere Art der Aufstellung beabsichtigte Gesamtbild schief und willkürlich, wenn notwendige Glieder einer Gesamtentwicklung, die an ihrer Stelle alle ihre Bedeutung haben, fehlten. Gerade darin hat sich die Sammlung eines Museums von einer Privatsammlung zu unterscheiden. Das pädagogische Moment hat im Vordergrund zu stehen.»[12]

Auch die seit Jahren praktizierte Museumspädagogik, die Volkstümlichkeit seines Museumskonzeptes, sah er im Einklang mit den Forderungen der Nationalsozialisten an die Museen: erläuternde Beschriftungen, Führungen, Führungen für Schulen, Lehrerbildung sowie kunstpädagogische Kurse für die Öffentlichkeit.[13] Die Veränderungen im Landesmuseum wurden durch offenbar lancierte Artikel in der örtlichen Presse dargestellt.[14]

Bei den Anpassungsbemühungen des Frühjahrs und Sommers 1933 kam Dorner den Nationalsozialisten zunächst nur so weit entgegen, daß die eigene Position, die seiner Künstlerfreunde und der von ihm angekauften Kunstwerke noch nicht verraten wurde. Eindeutig geht aus den Quellen hervor, daß bei diesen Strategien eine wichtige Unterstützung von Schatzrat Hartmann in der Provinzialregierung kam. Er war kein Nationalsozialist, spricht er doch in einer Aktennotiz von den «maßgebenden nationalsozialistischen Herrn».[15]

Doch der Druck der Nationalsozialisten wuchs. Im eigenen Hause übte ihn vor allem der Abteilungsdirektor der vor- und frühgeschichtlichen Abteilung, Karl-Hermann Jacob-Friesen, aus, laut Dorner Nationalsozialist, SS-Angehöriger und mit dem Landeshauptmann befreundet.[16] Als eine Inspektion der Museumsbestände durch den Landeshauptmann anstand, entwickelte Dorner Ende Dezember 1933 neue Erläuterungstexte für die Räume der Expressionisten und Abstrakten. Darin geht die Anpassung weiter als im Frühjahr 1933. Er näherte er sich der Diktion und den Argumenten derjenigen Nationalsozialisten an, die nicht alle Expressionisten als «entartet» sehen wollten. So heißt es unter anderem:

«Man muß einen klaren Trennungsstrich innerhalb der expressionistischen Kunst ziehen und auf die positive Seite die Kunstwerke setzen, so Inhalte und Form allgemein verständlich sind, so also die künstlerische Vision noch die Bindung zum Volksganzen hat. Da bedeutet die expressionistische Kunst zweifellos eine starke Verinnerlichung und Vertiefung des künstlerischen Erlebnisses und eine positive Kraft und eine Stärkung im Kulturleben des Volksganzen.

So sind in diesem Raum Blätter des Norwegers Edvard Munch und Aquarelle von Emil Nolde und Christian Rohlfs – sie beide sind übrigens niedersächsische Bauernsöhne – von einem solch tiefen Natur- und Heimaterlebnis durchblutet und die Verzerrung der Formen und Übersteigerung der Farben hält sich noch in solchen Grenzen, daß auch der einfachste Mann im Volke sie miterlebt. Auch die großen Ölgemälde von Schmidt-Rottluff wie die *Dorfstraße an der Ostsee* und die *Rettungsstation* sind noch so einfach und eindeutig im Empfinden und so stark naturverbunden, daß sie fast jeder verstehen muß.

Aber, wie gesagt, die Gefahr des Abgleitens ins rein Persönliche, der Allgemeinheit Unverständliche, die Gefahr des Abgleitens in eine Übersteigerung und Verzerrung von Farbe und Form, die wie ein Strohfeuer laut, aber ohne Wärme brennt, ist sehr groß. Hier wird die Grenzscheide zum Negativen überschritten, und sonderbarerweise läuft diese Grenzlinie auch durch das Werk ein und desselben Künstlers.

So wirken zum Beispiel Noldes großes *Mädchenbildnis mit roten Haaren* und seine farbige Lithografie mit den drei Kindern schon eher wie eine übertriebene Ekstase und ein zu lautes Rufen.

Kirchner wieder geht zum Beispiel in dem Bild *Der Kranke* in der Differenzierung seiner Gefühle zu weit, daß dies zu einer Isolierung führt. Denn das Hineinhorchen in die kleinsten Momentregungen eines Kranken führt wie auch sonst leicht bei ihm zu einer passiven Gefühlsspalterei und dementsprechend zu Formen und Farben, die trotz ihrer starken Verzerrung keine positive Kraft ausstrahlen und der Allgemeinheit so gut wie unverständlich bleiben. [...]

Zusammenfassend muß man also sagen, daß der Expressionismus ein doppeltes Gesicht hat: ein positives und ein negatives. Als dauernde Gefahr steht neben ihm die bindungslose Isolierung des Künstlers, das Verfallen in eine passive Nervenspalterei. Es sind eben die Gefahren, die die ganze Periode des liberalistischen Individualismus bedrohen: kulturelles Chaos, erzeugt durch die Bindungslosigkeit des Einzelnen und seine Isolierung vom Volksganzen.»[17]

Es wird deutlich, daß Dorner selbst Vorbehalte gegen die expressionistische Kunst hatte. Die abstrakte Kunst dagegen hielt er im Rahmen seines entwicklungsgeschichtlichen Modells für eine wichtige Vorstufe zur «Volkskunst»:

«Daß aber der Anlaß zu dieser Fremdheit nicht die neuen Kompositionsprinzipien sind, die ihr zu Grunde liegen, das beweist deutlich die Tatsache, daß diese die gesamten Erscheinungen des täglichen Lebens erobert haben, vom Geschäftspapier bis zum Tapetenmuster, von der Schaufensterdekoration bis zu unserer Kleidung ... Also überall da, wo dieses neuen Kompositionsprinzip mit Inhalten des Lebens sich verbindet, da wird es freudig aufgenommen. Und so wird es auch in der bildenden Kunst sein, und es ist zum Teil schon so geworden. Sobald dieses neue Kompositionsprinzip durchblutet wird mit den neuen Inhalten unseres Lebens, sobald dieses neue Gerüst mit dem Fleisch des Lebens zu einem neuen Organismus verschmilzt, da ist die Krisis überwunden und wir bekommen eine neue Volkskunst, die neben der guten Tradition des positiven Expressionismus (wie zum Beispiel Rohlfs, Nolde, Munch und Barlach) aufwächst.»[18]

Außerdem nahm Dorner nochmals Veränderungen an der Hängung vor. Gemälde von Klee, Jawlensky und von Campendonk wurden abgenommen. Auch das *Abstrakte Kabinett* wurde modifiziert. Dorner schlug Hartmann vor:

«In Saal 45 könnten die abstrakte Komposition von Dexel und zwei Graphiken von Picasso weggenommen werden und an ihre Stelle Photomontagen nationalsozialistischer Propaganda oder andere jüngste Kunstwerke gesetzt werden, die die Auswirkungen des Kubismus und Konstruktivismus hervorheben, so daß wir die Ursachen, nämlich diese Richtungen selbst, nur in einem typischen Beispiel ausstellen. Auch könnte die illustrierte Beschriftung wirkungsvoller aufgebaut werden. Damit wäre das Gesicht dieser Räume nach außen hin durchaus im gedachten Sinne verändert, ihre Bedeutung aber nicht verloren.»[19]

Die Anpassung ging also so weit, daß Dorner die Intentionen Lissitzkys, der die traditionellen Sehgewohnheiten in seinen Kunstwerken angreifen wollte, preisgab und außerdem der nationalsozialistischen Propaganda einen Platz im *Abstrakten Kabinett* einräumte. Auf einem Foto der linken Seitenwand ist deutlich zu erkennen, daß in dem verschiebbaren Kassettenrahmen rechts an die Stelle einer Arbeit El Lissitzkys der Umschlag zu Arthur Moeller van den Brucks Buch *Das Dritte Reich* eingesetzt wurde. Unter dem Raster des Hintergrundes steht als Zitat aus einer Rezension der *Deutschen Zeitung* zu lesen: «Ein schöpferisches Buch, dessen Tragweite mit dem Maße seiner politischen Erfüllung immer wichtiger wird.» Es bleibt offen, ob die Drehung dieser Werbegraphik um 90° rein funktional den Erfordernissen des querrechteckigen Rahmens geschuldet ist, ob damit eine Steigerung der formalen Bildelemente im konstruktivistischen Sinne erreicht werden soll oder ob die sich dergestalt ergebende Komposition mit dem ‹abstürzenden›, fast auf den Kopf gestellten *Dritten Reich* nicht auch an den kunsthistorischen Topos der ‹verkehrten Welt› anschließt und sich so als ein indirekter politischer Kommentar Dorners lesen läßt. In jedem Fall versuchte er, das *Abstrakte Kabinett* wenigstens «ästhetisch zu retten».[20]

Die Bemühungen hatten zunächst Erfolg: Nach der Besichtigung der Kunstabtei-

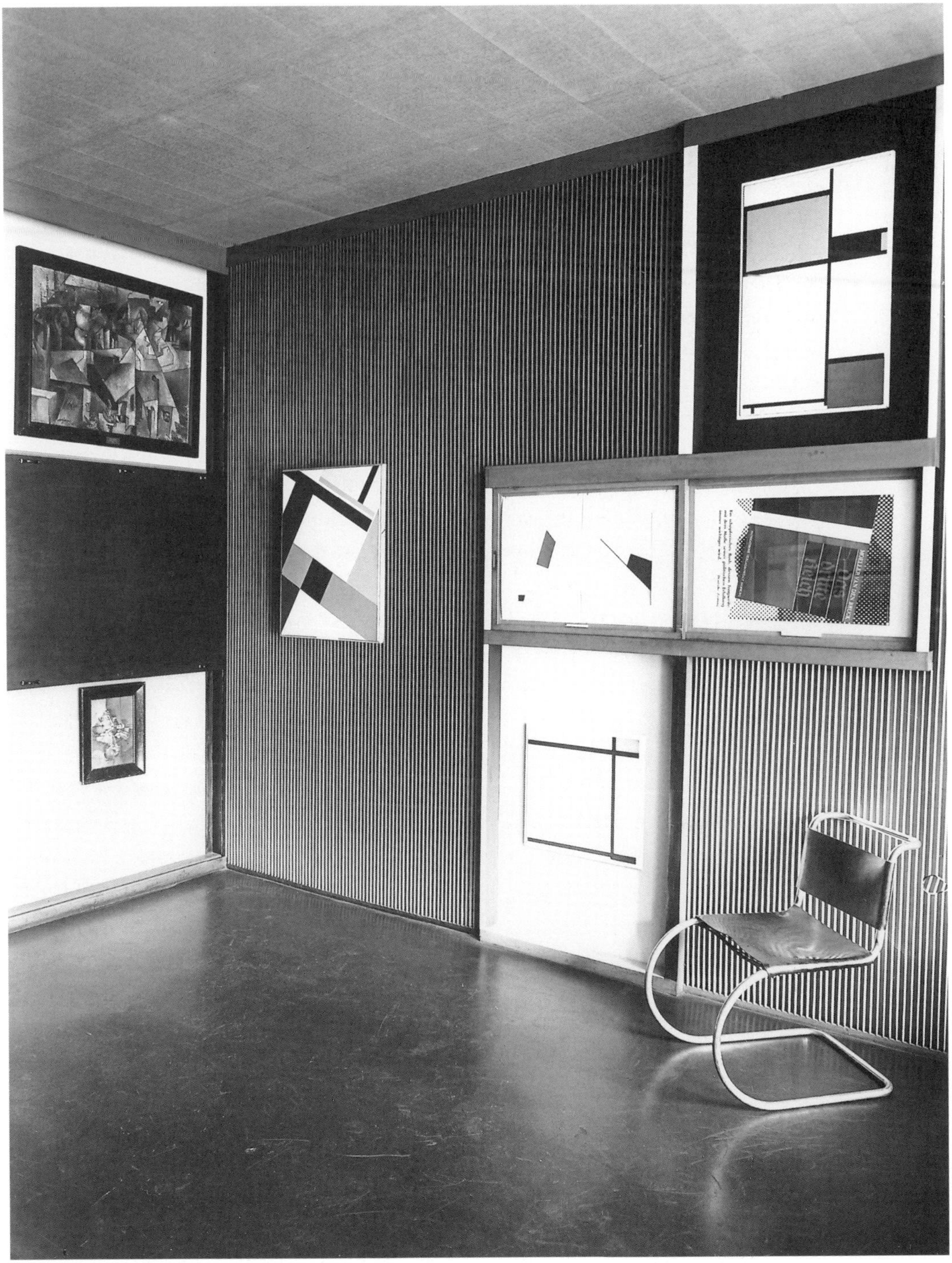

El Lissitzky, Raum der Abstrakten (1927), Ansicht der linken Seitenwand 1934, Provinzialmuseum Hannover, heute: Sprengel Museum Hannover.

lungen und einer Präsentation aller seit 1923 mit Mitteln der Provinz erworbenen Bilder durch den Landeshauptmann im Juni 1934 wurde Dorner «anheimgegeben», die wenigen kritisierten Bilder aus der Schausammlung zurückzuziehen – Gemälde von Schmidt-Rottluff, Kirchner und Nolde. Bis Ende 1936 blieben die bereinigten Expressionistenräume und das angepaßte *Abstrakte Kabinett* bestehen.[21]

Doch dann mußte Dorner aufgeben. In der Provinzialregierung hatte der Schatzrat gewechselt – nun war dort der Nationalsozialist Zacharias für die Museen zuständig.[22] Schließlich wurde das *Abstrakte Kabinett* zerstört. Dorner selbst berichtet, daß er es bei der Rückkehr von einer Dienstreise im Herbst 1936 durch Nationalsozialisten oder seinen Kontrahenten Jacob-Friesen mutwillig zerstört vorfand.[23] Die Aktion «Entartete Kunst» des Jahres 1937 warf ihre Schatten voraus. Hinzu kamen Vorwürfe über die Veruntreuung von Geldern – dies war ein typisches Verfahren der Nationalsozialisten, sich Personen zu entledigen, die weder aus rassischen noch aus politischen Gründen verdrängt werden konnten. Dorner reichte unter diesem massiven Druck Ende Januar 1937 sein Rücktrittsgesuch selbst ein und kam damit einer Entlassung zuvor. Er erhielt keine Pensionsansprüche, durfte den Titel Museumsdirektor nicht mehr führen; außerdem wurde ein Dienststrafverfahren gegen ihn wegen der unterstellten Veruntreuungen eingeleitet.[24]

Nach einem kurzen Aufenthalt in Berlin, wo er versuchte, als freiberuflicher Kunsthistoriker seinen Lebensunterhalt zu verdienen, verließ er Deutschland im Herbst 1937 – laut eigener Aussage[25] kurz vor der Verhaftung durch die Gestapo stehend, die ihn über Jahre hatte bespitzeln lassen. Über Frankreich und Kuba erreichte er die USA, wo er eine zweite Karriere als Museumsdirektor und -didaktiker begann. Die moderne Sammlung des Hannoverschen Museums wurde 1937 in der Aktion «Entartete Kunst» völlig zerschlagen.[26]

IV.

Aufgrund der geschilderten Anpassungsstrategien gelang es Alexander Dorner, nach 1933 im Amt zu bleiben, obwohl praktisch alle Museumsdirektoren, die moderne Kunst gesammelt und ausgestellt hatten, von den Nationalsozialisten aus ihren Ämtern gedrängt worden waren. Sein evolutionäres Ausstellungskonzept, der Ansatz des «Erlebnisses» der Kunst in «Atmosphäreräumen» und die intensive didaktische Komponente waren offenbar vereinbar mit Forderungen, die Nationalsozialisten an die Kunstrezeption und das Museum stellten. Überdies schaffte er es vier Jahre lang, mit Modifikationen der Hängung und Beschriftung, den größten Teil der expressionistischen und abstrakten Kunstwerke weiterhin ausstellen zu können. Die Anpassung ging allerdings immerhin so weit, daß er keine Probleme bei der Einfügung nationalsozialistischer Propaganda in Lissitzkys Rauminstallation hatte.

Dorners Haltung zum Nationalsozialismus ist schwer zu fassen. Er war kein NSDAP-Mitglied und stellte sich nach dem Krieg als entschiedener Gegner des Nationalsozialismus dar. In einem langen Bericht anläßlich seines Wiedergutmachungsverfahrens beschreibt er seine antinazistische Haltung und die zunehmende Verfolgung.[27] (Eine solche Quelle ist allerdings kritisch zu sehen, da sie ja den Zweck hatte, Behörden von der Zahlungsnotwendigkeit zu überzeugen.)

War Dorner ein Opportunist, der die eigenen Positionen schnell verriet oder ein politisch Naiver, der nicht merkte, daß er nach und nach seine Seele dem Teufel verkaufte? Ist diese Kategorisierung überhaupt nötig? Ein Allgemeinplatz ist inzwischen, daß diejenigen, die sich vor 1933 für die Moderne eingesetzt hatten, politisch nicht unbedingt liberal oder links angesiedelt sein mußten oder oft unpolitisch waren. Engagement für den Expressionismus und die abstrakte Kunst konnte durchaus zusammengehen mit politischer Reaktion. Alexander Dorner war Teilnehmer des Ersten Weltkrieges, Alter Herr einer schlagenden Verbindung, kam andererseits aus einem liberal denkenden Elternhaus mit einer englischen Mutter und einem Vater, der als überzeugter Demokrat den vulgären Absolutismus Wilhelms II. verachtet hatte. Schriftliche politische Äußerungen von ihm sind nicht bekannt. Er wird, wie viele unpolitische Intellektuelle, die Gefahr des Nationalsozialismus verkannt und geglaubt haben, daß sich der Spuk der ordinären Nazis bald geben würde.

Im Nachhinein erscheint es wie ein Verrat, daß Dorner zur Legitimation, moderne Kunst auszustellen, Worte und Argumente nationalsozialistischer Kunsthetze heranzog. Doch sollten die Texte der Beschriftungstafeln als Quelle kritisch gesehen werden: Sie stellen nicht unbedingt Dorners Meinung dar, sondern eine, die die Nationalsozialisten verbreitet wissen wollten. Dorner tat, wie so viele in jener Zeit, seine Pflicht – gegenüber seinem Dienstherren, aber auch gegenüber ‹seiner› Sammlung. Dieser Spagat konnte nicht gutgehen. Ob dieses Pflichtbewußtsein – ohne das Dorner gewiß früher aus seinem Amt gedrängt worden wäre – uns heute Anlaß geben darf, Dorner in die Schublade ‹Opportunisten› zu sperren, sollte bis zum Vorliegen besserer Beweise offenbleiben.

Anmerkungen

1 Luise Fischel (Karlsruhe), Ernst Gosebruch (Essen), Ludwig Grote (Dessau), Gustav Hartlaub (Mannheim), August Hoff (Duisburg), Ludwig Justi (Berlin), Wilhelm Koehler (Weimar), Karl Koetschau (Düsseldorf), Herbert Kunze (Erfurt), Peter-Emil Noelle (Witten) Gustav Pauli (Hamburg), Walter Riezler (Stettin), Max Sauerlandt (Hamburg), Friedrich Schreiber-Weigand (Chemnitz), Fritz Traugott Schulz (Nürnberg), Erich Wiese (Breslau), Karl With (Köln).

2 Vgl. *Die zwanziger Jahre in Hannover. Bildende Kunst, Literatur, Theater, Tanz, Architektur 1916–1933,* Hannover 1962 (Ausst. Kat. Hannover: Kunstverein).

3 Ines Katenhusen, «Kunstblüte oder Kulturverfall? Facetten des Zeitgeistes der Weimarer Republik am Beispiel Hannover», in: *Kulturaustreibung. Die Einflußnahme des Nationalsozialismus auf Kunst und Kultur in Niedersachsen,* Hannover 1993 (Auss. Kat. Hannover: Sprengel Museum), S. 19–29, hier S. 22 f.

4 Monika Flacke-Knoch, *Museumskonzeptionen in der Weimarer Republik. Die Tätigkeit Alexander Dorners im Provinzialmuseum Hannover,* Marburg 1985, S. 39 ff.

5 *Überwindung der Kunst. Zum 100. Geburtstag des Kunsthistorikers Alexander Dorner, Hannover 1993,* hrsg. vom Alexander Dorner Kreis, Hannover 1993. S. 14.

6 Flacke-Knoch (wie Anm. 4), S. 56 ff.

7 Ines Katenhusen, «Alexander Dorner – Biographie», in: *Überwindung der Kunst* (wie Anm. 5), S. 34.

8 Monika Flacke, «Die Neuordnung der deutschen Museen in der Weimarer Republik», in: *Überwindung der Kunst* (wie Anm. 5), S. 47–54.

9 Flacke-Knoch (wie Anm. 4), S. 100 ff.

10 Niedersächsisches Staatsarchiv (= NStA), Hann. 151, Nr. 183, Bl. 54b-59, Brief Dorners vom 30. Mai 1933 an das Preußische Ministerium für Wissenschaft, Kunst und Volksbildung.

11 NStA, Hann. 151, Nr. 183, Bl. 54b–59, Brief Dorners vom 30. Mai 1933 an das Preußische Ministerium für Wissenschaft, Kunst und Volksbildung (Anlage).

12 NStA, Hann. 151, Nr. 183, Bl. 67, «Richtlinien des Museums für Kunst und Landesgeschichte», undat. [Sommer 1933].

13 Ebd.

14 «Ferienvormittag im Provinzialmuseum. Betrachtungen über: Einst und Jetzt», in: *Hannoversches Tageblatt,* 30. Juli 1933, in: Akte NStA, Hann. 151, Nr. 183, Bl. 70. Flacke-Knoch (wie Anm. 4), S. 113, geht davon aus, daß Dorner selbst Autor dieses Artikels gewesen sei.

15 NStA, Hann. 151, Nr. 183, Bl. 52a, Aktennotiz Hartmanns vom 9. Mai 1933.

16 NStA, VVP 21, Nr. 83, Bericht zur Wiedergutmachungssache Nr. IV a (2) 5793/56, S. 13.

17 NStA, Hann. 151, 172, Bl. 107, Brief Dorners an Hartmann vom 28. Dezember 1933, Anlagen.

18 Ebd.

19 NStA, Hann. 151, 172, Bl. 111, Brief Dorners an Hartmann vom 9. Januar 1934.

20 Flacke-Knoch (wie Anm. 4), S. 115.

21 NStA, Hann. 151, Nr. 172, Bl. 131, Aktennotiz Hartmanns vom 5. Juni 1934.

22 NStA, VVP 21, Nr. 83, Bericht zur Wiedergutmachungssache Nr. IV a (2) 5793/56, Bl. 27.

23 Katenhusen (wie Anm. 7), S. 35.

24 NStA, VVP 21, Nr. 83, Bericht zur Wiedergutmachungssache Nr. IV a (2) 5793/56, Bl. 13 ff.

25 Ebd. Bl. 33–37.

26 Franz G. Kurzhals, «Die Entfernung der bildenden Kunst aus Hannover. Das Landesmuseum in Hannover», in: *Kulturaustreibung* (wie Anm. 3), S. 84–87.

27 NStA, VVP 21, Nr. 83, Bericht zur Wiedergutmachungssache Nr. IV a (2) 5793/56.

III. Publizisten: Karrieren im Meinungskampf

Dieter Scholz

Otto Andreas Schreiber, die ‹Kunst der Nation› und die Fabrikausstellungen

Wenn es um die Verschränkung der ästhetischen Moderne mit dem Nationalsozialismus geht, ist es unverzichtbar, die Zeitschrift *Kunst der Nation* aufzuschlagen. 32 Hefte erschienen zwischen dem 1. November 1933 und dem 15. Februar 1935. Das sechsseitige Blatt im Zeitungsformat war alle zwei Wochen für dreißig Pfennig an den Kiosken zu haben und brachte es auf 3.500 feste Abonnenten. Die *Kunst der Nation* war Sprachrohr einer innerparteilichen kunstpolitischen Opposition, die sich in der Frühzeit der nationalsozialistischen Herrschaft für den Expressionismus einsetzte und im Rahmen des Machtkampfes zwischen Alfred Rosenberg und Joseph Goebbels von letzterem so lange protegiert wurde, wie es ihm opportun erschien, ein Presseorgan betrieben zu sehen, das Künstler, Intellektuelle und das Bildungsbürgertum einbinden konnte.

Die Zeitschrift *Kunst der Nation* hat die ihr gebührende Aufmerksamkeit gefunden[1]; von ihrem Personal kann dies nicht behauptet werden. Zwar sind Autoren wie Werner Haftmann, Hans Eckstein, Gert H. Theunissen oder Hans Pels-Leusden keine Unbekannten, aber die entscheidende – für die Kontinuität bürgende – Figur war zweifellos der Maler Otto Andreas Schreiber, der als Schriftleiter die Zeitschrift redigierte und für den Inhalt verantwortlich zeichnete. Wer war Otto Andreas Schreiber? Im folgenden wird seine Entwicklung in der Zeit des Nationalsozialismus anhand bisher nicht ausgewerteter Quellen dokumentiert und so dem in der Nachkriegszeit geprägten Bild vom unpolitischen Maler ein anderer Blick entgegengesetzt.

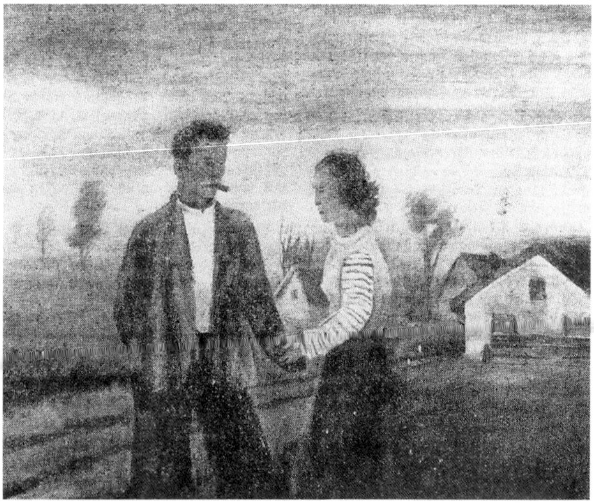

Otto Andreas Schreiber, Paar vor Dorflandschaft, in: Der Betrieb, 3(15. Februar 1934)11, S. 23.

I.

In den Katalogen der Ausstellungen von Schreibers künstlerischem Werk ist über diese Zeit wenig zu erfahren: «1907 in Deutsch Cekzin (Westpreußen, Tucheler Heide) geboren. Dorfschule. Gymnasium in Konitz, nach der Vertreibung der Familie aus dem ‹polnischen Korridor› in Deutsch Krone. Abitur. 1927 bis 1931 Studium der Philosophie an der Universität Berlin, Studium der Malerei an den Staatlichen Kunstakademien Breslau und Königsberg und an der Staatlichen Kunstschule Berlin. In Breslau Schüler von Oskar Moll, Otto Mueller und Alexander Kanoldt. Nach der Heirat (1934) wohnhaft in Berlin. 1939 bis 1942 Soldat. Nach dem Kriege in Hemmenhofen am Bodensee, in Vreden (Westfalen), seit 1954 in Dormagen. Drei Söhne. Lebte als freier Maler. Starb 1978 in Dormagen.»[2]

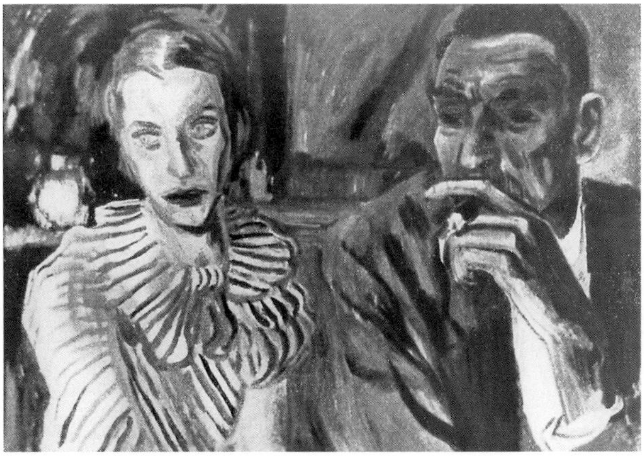
Otto Andreas Schreiber, Doppelbildnis, in: Die Kunst für Alle, 51(Mai 1936)8, S. 196.

Diese Künstlerbiographie ist in einigen Punkten zu präzisieren. So ließ sich Schreiber zeitweise auch an der Werkkunstschule in Düsseldorf ausbilden, seine philosophischen Studien dürften sich auf die Vorbereitung zum für Gymnasiallehrer üblichen Philosophicum beschränkt haben, und er war sowohl in Vreden als auch in Dormagen als Kunsterzieher tätig.[3] Die Prägung durch Exponenten der Neuen Sachlichkeit und des Expressionismus ist Schreibers Bildern aus den dreißiger Jahren deutlich anzusehen. Zwei Paardarstellungen stecken dieses stilistische Spektrum ab: Das tragisch distanzierte Paar, nahegerückt in einem Innenraum, läßt eher an Beckmann und Munch denken; das vor einem dörflichen Hintergrund sich die Hand reichende Paar ist dagegen Kanoldt verpflichtet. «Mit 30 hatte Schreiber seine künstlerische Kontur erreicht», heißt es in einem Ausstellungskatalog von 1976. «Sie zu entfalten [...] war danach sein strenges Anliegen».[4]

Otto Andreas Schreiber entfaltete sich jedoch nicht nur malerisch. Im Anschluß an eine Mitgliedschaft im katholischen Jugendbund *Neu-Deutschland*[5] war er der SA und der NSDAP beigetreten[6] und agitierte im nationalsozialistischen Sinne an der Staatlichen Kunstschule Berlin-Schöneberg, wo er nach dem Staatsexamen 1931 als Assistent beschäftigt war, allerdings ohne Entgelt. Wenige Tage nach dem Machtwechsel vom 30. Januar 1933 bezichtigte er in einem Brief an das Wissenschaftsministerium Studenten und Professoren des «Kulturbolschewismus»[7] und initiierte am 17. Februar 1933 einen gewalttätigen Überfall der SA auf die Kunstschule. Dieser Vorfall ist ebenso gut dokumentiert[8] wie die weiteren Ereignisse der Jahre 1933/34[9], die an dieser Stelle daher nur kurz skizziert werden.

In seiner Funktion als stellvertretender Kreisführer X (Berlin) des Nationalsozialistischen Deutschen Studenten-Bundes (NSDStB) hielt Schreiber am 29. Juni 1933 im Auditorium maximum der Berliner Universität bei einer Kundgebung des NSDStB mit dem Titel «Jugend kämpft für deutsche Kunst» eine Rede für den Expressionismus und gegen die heimattümelnde Ästhetik des Rosenbergschen Kampfbundes für Deutsche Kultur.[10] Hatten sich die Mitglieder des NSDStB bereits am 10. Mai 1933 bei der «Verbrennung undeutschen Schrifttums» als Parteigänger Goebbels' erwiesen, so läßt sich zugleich auch die Veranstaltung Ende Juni in dieser Perspektive verstehen.[11] Rosenberg konterte mit einer scharfen Pressepolemik[12], woraufhin Schreiber sich gezwungen sah, öffentlich Abbitte zu leisten.[13]

Gleichzeitig aber organisierte er zur Propagierung seines Standpunktes die Ausstellung *30 deutsche Künstler* «eingeladen vom nationalsozialistischen deutschen Studentenbund in der Galerie Möller».[14] Expressionisten der ersten Generation wie Pankok, Macke oder Lehmbruck und Neusachliche wie Schrimpf oder Kanoldt wurden dabei mit jüngeren Künstlern aus der von Schreiber mitbegründeten Künstlergruppe *Der Norden* zusammengeführt. Die am 22. Juli 1933 eröffnete Ausstellung wurde nach drei Tagen auf Anordnung von Reichsinnenminister Frick geschlossen, wenig später wieder geöffnet, wobei der NSDStB nun nicht mehr als Veranstalter zeichnete. Schreiber wurde aus dem NSDStB ausgeschlossen, was seinem Aktivismus aber keinen Abbruch tat. Mit Unterstützung des Galeristen Ferdinand Möller und anderer rief er Ende 1933 die Zeitschrift *Kunst der Nation* ins Leben.[15] Ihr Ziel war es, einem ‹Expressiven Realismus›[16] ein öffentliches Forum zu verschaffen, ohne als partei-oppositionell zu gelten.

II.

Von Otto Andreas Schreiber sind sieben eigene Beiträge in der *Kunst der Nation* zu finden.[17] Bereits in der ersten Ausgabe publizierte er sein Credo unter dem Titel: «Haben wir jungen Maler ein neues Kunstideal?»[18] Schreiber stellte fest, «für den wirklichen Maler» sei ein «*ewiges Kunstprogramm*» maßgebend, das darin bestehe, «*alles von dem bedeutungsvollsten Ausgangspunkt, der Natur her, zu entwickeln.*» Schreiber ging von einer «angeborenen Landschaft» des Malers aus: «Sein Organismus wird schon vom Mutterleib an durch jede Form eines Hügels, durch jede Färbung der Äcker, durch jeden Schrei eines Tieres und jeden Windstoß der heimatlichen Witterung unverlierbar geprägt.» Die Rede vom «Kreislauf des völkischen Blutes» benutzte Schreiber dazu, seiner «Verachtung gegenüber den -ismen» Ausdruck zu geben. Für ihn «ist ‹internationaler›

Kunstwille Verrat an unsrem Ausgangspunkt». Er verwahrte sich auch gegen vordergründige Monumental- und Parteipropagandakunst: «Wir andern (die Mehrzahl) werden weiter Landschaften, Porträts, Stilleben malen, denn auch aus ihnen, ja, aus jeder Farbe und jeder Form kann heroischer Geist offenbar werden. Möge Monumentalkunst von denen geschaffen werden, die von ihrer Veranlagung dazu bestimmt sind. Wir andern wissen, daß auch das kleinste Staffeleibild monumental im wahrsten Sinne des Wortes sein kann. Es verschafft uns auch keine Beunruhigung, ob die malerische Verwirklichungsart (meinetwegen: Stil!) der heutigen Zeit ein heroischer Idealismus, eine neue herbe Romantik oder aber ein neuer vollsaftiger heidnischer Naturalismus sein wird. Sicher werden aus jungem starken nationalsozialistischen Menschentum noch sehr viele *verschiedene* Stile geboren werden, die alle, jeder in seiner Art, der ‹Sehnsucht des Volkes nach seiner höchsten rassischen Gestalt› Ausdruck geben werden.»

Für die Vielfalt setzte sich Schreiber nicht aus pluralistischer Überzeugung ein; ihre Beschwörung diente ihm vielmehr dazu, dem Expressionismus eine Legitimation zu verschaffen. Da die Expressionisten aber bevorzugte Angriffsziele Rosenbergs waren, spielte Schreiber Bezeichnung und Behauptungswillen herunter. Alles Laute war ihm ohnehin verhaßt, da «die junge Kunst still» sei, «ohne Vokabeln, ohne Programme, ohne Namen». Schreiber konzipierte das Aufgehen des Individuums im «Wir» der Gemeinschaft, dazu gehörten «Ernst» und «Verantwortung» für ihn, «trotz unserer Jugend». Die biologistische NS-Ideologie wertete er als Bestätigung seiner Weltanschauung: «Der Maler lacht über die motivische oder formale Gleichschaltung der Auchmaler. Er braucht sich nicht umzustellen, die deutsche Politik ist vielmehr auf das umgestellt worden, was immer das Wesentliche in der Kunstbetätigung war: *Die Erkenntnis des Organischen.*»

In seinem zweiten Beitrag für die *Kunst der Nation* zitierte Schreiber aus der Rede des Reichsministers für Volksaufklärung und Propaganda, Joseph Goebbels, zur Eröffnung der Reichskulturkammer der bildenden Künste am 15. November 1933.[19] Goebbels bezeichnete die NS-Kunstpolitik als «großherzig», prangerte «Gesinnungsriecherei» an und versicherte den Künstlern, sie seien «frei und ungebunden», sofern sie die Gesetze des Staates respektierten. Schreiber sah seine Forderungen als erfüllt an und dokumentierte sein Vertrauen in Goebbels mit den Sätzen: «*Nach dieser Rede des Führers der Reichskulturkammer räumen die jungen nationalsozialistischen Künstler endgültig das Feld der Kunstpolitik und kehren in die Natur und in ihre Ateliers zurück.* Sie, die noch niemand kennt, und denen doch die Zukunft gehört, stimmen ihrem neuen kulturellen Führer einmütig und dankbar zu.»

Schreiber selbst setzte jedoch seine kunstpolitische Publizistik fort. In der Neujahrsausgabe der *Kunst der Nation* 1934[20] forderte er eine Neuorganisation des Ausstellungswesens: «Der heutige Kunstbetrieb wird uns nie eine starke Wirkung auf das Volk ermöglichen. Die Maler selbst werden ihn daher faschistisch umgestalten. *Obwohl es paradox erscheint: das Getümmel der Ausstellungen muß unterbunden werden, wenn das Volk zur Kunst hin erzogen werden soll.*» Neben Seitenhieben, die «Kunstliteraten» vom Schlage Rosenbergs galten, richtete der elitebewußte Schreiber seine Angriffe gegen die massenhafte Konkurrenz, «denn wenn man die 20 000 ‹Maler›, die in Deutschland Leinwandflächen beanspruchen, für die Kunst alarmiert, so richtet sich deren Geltungsbedürfnis notwendigerweise gegen die Qualität». Schreiber bekannte sich dazu, «aristokratisch» zu denken, «weil die Kunst vom Beschauer nicht restlos verstanden», also nur vom Produzenten selbst vollständig begriffen werden könne. Die Tragik dieser Isolierung sei aber überwindbar, wenn es gelinge, das Niveau des Volksgeschmacks anzuheben: Mit dem «straffsten Führerprinzip im öffentlichen Kunstleben» könne man «das Volk vor minderwertigen Eindrücken schützen». Einen anderen Weg lehnte er ab, «denn wir hängen so an der Malerei, daß wir uns eine wirkliche Schicksalsgemeinschaft nur denken können, wenn unser Volk auch wieder zu geformten Werten seinen Weg findet.»

Noch sah Schreiber Mengen «unmodernen Kitsches an den Wänden und in den Herzen des Volkes». Der Weg, Kunst und Volk miteinander auszusöhnen, war für ihn die Deutsche Arbeitsfront (DAF) unter Robert Ley. Diese hatte für Schreiber die Aufgabe, zu verhindern, daß «moderner Massenkitsch» unmodernen ablöse. «Eine wahre völkische Kultur» und Kunst solle an diese Stelle treten. «Der Künstler Hans Weidemann, der Leiter des Kulturamtes, muß und wird uns dafür bürgen». Schreiber kannte diesen Bürgen gut, denn Weidemann teilte als Mitbegründer des *Norden* seine kunstpolitische Position. Als Träger des goldenen Parteiabzeichens hatte Weidemann darüber hinaus direkten Zugang zu Goebbels. Über diese personelle Verknüpfung gelangte Schreiber in das Kulturamt der DAF-Freizeitorganisation Kraft durch Freude (KdF).

Als ein Startsignal für die gezielte Verschränkung der Sphären Kunst und Arbeitsleben kann gewertet werden, daß am 15. Dezember 1933 ein Artikel des Schriftleiters der Zeitung *Der Betrieb,* dem Informationsorgan der Nationalsozialistischen Betriebszellen-Organisation (NSBO), Alfred Ruthenberg, sowohl im *Betrieb*[21] als auch in der *Kunst der Nation*[22] veröffentlicht wurde. Ruthenberg postulierte: «Arbeiter und Künstler *kommen* nicht zusammen, sondern werden zueinander *geführt*». Beide Gruppen sind im Sinne einer gegenseitigen Toleranz für ihn formungsbedürftig. «Wir müssen das Volk zu einem neuen Respekt vor der künstlerischen Gestaltung erziehen», schrieb Ruthenberg und beendete seinen Text mit der Versicherung: «Auch bei der Gestaltung des deutschen Feierabends vertrauen wir auf den *revolutionären Formwillen einer neuen Jugend.*» Wer hier als ‹neue Jugend› angesprochen wurde, erhellt der Name jenes Autors, der den nachfolgenden Artikel im *Betrieb* lieferte: Es ist kein anderer als der Wortführer der ‹jungen Maler›, Otto Andreas Schreiber, von dem sich insgesamt fünf eigene Beiträge im *Betrieb* nachweisen lassen.[23]

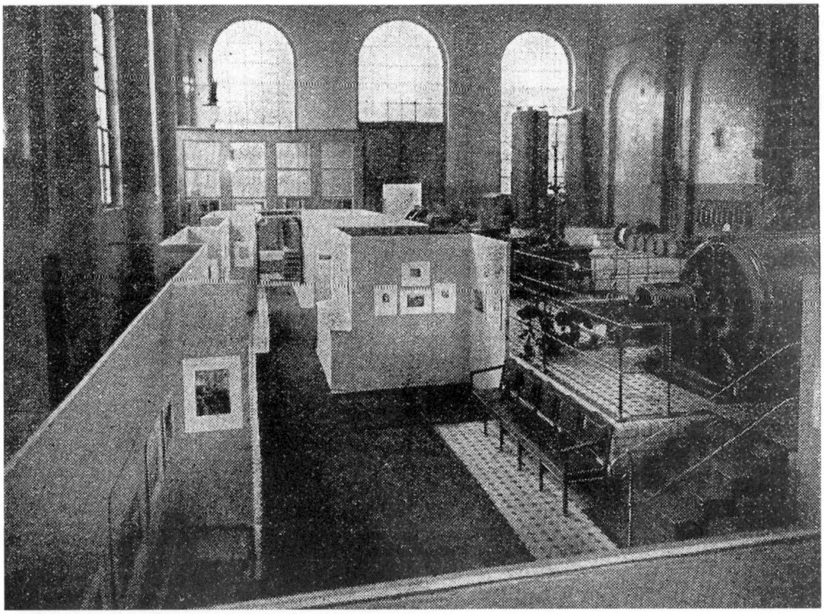

Fabrikausstellung in der Löwe AG. Abbildung in: Der Betrieb, 4(15. Januar 1935)20, S. 11.

Hatte sich Schreiber in der zweiten Jahreshälfte 1933 als Folge der anhaltenden Konfrontation mit Rosenberg einer zurückhaltenderen, mehr im allgemeinen bleibenden Rhetorik bedient, so hielt er es Anfang 1934 für möglich, den Begriff ‹Expressionismus› wieder zu verwenden. Er tat dies zunächst in einem zweiteiligen Artikel im *Betrieb,* mit dem er sich in eine in der Tages- und Fachpresse geführte Debatte einschaltete, unter dem Titel «Worin zeigt sich das deutsche Wesen in der deutschen Kunst?»[24] Holzschnittartig wurde darin der Impressionismus als eine Form «französischen Kunstsekts» abgewertet, die im übrigen *«durch das jüdische Volk eingeführt»* worden sei. Mit ihrem «Bekenntnis zur Innerlichkeit als schärfste Absage der Kunst der Oberfläche» hätten Expressionisten wie *«Barlach, Nolde, Heckel, Schmidt-Rottluff, Marc und Rohlfs»* den «Vernichtungskampf gegen den Impressionismus» geführt und dessen «Vorherrschaft» in Deutschland «gebrochen». Die Genannten seien aber «ohne Rang und Ehrung» geblieben, denn «die jüdische Republik verkannte den Wert der Begründer des Expressionismus für das deutsche Wesen *absichtlich* vollständig. Sie witterte in ihnen den Gegner.» Entsprechend behauptete Schreiber, «unser Blut lehnt instinktiv in gleicher Weise das jüdische Volk wie dessen Formensprache ab. Wir dürfen uns hierbei nicht dadurch beirren lassen, daß jüdische Künstler mit der ihrer Rasse eigenen Anlehnungsfähigkeit deutsche Inhalte und Formensprache angenommen haben. Es gibt genügend Zeugnisse typisch jüdischer Kunst, die wir als solche empfinden und deren wesentliche Merkmale wir dann auch leichter dort, wo sie sich deutscher Inhalte und Formen bedienen, wenn auch verschleiert, wiederfinden können. Der Zynismus des Literaten Alfred Kerr, die orientalische Glut Kandinskys, die Persiflagen Jankel Adlers sind solche typischen Zeugnisse jüdischer Kunst gewesen. Immer waren es nicht die allgemein-menschlichen Inhalte, die auch eine völkische Kunst unseres Landes behandeln kann, und nicht deren Berechtigung oder Unrichtigkeit, die das typisch Undeutsche kennzeichneten, sondern vielmehr die Gestaltungsart, mit der diese Inhalte vorgetragen wurden.»

Schreiber begründete in einem Zirkelschluß Form mit ‹Rasse› und umgekehrt, um dann in einer überraschenden Wendung der Argumentation die angestrebte Identität zwischen Formensprache und ‹rassischer› Zugehörigkeit, und sei sie jüdisch, zum Leitbild zu erklären: «Gerade die Kunst der *Wollheim, Jankel Adler, Chagall* ist außerordentlich typisch ‹nationale›, ‹völkische› Kunst, allerdings für die semitische ‹Nation›, das semitische ‹Volk›. Jüdische Künstler beweisen manchmal darin geradezu vorbildliche Konsequenz.» Für die deutsche Kunst sah Schreiber eine derart konsequente Haltung nur durch die Expressionisten als «Exponenten einer wahrhaft völkischen Kultur» gewährleistet. Sein Artikel endete mit dem Bekenntnis: «Für uns Heutige ist der Expressionismus die große befreiende Kunst der vergangenen dreißig Jahre. Nicht seine Rehabilitierung, sondern die *Weiterentwicklung* der deutschen Kunst in dem völkischen Geiste und der unbeirrt sauberen künstlerischen Gesinnung der großen Expressionisten ist die Aufgabe der Zukunft.» Diesen Appell formulierte Schreiber auf ähnliche Weise in der *Kunst der Nation* unter der Formel «Fortsetzung des Expressionismus».[25]

In einem Porträt, das *Der Betrieb* dem «Maler Otto-Andreas Schreiber» widmete[26], kam der Begriff ‹Expressionismus› allerdings nicht vor. Der Autor paraphrasierte Schreibers Thesen von der Landschaft als einem «Spiegelbild» und vom «Muttergrund der Natur». Lediglich im Schlußpassus wurde eine gewisse Reserve deutlich, wenn es heißt, «daß dieser Maler mitberufen ist, das Schicksal deutscher Kunst zu entscheiden. Das bedeutet sicher Außerordentliches, es wird sich aber nur beweisen, wenn die Kraft auch weiterhin nicht erlahmt und nicht zurückschreckt vor den Aufgaben.» In diesen Sätzen klingt die Kenntnis von Schreibers neuer Position im KdF-Kulturamt an, die gefährdet war angesichts der unvermindert heftigen Angriffe der Kampfbund-Leitung. Diese stellte zum selben Zeitpunkt in einer Aktennotiz fest: «Es ist vollständig ausgeschlossen, daß eine Persönlichkeit, die von Pg. Rosenberg wegen einer Befürwortung Noldes aus dem Studentenbund entfernt wurde, plötzlich im Kulturamt des Werkes ‹Kraft durch Freude› tätig sein kann.»[27]

Schreiber blieb publizistisch rege, überraschte aber die Leser der *Kunst der Nation* im August 1934 durch die Mitteilung: «Aus der Erwägung heraus, daß sich der Beruf eines Schriftleiters nicht für längere Zeit mit meinem eigentlichen Beruf als Maler vereinbaren läßt, lege ich nunmehr die Schriftleitung in andere Hände.»[28] Da Schreiber aufgrund seiner Tätigkeit im KdF-Kulturamt der Malerei ohnehin wohl nur einge-

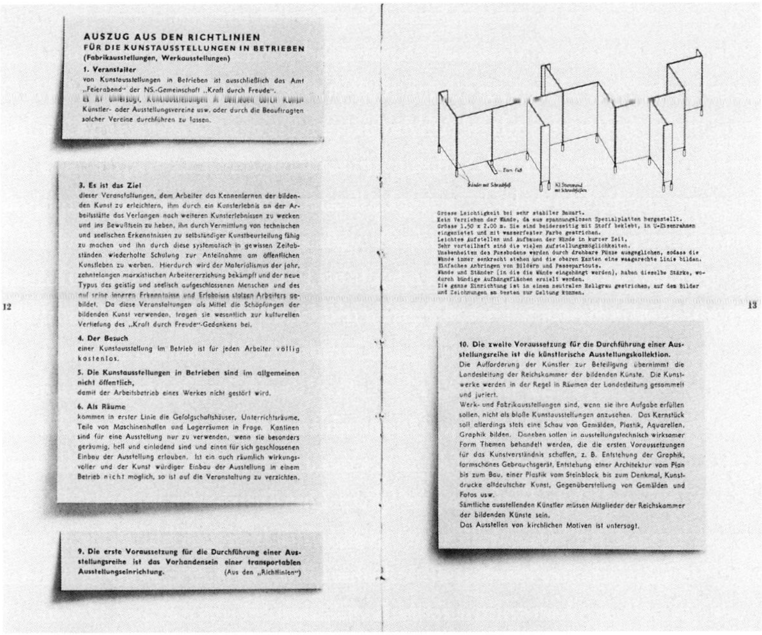
AUSZUG AUS DEN RICHTLINIEN
FÜR DIE KUNSTAUSSTELLUNGEN IN BETRIEBEN
(Fabrikausstellungen, Werkausstellungen)

1. Veranstalter
von Kunstausstellungen in Betrieben ist ausschließlich das Amt „Feierabend" der NS.-Gemeinschaft „Kraft durch Freude". [illegible] Künstler- oder Ausstellungsvereine usw. oder durch die Beauftragten solcher Vereine durchführen zu lassen.

3. Es ist das Ziel
dieser Veranstaltungen, dem Arbeiter das Kennenlernen der bildenden Kunst zu erleichtern, ihm durch ein Kunsterlebnis an der Arbeitsstätte das Verlangen nach weiteren Kunsterlebnissen zu wecken und ins Bewußtsein zu heben, ihn durch Vermittlung von technischen und seelischen Erkenntnissen zu selbständiger Kunstbeurteilung fähig zu machen und ihn durch diese systematisch in gewissen Zeitabständen wiederholte Schulung zur Anteilnahme am öffentlichen Kunstleben zu werben. Hierdurch wird der Materialismus der jahrzehntelangen marxistischen Arbeitererziehung bekämpft und der neue Typus des geistig und seelisch aufgeschlossenen Menschen und des auf seine inneren Erkenntnisse und Erlebnisse stolzen Arbeiters gebildet. Da diese Veranstaltungen als Mittel die Schöpfungen der bildenden Kunst verwenden, tragen sie wesentlich zur kulturellen Vertiefung des „Kraft durch Freude"-Gedankens bei.

4. Der Besuch
einer Kunstausstellung im Betrieb ist für jeden Arbeiter völlig kostenlos.

5. Die Kunstausstellungen in Betrieben sind im allgemeinen nicht öffentlich,
damit der Arbeitsbetrieb eines Werkes nicht gestört wird.

6. Als Räume
kommen in erster Linie die Gefolgschaftshäuser, Unterrichtsräume, Teile von Maschinenhallen und Lagerräumen in Frage. Kantinen sind für eine Ausstellung nur zu verwenden, wenn sie besonders geräumig, hell und einladend sind und einen für sich geschlossenen Einbau der Ausstellung erlauben. Ist ein auch räumlich wirkungsvoller und der Kunst würdiger Einbau der Ausstellung in einem Betrieb nicht möglich, so ist auf die Veranstaltung zu verzichten.

9. Die erste Voraussetzung für die Durchführung einer Ausstellungsreihe ist das Vorhandensein einer transportablen Ausstellungseinrichtung. (Aus den „Richtlinien")

12

Grosse Leichtigkeit bei sehr stabiler Bauart.
Kein Verziehen der Wände, da aus spannungslosen Spezialplatten hergestellt.
Grösse 1.50 x 2.00 m. Sie sind beiderseitig mit Stoff beklebt, in U-Eisenrahmen eingenietet und mit wasserfester Farbe gestrichen.
Leichtes Aufstellen und Aufbauen der Wände in kurzer Zeit.
Sehr vorteilhaft sind die vielen Aufstellungsmöglichkeiten.
Unebenheiten des Fussbodens werden durch drehbare Füsse ausgeglichen, sodass die Wände immer senkrecht stehen und die oberen Kanten eine waagerechte Linie bilden.
Einfaches Anbringen von Bildern und Passepartouts.
Wände und Ständer (in die die Wände eingehängt werden), haben dieselbe Stärke, wodurch bündige Aufhängeflächen erzielt werden.
Die ganze Einrichtung ist in einem neutralen Hellgrau gestrichen, auf dem Bilder und Zeichnungen am besten zur Geltung kommen.

10. Die zweite Voraussetzung für die Durchführung einer Ausstellungsreihe ist die künstlerische Ausstellungskollektion.
Die Aufforderung der Künstler zur Beteiligung übernimmt die Landesleitung der Reichskammer der bildenden Künste. Die Kunstwerke werden in der Regel in Räumen der Landesleitung gesammelt und juriert.
Werk- und Fabrikausstellungen sind, wenn sie ihre Aufgabe erfüllen sollen, nicht als bloße Kunstausstellungen anzusehen. Das Kernstück soll allerdings stets eine Schau von Gemälden, Plastik, Aquarellen, Graphik bilden. Daneben sollen in ausstellungstechnisch wirksamer Form Themen behandelt werden, die die ersten Voraussetzungen für das Kunstverständnis schaffen, z. B. Entstehung der Graphik, formschönes Gebrauchsgerät, Entstehung einer Architektur vom Plan bis zum Bau, einer Plastik vom Steinblock bis zum Denkmal, Kunstdrucke altdeutscher Kunst, Gegenüberstellung von Gemälden und Fotos usw.
Sämtliche ausstellenden Künstler müssen Mitglieder der Reichskammer der bildenden Künste sein.
Das Ausstellen von kirchlichen Motiven ist untersagt.

13

Doppelseite aus:
Der Arbeiter und die bildende Kunst,
Berlin 1938.

schränkt nachgehen konnte, liegt die Vermutung nahe, daß es sich um einen taktischen Rückzug aus einer allzu exponierten (und damit angreifbaren) Position handelte[29], zumal die *Kunst der Nation* im Februar 1935 ihr Erscheinen einstellen mußte.

III.

Bereits im Juni 1934 hatte Schreiber Andeutungen über seinen neuen Wirkungskreis in die *Kunst der Nation* einfließen lassen und dabei versucht, den Gegner rhetorisch einzubinden: «Keine Kunstausstellung des Jahres hat wohl soviel Besucher (aus geistiger Sehnsucht), soviel Interesse und (bei entsprechenden Preisen) soviel Käufer aufzuweisen, wie die Graphikausstellungen des Kulturamtes der Deutschen Arbeitsfront in den Fabriken, deren erste Reichsleiter Rosenberg mit einer Kampfansage an das Kunstmonopol der ‹gebildeten Bürger› eröffnete.»[30]

In seiner Eigenschaft als organisatorischer Leiter dieser Fabrikausstellungen des Kulturamtes wurde Schreiber auch von der Zeitschrift *Volk im Werden* um einen Beitrag zur Situation des Ausstellungswesens gebeten.[31] Er forderte darin erneut das «Verbot jener zahllosen kleineren und größten Renommierausstellungen, die bei Hochkonjunktur planlos aus dem Boden schießen», und plädierte für ein gelenktes System aus kunst-

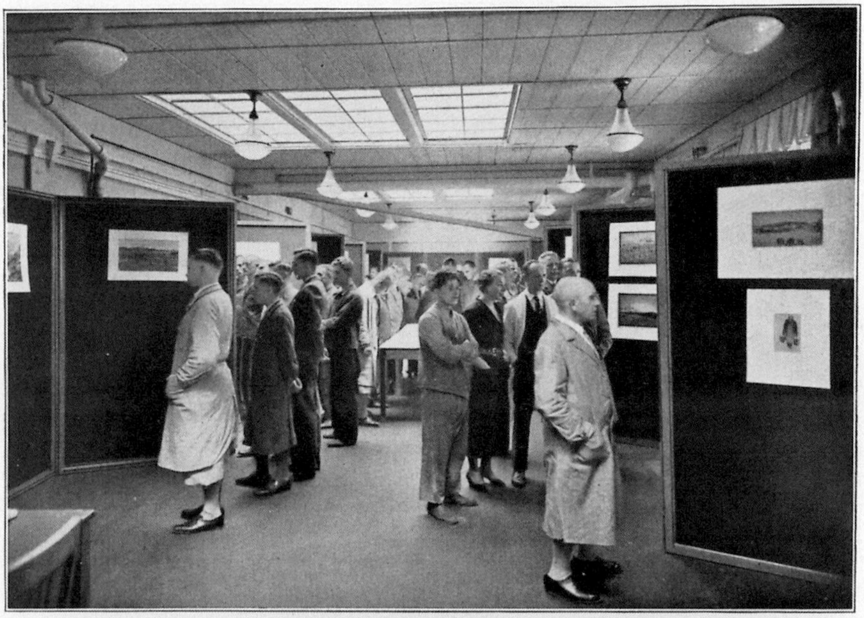

Werbeausstellung in den Berliner Siemens-Werken

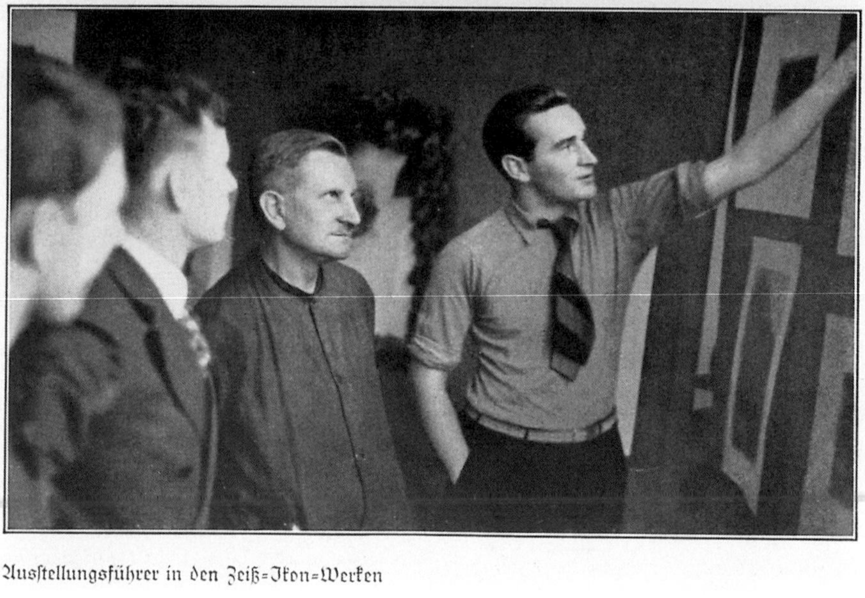

Ausstellungsführer in den Zeiß-Ikon-Werken

Seite aus: Volk im Werden, 2(1934).

erzieherischen Wanderausstellungen (*«Werbeausstellungen»*), «nur das völlig Untragbare ablehnenden» Verkaufsausstellungen («Experimentier-Ausstellungen») und streng jurierten Qualitätsausstellungen (*«Auslese-Ausstellungen»*), die «öffentlich als solche gekennzeichnet und empfohlen werden». Für die Spitze dieser Hierarchie wünschte Schreiber «eine zentrale Ausstellungshalle»: «Diese Ausstellungshalle müßte für die lebende Kunst das werden, was die Nationalgalerie für die Kunst der Vergangenheit ist, und wäre stets der Bestimmung unterworfen, die Gestaltwerdung aller expressiven Antriebe der völkischen Seele aufzuzeigen.» Hier, im letzten Satz des Textes, fiel das Bekenntniswort vom ‹Expressiven›, aber schon zuvor benannte Schreiber seine Favoriten deutlich, wenn er Alois Schardts Neugestaltung des Kronprinzen-Palais als «geradezu unübertrefflichen» Akt rühmte[32] und auch auf die «Bedeutung einer besonderen Gestaltung» hinwies, wie er sie in der Galerie Ferdinand Möller «erlebt» hatte. Wenn er forderte, daß «der *Ausstellungsleiter* der Kunst homogen sein» und über «angeborene Kräfte» verfügen müsse, empfahl sich Schreiber implizit auch selbst für eine derartige Führungsfunktion.

Im Januar 1935 bilanzierte Schreiber in *Der Betrieb*: «Die zuständige Stelle des Amtes ‹Kraft durch Freude› hat durch die Zusammenarbeit mit den Freunden der bildenden Kunst, deren Vorsitzender Reichsleiter Fiehler ist, Organisation und Form der Fabrikausstellungen so ausbauen können, daß die Fabrikausstellung als zukunftsreichste Erscheinungsform des Ausstellungswesens bezeichnet werden kann. Davon zeugen die in halbjähriger Arbeit durchgeführten 80 Ausstellungen dieser Art.»[33] Zwar waren Ausstellungsleiter und Jurymitglieder mit eigenen Werken von der Teilnahme ausgeschlossen, aber der – jeweils um Exponate regionaler Provenienz erweiterte – Kern der Graphik-Kollektion, die Schreiber durch die Lande schickte, spiegelte seine künstlerischen Vorlieben so deutlich wider, daß es zu Kontroversen kam.

Im Organ der Reichskammer der bildenden Künste, *Die Kunstkammer*, legitimierte Schreiber sein Konzept mit dem Argument, daß durch die Errichtung der ersten Fabriken «die große Entfremdung zwischen Volk und Kunst begann. Dieses Freundschaftswerk bedarf der Beharrlichkeit, da hundert Jahre fehlender Kunstanschauung überbrückt werden müssen. Hundert Jahre technisches Interesse – das bedeutet, daß die zivilisierte Menschheit die Kunst im Zeitalter des Biedermeier verließ und heute noch bei der Kunstanschauung dieses Zeitalters beharrt, unterstützt durch das fotografische Ideal.»[34] Diese Ausführungen, die eine Theorie der Ausdifferenzierung implizierten, somit ein Merkmal der Moderne anerkannten und gleichzeitig mit einem antimodernen Affekt annullieren wollten, wandten sich erneut gegen die rückwärtsgerichtete Kunstauffassung Rosenbergs, dem Schreiber entgegenhielt: «Die Fabrik schließt jeden Historizismus aus, *fordert das Bekenntnis zur Gegenwart und Zukunft*. Der Künstler erlebt, daß man Kunstwerke am Geist der Fabrik messen kann, daß Biedermeierbildchen in einer Turbinenhalle beim Sausen der Transformationsriemen zum Lachen reizen.»

Schreiber vermied in seinen Beiträgen für *Die Kunstkammer* den Begriff ‹Expressionismus›, aber es blieb deutlich, daß es ihm um die Auseinandersetzung mit expressiven Werken ging: «Ich bin der Meinung, daß die Verschiedenheit der Gestaltungsarten in Ausstellungen, die für handarbeitende Volksgenossen bestimmt sind, begrüßt werden muß. Wir haben erlebt, daß der Betriebsführer für die Entfernung eines ‹formalistischen, dem Arbeiter unverständlichen› Aquarells eintrat, das dann als erstes von einem Monteur erworben wurde. Niemand ist berechtigt, dem Handarbeiter Erlebniszäune anzudichten, die Entscheidung der durch keine geistige Kompliziertheit getrübten Anschauung gibt den intellektuellen Voraussagern für gewöhnlich unrecht. Die Arbeiterschaft ist nicht Masse mit genormten Seelenzuständen, sondern Volk mit individuellen Charakteren. Eine kulturelle Durchdringung läßt sich außerdem weniger von dem völligen Einverständnis mit den meisten Werken erhoffen, als vielmehr von dem Aufeinanderprallen der Gefühle und Auffassungen vor diesem oder jenem Werke, von einer Auseinandersetzung, die auf einer für Fabrikräume seltenen, alles andere als materialistischen Ebene angefochten wird. Das ist das Bedeutsame, von dem sich ein neues Verhältnis weiter Volkskreise zur Kunst erwarten läßt: *Daß um der Kunst willen im Volk heftige Worte gewechselt werden,* daß es nicht bei Behagen und Zufriedenheit bleibt, sondern daß Einsatz, Energien sichtbar werden. Ob die Antwort auf kämpferische Kunstfragen, die in das Volk getragen werden, verneinend oder bejahend ausfällt, ist, jedenfalls in diesem Zusammenhang, durchaus nicht so wichtig wie die Tatsache überhaupt, daß die Kunst in den Angelpunkt einer Revolution gerückt wurde.» Was sich den Anschein eines Plädoyers für kommunikativen Austausch gab, meinte die Propagierung und Durchsetzung einer bestimmten Kunstform.[35] In einem zweiten Aufsatz für *Die Kunstkammer* warnte Schreiber, «jede Konzession an weitverbreitete, überkommene Publikumsmeinungen würde als Verrat und Unwahrheit gelten.»[36] Er verteidigte seine *«weltanschauliche Schulungsarbeit»*, denn: «Das Volk wird geführt nicht zu dem, was es anerkennt, sondern zu dem, was allein seiner Anerkennung wert ist.»

IV.

Von 1933 bis 1935 konnte Schreiber in den vier angeführten Publikation veröffentlichen. Das Jahr 1936 schien dann den Höhepunkt seiner künstlerischen Laufbahn zu markieren. Will Grohmann nahm ihn in das Thieme-Becker-Künstlerlexikon auf[37], in der Galerie Ferdinand Möller war er bei einer Neuauflage der Ausstellung *30 deutsche Künstler* vertreten[38], die Nationalgalerie kaufte aus einer Ausstellung in der Galerie von der Heyde ein Aquarell Schreibers an.[39] Das eingangs erwähnte expressionistisch orientierte Doppelbildnis wurde in der Zeitschrift *Die Kunst für alle* reproduziert.

In der zugehörigen Kunstkritik mit dem Titel «Berliner Nachlese» hieß es dazu: «Die Menschengruppe von Otto Andreas Schreiber enthält viel von dem, was trennt und bindet und nur mit Treue zu sich selbst ertragen werden kann.» Der ganze Artikel liest sich wie ein Abschiedswort an geschätzte Kunstwerke, die im «Zug der Zeit» untergehen werden. Der Rezensent konstatierte düster, daß «zur Zeit zurückhaltender Ernst den Ton angibt.»[40]

Dieser Pessimismus hatte Berechtigung, denn die aus propagandistischen Rücksichten bis zu den Olympischen Spielen im August 1936 beibehaltene Scheinliberalität der NSDAP-Kunstpolitik wich danach einem rigiden Kurs. Das Verbot der Kunstkritik durch Goebbels am 27. November 1936 leitete eine Phase ein, die in der Eröffnung der Ausstellung «Entartete Kunst» in München am 19. Juli 1937 kulminierte. Schreiber mußte miterleben, daß in dieser Schau auch ein Holzschnitt von ihm selbst Objekt der diffamierenden Inszenierung war.[41] Aus einer Liste der «Kunstkritiker der Systemzeit», die im selben Raum aufgehängt war, wurde sein Name in letzter Minute entfernt.[42] Das 1936 von der Nationalgalerie erworbene Aquarell wurde im August 1937 beschlagnahmt, später verkauft.[43]

Dennoch fiel Schreiber bei Goebbels nicht in Ungnade und konnte seine Tätigkeit im KdF-Kulturamt weiter fortsetzen. Für das im Dezember 1937 erscheinende Heft der Zeitschrift *Deutscher Kulturwart* erläuterte er das Konzept der von ihm koordinierten Kunstausstellungen in den Betrieben[44], und Anfang 1938 resümierte er im *Berliner Tageblatt*: «Es scheint ein angeborenes Bedürfnis zu sein, auch kulturelle Arbeit statistisch erfassen zu wollen: Fast 1.400 Fabrikausstellungen sind in den vergangenen Jahren veranstaltet worden. 70 Werkausstellungen werden monatlich in Deutschland eröffnet.»[45] Das Angebot der «jeweils zwölftägigen Ausstellungen» war nun «durch die Mit-Ausstellung von formschönen Gegenständen unseres täglichen Gebrauches, von wertvollen Drucken alter Meister» erweitert. Der Ausstellungsleiter war «in jedem Fall bildender Künstler», Schreibers Vertrauen galt hierbei jungen Malern wie Hermann Teuber, Werner Heldt oder Erwin Rainer Fasshauer.[46]

Ende 1938 erschien eine Informations- und Werbebroschüre zu den Fabrikausstellungen, die den knappen Vermerk trug: «Verantwortlich: Schreiber – Heftgestaltung: Bayer».[47] Neben Auszügen aus den «Richtlinien für die Kunstausstellungen in Betrieben (Fabrikausstellungen, Werkausstellungen)» wies eine tabellarische «Leistungsübersicht» bis November 1938 insgesamt 1.745 Fabrikausstellungen mit 4.164.077 Besuchern aus. Als Novum wurde die «Kunstbetreuung des flachen Landes» vorgestellt. Stützpunkte waren hierbei die Lager des Reichsarbeitsdienstes, aber «obwohl es in den ersten vier Wochen fast ständig regnete, erreichte die Besucherzahl aus den Dörfern das Fünffache der Lagerbelegschaften.»

Ein Jahr später war in einer Pressedienst-Information bereits die Rede von «3.000

Werkausstellungen mit über 5 Millionen Besuchern in fünf Jahren (das ist wirksame Kunsterziehung!)».[48] Auf größere Perspektiven hindeutend hieß es dort auch, die Präsentationen seien «bisher zumeist als Werkausstellungen durchgeführt» worden.

Die bislang vorliegenden Dokumente lassen es glaubhaft erscheinen, daß die DAF bis 1942 «rund 4000 Ausstellungen moderner Kunst in Fabriken und Betrieben» durchführte, wie Schreiber kurz vor seinem Tode vermerkte.[49] Allerdings muß hinzugefügt werden, daß für Schreibers Zählung bereits das Auswechseln von Blättern in Wechselrahmen als neue Ausstellung galt.[50] Ist also die Statistik zu relativieren, so ist in Bezug auf die Öffentlichkeit festzustellen, daß zwar nur die Betriebsangehörigen Zugang hatten, die Ausstellungen als solche aber keineswegs geheim waren. Ob hier während der Zeit des Nationalsozialismus «entartete Kunst» gezeigt wurde, wie Schreiber nachträglich suggerierte[51], erscheint trotz der angeführten Kontroversen fraglich, denn auch von «entarteten» Künstlern waren unverfängliche Arbeiten zu haben. Hier könnte nur eine genaue Analyse der überlieferten Fotodokumente Aufschluß geben.

V.

Ende 1939 begann Schreibers «Wehrmachtsdienstzeit», die er überwiegend mit «Fronttheater» verbrachte[52], genauer gesagt als Hauptabteilungsleiter im Amt Truppenbetreuung.[53] Mit dem Hinweis auf diesen Posten und auf mehrere aktuelle Ausstellungsbeteiligungen wies er im November 1942 die Aufforderung zur «Vorlage einiger neuerer Arbeiten» bei der Landesleitung der Reichskammer der bildende Künste zurück.[54] Daß Schreiber kurz darauf selbst als Abteilungsleiter in die Reichskammer der bildenden Künste aufrückte[55] und von diesem Posten aus beispielsweise 1943 Farben an den verfemten Emil Nolde schickte[56], wäre ein noch zu schreibendes Kapitel. Doch solange die umfangreichen privaten Tagebücher nicht publiziert sind, muß vieles einstweilen im dunkeln bleiben. Bei aller Zurückgezogenheit nach 1945 (einer der Söhne spricht – auf das Künstlerische bezogen – vom «strenge[n] Umgang mit dem Bekenntnis, eine scheue, beinahe dickköpfige Verschwiegenheit»[57]) wahrte Schreiber den Kontakt zur Macht. Als Dr. Rainer Candidus Barzel 1966 den Fraktionsvorsitz der CDU / CSU übernahm, schmückten sein Arbeitszimmer im Bonner Bundeshaus «drei maßvoll abstrakte Gemälde des mit Barzel befreundeten Malers Otto Andreas Schreiber aus Dormagen.»[58]

Für wichtige Hinweise danke ich Eckhart Gillen, Susanne Klockmann, Kirsten Scheffler, Hans Terhechte und Monika Wucher.

Anmerkungen

1 Stefan Germer, «*Kunst der Nation.* Zu einem Versuch, die Avantgarde zu nationalisieren», in: Bazon Brock und Achim Preiß (Hrsg.), *Kunst auf Befehl? Dreiunddreißig bis Fünfundvierzig,* München 1990, S. 21–40; Iris Klein, *Vom kosmogonischen zum völkischen Eros. Eine sozialgeschichtliche Analyse bürgerlich-liberaler Kunstkritik in der Zeit von 1917 bis 1936,* München 1991, S. 260–320.

2 *Otto Andreas Schreiber – Gemälde und Gouachen,* Köln o.J. (1987) (Ausst. Kat. Köln: Kunsthandlung Goyert), unpag.; vgl. auch die Kataloge *Otto Andreas Schreiber – Gouachen 1959 bis 1963,* Köln 1963 (Ausst. Kat. Köln: Kunstverein), *Otto Andreas Schreiber – Gouachen und Ölbilder 1963 bis 1976,* Köln 1976 (Ausst. Kat. Köln: Pesch Galerie Atrium) und *Otto Andreas Schreiber – Gouachen und Gemälde 1957–1977,* Zons/Vreden 1978/79 (Ausst. Kat. Zons: Kreismuseum, Vreden: Hamaland-Museum und Borken: Kreismuseum).

3 Vgl. Hans Terhechte, «Fluchtpunkt Vreden. Biographische Anmerkungen zu Otto Andreas Schreiber», in: Hermann Böcker (Red.), *Vreden nach 1150 Jahren,* Vreden 1989, S. 405–417.

4 Toni Feldkirchen in: Ausst.-Kat. Köln 1976 (wie Anm. 2), unpag.

5 Die Vereinigung *Neudeutschland, Verband katholischer Schüler höherer Lehranstalten* war 1919 als konfessionelles Gegengewicht zur Jugendbewegung gegründet worden, vgl. Ludwig Koch S.J., *Jesuiten-Lexikon. Die Gesellschaft Jesu einst und jetzt,* Löwen-Heverlee 1962, Bd. 2, Sp. 1286 f.

6 In verschiedenen Dokumenten des Bundesarchivs in Berlin-Lichterfelde wie etwa dem Formular für eine «Parteistatistische Erhebung 1939» gibt Schreiber den 21. November 1931 als Datum seines Eintritts in die NSDAP an. Quelle: BArch, RKK (ehem. BDC), Schreiber, Otto Andreas, geb. 30. November 1907. Die Mitgliedskarte der Gaukartei weist den 1. Januar 1932 als Beitrittsdatum aus, vgl. ebd.

7 «Die Staatliche Kunstschule, das einzige Institut Preußens, das die Berechtigung hat, Kunstlehrer zu prüfen, hat etwa 200 Studenten, darunter sind 30 Nationalsozialisten, der Rest ist überwiegend marxistisch», so Otto Andreas Schreiber, «Kulturbolschewismus an der Staatlichen Kunstschule in Berlin Schöneberg» [Februar 1933], in: BArch (wie Anm. 6). In der am 11. Februar 1933 verfassten «Beschwerdeschrift gegen die Professoren Kamps (Direktor) und Tappert» (ebd.) äußert Schreiber unter anderem: «Meine Absicht, in meine Heimat (Ostpreussen) zu gehen, wurde dadurch verhindert, dass ich zum Assistenten an der Staatlichen Kunstschule, Berlin Schöneberg, berufen wurde, das vom Direktor beantragte Gehalt aber vom Finanzminister nicht genehmigt wurde.» In der Personalakte des Bundesarchivs findet sich ebd. auch ein von Georg Tappert am 15. Juli 1946 unterzeichnetes Typoskript mit dem Titel «Naziverbrecher + Nutznießer in der Kunst». Dort heißt es zu Schreiber, er sei vom jesuitischen Studentenbund zunächst «in Breslau zur KPD» übergewechselt, habe später «Artikel mit lügnerischen Angaben im V[ölkischen] B[eobachter] und Angriff» geschrieben, er «terrorisierte Schüler und Lehrer und setzte die Entlassung einiger Professoren durch.»

8 Vgl. Christine Fischer-Defoy, *Kunst Macht Politik. Die Nazifizierung der Kunst- und Musikhochschulen in Berlin,* Berlin 1988, S. 59–65 u. 310–313.

9 Vgl. Hildegard Brenner, «Die Kunst im politischen Machtkampf der Jahre 1933/34», in: *Vierteljahreshefte für Zeitgeschichte,* 10(1962)1, S. 17–42, wieder abgedruckt in: dies., *Die Kunstpolitik des Nationalsozialismus,* Reinbek bei Hamburg 1963, S. 63–86.

10 Otto-Andreas Schreiber, «Bekenntnis der Jugend zur deutschen Kunst», in: *Deutsche Allgemeine Zeitung* (Reichs-Ausgabe), 72(11. Juli 1933)286–287 (Berliner Rundschau); vgl. auch die Berichterstattung von W. Fiedler, «Jugend kämpft für deutsche Kunst. Kundgebung der Nationalsozialistischen Deutschen Studentenschaft», in: ebd. 72(2. Juli 1933)272–273 (Beiblatt).

11 Es handelt sich eben nur bedingt um einen Widerspruch, wie Reinhard Merker, *Die bildenden Künste im Nationalsozialismus. Kulturideologie, Kulturpolitik, Kulturproduktion,* Köln 1983, S. 132 meint, denn aufgrund des einhellig negativen Echos der Auslandspresse zur Bücherverbrennung (vgl. ebd. S. 120) hatte Goebbels selbst inzwischen einen ‹moderateren› Kurs eingeschlagen.

12 Alfred Rosenberg, «Revolution in der bildenden Kunst», in: *Völkischer Beobachter,* (6. Juli 1933)188 (Zweites Beiblatt), und ders., «Revolutionäre an sich!», in: ebd. (14. Juli 1933)195 (Zweites Beiblatt). Schreiber hatte aber auch Gegner unter den Studierenden. Bereits nach seiner Rede zum Kreistag des NSDStB am 14. Juni 1933, in der er unter anderem sagte: «Wir lassen uns keine nationalsozialistischen Künstler aufschwatzen», beschwerte sich die Gruppenführerin der Arbeitsgemeinschaft Nationalsozialistischer Studentinnen, Friedel Pagel, brieflich mit vier weiteren Unterschriften vom 19. Juni 1933 bei Staatskommissar Hans Hinkel. Quelle: BArch (wie Anm. 6).

13 Otto Andreas Schreiber, «Bekenntnis der Jugend zur deutschen Kunst – Eine Erklärung», in: *Deutsche Allgemeine Zeitung* (Reichs-Ausgabe), 72(15. Juli 1933)294–295 (Berliner Rundschau).
14 So die Formulierung Schreibers, zit. n. Eberhard Roters, *Galerie Ferdinand Möller. Die Geschichte einer Galerie für Moderne Kunst in Deutschland 1917–1956,* Berlin 1984, S. 126 f.
15 Rückblickend notierte Schreiber in der *Kunst der Nation,* 2(15. April 1934)16, S. 6: «Diese Aufgabe konnten nur fest in der nationalsozialistischen Bewegung verwurzelte Menschen erfüllen. Demgemäß vereinigte der Kreis der Gründer auch mit einem Baltikumkämpfer, ein Mitglied des Freikorps Oberland, und einen Teilnehmer am Novemberputsch 1923 vor der Feldherrnhalle.»
16 Vgl. Rainer Zimmermann, *Die Kunst der verschollenen Generation. Deutsche Malerei des Expressiven Realismus von 1925 bis 1975,* Düsseldorf/Wien 1980. Zur Kritik an dieser Begriffsprägung vgl. Uwe M. Schneede, «Rückwärts auf dem Mittelweg», in: *Der Spiegel,* 34(10. November 1980)46, S. 241–246.
17 Otto-Andreas Schreiber, «Haben wir jungen Maler ein neues Kunstideal?», in: *Kunst der Nation,* 1(1. November 1933)1, S.6; «Maler, Artisten, Dilettanten. Nach der Eröffnung der Reichskulturkammer», in: ebd. 1(1. Dezember 1933)3, S. 1; «Das Geltungsbedürfnis der Zwanzigtausend», in: ebd. 2(1. Januar 1934)1, S. 1; «Fortsetzung des Expressionismus», in: ebd. 2(1. April 1934)7, S. 1; «Stil?», in: ebd. 2(15. April 1934)8, S.4 f.; «Gemeinsamkeit, Charakter, Freiheit», in: ebd. 2(1. August 1934)15, S. 6; «Die Reichweite», in: ebd. 2(1. Juni 1934)11, S. 3 f.
18 Otto-Andreas Schreiber, «Haben wir jungen Maler ein neues Kunstideal?», in: *Kunst der Nation,* 1(1. November 1933)1, S.6.
19 Otto-Andreas Schreiber, «Maler, Artisten, Dilettanten. Nach der Eröffnung der Reichskulturkammer», in: *Kunst der Nation,* 1(1. Dezember 1933)3, S. 1. Goebbels konnte seine Prägung durch den Expressionismus nicht verleugnen, als er mit dichterischer Emphase forderte, der Künstler solle «mit kühnem Scheitel die Sterne stoßen!» (ebd.)
20 Otto-Andreas Schreiber, «Das Geltungsbedürfnis der Zwanzigtausend», in: *Kunst der Nation,* 2(1. Januar 1934)1, S. 1.
21 Alfred Ruthenberg, «Feierabend der Arbeiter und Künstler», in: *Der Betrieb*, 3(15. Dezember 1933)6/7, S. 14 f. Dort heißt es: «Der an dieser Stelle gebrachte Artikel erscheint gleichzeitig in der Zeitung ‹Kunst der Nation›. Es soll nicht verfehlt werden, auf diese Zeitung aufmerksam zu machen, da die ‹Kunst der Nation› ausgezeichnetes belehrendes Material bietet. Sie wird von Nationalsozialisten für den deutschen Volksgenossen geschrieben und ist bestrebt, dem Leser eine gesunde Betrachtungsweise [...] zu bieten.»
22 Alfred Ruthenberg, «Feierabend der Arbeiter und Künstler», in: *Kunst der Nation,* 1(15. Dezember 1933)4, S. 1.
23 Otto-Andreas Schreiber, «Arbeiter und Kunst», in: *Der Betrieb,* 3(15. Dezember 1933)6/7, S. 15 f.; «Worin zeigt sich das deutsche Wesen in der deutschen Kunst?», in: ebd. 4(15. Januar 1934)8/9, S. 10 f. und 4(1. Februar 1934)10, S. 22 f.; «Der deutsche Künstler am 1. Mai», in: ebd. 4(1. Mai 1934)3, S. 30 f.; «Der Artist und sein Training», in: ebd. 4(15. Juli 1934)8, S. 20 f.; «Kunstausstellung und Fabrikausstellung», in: ebd. 4(15. Januar 1935)20, S. 10 ff. Schreibers Ziel war es, bei der aus Arbeitern bestehenden Leserschaft Verständnis zu wecken für die Künstler, welche «bis an den Rand ihrer körperlichen Kräfte arbeiten», und für die «nicht die Grenze des Achtstundentages» gilt. Die Künstler hätten daher das Recht, «als *Arbeiter* gewertet und geachtet zu werden», vgl. ebd. 4(1. Mai 1934)3, S. 30 f.
24 Otto-Andreas Schreiber, «Worin zeigt sich das deutsche Wesen in der deutschen Kunst?», in: *Der Betrieb*, 4(15. Januar 1934)8/9, S. 10 f. und 4(1. Februar 1934)10, S. 22 f.
25 Otto-Andreas Schreiber, «Fortsetzung des Expressionismus», in: *Kunst der Nation,* 2(1. April 1934)7, S. 1. Unter demselben Titel war zuvor bereits ein Beitrag Gert H. Theunissens über die Gemälde Peter Stermanns, der 1923 die Duisburger Ortsgruppe der NSDAP mitbegründet hatte, erschienen, vgl. ebd. 2(15. Februar 1934)4, S.3. In einem weiteren Artikel kritisierte Schreiber den italienischen Futurismus als einen künstlich forcierten «Stil mit Ausschließlichkeitsgeltung». Im Gegensatz dazu werde der Expressionismus, der «weitaus tiefer und gründlicher» sei, in Deutschland *«nicht als Stil, sondern als Erfahrungs- und Bekenntnisgut»* tradiert und «organisch» weiterentwickelt, vgl. Otto-Andreas Schreiber, «Stil?», in: *Kunst der Nation,* 2(15. April 1934)8, S.4 f.
26 Georg Schäffer, «Der Maler Otto-Andreas Schreiber», in: *Der Betrieb,* 3(15. Februar 1934)11, S. 23.
27 *Vorläufiges Arbeitsprogramm des Amtes zur Überwachung der nationalsozialistischen Bewegung,* [vermutlich Februar 1934], zit. n. Reinhard Bollmus, *Das Amt Rosenberg und seine Gegner. Zum Machtkampf im nationalsozialistischen Herrschaftssystem,* Stuttgart 1970, S. 61, vgl. auch ebd. S. 65.
28 *Kunst der Nation,* 2(15. August 1934)16, S. 6.

29 Goebbels hatte aufgrund der Attacken Rosenbergs im März 1934 Hans Weidemann aus dem KdF-Kulturamt zurückziehen müssen und beschäftigte ihn fortan in seinem Ministerium. Weidemann war bereits im November 1933 auf ausdrücklichen Wunsch Hitlers seines damaligen Amtes als Hauptabteilungsleiter bei der Reichsleitung der NSDAP / Abt. II (Propaganda) enthoben worden, weil er es u.a. gewagt hatte, Nolde als Präsidenten der Reichskammer der bildenden Künste vorzuschlagen. Nach einer Periode der Zurückhaltung übertrug Goebbels im Oktober 1935 Weidemann das Amt des Vizepräsidenten der Reichsfilmkammer, vgl. Ralf Georg Reuth (Hrsg.), *Joseph Goebbels, Tagebücher,* München/ Zürich 1992, Bd. 3, S. 900 f.

30 Otto-Andreas Schreiber, «Die Reichweite», in: *Kunst der Nation,* 2(1. Juni 1934)11, S. 3 f. Rosenberg war von Hitler am 24. Januar 1934 «mit der Überwachung der gesamten geistigen und weltanschaulichen Schulung und Erziehung der Partei und aller gleichgeschalteten Verbände sowie des Werkes ‹Kraft durch Freude›» beauftragt worden, er besaß aber keinerlei direkte Weisungsbefugnis. Ausführlich dazu: Bollmus (wie Anm. 26), S. 54 f.

31 Otto-Andreas Schreiber, «Die Kunstausstellung als Gegenwartsaufgabe», in: *Volk im Werden,* 2(1934)6, S. 346–355 u. Tafel VI.

32 Schardt, der im Juli 1933 als kommisarischer Leiter der Nationalgalerie angetreten war, hatte schon im November 1933 dieses Amt wieder abgeben müssen, da er im Kronprinzen-Palais die Expressionisten als Höhepunkt der deutschen Kunstentwicklung präsentiert hatte, vgl. *Das Schicksal einer Sammlung. Aufbau und Zerstörung der Neuen Abteilung der Nationalgalerie im ehemaligen Kronprinzen-Palais Unter den Linden 1918–1945,* Berlin 1988 (Ausst. Kat. Berlin: Staatliche Museen zu Berlin / DDR, Nationalgalerie, und Neue Gesellschaft für bildende Kunst, Berlin-West), S. 15 u. 64 ff.

33 Otto-Andreas Schreiber, «Kunstausstellung und Fabrikausstellung», in: *Der Betrieb,* 4(15. Januar 1935)20, S. 10 ff.

34 Otto Andreas Schreiber, «Probleme der Fabrikausstellung», in: *Die Kunstkammer,* 1(Juli 1935)7, S. 12 f.

35 In diesem Sinne wurden Schreibers Aktivitäten auch von seinen kulturpolitischen Gegnern gewertet. In einem mit Stempel vom 21. August 1936 datierten Bericht von Walter Hansen wurde die NSDStB-Kundgebung vom Juni 1933 nachträglich zum «Studentenputsch» stilisiert, «unter Mitwirkung eines der gefährlichsten Kunstbolschewisten, Otto Andreas *Schreibers*». Hansen erinnerte sich dieser «schmachvollen Begebenheit» und fuhr fort: «In offener Reaktion gegen die Kunstpolitik der Bewegung wird mit eiserner Energie seitens dieser meist getarnten Kunstbolschewisten heute noch erbittert gekämpft. *Schreiber* ist inzwischen auf eine massgebliche Stelle berufen worden. Er hat *als Verbindungsmann der Deutschen Arbeitsfront zur Reichskulturkammer Kunstausstellungen* in grossen Betrieben und Werken zu organisieren (Siemens). Er stellt dabei bewusst Vertreter der Verfallskunst und seine engsten Freunde heraus. In einer Gruppe mit der irreführenden Bezeichnung ‹Der Norden› haben sich Schreiber, Weidemann (heute Vizepräsident der Filmkammer), *Stermann, Benkert* und *Philipp* zusammengeschlossen. Bei der judenknechtischen Kunsthandlung Nierendorf am Schöneberger Ufer, bei *Möller* in unmittelbarer Nähe und in der Kunsthandlung *von der Heyde* zeigen sie ebenso wie in den verschiedensten grossen Städten ihre nur als dilettantisch und kunstbolschewistisch zu bezeichnenden Machwerke, die mit deutscher oder gar nordischer Art nichts zu tun haben.» Quelle: BArch (wie Anm. 6), NS 15/67, Bl. 4–6. Einen Brief mit ähnlicher Tendenz, den Hansen am 18. August 1937 auch an das Reichssicherheitshauptamt schickte, erwähnt Hans Terhechte, *Der Berserker. Joseph Goebbels und der Weg des deutschen Expressionismus in die Ausstellung «Entartete Kunst»,* Vreden o.J. [1992], unpubl. Typoskript, S. 21. Zu Hansen vgl. Joseph Wulf, *Die Bildenden Künste im Dritten Reich. Eine Dokumentation,* Reinbek bei Hamburg 1966, S. 396–404, sowie Bollmus (wie Anm. 26), S. 287.

36 Otto Andreas Schreiber, «Kunst als prophetische Kraft», in: *Die Kunstkammer,* 1(Oktober 1935)10, S. 4 ff.

37 Will Grohmann, «Otto Andreas Schreiber», in: *Allgemeines Lexikon der bildenden Künstler von der Antike bis zur Gegenwart,* hrsg. v. Hans Vollmer, begr. v. Ulrich Thieme und Felix Becker, Bd. 30, Leipzig 1936, S. 283.

38 Vgl. Roters (wie Anm. 13), S. 130 ff.

39 Vgl. Annegret Janda und Jörn Grabowski (Hrsg.), *Kunst in Deutschland 1905–1937. Die verlorene Sammlung der Nationalgalerie im ehemaligen Kronprinzen-Palais,* Berlin 1992, S. 197, Kat.-Nr. 476 (*Dorf in der Nehrung*).

40 F[ritz] H[ellwag], «Berliner Nachlese», in: *Die Kunst für alle,* 51(Mai 1936)8, S. 193–197.

41 Vgl. Mario-Andreas von Lüttichau, «Die Ausstellung *‹Entartete Kunst›, München 1937 – Eine Rekonstruktion», in: Stefanie Barron (Hrsg.), «Entartete Kunst» – Das Schicksal der Avantgarde im Nazi-Deutschland,* München 1992 (Ausst. Kat. Berlin: Deutsches Historisches Museum), S. 45–81, hier S. 79.

42 Die Streichung erfolgte nach einer telegraphischen Anfrage der Landesstelle München-Oberbayern des Reichsministeriums für Volksaufklärung und Propaganda an die Berliner Zentrale, vgl. Christoph Zuschlag, *«Entartete Kunst». Ausstellungsstrategien im Nazi-Deutschland*, Worms 1995, S. 185, Dok. 23 u. S. 196.
43 Vgl. Janda und Grabowski (wie Anm. 39), S. 197. Der Kunsthändler Bernhard A. Böhmer erwarb das Aquarell 1940. Franz Roh, *«Entartete» Kunst. Kunstbarbarei im Dritten Reich,* Hannover 1962, S. 143 führt eine weitere beschlagnahmte Arbeit Schreibers (*Kuh,* Zeichnung) auf. Nationalgalerie bzw. Kupferstichkabinett der Staatlichen Museen zu Berlin besitzen seitdem keine Arbeiten Schreibers mehr. Die diesbezüglichen Angaben in den monographischen Ausstellungskatalogen zu Schreibers Werken in öffentlichem Besitz sind daher auch in den anderen Fällen zu überprüfen.
44 Otto Andreas Schreiber, «Warum Kunstausstellungen in den Betrieben», in: *Deutscher Kulturwart,* 4(Dezember 1937), S. 751 ff.
45 A. Sch., «Wie Kumpels Kunstwerke sehen. Schon über 1400 Fabrikausstellungen. Kulturelle Notstandsgebiete», in: *Berliner Tageblatt,* 67(18. März 1938)129/130, S. 10.
46 Vgl. *Ateliergemeinschaft Klosterstraße Berlin 1933–1945. Künstler in der Zeit des Nationalsozialismus,* Berlin 1994 (Ausst. Kat. Berlin: Akademie der Künste), S. 17 ff.
47 NS-Gemeinschaft «Kraft durch Freude» Amt Feierabend, *Der Arbeiter und die bildende Kunst,* o.O. [Berlin] o.J. [1938]. Neben dem ehemaligen Bauhaus-Lehrer Herbert Bayer lassen sich hinter den Kürzeln der an der Broschüre beteiligten Autoren ehemalige Mitarbeiter der *Kunst der Nation* vermuten, z.B. th. = Gert H. Theunissen, N.v.H. = Nils von Holst, W.M. = Wilhelm Michel und W.R.D. = Werner R. Deusch.
48 «Kunst und Volk. Die Werkausstellungen der NS-Gemeinschaft ‹Kraft durch Freude›», in: *Zeitschriften-Dienst,* (28. Oktober 1939)26, S. 14 ff., Nr. 1047. Als Quelle wurde der «Abteilungsleiter: O.A. Schreiber» mit Anschrift und Telefonnummer genannt.
49 Otto Andreas Schreiber, «Die ‹Fabrikausstellungen› der dreißiger Jahre», in: *Die dreissiger Jahre. Schauplatz Deutschland,* Köln 1977. (Ausst. Kat. München: Haus der Kunst, Essen: Folkwang Museum, Zürich: Kunsthaus), S. 96 f.
50 Diesen Sachverhalt betont Terhechte (wie Anm. 3), S. 412, der Schreibers Angaben für «geschönt» hält und darauf aufmerksam macht, daß Robert Ley die Zahl der Fabrikausstellungen im November 1939 mit lediglich 430, die Zahl der Besucher mit 660 000 angab.
51 Sowohl Brenner (wie Anm. 9) als auch Bollmus (wie Anm. 27) stützten sich bei ihren Darstellungen auf Interviews bzw. Briefe Schreibers aus der Nachkriegszeit. Der 1977 publizierte Artikel von Schreiber (wie Anm. 49), kanonisierte diese Version, die erst Terhechte (wie Anm. 3), durch archivalische Forschung infrage stellt.
52 Eine mit dem Stempel der Reichskulturkammer versehene und am 10. März 1944 abgezeichnete Karteikarte registrierte die «Wehrmachtsdienstzeit: vom 1.12.39 bis 19.9.42, davon 1.3.40 bis 4.8.41 Frontttheater» und bescheinigte Schreiber: «Gegen einen Einsatz vor der Truppe bestehen keine Bedenken». Quelle: BArch (wie Anm. 6).
53 Nach einer am 10. Oktober 1939 getroffenen Vereinbarung zwischen Goebbels und Ley unterstand das «Sonderreferat Truppenbetreuung» dem Propagandaminister, die Durchführung der Maßnahmen war – mit Ausnahme des Film-Bereichs – Sache der KdF. Im Sommer 1940 wurde Hans Hinkel die Referatsleitung übertragen, vgl. BArch (wie Anm. 6), R 55/20261, Bl. 21 und 107.
54 Die Aufforderung vom 24. November und Schreibers Antwort vom 30. November 1942, in der er anführte, seine Arbeiten seien unter anderem vom Amtsleiter der Dienststelle Rosenberg, Robert Scholz, «geprüft u. gutgeheissen worden», sind Teil der Personalakte Schreibers in: BArch. (wie Anm. 6).
55 In einem am 6. Juli 1944 ausgefüllten Fragebogen der Reichskammer der bildenden Künste gab Schreiber an: «Seit 1933 in KdF Reichsdienststelle 7 Jahre Abteilungsleiter für Bildende Kunst seither Hauptabt. Ltr. Amt Truppenbetreuung. Zwischendurch ein Jahr lang Abteilungsleiter in der Reichsk. d. Bild. Künste.» Quelle: BArch. (wie Anm. 6).
56 Vgl. «Jetzt schreite ich aber ein», in: *Der Spiegel,* 42(2. März 1992)10, S. 238–243. Noldes Dankesschreiben vom 20. Juli 1943 bringt Terhechte (wie Anm. 35), S. 23.
57 Mathias Schreiber, «Über Otto Andreas Schreiber», in: Aust.-Kat. Köln 1987 (wie Anm. 2), unpag.
58 Hermann Schreiber, «Der junge Mann und das Mehr», in: *Der Spiegel,* 20(21. März 1966)13, S. 47.

Monika Wucher

Dr. Grohmanns Empfehlungen. Leitmotive moderner Kunstpublizistik im Nationalsozialismus

Einigen schreibenden und kuratierenden Verfechtern abstrakter Kunst gelang es in der Zeit nach dem Zweiten Weltkrieg, Deutschland kulturell zu prägen und sich von hier aus auch in anderen Ländern Westeuropas und in den USA Geltung zu verschaffen. Bis in die Gegenwart werden sie als Vorbilder und Bahnbrecher geschätzt. Zu ihren Leistungen zählen vor allem der Einsatz für eine schnelle «Neuorientierung»[1] nach dem Naziterror und der unmittelbar in Angriff genommene Wiederaufbau des Kunstbetriebs. Beispielsweise gilt es als «kunstpolitische Tat von herausragender Bedeutung für das Kunstleben im zerbombten Deutschland»[2], sofort wieder Großausstellungen etabliert zu haben.

Ob aus affirmativer oder distanzierter Sicht: Der deutsche «Kunstpapst»[3] dieser Zeit war Will Grohmann. In rund dreihundert Publikationen und zahlreichen Ausstellungsaktivitäten von 1946 bis zu seinem Tod 1968 hatte er die Richtung der künstlerischen «Neuorientierung» angegeben. Die meisten derjenigen, die die Kunst der Nachkriegszeit definierten, standen mit ihm in Verbindung.[4] Auch seine aktive und beratende Funktion an den «Schaltstellen» der Kulturpolitik dieser Jahre – so zum Beispiel in Regierungsgremien, in vielen entscheidungsmächtigen Verbänden und Ausstellungsausschüssen wie zur documenta II und III – ist bekannt.[5]

Weniger präsent ist, daß er schon vor 1933 ein beachteter Kunstschriftsteller war und bereits zu den Einflußreichen im zeitgenössischen Kunstbetrieb zählte.[6] Unter den Repräsentanten der Klassischen Avantgarde sind einige, die der mit Vorliebe monographisch vorgehende Grohmann damals wesentlich voranbrachte. Es waren vor allem prominente Künstler wie Klee, Kandinsky und Kirchner, mit denen sich der Kunstvermittler seit Mitte der zwanziger Jahre identifizierte.[7] Seine Begeisterung für die Vertreterinnen des Ausdruckstanzes, Mary Wigman und Gret Palucca, äußerte er besonders schwärmerisch.[8]

Wie aber sah seine Arbeit nach der nationalsozialistischen Machtübernahme aus? Unter den Kunstgelehrten, die sowohl mit ihren gesellschaftlichen Verbindungen als auch mit ihren theoretischen Ansätzen für die Moderne tragfähige «Brückenkonstruktionen» bereitstellten, kann Grohmann als exemplarischer Vertreter angesehen werden. Er überbrückte wie viele die zwölf Jahre Naziherrschaft, rund ein Viertel seines Berufslebens, keinesfalls freischwebend und stützenlos. Seine Tätigkeit während des Nationalsozialismus ist jedoch nur in Spuren dokumentiert und bislang nicht untersucht. Erst eine polemische Kunstpublizistik der sechziger und siebziger Jahre warf ein Schlaglicht darauf.[9] Selbst in Grohmanns archiviertem Nachlaß gibt es kaum Originaldokumente über seine damaligen professionellen Aktivitäten in Deutschland.

Um darüber Aufschluß zu erlangen, werden im folgenden drei Publikationsorgane herangezogen, die seit Anfang der dreißiger Jahre für weiterhin öffentlich berufstätige Vertreterinnen und Vertreter der Moderne eine große Rolle spielten und für die auch Grohmann arbeitete.[10] An der Struktur und am Programm dieser Zeitschriften kann gezeigt werden, welche Aspekte moderner Kulturproduktion vor und nach 1933 effektiv einsetzbar waren. Die Art der Printmedien – ihr Image, ihre Publikationsbedingungen, Form, Optik, Zielgruppe usw. – ist verknüpft mit dem sozialen und ideengeschichtlichen Hintergrund der Mitarbeiter, ihren Zielen, Idealen, Denk- und Handlungsformen. Anhand der Tätigkeit Grohmanns lassen sich diese Wechselbeziehungen konkretisieren und zugrundeliegende Leitmotive aufgezeigen.

I. Die Neue Linie

Seit September 1929 erschien im Mode-Verlag Otto Beyer eine neue Monatszeitschrift mit Redaktion in Berlin, *Die Neue Linie.* Sie war im zeitgenössischen Spektrum die anspruchsvollste Zeitschrift für einen gehobenen, modernen Lebensstil.[11] Das Herzstück bildeten die zentralen Modeseiten mit trendsetzendem, exklusivem Flair. Beim Durchblättern ergibt sich zunächst ein uneinheitliches Bild. Einerseits sind zum Beispiel im Modeteil niveauvolle Trends verknüpft mit Signifikanten der modernen Zeit, mit Kürzeln für schnelle Fortbewegung und Kommunikation, Motorisierung und Telegraphie: «Mode drahtet».[12] Andererseits wurde gerade bei der neuen «autogerechten» Mode Heimatverbundenheit und Volkstradition miteingefädelt: «Auto und Dirndl».[13] Wie sich zeigt, war dies nicht Unentschlossenheit der Redaktion, sondern konsequentes und entschiedenes Programm. In einer zeitgenössischen Darstellung der Geschichte und Entwicklung deutscher Modezeitschriften hieß es:

«Diese Zeitschrift (*Die Neue Linie*, MW) will bewußt mit beitragen zur Formung und Gestaltung des heutigen Lebens *im Sinn einer deutschen Kultur.* [...] Sie will den

Lesern Richtlinien geben, die es ihnen ermöglichen, sich in dem Chaos unseres heutigen Daseins zurechtzufinden. [...] Die Zeitschrift gehört zu denen, die eine bewußte Ueberzeugung vertreten und auf ihre Weise eine kulturelle Führung zu geben versuchen.»[14]

Die angesprochenen Richtlinien für den Leser entfalteten sich um den Modeteil herum in weiteren drei großen Themenbereichen: «Reise», «Architektur und Kunst» sowie «Unterhaltung». Im letzteren hatten reine Bildseiten mit Lifestyle-Fotos in der Optik des Neuen Sehens[15] genauso ihren Platz wie naziideologische Artikel über die BDM-Abteilung «Glaube und Schönheit» unter dem Titel «Erziehung zur Harmonie»[16], über die SS als den «Neuen Orden»[17] oder Fotos vom idealen «neuen deutschen Menschen» als Repräsentant unterschiedlicher NS-Verbände.[18] Die Innentitelseiten mit einem für die jeweilige Nummer ausgewählten, ungewöhnlichen Foto waren häufig Porträts von Persönlichkeiten aus Partei, Wirtschaft und Kultur vorbehalten, die für die Zielgruppe der Zeitschrift eine Leitbildfunktion hatten.[19] Die Mischung in der Zeitschrift, dieser möglichst perfekte Spagat, erwies sich in der Praxis als erfolgreiches Konzept. Das Blatt erfüllte repräsentative kultur- und außenpolitische Funktionen[20] und kam unter kontinuierlicher Hauptschriftleitung Bruno E. Werners[21] bis Anfang 1943 heraus.

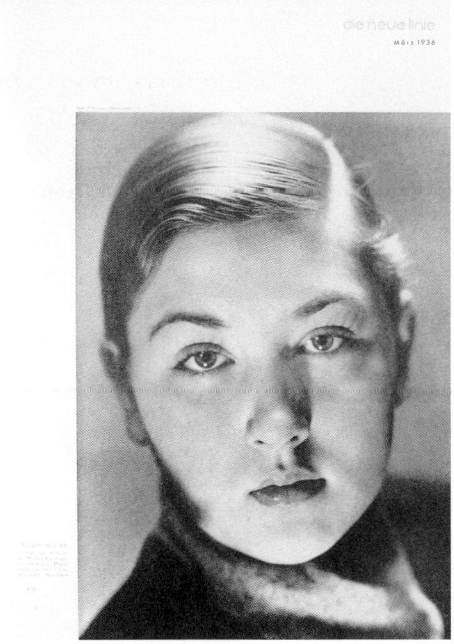

Porträt Angelika Möller, in: Die Neue Linie, (März 1936).

Mit der Aufnahme in die Reichsschriftumskammer erhielt Grohmann 1936 die offizielle Grundlage für seine fortgesetzte publizistische Tätigkeit. In der *Neuen Linie* wie auch in anderen Zeitschriften ist sein Name besonders häufig unter Buchbesprechungen zu finden[22]: Ein Genre, das bislang als Ausweichterrain eines inneren Emigranten beschrieben wurde[23]. Die empfohlene Lektüre zeichnet jedoch ein deutliches Bild von den Inhalten, die Grohmann vermitteln wollte. In seinen illustrierten Beiträgen, von denen einige beispielhafte hier zunächst vorgestellt werden, treten sie prominenter zutage. Sie verfolgten allesamt einen nationalistischen, kunstgeographischen Tenor oder die «großen Kulturlinien» der deutschen Geschichte und Landschaften. Es waren die Themen der populären Kunstliteratur der Zeit, die «Säulen eines unerschütterlichen Nationalgefühls»[24], wie es Hitler als Ziel von Geschichtsinterpretation forderte.

In seinem vierseitigen Artikel anläßlich der Olympiade 1936[25] umriß Grohmann ein Menschenideal, den «olympischen Menschen», der «ein Mensch geistiger und körperlicher Überlegenheit und Harmonie» sei. Die angeführten historischen und zeitgenössischen Beispiele sollten diese «Leib-Seele-Vollkommenheit» als Grundzug deutscher Kultur belegen. Sie einte extreme Gegensätze: aktuelle politische Widersprüchlichkeiten genauso wie Probleme des menschlichen Körpers. Diese Vollkommenheit stellte so «die Verbindung mit dem Ewigen» her. Und diese Seite interessierte Grohmann besonders. Er definierte sie als «Kraft, metaphysische Wesenheiten hörbar zu machen»; durch «Kontemplation» und «musische Versenkung» würde sie erfahrbar. Deshalb erkannte er an Bildern vom idealen «Gesamtmenschen», wie sie seinen Artikel begleiteten, durchweg «einen visionären Zug, der auf letzte Zusammenhänge hinweist».

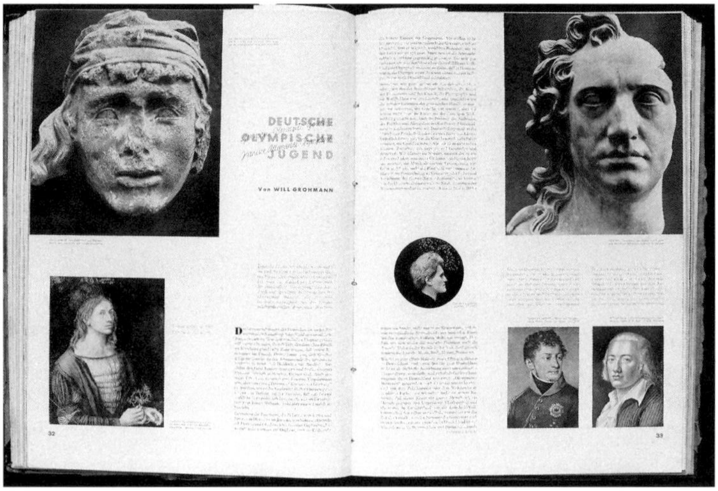
DEUTSCHE OLYMPISCHE JUGEND

Von WILL GROHMANN

Die Neue Linie, (August 1936), Doppelseite aus Will Grohmanns Artikel «Deutsche Olympische Jugend».

Die polare Konstruktion des vollkommenen «Gesamtmenschen» entsprach dem Menschenideal des Autors wie auch dem Programm der Zeitschrift. In die illustrierenden Bildbeispiele dieser deutschen Überlegenheitsvision reiht sich ein Goethe-Bildnis ein: eine Büste aus dem Jahr 1790 von Martin Gottlieb Klauer. Die Abbildung fand in der *Neuen Linie* mehrfach Verwendung. 1932 war sie Teil einer Fotomontage von Moholy-Nagy, mit der die Innentitelseite des Märzheftes gestaltet worden war. Dem Blick aus erhöhter Distanz auf das verkehrsreiche Treiben einer Großstadtstraße schob Moholy-Nagy das Goethe-Ideal gleichsam vor. Auch bei einem Wechsel der Perspektive, bei dem Versuch, sich in der Straße zu orientieren, erscheint dem modernen Stadtgetriebe nichtsdestotrotz das Goethe-Bild unterlegt. Seine vorangestellte oder untergründige Präsenz vermittelt in ihrem Wechselspiel nicht mehr «ironisierende Distanz des Künstlers zum Klassiker»[26], sondern Annäherung an das zeitgenössische, glorifizierende Goethe-Verständnis. Der Kontext der Zeitschrift gibt der Montage Moholy-Nagys jedoch eine noch deutlichere, integrative Ausrichtung:

Nach Will Grohmann nutzte auch Wilhelm Pinder Klauers Goethe-Porträt als Referenz in einem Beitrag für *Die Neue Linie*.[27] Pinder stellte hier die Zeit um 1800 als einen vorbildlichen Geschichtsabschnitt dar, in dem er das «Genie», Goethe an herausgehobenster Stelle, verankert sah. Eine zeitgenössische Charakterisierung des «deutschen Menschen», die in einer organisatorisch mit der *Neuen Linie* verbundenen Zeitschrift erschien, stilisierte wiederum Goethe als den «vollkommenste(n) Mensch(en)».[28] Auch hier kennzeichnete das Motiv erfolgreich überbrückter extremer Gegensätze diese Vollkommenheit. Vom Prototyp Goethe ausgehend wurde in direkter Linie ein entsprechender deutscher Volkscharakter proklamiert:

«[…] kein Volk (hat) eine solch ungeheure geistige Weite, solche klaffende Diskrepanzen in seinen seelischen Möglichkeiten aufzuweisen […] wie das deutsche. […] Es überbrückt und umfaßt geistige und seelische Gegensätze, an denen jedes andere Volk scheitern und zerbrechen müßte. Ihm sind sie im Gegenteil lebensnotwendig und Lebensquell, Ursprung seiner Größe.»29

Ein weiterer Beitrag Grohmanns in der *Neuen Linie* lehnte sich stark an Pinders Artikel an. Beidesmal wurden einer mehrere Doppelseiten füllenden Bildstrecke Klappen mit stichwortartigen Informationen beigefügt – ein an Nachschlagewerken orientiertes, das vermeintlich Wichtigste knapp und ansprechend darbietendes, drucktechnisch aufwendiges Prinzip. Pinder listete hier die «Genies» einerseits nach Beruf und Lebensalter, andererseits nach nationaler Zugehörigkeit auf. Grohmann stellte die «wichtigsten Namen und Werke der Dichtung, der bildenden Kunst und der Architektur» aus dem «stolzen Reichtum des deutschen Mutterbodens»30 zusammen. Unterschieden wurden sechs Kulturlandschaften, von denen der Autor einen «geistigen Grundzug» vermitteln wollte. Versatzstücke der deutschen Kunstgeographie, jener kunsthistorischen Fachrichtung, die sich verstärkt seit Ende des Ersten Weltkriegs um die Wiederherstellung der nationalen Geltung bemühte und die nach 1930 in verschiedenen Varianten dominierte, bestimmten die Grundzüge von Pinders31 wie auch Grohmanns Publikationen.

Wie sich dies im Zusammenhang zeitgenössischer Kunst auswirkte, zeigt beispielsweise Grohmanns Beitrag zur Biennale in Venedig 1942.32 Hier war es sein Anliegen, dem Publikum «gewisse Grundelemente der italienischen Kunst» oder «künstlerische Elemente […], die dem Italiener im Blute liegen» nahezubringen. Er koppelte dies mit der These, daß derartige Eigenschaften durch alle Jahrhunderte in

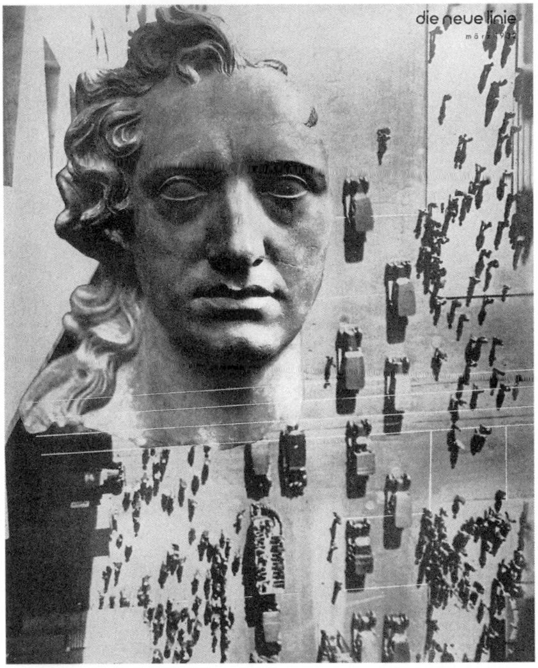

László Moholy-Nagy, Fotomontage zum Goethejahr 1932, aus: Die Neue Linie, (März 1932).

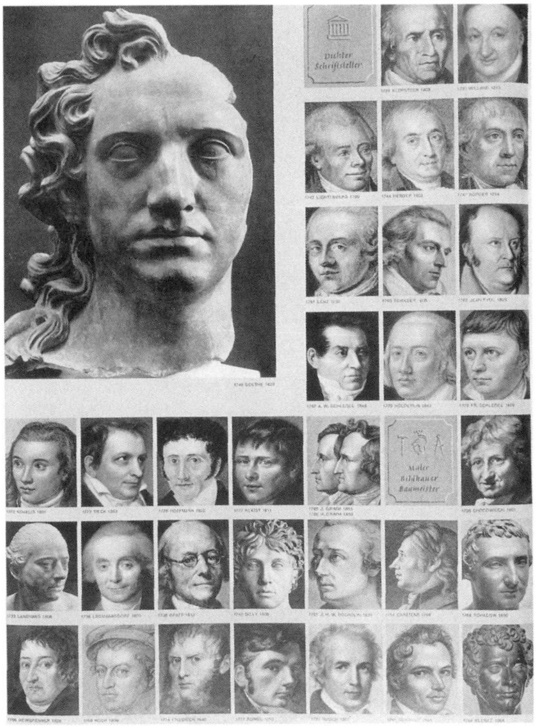

Die Neue Linie, (Dezember 1938), Seite aus Wilhelm Pinders Artikel «Die große Weltstunde».

gleicher Weise in Erscheinung träten. Wie nun eine solche zeitunabhängige Kontinuität zu formulieren wäre, demonstrierte seine mehrseitige Gegenüberstellung von alter und aktueller italienischer Kunst. Mit einer Söldnergruppe Giottos verglich er zwei der auf der Biennale gezeigten Gemälde mit Fliegerthemen und hielt als Kontinuitätsmoment lobend fest, daß «bei aller Erregung und suggerierter Bewegung» die «Grenzen der euklidischen Geometrie und des dreidimensionalen Raumes», also die «klassischen Gesetze», gewahrt worden seien. Im Text führte er weiter aus, die anfänglichen Bestrebungen der italienischen Avantgarde sollten lediglich als theoretische Versuche gewertet werden. Man müsse ihnen zwar ihren Beitrag zur Befreiung vom Historismus und zur «Wiederherstellung gesunder Grundlagen für eine zeitgemäße Kunst» zugute halten. Aber immer seien die Italiener, «so paradox es klingt, mit einem Bein in der bodenständigen Überlieferung geblieben, so daß sie den Anschluß nach rückwärts wieder finden konnten.» Vorrang vor diesen regressiven Einbindungsversuchen der Avantgarde hatte jedoch ein anderes Anliegen. Ausgesprochenes Ziel war es, für die Leser Kriterien zurechtzulegen, um einen größtmöglichen Gegensatz zwischen der deutschen und der italienischen Kunst ziehen zu können: «Die Heraushebung soll keinen anderen Sinn haben als den der Abgrenzung gegen Fremdes und, wenn man will, des Vergleiches mit ihm.»[33]

II. Das Reich

Eine besondere Stellung in der Presselandschaft ab 1940 nahm die Wochenzeitung *Das Reich* ein. Sie wollte dem Anspruch nach kein zusätzliches Blatt für Parteipropaganda abgeben, sondern war als Plattform eines Journalismus' von höchstem Niveau konzipiert. Die Initiatoren hatten sich vorgenommen, eine Zeitung von europäischem Format herauszubringen, in der die Qualität der Beiträge und die weltblattgemäße Optik ein «überparteiliches Intelligenzblatt» signalisieren sollten. Bei der Genehmigung der Zeitung hatte sich allerdings der Propagandaminister persönlich ausbedungen, wöchentlich einen Leitartikel publizieren zu können. Er sah darin die Gelegenheit, sich in die angesehene Gesellschaft der Top-Journalisten und -Schriftsteller einzugliedern, die sich um das *Reich* versammelt hatte.[34]

Im überdurchschnittlichen Gesamtformat war das Layout großzügig gegliedert; besonderer Wert wurde auf eindrucksvolle, großformatige Bilder gelegt. Als Schrifttype fand programmatisch die Antiqua Verwendung. Hauptteil des vom Umfang her ungewöhnlich starken Feuilletons bildete die Abteilung «Deutsche Bücher – Literatur der Zeit», immer mit einer besonderen Abbildung als Einleitung. Diese Rubrik bediente Grohmann seit August 1941 kontinuierlich mit kleineren und größeren Beiträgen. Seine Buchempfehlungen sind in ihrer Auswahl vergleichbar mit denen, die er für die

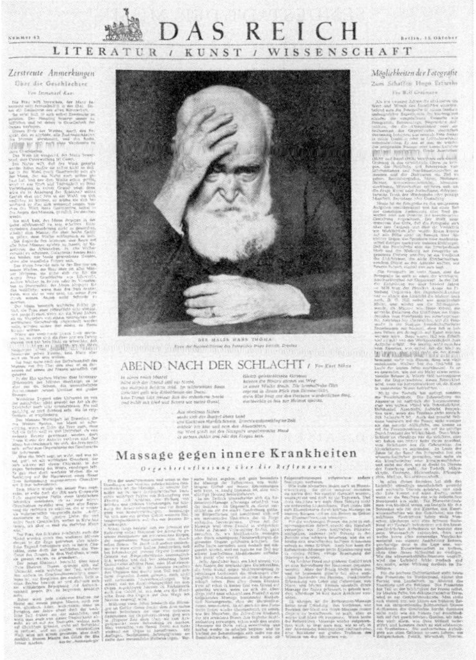
DAS REICH

LITERATUR / KUNST / WISSENSCHAFT

Zerstreute Anmerkungen

Über die Geschlechter

Möglichkeiten der Fotografie

DER MALER HANS THOMA

ABEND NACH DER SCHLACHT

Massage gegen innere Krankheiten

Organbeeinflussung über die Reflexzonen

Das Reich, (15. Oktober 1944), Seite mit Will Grohmanns Artikel «Möglichkeiten der Fotografie» und Hans Erfurths Porträtaufnahme Hans Thomas.

mit dem *Reich* eng verbundene *Deutsche Allgemeine Zeitung* schrieb. Auch Lesern, die seine Besprechungen aus historischer Distanz wahrnahmen, erschienen sie im großen und ganzen als «sachlich»[35] oder als eindrucksvolle Dokumente von Grohmanns «Rüstzeug für die Rezension von Fachbüchern».[36] Verständlicherweise hätten sie aber die moderne Kunst nicht mehr berührt. Dies trifft jedoch nur – und auch hier mit Einschränkungen – auf die für den Kunstvermittler einst und später wieder typische, monographische Publizistik zu. Bei genauerem Hinsehen fällt auf, daß die besprochenen Bücher sehr wohl Ideen beinhalten, mit denen der exponierte Vertreter der Moderne auch vor 1933 operierte. Sie handelten beispielsweise von Sendungsbewußtsein, Schicksalsgebundenheit und der Macht des Blutes[37] und äußerten in zahlreichen Exemplifizierungen, wie Mentalität, Intuition, Metaphysik, Ergriffenheit, Instinkt mit Schöpfertum zusammenhingen.[38]

Im *Reich* fehlt es nicht an Beispielen, mit denen der Rezensent seine nietzscheanischen Ideale vortrug. So schrieb er über eine mitten im Krieg erschienene «Chronik des Schmerzes», einen Band mit Abbildungen aus zweieinhalb Jahrtausenden Kunstgeschichte, und überhöhte dabei die Schmerzerfahrung als Urspung schöpferischer Kraft:

«[…] es handelt sich um die Schmerzerfahrung, die schöpferisch macht, die als ‹letzter Befreier des Geistes› wirkt (Nietzsche), zum mindesten aber läutert. Aus der ‹Mitternacht des Grams› sollen neue Seligkeiten aufgehen und den Leser in eignen Mitternachtsstunden trösten, denn er bindet sich in einer großen und edlen Gemeinschaft.»[39]

Einen weiteren inhaltlichen Schwerpunkt bildeten auch im *Reich* kunstgeographische Charakterisierungen, die Grohmann an Büchern beispielsweise über Norwegens Malerei oder die flämische Kunst der Gegenwart hervorhob[40] und dabei einer «germanischen» Stilisierung zuarbeitete.

Diese Themen und Ansichten widersprachen nicht dem Profil eines Vertreters der Moderne. Sie verdeutlichen jedoch seine Stellung im modernen Spektrum. Auf eine der dort zentralen Debatten, nämlich die um das Neue Sehen, nahm Grohmann noch im Oktober 1944 Bezug. Anhand seines Beitrags über die «Möglichkeiten der Fotografie», erschienen als Leitartikel des *Reich*-Feuilletons , läßt sich die Position des Autors innerhalb der Auseinandersetzung um das neue Medium bestimmen. Das Anliegen des Textes konzentrierte sich in der ausgewählten Abbildung, die eine Porträtaufnahme des Fotografen Erfurth vom achzigjährigen Maler Hans Thoma zeigte. Dazu hieß es:

«Betrachten wir den Kopf des greisen Hans Thoma von Hugo Erfurth; hier ist alles Verewigung geworden, so sehr, daß man glaubt, dem Geist des Malers gegenüberzustehen, die Person und der Begriff, den die Nachwelt mit ihm verbindet, sind identisch geworden. Kein Amateur würde vermögen, so tief in die Hintergründe des Daseins, in das Unbewußte vorzudringen, wie es hier gelungen ist.»[41]

Erfurths Arbeit sah der Kritiker für vollkommen geglückt an. Gleichzeitig zielte er mit seiner Wertung gegen zwei andere Entwicklungen der Fotografie: Einerseits gegen die massenhaften «Liebhaberaufnahmen» – denn die «Intensität eines großen Könners», so Grohmann, halte «nicht den Augenblick fest [...], sondern die Dauer».[42] Andererseits wandte er sich damit auch gegen fotografische Experimente. Seine auf Ewigkeitswerte und unendliche Dauer fixierte Haltung, die im «Unbewußten» ihre Ankergründe wußte, vertrat er schon 1929, als er in einer Fachzeitschrift Erfurth als Künstler und Gebrauchsgrafiker empfahl. Abgrenzend warf er der damaligen «Avantgarde der modernen Experimentatoren» vor, ihre Ergebnisse seien meist nichts als «ein rasches Reagieren auf allgemeine Zwangsläufigkeiten der Zeit, nicht [...] produktives Schaffen.»[43]

In der überzeitlichen Sichtweise Grohmanns spielte konsequenterweise keine Rolle, daß das im *Reich* abgebildete Thoma-Porträt bereits 1920 entstanden war. Welcher konstante «Geist» dem Porträtierten zugeschrieben wurde, welchen Wert von Dauer er verkörperte, hatte der Feuilletonist in der Wochenzeitung schon an anderer Stelle betont: Thoma sei der Prototyp eines «Meister(s), für den das Deutsche in der Kunst eine Selbstverständlichkeit war und der dennoch nicht müde wurde, immer wieder nach dem Deutschen in der Kunst zu fragen.»[44]

Den Porträtisten kannte Grohmann im übrigen schon aus langen Jahren gegenseitiger Zuarbeit. Als sich Erfurth in Dresden parallel zu seiner fotografischen Tätigkeit als Kunsthändler betätigte, widmete der Kritiker manche Besprechung den Ausstellungen des «Graphischen Kabinetts Erfurth». Der Kunstschriftsteller selbst gehörte zu den von Erfurth am häufigsten porträtierten Personen.[45]

Die Pause erschien als Monatszeitschrift 1935 bis 1944 in Wien, anfangs herausgegeben vom Volksbildungsreferenten des Bürgermeisters der Stadt. Ihre Orientierung richtete sich in vielem nach der *Neuen Linie.* Inhalte und Themenbereiche waren ähnlich. Der Modeteil fiel in der *Pause* zwar schmaler aus, dafür der Bereich Kunst und Kultur üppiger, den dritten Schwerpunkt bildeten auch hier Reise und Freizeit. Für die Aufmachung wurden ebenfalls manche Gestaltungsprinzipien übernommen, so die Innentitelseite mit einem besonderen Foto, die ihr Vorbild in dem Produkt des deutschen Beyer-Verlags hatte. Andererseits bezog sich *Die Neue Linie* später gerne auf *Die Pause,* wo mit Anzeigen[46] partiell dieselbe Zielgruppe angesprochen wurde. In beiden Blättern waren dann auch hin und wieder die gleichen Autorennamen zu finden.

Anders als bei der Berliner Redaktion gab es in der Wiener allerdings einen eklatanten Bruch. Seit Anfang des Jahres 1938, nach dem großen Sonderheft «Frankreich und die Weltausstellung», wurde die *Pause* mit mehrfach wechselnden Untertiteln herausgegeben. Sie wandelte sich von einer Zeitschrift für «Kultur, Kunst, Bildung, Leben» zu einer explizit «Österreichischen» und ab 1939 zu einer «Deutschen Kulturzeitschrift». Die erste Nummer im Jahr 1938 war dem «Jungvolk» gewidmet , die Titelseite der folgenden wurde von einem Hitler-Porträt eingenommen, anschließend wechselte die Herausgeberschaft und die Schriftleitung. Einige Konsequenzen von Österreichs «Anschluß» lassen sich damit an der Zeitschrift im Detail ablesen. Noch im Winter 1937/38 bemerkte der damalige Wiener Volksbildungsreferent in seinem Blatt beispielsweise spitz die Unvereinbarkeit moderner Zweckbauten und Nationalstilattitüden:

«[...] die Einheitlichkeit der Bedürfnisse des Menschen in den verschiedensten Weltteilen ist überraschend. Bis zu einem gewissen Grad schafft diese Einheitlichkeit der Bedürfnisse einen gewissen neuen Stil: in Postämtern, Zapfstellen, Garagen, Flughäfen. ‹Blut und Boden› wird sich kaum in Zapfstellenanlagen ausdrücken können. Wo man eine besondere Betonung des Nationalen erwartet, finden wir ein ausgesprochenes Ermatten oder ein unsicheres Zaudern. Bedeutsam ist die Flucht in die Vergangenheit, in die Tradition.»[48]

Aber die kritisierte «Blut und Boden»-Propaganda zeichnete bereits im Frühsommer desselben Jahres die Richtlinie, nach der der nun gültige kulturelle Rahmen abgesteckt wurde. Die neue Leitung des Blattes druckte einführend ein Grußwort des Beauftragten für das staatliche Kunstwesen ab, in dem es hieß:

«Die kulturellen und künstlerischen Begabungen des österreichischen Deutschtums werden sich künftig an großen nationalen Aufgaben zu bewähren haben, die ihnen der Wille des Führers stellt.»[49]

Will Grohmann und der Kunsthistoriker Josef Strzygowski waren die beiden Autoren, die sowohl in der *Neuen Linie* als auch in der *Pause* über Kunstthemen publizierten. Für den Wiener Professor gehörten seine dortigen Artikel zu den letzten Veröffentlichungen einer umfangreichen publizistischen Tätigkeit.[50] Für den Kunstkritiker aus Dresden war es der Zeitpunkt, an dem er seine bisherigen Kriterien des Deutschen in der Kunst als ungenügend empfand. Gern zitierte Zuordnungen wie die «Erfassung des Fernen und Unsichtbaren»[51] wollte er nicht mehr für sich stehen lassen. Er suchte nach einer kunsthistorischen Theorie, auf die er sich in der aktuellen Situation stützen konnte, die seine Aussagen fundierte und mit der er im nationalsozialistischen Staat auf Anerkennung stieß. Innerhalb des kunstgeographischen Spektrums stand ihm Strzygowski am nächsten:

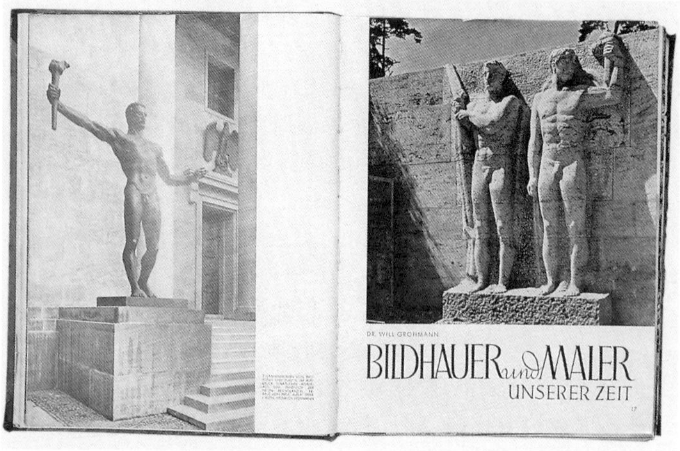

Die Pause, 6(1941)1/2, Doppelseite aus Will Grohmanns Artikel «Bildhauer und Maler unserer Zeit».

«Die Überfülle äußerer und innerer Ereignisse hat eine Situation geschaffen, in die die Form erst langsam hineinwachsen muß. Deshalb sind alle früheren Umschreibungen des Wesens deutscher Kunst, von wem sie auch kommen, im Augenblick unzutreffend. [...] Am ehesten entspricht das Bild der heutigen Malerei dem, was der jüngst verstorbene Wiener Kunsthistoriker Strzygowski sich praktisch und anschaulich darunter vorstellte [...].»[52]

Strzygowski gab umfassend Auskunft über das «Ferne und Unsichtbare», das in der deutschen Kunst auch seiner Meinung nach zum Tragen käme. Er sah es als seine Lebensaufgabe an, solche Ansätze in der kunstgeschichtlichen Forschung und im populären Interesse zu verankern. Zahlreiche faktizistisch-kunsthistorische «Belege»[53] bot er aus jenen zeitlichen und räumlichen Regionen auf, die er für eine Kunst des Nordens reklamierte. Sein Programm lautete:

«Es ist notwendig, daß der Deutsche seine Bildende Kunst im ganzen Zusammenhang ihres Verlaufes vor sich sieht, also nicht irgendwo beginnt – man frage sich doch einmal, wo das Deutsche selbst in der Bildenden Kunst eigentlich anfängt und wird dann bald ins Raten kommen, wo das Germanische selbst eigentlich beginnt: Es bleibt gar nichts anderes übrig, wir müssen bis in jene [...] Urzeit des Nordens, die indogermanische, zurückgehen.»[54]

Diese Suche nach urzeitlichen Ursprüngen stellte genügend zeitlichen Abstand her, um in großangelegten Bögen Konstanten konstruieren zu können. In drei Voraussetzungen verankerte Strzygowski das, was er als dauerhafte Merkmale feststellte: «Lage, Boden und Blut». Was die «Lage» anbetraf, hatte er die Vorstellung von Klimazonen, die entscheidenden Einfluß auf die Kunst ausübten. Seine Einteilung kannte jedoch nur zwei wesentliche Regionen: den «kalten Gürtel des Nordens» und den «warmen Gürtel des Südens, um den Äquator herum».[55] Bevor sich von Byzanz und Rom aus eine Gesellschaft etabliert und mit ihren Machtinstrumenten von Kaisertum, Kirche und humanistischer Bildung auf die Nordregion übergegriffen hätte, stellten die Alpen die natürliche Grenze seiner geographischen Zweiteilung dar. Die vorherrschende Witterung in der jeweiligen «Lage», so seine Überzeugung, definiere Bauform, Kleidung und Sozialstruktur. Unter dem Schlagwort «Boden» wollte Strzygowski die Auswirkungen der Landesnatur verstanden wissen, insbesondere wie sie die Ausbreitung einer Kultur begünstigte oder behinderte und welche Rohstoffe sie für die Kunst bereitstellte. «Blutzusammenhänge» ordnete er dem engeren künstlerischen Bereich als einem Gebiet zu, auf dem «geistige Urströmungen» zur Geltung kämen.

Sein Konzept beinhaltete eine Auswertung und einen Systematisierungsversuch kunstgeographischer, anthropologischer, erd- und völkerkundlicher Lehren.[56] Es ging in den Entwurf für ein Institut vergleichender Kunstforschung ein, den Strzygowski 1923 mit seinem Buch *Die Krisis der Geisteswissenschaften* vorlegte.[57] In seiner Lehre von den kunstwirksamen Kräften, insbesondere den «beharrenden», hielt er Rassetheorien von Anfang an für fruchtbar. Er war überzeugt, daß «Voraussetzungen des Blutes» der «Entwicklung geistiger Werte»[58] zugrundelägen. Den zeitgenössischen «wachsenden Einschlag» hin zum «Rassenwesen»[59] wollte Strzygowski in jedem Fall in seine indogermanische Kunstgeschichte eingebunden wissen.

Strzygowskis Konglomerat aus verschiedenen Ansätzen der Kulturkreislehre stellte für Grohmann eine Methode bereit, mit der er die Wirksamkeit von Phänomenen absoluter Beständigkeit in der Kunst belegen wollte. Die Thesen des Kunstgeographen verarbeitete der Kritiker in seinen eigenen theoretischen Begriffen und in der publizistischen Tagespraxis auch in mehreren Rezensionen.[60] Keinen anderen Autoren empfahl er so nachhaltig und häufig.[61] Unmittelbar nach dessen Tod 1941 entstand der Plan, eine geeignete Auswahl der Schriften des Kunsthistorikers herauszugeben, um breiteres Verständnis für seine Ideen zu erwirken.[62] Die Produktion des Buches war zu Beginn des Jahres 1945 bis zur Korrektur der Druckfahnen gediehen, eine Veröffentlichung kam nicht mehr zustande. Dieses Projekt verfolgte Grohmann jedoch noch bis in die fünfziger Jahre.[63] Mit seinem beharrlichen «Willen zur Dauer»[64] versuchte er, der Gegenwart unter überzeitlichen Vorzeichen Herr zu werden. In die formale, personale und inhaltliche Struktur der Kunstpublizistik seiner Wirkungszeit integrierte er sich damit professionell und reibungslos.

Gedankt sei an dieser Stelle Barbara Uppenkamp, Hamburg, sowie der Staatsbibliothek zu Berlin, Preußischer Kulturbesitz, der Staats- und Universitätsbibliothek Hamburg Carl von Ossietzky und der Staatsgalerie Stuttgart, Archiv Will Grohmann.

Anmerkungen

1 Maria Müller, «Will Grohmann – Verfechter der Abstrakten», in: *In Memoriam Will Grohmann, 1887–1968, Wegbereiter der Moderne,* Stuttgart-Bad Cannstatt 1988 (Ausst.Kat. Stuttgart 1988: Staatsgalerie), S. 31.

2 Karin von Maur, «Will Grohmann – Wegbereiter der Moderne», in: Ausst.Kat. Stuttgart 1988, (wie Anm. 1), S. 9.

3 Diether Schmidt, «Erinnerungen aus der fünften Zone», in: Eckhart Gillen und Diether Schmidt (Hrsg.), *Zone 5. Kunst in der Viersektorenstadt 1945–1951,* Berlin 1989, S. 31.

4 Vgl. «Archiv Will Grohmann. Verzeichnis der Materialien. Korrespondenz mit und von Will Grohmann», in: Ausst.Kat. Stuttgart 1988, (wie Anm. 1), S. 67–69 und Karl Gutbrod (Hrsg.), *«Lieber Freund...», Künstler schreiben an Will Grohmann,* Köln 1968.

5 Selbst Zeitungsnachrichten bekundeten einige von Grohmanns verzweigten Gutachter- und Beiratspositionen, z.B. in der *Frankfurter Allgemeinen Zeitung*: «Natürlich leiht er seinen Rat und seine Verbindungen den documenta-Ausstellungen in Kassel, den Biennalen und anderen internationalen Veranstaltungen. Besonders Berlin profitiert von dieser Arbeitsbesessenheit und Weltweite. Die Reorganisation der ehemals preußischen Museen, die Gründung der Akademie, die Formung der Hochschule für Bildende Künste, die großen und für Deutschland vorbildlichen Bauentschlüsse sind unter seiner Mitwirkung vor sich gegangen», so Herbert von Buttlar, «Jung mit den Jungen», in: *Frankfurter Allgemeine Zeitung,* 4. Dezember 1967. Ein Nachruf zählte exemplarisch auf: «Neben der schriftstellerischen Arbeit war er der unermüdliche Ratgeber für Museen- und Galerieleiter (sic), Kunsterzieher und Kritiker aus allen Ländern. [...] Er stritt für das Experiment der Ulmer Hochschule, trug mit an der Verantwortung für die documenta von 1955–64 in Kassel, eröffnete in Frankreich, England und Japan Ausstellungen, war Ehrenmitglied des Museums of Modern Art in New York, er setzte sich in Berlin für das große Museumsprojekt im Tiergarten ein», so F.M.D., «Leidenschaft für die Zukunft», in: *Frankfurter Allgemeine Zeitung,* 8. Mai 1968.

6 Dies führte beispielsweise zu seiner Mitgliedschaft im «Ehrenausschuß» der Dresdener Internationalen Kunstausstellung 1926, s. *Internationale Kunstausstellung Dresden. Jahresschau Deutscher Arbeit. Amtlicher Führer und Katalog durch die Ausstellung,* Dresden 1926, S. 15.

7 Vgl. Jens Kräubig, «Will Grohmanns Monographien», in: Ausst.Kat. Stuttgart 1988, (wie Anm. 1), S. 20.

8 Vgl. Will Grohmann, «Das unbedingte Theater», in: *Das Kunstblatt,* 8(1924), S. 19–22 und das unter Pseudonym publizierte Buch: Olaf Rydberg, *Die Tänzerin Palucca,* Dresden 1935. Grohmanns Rolle als Promoter Wigmans im Dresdener Kulturleben beschreibt Hedwig Müller, *Mary Wigman. Leben und Werk der großen Tänzerin,* Weinheim/Berlin 1986, S. 69 u. 127.

9 Reinhard Müller-Mehlis, «Apologeten und Propagandisten II. Deutschlands Grohmann», in: *Tendenzen,* 4(1963)22, o. S. und Jürgen Weber, *Entmündigung der Künstler. Geschichte und Funktionsweise der bürgerlichen Kunsteinrichtungen,* München 1979, S. 240–242.

10 Damit wird lediglich ein Ausschnitt aus Grohmanns damaliger Arbeit vorgestellt. Seine Beiträge für einige weitere Foren sowie sein Engagement für den privaten und wirtschaftlichen Kunstbereich können hier nicht untersucht werden.

11 Gestaltungsprinzipien von Herbert Bayer und László Moholy-Nagy formten das Image der *Neuen Linie.* Auf den Titelblättern wurde Bayers Schrift «Universal» zum Signet der Zeitschrift. 1933 betrug die Auflage rund 40.000 Exemplare, wovon drei Viertel von festen Abonnenten gelesen wurden, s. Lore Krempel, *Die deutsche Modezeitschrift. Ihre Geschichte und Entwicklung nebst einer Bibliographie der deutschen, englischen und französischen Modezeitschriften,* Coburg 1935, S. 98.

12 Modeseiten: «Mode drahtet», in: *Die Neue Linie,* 9(1937)2, S. 42–43.

13 Modeseiten: «Auto und Dirndl», in: *Die Neue Linie,* 7(1936)11, S. 40–41.

14 Krempel, (wie Anm. 11), S. 97–98.
15 So z. B. die Bildseite: «Sommer von oben», in: *Die Neue Linie,* 8(1937)12, 1937, S. 2.
16 Diesen anonymen Artikel illustrieren Fotos des Bauhaus-Fotografen Umbo. Laut angefügtem Kommentar wollen sie die «Anmut und Harmonie des deutschen Mädchens» als «Geheimnis der Natur» verdeutlichen und sich gegen eine «falschverstandene Stellung der Frau im offiziellen Leben» wenden (*Die Neue Linie,* 10(1938)2, S. 31). Im Kontext der Zeitschrift wird dieses ideologiekonforme Frauenbild gleichzeitig als modern definiert. Der Fotograf wird in der *Neuen Linie* folgerichtig mit seinem Künstlernamen genannt und nicht mit seinem bürgerlichen, unter dem er nach R. Sachsse in den Jahren 1933–1945 fotografisch arbeitete, s. Rolf Sachsse, «Kontinuitäten, Brüche und Mißverständnisse. Bauhaus-Photographie in den dreißiger Jahren», in: Winfried Nerdinger (Hrsg.), *Bauhaus-Moderne im Nationalsozialismus. Zwischen Anbiederung und Verfolgung,* München 1993, S. 64.
17 Hanns Johst, «Der neue Orden», in: *Die Neue Linie,* 8(1936)1, S. 14–19.
18 Bildseite: «Der neue deutsche Mensch», in: *Die Neue Linie,* 8(1937)9, S. 2; publiziert anläßlich der Propagandaausstellung «Gebt mir vier Jahre Zeit», die vom 30.4. bis 20.6.1937 in Berlin stattfand. Zu den Berliner NS-Großausstellungen s. Sabine Weissler, «Bauhaus-Gestaltung in NS-Propaganda-Ausstellungen», in: Nerdinger, (wie Anm. 16), S. 48–63.
19 So z.B. das Porträt von Angelika Möller, Tochter des Galeristen Ferdinand Möller, fotografiert von ihrer Schwester Rosemarie, in: *Die Neue Linie,* 7(1936)7, S. 9. Oder das Porträt von Grete Frick, der Schwiegertochter des Reichsinnenministers, in: *Die Neue Linie,* 9(1937)2, S. 13.
20 Die *Neue Linie* brachte mehrere Themenhefte über befreundete Staaten heraus, so das «Staatenheft Jugoslawien» im Januar 1939 oder die drei Italienhefte 1938, 1940 und 1942. An diesen Themenheften wird der Status der Zeitschrift besonders deutlich. Ihr gezielter Einsatz bei der Stabilisierung auswärtiger Beziehungen und die finanzielle Unterstützung von seiten des Propagandaministeriums benennt Sachsse, (wie Anm. 16), S. 69–70 u. 84.
21 Werner zeichnete während des gesamten Zeitraums, in dem *Die Neue Linie* erschien, durchgängig als Herausgeber und Hauptschriftleiter. Mit Grohmann war er gleichzeitig für das Feuilleton der *Deutschen Allgemeinen Zeitung* tätig. Werners Publikationen während des Nationalsozialismus werden in der Nachfolge Joseph Wulfs als subtile «Proteste» interpretiert (s. Joseph Wulf, *Die Bildenden Künste im Dritten Reich. Eine Dokumentation,* o.O. 1966, S. 83, 1. Aufl. Gütersloh 1963 und Otto Thomae, *Die Propaganda-Maschinerie. Bildende Kunst und Öffentlichkeitsarbeit im Dritten Reich,* Berlin W 1978, S. 358), die mit den Mitteln der Taktik, der Nüchternheit und der Satire operierten (so auch Andreas Hüneke, «Zum Beispiel Bruno E. Werner. Kunstkritische und kunsthistorische Publizistik in den dreißiger Jahren», in: *Kunst und Kunstkritik der dreißiger Jahre. 29 Standpunkte zu künstlerischen und ästhetischen Prozessen und Kontroversen,* hrsg. im Auftrag der Akademie der Künste der DDR von Maria Rüger, Dresden 1990, S. 200 u. 202). Die Einschätzung, Werner handelte als ein im Grunde Oppositioneller, stützt sich bei den angegebenen Interpreten nicht zuletzt auf seine Lebensdaten in: *Wer ist wer? Das deutsche Who's Who, XI. Ausgabe von Degeners Wer ist's?,* Berlin-W 1951, S. 730; XII. Ausgabe, 1955, S. 1257 und XIII. Ausgabe, 1958, S. 1361. Dabei wird allerdings nicht berücksichtigt, daß dieses biographische Lexikon hauptsächlich eigene Angaben der jeweiligen Personen wiedergibt. Die Biographien in dem Nachschlagewerk sind in erster Linie zeitgebundene, zweckorientierte Selbstdarstellungen.
22 In der *Neuen Linie* erschienen regelmäßig in der Rubrik «Bücherlinie» Buchempfehlungen von Grohmann.
23 So bei K. v. Maur, (wie Anm. 2), S. 7–8.
24 Adolf Hitler, *Mein Kampf. Bd. II, Die nationalsozialistische Bewegung,* München 1927, S. 56, zit. n. Heinrich Dilly, *Deutsche Kunsthistoriker 1933–1945,* München/Berlin 1988, S. 16.
25 Will Grohmann, «Deutsche Olympische Jugend», in: *Die Neue Linie,* 7(1936)12, S. 32–33 u. 72–73.
26 Heidrun Schröder-Kehler, «Künstler erobern die Warenwelt», in: *Wechselwirkungen. Ungarische Avantgarde in der Weimarer Republik,* Marburg 1986 (Ausst.Kat. Kassel: Neue Galerie u. a.), S. 405.
27 Wilhelm Pinder, «Die große Weltstunde. Der dichte Wuchs der Genies um 1800», in: *Die Neue Linie,* 10(1938)4, S. 35–40.
28 Ernst Katzmann, «Der deutsche Mensch», in: *Die Pause,* 4(1939)11/12, S. 19.
29 Ebd.
30 Will Grohmann, «Deutsche Landschaften und deutsche Kultur», in: *Die Neue Linie,* 12(1941)6, S. 31.
31 Vgl. Marlite Halbertsma, *Wilhelm Pinder und die deutsche Kunstgeschichte,* Worms 1992, S. 109–127.
32 Will Grohmann, «Die Sprache der italienischen Kunst», in: *Die Neue Linie,* 14(1942)2, S. 16–21 u. 41–42.
33 Ebd. S. 41. Die von Grohmann angeführten Scheidungsmerkmale (z.B. «bellezza» contra «Aus-

druck», «Tektonik» contra «Linearität», «Realismus» und «forma pura» contra «Sinnbildhaftigkeit» und «Transzendenz») wiederholen Topoi, die auch Pinder in seinem Werk *Vom Wesen und Werden deutscher Formen* (1935–1951) heranzieht für die Abgrenzung der deutschen von der italienischen Kunst; vgl. Halbertsma, (wie Anm. 31), S. 125–126.

34 Zur Geschichte, zu den Initiatoren, Mitarbeitern und Inhalten der Zeitung s. Hans Dieter Müller, «Porträt einer Deutschen Wochenzeitung», in: ders. (Hrsg.), *Facsimile-Querschnitt durch Das Reich,* München u.a. 1964, S. 7–19 und Erika Martens, *Zum Beispiel Das Reich. Zur Phänomenologie der Presse im totalitären Regime,* Köln 1972, S. 45 ff. Martens' Dissertation orientiert sich allerdings wesentlich an Aussagen und Hinweisen ehemaliger *Reich*-Mitarbeiter, wodurch sie vielfach deren Argumentation perpetuiert, insbesondere wenn an den Artikeln ihre Kunsteigenschaften beschworen werden. So resümiert sie für den Kulturteil, daß dieser Bereich durch die «im allgemeinen [...] hohen geistigen Anforderungen und die stilistische Brillanz seiner Beiträge [...] zu einer Oase feuilletonistischer Kunst inmitten der phrasenhaften Sprache und primitiven Argumentation der nationalsozialistischen Propaganda in den meisten übrigen Blättern» geworden sei und damit «einer großen Gruppe nichtnationalsozialistischer Fachkräfte [...] eine Art Refugium» (S. 51).

35 Hans Dieter Müller, «Kommentar der Auswahl», in: ders., (wie Anm. 34), S. 24.

36 K. v. Maur, (wie Anm. 2), S. 8.

37 Auf diese «weltanschaulichen Vorstellungen» wurde von M. Damus im Zusammenhang Grohmannscher Äußerungen zu Kandinsky hingewiesen, s. Martin Damus, «Ideologiekritische Anmerkungen zur abstrakten Kunst und ihrer Interpretation – Beispiel Kandinsky», in: Martin Warnke (Hrsg.), *Das Kunstwerk zwischen Wissenschaft und Weltanschauung,* Gütersloh 1970, S. 63–65.

38 Dazu zählen Grohmanns Formulierungen zu Paul Klees Künstlertum (vgl. Will Grohmann, «Paul Klee 1923/24», in: *Der Cicerone,* 16(1924)17, S. 787–796) oder seine Charakterisierung des Sammlungskonzepts von Ida Bienert (ders., «Sammlung Ida Bienert-Dresden», in: *Museum der Gegenwart,* 3(1932)2, S. 60) genauso wie seine Sicht auf die Gegenwartskunst von 1926 (ders., «Die Kunst der Gegenwart auf der Internationalen Kunstausstellung Dresden 1926», in: *Der Cicerone,* 18(1926)12, S. 377–416). Die gedankliche Grundlinie aus diesen beispielhaft genannten Texten kam besonders zum Tragen, als der promovierte Germanist unter Dichterpseudonym und mit poetischen Ambitionen später über die Tänzerin Palucca schrieb: «Das Unbewußte dominiert, es ist der Daimon, dem sie folgt, dem sie vertraut. Deshalb wirken alle Entscheidungen bei ihr natürlich. Instinktmensch? Aber der Instinkt ist Ahnung und grenzt an Hellsehen. [...] Worte wie blutlich, vital, Rasse, abstrakt sind ihr geläufig, sie reichen in das Uralt-Dunkle, aus dem Leben und Kunst sich erneuern.» (Rydberg, (wie Anm. 8), S. 9–10).

39 Will Grohmann, «Chronik des Schmerzes», in: Das Reich, 5.12.1943, Nr. 49, S. 10.

40 Vgl. Will Grohmann, «Das 19. Jahrhundert in Norwegens Malerei», in: *Das Reich,* 19.9.1943, Nr. 38, o. S. und ders., «Wandel des flämischen Geisteslebens. Von landschaftlicher Tradition zu europäischem Bewußtsein», in: *Das Reich,* 21.5.1944, Nr. 21, o. S.

41 Will Grohmann, «Möglichkeiten der Fotografie. Zum Schaffen Hugo Erfurths», in: Das Reich, 15.10.1944, Nr. 42, o. S.

42 Ebd.

43 Will Grohmann, «Hugo Erfurth – Der Lichtbildner / Photographic Artist», in: *Gebrauchsgraphik / International Advertising Art,* 6(1929)6, S. 59–60.

44 Will Grohmann, «Spiegel ruhigen Seins», in: *Das Reich,* 25.10.1942, Nr. 43, o. S.

45 Aus den Jahren 1919, 1930 und 1946 führt allein der Erfurth-Katalog des Kölner Foto-Historama acht Bildnisse auf, die sich im Grohmann-Archiv der Staatsgalerie Stuttgart befinden, vgl. Bodo von Dewitz und Karin Schuller-Procopovici (Hrsg.), *Hugo Erfurth, 1874–1948. Photograph zwischen Tradition und Moderne,* Köln 1992, S. 521.

46 *Die Pause. Deutsche Kulturzeitschrift,* 5(1940)8, S. 3 und 6(1941)1/2, S. 8.

47 *Die Pause,* 3(1938)4.

48 Karl Lugmayer, «Ein neuer Stil?», in: *Die Pause. Kultur, Kunst, Bildung, Leben.* Sonderheft Frankreich und die Weltausstellung, 3(1938)1/2, S.11.

49 Der Reichsstatthalter, Der Beauftragte für das staatliche Kunstwesen, in: *Die Pause. Österreichische Monatshefte,* 3(1938)6, S. 2.

50 Die größeren Veröffentlichungen bis zu seinem 70. Lebensjahr sind zusammengestellt in: Alfred Karasek-Langer, *Verzeichnis der Schriften von Josef Strzygowski,* Klagenfurt 1933, repr. Bremen 1983.

51 Will Grohmann, «Bildhauer und Maler unserer Zeit», in: *Die Pause,* 6(1941)1/2, S. 36.

52 Ebd.

53 Mit der Stichhaltigkeit der von Strzygowski angeführten Denkmäler, die seine Theorie beweisen sollten, befaßte sich Friedrich Wilhelm Freiherr von Bissing, s. ders., «Kunstforschung oder Kunstwissenschaft? Eine Auseinandersetzung mit der Arbeitsweise Josef Strzygowskis, Teil 1 und 2», in: *Abhandlungen*

der Bayerischen Akademie der Wissenschaften. Phil.-hist. Klasse. N. F., Nr. 31–32, 1950/51.
54 Josef Strzygowski, «Kunstgeschichte der Zukunft. Kunstgeschichte für Deutsche», in: Will Grohmann (Hrsg.), *Josef Strzygowski, Kunstgeschichte als Weltwissenschaft,* Leipzig 1945, S. 379 (unpublizierte Korrekturfahnen im Archiv Will Grohmann, Staatsgalerie Stuttgart).
55 Josef Strzygowski, *Geistige Umkehr. Indogermanische Gegenwartsstreifzüge eines Kunstforschers,* Heidelberg 1938, S. 124.
56 Strzygowski bezog sich u. a. auf Adolf Bastian, Heinrich Driesmans, Erich v. Drygalski, Leo Frobenius, Heinrich Glück, Fritz Graebner, Willy Hellpach, Alfred Kirchhoff, Theodor Lindner, Friedrich Ratzel, Karl Ritter, Carl Schnaase, Georg Wilke, Wilhelm Worringer.
57 Josef Strzygowski, *Die Krisis der Geisteswissenschaften, vorgeführt am Beispiele der Forschung über bildende Kunst. Ein grundsätzlicher Rahmenversuch,* Wien 1923.
58 Ebd. S. 231–232.
59 Ebd. S. 287.
60 Vgl. Will Grohmann, «Revision der Kunstgeschichte. Josef Strzygowski, Das indogermanische Ahnenerbe des deutschen Volkes und die Kunstgeschichte der Zukunft», in: *Das Reich,* 24.8.1941, Nr. 34; ders., «Kunstgeschichte als Weltwissenschaft. Josef Strzygowskis letztes Werk», in: *Das Reich,* 8. Februar 1942, Nr. 6; ders., «Intuition und Wissenschaft. Zu J. Strzygowski, Europas Machtkunst im Rahmen des Erdkreises», in: *Die Pause,* 7(1942)1, S. 28–32. Bereits im März 1937 hatte Grohmann die Gelegenheit ergriffen, den Wiener Kunsthistoriker anläßlich seines 75. Geburtstags der deutschen Zeitungsleserschaft nahezulegen, s. ders., «Kunstforscher um ein deutsches Lebensbild. Josef Strzygowski zum 75. Geburtstag (7.3.)», in: *Deutsche Allgemeine Zeitung,* Ausgabe Groß-Berlin, 76(7. März 1937)111, Sonntag-Morgen.
61 Diese breite Rezeption widerspricht nicht zuletzt der Möglichkeit – wie sie auch in der Diskussion nach diesem Tagungsbeitrag anklang –, Grohmanns Publizistik dieser Zeit als überspitzte Affirmation und damit als ironischen Code, der einer oppositionellen Haltung entspräche, aufzufassen. Auch die häufig widergegebene Einschätzung läßt sich nicht halten, nach der sich Grohmann nur auf den frühen, vermeintlich weniger rassistischen Strzygowski bezogen hätte; s. Oto Bihalji-Merin, «Schöpferische Kunstkritik», in: Gutbrod, (wie Anm. 4), S. 14, v. Maur, (wie Anm. 2), S. 8 und Kräubig, (wie Anm. 7), S. 18. Zudem zeigt das Beispiel Grohmanns, wie Strzygowskis Kunstgeographie die Kunstgeschichte der Moderne mitprägte und keinesfalls «wenig bis überhaupt keine Resonanz fand», so Halbertsma, (wie Anm. 31), S. 107.
62 S. Will Grohmann, «Kunstgeschichte als Weltwissenschaft. Josef Strzygowskis letztes Werk», in: *Das Reich,* 8.2.1942, Nr. 6, o. S.
63 Die Korrekturfahnen (Anm. 54) und die dazugehörige Verlagskorrespondenz bis 1952 verwahrt das Grohmann-Archiv der Staatsgalerie Stuttgart, vgl. v. Maur, (wie Anm. 2), S. 8. In die zu Grohmanns 80. Geburtstag zusammengestellte Bibliographie wurde die Strzygowski-Kompilation mit abgewandeltem, neutralisiertem Titel aufgenommen, s. Gutbrod, (wie Anm. 4), S. 215.
64 Will Grohmann, «Mosaik, Glasmalerei, Bildteppich», in: *Die Pause,* 6(1941)7, S. 45.

Uwe Fleckner

Carl Einstein und einige seiner Leser. Zur Rezeption der ‹Kunst des 20. Jahrhunderts› im Nationalsozialismus

I. «Das Buch wird gründlich sein»

In der renommierten Reihe der *Propyläen-Kunstgeschichte* erschien 1926 als sechzehnter und letzter Band Carl Einsteins *Kunst des 20. Jahrhunderts.* Ihr Autor hatte es sich zur ehrgeizigen Aufgabe gemacht, schon zu diesem frühen Zeitpunkt die Vielfalt der zeitgenössischen Malerei und Skulptur kunsthistorisch zu ordnen, um so einen grundlegenden Gegenentwurf zur eilfertigen Kunstkritik seiner Gegenwart zu schaffen: «Meine Kunstgeschichte», schrieb Einstein schon im Dezember 1922 an den Pariser Galeristen und Freund Daniel-Henry Kahnweiler, «wird für manche Grösse peinlich sein [...]. Schliesslich sind die jüngsten critique d'arsch Leute, die sehr wenig nachdachten und diese Sache erstens als Vorwand zum Ankauf eines Stück Fleisch, doch vor allem zum Verschärfen kleiner Bildchen benutzen. Eine Jammerbande, ohne selbständige recherche und mässige Jongleure erledigter Schlagworte. Mein Gott, wie ich diese fünfzig Pfennig moderne schäzze. Auch die peintres poëtes und so verschiedene werde ich guillotinieren; das Buch wird gründlich sein.»[1]

Das Buch, das in der Tat gründlich wurde, und dessen Anspruch, dessen sprachlicher Duktus und unabdingbares kunstkritisches Urteil bereits in diesen Briefzeilen deutlich wird, war – wie die *Propyläen-Kunstgeschichte* insgesamt – ein unmittelbarer, auch verlegerischer Erfolg: 1928 erfolgte eine zweite Auflage, 1931 eine stark überarbeitete und erweiterte Neufassung.[2] Zahlreiche Bände der Reihe wurden auch nach der «Machtergreifung» durch die Nationalsozialisten neu aufgelegt; andere Bände wiederum wurden durch Werke ersetzt, die besser in die «neue Zeit» zu passen schienen. Carl Einsteins Werk aber erfuhr – man möchte sagen: selbstverständlich – keine weitere Auflage, und an die Herausforderung, seine Überblicksdarstellung innerhalb der Reihe zu ersetzen, hat sich bis zum Erscheinungsdatum von Giulio Carlo Argans *Kunst des*

20. Jahrhunderts von 1977 niemand gewagt. Wurde Einsteins Buch im Dritten Reich nicht wieder aufgelegt, der Autor stand nicht erst als Spanienkämpfer der anarchosyndikalistischen Kolonne Durruti in entschiedener Gegnerschaft zum Nationalsozialismus, so ist das Werk doch – zumindest gelegentlich – gelesen worden, und einigen seiner Leser und dem Gebrauch, den diese Leser von der *Kunst des 20. Jahrhunderts* gemacht haben, sollen die folgenden Ausführungen gewidmet sein.

II. «Ist Nolde ein Bolschewist oder ein Maler»?

Im Zentralarchiv der Staatlichen Museen Preußischer Kulturbesitz hat sich ein Brief des Malers Josef Achmann an Ludwig Thormaehlen erhalten, der in diesem Zusammenhang von einiger Brisanz ist. Josef Achmann, seit 1931 Vorstandsmitglied der Neuen Münchner Sezession, schreibt am 10. Juni 1933 an seinen Briefpartner, daß er – aus dritter Hand – von einem Treffen des Architekten Paul Ludwig Troost mit Hitler und Goebbels erfahren habe, bei dem es um die politische Einschätzung der Kunst Emil Noldes gegangen sei: Troost habe, so Achmann, «den Herren an Hand der Einsteinschen Kunstgeschichte erklärt, dass eben aus den Ausführungen E.'s über Nolde hervorginge, dass Nolde ein im Sinne marx. Maler und Künstler sei.»[3] Die Angriffe gegen Nolde, die Troost unter Bezugnahme auf Einsteins *Kunst des 20. Jahrhunderts* vorgebracht hat, dürften zumindest auf Hitlers Propagandaminister, der sich selbst zunächst mit Werken Noldes und Barlachs umgeben hatte, einigen Eindruck gemacht haben. Noch etwa einen Monat später, am 2. Juli 1933, notiert Goebbels in seinem Tagebuch: «Ist Nolde ein Bolschewist oder ein Maler. Thema für eine Doktorarbeit ...»[4]

Daß tatsächlich versucht wurde, aus Einsteins Buch gedankliche oder rhetorische Schützenhilfe zu beziehen, bestätigt auch ein Brief Alfred Hentzens an Wilhelm Pinder, ebenfalls im Zentralarchiv der Staatlichen Museen. Hentzen, als Mitarbeiter der Nationalgalerie seit 1927 unter Ludwig Justi mit dem Ausbau der Neuen Abteilung im ehemaligen Kronprinzenpalais betraut, bittet den Münchner Kunsthistoriker unter dem Datum des 26. Juni 1933 um publizistische Hilfe in einer kunstpolitischen Situation, in der die deutschen Museen ihre Sammlungen der zeitgenössischen Kunst, vor allem des deutschen Expressionismus, vor nationalsozialistischen An- und Übergriffen verteidigen mußten. Eine solche Stellungnahme, fährt Hentzen fort, der die Architekten Paul Schultze-Naumburg und German Bestelmeyer für die Attacken verantwortlich macht, «könnte natürlich auch an Hitler direkt gerichtet werden, der allerdings gerade durch die genannten beiden Architekten mit Hilfe des Schandbuches von Einstein (Kunst des 20. Jahrhunderts) gegen die Kunst von Nolde, Schmidt-Rottluff, Heckel u.s.w. eingenommen zu sein scheint. Desto besser vielleicht wenn er Ihre Stimme dagegen hört!»[5]

Ist allein schon die Vorstellung gespenstisch, Troost, Goebbels und Hitler – oder auch Schultze-Naumburg, Bestelmeyer und Hitler – gemeinsam über Einsteins *Kunst des 20. Jahrhunderts* gebeugt zu sehen, um ausgerechnet aus diesem Werk Argumente für ihre Kunstpolitik und insbesondere für die Verfemung der zeitgenössischen Kunst zu ziehen, so ist diese ganz besondere Lektüre – folgt man der Interpretation Josef Achmanns – mit unmittelbaren und handgreiflichen Folgen verbunden gewesen. Der Maler nämlich bringt den beschriebenen Vorgang in direkten Zusammenhang mit einem Aufruf des am 3. April des Jahres gegründeten *Deutschen Künstlerbundes 1933,* in dem vor allem Emil Nolde und die Künstler der *Brücke* heftig attackiert werden. Das Manifest vom 10. Juni 1933, das von zahlreichen Architekten und Künstlern unterzeichnet worden ist, unter ihnen eben auch Paul Ludwig Troost und German Bestelmeyer, spricht eine überdeutliche Sprache: Wichtige Vertreter der modernen Kunst und Architektur werden namentlich genannt, unter ihnen auch Emil Nolde, und als «formzersetzende Persönlichkeiten» diffamiert, und die Unterzeichner des Manifests protestieren gegen jeden Versuch, die Kunst des Expressionismus als eine «deutsche» Kunst anzuerkennen:

«Das ausgezeichnete Wort des preußischen Ministerpräsidenten Goering: ‹Es ist immer noch leichter, aus einem großen Künstler mit der Zeit einen anständigen Nationalsozialisten zu machen, als aus irgend einem kleinen Parteigenossen einen großen Künstler›, beleuchtet schlaglichtartig die Situation. Wenn aber dieses mannhafte Wort Goerings schon heute in der Presse mißbraucht wird, um mit unerhörter Dreistigkeit dafür Stimmung zu machen, den ganzen Kreis, mit dem Cassirer und Flechtheim ihre Geschäfte gemacht haben und gerade formzersetzende Persönlichkeiten wie Nolde, Schmidt-Rottluff, Klee, Mies van der Rohe, nun als die eigentliche deutsche Kunst in den nationalsozialistischen Staat einzuschwärzen, so erhebt sich ernsthafter Widerspruch aller im organischen Sinn modernen und aus echtem deutschen Empfinden heraus schaffenden Künstler. [...] Der Deutsche Künstlerbund 1933 legt feierliche Verwahrung dagegen ein, daß die Leute, die die künstlerischen Schrittmacher der zersetzenden kommunistischen Revolution gewesen sind und dabei stärkste und nachdrückliche Förderung vom marxistischen Staat, dem Logen- und Judentum erfahren haben, nun sich dem deutschen Volk als die Vertreter seiner eigentlichen Kunst präsentieren wollen.» [6]

Das infame Manifest des *Deutschen Künstlerbundes 1933* dokumentiert vorzüglich die umkämpfte kunstpolitische Situation der Jahre unmittelbar nach der «Machtergreifung» durch die Nationalsozialisten. Sind mit der beginnenden Vertreibung die avantgardistischen und zumeist linksgerichteten Künstler, Schriftsteller und Intellektuellen schon bald dazu gezwungen, ihre kritische Stimme unter oft schwierigsten Umständen aus dem Exil zu erheben, so werden die kunstpolitischen Debatten innerhalb des Deutschen Reiches selbst mehr und mehr von den Nationalsozialisten beherrscht, die nun auch gegen konservative Publizisten, Kunsthistoriker und Museumsleute, und zugleich gegen die Vertreter einer gemäßigten Moderne in den eigenen Reihen vorgehen. Der Kampf um die moderne Kunst, den viele Künstler und Museumsleute bis zu Hitlers Rede auf dem Nürnberger Reichsparteitag im September 1934 noch immer nicht verloren glauben, ist dabei als Ausdruck machtpolitischer Strukturkämpfe innerhalb der nationalsozialistischen Führung selbst zu verstehen, die erst nach dem 30. Januar 1933 offen zutage traten, und in denen die Vertreter einer völkisch bestimmten Kulturpolitik auf die Verteidiger einer Moderne trafen, die – wie Joseph Goebbels, der die Werke von Nolde und Barlach zunächst ja durchaus geschätzt hatte – die Kunst des Expressionismus als eine ausgesprochen «nordische» Kunst ansahen und für die Ziele des nationalsozialistischen Staates fruchtbar machen wollten.[7] Mit der Kunst des Expressionismus ist dabei vor allem eine Kunstrichtung Gegenstand der Auseinandersetzungen, deren Höhepunkte schon einige Jahre zurückliegen, und die seit den zwanziger Jahren nach und nach museumswürdig geworden ist. Die Museen, die sich, etwa wie die Neue Abteilung der Berliner Nationalgalerie im ehemaligen Kronprinzenpalais, der Dokumentation und Pflege der zeitgenössischen Moderne verpflichtet hatten, sind daher schon bald nach 1933 der Hauptgegner des völkischen Kampfbundes für Deutsche Kultur um Alfred Rosenberg, und die zahllosen Übergriffe auf den Sammlungsbestand der Museen in Berlin oder Mannheim, in Dresden oder Halle gipfeln seit 1937 in der Ausstellungsreihe der «Entarteten Kunst».[8]

In den kunstpolitischen Unruhen der Monate nach der Regierungsübergabe an die Nationalsozialisten war es dabei kein Einzelfall, daß die Gegner der Moderne «belastendes» Material sammelten, um gegen die Kunst des deutschen Expressionismus zu agitieren. Ludwig Thormaehlen, Bildhauer und dem Kreis um Stefan George zugehörig, seit 1925 Kustos der Berliner Nationalgalerie, überliefert in seinen *Erinnerungen an Stefan George* eine Begebenheit, nach der Paul Schultze-Naumburg und German Bestelmeyer schon zu Jahresbeginn 1933 tendenziös zusammengestelltes Material in der Reichskanzlei vorgelegt hätten, um Hitler gegen die zeitgenössische Kunst einzunehmen: «Mit eins öffnete Schultze-Naumburg seine Mappe und bereitete einige Dutzend Kartons mit aufgeklebten Ausschnitten aus Zeitungen und Katalogen aus, die alle ‹moderne Kunst› wiedergeben sollten und säuberlich mit maschinengeschriebenen Papierstreifen unterklebt waren, worauf angebliche Preise, meist Inflationsbeträge, und die Käufer der Werke oder die Aussteller vermerkt waren.»[9] Thormaehlen hatte in der Folge Gelegenheit, den Inhalt der vorgelegten Mappe kritisch zu mustern, und traf dabei auf eine Materialsammlung, die auch vor Verfälschungen nicht zurückschreckte, und die in jedem Fall ein interessantes Dokument zur Vorgeschichte der Ausstellung «Entartete Kunst» darstellt, da hier schon wesentliche Elemente der diskreditierenden Präsentation aufgewendet wurden – das Herauslösen der Werke aus ihrem Zusammenhang, die

Angabe der Preise und Sammler, die bewußte Wahl schlechter Reproduktionsqualität –, wie sie nur wenige Jahre später die Münchner Ausstellung und ihren Katalog bestimmen sollten: «Es war ein tolles Pamphlet. Ausgesucht schlechteste Klischee-Wiedergaben auf Zeitungspapier nach Photos mit Reflexen, Ausschnitte aus Katalogen und dergleichen zusammengeklebt, darunter in Maschinenschrift vermerkt, wer das mit öffentlichen Geldern gekauft habe oder wo das ausgestellt gewesen sei und durch wen. Wo solche Angaben nicht gemacht werden konnten, weil kein Verantwortlicher das betreffende Kunstwerk gekauft oder ausgestellt hatte, war sonst eine aufhetzende Bemerkung daruntergesetzt. Auch Preise, angeblich gezahlte, in der Höhe von Millionenbeträgen, gab es da. [...] Ich berechnete boshaft, wieviel Prozent der Angaben falsch waren, bewies, daß Fälschungen oder Verfälschungen in den beigegebenen Texten zwei Drittel ausmachten und schickte den Stoß Kartons mit entsprechendem Kommentar in das Goebbels-Ministerium zurück.»[10]

Die Episode, die Carl Einsteins *Kunst des 20. Jahrhunderts* mit eben diesen kunstpolitischen Kämpfen der Jahre 1933/1934 in Zusammenhang bringt, ist von der kunsthistorischen Forschung bislang kaum beachtet worden. Allein Berthold Hinz hat 1974 mit Blick auf Einsteins Buch von einer «rigoristischen Kunstgeschichte» und von einer «Selbst-Präsentation des Gegners» gesprochen und damit angedeutet, daß Einstein eine gewisse Mitverantwortung an der Ablehnung Noldes und anderer zuzusprechen sei.[11] Und auch Alfred Hentzens scharfe Bemerkung vom «Schandbuch» Einsteins muß in dieser Richtung ausgedeutet werden, verwendet Hentzen mit seiner Bezeichnung doch ganz bewußt das Vokabular der Nationalsozialisten, die mit ihren «Schandausstellungen» in der kunstpolitisch noch unbestimmten Situation dieser Jahre die Kunst der Weimarer Republik zu diskreditieren suchten. Haben wir es, so ist zu fragen, bei der *Kunst des 20. Jahrhunderts* tatsächlich mit einem solchen «Schandbuch» zu tun, das die in ihm kritisierten Künstler bloßstellt und nationalsozialistischer Diffamierung ans Messer liefert, mit einem Katalog also der «Entarteten Kunst» *avant la lettre*?

III. Der rückwärtsgewandte Prophet

Rufen wir den so unvermutet Angeklagten selbst in den Zeugenstand und lesen wir, wie sich die Kunst Noldes und der *Brücke* in seinem Urteil darstellt. Tatsächlich finden wir in den Kapiteln der *Kunst des 20. Jahrhunderts,* die sich mit dem deutschen Expressionismus beschäftigen, eine deutliche Ablehnung dieser Kunst, die in meist scharfen Formulierungen vorgetragen wird: «Welch arme Erfindung», ruft Einstein in seinem Kapitel über die Künstler der *Brücke* aus, «abgesehen von dem bedeutenden Kirchner! Schmidt-Rottluff vereinfacht in ehrbar simplem Kubismus, Pechstein handwerkt flink im Billigen, dort Ecke und Ornament borgend, Heckel und Müller versüßen in lockerer Haltlosigkeit Akte oder deutsche Landschaft. Das Motiv wird kunstgewerblich übertragen; nicht Stil ist hier festzustellen, sondern klischierte Stilisierung. Diese Bilder schwanken zwischen Natur und Plakat, und der subjektive Lyrismus der ‹Brücke›-Leute – genug der Tanzschulen und jungfräulich flachen Gesten – ist Verengung. Man beginnt und endet im Eklektizismus, den man mit literarischer Geschwollenheit, einer Tiefe der Banalität, umgibt. Heroismus der Plakatbewegung. Nie waren diese Leute, geschichtlich gesehen, Revolteure; ihre Leistung verplattete frühere Entdeckung.»[12]

Nolde wird als «Pathetiker des Nachimpressionismus» charakterisiert, und seine Gemälde – so Einstein – weisen gestalterische Unzulänglichkeiten auf, die durch «dröhnendes Pathos und verpöbelte Metaphysik beglichen werden.»[13] Auffallend ist gleichwohl, daß Einstein in der Beschreibung der malerischen Eigenarten der Kunst Noldes – wie auch der anderen Expressionisten – durchaus zu einem Befund vordringt, in den sich auch eine wohlwollende Kritik teilen könnte, aus seinen Beobachtungen dann aber zu einer harten und oft ungerecht erscheinenden Ablehnung gelangt: «Noldes Malerei wird von der Gewalt dramatischen Empfindens zerstürmt», heißt es dort etwa, und wir können diesem Befund gewiß zustimmen, «doch das Ergebnis», urteilt Einstein weiter, «bleibt trotz allgemeiner Absicht schmal und konventionell. Die Komposition ist arm, summarisch und die Farbe trotz aufgerissener, grober Erregtheit banal.»[14] Gleichwohl verurteilt Einstein den Künstler nicht in Bausch und Bogen, sondern bemüht sich, seine ablehnende Haltung aus den Werken heraus zu begründen: Pathos, Expression und visionäre Religiosität der noldeschen Kunst werden beschrieben und mit zahlreichen Abbildungsbeispielen aus dem malerischen Werk belegt, und doch wird bemängelt, daß die «ungemeine Erregtheit» des Künstlers «formal kaum beglichen» sei.[15] Insbesondere die Behandlung von Form, Komposition und Raumfügung bei Nolde wird dabei als unbestimmt kritisiert und gegen die Bildlösungen van Goghs, Cézannes oder des Kubismus gestellt: «Gewiß, man wollte aus der analytisch technischen Einstellung des Impressionismus heraus, um mehr zu gewinnen als das schöne Stück Malerei. Doch man begann kaum mit der Vorstellung eines eigen geformten und geschlossenen Raumbildes; zunächst ging man von einer gesteigerten Gegenstandsempfindung aus, deren formales Erlebnis kaum geprüft wurde, so daß sein Malwerk, nicht weit genug getrieben, zwi-

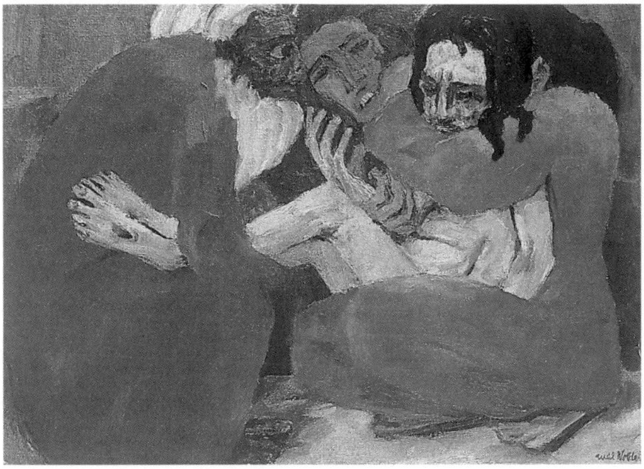

Emil Nolde, Grablegung, 1915, Seebüll, Nolde-Stiftung.

schen empfindsam gesteigertem Abbild und märchenhafter Metapher unentschieden schwankt. So bezweifelt der Beschauer, ob diese Empfindungsbilder stark genug seien, das Wirklichkeitsvorstellen auszuschalten, und ob eigengesetzlich gültige Form gewonnen sei.»[16] Einsteins Kritik an Nolde mündet zuletzt in dem Vorbehalt, die unbestimmte Formerfindung des Künstlers habe ein Rezeptionsverhalten zur Folge, das durch das Kunstwerk nicht genügend geleitet würde: «Der Betrachter gewinnt so viel eigene seelische Bewegtheit, daß das Bild als Absicht und Mitte der Vorgänge fast ausgeschaltet ist; das Weiterdichten gewinnt nun stärkere Bedeutung als das Visuelle und Eigentliche des Bildes oder dessen geistig-formale Geschlossenheit.»[17]

Nirgends allerdings wird in der *Kunst des 20. Jahrhunderts* der Vorwurf laut, Emil Nolde oder seine Kunst seien dem Marxismus zuzurechnen. Im Gegenteil, der Künstler wird in der Nachfolge «romantischen Phantasierens» gesehen, er habe «nordische Sage» und einen «ungeschlachten Bibelmythus» zu seinen Themen gemacht und aus seiner Hinwendung zur primitiven Kunst spreche ein eher gegenzivilisatorischer und gegenaufklärerischer Impuls.[18] Wie Troost diese Kritik an Nolde in einen politischen Angriff auf den Künstler ummünzen konnte, bleibt auch nach eingehender Analyse der *Kunst des 20. Jahrhunderts* schlechterdings unergründlich: Es wird deutlich, daß Etikettierungen wie «marxistisch» oder «bolschewistisch» im polemischen Angriff auf die expressionistische wie auf andere Kunst ihre eigentlichen Wortbedeutung eingebüßt haben, und daß sie auf jeden Künstler angewendet werden konnten, der – anders als etwa die Mitglieder des *Deutschen Künstlerbundes 1933* – im kulturellen Leben der Weimarer Republik Erfolg und Aufmerksamkeit genoß und so – beispielsweise – Aufnahme in Carl Einsteins *Kunst des 20. Jahrhunderts* fand. Die Kritik, die Einstein gegenüber den Werken des deutschen Expressionismus grundsätzlich formuliert, und so scharf sie auch immer ausgefallen sein möge, sie stellt so ziemlich den genauen Gegenentwurf zu jenen Angriffen dar, mit denen diese Kunst von einem Teil der nationalsozialistischen Presse nicht erst seit 1933 überzogen wird: Für Einstein ist die Kunst Emil Noldes und der *Brücke* im unterstellten Eklektizismus ihrer Äußerungen eben nicht «formzersetzend», wie es im Manifest des *Deutschen Künstlerbundes 1933* heißt, sie ist – ganz im Gegenteil – nicht zu radikalen künstlerischen Neuerungen vorgedrungen und steht deshalb hinter den weltbildumprägenden Erfindungen des Kubismus und des Surrealismus ästhetisch zurück.

Einsteins kunstgeschichtliche Arbeit ist nicht die eines Historikers, der unter dem Anspruch steht, eine jede künstlerische Äußerung vor dem Hintergrund ihrer Entstehungsbedingungen gleichsam objektiv in den Blick zu nehmen: Sein Ziel ist das eines rückwärtsgewandten Propheten, der die Vision zukünftiger Kunstentwicklung aus einem geschlossenen ästhetischen System heraus entwickelt. Seine *Kunst des 20. Jahrhunderts* ist daher weniger als eine reihende Nacherzählung historischer Fakten und

Werkanalysen charakterisiert, sondern vielmehr als ein vom Autor auch kunsttheoretisch durchdachtes und in seiner Darstellung durchkomponiertes entwicklungsgeschichtliches Großmodell, das den Weg der Kunst von der formalen Selbstbesinnung um 1900 über die revolutionäre Raumauffassung des Kubismus hinaus bis zu einer surrealen, den neu gewonnen Raum mit mythischen Figuren bevölkernden Kunst nachzeichnet. Entscheidend für ein umfassendes Verständnis des Kunsthistorikers Carl Einstein ist zumal, daß seine Betrachtung der Moderne die engen Grenzen des Ästhetischen sprengt und eben auch den Wandel des Menschen- und Weltbildes einschließt, den die Kunst in den ersten Jahrzehnten unseres Jahrhunderts provoziert hat. Angesichts der formalen und psychologischen Errungenschaften der französischen Kunst von Picasso bis Masson nimmt es nicht Wunder, wenn die Bewertung des deutschen Expressionismus, aber auch des Futurismus und des Konstruktivismus, dabei weit zurückhaltender ausfällt. Die Kritik an diesen Kunstrichtungen, die in den Augen Einsteins keine weltbildumprägende Kraft entfalten konnten, ist dabei nichts weniger als diffamierend, sie nimmt das je einzelne Kunstwerk in seinem formalen Bestand ernst, analysiert es sorgfältig, um es dann allerdings – und bewertend – dem von ihm postulierten Entwicklungsmodell einzugliedern. Die harte, und dem heutigen Kunsthistoriker oft genug ungerecht erscheinende Sprache der *Kunst des 20. Jahrhunderts* ist dabei dem unbedingten Ernst geschuldet, mit dem Einstein sein ästhetisches Weltbild heraufbeschwört: «das Buch wird gründlich sein.»

IV. «Für den, der Augen hat, zu sehen»

Carl Einsteins *Kunst des 20. Jahrhunderts* ist auch nach der «Machtergreifung» durch die Nationalsozialisten gelesen worden. Und doch ist die Tatsache, daß einige seiner Leser das Buch, das als letzter Band der *Propyläen-Kunstgeschichte* und damit an exponierter Stelle die Geschichte der Kunst seiner Gegenwart schreibt, gegen eben diese Kunst verwendet haben, dem Autor selbst nicht anzulasten. Der Mißbrauch dieses und anderer Werke läßt sich eben vor allem aus der bereits skizzierten kunstpolitischen Situation der Jahre 1933/1934 erklären, als von gemäßigter Seite, etwa aus dem Kreis der Museen, aber teils auch aus den Reihen der Nationalsozialisten selbst, versucht wurde, den Expressionismus als eine genuin «deutsche» Kunst aufzufassen und ihn damit vor der Diffamierung als «entartet» zu bewahren, oder gar – so etwa die ursprüngliche Haltung nicht nur Joseph Goebbels – für nationalsozialistische Ziele einsetzen zu können.[20]

Ein Artikel Franz Hofmanns, der am 23. Februar 1934 im *Völkischen Beobachter* erschien, spiegelt diesen Kampf um die Moderne und zeigt, daß Einsteins Buch vor allem

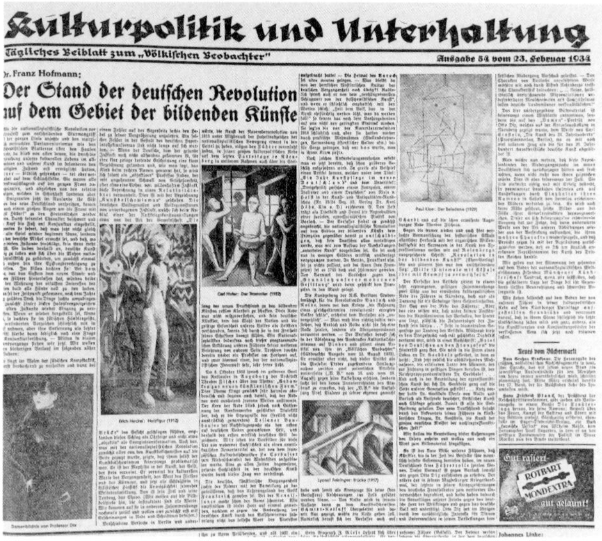
Kulturpolitik und Unterhaltung

Tägliches Beiblatt zum „Völkischen Beobachter" Ausgabe 54 vom 23. Februar 1934

Dr. Franz Hofmann:

Der Stand der deutschen Revolution auf dem Gebiet der bildenden Künste

Franz Hofmann, Der Stand der deutschen Revolution auf dem Gebiet der bildenden Künste, Völkischer Beobachter, (23. Februar 1934).

das Bildmaterial zu liefern hatte, wenn es galt, die Gegner dieser «expressionistisch-modernistischen» Linie des Nationalsozialismus anzugreifen. Hofmann wendet sich gegen die expressionistische Kunst und ihre Verteidiger und illustriert seine Polemik mit Werken von Otto Dix, Erich Heckel, Carl Hofer, Lyonel Feininger und Paul Klee, die er zumeist aus dem Abbildungsteil der *Kunst des 20. Jahrhunderts* reproduziert: «Das hier wiedergegebene Bildmaterial», kommentiert der Autor sein Vorgehen, «ist keineswegs einem Witzblatte entnommen, sondern bis auf das ‹Damen›-Porträt von Otto Dix, welches auf der Greuelausstellung in Nürnberg gezeigt wurde, dem Werke von Carl *Einstein,* ‹Die Kunst des 20. Jahrhunderts› (Propyläenverlag, Berlin), wo es mit noch viel tollerem Zeug als die für das 20. Jahrhundert charakteristische deutsche Kunst abgebildet ist. Man möchte nun meinen, daß diese Repräsentanten der Niedergangsepoche im neuen Deutschland sich zurückgezogen hätten und froh wären, wenn nicht mehr von ihnen gesprochen würde. Dies ist aber keineswegs der Fall. Sie sind vielmehr eifrig und mit Erfolg bestrebt, in prominenten staatlichen Galerien und auf Ausstellungen durch *Platzhalter ihres Namens* in Gestalt von harmlos erscheinenden Bildern vertreten zu sein. Es wird auch keine Mühe gescheut, solche Bilder aus der Fülle ihrer Greuelproduktion herauszuquetschen. Dieser an sich bedeutungslos erscheinende Vorgang hat zur Folge, daß dann anderwärts Werke von der Art unserer Abbildungen wieder aus der Versenkung auftauchen, die ihren *wahren Charakter* wiederspiegeln, und daß Proteste gegen sie mit der Begründung zurückgewiesen werden, daß es sich um staatlich anerkannte Repräsentanten der Kunst des Dritten Reiches handle.»[21]

Hofmanns polemische Verwendung des reproduzierten Bildmaterials wirft ein Schlaglicht auf die Art und Weise, wie Einsteins *Kunst des 20. Jahrhunderts* im Nationalsozialismus gelesen worden ist: Das Buch, das gerade in seinem Abbildungteil eine grundlegende Kunstgeschichte der Moderne bietet, wird – wie die Sammlungen zeitgenössischer Kunst, etwas des Berliner Kronprinzenpalais – als Bilderlieferant mißbraucht.[22] Formuliert der Textteil des Buches auf der Grundlage einer kunst- und erkenntniskritischen Ästhetik das Kunstgeschichtsmodell seines Autors, so entwirft das ihm beigegebene Bildmaterial, das im übrigen von allen Rezensenten der Zeit einstimmig gelobt wurde, mit seinen etwa vierhundert Schwarzweißreproduktionen und vierzig teils farbigen Bildtafeln einen ausgewogenen und bis heute – mit nur wenigen Ausnahmen – gültigen Überblick der zeitgenössischen Kunstproduktion, einen Überblick, der neben dem polemischen Text durchaus seinen Rang als autonome Bildergeschichte der Kunst des frühen 20. Jahrhunderts beanspruchen kann.

Welche Ausmaße der diffamierende Mißbrauch dieser Bildersammlung annehmen konnte, zeigt schon 1928 die Erstausgabe von Paul Schultze-Naumburgs *Kunst und Rasse.* Der Autor illustriert sein Werk neben zahlreichen Beispielen der früheren Kunstgeschichte mit Abbildungen nach Werken der europäischen Avantgarde von Amedeo Modigliani bis Oskar Kokoschka, von Emil Nolde bis Pablo Picasso, und konfrontiert diese – das Gestaltungsprinzip des Katalogs zur Ausstellung «Entartete Kunst» vorwegnehmend – mit medizinischen Abbildungen von körperlich stark deformierten Menschen.[23] Das polemische Ziel solcher Gegenüberstellungen ist offenkundig: Der Hinweis auf scheinbar eindeutige formale Analogien zwischen Krankheitsbild und avantgardistischer Körpergestaltung soll den Leser und Betrachter dieser Seiten zu dem Rückschluß auf einen pathologischen Charakter auch der zeitgenössischen Kunst führen, und Schultze-Naumburgs Kommentar läßt an Eindeutigkeit nichts zu wünschen und zu fürchten übrig: «In der Menschendarstellung [der Kunst der Gegenwart] herrschen fremde exotische Züge vor. Innerhalb dieses Typus ist aber wieder eine starke Neigung zu beobachten, nicht die edleren Ausprägungen des Typus zur Darstellung zu bringen, sondern unverkennbar jene dem primitiven Menschen sich annähernde bis zur grinsenden Fratze des tierähnlichen Höhlenbewohners sich verzerrende. Daneben sehen wir überall eine Bevorzugung und Betonung der Erscheinungen der Entartung, wie sie uns aus dem Heer der Gesunkenen, der Kranken und der körperlich Mißgebildeten bekannt sind. […] Es ist eine wahre Hölle des Untermenschen, die sich hier vor uns ausbreitet, und man atmet auf, wenn man aus dieser Atmosphäre in die reine Luft anderer Kulturen, wie besonders der

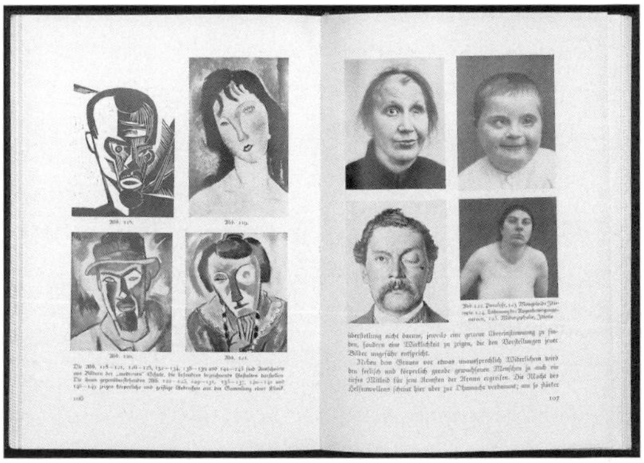

Paul Schultze-Naumburg, Kunst und Rasse, 2. Aufl. 1935, S.106–107.

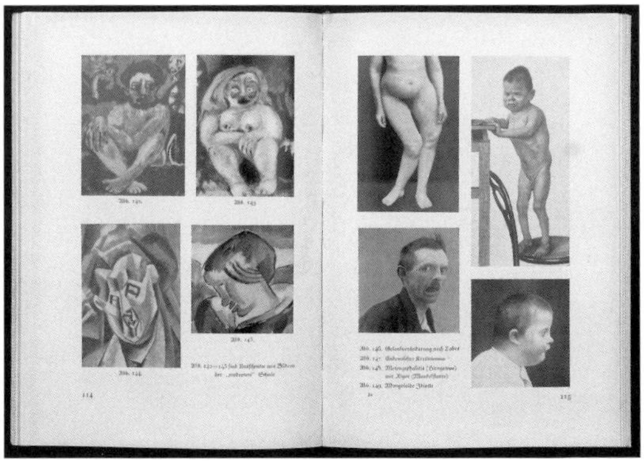

Paul Schultze-Naumburg, Kunst und Rasse, 2. Aufl. 1935, S.114–115.

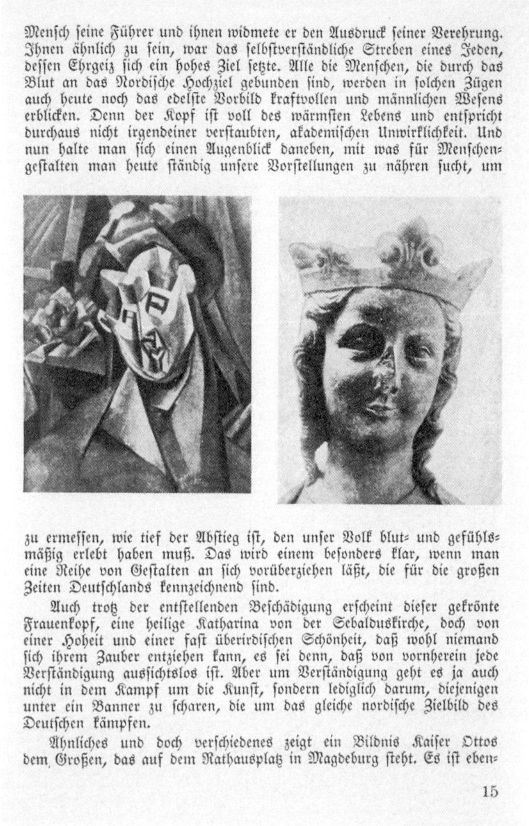

Mensch seine Führer und ihnen widmete er den Ausdruck seiner Verehrung. Ihnen ähnlich zu sein, war das selbstverständliche Streben eines Jeden, dessen Ehrgeiz sich ein hohes Ziel setzte. Alle die Menschen, die durch das Blut an das Nordische Hochziel gebunden sind, werden in solchen Zügen auch heute noch das edelste Vorbild kraftvollen und männlichen Wesens erblicken. Denn der Kopf ist voll des wärmsten Lebens und entspricht durchaus nicht irgendeiner verstaubten, akademischen Unwirklichkeit. Und nun halte man sich einen Augenblick daneben, mit was für Menschengestalten man heute ständig unsere Vorstellungen zu nähren sucht, um zu ermessen, wie tief der Abstieg ist, den unser Volk blut- und gefühlsmäßig erlebt haben muß. Das wird einem besonders klar, wenn man eine Reihe von Gestalten an sich vorüberziehen läßt, die für die großen Zeiten Deutschlands kennzeichnend sind.

Auch trotz der entstellenden Beschädigung erscheint dieser gekrönte Frauenkopf, eine heilige Katharina von der Sebalduskirche, doch von einer Hoheit und einer fast überirdischen Schönheit, daß wohl niemand sich ihrem Zauber entziehen kann, es sei denn, daß von vornherein jede Verständigung aussichtslos ist. Aber um Verständigung geht es ja auch nicht in dem Kampf um die Kunst, sondern lediglich darum, diejenigen unter ein Banner zu scharen, die um das gleiche nordische Zielbild des Deutschen kämpfen.

Ähnliches und doch verschiedenes zeigt ein Bildnis Kaiser Ottos dem Großen, das auf dem Rathausplatz in Magdeburg steht. Es ist eben-

15

Paul Schultze-Naumburg. Kampf um die Kunst. 1932. S.15.

Antike und der Frührenaissance tritt, in der ein edles Geschlecht in seiner Kunst nach Ausdruck seiner Sehnsüchte ringt.»[24] Über die illustrative Gegenüberstellung von Kunst und Krankheit hinaus hat der Autor auch im Text seines Buches die suggerierten Rückschlüsse vollzogen und hat danach gefragt, wo die Künstler des 20. Jahrhunderts die Vorbilder ihrer Auffassung der menschlichen Gestalt gefunden hätten: «Man muß schon in die tiefsten Tiefen menschlicher Not und menschlichen Abschaums hinabsteigen; in den Idiotenanstalten, psychiatrischen Kliniken, Krüppelheimen, den Stationen der Lepra oder in Schlupfwinkeln, in denen sich die Verkommensten verbergen, findet man zur Not und auch nur annähernd das Material, das solche und ähnliche Vorstellungen wachruft.»[25]

Paul Schultze-Naumburg, der «Bilderstürmer von Weimar» (Hildegard Brenner), hat – und das ist bislang übersehen worden – seine perfiden Schlußfolgerungen, die nach der Euthanasie und den Völkermorden des Dritten Reiches zu zitieren nicht leicht fällt, mit einem Abbildungsmaterial illustriert, das er zum weitaus größten Teil aus Carl Einsteins *Kunst des 20. Jahrhunderts* geschöpft hat: Von den insgesamt sechzehn Abbildungen zur Kunst der Moderne, die er seinem Buch beigegeben hat, sind zwölf aus der Erstausgabe von Einsteins Werk reproduziert. Die Gemälde und Graphiken werden dabei als anonymes Demonstrationsmaterial behandelt, ihre Urheber werden an keiner Stelle namentlich genannt. Die Werke sind zudem in den meisten Fällen im Aus- oder Anschnitt wiedergegeben, die menschliche Figur ist aus ihrem kompositorischen Gesamtzusammenhang gelöst, und diese Ausschnitte sind sodann mit den medizinischen Darstellungen auf je einer Doppelseite zu Bildtafeln arrangiert worden. Innerhalb dieser Tableaus ist nun eine jede Seite in der Anzahl, im Format und im Arrangement der Abbildungen sorgfältig auf die gegenüberliegende Seite abgestimmt, und die symmetrische Entsprechung des Seitenaufbaus stützt und erhöht die Suggestionskraft der unterstellten formalen Analogie. Seine Bildquelle freilich nennt der Autor nicht, noch findet sich in der Argumentation seines Textes der geringste Hinweis auf die *Kunst des 20. Jahrhunderts* oder gar eine kritisch-intellektuelle Auseinandersetzung mit den kunsthistorischen und kunstkritischen Betrachtungen ihres Autors, nein, Schultze-Naumburg beschränkt sich darauf, das reiche Bildmaterial des Buches auszubeuten.[26]

Paul Schultze-Naumburg hat sich ein weiteres Mal die Abbildungsfülle von Carl Einsteins grundlegender *Geschichte der modernen Kunst* zunutze gemacht: 1932, und damit nur kurze Zeit vor den kulturpolitischen Machtkämpfen der Jahre nach der Regierungsübergabe an die Nationalsozialisten, hat der Architekt eine Broschüre mit dem Titel *Kampf um die Kunst* vorgelegt, um auf rassentheoretischer Grundlage und in der – wiederum auch graphischen – Gegenüberstellung von mittelalterlicher deutscher Kunst mit Gemälden, Graphiken und Skulpturen der Gegenwart den «Entartungsprozeß» der Moderne nachzuzeichnen.[27] Wiederum stammt ein Großteil der Abbildungen, dreißig von insgesamt neununddreißig Reproduktionen nach modernen Kunstwerken, aus der *Kunst des 20. Jahrhunderts,* wiederum werden weder Künstler noch Bildquelle genannt.[28] Den einzelnen Werken wird nun aber gelegentlich ein direkter polemischer Kommentar unterlegt. So sieht der Autor etwa in Emil Noldes Gemälde *Verlorenes Paradies* von 1921, die «malerisch rohe Andeutung vertierten Untermenschentums» verwirklicht, und in Karl Schmidt-Rottluffs *Emy-Bildnis* von 1919 die Vorstellung «von grausam entstellten Menschen, wie wir sie in Kliniken, in Idiotenanstalten oder an Orten finden, wo sich Krankes und Verkommenes unseres Menschengeschlechtes sammelt.» Angesichts eines weiblichen Aktes aus Pablo Picassos klassizistischer Periode um 1920 fragt der Verfasser, wozu sich dieser «sicher mit Talent begabte Pariser Maler», die größte Mühe gäbe, «uns das Krankheitsbild einer entsetzlichen Entstellung der Glieder vorzuführen?» Und ein abstraktes Aquarell Wassily Kandinskys wird mit der launigen Feststellung quittiert, daß hier keineswegs ein «Tintenfaß umgefallen» sei.[29]

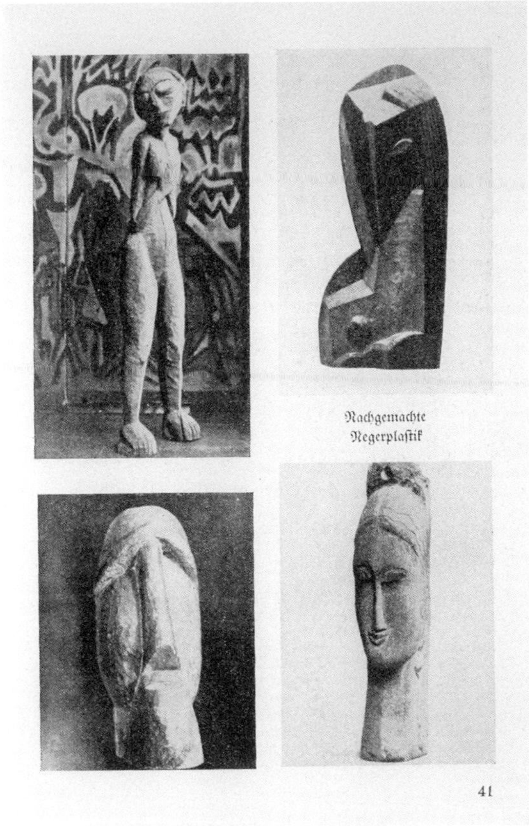

Paul Schultze-Naumburg, Kampf um die Kunst, 1932, S. 41.

Die polemische Stoßrichtung der Broschüre richtet sich auch und vor allem gegen den Kunstbetrieb, gegen die Vermittlungsinstanzen der Moderne, gegen Museen, Kunsthandel und Kritik, und die vielfach vorgetragenen Ausfälle ihres Autors gegen die zeitgenössische Kunstliteratur lassen sich eben auch gegen Carl Einstein wenden, der allerdings in dieser Publikation wieder nicht namentlich genannt wird und sich allenfalls in der Karikatur als Autor «dickleibiger kunstgeschichtlicher Abhandlungen» porträtiert findet, der «geistreich» darüber nachdenke, ob die Urheber der hier abgelehnten Kunst «inzwischen ‹Klassiker› geworden sind».[30] Der Kunstkritik insgesamt wird jede aufrichtige Auseinandersetzung mit den Werken der zeitgenössischen bildenden Kunst rundheraus abgesprochen, eine kritische Auseinandersetzung mit ihren Darlegungen wird ausdrücklich verweigert: «Für den, der Augen hat, zu sehen, und Ohren, zu hören, bedarf es nicht, mit Worten erläuternd in all die Einzelheiten dieses Entartungsprozesses hineinzuleuchten. Es läßt sich auch beim besten Willen über all diese Dinge nichts auf gut deutsch sagen, weswegen es die Geschäftsvertreter dieser Kunst auch vorziehen, ihr Publikum mit einer ganzen Lawine von Fremdwörtern zu überschütten. Da rauscht es nur so von Dynamik, Polarität, kosmisch, Synthese, molekular und so fort, und man fühlt deutlich die stille Hoffnung, daß man sie nicht verstehen möchte. Denn prüft man die Worte nach ihrem Sinn und übersetzt sie in klares Deutsch, so ergibt sich die nicht gerade überraschende Feststellung, daß die Sätze ungefähr soviel Sinn haben, wie die Bilder, und daß lediglich leerer Schaum geschlagen wird.»[31]

Carl Einstein hat mit seiner *Kunst des 20. Jahrhunderts* einen ersten und bis heute gültigen Versuch unternommen, die Geschichte der Kunst der ersten Jahrzehnte unseres Säkulums zu schreiben. Der umfangreiche und in Druckqualität wie Auswahl vorzügliche Abbildungsteil seines Buches hat dabei die Wertschätzung zahlreicher Rezensenten gefunden, und es scheint, daß diese großangelegte Gesamtdarstellung – im Guten, wie im Schlechten – vielleicht weniger gelesen, als vielmehr betrachtet und durchblättert worden ist.[32] Die Rezeption der nationalsozialistischen Künstler und Kunstpolitiker jedenfalls, das haben die angeführten Beispiele zeigen können, hat sich darauf beschränkt, das Werk Einsteins als Steinbruch auszubeuten und die dabei herausgebrochenen Bildelemente in einen neuen, polemischen Zusammenhang zu stellen und gegen die ursprüngliche Vermittlungsabsicht des Autors zu richten. Dem Kunsthistoriker vorzuhalten, daß er dieses Bildmaterial publiziert und damit auch dem Mißbrauch anheimgestellt habe, greift damit ebenso zu kurz wie der Vorwurf an die Künstler selbst, ihre Werke so und nicht anders geschaffen zu haben. Eine sachliche Auseinandersetzung, gar eine Übernahme von Argumenten – und seien sie von Einstein noch so polemisch abgefaßt – ist dahingegen an keiner Stelle nachzuweisen.

Wird Einstein von den Nationalsozialisten dennoch einmal als Dichter und Kunstkritiker wirklich gelesen und zitiert, dann wird er, wie in Wolfgang Willrichs *Säuberung des Kunsttempels*, unter die «Stammeldichter», unter das «Gesindel» gerechnet.[33] Die kritische Beschäftigung mit dem geschriebenen Wort Carl Einsteins, mit seiner ästhetischen Theorie und seiner Kunstkritik, ist dabei nicht die Sache der nationalsozialistischen Wortführer, die sich, wie Richard Pfeiffer 1933 über Adolf Hitler schreibt, auch in ihrer Ablehnung auf die ungebrochene Macht der Bilder verlassen haben: «Ihm genügte ein Blick auf die Bilder selbst, um zu erkennen, welcher Geist hier am Werke ist. Nicht die Theorie darüber las er, sondern er sah der Sache selbst ins Auge.»[34]

1. Brief von Josef Achmann an German Bestelmeyer, München, 9. Juni 1933

Sehr verehrter Herr Geheimrat!
Ich möchte meine Zusage zum Beitritt in den Künstlerbund 33 nicht zurückhalten ohne Ihnen, sehr verehrter Herr Geheimrat, einige Gründe dafür anzugeben.
Ich kann mich einem grossen Teil der Ausführungen der Zuschrift des Künstlerbundes 33 und insbesondere Nolde betreffend nicht anschliessen. Meiner innersten Überzeugung nach ist Nolde weder ein artfremder noch formzersetzender Künstler, sondern ein echt deutscher Künstler. Ich muss dieses sagen, obwohl ich in meinen Bildern eine ganz anders geartete Formwelt zum Ausdruck bringe. Nebenbei hat Nolde mit Gauguin nur gemeinsam, dass sie eben beide auf Bali malten und so wenig gemeinsam wie Feuerbach und Marées, die beide in Rom arbeiteten. Geschichtlich war Nolde vor Picasso.
Zum anderen halte ich es für richtiger im Sinne der nationalen Bewegung *einen* allumfassenden deutschen Künstlerbund zu schaffen, dessen Tendenz sein muss Nord und Süd zu einem qualitativ starken Bund zu einen ohne Ansehen der Richtungen. Wie immer es sein mag muss mit der deutschen jungen und lebendigen Kunst weitergebaut werden. Ich bin gegen jeden Separatismus wenn es um das gesamte deutsche Künstlertum geht. Die Richtungen haben in unserer Zeit den Sinn die reiche und verschieden geartete deutsche Seele, die in einer saturierten Zeit verschüttet wurde, wieder aufzuzeigen. Die Zeit selbst wird das Ganze der deutschen Weltanschauung weisen. Hier hilft nicht der äussere Zwang, sondern die innere Notwendigkeit des schaffenden Künstlers, dessen Seele innig und heroisch zugleich ist.

Genehmigen Sie, sehr verehrter Herr Geheimrat,
den Ausdruck der besonderen Hochachtung Ihres ergebenen
gez. Josef Achmann

Typoskript (Abschrift), 2 Seiten (Berlin, Zentralarchiv der Staatlichen Museen Preußischer Kulturbesitz)

2. Brief von Josef Achmann an Ludwig Thormaehlen, München, 10. Juni 1933

Hier ist schon vieles deutlich geworden, freilich in einer Form, die ich als Künstler und aktivistisches Mitglied *der* Künstlervereinigung N[eue]. S[ecession]. in München nicht billigen kann. Zur Informierung lege ich Ihnen die Zuschrift des Künstlerbundes bei.

[Georg] Schrimpf rief mich an, was zu tun sei. Ich sagte ihm, nicht unterschreiben. Es geht wohl nicht, dass man Jahre für Nolde und den verwandten Kreis eintritt, ihn ausstellt und dann ihnen in den Rücken fällt, bloss weil die «Kunstmaler» da nicht mitkommen. Ich habe in einer Antwort an Prof. Bestelmeyer bestimmt erklärt, dass ich N. für einen echten deutschen Künstler halte, dass er nicht artfremd und formzersetzend ist, dass er vor Picasso da war, dass er mit Gauguin nur gemeinsam habe, dass sie eben beide in Bali einmal malten, wie Feuerbach und Marées seinerzeit in Rom, ohne doch miteinander etwas gemeinsam zu haben im Sinne der gegenseitigen Auffassung. Zum anderen erklärte ich, dass es im Sinne der nationalen Bewegung richtiger und wichtiger sei, *einen* grossen Bund zu schaffen, der Nord und Süd eine, also keinen Separatismus zu treiben. Und dass dieser Bund von der jungen lebendigen deutschen Kunst getragen sein müsse. Zur besonderen Unterrichtung teile ich noch mit, dass mir Lichtenberger am Tage vorher – meines Briefes an B. – mitteilte, [Julius] Hess, der Troost gut kenne, habe ihm erzählt, dass Troost mit Hitler und Goebbels zusammen war und den Herren an Hand der Einsteinschen Kunstgeschichte erklärt, dass eben aus den Ausführungen E.'s über Nolde hervorginge, dass Nolde ein im Sinne marx. Maler und Künstler sei. (Daher auch der Angriff in der Zuschrift an den Künstlerb.)
Sie sehen, wie die Dinge sich immer mehr verwirren und wie schwer es für uns hier ist, den ganzen Künstlermenschen einzusetzen, weil die Leute einfach die Augen zumachen sowie die Ohren und nur ihre kleinen Privatinteressen verwalten. Ich gebe zu, sogar mit dem guten Glauben der Kunst einen Dienst zu erweisen: ihre Augen sehen eben nicht weiter. Sie bemerken in dem Ausschuss [des Künstlerbundes 1933] nur angestellte Professoren. Von der N. S. [Bernhard] Bleeker, [Adolf] Schinnerer, [Julius] Hess. Um eine Situation noch zu erinnern: als etwa vor 3 Jahren die deutsche allgemeine Ausstellung hier war, hatte [Karl] Caspar für Nolde einen ganzen Saal vorgeschlagen. Keiner der Mitglieder rührte sich dagegen, auch die oben genannten nicht (Bl. war nicht anwesend), der einzige, der damals, als jüngstes Mitglied, dagegen bemerkte, fünf Bilder würden reichen, um anderen noch Platz zu machen, war ich! Den Saal bekam nat. Nolde, aber alle grollten hinterher über C. Heute haben die Herren den Mut! Ich halte aber die Schlacht noch nicht für verloren, stehe Gewehr bei Fuss …
Der Kampf um Nolde muss nicht nur wegen Nolde, sondern mehr noch um der schöpferischen Freiheit willen durchgekämpft werden: wo hörte sie sonst auf und wo begänne sie?

Typoskript (Teilabschrift), 2 Seiten (Berlin, Zentralarchiv der Staatlichen Museen Preußischer Kulturbesitz)

3. Manifest des Deutschen Künstlerbundes 1933

Die deutsche Kunst ist in Gefahr!
Eine Erklärung des Deutschen Künstlerbundes 1933

Vom Deutschen Künstlerbund erhalten wir folgende Zuschrift:
«Man muß dem europäischen Bürger die Denk- und Anschauungsgewohnheiten zertrümmern, bevor man ihm die Ehe und das Eigentum nehmen kann» heißt es in einem kommunistischen Manifest. Die weitgehende Zersetzung der deutschen Kunst und gerade auch die Zersetzung in formaler Beziehung ließ weite Kreise des Nationalsozialismus vom Siege der Bewegung eine durchgreifende Reinigung der deutschen Kunst von den Erscheinungen der art- und kunstfremden Zersetzung erhoffen.
Mit dem Siege der nationalsozialistischen Bewegung haben dann auch an vielen Orten *Säuberungsaktionen* eingesetzt, die in ihrer Berechtigung grundsätzlich zu bejahen sind. Nicht um diese elementare Bewegung auf dem Gebiete der Kunst zu erdrücken, sondern um den Gesundungsprozeß in der Höhe des Lebendigen und Schöpferischen zu halten, zu verhindern, daß Persönlichkeiten kleineren Formats das Heft in die Hand zu bekommen, hat sich am 3. April eine Anzahl führender Künstler Münchens, die die vergangenen Jahre über den schweren Kampf gegen den Kunstbolschewismus geführt haben und deren opferwilligen Bemühungen es auch gelungen ist, wenigstens die gröbsten Entgleisungen dieser zersetzenden Kunstrichtung von München fern zu halten, zum *Deutschen Künstlerbund 1933* zusammengeschlossen.
Das ausgezeichnete Wort des preußischen Ministerpräsidenten *Goering:* ‹Es ist immer noch leichter, aus einem großen Künstler mit der Zeit einen anständigen Nationalsozialisten zu machen, als aus irgend einem kleinen Parteigenossen einen großen Künstler›, beleuchtet schlaglichtartig die Situation. Wenn aber dieses mannhafte Wort Goerings schon heute in der Presse mißbraucht wird, um mit unerhörter Dreistigkeit dafür Stimmung zu machen, den ganzen Kreis, mit dem Cassirer und Flechtheim ihre Geschäfte gemacht haben, und gerade formzersetzende Persönlichkeiten wie Nolde, Schmidt-Rottluff, Klee, Mies van der Rohe, nun als die eigentliche deutsche Kunst in den nationalsozialistischen Staat einzuschwärzen, so erhebt sich ernsthafter Widerspruch aller im organischen Sinn modernen und aus echtem deutschen Empfinden heraus schaffenden Künstler. Es ist nicht richtig, daß die Leute der «Brücke» an die alte deutsche Kunst anknüpfen wie etwa Barlach. Sie sind allerdings nicht vom französischen Impressionismus ausgegangen, sondern von den Kräften Frankreichs, die den Impressionismus verlassen haben, und diese Leute heißen Gauguin und Picasso. Wie Gauguin sind Nolde und Pechstein in die Südsee gegangen, um dort eine vollkommen artfremde Primitivität bewußt sich anzueignen. Aus diesen Elementen, den bewußt gemachten,

nicht organisch entwickelten, erklärt sich das rein Artistische dieser Richtung, aus dem *Artfremden* die absolute unvolkstümliche Kunst, die ja nur von einem engeren Kreis Intellektueller gehalten wird. Es muß auch darauf hingewiesen werden, wie abträglich die deutschen Auslandsausstellungen der letzten Jahre, in denen im wesentlichen dieser zersetzende Geist zu Wort kam, dem deutschen Ansehen gewesen sind. In Venedig z.B. wurde der Besuch der deutschen Abteilung den Minderjährigen verboten. Es wäre darin, falls die maßgebenden Stellen diesen Einflüssen erlägen, nicht nur eine ernste Gefahr für die deutsche Kunst, sondern eine noch größere Gefahr für den Bestand des nationalsozialistischen Staates überhaupt gegeben. Es wäre tragisch, wenn gerade die bildende Kunst, die große und edle Passion unseres Führers, das Einfallstor für die Keime der Zersetzung und der Ausgangspunkt auch für die politische Unterhöhlung der geistigen Welt Adolf Hitlers würde. Denn es ist klar, daß es bei der Kunst nicht sein Bewenden hätte.
Der Deutsche Künstlerbund 1933 legt *feierliche Verwahrung* dagegen ein, daß die Leute, die die künstlerischen Schrittmacher der zersetzenden kommunistischen Revolution gewesen sind und dabei stärkste und nachdrückliche Förderung vom marxistischen Staat, dem Logen- und Judentum erfahren haben, nun sich dem deutschen Volk als die Vertreter seiner eigentlichen Kunst präsentieren wollen.

München, 10. Juni 1933.
Der Deutsche Künstlerbund 1933: gez.: Dr. G. Bestelmeyer, Bernh. Bleeker, Julius Heß, R. Knecht, Else Jaskolla, Oswald Ed. Bieber, Wackerle, Fritz Schmidt, Benno Mauder, Eugen Ehrenböck, Heinrich Waderé, Angelo Jank, Franz Klemmer, A. Schinnerer, Karl Killer, Karl Jäger, Hermann Groeber, Richard Klein, Karl Lösche, Dr. H. Kiener, P. L. Troost, Anton Hiller, Albert Burkart, Hermann Geibel, Josef Bergmann, Hans Mark, Heinlein, Konrad Hommel, Friedr. Heubner, Ludwig Ruff, Franz Nasger, Georg Müller, Hubert Netzer, Arthur Kampf, Leo Samberger, Roderich Fick, E. Andreas Rauch.

«Die deutsche Kunst ist in Gefahr! Eine Erklärung des Deutschen Künstlerbundes 1933», in: Völkischer Beobachter, 12. Juni 1933

4. Brief von Alfred Hentzen an Wilhelm Pinder, Berlin, 26. Juni 1933

Sehr verehrter, lieber Herr Professor!
Gestern schrieb ich Ihnen in Eile von zuhause, heute etwas eingehender über die Möglichkeiten eines Eingreifens von Ihrer Seite. Das könnte geschehen:
1) Durch einen längeren Aufsatz, der in einer kulturpolitischen Rechtszeitschrift erschiene, etwa im «Deutschen Volkstum» das Wilhelm Stapel in Hamburg herausgibt und in dem Justi schon einmal schrieb (ich schicke Ihnen das Heft mit). Ich bin mit dem Berliner Redakteur befreundet und kann das gut vermitteln. Eine zweite Möglichkeit wäre die «Deutsche Rundschau» (Herausgeber Peschel und jetzt auch Paul Fechter) zu der Sie über Bruno Werner ja die besten Beziehungen haben.
2) Durch einen kurzen Aufsatz in einer Tageszeitung. Dem sehr guten und lebendigen Kunstredakteur des «Angriff» ist durch eine geschickte Intrige Schultze-Naumburgs und Bestelmeyers leider der Mund gestopft (weil er für die «Afterkunst» von Nolde eintrat!). Es bleibt nur die konservative Presse. D[eutsche]. A.[llgemeine] Z[eitung]. ist abzuraten, sie ist jetzt etwas verfehmt. Am besten wäre die Berliner Börsenzeitung, die ein sehr hochstehendes Feuilleton hat, sehr angesehen ist und als einzige Zeitung noch nicht verboten war. Aber auch die «Deutsche Zeitung» und die «Tägliche Rundschau» (Tatkreis) kämen in Frage. Zu allen dreien kann ich das vermitteln.
3) Durch einen Brief an einen Minister, der in allen Zeitungen abgedruckt wird. Da es sich um eine Reichsangelegenheit handelt, um Vorgänge in Preussen, Bayern, Baden, Sachsen, Anhalt u.s.w. müsste es ein Reichsminister sein. Nach dem Vorgang von Furtwängler am besten Goebbels, der von allen gewiss modernen geistigen Dingen am zugänglichsten ist. Der Brief könnte natürlich auch an Hitler direkt gerichtet werden, der allerdings gerade durch die genannten beiden Architekten mit Hilfe des Schandbuches von Einstein (Kunst des 20. Jahrhunderts) gegen die Kunst von Nolde, Schmidt-Rottluff, Heckel u.s.w. eingenommen zu sein scheint. Desto besser vielleicht wenn er Ihre Stimme dagegen hört!
Das Material kennen Sie wohl. Schreiber-Weigand und Grote haben Ihnen sicher selbst berichtet. Ist der Dr. Rüdiger in Chemnitz ein Schüler von Ihnen? Man sagte das. Ich schicke Ihnen den Durchschlag eines Briefes von mir an Graf Baudissin, ausserdem Abschriften von Briefen aus Mannheim und Nürnberg und einen Bericht von Crodel über die Vorgänge von Lauchstädt, worüber Sie wohl auch in der letzten Weltkunst lasen. Die Kundgebung des «Deutschen Künstlerbundes 1933» kennen Sie wohl. Bayerischer Kunst-Separatismus! In Karlsruhe sind – nach Angabe von Kanoldt – in die «Schandausstellung» von Bühler auch Bilder von Marées (!), Liebermann, Corinth, Slevogt, Munch, Kanoldt u.a. aufgenommen worden. In Dresden wurden auf Wunsch des Malers Gasch und des Kultusministers Hartnacke Bilder von Corinth, Munch,

Nolde, Kokoschka, Beckmann, Schmidt-Rottluff, Heckel abgehängt und Posse hat daraufhin die moderne Abteilung geschlossen. Ebenso sind die modernen Abteilungen geschlossen in Frankfurt, Erfurt, Stuttgart.
Ueber Schultze-Naumburgs letztes Opus habe ich vor einem Jahr unter dem Pseudonym Pennel eine Kritik geschrieben (im Ring) die ich auch mitschicke.
Wir sind hier über alle Vorgänge recht gut unterrichtet und ich stehe mit jeder gewünschten Auskunft zur Verfügung.

Herzlichste Grüsse, auch an Ihre Gattin,
von Ihrem aufrichtig ergebenen
[Hentzen]

Typoskript (Durchschlag), 3 Seiten (Berlin, Zentralarchiv der Staatlichen Museen Preußischer Kulturbesitz)

Betritt ein Kunsthistoriker mit seiner Arbeit thematisches Neuland, so ist er mehr als sonst auf kollegiale Hilfe angewiesen. Daß der vorliegende Text geschrieben, daß der ihm zugrundeliegende Vortrag gehalten werden konnte, verdankt der Autor der freundlichen Unterstützung von Eugen Blume, Thomas W. Gaehtgens, Jörn Grabowski, Andrea Meyer, Dieter Scholz und Peter-Klaus Schuster.

Anmerkungen

1 Brief von Carl Einstein an Daniel-Henry Kahnweiler, undat. (1922), in: Carl Einstein und Daniel-Henry Kahnweiler, *Correspondance 1921–1939,* hrsg. von Liliane Meffre, Marseille 1993, S. 129–131, hier S. 130. Carl Einsteins Beitrag zur *Propyläen-Kunstgeschichte* liegt seit kurzem in einer kritisch edierten und kommentierten Neuausgabe der dritten Auflage von 1931 vor, vgl. Carl Einstein, *Die Kunst des 20. Jahrhunderts,* hrsg. von Uwe Fleckner und Thomas W. Gaehtgens, Berlin 1996 (Werke, Berliner Ausgabe, Bd. 5).

2 Zu den verschiedenen Auflagen vgl. Uwe Fleckner und Thomas W. Gaehtgens, «Schauend ändert man Menschen und Welt. Carl Einstein und die Kunst des 20. Jahrhunderts», in: Einstein (wie Anm. 1), S. 7–32, vgl. auch den Anhang II (Vertrags- und Briefdokumente), ebd., S. 819–832.

3 Brief von Josef Achmann an Ludwig Thormaehlen, 10. Juni 1933, 2 Seiten und 1 Beilage, Zentralarchiv der Staatlichen Museen zu Berlin Preußischer Kulturbesitz (= SMBPK Zentralarchiv), s. Abdruck im Anhang.

4 Elke Fröhlich (Hrsg.): *Die Tagebücher von Joseph Goebbels. Sämtliche Fragmente,* Bd. I.2, München u.a. 1987, S. 441.

5 Brief von Alfred Hentzen an Wilhelm Pinder, 26. Juni 1933, 3 Seiten (SMBPK Zentralarchiv), s. Abdruck im Anhang. Zu Wilhelm Pinder und seiner durchaus zwiespältigen Haltung im Nationalsozialismus vgl. Marlite Halbertsma, *Wilhelm Pinder und die deutsche Kunstgeschichte,* Worms 1992, S. 129 ff.

6 «Die deutsche Kunst ist in Gefahr! Eine Erklärung des Deutschen Künstlerbundes 1933», in: *Völkischer*

Beobachter, 12. Juni 1933, s. Abdruck im Anhang. Die von Josef Achmann seinem Schreiben beigegebene Abschrift des Manifests ist «Vom Kampf der Kunst um die Seele des deutschen Volkes betitelt» und auf den 31. Mai 1933 datiert, sie weicht in einigen Einzelheiten vom Wortlaut der im *Völkischen Beobachter* veröffentlichten Fassung ab.

7 Vgl. die vorzügliche Zusammenfassung durch Hildegard Brenner, «Die Kunst im politischen Machtkampf der Jahre 1933/34», in: *Vierteljahrshefte für Zeitgeschichte,* 10(1962)1, S. 17–42; dies., *Die Kunstpolitik des Nationalsozialismus,* Reinbek bei Hamburg 1963, S. 78 ff.; vgl. auch Paul Ortwin Rave, *Kunstdiktatur im Dritten Reich,* Hamburg 1949.

8 Zum Kampf um das Kronprinzenpalais vgl. Alfred Hentzen, «Das Ende der Neuen Abteilung der National-Galerie im ehemaligen Kronprinzen-Palais», in: *Jahrbuch Preussischer Kulturbesitz,* 8(1970), S. 24–89; Annegret Janda, «Die Gemälde und Bildwerke der Expressionisten im ehemaligen Kronprinzen-Palais», in: *Das Schicksal einer Sammlung. Aufbau und Zerstörung der Neuen Abteilung der Nationalgalerie im ehemaligen Kronprinzen-Palais Unter den Linden 1918–1945,* Berlin 1988 (Ausst. Kat. Berlin: Staatliche Museen zu Berlin / DDR, Nationalgalerie, und Neue Gesellschaft für Bildende Kunst, Berlin-West), S. 22–87; dies., «Die Berliner Nationalgalerie im Kampf um die moderne Kunst seit 1933», in: Stephanie Barron (Hrsg.), *«Entartete Kunst». Das Schicksal der Avantgarde im Nazi-Deutschland,* München 1992 (Ausst. Kat. Berlin: Deutsches Historisches Museum), S. 107–119.

9 Ludwig Thormaehlen, *Erinnerungen an Stefan George,* Hamburg 1962, S. 277. Alfred Hentzens Vermutung, Schultze-Naumburg und Bestelmeyer hätten ebenfalls mit Einsteins *Kunst des 20. Jahrhunderts* argumentiert, vermischt möglicherweise die beiden dokumentierten Begebenheiten, vgl. Hentzen (wie Anm. 5).

10 Thormaehlen (wie Anm. 9), S. 278.

11 Berthold Hinz, *Die Malerei im deutschen Faschismus. Kunst und Konterrevolution,* München 1974, S. 19 (Hinz bezieht sich auf einen Brief von Josef Achmann an Ludwig Justi vom 9. Juni 1933; dieser Brief läßt sich in den Archiven der Staatlichen Museen nicht nachweisen und wurde vom Autor möglicherweise mit dem bereits zitierten Brief Achmanns an Thormaehlen verwechselt); vgl. auch Stephanie Barron, «1937. Moderne Kunst und Politik im Vorkriegsdeutschland», in: dies. (wie Anm. 8), S. 9–23, bes. S. 9 f.

12 Einstein (wie Anm. 1), S. 207.

13 Ebd. S. 200 f.

14 Ebd. S. 202.

15 Ebd. S. 201. Die Bedeutung, die Einstein dem Künstler gleichwohl zugesteht, zeigt sich nicht zuletzt in der Tatsache, daß er in seiner Erstausgabe von 1926 fünfzehn Werke Emil Noldes abbildet, der damit zu den bestillustrierten Künstlern des Buches gehört. In der dritten Ausgabe von 1931, die einen stark veränderten Abbildungsteil aufweist, ist die Anzahl der Werke auf sechs reduziert worden, darunter das hier abgebildete Gemälde *Grablegung* von 1915 (Seebüll, Nolde-Stiftung).

16 Ebd. S. 203.

17 Ebd. S. 204.

18 Ebd. S. 200 f.

19 Einstein und Kahnweiler (wie Anm. 1), S. 130.

20 Vgl. zuletzt Thomas Mathieu, *Kunstauffassungen und Kulturpolitik im Nationalsozialismus. Studien zu Adolf Hitler, Joseph Goebbels, Alfred Rosenberg,* Saarbrücken 1997.

21 Franz Hofmann, «Der Stand der deutschen Revolution auf dem Gebiet der bildenden Künste», in: *Völkischer Beobachter,* 23. Februar 1934; vgl. dazu auch Armin Zweite, «Franz Hofmann und die Städtische Galerie 1937. Eine nationalsozialistische Museumskarriere, ihre Vorgeschichte und Konsequenzen», in: Peter-Klaus Schuster (Hrsg.), Die *«Kunststadt» München 1937. Nationalsozialismus und «Entartete Kunst»,* München 1987, S. 261–288, bes. S. 266. Bei den abgebildeten Werken handelt es sich um: Otto Dix, *Bildnis der Tänzerin Anita Berber,* 1925, Stuttgart, Galerie der Stadt; Erich Heckel, *Holzfigur (Große Stehende),* 1912, ehemals Hamburg, Museum für Kunst und Gewerbe (Verbleib unbekannt); Carl Hofer, *Der Trommler* (*Skizze zu Die schwarzen Zimmer),* 1922, ehemals Berlin, Galerie Flechtheim (Verbleib unbekannt); Lyonel Feininger: *Brücke III,* 1917, Köln, Museum Ludwig; Paul Klee: *Der Beladene,* 1929, Düsseldorf, Kunstsammlung Nordrhein-Westfalen.

22 Vgl. dazu die Einschätzung Stephanie Barrons, die den Hinweis von Berthold Hinz (wie Anm. 12) auf den Mißbrauch von Einsteins Buch aufgreift: «Jeder Künstler, dessen Werke in einem der weitherum bekannten Bücher von Ludwig Justi oder Carl Einstein oder in einer der Avantgarde-Zeitschriften, zum Beispiel *Das Kunstblatt, Die Aktion* oder *Der Sturm,* erwähnt oder abgebildet waren, war ein leichtes Ziel für die Nationalsozialisten», Barron (wie Anm. 8), S. 9.

23 Die Abbildungen zeigen Werke von Karl Schmidt-Rottluff, *Selbstbildnis,* 1919, und *Emy-Bildnis,* 1919, beide Detroit, Institute of Art; Amedeo Modigliani, *Mädchenakt* (Verbleib unbekannt); Emil Nolde,

Verlorenes Paradies (hier in zwei Ausschnitte zerteilt), 1921, Seebüll, Nolde-Stiftung; Pablo Picasso, *Frau mit Birnen,* 1909, New York, Privatbesitz; Karl Schmidt-Rottluff, *Mädchen,* 1920, Chemnitz, Städtische Kunstsammlungen.

24 Paul Schultze-Naumburg, *Kunst und Rasse,* 2. Aufl. München 1935, S. 104.

25 Ebd. S. 105.

26 Schultze-Naumburg bildet allerdings im weiteren Verlauf seines Buches drei Werke afrikanischer Skulptur ab, die er ebenfalls nach Einstein reproduziert, diesmal nach Einsteins *Negerplastik* (2. Aufl. 1920) und unter Angabe der Quelle. Der Autor kommentiert seine Abbildungen wie folgt: «Wer heute durch eine Kunstsammlung geht, fragt sich oft genug, ob der Negereinschlag, mit dem man sich förmlich brüstete, wirklich auf tatsächlicher Blutmischung oder nur auf frevler Verleugnung des eigenen Rasseinstinktes beruht. Echte Negerkunst kann natürlich sehr aufschlußreich sein und uns merkwürdige Einblicke in den Werdegang der menschlichen Kulturen geben, wenn sie auch gänzlich Rassefremden nicht ihre Sehnsucht stillen kann. Künstlich vom Abendlande nachgemachte Negerkunst schwankt aber nur zwischen dem Albernen und dem Unwürdigen hin und her» (ebd. S. 119 f. u. Abb. 150 ff.).

27 Paul Schultze-Naumburg, *Kampf um die Kunst,* München 1932, S. 37.

28 Die Abbildungen zeigen neben dem mittelalterlichen Bildwerk wiederum Pablo Picasso, *Frau mit Birnen,* 1909, New York, Privatbesitz; Werke von Erich Heckel, *Große Stehende,* 1912 (Verbleib unbekannt); Henri Laurens, *Frau mit aufgestützter Hand,* 1920; Karl Schmidt-Rottluff, *Roter Kopf,* Bronze, 1917, London, Tate Gallery; Amedeo Modigliani, *Frauenkopf,* 1911–1912, Paris, Musée National d'Art Moderne.

29 Schultze-Naumburg (wie Anm. 27), S. 9 ff. u. S. 38.

30 Ebd. S. 44.

31 Ebd. S. 37.

32 Zu den Rezensionen des Buches vgl. Anhang III (Materialien und Rezensionen), in: Einstein (wie Anm. 1), S. 833 ff.

33 Wolfgang Willrich, *Säuberung des Kunsttempels. Eine kunstpolitische Kampfschrift zur Gesundung deutscher Kunst im Geiste nordischer Art,* 2. Aufl. München 1938, S. 35. Willrich zitiert Einsteins Gedicht *Tödlicher Baum* von 1917 und kommentiert: «Der Dunst ungelüfteter Brunst und Ekelwollust wirkte hier bei den Stammeldichtern genau so wie bei den rein politischen Literaten der Aktion» (vgl. ebd. S. 34 f.); Willrich erwähnt auch Einsteins Autorenschaft der *Kunst des 20. Jahrhunderts* und seine kunstkritische Tätigkeit («Den Verfasser werden wir als Kunstkritiker von Einfluß noch vorstellen müssen»), seine Zitate aus Einsteins Schrift *George Grosz* von 1926 leitet er mit den Worten ein: «Deshalb reißt sich das Gesindel um ihn [Grosz] in allen Zungen und Sprachen» (ebd. S. 88).

34 Richard Pfeiffer, «Die Entscheidung», in: *Deutsche Kultur-Wacht,* (1933)2, S. 7 f., hier S. 7.

IV. Einflüsse: Externe Gedanken zur Kunst

Bernhard H. F. Taureck

Die doppelte Paradoxie der Moderne – Heideggers Reflexionen zur bildenden Kunst während des Nationalsozialismus

Am Ende des 20. Jahrhunderts fällt es noch immer schwer, dem Philosophen Heidegger gegenüber gerecht zu urteilen. In der angloamerikanischen Welt gilt von ihm: «Seine immense Gelehrtheit, sein profunder und innovativer Geist, seine Hingabe an die philosophische Forschung und vor allem sein starker Einfluß auf das moderne Denken stehen außer Zweifel.»[1] Entsprechendes läßt sich hinsichtlich des bekannten Aufsatzes «Der Ursprung des Kunstwerkes» bemerken, dessen große Wirksamkeit sich weniger auf seine positiven Aussagen als auf seine Abkehr von der gesamten bisherigen Ästhetik von Gefühl, Subjektivität, Geschmack, Erlebnis etc. gründet. Heideggers Abhandlung kann in einen methodischen Rahmen und in einen Inhalt eingeteilt werden. Der Rahmen betrifft die Bedingungen der Möglichkeit philosophischer Ästhetik jenseits der Metaphysik und ebenso die Möglichkeit solcher Bedingungen. Heidegger hat seine Überlegungen so angelegt, daß der Rahmen auch dann Bestand behält, wenn die Inhalte brechen. Auf diese Stabilität des Rahmens geht die Wirksamkeit seiner Abhandlung vermutlich zurück. Die hier dargestellte Kritik bezieht sich aber auf die Inhalte, nicht auf den Rahmen.

1933 fand Heideggers totales Bekenntnis zu Adolf Hitler statt – Heidegger und Hitler wurden beide im selben Jahr 1889 geboren –, seit 1934 erfolgte eine Distanzierung von den Nationalsozialisten, aber nach 1945 blieb die allseits von ihm erwartete Klärung und öffentliche Verurteilung des Dritten Reiches aus. Um Heidegger Gerechtigkeit widerfahren zu lassen, möchte ich mit dem Versuch einer Gesamtcharakterisierung beginnen.

I.

Für Heidegger ist die Emanzipation aller Menschen ebenso unvermeidlich wie gefährlich. Das Licht von Vernunft, Aufklärung, Kommunikation ist zugleich Finsternis gegenüber der Wahrheit. Je mehr wir fortschreiten in der Moderne, Emanzipation und zugehöriger Technologie, desto mehr entfernen wir uns von dem Wahren, das Heidegger häufig das «Sein» nennt. Es besteht also eine *paradoxe Korrelation* zwischen *Moderne und Wahrheitsferne.* Diese paradoxe Korrelation wird ergänzt durch eine viel weiter reichende These: Je mehr die Moderne fortschreitet, je weiter wir uns von der Wahrheit entfernen, desto größer wird die Chance, daß Wahrheit und Sein selbst sich uns wieder zuwenden. Heidegger – jedenfalls der Heidegger nach *Sein und Zeit* von 1927 – denkt also eine doppelte Paradoxie, erstens eine Korrelation zwischen *Moderne und Wahrheitsferne,* zweitens eine Korrelation zwischen *Moderne und Wahrheitsnähe.* Die Moderne ist für Heidegger das Geschehen einer Zweideutigkeit zwischen Verdunklung und Helle. Heideggers Denken im Ganzen konzipiert eine *Ambivalenz zweier Paradoxien im Hinblick auf das Schicksal der Moderne.* Die Moderne führt in die Irre, und eben diese Irre kann der Wendepunkt zur Wahrheit sein.

Dieser Gedanke der Ambivalenz einer doppelt paradoxen Moderne entstand zu großen Teilen durch Heideggers Verstrickung und Auseinandersetzung mit dem Nationalsozialismus und durch seine Beschäftigung mit der bildenden Kunst in dieser Periode. Im Hinblick auf seine Beurteilung Hitlers läßt sich im Wesentlichen Klarheit erzielen. Gilt eine ähnliche Klarheit auch hinsichtlich seines Verhältnisses zur bildenden Kunst? Vielleicht hilft ein Vergleich zwischen Heideggers Bejahung und Verneinung Hitlers mit Heideggers Überlegungen zu van Gogh, Dürer und der zum Bild werdenden Weltvorstellung der Neuzeit weiter.

II.

In seinem Aufruf an die deutschen Studenten vom 3. November 1933 schrieb Heidegger unter anderem: «Die nationalsozialistische Revolution bringt die völlige Umwälzung unseres deutschen Daseins. [...] Täglich und stündlich festige sich die Treue des Gefolgschaftswillens. Unaufhörlich wachse Euch der Mut zum Opfer für die Rettung des Wesens und für die Erhöhung der innersten Kraft unseres Volkes in seinem Staat. Nicht Lehrsätze und ‹Ideen› seien die Regeln Eures Seins. Der Führer selbst und allein ist die heutige und künftige deutsche Wirklichkeit und ihr Gesetz. [...]
Heil Hitler! MARTIN HEIDEGGER, REKTOR.»[2]

Der gleichaltrige Hitler wird hier nicht als Person, sondern als gleichsam von außen in die menschliche Geschichte eindringendes Sein verstanden, das Ansichten und Philosophien zugunsten einer «Rettung» der Deutschen restlos irrelevant werden läßt. In dem Augenblick, als in der Moderne deutlich wird, daß Metaphysik nicht mehr möglich ist, soll gelten, daß Nihilismus nicht mehr nötig ist. Hitler ersetzt Metaphysik und verhindert Nihilismus. Im Italofaschismus hatte zuvor der Philosoph Giovanni Gentile dasselbe mit Mussolini getan, indem er diesen als «ein von der Vorsehung eingesetztes Mittel, um eine neue Zivilisation zu schaffen»[3], präsentierte.

1936 notiert Heidegger, die «Führer» seien «die notwendigen Folgen dessen, daß das Seiende in die Weise der Irrnis übergegangen ist». Dies zeige sich z.B. an den Weltkriegen, in welchen der Mensch zum essentiellen Rohstoff geworden sei. Krieg und Führer werden jetzt zu Zeichen «der Verlassenheit des Seienden von einer Wahrheit des Seins.»[4] Im «Brief über den ‹Humanismus›» an Jean Beaufret in Paris von 1946 findet sich dann die Bemerkung: «Das künftige Denken ist nicht mehr Philosophie, weil es ursprünglicher denkt als die Metaphysik, welcher Name das gleiche sagt». Man habe einzusehen, «daß es ein Denken gibt, das strenger ist als das begriffliche.»[5] Jetzt steht kein Führer mehr bereit, auf den ein Denken anwendbar wäre, das jenseits von Begrifflichkeit, Metaphysik und Nihilismus liegt. War Adolf Hitler einst der Name für den Eintritt einer Wirklichkeit jenseits von Lehrsätzen und Ideen, so bleibt diese Wirklichkeit bestehen, aber auf sie wird nunmehr ohne Eigennamen Bezug genommen.

Aus den Führern sind Exponenten der Irrnis geworden. Die Moderne wird zum Ort der Wahrheitsferne, aber die moderne Wahrheitsferne birgt paradox die Möglichkeit der Wahrheitsnähe, die Heidegger «Kehre» nennt: «Im Wesen der Gefahr *verbirgt* sich darum die Möglichkeit einer Kehre, in der die Vergessenheit des Wesens des Seins sich so wendet, daß mit *dieser* Kehre die Wahrheit des Wesens des Seins in das Seiende eigens einkehrt.»[6] Heidegger weiß, daß er damit in die Nähe einer Doktrin gelangt, welche die Zukunft unserer Zivilisation voraussagte, nämlich zu Oswald Spengler, der sein Konzept einer «Morphologie» der Weltgeschichte zu großen Teilen am Beispiel von Raumgestaltungen in den bildenden Künsten zu verdeutlichen suchte. Ohne den Namen zu nennen bemerkt Heidegger in seinem Text «Die Kehre» contra Spengler: «Alle Versuche, das bestehende Wirkliche morphologisch, psychologisch auf Verfall und Verlust, auf Verhängnis und Katastrophe, auf Untergang zu verrechnen, sind nur ein technisches Gebaren. Es operiert mit der Apparatur der Aufzählung von Symptomen, deren Bestand ins Endlose vermehrt und immer neu variiert werden kann.»[7]

Wie aber will Heidegger dann selbst die ambivalent paradoxe Moderne belegen? Seine Hinweise auf die Dichtungen Rilkes, Hölderlins oder seine Rückgriffe auf die vorsokratischen Denker Griechenlands oder auf Nietzsches Nihilismus tendieren ebenfalls stark zu einem prophetischen Sprechen.[8] Van Gogh, Dürer, Bildlichkeit allgemein könnte dagegen einen Stoff bilden, der von sich aus weit mehr Widerstand leistet.

III.

Was will Heidegger in «Der Ursprung des Kunstwerkes» von 1935–36 zeigen? Im Ergebnis laufen seine Reflexionen darauf hinaus, daß erstens das Kunstwerk Wahrheit offenbart, indem es Natur und Kultur zusammenführt und daß zweitens die Wahrheit der Kunst die geschichtliche Gemeinschaft eines Volkes begründet. Heidegger thematisiert also nur die semantische (die Bedeutung der Zeichen betreffende) und die pragmatische (die Zeichenbenutzung betreffende) Seite der Kunst, nicht aber ihre syntaktische (die Zeichenverknüpfung betreffende).

In semantischer Hinsicht soll für ihn das Kunstwerk Natur und Kultur zusammenführen und dabei die Form-Stoff-Unterscheidung der bisherigen Ästhetik durch die Begriffe «Erde» für «Natur» und «Welt» für «Kultur» und «Geschichte», zusammen mit «Wahrheit» als «Unverborgenheit» ersetzen. Eine Pointe soll dabei sein, daß jetzt das Material – die Schwere eines Felsens und seine Farbigkeit bei einem griechischen Tempel z.B. – einen Eigenwert erlangt, den es in der bisherigen Ästhetik nicht erlangen durfte.[9] Die Ästhetik, so Heidegger, habe das Kunstwerk mit etwas gänzlich anderem verwechselt, nämlich mit dem – von ihm bereits in *Sein und Zeit* so bezeichneten – «Zeug», d.h. mit Instrumenten, Gerätschaften, Gegenständen, die durch ihre Funktion bestimmt sind. Für das «Zeug» gelte, daß das Material sich so weit als möglich dem Zweck fügt. Metalle z.B. müssen bruchfest, Taue reißfest sein etc. In pragmatischer Hinsicht beansprucht Heidegger ebenfalls, die bisherige Ästhetik zu verabschieden. Statt um Genießen oder Erleben von Kunst als Produkt vermeintlicher Genies gehe es um ein Bewahren der Werke in ihrem Wahrheitsgehalt. Die Kunst habe einst in Griechenland einem Volk seine historische Welt erschlossen.

Wie fügen sich in diese allgemeinen Züge einer Semantik und Pragmatik des Kunstwerkes Heideggers Ausführungen über ein Gemälde van Goghs, das zwei Schuhe zeigt, und über Dürers Bemerkung, die Kunst sei in der Natur bereits enthalten, ein? In seiner Deutung des von van Gogh gemalten Schuhpaares geht es Heidegger darum zu zeigen, daß erst durch das Kunstwerk zum Vorschein komme, worin das Zeugsein des Zeuges bestehe. Dies wird dann verallgemeinert, so daß gilt: das «Wesen der Kunst» ist «das Sich-ins-Werk-Setzen der Wahrheit des Seienden».[10] Das Gemälde interessiert also nicht als Syntax, sondern als Semantik. Es sagt etwas über die Welt. Trifft dies wirklich zu?

Heideggers Argumentation könnte nur dann überzeugen, wenn hinsichtlich der Methode zweierlei zuträfe. Erstens müßte generell die Semantik unserer Weltbezüge mit dem Kunstwerk einen privilegierten oder gar einen exklusiven semantischen Zugang zur Wirklichkeit besitzen. Zweitens müßte speziell das gewählte Bild van Goghs die semantische Verfugung mit der naturhaften und kulturellen Realität zweifelsfrei enthalten. Nun ist nicht schwer zu erkennen, daß weder die generelle noch die spezielle methodische

Prämisse zutreffen. Heidegger behauptet allen Ernstes, «erst durch das Werk und nur im Werk» werde das «Zeugsein des Zeuges» so erkennbar wie es in Wirklichkeit sei.[11] Das ist schlicht falsch. Die Dienlichkeit von Schuhen kennt der Schuhhersteller und der Schuhbenutzer. Der Maler hat mit der Funktionstüchtigkeit der Schuhe nichts zu tun. Sie zu zeigen ist nicht seine Aufgabe. Das hatte bereits Platon verdeutlicht und aus diesem Grunde Gemälde von Gerätschaften für Trug erklärt.[12] Heidegger argumentiert hier antiplatonisch und fällt methodisch hinter Platon zurück. Es besteht keine Chance, das Kunstwerk semantisch zur Exklusivität veritativer und verifizierender Weltbezüge zu erklären.

Wie aber steht es mit der zweiten Prämisse, der Verfugung von Natur und Kultur in dem Gemälde van Goghs? Heidegger schreibt, er wähle zur Darstellung des Zeuges «ein bekanntes Gemälde von van Gogh, der solches Schuhzeug mehrmals gemalt hat.» Es wird also nicht gesagt, welches der drei zwischen 1886 und 1887 in Paris gemalten Bilder van Goghs, die ein Paar Schuhe darstellen, denn nun gemeint ist. Heidegger geht von einem unbestimmten Bild aus. Diese Unbestimmtheit setzt ihn leichter in die Lage, von dem Bild etwas zu prädizieren, was so nicht in ihm wahrnehmbar ist:

«Aus der dunklen Öffnung des ausgetretenen Inwendigen des Schuhzeuges starrt die Mühsal der Arbeitsschritte. In der derbgediegenen Schwere des Schuhzeugs ist aufgestaut die Zähigkeit des langsamen Ganges durch die weithin gestreckten und immer gleichen Furchen des Ackers, über dem ein rauher Wind steht. Auf dem Leder liegt das Feuchte und Satte des Bodens. Unter den Sohlen schiebt sich hin die Einsamkeit des Feldweges durch den sinkenden Abend. In dem Schuhzeug schwingt der verschwiegene Zuruf der Erde, ihr stilles Verschenken des reifenden Korns und ihr unerklärliches Sichversagen in der öden Brache des winterlichen Feldes. Durch dieses Zeug zieht das klaglose Bangen um die Sicherheit des Brotes, die wortlose Freude des Wiederüberstehens der Not, das Beben in der Ankunft der Geburt und das Zittern in der Umdrohung des Todes. Zur Erde gehört dieses Zeug und in der Welt der Bäuerin ist es behütet. Aus diesem behütenden Zugehören ersteht das Zeug selbst zu seinem Insichruhen.»[13]

Diese Beschreibung ist nicht unbedingt deckungsgleich mit den Blut-und-Boden-Klischees der Zeit, in der sie vorgetragen wurde. Sie paßt jedoch nicht zu van Goghs Leben in der Metropole Paris, wo diese Bilder entstanden sind. Die Ablehnung technischer Modernität harmoniert vielmehr mit dem Kontext der konservativen Revolutionäre, in dem die Vorstellungswelt Heideggers, wie sie Pierre Bourdieu rekonstruiert hat, zu sehen ist.[14] Bei van Gogh dagegen ist das bäuerliche Pathos in den Jahren 1886/87 schwerlich, wenn überhaupt erkennbar. Meyer-Schapiro konnte insofern Heidegger begründet, wenn auch nicht beweiskräftig, widersprechen und behaupten, es handele sich gar nicht um die Schuhe einer Bäuerin, sondern um van Goghs eigene Schuhe, die er in Paris trug.[15] Hinzu kommt, daß die Pariser Bilder van Goghs künstlerisch eher fragwürdig sind und widersprüchlichen Impulsen der Farbkonzeption folgen. «Was er damals gemalt hat», urteilt Kurt Badt in seiner Monographie *Die Farbenlehre van Goghs*, «gehört zu dem Schwächsten seiner Produktion. Seine Pariser Bilder sind uneinheitlich und zum Teil unbedeutend».[16]

Heideggers semantische Deutung der bildenden Kunst scheitert also in dem berühmten Aufsatz über den «Ursprung des Kunstwerkes», bevor es überhaupt zu einer Nutzung dieses Ansatzes für eine Analytik der Moderne kommen könnte. Die Semantik der Malerei fällt methodisch hinter Platon zurück und belädt die Beschreibung eines Gemäldes mit dem, was darin nicht zu erblicken ist, gleichzeitig aber dem Blut-und-Boden-Pathos der Äußerungszeit dieser Überlegungen nicht widerspricht. Das wird durch die Einbeziehung Dürers noch weiter offenkundig. Dessen Bemerkung «denn wahrhaftig steckt die Kunst in der Natur, wer sie heraus kann reißen, der hat sie» wird von Heidegger so gedeutet: «Gewiß steckt in der Natur ein Riß, Maß und Grenze und ein daran gebundenes Hervorbringen-können, die Kunst. Aber ebenso gewiß ist, daß diese Kunst in der Natur erst durch das Werk offenbar wird, weil sie ursprünglich im Werk steckt.»[17]

Daraus mag abermals die methodologische Aporie deutlich werden, in die Heidegger sich mit seiner semantischen Kunstdeutung begibt. Jetzt soll nämlich beides gelten, Kunst ist Naturnachahmung und Natur ist Kunstnachahmung. Die antike Tradition, wonach Kunst Mimesis, Nachahmung von Wirklichem ist, soll beibehalten werden. Die romantizistische Auffassung, die Oscar Wilde in die Umkehrung kleidete «nature imitates art», soll gleichfalls gelten. Erblickt man in dem Zirkel – art imitates nature, nature imitates art – eine Bekräftigung jenes von Heidegger in *Sein und Zeit* emphatisch bejahten hermeneutischen Zirkels, so wird zugleich sichtbar, daß dieser Zirkel die begriffliche Arbeit blockiert. Eine Theorie der ästhetischen Moderne wird auf diese Weise verhindert. Denn diese ist nicht mit einer zirkulären Konjunktion der antiken mit der romantizistischen Mimesis-Konzeption zu haben. Diese längst überfällige Kritik an Heideggers Kunstwerkaufsatz ist bisher weder von der Philosophie noch von der Kunstgeschichte in Angriff genommen worden. Auch Derridas Kritik an Meyer-Schapiro geht nicht durchgängig auf grundsätzliche Schwächen in Heideggers Begrifflichkeit ein.[18]

IV.

Heidegger verhandelte in der dreißiger Jahren in seinen Nietzsche-Vorlesungen auch Nietzsches Ästhetik und lieferte dabei zugleich breite Referate zu Platons Lehre vom Schönen. Hierbei zeichnet sich jedoch nicht einmal ansatzweise eine Theorie der ästhetischen Moderne ab. Erst 1938, drei Jahre nach dem Kunstwerkaufsatz, gelang Heidegger mit dem Aufsatz «Die Zeit des Weltbildes» eine kohärente Thematisierung der Moderne. Seine These lautet hier: Die Neuzeit sei dadurch bestimmt, daß die Welt zum Bild werde. Unter «Bild» versteht Heidegger dabei das «Gebild», d.h. das, was planend vom Menschen hergestellt wird. Das so verstandene «Bild» steht in Opposition zum «Seienden» (on) der Griechen. Die Moderne wird zur Verfallsgeschichte, in der ein bloßes Herstellen von Gebilden das «Vernehmen» des Seienden ersetzt.[19] Heidegger bezieht diese Gesamtdiagnose jedoch an keiner Stelle auf die bildende Kunst. Man darf also zusammenfassend zweierlei bemerken: Solange Heidegger auf die bildende Kunst Bezug nimmt, erreicht er keine Theorie der Moderne. Und sobald er eine Theorie der Moderne als paradoxe Wahrheitsferne und Wahrheitsnähe entwirft, bezieht er sich nicht mehr auf bildende Kunst.

Es gibt allerdings nach 1945 zumindest einen Text Heideggers, in dem der Malerei eine herausragende Bedeutung bei der Bewältigung der ontologischen Differenz von Sein oder Anwesenheit und Seiendem oder Anwesendem zugesprochen wird. Es handelt sich um ein poetisch anspruchsloses Gedicht über den späten Cézanne, das Heidegger für René Char verfaßte und das an dieser Stelle abschließend zitiert sei, weil es in Deutschland wenig bekannt wurde:

Cézanne

Das nachdenksam Gelassene, das inständig
Stille der Gestalt des alten Gärtners
Vallier, der Unscheinbares pflegte am
chemin des Lauves.

Im Spätwerk des Malers ist die Zwiefalt
von Anwesendem und Anwesenheit einfältig
geworden, «realisiert» zeigt sich hier der Pfad, der in ein Zusam-
mengehören des Dichtens und des Denkens führt?

Anmerkungen

1 M.J. Inwood, Art. «Heidegger», in: T. Honderich (Hrsg.), *The Oxford Companion to Philosophy,* Oxford/New York 1955, S. 349.

2 Bernd Martin (Hrsg.), *Martin Heidegger und das ‹Dritte Reich›. Ein Kompendium,* Darmstadt 1989, S. 177.

3 Vgl. B.H.F. Taureck, «Nietzsche: Zwischen Aufklärung, Faschismus und 21. Jahrhundert», in: Sabine S. Gehlhaar (Hrsg.), *Friedrich Nietzsche (1944–1900). Beiträge zur Nietzsche-Forschung anläßlich des Jubiläums,* 2. erweiterte Auflage, Cuxhaven / Dartford 1995, S. 83. Vgl. dazu auch ausführlicher B.H.F. Taureck, *Nietzsche und der Faschismus,* Hamburg 1989.

4 Martin Heidegger, «Überwindung der Metaphysik», in: ders., *Vorträge und Aufsätze,* Pfullingen 1954, S. 92 f.

5 Martin Heidegger, «Brief über den ‹Humanismus›», in: ders., *Wegmarken,* Frankfurt a. M. 1967, S. 187 u. 194.

6 Martin Heidegger, *Die Technik und die Kehre,* Pfullingen 1962, S. 40.

7 Ebd. S. 45 f.

8 Vgl. B.H.F. Taureck, «Les apories du méta-historicisme. L'argument présocratique chez Hegel, Nietzsche et Heidegger», in: Gilbert Boss (Hrsg.), *La philosophie et son histoire,* Zürich 1994, S. 109–139.

9 Vgl. dazu kritisch B.H.F. Taureck, «Die Notwendigkeit der Kunst: Fragestellung und die Antwort Heideggers», in: *Wissenschaft und Weltbild,* 25(1972)1, S. 35–46. Heidegger hatte auf meine Zusendung dieses Aufsatzes im Frühjahr 1976 mit einer in einem Briefumschlag geschickten und ihn abbildenden Karte geantwortet. Er fragt sich dort, inwiefern man von einer Notwendigkeit der Kunst sprechen könne.

10 Martin Heidegger, «Der Ursprung des Kunstwerkes», in: ders., *Holzwege,* Frankfurt a. M. 1963, S. 25.

11 Vgl. ebd. S. 24.

12 Vgl. dazu B.H.F. Taureck, «Mythos und Paideia. Ein Beitrag zu einem anderen Verständnis des Schönen bei Platon», in: *Wiener Jahrbuch für Philosophie,* 14(1981), S. 123–135.

13 Heidegger (wie Anm. 10), S. 22 f.

14 Pierre Bourdieu, *L'ontologie politique de Martin Heidegger,* Paris 1988.

15 Meyer Schapiro, «The Still-Life as a Personal Object – A Note on Heidegger and Van Gogh», in: *The Reach of Mind. Essays in Memory of Kurt Goldstein, 1878–1965,* New York 1967.

16 Kurt Badt, *Die Farbenlehre van Goghs,* Köln 1981 (zuerst 1961), S. 56.

17 Heidegger (wie Anm. 10), S. 58.

18 Vgl. Jacques Derrida, La vérité en peinture, Paris 1978. Zu Heideggers Kunstdeutung vgl. die Aufsätze von u.a. Dieter Jähnig, Gottfried Boehm und Lorenz Dittmann in: Walter Biemel und Friedrich-Wilhelm von Herrmann (Hrsg.), *Kunst und Technik. Gedächtnisschrift zum 100. Geburtstag von Martin Heidegger,* Frankfurt a. M. 1989, S. 219–331. Vgl. dagegen die Kritik von J. M. Bernstein, Heidegger gebe «eine vergangene bäuerliche Ideologie als seine Gegenwartskritik» aus J. M. Bernstein, *The Fate of Art. Aesthetic Alienation from Kant to Derrida and Adorno,* Cambridge 1992, S. 133 und pass.

19 Martin Heidegger, «Die Zeit des Weltbildes», in: ders., *Holzwege* (wie Anm. 10), bes. S. 84 u. 87.

20 Abgedruckt in: Dominique Fourcade (Hrsg.), *Cahier de l'Herne, René Char,* Paris 1971, S. 282. Vgl. dazu B.H.F. Taureck, «Cézanne, Heidegger, Cézanne», in: ders., *Philosophie und Metaphilosophie,* 2. erweiterte Aufl. Cuxhaven/Dartford 1998, S. 79–87. Bekannt ist, daß insbesondere der spanische Plastiker Eduardo Chillida den Anschluß an Heidegger sucht, vgl. auch Hans Wielens (Hrsg.), *Bauen Wohnen Denken. Martin Heidegger inspiriert Künstler,* Münster 1994.

Friedrich Balke

«Ikonoklastische Einbrüche» Carl Schmitts Restauration des Bildes

I. Die Produktivität des Ästhetischen

Wie für Heidegger kann man auch für Carl Schmitt sagen: Obwohl er weder Kunsthistoriker noch bildender Künstler war, spielt die Reflexion auf die Sphäre des Ästhetischen, besonders aber auf die Rolle der Kunst unter den Bedingungen der Moderne, eine herausragende Rolle in seinem Werk. Für den Vertreter der Philosophie, die den Disziplinentitel ‹Ästhetik› im 18. Jahrhundert kreiert hatte (Baumgarten), gehört die Beschäftigung mit den Regeln des Geschmacksurteils (Kant) oder mit dem Wesen des Kunstschönen (Hegel) zu den vornehmsten Aufgaben.

Bei Carl Schmitt ist der Fall insofern anders gelagert, als er Jurist, genauer «Staatsrechtslehrer» war und damit einer Profession angehörte, von der nicht bekannt ist, daß sie in einem besonders innigen Verhältnis zu den Musen steht. Dennoch: Nicht nur besteht Schmitts frühe publizistische Produktion neben fachwissenschaftlichen Arbeiten aus literarischen oder semiliterarischen Texten; 1916 erscheint eine literaturkritische Studie zu Theodor Däublers monumentalem expressionistischen Epos *Nordlicht* und 1919 schließlich folgt die große Studie zur *Politischen Romantik,* von der Hugo Ball in seiner Schmitt-Rezension aus dem Jahre 1924 bemerkt, daß sie sich zur nachfolgenden *Politischen Theologie* (1922) verhalte wie die *Kritik der reinen Vernunft zur Kritik der praktischen Vernunft,* ein Vergleich, der den Proportionen der beiden Schriften ebenso wie ihrem Fundierungsverhältnis nicht unangemessen ist. In der Tat, so viel weiß man: Carl Schmitt ist Politischer Theologe, er erneuert das klassische Verhältnis zwischen Souveränität, Entscheidung und Ausnahmezustand und schreibt dem politischen Herrscher damit eine Ordnungsleistung zu, die der des göttlichen Schöpfers strikt analog ist (‹creatio ex nihilo›). Andererseits ist Carl Schmitt, was bislang gar nicht so gesehen wurde, Politischer Theologe wider besseres Wissen. So weiß er zum Beispiel, daß wir unter Bedingungen leben, die «von ratio und status heute weit entfernt» sind – und es ist eben das Thema der *Politischen Romantik,* den Grad dieser Entfernung zu bestimmen.

«Das Klassische» definiert Schmitt im *Begriff des Politischen* einmal als die «Möglichkeit eindeutiger, klarer Unterscheidungen» (BdP, 11).[1] Aus der Perspektive eines klassischen Beobachters erscheint die gegenwärtige Lage, wie es heißt, als eine «verwirrte Zwischensituation von Form und Unform» (BdP, 12). Sein Buch über die Romantik beschreibt, wie das in diesem Sinne verstandene Klassische der Expansion einer neutralisierenden ‹Diskussions›-Kultur zum Opfer fällt, für die Ideen nurmehr Anknüpfungspunkte, *occasiones* (Anlässe, Anfänge, Inzitamente, Vehikel, elastische Punkte) für weitere Ideen sind. Statt ihre unverwechselbare Identität in einem «Kern» zu besitzen, gewinnen die Ideen ihre Funktion durch ihre ‹Fähigkeit›, etwas anderes, Überraschendes anschließen zu lassen, sie sind Ereignisse ohne jede Essenz, die im Moment ihres Auftauchens schon wieder zerfallen. Die *Produktivität des Ästhetischen* triumphiert über den Zwang zur Ordnung und Konsequenz, in dem Schmitt die Gemeinsamkeit der klassischen ratio und des klassischen Staates – und in diesem Sinne: der Staatsraison – sieht. Der Begriff der *occasio,* den Schmitt in das Zentrum seiner Definition des Romantischen («subjektivierter Occasionalismus») stellt, erhält seine eigentliche Bedeutung durch seinen Gegensatz: «er verneint den Begriff der *causa,* das heißt den Zwang einer berechnenden Ursächlichkeit, dann aber auch jede Bindung an eine Norm. Er ist ein auflösender Begriff, denn alles, was dem Leben und dem Geschehen Konsequenz und Ordnung gibt [...], ist mit der Vorstellung des Occasionellen unvereinbar.» (PR, 22)

Hat Schmitt nun aber für seine eigene politische Begriffsbildung die Lektion der occasionellen Welt gelernt? Schmitt hat sehr genau gesehen, wie die «Relation des Phantastischen» (PR, 121) – so definiert er das Verhältnis von occasio und Wirkung mehrfach – auch in die Sphäre der Politik Einzug hält und deren konstitutive Unterscheidungen wie überhaupt alle «sachlichen Gegensätze» in ein Spiel der Differenzen transformiert, das nicht mehr in einem Repräsentationsverhältnis zu den Dingen, den ‹wirklichen› beziehungsweise ‹seinsmäßigen› Kämpfen und Konflikten steht. Schmitt erkennt in der Romantik die Speerspitze eines umfassenden Prozesses der politischen und gesellschaftlichen Derealisierung und weist auf das verbreitete Gefühl seiner Zeit hin (‹Ressentiment›), «betrogen zu sein», ein Affekt, den sich besonders die totalitären Bewegungen der Zwischenkriegszeit zunutze zu machen wußten, wie Schmitt sehr genau gesehen hat. Für den «ungerichteten Zustand», den Schmitt als einen formlosen, repräsentationsunfähigen kennzeichnet, für die occasionelle Welt, in der «wirklich alles zum Anlaß für alles werden kann» (PR, 24), ist es charakteristisch, daß nicht nur die ideologischen Einstellungen, sondern auch die kritischen Begriffe stumpf geworden sind. Denn eine archimedische Position, die Position einer causa, die dem Geschehen gleichsam gegenübersteht und es souverän dirigiert, scheint gegenüber der modernen Gesellschaft nur noch schwer einnehmbar zu sein. Symptomatisch ist daher die Überschrift eines Kapitels der *Politischen Romantik,* das die Bewegung des modernen Denkens seit der cartesianischen Spaltung des Seins in zwei Welten (*res cogitans* und *res extensa*) als «La recherche de la Réalité» (PR, 77) versteht.

Mit dieser Formel ist zugleich die zentrale Antriebskraft des politischen Denkens Carl Schmitts benannt. Denn obwohl Schmitt bereits in der *Politischen Romantik* offen ausspricht, wie «alle sachlichen Gegensätze und Unterschiede, Gut und Böse, Freund und Feind, Christ und Antichrist, zu ästhetischen Kontrasten und zu Mitteln der Intrige eines Romans werden» (PR, 21), schlägt er knapp zehn Jahre später einen Begriff des Politischen vor, der in der Unterscheidung von Freund und Feind den Garanten für einen nicht funktionalisierbaren und nicht fiktionalisierbaren, einen originären, «seinsmäßigen» und «existenziellen» Sinn ausmacht. Die «Todes- und Tötungsbereitschaft» der existentiell Verfeindeten mag auch weiterhin ein historisches Faktum sein, wer wollte das bestreiten – aber Schmitt konnte wissen, daß sie im Zeitalter der massenmedialen Kommunikation – Schmitt sprach selbst vom Sieg der «plakatmäßig eindringliche[n] Suggestion» beziehungsweise des «Symbol[s]» (LP, 11) über das Argument – nicht länger dazu taugt, die Wahrheit oder Authentizität des politischen Engagements zu verbürgen.

II. Der Kopf des Königs

Von Michel Foucault stammt das Wort: «Im politischen Denken und in der politischen Analyse ist der Kopf des Königs noch immer nicht gerollt.»[2] Schmitts Werk, die Hartnäckigkeit, mit der er die Figur des Souveräns und ihre ‹durchbrechende› Handlungsmacht in den Mittelpunkt seines Denkens stellt, gibt eine perfekte Illustration zu dieser Einschätzung Foucaults ab. Auch wenn Schmitt im berühmt-berüchtigten Einleitungssatz der *Politischen Theologie* – «Souverän ist, wer über den Ausnahmezustand entscheidet.» (PTh, 11) – kein Subjekt benennt, das die Position des Souveräns einnimmt, hält er doch an der Notwendigkeit eines souveränen Platzes fest. Daß Schmitt von allem Anfang an den Zusammenhang von Politik und herausgehobener Sichtbarkeit einklagt, markiert den Punkt, an dem sein politisches Denken die Wissenschaften betrifft, die sich mit dem *Status des Bildes* in der Moderne beschäftigen. Die von Schmitt diagnostizierte «Expansion des Ästhetischen» unterläuft in der Konsequenz die «Verpflichtung zu einer großen und strengen Form oder Sichtbarkeit. [...] Die neue Kunst ist eine Kunst ohne Werke, wenigstens ohne Werke großen Stils, eine Kunst ohne Publizität und ohne Repräsentation. Dadurch wird es ihr möglich, sich in *tumultuarischer Buntheit* aller Formen einfühlend zu bemächtigen und sie doch nur als ein belangloses Schema zu behandeln, und in einer von Tag zu Tag den Standpunkt wechselnden Kunstkritik und Kunstdiskussion immer von neuem nach dem Wahren, Echten und Natürlichen zu schreien.» (PR, 20)

Diese auffällige Betonung der Sichtbarkeit des Souveräns und der komplementäre

Horror vor allen im Unsichtbaren operierenden ‹indirekten› Mächten reagiert auf eine systematische Umkehrung der Ökonomie der Sichtbarkeit in der Moderne, die den klassischen Souverän, der nicht zufällig einmal ‹Sonnenkönig› hieß, in ein alles überstrahlendes Licht tauchte, von dem nur wenig auf seine Untertanen fiel. Schmitt beschreibt diesen Zusammenhang von klassischem, souveränitätszentriertem «Regierungsstaat» und Sichtbarkeit so: «Der Regierungsstaat hat weniger ein Ethos als ein großes Pathos. Sein Prinzip wird in der Regierung des absoluten Fürsten im 17. und 18. Jahrhundert am besten in dem Katalog der repräsentativen Prädikate dieser Fürsten sichtbar, die sich und ihre persönliche Umgebung mit Worten wie *majestas, splendor, excellentia, eminentia, honor* und *gloria* umkleiden.» (VA, 268) Die neue, *nach-souveräne* Macht, deren Genese Michel Foucault beschrieben hat, «setzt sich durch, indem sie sich unsichtbar macht, während sie den von ihr Unterworfenen die Sichtbarkeit aufzwingt».[3] War die «gemeine Individualität»[4], die Schmitt ‹niedrig› nennt, lange Zeit unterhalb der Wahrnehmungs- und Beschreibungsschwelle geblieben, war es über Jahrhunderte hinweg ein Privileg und Ritual der herausgehobenen politischen Macht, betrachtet, beobachtet und erzählt zu werden, erreichte «die Individualität ihren höchsten Grad in den höheren Bereichen der Macht und am Ort der Souveränität»[5], so löst die moderne Macht die Individualisierungsprozeduren von der überkommenen Heroisierungsfunktion, dem «Pathos von *gloire* und *honneur*» (Schmitt), und stellt sie dem Geschäft der Ermittlung kleiner und kleinster Unterschiede zwischen den Individuen zur Verfügung. Der Individualität, die die Zielscheibe der neuen Machtökonomie bildet, geht die «Besonderheit gesteigerten und repräsentationsfähigen Seins» (Vl, 210), an dessen Vorliegen Schmitt die Möglichkeit des Politischen bindet, vollständig ab; die neue Spielart der Macht interessiert sich ganz im Gegenteil um so intensiver für den einzelnen ‹Fall›, je ‹niedriger› er in sozialer (der Arbeiter), medizinischer (der Kranke), pädagogischer (das Kind), psychologischer (der Wahnsinnige) oder juristischer (der Kriminelle) Hinsicht eingestuft wird.

In seinem satirischen Text «Die Buribunken» aus dem Jahre 1918 beschreibt Schmitt eine Gesellschaft, die es jedem ihrer Mitglieder zur Pflicht macht, ein permanentes Tagebuch über sich selbst zu führen und ausdrücklich zum Protokoll nicht nur der abseitigsten, ‹perversesten› Gefühlsregungen, sondern auch zur Dokumentation der Ablehnung dieser Pflicht ermutigt, selbst wenn diese Weigerung, wie es heißt, die «stärksten Ausdrücke» verwendet. «Es besteht sogar eine angesehene Vereinigung, die es sich zur Aufgabe macht, das Antiburibunkentum buribunkisch zu erfassen, wie ja auch ein eigener Betrieb eingerichtet ist, um dem Ekel und Abscheu vor dem Betrieb und sogar den Protest gegen die Pflicht zum Tagebuch in eindruckvollen Eintragungen zur Geltung zu bringen.»[6] Eine Macht aber, die den «rebellischen Geist» ausdrücklich ermuntert, scheint die Unterscheidung von Freund und Feind, auf die Schmitt dann später das Politische festlegen wird, längst hinter sich gelassen zu haben.

Mit seiner Forderung der «Sichtbarkeit» des Politischen reagiert Schmitt also auf Prozesse einer zunehmenden Invisibilisierung moderner Machtausübung. Nachdem der moderne Staat, wie man seit Max Weber, bei dem Schmitt noch gehört hat, weiß, zu einem «Betrieb» geworden ist und die moderne Gesellschaft ihre Zentren in Fabrik und Büro hat, verliert die Politik die Möglichkeit der *Repräsentation,* die zur bloßen Stellvertretung herabsinkt, weil die Wirklichkeit, einem bekannten Wort zufolge, in die Funktionale gerutscht ist und den Charakter einer «repräsentationslose[n] Unbildlichkeit» annimmt. Was dann noch Form genannt werden kann, folgt der Funktion. Wie Schmitt am Beispiel der Sowjetrepublik zeigt, gesteht ein solcherart zum Betrieb mutierter Staat seine Unbildlichkeit dadurch ein, daß er sich willkürlich mit einem Wappen (Hammer und Sichel) drapiert, das «dem Stande der Technik vor tausend Jahren entspricht, aber nicht die Welt des Industrieproletariats zum Ausdruck bringt.» (RK, 30) An die Stelle der Repräsentation treten Produktion und Präzision (technikbasierte Wirtschaft und Wissenschaft), die das Politische insgesamt zu absorbieren drohen, weil es sich aus ihrer Perspektive als «unsachlich» darstellt. Das Versagen der traditionellen Träger repräsentativer Kraft (souveräner Staat, Kirche) muß die «politische Form» auflösen und die Gesellschaft als ein ‹Massengewimmel› zurücklassen, es sei denn, man traute die politische Repräsentation den Automaten und Maschinen zu. Von diesem Glauben ist Schmitt aber weit entfernt: «Vor Automaten und Maschinen kann man nicht repräsentieren, so wenig wie sie selber repräsentieren oder repräsentiert werden können» (RK, 29–30). Das Automaten- und Maschinenzeitalter scheint also eine extrem repräsentationsfeindliche Kultur hervorzubringen, ja am Ende sogar die Möglichkeit von Kultur insgesamt in Frage zu stellen, «weil die Maschine traditionslos ist», wie Schmitt formuliert. Sein Versuch einer Rettung der «politischen Form» beruft sich in letzter Instanz – das mag bei einem Politischen Theologen überraschen – auf ein spezifisch humanes Pathos: Es ist die «gute Form» des Menschen, die Unverzichtbarkeit eines spezifischen *Personalismus,* um die es Schmitt im Kern geht. Während die technische Form «absolut sachlich, das heißt bei den Dingen bleibt» und ein eigenes Ethos nur in der Steigerung der Präzision auszubilden vermag, garantiert die politisch-juristische Form die Beziehbarkeit der sozialen Verhältnisse, wie komplex und abstrakt auch immer sie sein mögen, auf den «Gedanken persönlicher Autorität» (RK, 29). Repräsentieren heißt, gegen den losgelassenen Funktionalismus der modernen Gesellschaft, der auch die Kunst ergreift (man denke nur an das Pathos der ‹Neuen Sachlichkeit› sowie der ästhetischen, vor allem architektonischen Konstruktivismen), die «persönliche Würde» des Repräsentanten wie des Repräsentierten zu behaupten. Wie immer man die Repräsentation auch definiert, eins ist sicher: «Sie ist kein dinghafter Begriff. Repräsentieren im eminenten Sinne kann nur eine Person» (RK, 29).

In einem Brief an den Max-Weber-Herausgeber Hans Winkelmann, den er im *Glossarium* unter dem Datum vom 10. Juni 1948 mitteilt, hat Schmitt rückblickend an die Provokation des Funktionalismus für seine Generation erinnert: «Vergessen Sie nicht: eine ganze Generation hindurch wurde uns nicht nur von Technikern und Industriellen, sondern von bedeutenden Philosophen bewiesen und angepriesen, daß der große Fortschritt in der Funktionalisierung besteht, im Übergang von Substanz- zu Funktionsbegriffen. Erinnern Sie sich an das Buch von Ernst Cassirer: ‹Substanzbegriff und Funktionsbegriff› (1910)! Der Primitive denkt in Substanzen, der Zivilisierte in Funktionen!» (G, 160–161) Die Occasionalisierung/Desubstantialisierung der Wirklichkeit, also ihre Verwandlung in einen bloßen Anknüpfungspunkt, ist nicht zuletzt auch ein wissenschaftstheoretisch zu beschreibender Vorgang, an dessen Ende die vollständige Auflösung des lebensweltlich verbürgten (homogenen) Objekt- beziehungsweise Ding-Begriffs steht. Der französische Epistemologe Gaston Bachelard hat am Beispiel der modernen Physik und Chemie die Enstehung eines völlig neuartigen Konzepts von Materie nachgezeichnet, das nicht länger im Bann der «übermäßigen Bildhaftigkeit» steht, «die in diesem harmlosen Wort Ding beschlossen ist»[7] und dem philosophischen *chosisme* den Garaus macht. Aus der klassischen Wissenschaft der Körper und Dinge, wie sie uns lebensweltlich gegeben sind, ist eine Wissenschaft der Phänomene geworden, was etwas ganz anderes ist als eine Phänomenologie. Bachelard schlägt den Neologismus *Phänomenotechnik* vor, der darauf abzielt, daß alle modernen Wissenschaften die Schwelle von den positivistischen Fakten-Wissenschaften zu den Effekten-Wissenschaften überschritten haben, indem sie die von ihnen untersuchten Phänomene radikal entsubstantialisieren und als Wirkungen komplexer (zum Beispiel molekularer) Substrukturen analysieren: Eine Welt ohne Eigenschaften.

Woran Carl Schmitt Anstoß nimmt, wenn er das wissenschaftliche Auflöse- und Rekombinationsvermögen als ‹gegenstandsinadäquat› kritisiert – man könnte mit Schmitt tatsächlich die moderne Wissenschaft durch «den bewußten Verzicht auf ein adäquates Verhältnis zur äußern, sichtbaren Welt» (PR, 123) definieren –, läßt sich mit dem Begriff der *inkongruenten Perspektive* bezeichnen. Die modernen Wissenschaften – darin den modernen Künsten vergleichbar – betreiben nicht nur das Geschäft der Entzauberung der Welt, sondern auch das ihrer Verfremdung, indem sie «die Elemente des Wirklichen im Sinne einer Versuchsanordnung» behandeln, wie Walter Benjamin über das epische Theater Brechts schreibt.[8]

Wie präsent dieses Motiv der Auflösung in natürlicher Einstellung ‹gegebener› Objekte im Akt ihrer inkongruenten Perspektivierung bei Schmitt ist, kann man dem «Vorwort» zu den *Schattenrissen* entnehmen, einem frühen satirischen Text, den Schmitt zusammen mit Fritz Eisler schrieb und unter einem Pseudonym (Johannes Negelinus Mox Doctor) 1913 veröffentlichte. In diesem «Vorwort», welches das soziologische

Signum der Zeit in dem «unheimlich unterirdisch unaufhaltsam arbeitende[n] Prozeß der Differenzierung» (SR, 8) erkennt, wird der Beitrag der modernen bildenden Künste, konkret des Impressionismus und Kubismus, für die Einübung in inkongruente Perspektiven, die zur Auflösung des klassischen Dingschemas führen, so beschrieben: «Ist es doch unserer Zeit vorbehalten gewesen, daß lüsterne Franzosen die geheiligte Form des menschlichen Leibes sowie der Dinge überhaupt zu zerbrechen suchten, um unseren Auge[9] durch eine kleinliche Aneinandersetzung von Farben – von ihnen in dünkelhaftem Hochmut ‹Farbenkultur› genannt – aufs tiefste zu beleidigen.» Die Fußnote zu dem Satz ergänzt: «Wir meinen natürlich Cézanne und den noch schlimmeren Picasso.» (SR, 7–8)

Das ganze «Vorwort» zu den *Schattenrissen* ist aus der Perspektive des durch die künstlerische und wissenschaftliche Gegenstandsauflösung und Maßstabsverrückung Irritierten und Aufgestörten geschrieben, die zugleich satirisch übersteigert wird: «Durch verschrobene, unverständliche, dilettantische, anmaßliche, dickleibige Werke sucht man uns den mühsam erworbenen Maßstab zu verrücken, wird der sauer verdiente Feierabend blasphemisch geschändet» (SR, 8). Daß die modernen Künste ebenso wie die modernen (Human-)Wissenschaften, darunter natürlich vor allem die Psychoanalyse, den Menschen ‹zerlegen› und seine Position (nicht zuletzt sich selbst gegenüber) ‹verrücken›, daß sie seine Gestalt den vielfältigsten dezentrierenden und deformierenden Kräften aussetzen, löst bei Schmitt eine akute Denormalisierungsangst aus, weil sie die Definition des Menschen, genauer: seine Definierbarkeit, das heißt: Abgrenzbarkeit und damit: seine ‹Seinsgewißheit›, seine anthropologisch verbürgte ‹Exzellenz› beziehungsweise Eminenz in Frage stellt.

Daß es daher auch abwegig ist, die Moderne pauschal als ein Zeitalter des Individualismus (In-dividuum = Unteilbares) zu definieren, ist eine Einsicht, die Schmitt dem liberalen common sense voraus hat. Gesellschaften bestehen nicht aus Individuen (sondern aus Kommunikationen), sagt heute der Soziologe Niklas Luhmann, aber diese Einsicht ist noch weit davon entfernt, «Gemeingut aller Gebildeten» zu sein, wie Schmitt in den *Schattenrissen* sein Lesepublikum adressiert. Der modernen Gesellschaft im Namen des Individuums zu widersprechen, war für Schmitt ausgeschlossen, da er darin die ohnmächtige, den kritisierten Zustand unfreiwillig befördernde intellektuelle Strategie eines kulturpessimistischen Bildungsbürgertums sah. Was mit dem ‹Romantischen› in Gang gekommen ist und, wie Schmitt scharfsichtig erkannte, den weiteren Gang der Moderne bestimmte, macht auch vor der Form des ‹Individuums› oder ‹Subjekts› nicht halt, das sich zunehmend als ‹nicht-feststellbar›, flüchtigen und fluktuierenden Zuständen unterworfen erlebt, «geführt nur von der magischen Hand des Zufalls, *the magic hand of chance*» (PR, 25).

Daher ist die Signatur der Moderne auch keineswegs die «individualistisch aufgelöste Gesellschaft» (PR, 26), wie es in der *Politischen Romantik* stellenweise noch heißt. Da hatte Schmitt einige Jahre zuvor in seiner Schrift über den *Wert des Staates und die Bedeutung des Einzelnen* bereits schärfer gesehen, als er feststellte: «Unsere Zeit ist keine individualistische, sie braucht deshalb keine kleine Zeit zu sein.» (WS, 6) Schmitt sieht dort sehr genau, daß der Begriff der Individualität ein normatives Konzept ist und keine naturale, ‹vorgegebene› Größe bezeichnet: «Die Einheit, die in der Individualität liegt und ihren Wert ausmacht, kann immer nur ein geistiges Band sein, das in normativer Betrachtung gewonnen wird.» (WS, 7) Die «Bindung an eine Norm» (PR, 22) ist es nun aber, die sowohl von der romantischen Ästhetik als auch von der modernen Wissenschaft ‹verneint› wird. Von der letzteren heißt es in der Schrift von 1914 daher völlig zurecht, sie könne «bei dem einzelnen Individuum als einer letzten, nicht weiter zu erklärenden oder zu bezweifelnden Tatsache so wenig stehen bleiben, wie bei einem persönlichen Gotte.» (WS, 4)

Schmitt führt sodann eine ganze Reihe «Symptome» an, die «laut gegen die Unterstellung protestieren, daß tatsächlich heute in der Freiheit des Individuums der Gipfel und das Maß aller Bestrebungen gefunden werden. Das Zeitalter der Maschine, der Organisation, das mechanistische Zeitalter, wie es Walther Rathenau in seiner *Kritik der Zeit* genannt hat – in einem Buch, das so zeitgemäß ist, daß man das Zeitalter danach als das der *Kritik der Zeit* benennen könnte –, das Zeitalter, das durch die Objekte seiner Sehnsucht und Schwärmerei zeigt, was ihm fehlt, dessen Kultur, so wie sie faktisch herrscht, in der selbst auf die Gebiete des geistigen Lebens, der Kunst und Wissenschaft expandierenden Vorstellung des ‹Betriebes› kulminiert, das Zeitalter der Geldwirtschaft, der Technik, der Regiekunst, der absoluten Berechenbarkeit, die sich bis auf die literarischen Produktionen erstreckt – ist höchstens per antiphrasin, wie sie sich aus den unerschöpflichen Worten und Reden, die darüber gemacht werden, ergibt, ein individualistisches Zeitalter zu nennen. Keine Zeit hat ein solches Bedürfnis nach Kodifikationen und Subsumtionen gehabt. Wo es, um die delikateste Blüte zu erwähnen, Lebemännerbreviere und Digesten des guten Geschmacks gibt, unter deren Bestimmungen ein großer Teil der kultivierten Menschheit so eifrig subsumiert, wie Don Quijote seine Erlebnisse unter die Tatbestände der ihm vorbildlichen Ritterromane, da herrscht, wenn auch noch viel kritisiert wird, kein autoritätsfeindlicher Geist, sondern die ganze Fügsamkeit des guten Geschmacks.» (WS, 4–5)

«Unsere Zeit ist keine individualistische, sie braucht deshalb keine kleine Zeit zu sein.» Wie die Polemik gegen die geläufige kulturkritische Phrase der Gebildeten zeigt, ist Schmitt niemals versucht, der Zeit die Verletzung der ‹Rechte des Individuums› vorzuwerfen. In seiner 1912 veröffentlichten Rezension von Walther Rathenaus wirkungsmächtiger *Kritik der Zeit* legt Schmitt scharfsichtig den Finger in die Wunde dieses kulturkritischen Pamphlets. Indem es die Zeit als «seelenlos», also lediglich negativ bestimmt, offenbart Rathenau, daß er ihr intellektuell hilflos gegenübersteht. Die Darstellung, so Schmitt, hat trotz ihrer «großartigen Eleganz und einer erstaunlichen Spannweite des Horizontes [...] ihr Schwergewicht außer sich selbst». Schmitt schließt seine Besprechung mit dem vernichtenden Urteil: «Und vieles Ergreifende, das über die Seelenlosigkeit und die Sehnsucht unserer Zeit gesagt ist, erscheint nicht als Kritik, sondern als Klage.»[10] Eine Zeit, die ein ausgeprägtes Bedürfnis nach Kodifikationen und Subsumtionen hat, ihr Seelenleben also zum Gegenstand der systematischen Neugierde und psychotherapeutischen Regulierung macht, hat auch das Zeug zu einer ‹großen Zeit›. Das ökonomisch-technische Denken und seine sozialen Träger (Kapital und Arbeit) ebenso wie die moderne massenmediale Kommunikation höhlen zwar eine bestehende politische Form aus und machen sie «zur leeren Fassade» (RK, 34), aber gleichzeitig liefern sie das soziale und symbolische Material für eine ‹glanzvolle› Restauration der politischen Form (totaler Staat; Großraum) auf neuer (nachchristlicher) Grundlage.

Wenn Schmitt in seinem Beitrag zur Festschrift für Ernst Jünger zum sechzigsten Geburtstag (1955) die industrielle Technisierung, die Psychoanalyse (die die imaginären Fixierungen auf individueller und kollektiver, massenpsychologischer Ebene aufzubrechen oder, wie Schmitt sagt, zu *lösen* sucht) und die moderne, ‹nicht länger gegenständliche Malerei› als die drei entscheidenden «ikonoklastischen Einbrüche» des 20. Jahrhunderts bezeichnet, dann vergißt er nicht hinzuzufügen, daß es sich um Einbrüche in die «überlieferte Ikonographie» beziehungsweise um die «Zerstörung einer alten Bilderwelt» handelt, wobei ‹überliefert› und ‹alt› für christlich stehen. Im Fall der modernen Malerei gibt Schmitt sogar ausdrücklich zu, daß die Zerstörung der traditionellen ikonographischen Codes mit dem «Versuch einer Neuschöpfung» verbunden war, freilich ohne zu einem Ergebnis zu führen, das der politischen Form in ähnlicher Weise zu Gute gekommen wäre, wie in den vergangenen Jahrhunderten die christliche Ikonographie.

Die Wirksamkeit der drei Einbrüche denkt Schmitt selbst im Banne eines Bildes, nämlich des ‹Gordischen Knotens›, dem Ernst Jünger eine Schrift gewidmet hatte, als deren Kommentar sich Schmitts Festschrift-Beitrag versteht: «Die drei Einbrüche – industrielle Technisierung, Psychoanalyse und moderne Malerei – kann man sich hier verschieden vorstellen: die Technisierung als das Schwert, das die Knäuel alter Bilder und Tabus durchschneidet, die Psychoanalyse als Lösung des Riemens und die moderne Malerei als eine Ablösung durch Überholung.»[11] Die Krise der Repräsentation, die Schmitt diagnostiziert, äußert sich also nicht in einer Art kollektiv-symbolischer tabula rasa, sondern in einer Fragmentierung und Pluralisierung der ‹großen Form›: Die ‹große Form› zerfällt in zahllose ‹kleine Formen›. Das Zeitalter der Formlosigkeit beweist einen unstillbaren Formen‹durst›. «Denn keine Zeit lebt ohne Form, mag sie sich noch so ökonomisch gebärden. Gelingt es ihr nicht, die eigene Form zu finden, so greift sie nach tausend Surrogaten aus den echten Formen anderer Zeiten und anderer Völker, um doch das Surrogat sofort wieder als unecht zu verwerfen» (PR, 19).

In dem Maße wie Schmitt in den zwanziger Jahren den Begriff der *Repräsentation* (verstanden als Sichtbarmachung eines unsichtbaren, eminenten Seins) von seiner exklusiven Bindung an den christlichen Offenbarungsgehalt befreit, zeichnet sich das Terrain ab, auf dem er eigentlich operiert: Schmitts Begriff der Repräsentation umfaßt das Gebiet der «Archaismen mit aktueller Funktion».[12] Unter modernen Bedingungen können solche Archaismen – was immer ihre Anhänger auch an Versuchen unternehmen, um ihre Geschlossenheit oder Integrität zu inszenieren – Schmitts Vergil entliehenes Motto *Ab integro nascitur ordo*[13] – nur artifiziell und synthetisch sein. Ein altes Codefragment, das der italienische Faschismus in sein politisches Repräsentationssystem aufnahm und das Schmitt besonders beeindruckte, war das Bild antiker, römischer Staatlichkeit. Dieses zentrale Element nationaler Selbstmythologisierung war für Schmitt ein viel entscheidenderes Relais ‹existentieller› Anrufung des Volkes als alle explizite Programmatik des Faschismus: «Der faschistische Staat will mit antiker Ehrlichkeit wieder Staat sein, mit sichtbaren Machtträgern und Repräsentanten, nicht aber Fassade und Antichambre unsichtbarer und unverantwortlicher Machthaber und Geldgeber. Das starke Gefühl des Zusammenhangs mit der Antike ist nicht nur Dekoration» (PB, 114). Und mit Blick auf die Sowjetunion erkennt Schmitt sogar in dem «Massenglauben eines antireligiösen Diesseits-Aktivismus» (BdP, 93) ein entscheidendes ‹Bauelement› (nachchristlicher) Repräsentationssysteme. Unter dem Aspekt politischer Form rücken somit christlicher Offenbarungsglaube, nationale Ersatzreligionen wie die antiker Staatlichkeit und sogar die neopagane «Antireligion der Technizität» (BdP, 80) in eine Reihe, so daß man durchaus von funktionalen Äquivalenten sprechen kann.

Mit dem *Begriff des Politischen,* als dessen Kriterium er die berühmt-berüchtigte Unterscheidung von Freund und Feind angibt, schreibt Schmitt gegen die von Robert Musil so genannte «Interessenfusion Seele-Geschäft» an, und es ist kein Zufall, daß wir an entscheidender Stelle bei Schmitt ausgerechnet dem Namen Walther Rathenaus begegnen (BdP, 76), der, wie man weiß, Musils Figur Paul Arnheim, die im *Mann ohne Eigenschaften* jene «Interessenfusion» symbolisiert, zahlreiche Züge geliehen hat. Zwischen «Ethik (‹Geistigkeit›) und Ökonomik (Geschäft)» (BdP, 70), so Schmitt, zerreiben die typisch liberalen Begriffe das Politische – und seit den frühen Schattenrissen verschmelzen die «polaren Seiten» der liberalen Weltanschauung für Schmitt in der Person Walther Rathenaus. So verwundert es denn auch nicht, daß Schmitt, als er 1930 durch Vermittlung Franz Bleis die Fahnen von Musils *Mann ohne Eigenschaften* liest, «fast ausschließlich» an der Figur des Paul Arnheim interessiert ist.[14]

1913, ein Jahr bevor Musil das erste Mal Walther Rathenau begegnete, der ihn sofort zu einer literarischen Szene «erleuchtete», in der Rathenau in «Paul Arnheim, man glaubt sogar Paul v. Arnheim»[15] unbenannt wird, erscheinen Carl Schmitts *Schattenrisse,* deren zweites Bild «Walther Rathenau» porträtiert.[16] Beide Autoren sehen die Funktion ihrer Figur in der selbstbewußten Repräsentation des *Ausgleichs* zweier eigentlich unvereinbarer, wie Schmitt im *Begriff des Politischen* sagt: polarer Seiten, nämlich «Geistigkeit und Geschäft» (Schmitt) beziehungsweise «Seele und Wirtschaft» (Musil). Was Schmitt als die Eigentümlichkeit der «deutschen Romaniker» bezeichnete, ist zugleich die spezifische Kompetenz Arnheims: «das ewige Gespräch» (PTh, 69). Er war imstande, so lesen wir, «ebenso unumschränkt über Molekularphysik, Mystik oder Taubenschießen zu plaudern»[17] und «besaß das Talent, niemals in etwas Nachweisbarem und Einzelnem überlegen zu sein, wohl aber durch ein fließendes und jeden Augenblick sich aus sich selbst erneuerndes Gleichgewicht in jeder Lage obenauf zu kommen»[18].

Auf Carl Schmitt trifft zu, was der Erzähler im *Mann ohne Eigenschaften* von Ulrich, seinem Protagonisten, sagt, dessen wissenschaftlich geschultes und diszipliniertes Denken von sich aus keine Affinität zu politisch-theologischen Gedankenfiguren aufweist: «Er mochte Arnheim nicht ausstehen, schlechtweg als Daseinsform nicht, grundsätzlich, das Muster Arnheim. Diese Verbindung von Geist, Geschäft, Wohlleben und Belesenheit war ihm im höchsten Grade unerträglich.»[19] Aber während Ulrich im Laufe des Romans lernt, daß die radikale Verneinung dieses ‹beweglichen› Musters nicht über dasselbe hinausführt, sondern nur noch tiefer in es hinein, vertraut Schmitt auf die Kraft eines «äußersten Gegensatzes», der die hybride und unmögliche Verbindung, die Arnheim verkörpert, auflösen soll. Carl Schmitt geht es mit der liberalen Systematik und ihrem «besonderen Pathos» (BdP, 72), das, wie er mit einem Wort Franz Oppenheimers formuliert, auf die «‹Ausrottung des Staates›» (BdP, 75) zielt, wie Ulrich in einem bestimmten Moment des Romans mit Arnheim: Es scheint ihm «nichts leichter zu sein, als an ihm ein Verbrechen zu begehn, denn mit seinem Bedürfnis nach Bildhaftigkeit lockte dieser Mann auch diese alten Texte auf die Szene! ‹Nimm einen Dolch und erfülle sein Schicksal!›»[20] Der *Begriff des Politischen* ist dieser alte Text, den die Systematik liberalen Denkens oder das Muster Arnheim auf die Szene lockt. Das liberale Bedürfnis nach einer Bildhaftigkeit, die ihm nicht zusteht, ja seinem eigentlichen Impuls zuwiderläuft, hatte bereits in der *Politischen Theologie* Schmitts gegenrevolutionären Affekt gegen die Figur des zwischen den Klassen lavierenden ‹Bürgerkönigs› gespeist, die ihm als Inbegriff des politischen Synkretismus und der «geistigen Promiskuität» (RK, 12) gilt, dem er das alte Bild der «blutigen Entscheidungsschlacht» entgegenhält – so wie Ulrich in Gedanken mit dem Dolch spielt, als ihm Arnheim zum Eintritt in die «Unternehmungen meiner Firma»[21] auffordert.

Schmitts vielbeschworener Antiliberalismus ist, wie man sieht, komplexer und überdeterminierter als diejenigen wahrhaben wollen, die vom Liberalismus einen bloß weltanschaulichen Gebrauch machen. Die Figur des Souveräns funktioniert bei Schmitt zwar realpolitisch in einem klar ‹gegenrevolutionären›, wenn man will: restaurativen Sinne. Aber das Motiv für die Souveränitätslehre sollte man nicht in einem psychologisch zu erklärenden autoritären Charakter oder in einer ideengeschichtlich zu rekonstruierenden theoretischen Position suchen, sondern in der Diagnose einer konkreten Situation, der Autoritäre wie Liberale oder gar Anarchisten gleichermaßen ausgesetzt sind. Diese Situation besteht in der Unmöglichkeit, der modernen Gesellschaft im Namen einer Idee, sei sie nun kollektivistisch, solidaristisch oder individualistisch akzentuiert, zu begegnen oder gar zu kritisieren. Alle «Feuermäuler» (Musil) finden sich, das ist die Lehre des *Mann ohne Eigenschaften*, zuverlässig in Diotimas Salon wieder, wie sehr sie sich auch anstrengen, der «ewigen Diskussion» zu entgehen. Der «Kern der politischen Idee» lag für Schmitt in der «anspruchsvollen moralischen Entscheidung», die die Unverwechselbarkeit und Distinktheit der «Positionen und Begriffe» garantieren sollte. Die von Schmitt festgestellte Unfähigkeit, eine solche Idee, wie es heißt, zu «perzipieren», geschweige denn, sie neu zu schaffen, ist eine direkte Wirkung jener Situation, für die Robert Musil den Begriff des «ungerichteten Zustandes» prägte und den er mit folgendem Bild beschrieb: «Wie wenn ein Magnet die Eisenspäne losläßt und sie wieder durcheinandergeraten». Daß Schmitt nach 1933 im ‹Führer› den souveränen Attraktor begrüßte, der aus diesem «ungerichteten Zustand» herausführen sollte, war nur insofern zwangsläufig, als Schmitt *irgendeinen* ‹Ernstmacher› suchte (er hatte sich zuvor dem Reichspräsidenten als ‹republikanischem Diktator› angedient), der dem kommunikativen Prozeß eines fortgesetzten ‹Ideenkonsums›, den unerschöpflichen Worten und Reden, ein Ende macht.

Anmerkungen

1 Die Werke Carl Schmitts werden im Text mit den folgenden, in der Forschung gebräuchlichen Siglen zitiert: BdP = *Der Begriff des Politischen. Text von 1932 mit einem Vorwort und drei Corollarien,* Berlin 1963; G = *Glossarium. Aufzeichnungen der Jahre 1947–1951,* Berlin 1991; LP = *Die geistesgeschichtliche Lage des heutigen Parlamentarismus,* Nachdruck der 2. Aufl. von 1924, Berlin 1961; PB = *Positionen und Begriffe im Kampf mit Weimar – Genf – Versailles 1923–1939,* Hamburg 1940; PR = *Politische Romantik.* Nachdruck der 2. Aufl. von 1925, Berlin 1982; PTh = *Politische Theologie. Vier Kapitel zur Lehre von der Souveränität,* Nachdruck der 2. Aufl. von 1934, Berlin 1985; RK = *Römischer Katholizismus und politische Form,* München 1925; SR = *Schattenrisse,* Leipzig 1913 (veröffentlicht unter dem Pseudonym «Johannes Negelinus mox Doctor», in Zusammenarbeit mit Fritz Eisler); Vl = *Verfassungslehre,* Nachdruck der Erstausgabe von 1928, Berlin 1983; WS = *Der Wert des Staates und die Bedeutung des Einzelnen,* Tübingen 1914.

2 Michel Foucault, *Sexualität und Wahrheit. Der Wille zum Wissen,* Frankfurt a.M. 1977, S. 110.

3 Michel Foucault, *Überwachen und Strafen. Die Geburt des Gefängnisses,* Frankfurt a.M. 1981, S. 241.

4 Ebd. S. 246.

5 Ebd. S. 248.

6 Carl Schmitt, «Die Buribunken. Ein geschichtsphilosophischer Versuch», in: *Summa. Eine Vierteljahresschrift,* (1918)4, S. 102.

7 Gaston Bachelard, *Epistemologie,* ausgew. v. Dominque Lecourt, mit einem Nachwort zur Neuausgabe v. Friedrich Balke 1993, S. 67.

8 Walter Benjamin, «Was ist das epische Theater? Eine Studie zu Brecht», in: *Gesammelte Schriften,* hrsg. v. Rolf Tiedemann und Hermann Schweppenhäuser, Frankfurt a. M. 1991, Bd. II, 2, S. 522.

9 Die Autoren verwenden durchweg Auge als Maskulinum: Der fehlerhafte Artikel hebt das Auge als Symbol der überkommenen kulturellen Perzeption hervor und signalisiert zugleich satirisch Distanz. «Der Auge. Teil des menschlichen Körpers, wird zum Sehen benutzt. Er teilt sich in den rechten und den linken Auge. Beim Beschauen von Bildern kneift man abwechselnd den einen, den anderen und beide zu.» (SR, 59).

10 Carl Schmitt: «Kritik der Zeit», in: *Die Rheinlande,* 22(1912), S. 324.

11 Carl Schmitt, «Die geschichtliche Struktur des heutigen Welt-Gegensatzes von Ost und West. Bemerkungen zu Ernst Jüngers Schrift: ‹Der gordische Knoten›», in: *Freundschaftliche Begegnungen. Festschrift für Ernst Jünger zum 60. Geburtstag,* Frankfurt a.M. 1955, S. 139 f.

12 Gilles Deleuze und Félix Guattari, *Anti-Ödipus. Kapitalismus und Schizophrenie* 1, Frankfurt a.M. 1974, S. 332.

13 «[...] und aus der Kraft eines integren Wissens entsteht die Ordnung der menschlichen Dinge» (BdP, 95).

14 Adolf Frisé (Hrsg.), *Robert Musil, Tagebücher,* Reinbek bei Hamburg 1983, Bd. 2, S. 1200.

15 Ebd. S. 992.

16 In der vorangestellten «Systematischen Tabelle» wird Rathenau als einziger der porträtierten exemplarischen Gestalten der modernen Bildung der Gruppe «E.» zugeordnet, die «Nicht-Deutsche» überschrieben ist (SR, 6). Schmitts Antisemitismus dürfte auch eine Rolle in dem «intensiven Gespräch» gespielt haben, das er mit Musil im Dezember 1930 führte. Bei dem Gespräch, das in Schmitts Berliner Wohnung stattfand – im Anschluß an eine Tagung der Friedrich-List-Gesellschaft «über die Beurteilung des damaligen Nationalsozialismus» –, ging es, Schmitts Tagebucheintragung zufolge, um das «Thema: sein Roman und die Wiener Juden», ebd. S. 1199 f.

17 Robert Musil, *Der Mann ohne Eigenschaften,* Reinbek bei Hamburg 1992, Bd. 1, S. 189.

18 Ebd. S. 194.

19 Ebd. S.176 f.

20 Ebd. S. 645.

21 Ebd. S. 640.

V. Künstler: Malerei für eine neue Ordnung

Olaf Peters

Rudolf Schlichters ‹Blinde Macht›. Zur Genese einer Bildfindung 1932–1936

Ein römischer Krieger steht in kampfbereiter Haltung vor einem Abgrund, an der Spitze eines Plateaus, das sich nach hinten öffnet und ferne nächtliche Feuerstürme zeigt, während der Morgen graut. Die Gestalt ist deutlich, ja schlaglichtartig hervorgehoben. Die imposante Figur füllt das lebensgroße Format aus und fesselt die Aufmerksamkeit und den Blick des Betrachters durch ihre inszenierte Dramatik. Im hellen Lichtschein, wie von einem Scheinwerfer auf einer Naturbühne erfaßt, leuchtet das Fleisch und scheinen die Adern des Kämpfers auf. Die Teile der Rüstung präsentieren sich in allen Feinheiten metallenen Schmucks. Das rechte ausgestreckte Bein zeigt eine Beinschiene, die am oberen Ende in eine fratzenhafte Schreckmaske ausläuft. Der leicht abgenutzte Rock springt unter Metallbändern in einem hellen, kräftigen Rot vor. Der geschlossene Helm nimmt diesen deutlichen Farbakzent mit seinem Helmbusch auf, ist selbst kunstvoll im Stil der Renaissance gehämmert und weist keine Sehschlitze, sondern Paragraphen oder Notenschlüssel als Öffnungen auf. Die muskulöse Figur hält in ihren Händen Hammer und Kurzschwert. Über diesen erblickt man hölzerne Dreiecke am gespannten Unterarm und darüber alte Folianten mit der Aufschrift LEGES.

Die Darstellung des Kämpfers wird von dem Maler Rudolf Schlichter (1890–1955) selbst gebrochen. An den Bauch und die Brust des Kriegers heften sich sinistre Kräfte, Wesen, die der Künstler mit sadistischer Präzision erfaßt. Sie finden ihren Auftakt in einem hämisch grinsenden Äffchen, dessen Zähne hell aufleuchten; daneben hängt ein vielarmiger Vogel mit Reptilienhaut, an dem sich ängstlich ein Fettwanst festhält. Rechts davon erscheinen weibliche Zwitterwesen aus Wespenleibern und Schlangenköpfen zusammengesetzt. Sie alle krallen sich in den Leib, zerfetzen das Fleisch, das zwischen ihnen blutig aufscheint. Die inneren Organe sind bloßgelegt, hängen aus dem Corpus, und obwohl es sich um todbringende Verletzungen handeln müßte, scheint die Kraft und die Stärke der Figur nicht vermindert. Die infernalische, zwitterhafte Brut lacht höhnisch, züngelt böse und müht sich dennoch vergeblich, die Kraft des Kriegers zu zersetzen.

Rudolf Schlichters lebensgroßes Gemälde *Blinde Macht* stellt eines der bedeutenden Zeugnisse deutscher Malerei der Zwischenkriegszeit dar. Der Grund dafür liegt weniger in der malerischen Begabung des Künstlers, die angesichts seines zeichnerischen Talents und der minutiösen linearen Durchführung auch seiner wichtigen Gemälde eher sekundären Stellenwert besitzt. Viel eher gewinnt Schlichters Bild Bedeutung aufgrund seines paradigmatischen Charakters und seiner inhaltlichen Vielschichtigkeit. Das verschlüsselte, ja fast hermetisch und abweisend wirkende Gemälde behauptet eine Sonderstellung in Schlichters Œuvre und in der deutschen Kunst der Zeit.[1] Es überbrückt nicht, vielmehr umgreift und verklammert es das Ende der Weimarer Republik und die ersten Jahre der nationalsozialistischen Herrschaft. In ihm fokussiert sich gleichsam die Problematik einer Epoche, einer Generation, die der Historiker Ulrich Herbert als «sachlich» charakterisiert hat.[2] Herbert erfaßte dabei freilich nur ein spezifisches Segment jener Generation der in den neunziger Jahren des 19. Jahrhunderts und kurz nach 1900 Geborenen. Seine Aussagen lassen sich jedoch verallgemeinern, wurden in anderen Bereichen bestätigt[3] und besitzen auch für die geistesgeschichtliche Fundierung der neusachlichen Malerei Relevanz. Neben dieser historischen und allgemeineren Perspektive verlangt die Analyse von Rudolf Schlichters Bild schließlich ebenfalls aus kunsthistorischer Sicht eine Neubewertung neusachlicher Malerei am Ende der Weimarer Republik.

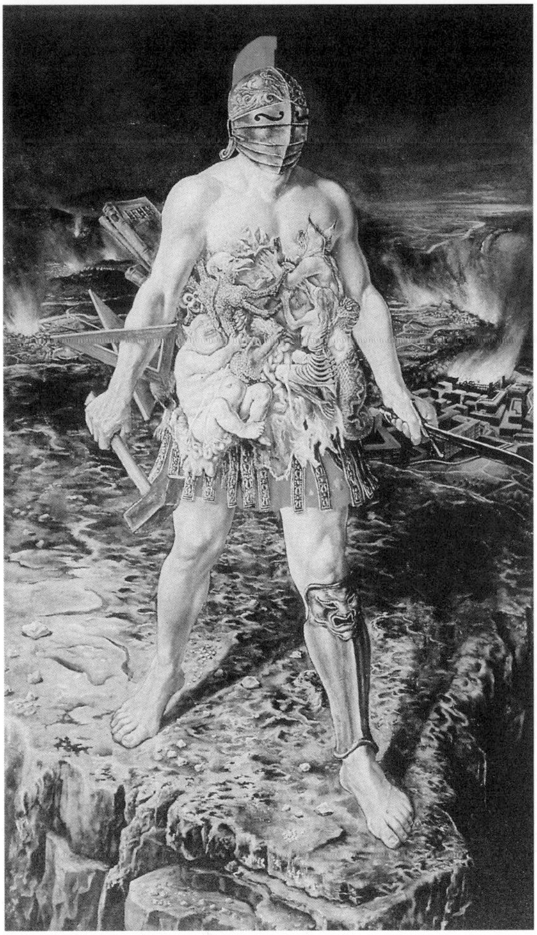

Rudolf Schlichter, Blinde Macht, 1932–36, Öl auf Leinwand, 180 x 100 cm, Berlinische Galerie.

Die oben vorgenommene Beschreibung von Schlichters *Blinde Macht* betrifft nicht die ursprüngliche Bildfassung. Das Gemälde weist deutliche Spuren von Übermalungen auf, die einen ersten Hinweis darauf geben, daß das Bild sich einem anderen Entstehungskontext verdankt, als dem immer wieder behaupteten des Jahres 1937. Die Veränderungen betreffen die Topographie, wobei geometrische Parzellierungen übermalt wurden, die nächtlichen Feuer hinzugefügt, Himmelserscheinungen getilgt und vielleicht auch die Lemuren, die an dem Krieger zerren und möglicherweise verändert wurden. Mit der bisherigen Datierung auf das Jahr 1937 oder den Zeitraum der Jahre 1935–37, die bis in die jüngste Zeit angenommen wird, wird das Gemälde einer gene-

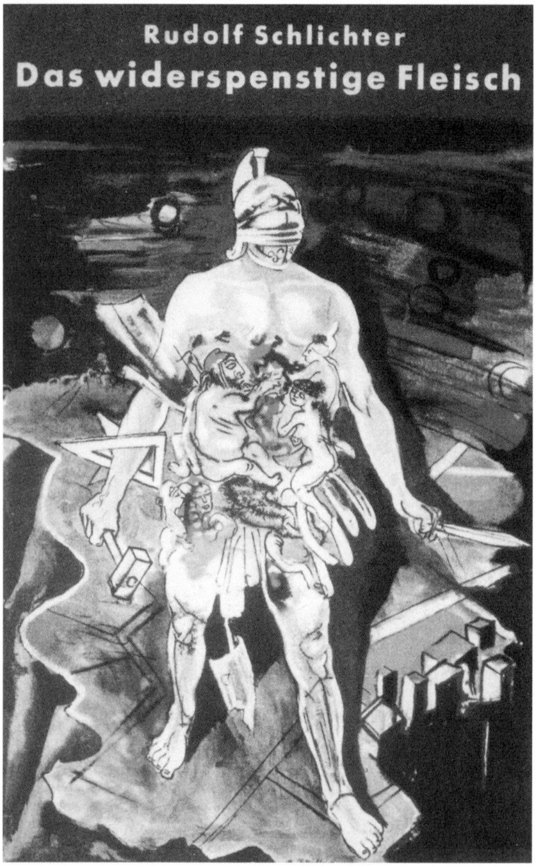

Rudolf Schlichter, Blinde Macht, Aquarell, Maße und Verbleib unbekannt, Buchumschlag zu: Rudolf Schlichter, Das widersprenstige Fleisch, Berlin: Ernst Rowohlt 1932.

rellen zeitgeschichtlichen Situation zugerechnet, die zu einer relativ einfachen Einordnung führte.[4] Diese Datierung ist falsch, sie läßt sich schon anhand des Originals aufgrund einer unleserlichen Datierung nicht nachvollziehen. Darüber hinaus sind drei bislang unbeachtet gebliebene Zeitungsrezensionen aus dem Zeitraum Januar/Februar 1932 überliefert, die anläßlich einer Schlichter-Ausstellung im Kunstsalon Gurlitt von einem großen Gemälde mit dem Titel *Größe und Untergang* sprechen und im gleichen Atemzug den Krieger der *Blinden Macht* eindeutig beschreiben: «Doch wer ist jener stämmige nackte Riese mit Beinschienen und Visier, Schwert und Hammer in den Händen, halb Mars, halb Donar, von fahlen Blitzen umzückt und von einem Gezücht schmarotzender Menschlein umkrochen, das sich an seinen Eingeweiden labt? Eine schauervolle Vision des Krieges etwa? Indes darunter stehen die ersten drei Zeilen des alten lateinischen Kirchenliedes, beginnend mit den drohenden Worten: ‹Dies irae, dies illa...›»[5] [...] «Eine Verbindung von beiden Elementen ist ‹Größe und Untergang›, ein Bild, auf dem ein geharnischter Krieger von einem Geschmeiß kleiner Vampyre angefallen und zerfressen wird, während er noch gerüstet dasteht. Das ist ein mahnendes Sinnbild des deutschen Volkes von heute.»[6] Demnach ist davon auszugehen, daß *Blinde Macht* bereits 1932 gemalt und unter anderem Titel ausgestellt und erst später – bis in den Zeitraum der Jahre 1935/36 hinein – verändert wurde. Im folgenden soll deshalb der ursprüngliche Entstehungskontext des Bildes im Jahre 1932 am Vorabend der nationalsozialistischen Diktatur erläutert werden.

Von zentraler Bedeutung für die grundsätzliche Neubewertung von Schlichters *Blinder Macht* ist die Tatsache, daß das Gemälde die Paraphrase eines Aquarells ist, das 1932 den Umschlag von Schlichters autobiographischem Text *Das widerspenstige Fleisch* schmückte. Auf diesem Umschlag ist die originäre Bilderfindung zu erkennen. Die oben geschilderten Übermalungen betreffen am Aquarell zu identifizierende Elemente, die auch am Gemälde noch zu erkennen sind. Man kann also annehmen, daß *Blinde Macht* ursprünglich eine wörtliche Übersetzung des Aquarells darstellte. 1932 steht der Krieger auf den deutlich konturierten Umrissen des Deutschen Reiches, das wie eine Insel mit dunklen Steilküsten in einen visionär empfundenen Kosmos ragt. Noch gibt es keine fernen Feuersbrünste, noch sind die Gestirne nicht verfinstert, gleichwohl scheint sich ein schicksalhaftes, mythisches Geschehen zu vollziehen.

Von kaum zu überschätzender Bedeutung für die Rekonstruktion von Schlichters ursprünglicher Intention ist die Darstellung der Parasiten, über deren Funktion man sich bislang keine Rechenschaft abgelegt hat und die auch von der zeitgenössischen Kritik nicht gedeutet wurden. 1932 waren dies die Verfallsformen der als liberalistisch und dekadent interpretierten Demokratie: Darunter ein fetter, leicht semitisch charakterisierter Bärtiger, der die phrygische Kappe der Jakobiner trägt; an ihm wird die Freiheitsmütze, das bonnet rouge als Emblem der Französischen Revolution, in Verbindung mit den laszriven Akten zügelloser Freiheiten zum eindeutig pejorativen Symbol. Es waren am Ende der Weimarer Republik die Ideale der Französischen Revolution, die Ideen von 1789, die der Verachtung des Künstlers ausgesetzt waren. Sie waren es, die die Stärke des Reiches angeblich unterminierten. Man fühlt sich hier an Arthur Moeller van den Brucks berühmtes Diktum erinnert: «Der Liberalismus hat Kulturen untergraben, er hat Religionen vernichtet. Er hat Vaterländer zerstört. Er war die Selbstauflösung der Menschheit.»[7] Pointiert läßt sich sagen, daß Rudolf Schlichter 1932 sein antidemokratisches Verdikt über die Weimarer Republik in einem Programmbild der Konservativen Revolution und des Neuen Nationalismus formuliert hat.[8] Diese Vorstellungen konnten sich widerspruchslos mit Positionen von katholischer Seite verbinden, mit denen Schlichter seit den späten zwanziger Jahren verbunden war und die sich ebenfalls durch einen antiaufklärerischen Affekt auszeichneten: «Die Fahne des Reiches darf nie und nimmer die Trikolore der Französischen Revolution sein – seien ihre Farben nun schwarz-weiß-rot oder schwarz-rot-gold; denn der Geist der Französischen Revolution ist der Widersacher des deutschen Reichsgedankens.»[9] Gerade die Vertreter einer nationalen Reichsideologie haben die ‹Idee des Reiches› «ab 1929 in zunehmendem Maße ideologisch überhöht und als politisches Gegenbild zur staatlichen Wirklichkeit der Weimarer Republik hochgespielt».[10]

Es ist inzwischen weithin bekannt, daß Rudolf Schlichter seit den späten zwanziger Jahren enge Kontakte zu führenden Vertretern der sogenannten Konservativen Revolution unterhalten hat. So zählte beispielsweise der in den Rathenaumord verstrickte und zu fünf Jahren Zuchthaus verurteilte Ernst von Salomon[11] zu seinen Bekannten und muß Ernst Jünger, die Galionsfigur des soldatischen Nationalismus, als enger Freund des Malers bezeichnet werden.[12] Weniger bekannt ist die Tatsache, daß Schlichter den Titel des von Jünger 1930 herausgegebenen Sammelbandes *Krieg und Krieger* illustriert hat, und daß darin anzutreffende Gedankengänge die Bilderfindung der *Blinden Macht* grundieren.[13] Als erst 27-jähriger steuerte Werner Best, der später der Stellvertreter

Reinhard Heydrichs bei der Gestapo, Chef der Innenverwaltung im besetzten Frankreich, Reichsbevollmächtigter im besetzten Dänemark und nicht zuletzt ein einflußreicher Theoretiker der SS und Deutschen Polizei wurde[14], den Aufsatz «Der Krieg und das Recht» zu Jüngers publizistischem Werk bei.[15] Diese Abhandlung, geschrieben gegen eine ‹utopisch-rationalistische› und gegen eine ‹moralisch-idealistische› Rechtsauffassung, postulierte eine brutale Erfolgsethik. Recht sank nach Bests Konzeption zu einer bloßen Funktion der Macht herab, der Sieger diktierte das – nun nicht mehr normativ gebundene – Recht, das er voluntaristisch durchsetzte. Das Recht verkam hier zum Attribut des Kriegers, der die Macht in seinen Händen hält, und diese Auffassung scheint von Schlichter fast illustriert worden zu sein. Best lieferte somit ein Motiv für die Darstellung Schlichters.

Neben einem solchen konkreten Gedanken scheint die Gestalt des Arbeiters, mit der Ernst Jünger im Jahr der Bildentstehung eine ‹literarische Sensation› lieferte, einen weiteren Ansatzpunkt zur Interpretation der *Blinden Macht* darzustellen.[16] Eine Fülle von Belegen ließe sich aus dieser und anderen Schriften anführen, die Jüngers leicht ermüdende Hymnen auf elementare Kräfte wie Feuer und Blut, auf die Gestalt des Kriegers und die des Arbeiters, auf den Kampf Mann gegen Mann, auf den ‹Eintritt in den imperialen Raum› und auf die Destruktion bürgerlicher Normen und Werte verdeutlichen. Hier formierte sich eine Mentalität und wurde ein atmosphärisches Umfeld emphatisch heraufbeschworen, denen Schlichters Darstellung viel verdankt. Aber man weiß auch, daß Jünger sich seinerseits von Schlichter inspirieren ließ, und es kann sogar vermutet werden, daß *Blinde Macht* Einfluß auf Jüngers Widerstandsparabel *Auf den Marmorklippen* hatte. Der Autor erhielt wohl bereits 1935 – d.h. drei Jahre vor der Veröffentlichung der Erzählung im Spätherbst 1938 – eine Photographie des Gemäldes.[17]

Nach der sogenannten Machtergreifung durch die Nationalsozialisten fand sich der inzwischen von Berlin in die schwäbische Provinz gewechselte und sich öffentlich zum Katholizismus bekennende Rudolf Schlichter in einer prekären Lage, die von Widersprüchen nicht frei war.[18] Seine autobiographischen Schilderungen stießen auf Unverständnis und Kritik, sein Privatleben wurde bespitzelt, es kam zu Übergriffen auf seine Frau und seine eigene Person, die von ihm christologisch verschlüsselt in dem Gemälde *Die Verspottung Christi* thematisiert und kritisiert wurden.[19] Aber Schlichter konnte noch 1933 und – unter veränderten Bedingungen – 1936 ausstellen, darunter Arbeiten wie seine *Verspottung Christi* und *Blinde Macht*.[20] Zeichnungen wurden gar noch 1940 publiziert, zu einem Zeitpunkt, zu dem der Maler jedoch gesellschaftlich bereits isoliert war.[21]

Bemerkenswert ist in diesem Zusammenhang Schlichters programmatische Formulierung einer kunstpolitischen Denkschrift unter dem Titel *Grundsätzliches zur deutschen Kunst* vom September 1933.[22] Zusammen mit seinem Freund Paul Wilhelm Wenger postulierte er hier eine gegenständliche Kunst vor der Folie der nationalen Tradition. Sie stellte gedanklich die weitgehendste und gefährlichste Annäherung an die neuen Machthaber dar, wenngleich die Schrift wohl nie offiziellen Stellen zugeleitet wurde. In dem Moment, als Schlichter meinte, sich kunstpolitisch positionieren zu müssen, geriet er auf eine schiefe Ebene und begrüßte die politische Entwicklung zu diesem frühen Zeitpunkt der NS-Herrschaft grundsätzlich, auch wenn er sich kunstpolitisch in topischer Weise von der Clique um den angeblichen Chefideologen Alfred Rosenberg distanzierte.[23] Zu Beginn der nationalsozialistischen Herrschaft begann Schlichter eine, wenngleich isoliert stehende Postkarte an seinen mit der NSDAP sympathisierenden und ihr später beigetretenen Künstlerkollegen Franz Radziwill mit den Worten: «Heil u. Sieg! Endlich ist so geräumt worden, wie wir es schon lange wünschten.»[24] Dies zeigt symptomatisch, in welcher Weise der Künstler bereit war, sich auf die geänderten politischen Umstände einzustellen.[25]

Schlichters dezidiert antiliberale und bereits in den späten Weimarer Jahren formulierte Haltung[26] konnte dabei mit Strömungen innerhalb des Nationalsozialismus korrespondieren, ohne daß sich daraus eine weiterreichende nazistische Position ableiten ließe oder der Maler auf der Ebene von Funktionsträgern des Regimes gewußt hätte, an wen er sich denn innerhalb des polykratischen Systems wenden sollte. Aber immerhin meinte der Künstler, überhaupt Ansprechpartner vermuten zu dürfen. Er und Wenger hoben in ihrer Denkschrift die ‹zersetzende› und einen einheitlichen Stil verhindernden Kraft der pluralistischen Ideen von 1789 hervor und formulierten dann programmatisch: «Von dieser Sicht her müssen wir die Aufgabe, die der heutigen Kunst gestellt ist, zu begreifen suchen. Politisch ist zwar der Geist von 1789 in seinen vor allem Deutschland lebensgefährdenden Formen und Spielregeln aus den maßgebenden Machtpositionen geworfen, aber der Geist selbst, der mit dem Blute von Millionen in die Seele der Menschheit eingeschrieben wurde, ist weder bei uns, geschweige denn bei den europäischen Weststaaten ausgelöscht! Wir leben daher in der Zeit des Übergangs und gesteigerter Gärung, die voraussichtlich noch dauern wird; denn der alte Adam ist noch lange nicht tot, und der neue, der Träger einer neuen totalen Kultur werden muß, wenn er seinen rassischen Führeranspruch durchhalten will, ist erst im Werden. Die Menschheit, ein Volk denkt in Generationen!»[27] Dieses Konglomerat aus Kulturkritik nietzscheanischer Prägung, Rassismus, Antiliberalismus und verhaltener kritischer Distanz gegenüber der politischen Veränderung befremdet heute, muß aber als durchaus typisch für jene Jahre angesehen werden.

Das Gemälde *Blinde Macht* löste in seiner ästhetischen Formulierung, in seinem betont traditionellen Idiom diesen theoretischen Ansatz frühzeitig ein und verweigert dabei die Sprache der Avantgarde ostentativ.[28] Gleichwohl handelt es sich um ein der Moderne vielfältig verpflichtetes Werk. Die allegorische Figur der *Blinden Macht* bün-

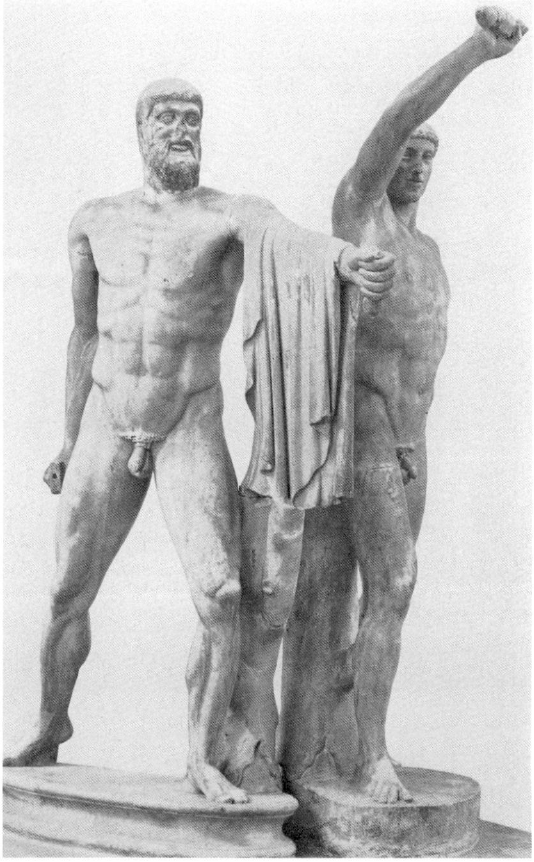

Kritos und Nesiotes, Die Tyrannentöter Harmodios und Aristogeiton, Römische Marmorkopie aus hadrianischer Zeit der originalen Bronzeplastik, 477/476 v. Chr., Höhe 184 cm, Neapel, Museo Nazionale.

delt und verschränkt mehrere ikonographische Stränge zu einer überaus komplex angelegten Bildaussage. Auf den ersten Blick ist dabei die traditionale, kolosshafte Personifikation des Staates bzw. der Nation wahrnehmbar, jene Ikonographie des Riesen, bei welcher der Staat als ‹Makranthropos› bildlich generiert wird. Typologisch ableitbar war sie aus der Ikonographie des Krieges, wie sie von Rubens, Menzel und Kubin verbildlicht worden war, und als ‹Mars› firmierte das Bild auch zeitweilig in der Korrespondenz zwischen Schlichter und Jünger. Ferner adaptiert Schlichter die Ikonographie des Lasters und das damit assoziierte Motiv der Blindheit. Und schließlich, und dies ist von entscheidender Bedeutung, benutzt der Maler die Pathosformel des Widerstandes, die bislang bei der Analyse dieses Bildes unbeachtet geblieben ist, und die deren genuinen Aussagegehalt erst hervorbringt. Unmittelbares Vorbild für Schlichter, der im übrigen über eine intime Kenntnis antiker Bildwerke verfügte[29], war die berühmte Gruppe der *Tyrannenmörder* Harmodios und Aristogeiton.[30] Zwar stellt Schlichter im Zuge der vorgenommenen nationalen Personifizierung notwendigerweise nur eine Figur dar, aber die auffälligen Entsprechungen in Schrittstellung, Muskulatur und Armhaltung lassen den Vorbildcharakter des antiken Figurenpaares evident erscheinen. Dabei wandelt Schlichter das Bewegungsmotiv seiner Figur bedeutungsvoll so ab, daß das Vorwärtsstürmen der antiken *Tyrannentöter* abgemildert wird zu einem festen Stehen. Ihm ist – im Unterschied zu dem Denkmal für die historischen Täter, die bereits gehandelt haben und im Modus gegenwärtigen Handelns verbildlicht sind – die Aufgabe der Widerstandshandlung gegen ‹innere Widerstände› erst noch als zukünftige aufgegeben und zugleich bereits in nuce enthalten. Nur so läßt sich der spezifische Zeitmodus der Figur erklären und wird Schlichters künstlerische Leistung verständlich: Er läßt seinen Krieger nicht blind in den Untergang taumeln, wie immer wieder irrtümlich und im Kontrast zum anschaulichen Gehalt des Werkes behauptet wird, sondern läßt dessen Handlungsmoment vielmehr zwischen aggressiver Selbstbehauptung und blutiger Selbstzerfleischung, zwischen Widerstand und möglichem Untergang oszillieren.

Rudolf Schlichter hat 1932 die ursprünglich demokratisch intendierte Widerstandsikonographie der Tyrannenmörder in seinem Aquarell und dem großformatigen, repräsentativen Ölbild bewußt ironisch, ja perfide gegen die Weimarer Demokratie eingesetzt, um sie dann später in dem geringfügig veränderten Gemälde mittels einer Neukontextualisierung gegen das Dritte Reich zu wenden. Weil die Herrschaft der Nationalsozialisten als Parteiendiktatur, als Selbstaufhebung und schließliche ‹Entartung› der Demokratie interpretiert werden konnte, mußte Schlichter nur geringe Modifikationen an seiner ursprünglichen Bildidee vornehmen, um zu einer vernichtenden Kritik des Dritten Reiches vorzudringen. Schlichter verherrlichte 1932 ein imperiales Kriegertum, das sich im Kult der Nation gegen seine inneren Feinde, gegen die Ideen von 1789 durchzusetzen hatte, um damit seine äußere Stärke wiederzugewinnen. Er propagierte hier mit einem scharfen antisäkularen Gestus ein autoritäres, hegemoniales und machtstaatlich fundiertes Reich. Im selben ikonographischen Modus konnte er um 1936 einen aggressiven, zur Parteiendiktatur ‹entarteten› Machtstaat kritisieren, dem jedoch ebenfalls die Möglichkeit zur Umkehr blieb. Das Innehalten des Kriegers vor dem Abgrund und die Widerstandsikonographie grundieren das Bild von je her mit einer fundamentalen Ambivalenz, dem die Zeitvorstellung eines Kairos zugrundeliegt. Bereits 1932 konnten die zeitgenössichen Interpreten ein «mahnendes Sinnbild des deutschen Volkes von heute» in dem Werk erkennen.[31] 1936 werden lasterhafte, polykratische Selbstzerstörung und machtstaatliche Aggression decouvriert, Deutschland steht an einem Punkt, «wo die Zerrüttung menschlicher Ordnungen bis zum Blutvergießen vorgeschritten ist», wie es Ernst Jünger in seinem Essay *Lob der Vokale* ausgedrückt hatte.[32]

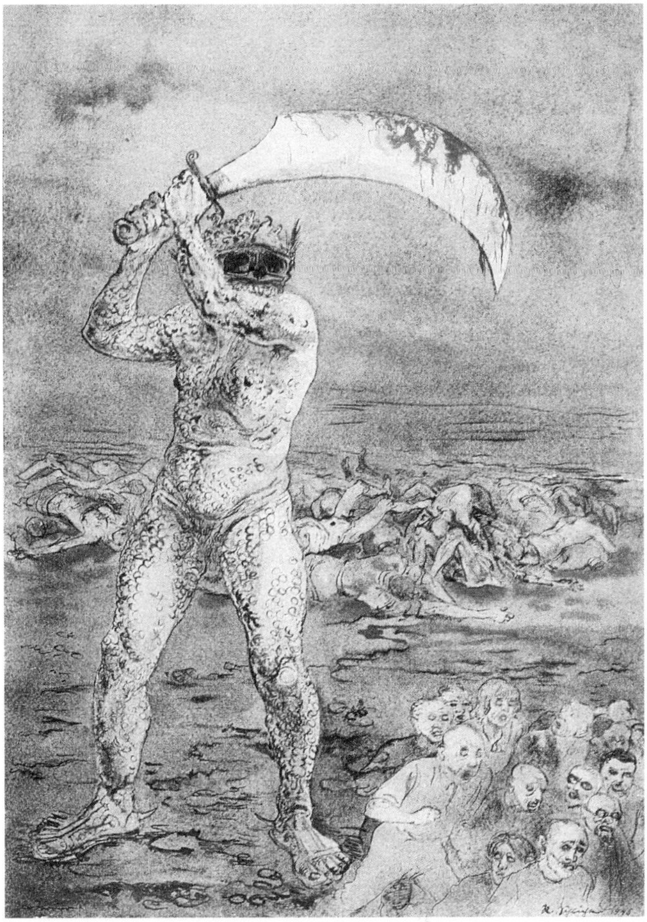

Rudolf Schlichter, Terror, um 1945, Aquarell, Maße und Verbleib unbekannt.

In diesem Moment ruft der Maler Schlichter sein Land zur Umkehr, wenn nicht gar zum Widerstand gegen die Machthaber, gegen die neuen inneren Feinde auf. Sein Freund

Ernst Jünger bemerkte angesichts des ‹geblendeten Mars› am 14. Januar 1936 in einem Brief: «Der Bildende Künstler hat heute die Aufgabe, uns zu zeigen, daß der Spaß einmal aufhören wird; die Zeit für Stilleben ist vorbei. Ob das durch die Schilderung des Schönen, des Häßlichen oder auf sonst eine Weise geschieht, ist einerlei. Ich erinnere Sie an Ihren geblendeten Mars, der auch nicht von Pappe ist. Ich vermute, daß es eine Art zu malen und zu zeichnen gibt, auf die der Tyrannenmord unmittelbar folgen muß.»[33] In dieser erst kürzlich aufgetauchten Quelle erspürt Jünger instinktiv jenes inhaltliche Moment des Werkes, das die ikonographische Herleitung zuvor anschaulich belegen konnte.

Erst nach der Errichtung der Diktatur und erst nachdem er selbst attackiert wurde, wehrte Schlichter sich gegen die nationalsozialistische Gefahr, die er in den späten Weimarer Jahren nicht benannt, ja deren Errichtung er Vorschub geleistet hatte. Erst jetzt erkannte er, was der von ihm in anderer Form herbeigewünschte «unblutige Rechtsputsch», der dann zur Herrschaft des Nationalsozialismus wurde, tatsächlich darstellen konnte.[34] Für den Koloß gab es nur ein kurzes Innehalten. Dieser Moment verstrich, ließ er sich doch von den Lemuren, die er selbst gerufen hatte, in den Abgrund ziehen, pervertierte und entlarvte sich Schlichters katholisch geprägte und national überformte ‹Vision des Reiches› in die Realität und den Amoklauf des Terrors, dem man, ohne dies zu wollen, den Boden bereitet hatte.

Anmerkungen

1 Vgl. zur Interpretation des Bildes grundsätzlich Günter Metken, «Blinde Macht – Eine Allegorie der Selbstzerstörung», in: *Rudolf Schlichter 1890–1955,* Berlin 1984 (Ausst. Kat. Berlin: Staatliche Kunsthalle und Stuttgart: Württembergischer Kunstverein), S. 77a–80a; ders.: *Rudolf Schlichter. Blinde Macht. Eine Allegorie der Zerstörung,* Frankfurt a. M. 1990, ferner Metkens im Kern unveränderte, ältere Auffassung in: Götz Adriani (Hrsg.), *Rudolf Schlichter. Gemälde, Aquarelle, Zeichnungen,* München und Berlin 1997, (Ausst. Kat, Tübingen: Kunsthalle u.a.), S. 253–256 und Olaf Peters, *Neue Sachlichkeit und Nationalsozialismus. Affirmation und Kritik 1931–1947,* Berlin 1998 (Diss., Bochum 1996), S. 229–262.

2 Vgl. Ulrich Herbert, «‹Generation der Sachlichkeit›. Die völkische Studentenbewegung der frühen zwanziger Jahre in Deutschland», in: Frank Bajohr, Werner Johe und Uwe Lohalm (Hrsg.), *Zivilisation und Barbarei. Die widersprüchlichen Potentiale der Moderne,* Hamburg 1991, S. 115–144.

3 Vgl. die grundlegenden Ausführungen von Helmut Lethen, *Verhaltenslehren der Kälte. Lebensversuche zwischen den Kriegen,* Frankfurt a. M. 1994.

4 Mit dem gängigen Topos von der Neuen Sachlichkeit als ‹demokratischer Kunst› scheint sich diese Interpretation verselbstständigt zu haben. Vgl. *Realismus. Zwischen Revolution und Reaktion 1919–1939,* München 1981 (Ausst. Kat. Paris: Centre Georges Pompidou und Berlin: Staatliche Kunsthalle). Vgl. die zu korrigierenden zeitlichen Situierungen des Gemäldes in den Texten von Metken (wie Anm. 1), und in: Dirk Heißerer (Hrsg), *Ernst Jünger – Rudolf Schlichter. Briefe 1935–1955,* Stuttgart 1997.

5 «Rudolf Schlichter. Ausstellung bei Gurlitt», in: *Berliner Börsen-Zeitung,* 23. Januar 1932. Die Schrift findet sich heute nicht mehr auf dem Gemälde und ist vermutlich im Zuge der größeren Veränderungen an dem Bild ebenfalls übermalt worden.

6 Vgl. F.M., «Rudolf Schlichter. Zur Ausstellung bei Gurlitt», in: *Germania,* 4. Februar 1932, und den hier

zitierten undatierten Artikel von Franz Servaes, der sich – neben weiteren – im Nachlaß Schlichter, Galerie Viola Roehr von Alvensleben, München befindet.

7 Arthur Moeller van den Bruck, *Das Dritte Reich,* Berlin 1926, 2. Aufl., S. 119, hier zitiert nach der grundlegenden Studie von Kurt Sontheimer, *Antidemokratisches Denken in der Weimarer Republik. Die politischen Ideen des deutschen Nationalismus zwischen 1918 und 1933,* München 1992, 3. Aufl., S. 143.

8 Dies ahnte ein unbekannter Kritiker in einem undatierten Artikel (wohl Februar 1932) der *Königberger Hartungschen Zeitung,* der bei Schlichter «eine etwas eigenartige, aus Teutomanie und Religiosität gemischte Gedankenwelt» konstatierte, «die seinen besten Impulsen das Wasser abgräbt.» Zeitungsausschnitt im Nachlaß Schlichter, Galerie Viola Roehr von Alvensleben, München. Vgl. zur sogenannten Konservativen Revolution die aktuelle, wenngleich nicht unproblematische Einführung von Stefan Breuer, *Anatomie der Konservativen Revolution,* Darmstadt 1993.

9 Fritz von Haniel-Niethammer, *Das Reich des Abendlandes,* München/Berlin 1932, S. 149, hier zitiert nach Klaus Breuning, *Die Vision des Reiches. Deutscher Katholizismus zwischen Demokratie und Diktatur (1929–1934),* München 1969, S. 77 f.

10 Breuning (wie Anm. 9), S. 24 u. 17.

11 Vgl. dazu Martin Sabrow, *Der Rathenaumord. Rekonstruktion einer Verschwörung gegen die Republik von Weimar,* München 1994.

12 Vgl. als Einführung zur Person Jüngers die Biographie von Martin Meyer, *Ernst Jünger,* München/Wien 1990.

13 Ernst Jünger (Hrsg.), *Krieg und Krieger,* Berlin 1930. Vgl. zu dem benutzten Aquarell, das sich nach Aussage von Frau Viola Roehr von Alvensleben noch im Nachlaß befindet und die Tankschlacht von Cambrai verbildlicht, Peters (wie Anm. 1), S. 189.

14 Vgl. Ulrich Herbert, *Best. Biographische Studien über Radikalismus, Weltanschauung und Vernunft 1903–1989,* Bonn 1996, 2. durchges. Aufl., insbesondere S. 95–100.

15 Werner Best, *Der Krieg und das Recht,* in: Jünger (wie Anm. 13), S. 135–161.

16 Vgl. Ernst Jünger, *Sämtliche Werke. Bd. 8, Essays II: Der Arbeiter,* Stuttgart 1981. Vgl. zur Interpretation der Schrift: Uwe-K. Ketelsen, *Literatur und Drittes Reich,* Schernfeld 1992, S. 258–285.

17 Vgl. Heißerer (wie Anm. 4), S. 11 u. 45. Spätestens im Januar 1936 war Jünger der Bildinhalt bekannt. Vgl. ferner Schlichters Brief vom 2. Dezember 1935 an Jünger, in dem er die Fertigstellung des Gemäldes *Im Mittag glüht die gelbe Klippe* anzeigt, ebd. S. 31.

18 Vgl. zur Biographie Schlichters Adriani (wie Anm. 1), S. 9–20.

19 Vgl. dazu Peters (wie Anm. 1), S. 99–119.

20 Vgl. die Rezensionen einer Ausstellung ‹heimischer Künstler› im Tübinger Museum, die am 30. Oktober 1933 und am 1. November 1933 in der *Tübinger Chronik und Steinlachboten* und am 30. Oktober 1933 im *Neuen Tübinger Tageblatt* erschienen. Vgl. ferner Rudolf Schlichter, «Worte der Einführung», anläßlich der Ausstellung in den Privaträumen von Hugo Borst, Stuttgart 1936, wiederabgedruckt in: Dirk Heißerer (Hrsg.), *Rudolf Schlichter – Die Verteidigung des Panoptikums. Autobiographische, zeit- und kunstkritische Schriften sowie Briefe 1930–1955,* Berlin 1995, S. 217–222. Vgl. dazu die Ausstellungsbesprechung von Hans Hildebrandt, «Rudolf Schlichter», in: *Deutsche Zukunft,* 17. Januar 1937.

21 Vgl. *Das Innere Reich,* 7(1940)6.

22 Vgl. Heißerer (wie Anm. 20), S. 213–216.

23 Zu Rosenberg vgl. Reinhard Bollmus, *Das Amt Rosenberg und seine Gegner. Studien zum Machtkampf im nationalsozialistischen Herrschaftssystem,* Stuttgart 1970.

24 Postkarte Rudolf Schlichters an Franz Radziwill vom 24. April 1933, Franz Radziwill Haus und Archiv, Varel/Dangast. Zur Diskussion der Karte vgl. Peters (wie Anm. 1), S. 103–106, und die grundlegende Studie zu Radziwills Position während des Dritten Reiches von James A. Van Dyke, *Franz Radziwill, the Art Politics of the National Socialist Regime, and the Question of Resistance in Germany, 1930–1939,* Diss., Evanston, Illinois 1996 (Typoskript).

25 Schlichter hat sein Verhalten später bereut und mit den Worten kommentiert: «[...] Wenn ich mir so gewisse Bilder der Zeit zwischen 33 u. 39 ansehe, so faßt mich der Ekel. Wie schwach war ich doch! Wie bin ich doch diesen[m] scheußlichen Spießergeist der Teufel entgegengekommen, u. wie habe ich meine wahre Natur verleugnet. Wie gut war mein Schaffen in jener Übergangszeit zwischen 28 u. 32. Wie fruchtbar die Ansatzpunkte, die ich leider nachher zu Gunsten einer dummen ideologisch unterbauten Schönfärberei verleugnete u. verließ. Wie geschah das? Nur darum geschah dies[,] weil auf Grund der geistigen Trägheit die Entwicklung der intellektuellen Kräfte hinter dem Volumen der natürlichen Begabung zurückblieb. Ich wurde, leider durch eigene Schuld, ein Opfer der deutschen Dummheit, weil ich aus einem widerlichen Ressentiment heraus, aus einem feigen Fluchtbedürfnis diese Dummheit auch

noch zur Opposition gegen das Bessere bejahte. Die Furcht[,] sagt man, sei ein schlechter Ratgeber! Wahrhaftig, das habe ich am eigenen Leibe erfahren, denn alle Dummheiten auf künstlerischem Gebiet habe ich aus Furcht begangen. [...]» Tagebuch Rudolf Schlichter, 14. Oktober 1943, Nachlaß Schlichter, Galerie Viola Roehr von Alvensleben, München. Transkription: Dirk Heißerer.

26 Vgl. Peters (wie Anm. 1), S. 99–102.

27 Schlichter in: Heißerer (wie Anm. 20), S. 217.

28 Schlichters Freund George Grosz vertrat 1931 eine vergleichbare künstlerische Position, vgl. George Grosz, «Unter anderem ein Wort für deutsche Tradition», in: *Das Kunstblatt,* 15(1931)3, wiederabgedruckt in: Uwe M. Schneede (Hrsg.), *Künstlerschriften der zwanziger Jahre. Dokumente und Manifeste aus der Weimarer Republik,* Köln 1986, 3. erw. Aufl., S. 327–330.

29 Vgl. dazu Hanne Bergius, *Das Lachen DADAs. Die Berliner Dadaisten und ihre Aktionen,* Gießen 1989, S. 260–269.

30 Vgl. zu diesem Bildwerk vor allem die Monographie von Burkhard Fehr, *Die Tyrannentöter oder: Kann man der Demokratie ein Denkmal setzen?,* Frankfurt a.M. 1984.

31 Vgl. *Berliner Börsen-Zeitung* (wie Anm. 5).

32 Ernst Jünger, *Sämtliche Werke. Bd. 12, Essays VI: Lob der Vokale,* Stuttgart 1979, S. 11–46, hier S. 25.

33 Brief Ernst Jüngers vom 14. Januar 1936 an Rudolf Schlichter, in: Heißerer (wie Anm. 4), S. 47.

34 Vgl. Heißerer (wie Anm. 20), S. 381.

James A. Van Dyke

Franz Radziwill im Kampf um die Kunst

I.

Die Wendung «Kampf um die Kunst» findet sich in den Titeln zweier besonders bedeutsamer Schriften zur Geschichte der deutschen Kunst des 20. Jahrhunderts. Die erste besteht aus einer Sammlung von Aufsätzen einer stilistisch und ideologisch äußerst heterogenen Gruppe von Künstlern, Museumsdirektoren, Kunsthändlern und Schriftstellern – von Beckmann zu Marc, von Hausenstein zu Moeller van den Bruck –, die 1911 als Antwort auf den im selben Jahr von Carl Vinnen geführten, von Eugen Diederichs verlegten *Protest deutscher Künstler* im R. Piper Verlag veröffentlicht wurde. Im Jahre 1932 verwendete Paul Schultze-Naumburg, der 1911 Vinnens Protest mit unterschrieben hatte, die Wendung für den Titel eines schmalen, vom Zentralverlag der NSDAP publizierten Buches, worin er seine pseudowissenschaftlichen Ideen über die angeblich rassische Bedingtheit der Kunst und die angebliche Aussagekraft der Kunst über das Erbgut ihres Produzenten verbreitete. Diese beiden Schriften bildeten die Pole des von allen Seiten erbittert geführten Kampfes um die institutionelle Hegemonie über das Feld künstlerischer Produktion in Deutschland und über die Definition einer nationalen Kunst.

Franz Radziwill hatte mit beiden Schriften nicht unmittelbar zu tun. Als die erste veröffentlicht wurde, machte der Sechzehnjährige seine Lehre als Maurer. 1932 wurde er, inzwischen ein recht erfolgreicher autodidaktischer Maler in der modernen künstlerischen Kultur der Weimarer Republik, von Schultze-Naumburg nicht erwähnt. Dennoch war dieser Kampf auch für Radziwills künstlerische Karriere bestimmend. Obwohl er den öffentlichen Rang und den kunstpolitischen Einfluß der etablierten und vom Staat anerkannten Protagonisten der künstlerischen Moderne nicht besaß, nahm er ideologisch während der Weimarer Republik daran teil. Schließlich griff er kunstpolitisch ein und profitierte von der Bildung einer von Hitler geführten Koalitionsregierung im Januar 1933. Wie es dazu kam, soll im folgenden Beitrag erläutert werden.

II.

Im Frühjahr 1928 stellte Otto Dix Radziwill als die verkörperte Fortsetzung einer nationalen Kunstgeschichte dar, für die sich Radziwill seit 1924 zunehmend interessiert hatte.[1] Dix deutet eine Beziehung zwischen Dürer und Radziwill durch die Haltung der rechten Hand ebenso an wie durch die Beziehung zwischen dem Porträtierten und der Landschaft und durch den gestreiften Pullover; alles erinnert an Dürers Selbstbildnisse aus den Jahren 1498 und 1500. Auf Radziwills Begeisterung für Caspar David Friedrich weisen die Landschaft und die Reißschiene hin. Dieses Werkzeug soll der einzige Wandschmuck in Friedrichs Atelier gewesen sein und erscheint an zentraler Stelle in Georg Friedrich Kerstings Bildern.[2] Die Reißschiene erinnert außerdem an Momme Nissens 1904 im *Kunstwart* veröffentlichten, 1928 als Buch wieder herausgegebenen Aufsatz «Dürer als Führer»: «[...] so zeichnet Dürer stets, auch wie er malt. [...] Er ist ein Meister im Reißen».[3]

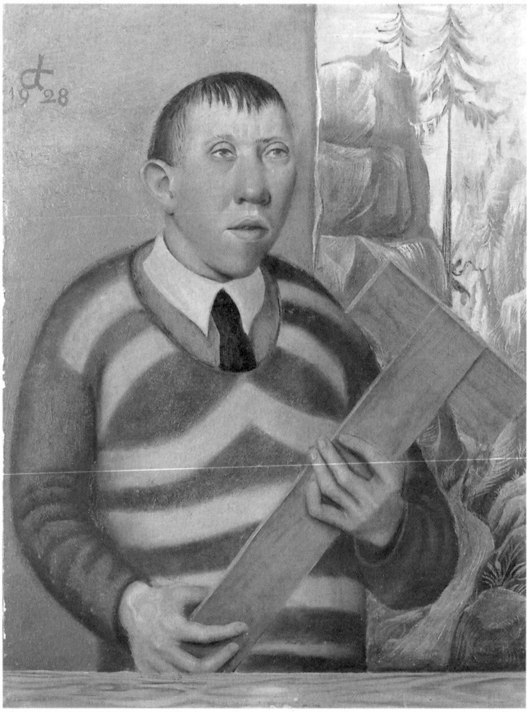

Otto Dix, Bildnis des Malers Franz Radziwill, 1928, Öl auf Pappe auf Sperrholz, 80 x 60 cm, Kunstmuseum Düsseldorf.

Aber Dix untergräbt unverkennbar die angedeutete Autorität eines selbstbewußten, wohlhabenden, sogar aristokratischen Kunstmalers, die er sich in seinem Selbstbildnis mit Staffelei aus dem Jahr 1926 zu verleihen versucht hatte. Die vornehme Haltung der Hände wird von Radziwills dumpfer Physiognomie konterkariert. Radziwill trägt keinen edlen Pelzkragen, hält auch nicht die Utensilien eines Künstlers in den Händen. Er ist keine Christus-ähnliche Erscheinung, sondern vollkommen irdisch. Zwischen dem Holzbrett im Vorder- und Putz und Leinwand im Hintergrund eingepreßt, scheint Radziwills Ellenbogen ein Stein in der romantischen Landschaft zu werden, nimmt sein Körper die kalkige, grobe Struktur der pastosen Wand auf. Radziwill erscheint eher als ungebildeter Bauarbeiter denn als bildender Künstler. Dix karikiert ihn als ungelenken, plattdeutschen Kunsthandwerker, eingebettet in Natur und Tradition.

Mit diesem Bild, wie mit der vordersten Prostituierten im rechten Flügel seines Großstadttriptychons, scheint Dix auch romantische, tendenziell nationalistische Verklärungen von Dürer aufs Korn zu nehmen. Nissen hatte von Dürer als einem «universalen Heimatkünstler» geschrieben, dessen «klares reines Wesen [...] von dekadentem Feminismus zu gesunder Männlichkeit der Kunst» zu leiten vermochte. Ähnliche Charakterisierungen waren zum 400. Todestag des Malers im Jahre 1928 weit verbreitet. Bei der Eröffnung des Dürerjahrs in Nürnberg bezeichnete Heinrich Wölfflin Dürer zum Beispiel als den «volkstümlichsten» Maler der deutschen Kunstgeschichte.[4]

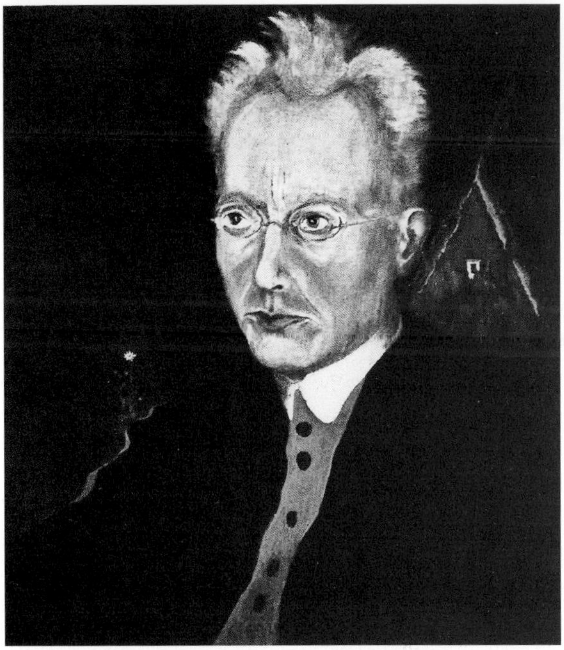

Franz Radziwill, Bildnis Wilhelm Niemeyer, 1924, Öl auf Leinwand, 73 x 65 cm, Standort unbekannt, in: Die deutsche Elite, (November 1924)6.

Mit seinem Bildnis lenkte Dix die Aufmerksamkeit der Betrachter nicht nur auf Radziwills Herkunft als Maurer, sondern auch auf die künstlerische Postur, die Radziwill spätestens 1925 angenommen hatte. Dies dokumentiert etwa der Briefwechsel zwischen Radziwill und dem eng mit ihm befreundeten Nietzsche-Verehrer, Kunsthistoriker und vitalistischen Dichter Wilhelm Niemeyer, dessen Aufsätze für den Sonderbund 1911 von Vinnen als Musterbeispiel für die Unverständlichkeit snobistischen Schreibens in der großstädtischen Kunstwelt angegriffen worden war, und der darauf einen Beitrag für den Sammelband *Im Kampf um die Kunst* beigesteuert hatte.

Im November 1924 bildete die Zeitschrift *Die deutsche Elite* Radziwills Bildnis von Niemeyer neben einem Bild von Marie Laurencin ab. Radziwill reagierte in einem Brief an Niemeyer vom Januar 1925 mit «Erschütterung»: «Mensch, da haben sie malerisch einen Bullen neben ein Ziegenlamm gestellt, eine französische Puppe, ach sie ist so süß, neben einem Mauermann mit deutschen Bausteinen. Mein Bild sieht fabelhaft nach den Farben der Bockhorner Klinker aus, die man in unserer Gegend pflastert – dies ist durch Feuer gegangen und sieht nach gutem und hartem Brand aus».[5] Drei Monate später postulierte Radziwill abermals einen Gegensatz zwischen seiner in rauher friesischer Umgebung gefärbten, gehärteten Malerei und Persönlichkeit und der urbanen Kunstwelt des geschmäcklerischen Bürgertums. Er charakterisierte die «Autoritäten der deutschen Kunstinstitute», Gustav Pauli und seine Assistenten in Hamburg, als überkultivierte, seelenlose «Kokottenwesen», die nicht über Natur oder Kunst zu sprechen fähig seien und Angst vor echten Künstlern hätten. Trotzig stellte Radziwill sich selbst dagegen als einen ungeschliffenen, robusten «Proletarier der Kunst» und «Arbeiter der Malerei» vor, gesellschaftlich verachtet, aber der Überlegenheit seiner natürlichen schöpferischen Kraft bewußt: «Es hat mich mal getroffen, immer in die Ecke gestellt zu werden, es trifft mich nicht mehr, seitdem ich rastlos arbeite».[6] Im selben Monat beklagte er den Einfluß des Kunsthändlers Alfred Flechtheim auf deutsche Sammler und lehnte die französische Malerei, die dieser vertrat, als «ohne eine Spur von Blut oder Leben» aber «groß, in Preisen» ab.[7]

Radziwill äußerte damit Ansichten, die bei Nissen und Vinnen ähnlichen Ausdruck gefunden hatten. Er teilte seine Abneigungen mit Kunstkritikern und Museumsleitern wie Richard Biedrzynski und Richard Reiche, die Radziwill zwischen 1930 und 1933 als Vertreter einer neoromantischen, nationalen künstlerischen Erneuerung betrachteten, deren Akteure «abseits des modernen Kunstbetriebes, scheu im Hintergrund» die «groteske Verwilderung der Form» und «maßlose Verschwommenheit von Kunst und Kritik» durch «Klarheit und Ordnung, Sauberkeit und Reinlichkeit» ersetzen wollten.[8] Resonanz fand Radziwills Selbstbild auch in seiner unmittelbaren Umgebung. Im Mai 1933 druckte die führende Zeitung in Oldenburg einen kurzen Artikel über Radziwill. Darin war zu lesen: «Mancher, der ihm besucht und fürchtet, einen Berühmten zu finden, einen blassen Aestheten mit Primadonnagewohnheiten, ist enttäuscht, freudig enttäuscht, denn er findet einen ganz lebensnahen, wurzelechten, offenen und geraden deutschen Mann. Er ist aus dem Handwerk hervorgegangen, und die Gediegenheit dieses Berufsstandes hat Radziwill sich als Künstler und Mensch bewahrt».[9] Für den anonymen Schreiber verkörperte Radziwill den Typus des Künstler-Handwerkers, der seit der Frühromantik als Leitfigur einer organischen, in die heimatliche Lebenswelt eingebetteten Kultur gedient hatte.[10]

Radziwills Haltung war Teil einer weit verbreiteten Zivilisationskritik, deren spezielle Ausprägung, die ideologisch ambivalente Suche der Expressionisten nach Ursprünglichkeit, Erich Heckel und Karl Schmidt-Rottluff in den kleinen oldenburgischen Badeort Dangast geführt hatte.[11] Dorthin war auch Radziwill zwischen 1921 und 1923 umgezogen; dazu angeregt hatten ihn wahrscheinlich seine Förderer Rosa Schapire und Wilhelm Niemeyer, die Schmidt-Rottluff zwischen 1908 und 1911 wiederholt dort besucht hatten. Zumindest bezeugen zahlreiche Briefe zwischen Radziwill und Niemeyer ab April 1921 ihre gemeinsame Abneigung gegen die Großstadt – vor allem Berlin – und ihre Kulturindustrie. Für den Bildungsbürger Niemeyer war Dangast Teil einer organischen Landschaft, die der Nervosität, Härte und dem Dreck der Stadt gegenüberstand, Radziwill verkörperte für ihn das authentische Leben inmitten einer vitalen Umwelt.

Seinerseits empörte sich Radziwill immer wieder über die Erscheinungen und Auswirkungen des Materialismus, betrachtete zum Beispiel den Tourismus als einen zerstörerischen Einfluß gerade auf angeblich unverdorbene Landschaften und heile Gemeinden. Als noch beunruhigender empfand er die Ausbreitung zweckorientierten Denkens. Zwei Tage nachdem er sich als «Arbeiter der Kunst» bezeichnet hatte, äußerte er seine Überzeugung, daß die «schweren Unglücke» und der «Verfall» Deutschlands in den vorangegangenen Jahren durch eine bei Arbeitgebern wie Arbeitnehmern vorhandene lediglich wirtschaftliche Einstellung zur Arbeit verursacht worden waren.[12] Im November 1929 erklärte Radziwill Niemeyer, warum er den Roman *Natael Mächler* des mit Niemeyer befreundeten Schriftstellers Hermann Stehr nicht gelesen hatte: «[...] ich werde ängstlich, vor den vielen Seiten wie vor dem vielen Reden dieser Zeit. So stehe ich vor den Wolkenkratzern, so stehe ich den großen Parteien gegenüber, die verlangen und nicht geben, die gut berechnen und rechnen und doch nicht aufgehen vor Gott. Ich habe Angst vor der Größe und Masse, weil sie so leicht leer sind».[13] Radziwill sah in und außerhalb der Kunstwelt, in der modernen Zivilisation (aber nicht, wohlgemerkt, unbedingt in der Technik) die Herrschaft des Oberflächlichen, Mittelmäßigen und Materialistischen, des rein quantitativen, seelentötenden Rationalismus.

In diesem anti-französisch, anti-bürgerlich und traditionell männlich geprägten Identitätsmuster stimmte Radziwill mit George Grosz überein, mit dem er im Januar 1927 ein herzliches Wiedersehen bei dem Kunsthändler Karl Nierendorf feierte.[14] Dennoch sind die Unterschiede zwischen Radziwill und Grosz augenfällig. Grosz war von 1919 bis 1923 Mitglied der Kommunistischen Partei und blieb auch nach seinem Austritt linken Positionen verpflichtet.[15] Für Radziwill hingegen existiert kein dokumentarischer Beweis, daß er in einer linken Partei oder einem Künstlerverband tätig gewesen wäre.[16] Im Jahr 1931 verband Grosz sein sich explizit von Paul Schultze-Naumburg abgrenzendes Plädoyer für die deutsche kunsthistorische Tradition mit einer radikalen Verurteilung autoritärer Massenparteien sowie der rationalistischen liberalen Gesellschaft.[17] Radziwill stellte sich im Dezember 1930 andererseits als rein antisozialistischer Hüter tradierter kultureller Werte vor.[18]

Mehr als mit Grosz hatte Radziwill mit dem «Prachtkerl» Rudolf Schlichter gemeinsam[19], der zwischen 1927 und 1930 eine Abkehr vom Kommunismus hin zu einem von Ernst Jünger propagierten neuen Nationalismus vollzog. Seiner Überzeugung vom konservativen Charakter der Kunst verlieh Schlichter in einer 1930 veröffentlichten Abrechnung mit der zeitgenössischen Kunstszene Ausdruck.[20] «Heil und Sieg!» begann Schlichter eine Postkarte an Radziwill am 24. April 1933, drei Tage nach der Beurlaubung der preußischen Akademieprofessoren Paul Klee und Oskar Moll: «Endlich ist so geräumt worden, wie wir es schon lange wünschten. Nunmehr werden sich die frechen Schmutzer in ihre Löcher verkriechen u[nd]. die Zugehörigkeit zu irgend einem alljüdischen Kunsttrödelgeschäft ist Gott sei Dank nicht mehr als Legitimation für Begabung nötig».[21] Zwischen Schlichter und Radziwill gab es aber auch einen wichtigen Unterschied: Während Schlichter und seine neokonservativen Bekannten wie Jünger von der NSDAP Abstand nahmen oder sie mit Argwohn betrachteten, trat Radziwill im Frühjahr 1933 in die Partei ein; schon im April als Parteigenosse angeredet, wurde er am 1. Mai 1933 offiziell als Mitglied eingetragen.

Abgestoßen von der materialistischen Gesellschaft und von ihren Krisen erschüttert, hatte der neokonservative «Arbeiter der Malerei» Radziwill den Siegeszug der NSDAP, die er nicht als Partei, sondern als revolutionäre Bewegung begriff, seit dem Herbst 1930 bejubelt. Seine Zustimmung war weniger künstlerisch und beruflich begründet,

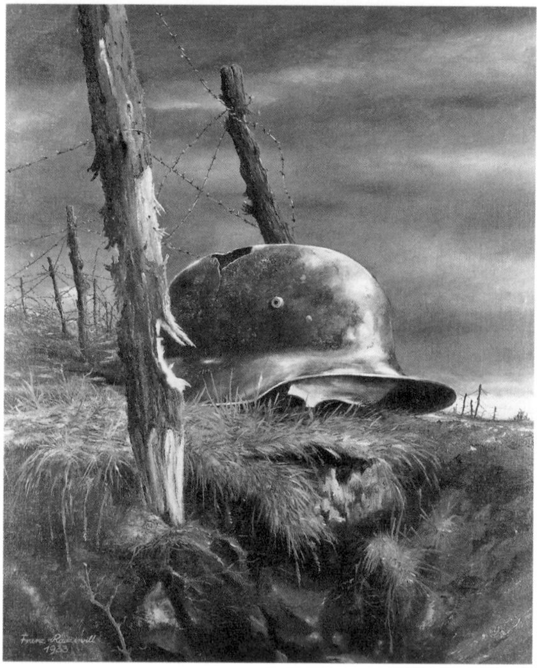

Franz Radziwill, Stahlhelm im Niemandsland, 1933, Öl auf Leinwand auf Holz, 64 x 53 cm, Stadtmuseum Oldenburg.

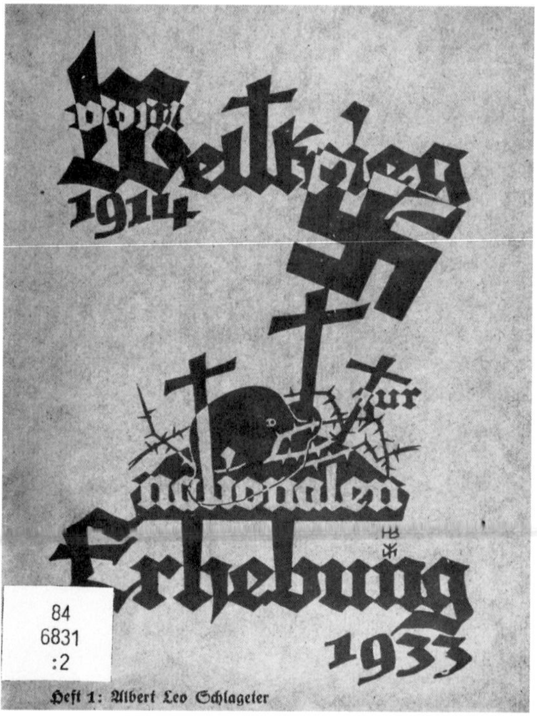

Umschlagillustration des Pamphlets «Vom Weltkrieg 1914 zur nationalen Erhebung 1933. Heft 1: Albert Leo Schlageter» (1933).

sie entstammte vielmehr seiner Zivilisationskritik und der Sehnsucht nach einer radikalen, ordnenden und reinigenden Diktatur, die die Politik aufheben sollte.[22] Radziwills Selbstverständnis, das er im April 1925 als Gegnerschaft zur elitären bürgerlichen Kunstwelt beschrieb, blieb trotz wachsender Anerkennung konstant und wurde durch seine Begeisterung für die NSDAP noch verschärft.[23] So überrascht es nicht, daß Radziwill Maßnahmen gegen das sogenannte «Weimarer System» im Frühjahr 1933 begrüßte, obwohl er dem Kampfbund für deutsche Kultur und seiner am Konventionellen orientierten künstlerischen Anhängerschaft zutiefst skeptisch gegenüberstand.[24] Bezeichnend für Radziwills Euphorie ist sein Bericht vom 1. März 1933 über eine Begegnung mit Edwin Redslob, der tags zuvor seine Position als Reichskunstwart verloren hatte. «Es ist eine Freude alle so mit wackeligen Beinen laufen und stehen zu sehen», schrieb Radziwill, «Hier geht es wie an der Front mir kann nichts passieren wir sind immer in der Scheiße. Herrlich uns drücken nicht die Sorgen des gesellschaftlichen Ansehens und des Entlassen werdens. Wir sind die Persönlichen, die Unerkäuflichen. Wir sind die Rüstung unseres herrlichen Vaterlandes».[25]

Schon im April 1925 hatte Radziwill eine aggressive Haltung gegen das von ihm als dekadent eingestufte Bürgertum eingenommen. Während der nationalsozialistischen «Revolution» behielt er diese Grundeinstellung, allerdings in modifizierter Form. Mit dem Bild *Stahlhelm im Niemandsland*, das den Opfern des Weltkriegs als Grundstein der anbrechenden nationalen Auferstehung gedenkt, versinnbildlichte Radziwill sein radikalisiertes Selbstverständnis.[26] Er war von einem antibürgerlichen «Arbeiter der Malerei» zu einem revolutionären Frontschwein geworden, das eine neue, seit

1928 ersehnte Gemeinschaft zwischen der Kunst und dem – wie viele meinten – von ihr entfremdeten Volk herbeiführen wollte.[27] Zwischen Mai 1933 und Mai 1934 erlangten er und sein vom nationalsozialistischen Bildhauer Günther Martin geführter Kreis mit diesem Bestreben bemerkenswerte öffentliche und offizielle Anerkennung. Radziwills Engagement für den Nationalsozialismus, seine kunstpolitischen Aktivitäten mit Martin sowie sein Status als Leitfigur der sogenannten Neuromantik verschränkten sich mit den Vorstellungen der jungen Nationalsozialisten, die die Kunstpolitik des preußischen Kultusministeriums während der Konsolidierung von Hitlers Regierung bestimmten.[28]

III.

Im Juli 1933 wurde Radziwill als Professor an die Düsseldorfer Kunstakademie berufen, wo er als Vorhut einer «jungen Front» «grundsätzlich mit neuen Dingen aus dem Geiste des Nationalsozialismus» beginnen sollte.[29] Dementsprechend trat er dort im Herbst 1933 als engagierter Nationalsozialist auf und etablierte sich als sendungsbewußter kunstpolitischer Aktivist.[30] Spätestens Ende 1934 war jedoch seine revolutionäre Begeisterung verflogen und sein kunstpolitisches Engagement ließ deutlich nach. Wegen Spannungen mit dem im Oktober 1933 berufenen Akademiedirektor und Landesleiter der Reichskammer der bildenden Künste – dem Architekten Peter Grund – verlor Radziwill in Düsseldorf an Einfluß. Der Vorstoß seines Kreises versandete; die von Martin und Radziwill organisierten «Gemeinschafts»-Ausstellungen blieben isolierte Veranstaltungen statt Grundlage einer umfassenden Reform der Kunstwelt zu sein. Die gesellschaftliche Revolution, die Radziwill erwartete und deren Märtyrer er in seinem Gemälde *Revolution* (heute in nach Kriegsende stark veränderter Form als *Dämonen* bekannt) gedachte, blieb aus.[31]

Schließlich verlor der künstlerisch nie ganz unumstrittene Radziwill seine Professur, nachdem in Hamburg der auch innerhalb der NSDAP argwöhnisch betrachtete Agitator Walter Hansen einige seiner frühesten Bilder Ende 1934 ausgegraben hatte. In Hamburg und Düsseldorf, wo Radziwill Unterstützer hatte, konnten Denunziationen entschärft werden, in denen ihn Hansen als einen «Kulturbolschewisten» anprangerte. Hansen schickte einen Brief und Fotos dieser Bilder aber auch nach Weimar, wo sie Paul Schultze-Naumburg in die Hände fielen.[32] Dieser brachte die Fotos nach München, wo sie der Reichsführung der NSDAP zur Kenntnis kamen, welche Druck auf die Kunstabteilung des verhältnismäßig schwachen Preußischen und Reichs-Erziehungsministeriums ausübte, die daraufhin ihren Schützling im Juni 1935 entließ. Etwa ein Jahr nachdem Radziwill den Zenit seines Ansehens – in Düsseldorf und im von Eberhard Hanfstaengl zusammengestellten deutschen Pavillon auf der Biennale in Venedig – erreicht hatte, beendeten kunstpolitische Heckenschützen, die dann die Radikalisierung der zentralen kunstpolitischen Bürokratien zwischen den Jahren 1935 und 1938 vorantrieben, seine Karriere als offiziell angestellter Maler.[33]

Von der NSDAP wandte sich Radziwill jedoch trotz dieser bitteren Enttäuschung nicht ab; er kämpfte um seine Rehabilitierung innerhalb der nationalsozialistischen Diktatur. Von Düsseldorf zog er wieder nach Dangast zurück, räumte aber das Feld des Kampfes um seine Kunst nicht. Vielmehr blieb er in engem Kontakt mit den prominenten Kollegen Emil Fahrenkamp und Werner Peiner, die sich über seine Entlassung empörten, ihm kunstpolitisch Hoffnung machten und ihm Absatzmöglichkeiten verschafften. In Dangast war Radziwill in der Ortsgruppe der NSDAP aktiv, und ab September 1937 betätigte er sich in der Kreisleitung der nahegelegenen Stadt Varel ebenfalls als NSDAP-Funktionär. Darüber hinaus entwickelte er im Frühjahr 1936 persönliche Verbindungen zu den führenden Persönlichkeiten des Gaues Weser-Ems in Oldenburg, insbesondere auch zu Gauleiter Karl Röver. Diesem gelang es im September 1936, eine Erklärung vom Reichsministerium für Volksaufklärung und Propaganda zu bekommen, die Radziwills künstlerische und politische Unbedenklichkeit feststellte und Angriffe gegen den Maler rügte.

Auch wenn dies Anlaß zum Optimismus war, erwiesen sich Radziwills künstlerische und politische Netzwerke als unzureichender Schutz vor den verschärften Maßnahmen der zentralen Institutionen kunstpolitischer Führung und Überwachung. Zwischen Dezember 1936 und Juni 1937 tauchte Radziwills Name in Düsseldorf in einer Liste unliebsamer Künstler und in Berlin in einer an die Staatspolizei und an Rosenbergs Amt für Kunstpflege gerichteten Gruppe von Anfragen über 26 Künstler auf.[34] In den Monaten nach der Inszenierung der Ausstellung «Entartete Kunst» verschlechterte sich seine Stellung dramatisch. Radziwill selbst war in München nicht vertreten, aber Dix' Bildnis von ihm wurde zeitweilig ausgestellt und im Führer ausschnittsweise abgebildet (eine frühe Lustmorddarstellung Radziwills wurde auch darin reproduziert). Einige Bilder Radziwills, die sich im Besitz öffentlicher Sammlungen befanden, wurden beschlagnahmt, und zwei oder drei der von Hansen in Umlauf gebrachten Werke in die Berliner und Hamburger Stationen der Ausstellung «Entartete Kunst» eingefügt. Im Mai 1938 verbot die Reichskammer der bildenden Künste Radziwill, größere Gruppen von Bildern auszustellen. Dies bedeutete für ihn zwar nicht das Ende als Maler in der Öffentlichkeit, machte aber Einzelausstellungen, die den Kern seiner künstlerischen Laufbahn bis Februar 1938 gebildet hatten, fortan unmöglich. Radziwills selbstbewußte Versuche, sich und seine nachexpressionistische Malerei – seine frühe Karriere bezeichnete er im September 1937 als «tiefes Tal» auf dem Weg zur Erklimmung eines «hohen Bergs», seine frühen Bilder als «unbeholfen», «wertlos» und «mißglückt» – bei Adolf Ziegler und

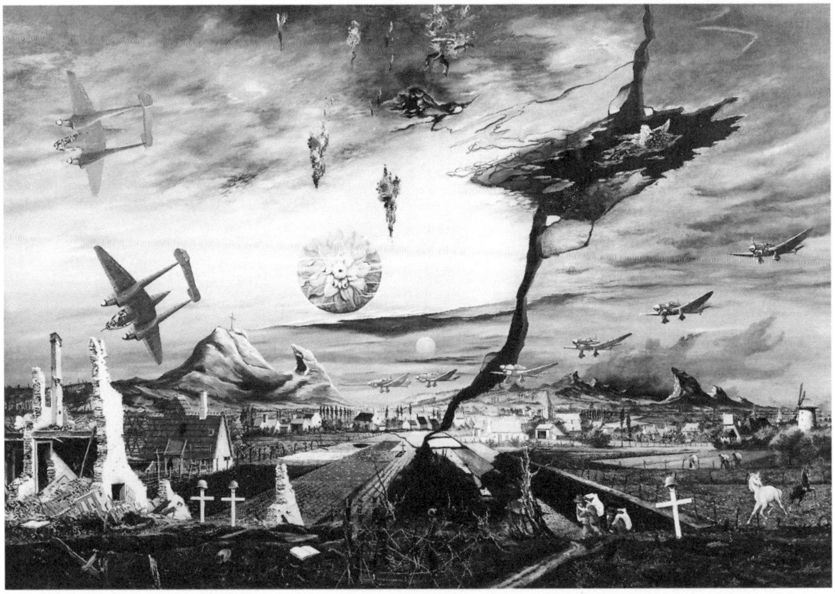

Franz Radziwill, Flandern / Wohin in dieser Welt?, 1940 und um 1950 Übermalung durch den Künstler, Öl auf Leinwand auf Sperrholz, 119 x 170 cm, Staatliche Museen zu Berlin – Preußischer Kulturbesitz, Nationalgalerie, Leihgabe aus Privatbesitz.

bei der Reichspropagandaleitung der NSDAP zu verteidigen, blieben erfolglos.[35] Ein Gesuch von Peiner an Göring und Radziwills Treffen mit Görings Stab bei der Einweihung von Peiners Hermann-Göring-Meisterschule für Malerei im Juni 1938 lösten zwar Zuversicht bei beiden Malern aus, brachten aber ebenfalls keine Verbesserung.[36]

Nach diesen beruflichen Niederlagen äußerte sich Radziwill in seinen Briefen mehrfach kritisch über Gesellschaft und Politik. Zwischen 1936 und 1941 lehnte er das spektakuläre, disziplinierte, für den Maler empfindungslose Massenornament und die populistische Modernität des Regimes ab, äußerte seine Enttäuschung über den nicht überwundenen Materialismus und ärgerte sich über die bürokratischen Strukturen der NSDAP und ihre Reglementierung des Alltags. In vielerlei Hinsicht setzte Radziwill damit seine Zivilisationskritik der zwanziger Jahre fort. Dennoch schwankte der Grad von Radziwills Desillusionierung und Kritikbereitschaft beständig und blieb im Wechsel mit Optimismus partiell. Grundsätzlich blieb Radziwill, der seit 1933 mit hochrangigen Offizieren der Kriegsmarine gut befreundet war, dem Staat politisch treu, wenn es um die angeblich vitalen Interessen der Nation ging.

Am deutlichsten wurde diese Haltung in den ersten Jahren des Zweiten Weltkrieges. Im Herbst 1939 und Frühjahr 1940 wollte Radziwill Frieden, konnte sich diesen aber nur als Resultat eines deutschen Sieges vorstellen. Trotz seines Wunsches nach Entlassung kämpfte der im August 1939 einberufene Radziwill im Mai 1940 freiwillig an der

Front in Belgien und versuchte dann, sein «großes Erlebnis»[37] und seine anti-englischen Empfindungen in dem nach Kriegsende stark veränderten Gemälde *Flandern* festzuhalten.

Mit der Gruppe von drei Stahlhelmen unten links, die im ursprünglichen Zustand auch vorhanden war, spielte Radziwill auf die in seinen Feldpostbriefen postulierte Gleichwertigkeit zwischen deutschen und belgischen Soldaten an; ein stark beschädigter englischer Stahlhelm hingegen liegt unten im Dreck, ohne erhebende christliche Würdigung. Radziwill bezog sich hier vermutlich auf Albert Henrichs erfolgreiches Bild *1917,* das 1938 in der «Großen Deutschen Kunstausstellung» gezeigt und 1939 in der Zeitschrift *Die Kunst im Deutschen Reich* abgebildet worden war. Jedenfalls hoffte Radziwill mindestens bis Ende 1941 darauf, daß ein militärischer Sieg Deutschlands zur kulturellen Erneuerung der Nation führen würde, die er einst von einer nationalsozialistischen Revolution erwartet hatte.

Angesichts Radziwills guter Beziehungen zur regionalen NSDAP in Oldenburg und zum führenden Kunstkreis im Rheinland sowie seiner Bejahung zentraler politischer Anliegen des Regimes trotz aller Kulturkritik ist es unmöglich, in seinem Fall monumentalisierend von einer unbeugsamen «inneren Emigration» zu sprechen.[38] Sogar nachdem sich Radziwills Identifikation mit der NSDAP deutlich abzuschwächen begann, verband sich bei ihm, wie bei vielen gewöhnlichen Deutschen, partielle, fluktuierende, unorganisierte Kritikbereitschaft mit hartnäckiger, preußischer Loyalität. «[...] hier haben wir nur für den Sieg zu stehen alles andere bleibt untergeordnet», erklärte Radziwill im September 1941, obwohl er sich sieben Monate früher dem politischen Fatalismus ergeben hatte.[39] Letztendlich war der Kampf um die Kunst, und sogar die Politik, weniger wichtig als der Krieg des Vaterlandes.

Anmerkungen

1 Die Analyse dieses Bildes entstammt meinem Aufsatz: «Franz Radziwill, ‹Die Gemeinschaft› und die nationalsozialistische ‹Revolution› in der Kunst», in: *Georges-Bloch-Jahrbuch des kunstgeschichtlichen Seminars der Universität Zürich,* 4(1997), S. 135–137.

2 Werner Schnell, *Georg Friedrich Kersting (1785–1847). Das zeichnerische und malerische Werk mit Œuvrekatalog,* Berlin 1994, S. 41–42.

3 Momme Nissen, «Dürer als Führer», in: *Der Kunstwart,* 17(1904)15, S. 95–96; *Dürer als Führer. Mit einem Brief von Hans Thoma und achtzig Bildern in Kupfertiefdruck nach Dürer,* München 1928.

4 Stadtrat Nürnberg (Hrsg.), *Bericht über die Veranstaltungen und den Verlauf des Dürerjahres, Nürnberg 1928,* Nürnberg 1928, S. 35–37; Momme Nissen (wie Anm. 3), S. 94 u. 97. Vgl. zur Dürer-Rezeption bei Dix Birgit Schwarz, *Otto Dix. Großstadt. Eine Kunst-Monographie* Frankfurt a. M./ Leipzig 1993, S. 41–45.

5 Radziwill an Niemeyer, 2. Januar 1925, abgedruckt in: Gerhard Wietek, *Franz Radziwill – Wilhelm Niemeyer. Dokumente einer Freundschaft,* Oldenburg 1990, S. 108–109.

6 Radziwill an Niemeyer, 6. April 1925, in: ebd. S. 111.

7 Radziwill an Niemeyer, 24. April 1925, in: ebd. S. 112–113.

8 Richard Bie[drzynski], «Die Ausstellung der ‹Sieben›», in: *Ausstellung der Sieben. Champion, Dietrich, v. Hugo, Kanoldt, Lenk, Radziwill, Schrimpf,*

Bochum 1932 (Ausst. Kat Bochum: Gemäldegalerie u.a.). Zu dieser Ausstellung und der sogenannten Neuromantik vgl. Dieter Schwarz, «Adolf Dietrich und die Neue Sachlichkeit», in: ders. (Hrsg.), *Adolf Dietrich und die Neue Sachlichkeit in Deutschland,* Winterthur 1994 (Ausst. Kat. Winterthur: Kunstmuseum; Oldenburg: Landesmuseum), S. 37–51; James A.Van Dyke, «‹Neue Deutsche Romantik› zwischen Modernität, Kulturkritik und Kunstpolitik 1929–1937», in: ebd. S. 137–165; ders.: *Franz Radziwill, the Art Politics of the National Socialist Regime, and the Question of Resistance in Germany,* 1930–1939, Diss., Evanston 1996, Ann Arbor 1997, S. 61–77.

9 «Franz Radziwill», in: *Nachrichten von Stadt und Land* (Oldenburg), 7. Mai 1933.

10 Bernhard Schubert, *Der Künstler als Handwerker. Zur Literaturgeschichte einer romantischen Utopie,* Königstein/Ts. 1986.

11 Vgl. Jill Lloyd, *German Expressionism. Primitivism and Modernity,* New Haven/London 1991, S. 102–129; Gerhard Wietek, *Schmidt-Rottluff. Oldenburger Jahre 1907–1912,* Mainz 1995.

12 Radziwill an Niemeyer, 8. April 1925, in: Wietek (wie Anm. 5), S. 111–112.

13 Radziwill an Niemeyer, 29. November 1929, in: ebd. S. 137.

14 Franz Radziwill an seine Frau, Johanna Ingeborg Radziwill, 16. Januar 1927, Franz Radziwill Haus und Archiv, Dangast.

15 Vgl. Barbara McCloskey, *George Grosz and the Communist Party. Art and Radicalism in Crisis, 1918 to 1936,* Princeton 1997, S. 104–147.

16 Jahrzehnte später behauptete Radziwill, zusammen mit Otto Griebel in Dresden an einer Aktion der linken Künstlerschaft teilgenommen zu haben, vgl. Rainer W. Schulze, «Interview mit Franz Radziwill, September 1971», in: Andrea Firmenich und Rainer W. Schulze (Hrsg.), *Franz Radziwill 1895 bis 1983. Monographie und Werkverzeichnis,* Köln 1995, S. 69.

17 George Grosz, «Unter anderem ein Wort für deutsche Tradition», in: *Das Kunstblatt* (Berlin) 15(1931)3, S. 79–84, wiederabgedruckt in: Uwe M. Schneede (Hrsg.), *Künstlerschriften der zwanziger Jahre. Dokumente und Manifeste aus der Weimarer Republik,* 3. erw. Auflage, Köln 1986, S. 327–330.

18 Radziwill an Max Sauerlandt, 5. Dezember 1930, Nachlaß Max Sauerlandt, Sign. M 10, Handschriftensammlung, Staats- und Universitätsbibliothek, Hamburg.

19 Radziwill an seine Frau (wie Anm. 14).

20 Rudolf Schlichter, «Künstler über Kunstkritik», in: *Das Kunstblatt* (Berlin), 14(1930), S. 170–171.

21 Rudolf Schlichter an Radziwill, 24. April 1933, abgedruckt in: Rudolf Schlichter, *Verteidigung des Panoptikums. Autobiographische, zeit- und kunstkritische Schriften sowie Briefe, 1930–1935,* hrsg. von Dirk Heißerer, Berlin 1995, S. 253.

22 Radziwill an Niemeyer, Oktober 1923 und 22. Dezember 1931, in: Wietek (wie Anm. 5), S. 88 u. 140; Radziwill an seine Frau, 3. und 6. März 1933, abgedruckt in: Hans Heinrich Maaß-Radziwill, *Der andere Widerstand. Franz Radziwill im Dritten Reich,* Bremen 1995, S. 66.

23 Radziwill an Niemeyer, 1. Juli 1932, in: Wietek, (wie Anm. 5), S. 142.

24 Vgl. dazu Van Dyke (wie Anm. 8), S. 131–133; ders. (wie Anm. 1), S. 140–141 u. 146–148.

25 Radziwill an seine Frau, 1. März 1933, zitiert nach James A. Van Dyke, «Von ‹Revolution› zu ‹Dämonen›: Franz Radziwill im Dritten Reich (Exkurs)», in: Günter Morsch (Hrsg.), *Konzentrationslager Oranienburg,* Oranienburg 1994, S. 41. Der Brief ist auch abgedruckt in Maaß-Radziwill (wie Anm. 22), S. 66.

26 Für eine ausführlichere Analyse dieses Bilds vgl. Van Dyke (wie Anm. 1), S. 143.

27 Radziwill an Friedrich Schreiber-Wiegand, 7. Mai 1928, zitiert bei: Roland März, «Franz Radziwill – ein visionärer Realist. Ahnung und Gegenwart in der Weimarer Republik von 1923 bis 1933», in: Firmenich und Schulze (wie Anm. 16), S. 21.

28 Van Dyke (wie Anm. 8), S. 156–157; ders., (wie Anm. 1), S. 141–142 u. 148–151.

29 Winfried Wendland an Radziwill, 21. Oktober 1933, Franz Radziwill Haus und Archiv, Dangast.

30 Dieser Satz ist Van Dyke (wie Anm. 1), S. 151, entnommen, worin ausführlicher auf Radziwills kunstpolitische Tätigkeiten in Düsseldorf eingegangen wird.

31 Vgl. zu Rekonstruktionen und Deutungen des ursprünglichen Zustands Van Dyke (wie Anm. 25, S. 40–46; ders. (wie Anm. 8), S. 187–202; Olaf Peters, *Tradition und Kritik. Eine Studie zur deutschen Kunst unter dem Nationalsozialismus,* Diss., Bochum 1996, S. 143–166. Berlin 1998.

32 Hildegard Brenner, *Die Kunstpolitik des Nationalsozialismus,* Reinbek bei Hamburg 1963, S. 183–184.

33 Christoph Zuschlag, *«Entartete Kunst». Ausstellungsstrategien im Nazi-Deutschland,* Worms 1995, S. 371–376.

34 OB I.V. [Horst] Ebel, 22. Dezember 1936, Nachlaß Ebel, Nr. 121, Stadtarchiv, Düsseldorf; Amt für Kunstpflege, Kulturpolitisches Archiv (Dr. Br./Eck.) an unbekannt, 30. Juni 1937, Bundesarchiv (Berlin-Lichterfelde, ehemals Koblenz), NS 15/69, S. 103–104.

35 Radziwill an Adolf Ziegler, 12. September 1937; Radziwill an unbekannt, 30. März 1938; Radziwill an Reichspropagandaleitung der NSDAP, ohne Datum [vermutlich 30. April 1938], Franz Radziwill Haus und Archiv, Dangast.
36 Peiner an Radziwill, 20. Mai 1938; Radziwill an seine Frau, 10. Juni 1938, Franz Radziwill Haus und Archiv, Dangast.
37 Radziwill an Niemeyer, 15. Juni 1940, Nachlaß Niemeyer, Archiv für bildende Kunst, Germanisches Nationalmuseum, Nürnberg.
38 Dies richtet sich gegen die Hängung von *Flandern* bzw. *Wohin in dieser Welt?* in der undifferenzierten, unkritischen Ausstellung zu diesem Thema in der Neuen Nationalgalerie, Berlin, im Herbst 1997. Ich möchte aber keinesfalls suggerieren, daß Radziwills Bilder abgehängt und damit verdrängt werden sollen. Vielmehr gehören sie mit gründlicher historischer Kommentierung in die öffentlichen Galerien und Kunstmuseen.
39 Radziwill an Herbert Koch, 10. September 1941, Franz Radziwill Haus und Archiv, Dangast; Radziwill an Fritz Witschetzky, 22. Februar 1941, zitiert bei Ulrich Schulte-Wülwer, «Fritz Witschetzky. Marineoffizier, Maler und Freund von Franz Radziwill», in: *Nordelbingen. Beiträge zur Kunst- und Kulturgeschichte* 58(1989), S. 164.

Barbara Copeland Buenger

Max Beckmann: «Der Künstler im Staat»

I.

Max Beckmanns Essay «Der Künstler im Staat» wurde im Juli 1927 in der angesehenden *Europäischen Revue* veröffentlicht[1], einer Zeitschrift aus dem Lager der zahlreichen europäischen Bewegungen zwischen den Weltkriegen, die darauf bedacht waren, die internationale Zusammenarbeit auf intellektuellem, künstlerischem und kulturellem Gebiet zu verstärken. Die Bemühungen dieser Gruppen, die bis vor kurzem beinahe vollkommen vergessen waren, erfolgten parallel zu den politischen, ökonomischen und nationalen Initiativen von Locarno, Deutschlands Zulassung zum Völkerbund 1926 und den umfassenden Versöhnungsanstrengungen Aristide Briands und Gustav Stresemanns.[2]

Herausgeber der *Europäischen Revue* war Prinz Karl Anton von Rohan, Sproß einer österreichischen Adelsfamilie und um vierzehn Jahre jünger als Beckmann. Als ein Mann der Tat, dem das Schicksal Österreichs am Herzen lag, gründete Rohan 1922, mit vierundzwanzig Jahren, den *Österreichischen Kulturbund* und war 1924 auch an der Gründung des *Internationalen Verbandes für kulturelle Zusammenarbeit* beteiligt. Rohan betonte stets, daß beide Organisationen vollkommen unpolitisch seien und sich nur mit geistigen und kulturellen Angelegenheiten befaßten.[3] Andererseits äußerte sich Rohan in der *Europäischen Revue* politisch aggressiv und bestimmt. Als ein viel gefragter Experte wurde er Anfang der dreißiger Jahre als österreichischer Botschafter für Paris in Betracht gezogen.[4] Er war ein Verfechter des (allerdings mißglückten) deutsch-österreichischen Versuches, 1931 einen gemeinsamen Zollverein zu gründen, und begrüßte den Anschluß Österreichs 1938 als «festliche Revolution».[5] Er bewunderte Mussolini und Hitler und wurde selbst Mitglied der nationalsozialistischen Partei.

Auch wenn die *Europäische Revue* zunehmend Faschismus und Nationalsozialismus unterstützte, veröffentlichten doch zahlreiche Autoren aus allen Enden des politischen Spektrums in ihr, wie z.B. Heinrich und Thomas Mann, Anna Seghers, Theodor W.

Adorno, Carl Jung, Alfred Weber, Paul Valéry, José Ortega y Gasset, Hugo von Hofmannsthal, Carl Schmitt, Hendrik de Man, Joseph Goebbels und eben Max Beckmann.

In der Literatur zu Beckmann wurde lange versucht, dessen Beziehung zu Rohan mit Stillschweigen zu übergehen. «Der Künstler im Staat» wurde erst in den siebziger Jahren von Barbara Göpel und Stephan von Wiese wiederentdeckt.

II.

Rohan wurde in seinen Unternehmungen von Lilly Mallinckrodt von Schnitzler unterstützt, die als Ehefrau des IG-Farben-Managers Georg von Schnitzler in den höheren Kreisen Frankfurts wohlbekannt war und Beckmann als Freundin förderte. Rohan und Lilly von Schnitzler hatten von Mitte der zwanziger Jahre bis zum Beginn seiner Ehe 1933 eine offene Affäre und arbeiteten zusammen für die *Europäische Revue* und die mit ihr verbundenen Organisationen.[6] Die beiden Schnitzlers entwickelten ebenfalls starke Sympathien für den Nationalsozialismus: Georg von Schnitzler trat in die Partei ein und wurde bei den Nürnberger Prozessen als einer derjenigen verurteilt, die für die Zusammenarbeit der Firma mit dem Regime während des Krieges verantwortlich waren.

Beckmann mochte Rohan, dem er 1925 erstmals begegnete, nicht besonders, vielleicht auch deshalb, weil er wohl selbst zu den Liebhabern Lilly von Schnitzlers zählte. Die beiden schienen aber am Gedankenaustausch Gefallen zu finden und Beckmann notierte, daß der Prinz sehr von ihm beeindruckt sei. Beckmann selbst war überzeugt, daß der einflußreiche Prinz ihm hilfreich sein würde.

Am 1. September 1925 heiratete Beckmann Mathilde von Kaulbach, die jüngste Tochter des Münchner Künstleraristokraten August Friedrich von Kaulbach. Beckmann war es damit gelungen, in die kultiviertesten Kreise Deutschlands und Österreichs aufzusteigen. Einen wichtigen Anteil daran hatten auch seine Freundschaften mit Heinrich und Irma Simon von der *Frankfurter Zeitung*, Georg und Marie Swarzenski vom Städelschen Kunstinstitut sowie Lilly und Georg von Schnitzler. Bald nach seiner Verlobung mit Mathilde von Kaulbach bestellte Beckmann den Frack, den er auf seinem berühmten Selbstporträt von 1927 trägt.[7] Schon im Oktober 1925 plante er ein großes Gemälde der besseren Gesellschaft[8], aber er realisierte es erst in seiner *Gesellschaft Paris*[9] von 1931, auf die ich später zurückkommen werde.

Sowohl «Der Künstler im Staat» als auch das *Selbstporträt im Frack*[10] bringen zum Ausdruck, daß sich Beckmann damals optimistisch, kultiviert und als ein Mann von Welt fühlte. Er konnte sich auch zurecht in dem Glauben wiegen, eine gewisse Position im Staate innezuhaben, denn 1925 war er als Lehrer an die Städelschule in Frankfurt berufen worden, und 1926 zählte er zu den sechs Künstlern, die Deutschland in einer multinationalen Ausstellung der Nationalgalerie vertraten, welche von Berlin nach Bern, London, Paris und New York reiste.[11] Im Oktober 1926 kam Beckmann in seiner Funktion als einer der sechs deutschen Delegierten bei der Jahresversammlung des *Internationalen Verbandes für kulturelle Zusammenarbeit* u.a. mit den Literaten Annette Kolb und Rudolf Binding sowie mit dem Nationalökonomen Alfred Weber zusammen.[12] Bei diesem Treffen in Wien genoß Beckmann seine Berühmtheit, den Pomp und die Konversationen, doch blieb er skeptisch, beschrieb die Angelegenheit als ein «Affentheater» und besuchte keine weitere Zusammenkunft der Gruppe mehr.

Auf dem Wiener Treffen oder kurz danach muß Rohan ihn um einen schriftlichen Beitrag gebeten haben. Doch «Der Künstler im Staat» war nicht Beckmanns erste Antwort: Am 1. Januar 1927 schickte er den sardonischen Essay «Die soziale Stellung des Künstlers vom Schwarzen Seiltänzer» an Rohan, der diesen aber nicht veröffentlichte.[13] Beckmann spielte darin den Bösewicht oder schwarzen Seiltänzer. Er behauptete, der Künstler habe keinen Platz in der sozialen Ordnung und gelte nur als Entertainer oder Trottel, von dem nicht erwartet werde, daß er sich in Religion, Philosophie oder Politik auskenne. Dies war sicher keine Beschreibung seiner eigenen Situation, aber Beckmann machte einigen seiner Ressentiments Luft und artikulierte den scheinbaren Widerspruch zwischen der hohen Metaphysik seiner Kunst und der Realität des Geschäfts.

Beckmanns wohl etwas später geschriebener Text «Der Künstler im Staat», den Rohan schließlich publizierte, war ernsthafter abgefaßt und ausgesprochen metaphysisch gehalten, beinahe ohne Bezüge zu Europa und zeitgenössischen Ereignissen. Rohan distanzierte sich durch die Vorbemerkung, er könne einige «extreme metaphysische Forderungen» Beckmanns nicht teilen.[14] Der Aufsatz diskutierte Themen wie künstlerische Transzendenz und Autonomie, die auf Kant, Schopenhauer und den deutschen Idealismus zurückgingen. Aber «Der Künstler im Staat» spiegelte auch bestimmte zeitgenössische Vorstellungen über das Elend einer nur geistig machtvollen Elite und die potentiell autoritäre Macht der Kunst.[15] Auf dem Wiener Treffen hatte man die Führungsrolle der geistigen Elite auf dem Weg zur europäischen Einheit diskutiert.[16] Die Deutschen waren darüber enttäuscht, daß die Weimarer Republik zwar die Errichtung eines neuen Kulturstaates versprochen hatte, konkrete Pläne jedoch kaum realisiert worden waren; außerdem wurde die Unkultiviertheit vieler Regierungspolitiker als beunruhigend empfunden.

In seinem Essay betonte Beckmann das Bedürfnis nach einer neuen Kunst, einer neuen Staatsform und einer neuen, gemeinsamen, transzendenten Idee: «Der Staatsbegriff hat sich aus dieser Idee heraus erst zu bilden, der Künstler im neuen Sinn ist der eigentliche Schöpfer der Welt, die vor ihm nicht existierte. Die neue Idee, die der Künstler und mit ihm zu gleicher Zeit die Menschheit zu formen hat, ist Selbstverantwortung. […] Die Lösung des mystischen Rätsels des Gleichgewichts […].» Beckmanns wiederholte Benutzung der Worte «neu» und «Gleichgewicht» stand in Bezug zu dem in ganz Europa verbreiteten Wunsch nach einer neuen Ordnung. Er behauptete, daß die Öffentlichkeit, die das «Gleichgewicht» in einem Kunstwerk schätze, sich auch für das «Gleichgewicht» in den Gesetzen und in der Organisation des Staates einsetzen würde.

In Beckmanns Essay klingen mehrfach Gedanken und Begriffe Alfred Webers und des Frankfurter Sinologen Richard Wilhelm an, den Beckmann ebenfalls bei den Schnitzlers kennengelernt hatte. In Wien sprach sich der einzelgängerische und unabhängig-liberale Weber für eine «wahre Geistesaristokratie» aus, die zu «einem nobleren, geistigeren Europa» führen sollte. Webers Ideen waren für Beckmann möglicherweise auch deshalb ansprechend, weil Weber ebenfalls ein starkes Interesse an Kunst und Metaphysik hatte.[17] Auf einen aktuellen Artikel Richard Wilhelms über die Notwendigkeit einer neuen Art des «Priestertums»[18] reagierte Beckmann sogar ganz direkt, indem er die Künstler als neue Priester vorstellte, die – ebenso wie die Arbeiter – den eleganten schwarzen Frack als neue Uniform tragen sollten.

Beckmann schloß mit der Feststellung, daß der Bolschewismus das Modell für den neuen Staat hätte abgeben können, jedoch habe er es nicht vermocht, eine neue Kunst, ein neues Zentrum des Glaubens oder eine dogmatische Zentralisierung des Glaubens zu schaffen. Beckmanns Ausführungen, besonders auch seine Überzeugung von den enormen Kräften der Kunst, erinnern stark an die Gespräche mit Rohan, auch wenn dieser nichts vom Bolschewismus hielt. Rohan beschrieb Beckmann aufgrund seiner Physiognomie und seiner künstlerischen Fähigkeiten als einen Menschen, der «ein[en] cäsarischen Weg zur Massenherrschaft und Herrschaft über Massen» gegangen wäre, hätte er sich in die Politik begeben – von der Beckmann sich durchaus angezogen fühlte.[19]

Auf einem Foto des Wiener Treffens können wir eine Mischung verschiedener Zeitgenossen sehen, die Rohans Bemühen entspricht, extrem unterschiedliche Ansichten zu integrieren.[20] Wir erkennen Beckmann, Rohan, Schnitzler, Weber, Paul Valéry, Kolb, Richard von Kühlmann, Hugo von Hofmannsthal und Rudolf Binding. Im Zentrum der vorderen Reihe befindet sich der österreichisch-eurasische Aristokrat Richard Coudenhove-Kalergi, ein Mann der in vielerlei Hinsicht Rohans Nemesis, sein Racheengel, war. Coudenhove hatte eine andere europäische Bewegung, das liberalere und allgemein anerkannte *Pan-Europa*, begründet, welches Rohan regelmäßig angriff. Aber auch Coudenhove hatte seltsame Vorstellungen: Obwohl er Pazifist war und sich nicht dem Faschismus oder Nationalsozialismus anschloß, war er doch ebenfalls sehr von Mussolini beeindruckt, und sein *Pan-Europa* schloß sowohl Rußland wie auch Großbritannien aus.[21]

Beckmann hegte eine tiefe Abneigung gegen einen anderen Mitstreiter Rohans, den bekannten ehemaligen Diplomaten Richard von Kühlmann, der später Präsident des *Deutschen Kulturbundes* werden sollte.[22] In den späten zwanziger Jahren arbeitete Kühlmann in Paris, verfolgte jedoch eine Politik, die den Interessen Stresemanns zuwiderlief.[23] Kühlmanns Besitz in Ohlstadt grenzte direkt an den der Kaulbachs, und in Beckmanns Abwesenheit versuchte Kühlmann mehrfach, sich Mathilde Beckmann zu nähern. Brieflich gab Beckmann seiner Frau Ratschläge, wie sie den Nachstellungen Kühlmanns am besten entkommen konnte, ohne dessen Zorn zu erwecken, denn auch er war eine Figur, die möglicherweise wichtig werden konnte.[24]

Kühlmann, die Schnitzlers, Rohan und der *Deutsche Kulturbund* übten einen erheblichen Einfluß auf die Kultur der späten Weimarer Republik aus. Georg von Schnitzler beispielsweise war deutscher Generalkommissar für die internationale Ausstellung in Barcelona 1929, bei welcher er, Lilly von Schnitzler, Lilly Reich und der Deutsche Werkbund mit Mies van der Rohes Pavillon einen beachtlichen Erfolg verbuchen konnten. Der als Meisterstück des ‹Internationalen Stils› gewertete Pavillon war auch ein Zeichen für Deutschlands neue nationale Identität: «wir wollen nichts anderes als Klarheit, Schlichtheit, Aufrichtigkeit», so Georg von Schnitzler.[25] Kühlmann übrigens nahm an der Ausstellungseröffnung ebenso teil wie an der Jahresversammlung des *Internationalen Verbandes für kulturelle Zusammenarbeit* im Oktober.

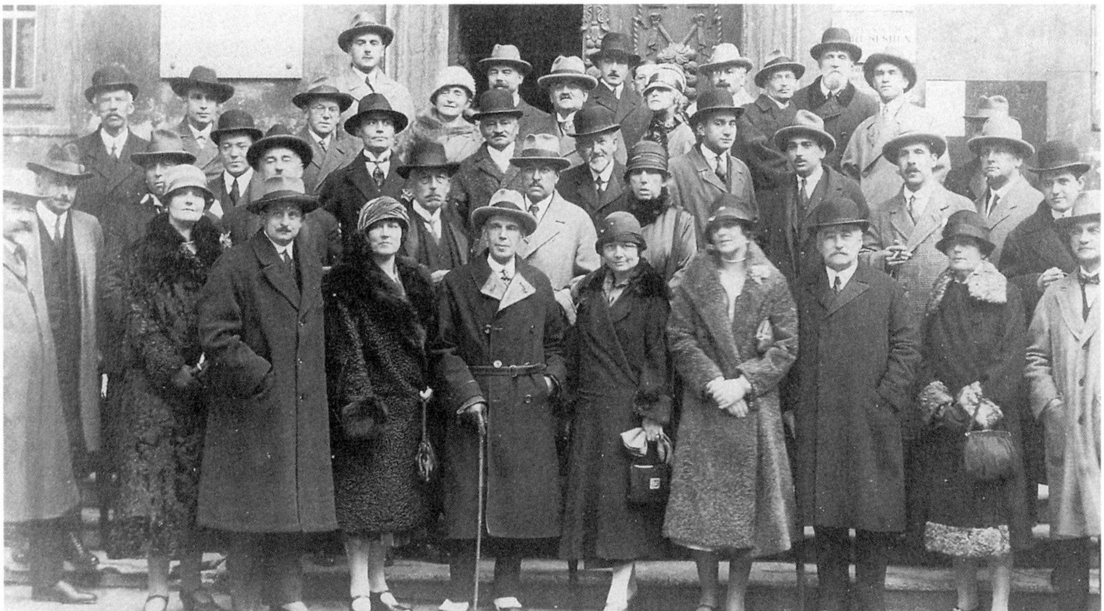

Die Delegierten der Dritten Generalversammlung des Internationalen Verbandes für Kulturelle Zusammenarbeit in Wien im Oktober 1926, in der ersten Reihe links Lilly von Schnitzler, daneben Prinz Anton von Rohan, in der Mitte Richard Coudenhove-Kalergi, am Rand der vierten Reihe von vorn vermutlich Max Beckmann (verdeckt).

III.

In den späten zwanziger Jahren erfreute sich Beckmann eines wachsenden Ansehens auf dem internationalen Markt, die Unterstützung eines Händlers vom Range Durand-Ruels in Paris blieb ihm jedoch verwehrt. Im Oktober 1929 ließ sich Beckmann für fast drei Jahre in Paris nieder. Er suchte direkten Kontakt zu den Galerien am rechten Seine-Ufer, die mit figurativer Kunst handelten, hatte aber erst Erfolg, als Lilly von Schnitzler die Beteiligung des *Deutschen Kulturbundes* für eine Ausstellung in den Räumen von Marie-Paule Pomarets «Galerie de la Renaissance» zugesagt hatte.[26]

In dieser großen Ausstellung, die am 15. März 1931 eröffnet wurde, waren einige seiner charakteristischsten Frankfurter Arbeiten zu sehen, z.B. *Das Trapez*[27] und die eindeutig deutsche *Waldlandschaft mit Holzfäller* von 1927.[28] Die französische Regierung erwarb das letztgenannte Gemälde unter Vermittlung des *Deutschen Kulturbundes* für das Musée du Luxembourg als ersten staatlichen Ankauf eines deutschen Bildes in Frankreich seit sechzig Jahren.[29] Verschiedene Arbeiten zeugten von Beckmanns Auseinandersetzung mit den Pariser Schulen, so z.B. *Stilleben mit Apfel und Birne*[30], die Ansichten Scheveningens[31], sowie die Porträts der französischen Schauspielerin *Valentine Tessier*[32] und die mysteriöse *Duchessa di Malvedi*.[33] Beckmanns internationale Orientierung trat auch auf einigen seiner italienischen Gemälde hervor: Die *Galleria Umberto* von 1925, eine seiner seltenen Arbeiten, die scheinbar offen den Faschismus kritisierten, wurde zwar im Katalog aufgeführt, aber nicht ausgestellt.[34] Beckmann zeigte aber mit *Der Strand* ein Gemälde, das 1930 auf der Biennale in Venedig von den Faschisten angegriffen worden war.[35]

Die Ausstellung wurde mit einem Empfang beim deutschen Botschafter Leopold von Hoesch im Hôtel Beauharnais eröffnet, dem Ort, an welchem Beckmann bald darauf seine *Gesellschaft Paris* spielen ließ.[36] Unter den Gästen waren der französische Erziehungsminister Mario Roustan sowie Josée Laval, die Tochter des französischen Premierministers, und der langjährige Minister Anatole de Monzie, der auch die Eröffnungsansprache hielt.[37] Der angesehene Kritiker Waldemar George schrieb die Einführung zum Katalog, und die meisten französischen Rezensenten äußerten sich wie Philippe Soupault wohlwollend, selbst wenn sie Beckmanns Präsentation als schwere Zumutung empfanden. Obwohl Beckmanns europäische Orientierung betont wurde, war seine deutsche Identität unverkennbar. Waldemar George, der mit der Zeit immer mehr den Faschismus unterstützte, schrieb enthusiastisch, daß Beckmann, «der Europäer, der weißen Rasse das Beste anbot, was das neue Deutschland bieten könnte.»[38]

Vivien Barnett und Barbara Göpel haben viele der Personen auf dem Gemälde *Gesellschaft Paris* identifiziert, so den französischen Designer Paul Poiret, den Frankfurter Musikhistoriker Paul Hirsch, Prinz Rohan und den liberalen Bankier Albert

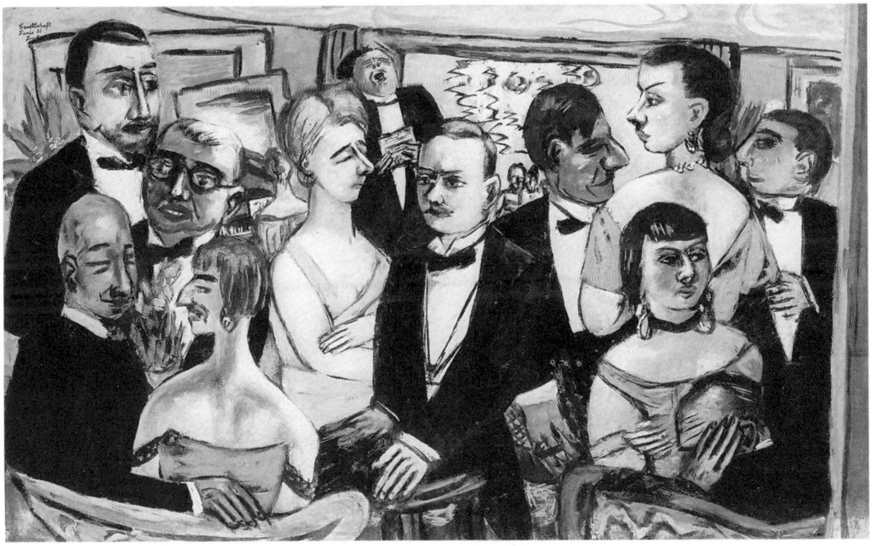

Max Beckmann, Pariser Gesellschaft, 1931, Öl auf Leinwand, 109,3 x 175,6 cm, Solomon R. Guggenheim Museum, New York.
Foto: Robert E. Mates

Hahn. Der Mann vorne rechts, der seinen Kopf in den Händen hält, ist der deutsche Botschafter von Hoesch. Auf der linken Seite ist wohl Anatole de Monzie dargestellt, der aufgrund seines Wechsels vom linken ins rechte politische Lager nach dem Zweiten Weltkrieg als «ein Symbol der Frivolität und Dekadenz der politischen Ordnung, die 1940 zusammenbrach», charakterisiert wurde.[39]

Man sieht hier keine frohe Gesellschaft, und ich schreibe diesen Umstand den Krisen zu, welche die Ausstellungseröffnung begleiteten. Hans F. Secker, ehemaliger Direktor des Wallraf-Richartz-Museums, bescheinigte den Organisatoren «ungeschickte Kunstpolitik», da Beckmanns Bilder schlechte Repräsentanten deutscher Kunst seien, aber seine Kritik reizte hauptsächlich Kunsthändler wie Alfred Flechtheim und Paul Westheim zu Erwiderungen.[40] Der seit langem in Paris ansässige Wilhelm Uhde, der Beckmann bis dahin abgelehnt hatte, war jetzt von seinem Werk eingenommen, verteidigte aber Secker und kritisierte den *Deutschen Kulturbund* wegen des großen Aufwandes für diese Ausstellung.[41]

Vor und nach Beckmanns Eröffnung verschlechterten sich die deutsch-französischen Beziehungen drastisch: Hatten die Wahlerfolge der Nazis im September 1930 die französische Öffentlichkeit bereits stark schockiert, so erfuhr Deutschland einen noch stärkeren Vertrauensverlust, als der Geheimplan zur Gründung eines deutsch-österreichischen Zollvereins unmittelbar nach Beckmanns Debut publik wurde.[42] Vielleicht liegt hier der Grund, warum Beckmann auf seinem Gemälde Hahn und Rohan soviel Aufmerksamkeit schenkte, denn beide stellten in der Folgezeit ausführlich und recht unterschiedlich diese Pläne dar[43]; in jenen Monaten, in denen sowohl die Österreichische Kreditanstalt wie auch die Deutsche Danatbank (Darmstädter und Nationalbank) zusammenbrach. Nur das Scheitern der deutsch-französischen Beziehungen kann die verzweifelte Pose Hoeschs auf Beckmanns Bild erklären, denn als Botschafter hatte sich dieser vorbehaltlos für die deutsch-französische Versöhnung eingesetzt.

Aufgrund dieser und anderer Beziehungen, über die er verfügte, war Beckmann sicherlich nicht der uninformierte oder desinteressierte Eremit, der zu sein er oft vorgab. Betrachtet man die politische Orientierung der Personen, die ihn umgaben, so scheint seine eigene Haltung weit weniger ungewöhnlich. Als Beckmann 1930 auf die Bekanntgabe des Wahlergebnisses wartete, fragte er sich, «was aus Deutschlands Schicksal geworden ist»[44]; nachdem er einen Monat später im *Völkischen Beobachter* angegriffen wurde, bat er seinen Kunsthändler in München, Günther Franke, «den Nazis beizubringen, daß ich ein *deutscher Maler* bin […] Vergessen Sie das nicht. – Es kann einmal wichtig werden.»[45]

Zu den Schnitzlers scheint Beckmann seine Beziehung aufrechterhalten zu haben. Frau von Schnitzler zeigte den Nazi-Größen in ihrem Berliner Appartement bis 1942 regelmäßig ihre Beckmann-Gemälde. Zwar fühlte sich Beckmann zu Dank verpflichtet, aber zumindest im Mai 1939 distanzierte er sich deutlich von ihr: «Trotzdem sie wirklich Enormes für mich tut in diesem traurigen Deutschland, […] diese Mischung von Begeisterung für das Regime und [für] mich [ist] schwierig zu ertragen.»[46]

Trotz aller Distanz zu Rohan, den Schnitzlers und dem *Deutschen Kulturbund* und trotz aller metaphysischen Bestimmungen des Wesens der Kunst in seinem Aufsatz «Der Künstler im Staat» betrieb Beckmann das «scherzhafte Spiel» der Politik ebenso wie die Spiele des Kunsthandels und der Gesellschaft, mit der er regelmäßig Umgang pflegte. Seine Mäzene machten Gebrauch von ihm, aber er machte auch Gebrauch von ihnen. Zumindest lieferten sie ihm Stoff für eine Kunst, die immer reicher, kritischer und differenzierter wurde.

Deutsche Übersetzung von Peter van Suntum

Anmerkungen

1 Max Beckmann, «Der Künstler im Staat», in: *Europäische Revue,* 3(Juli 1927), S. 288–291. Zum Essay und dessen Hintergrund s. Barbara Copeland Buenger (Hrsg.), *Max Beckmann. Self-Portrait in Words. Collected Writings and Statements, 1903–1950,* Chicago 1997, S. 279–290.

2 Die umfassendsten Arbeiten zu diesem Komplex stammen von Paul Michael Lützeler, Die Schriftsteller und Europa. *Von der Romantik bis zur Gegenwart,* München 1992, und Carl H. Pegg, *Evolution of the European Idea, 1914–1932,* Chapel Hill und London 1983.

3 Karl Anton von Rohan, *Heimat Europa. Erinnerungen und Erfahrungen,* Düsseldorf/Köln 1954. Neben einigen Notizen in der örtlichen Presse wurde über die meisten Aktivitäten in der *Europäischen Revue* berichtet. Auch die Texte der wichtigsten auf den Jahresversammlungen gehaltenen Reden wurden dort veröffentlicht. Rohan erläuterte die Programme der Gruppen und ihre Unterschiede in dem Artikel «Der Horizont», in: *Europäische Revue,* 1(Oktober 1925), S. 61–70. Als die Prager Presse die Aktivitäten der Gruppe nach ihrem Prager Treffen 1929 kritisierte, zog Rohan eine noch deutlichere Abgrenzung in «Der Horizont», in: *Europäische Revue,* 5(Juli 1929), S. 279 f.

4 Nicht bestätigte Information, handschriftlich auf der Rückseite eines Fotos, das Rohan zeigt, in den Akten des Ullstein Bilderdienstes, Berlin.

5 Vgl. Ernst Hanisch, *Österreichische Geschichte 1890–1990. Der lange Schatten des Staates. Österreichische Geschichte im 20. Jahrhundert,* Wien 1994, S. 346.

6 S. Buenger (wie Anm. 1), S. 279–282 und Peter Hayes, *Industry and Ideology. I.G. Farben in the Nazi Era,* Cambridge 1987.

7 Vgl. Beckmanns Brief an Marie-Louise von Motesciczky und Mathilde von Kaulbach, Ende Januar 1925, in: Uwe M. Schneede (Hrsg.), *Max Beckmann, Briefe 1,* München 1993, S. 263.

8 Vgl. Beckmanns Brief an I. B. Neumann, 25. Januar 1926, in: Stephan von Wiese (Hrsg.), *Max Beckmann, Briefe 2,* München 1994, S. 30.

9 Katalognummer 346 in Erhard und Barbara Göpel, *Max Beckmann. Katalog der Gemälde,* 2 Bde., Bern 1976 (im folgenden werden alle Beckmann-Gemälde mit G. und ihrer Katalognummer abgekürzt). Aus Beckmanns eigene Liste läßt sich vermuten, daß er am 28. Oktober 1925 begann, an diesem Werk zu arbeiten. Für Informationen zu diesem Gemälde bin ich Vivien Barnett zu Dank verpflichtet, die mir freundlicherweise Einblick in ihre Forschung zu diesem Gemälde gewährte.

10 G. 274.

11 Vgl. Wiese (wie Anm. 8), S. 305 f. und Göpel (wie Anm. 9), S. 88.

12 Vgl. Wiese (wie Anm. 8), S. 73 f. u. 322–333 sowie Buenger (wie Anm. 1), S. 280 f.

13 Vgl. Wiese (wie Anm. 8), S. 76–79 u. 325 f. sowie Buenger (wie Anm. 1), S. 279–83.

14 «(Anm. d. Red.): ‹Wir sind stolz darauf, dieses erschütternde Bekenntnis des großen Künstlers zu veröffentlichen, trotzdem wir uns gewissen extremen metaphysischen Folgerungen, losgelöst von ihrer tief menschlichen Bedeutung keineswegs anzuschließen vermögen.›», in: *Europäische Revue,* 3(Juli 1927), S. 288.

15 Vgl. zu diesem Essay auch die Ausführungen bei Hans Belting, *Max Beckmann.Die Tradition als Problem in der Kunst der Moderne,* München 1984, S. 36–49 und Eugen Blume, *Ludwig Justi und die klassische Moderne im Museum der Gegenwart am Beispiel der Sammlung der Zeichnungen in der Nationalgalerie zu Berlin zwischen 1919 und 1933,* unveröffentlichte Diss., Berlin 1994, S. 53 f.

16 Vgl. «Die dritte Jahresversammlung des Verbandes für kulturelle Zusammenarbeit», in: *Europäische Revue,* 2(Dezember 1926), S. 196–200.

17 Beckmann wiederholte Argumente und Wendungen aus Webers Rede beim Wiener Treffen, vgl. Alfred Weber, «Der Deutsche im geistigen Europa», in: *Europäische Revue,* 2(Februar 1927), S. 276–284. Weber, der zusammen mit seinem verstorbenen Bruder, Max Weber, die Deutsche Demokratische Partei mitbegründet hatte, wurde häufig von den Liberaleren wegen seiner Ansichten kritisiert. Er bewunderte Mussolini ebenfalls, auch wenn er nie den Faschismus oder Nationalsozialismus befürwortete, vgl. Eberhard Demm, *Ein Liberaler in Kaiserreich und Republik. Der politische Weg Alfred Webers bis 1920,* Boppard am Rhein 1990, S. 283–310.

18 Richard Wilhelm, «Der Priester in Europa», in: *Europäische Revue,* 3(April 1927), S. 28–39.

19 Rohan (wie Anm. 3), S. 163. Beckmann selbst hatte sich im August 1925 ähnlich gegenüber seiner Verlobte geäußert: «Ich will das *Alleräußerste.* Neue Gesetze schaffen der absoluten Form. Die Welt soll nach meinem Rhythmus maschieren, wie sie nach dem Rhythmus von Napoleon, Cäsar oder Lenin marschiert. Man kann auch mit Kunst die Welt beherrschen. Lebensschaffend oder Lebenszerstörend», in: Schneede (wie Anm. 7), S. 361.

20 Vgl. Sigrid Bauschinger (Hrsg.), *Ich habe etwas zu*

sagen. Annette Kolb, 1870–1967, München 1993, S. 143.

21 Zu Coudenhove-Kalergi vgl. Lützeler und Pegg (wie Anm. 2).

22 Rohan (wie Anm. 3), S. 165 f. u. 175.

23 Vgl. z.B. Erich Eyck, *A History of the Weimar Republic,* Cambridge MA 1962/63, Bd. 2, S. 185 f. Harry Graf Kessler ließ schon 1919 scharfe Kritik an Kühlmanns persönlicher und politischer Unzuverlässlichkeit verlautbaren, vgl. Wolfgang Pfeiffer-Belli (Hrsg.), *Harry Graf Kessler, Tagebücher 1918–1937,* Frankfurt a.M. 1961, S. 129.

24 Vgl. Wiese (wie Anm. 8), S. 19, 58, 114 u. 220.

25 Wolf Tegethoff, *Mies van der Rohe. The Villas and Country Houses,* New York 1985, S. 69–89. Wie Lützeler (wie Anm. 2), S. 345, andeutet, persiflierte Ödön von Horváth *Pan Europa* in seinem Roman *Der ewige Spießer.* Da er diesen Roman nach dem Besuch der Ausstellung in Barcelona schrieb, war er wahrscheinlich von Rohan, Kühlmann, und dem *Internationalen Verband für kulturelle Zusammenarbeit* mindestens genauso beeinflußt wie von Coudenhove-Kalergi. Zu den Aktivtäten in Barcelona vgl. L.S.M. [Lilly von Schnitzler-Mallinckrodt], «Weltausstellung Barcelona», in: *Europäische Revue,* 5(Juli 1929), S. 286 ff. und «Kultur als soziales Problem», in: *Europäische Revue,* 6(Januar 1930), S. 51–62.

26 Vgl. die zahlreichen Briefe und Notizen Beckmanns zu dieser Ausstellung in Wiese (wie Anm. 8) und die Informationen bei Göpel (wie Anm. 9), Bd. 2, S. 95 f.

27 1923, G. 219.

28 G. 273.

29 Vgl. Wiese (wie Anm. 8), S. 193 f. u. 404.

30 1928, G. 283.

31 1928, G. 293 und G. 295.

32 1930, G. 314.

33 1926, G. 259.

34 G. 247.

35 1927, G. 267.

36 Vivian Barnett identifizierte als erste diesen Ort und seine Details.

37 Undatierter Ausschnitt aus der *Frankfurter Zeitung* vom März 1931 in einem Notizbuch von Mathilde Beckmann.

38 Waldemar George, «Beckmann L'Européen», in: *Formes,* 13(März 1931), S. 50. Vgl. auch Philippe Soupault, «Max Beckmann», in: *La Renaissance,* 14(1931), S. 96–100.

39 David S. Bell, Douglas Johnson und Peter Morris, *Biographical Dictionary of French Political Leaders since 1870,* New York 1990, S. 305 f. und Nath Imbert, *Dictionnaire National des Contemporains,* Paris 1936, Bd. 1, S. 443.

40 Secker befürchtete, daß Beckmanns Ausstellung Deutschlands Ansehen im Ausland schaden könnte. Zu den Reaktionen vgl. Göpel (wie Anm. 9), Bd. 2, bibliographische Nummern 437, 438, 423, 424, 443, 446 u. 447.

41 Wilhelm Uhde, «Der Streit um die Pariser Beckmann-Ausstellung», in: *Das Tagebuch,* 12(1931), S. 745–748.

42 Der Internationale Gerichtshof in Den Haag beurteilte den Zollverein als unzulässigen Verstoß gegen alle Nachkriegsabkommen, vgl. Eyck (wie Anm. 23), Bd. 2, S. 299–349; Oswald Hauser, «Der Plan einer Deutsch-Österreichischen Zollunion von 1931 und die Europäische Föderation», in: *Historische Zeitschrift,* 179(1955), S. 45–92; F. G. Stambrook, «The German-Austrian Customs Union Project of 1931. A Study of German Methods and Motives», in: *Journal of Central European Affairs,* 21(April 1961), S. 15–44.

43 Rohan schrieb ausführlich in der *Europäischen Revue;* Hahns Artikel, von denen die meisten in der *Frankfurter Zeitung* erschienen, sind aufgeführt bei Albert L. Hahn, *Geld und Gold. Vorträge und Aufsätze 1962–1968,* Basel und Tübingen 1969, S. 276 f.

44 Max Beckmann an Mathilde Beckmann, 15. September 1930, in: Wiese (wie Anm. 8), S. 172 f.

45 Beckmann an Günther Franke, 23. Oktober 1930, in: ebd., S. 178.

46 Max Beckmann an Mathilde Beckmann, 30. Mai 1939, in: Klaus Gallwitz (Hrsg.), *Max Beckmann, Briefe 3,* München 1996, S. 54.

Keith Holz

Die eingeschränkte französische Moderne: Paul Strecker, Leo von König und das Dritte Reich

Die neuere kunstgeschichtliche Forschung hat sich der bislang ignorierten, paradoxen Verbindungen zwischen visueller Moderne und Faschismus, einschließlich der deutschen nationalsozialistischen Variante, mit Neugier und Interesse angenommen.[1] Diese Forschung hat die langlebige und intensive Verflechtung der demokratischen Nachkriegskulturen mit den modernen Künsten zu einen Zeitpunkt infragestellt, als die Kultur der Postmoderne in die Universitäten, Museen und Galerien eindrang. Für Studien über das Deutschland der Zwischenkriegszeit bedeutet dies, daß die vorherrschende Auffassung über moderne Kunst als Kunst der Demokratie ebenso unhaltbar geworden ist, wie das idealisierte Bild der Weimarer Republik als eines Modells demokratischer Kultur und Politik, das keine Verbindung zur nationalsozialistischen Nachfolge zu haben schien.[2] Aber wie die Krise der Demokratie und der Aufstieg des Faschismus ein internationales Phänomen waren, so sind auch die Ausbildungswege, die Karrieren, Verbindungen und Reputationen vieler europäischer Künstler sowie die Diskurse, Galerien und Märkte, in denen diese Kunst zirkulierte, in einem internationalen Rahmen zu sehen. Um den Problemzusammenhang nicht erneut auf Deutschland einzuengen, verfolgt dieser Essay den Übergang der visuellen Moderne von der demokratischen zur faschistischen politischen Kultur, indem er die Wege zweier an diesem Prozeß Beteiligter im Kontext der deutsch-französischen Beziehungen der 30er Jahre erforscht.

Es handelt sich um zwei in Deutschland geborene Künstler, deren künstlerische Laufbahn nicht auf Deutschland beschränkt blieb: Paul Strecker, der in Paris tätig war und sich ab 1938 auch als Journalist hervortat, und Leo von König, ein in Berlin ansässiger Maler von Gesellschaftsporträts und modischen Bildern, die sich offenkundig von der französischen Moderne herleiten. Obwohl das Œuvre beider Künstler deutlich auf der modernen französischen Malerei basiert, versuchten beide sich dem nationalsozialistischen Deutschland anzupassen. Diese so unterschiedlichen Fälle binationaler Hybridität ermöglichen es, die ungewöhnliche nationalsozialistische Indienstnahme einer zeitgenössischen Kunst, die auf außerdeutschen Bildtraditionen beruht, zu untersuchen. Auf diese Weise läßt sich die Erwartungshaltung der Künstler dem Nationalsozialismus gegenüber ebenso analysieren wie umgekehrt die Instrumentalisierung dieser Künstler durch das Regime.

Obwohl die Leser dieser Anthologie kaum daran erinnert werden müssen, wie die jüngere Forschung den einstmals nützlichen Mythos einer monolithischen NS-Kunstpolitik, die von einer zentralen ideologischen Kraft gesteuert wurde, revidiert hat[3], ist es in unserem Zusammenhang sinnvoll zu betonen, daß die nationalsozialistische Kunstverwaltung durchaus imstande war, moderne Kunst berechnend und zielgerichtet einzusetzen, um langfristige politische Ziele zu erreichen. Es ist daher von Bedeutung, an einige Besonderheiten der deutschen Regierungspolitik gegenüber moderner Kunst in Frankreich zu erinnern. Von den späten 20er Jahren bis zum Ausbruch des Zweiten Weltkrieges förderte die deutsche Regierung moderne Kunst und Kultur in Frankreich, um freundschaftliche Zusammenarbeit und Handelsbeziehungen zu pflegen, aber auch um antideutsche öffentliche Meinungen und die französische Außenpolitik Deutschland betreffend zu beschwichtigen.[4] Während die Nationalsozialisten einerseits ab Juni 1940 in Frankreich brutale Konfiszierungen jüdischen Eigentums – einschließlich moderner Kunst – vornahmen und Kunst aus französischen Sammlungen verkauften, die sie als «entartet» einstuften, begünstigten sie andererseits moderne Kunst und Ausstellungen im besetzten Paris, um der Welt ein Bild zivilisierter Normalität zu vermitteln.[5]

Diese Untersuchung deutscher Haltungen gegenüber der französischen Moderne gründet sich weniger auf die Politik als auf die Perspektive der beiden Künstler und ihrer unterschiedlichen Positionen innerhalb des nationalsozialistischen Regimes. Paul Strecker (1898 in Mainz geboren) verfolgte zwischen 1924 und 1944 in Paris eine

Paul Strecker, Sich umarmendes Liebespaar, 1927, Öl auf Leinwand, 25 x 55 cm, Nationalgalerie Prag.

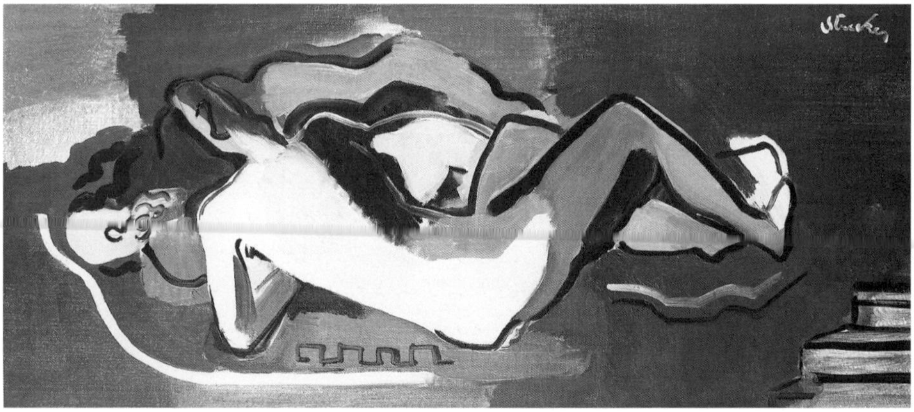

Karriere als Maler und Bühnenbildner. Von 1938 bis 1944 publizierte er Kunstkritik in deutschen und französischen Kollaborationszeitschriften. Einen Tag bevor die Alliierten Paris befreiten, floh er zurück nach Berlin.[6] Leo von König (geboren 1871 in Braunschweig) ging nach seinem Studium an der Münchner Kunstakademie und der Pariser Akademie Julian (1894–97) einer langen und sehr erfolgreichen Karriere als Porträtist und Tiermaler in Berlin nach und war als Mitbegründer der Berliner Sezession aktiv. Er war bekannt durch impressionistische Gemälde à la Manet, ein Malstil, der in Deutschland jahrzehntelang als Inbegriff der französischen Moderne galt. Nach mehrfachen Versuchen, seine Vorstellungen moderner Kunst den Befehlshabern des NS-Regimes schmackhaft zu machen, war Königs Bemühungen um eine Übereinkunft ab 1937 kaum noch Erfolg beschieden. Erst seit diesem Jahr, als sich König scheinbar vom öffentlichen Leben zurückgezogen hatte, könnte man ihm eventuell einen Status ‹innerer Emigration› zuschreiben.

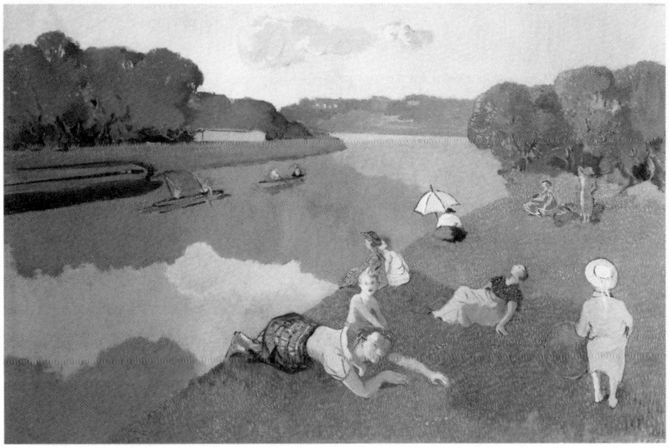

Paul Strecker, Sonntag an der Marne, 1937, Öl auf Leinwand, 65 x 100 cm, Hessisches Landesmuseum Darmstadt.

Wenige Monate bevor die Nationalsozialisten in die Regierung gewählt wurden und 14 Jahre nach dem Ende des Ersten Weltkrieges, setzte sich der als Korrespondent für *das Kunstblatt* in Paris tätige Emil Szittya mit beiden Künstlern in *L'Art Allemand en Paris* auseinander, einem Überblick über vierzig Jahre deutscher Kunst in Paris. Der in Österreich geborene Szittya stellte fest, die deutsche Kunst in Paris sei während der letzten fünf Jahre wieder verstärkt hervorgetreten, ein Phänomen, das durch deutsche Künstler, Galeristen und die Kulturpolitik der deutschen Regierung gefördert wurde. In diesem erneuerten Klima offiziell begünstigter kultureller Annäherung der beiden Staaten hielt Szittya den Glauben für weit verbreitet, eine Ausstellung neuer deutscher Kunst in Paris könne sich auf den deutschen Handel mit Frankreich befördernd oder behindernd auswirken, insbesondere könnten Erinnerungen an den «deutschen Barbarismus» des Ersten Weltkrieges wiederaufleben. Zwar besprach Szittya beide Künstler, König und Strecker, jedoch konnte er letzteren nur als «den mittelmäßigen Maler Strecker, Anhänger der Pariser Schule, stark beeinflußt von Picasso, Derain und sogar Surwabie, [...]» mißbilligen.[7] Im gleichen Jahr publizierte Szittya eine Monographie über König, um den in Paris ausgebildeten deutschen Maler dem kunstliebenden Pariser Publikum vorzustellen. Im Gegensatz zu seiner Bewertung Streckers verlieh Szittya hier seiner Verwunderung darüber Ausdruck, daß König in Paris kaum bekannt sei, obwohl seine Kunst so deutlich den Gemälden von Delacroix, Manet und Renoir verpflichtet wäre.[8]

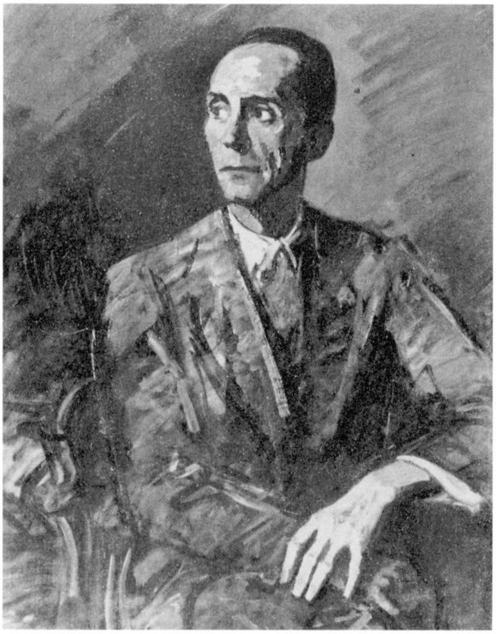

Leo von König, Bildnis des Reichsministers Dr. Josef Goebbels, 1935, Öl auf Leinwand, Maße und Ort unbekannt, Besitzer 1936: Propaganda-Ministerium, aus: Bruno Kroll (Hrsg.), Leo von König, Berlin 1941.

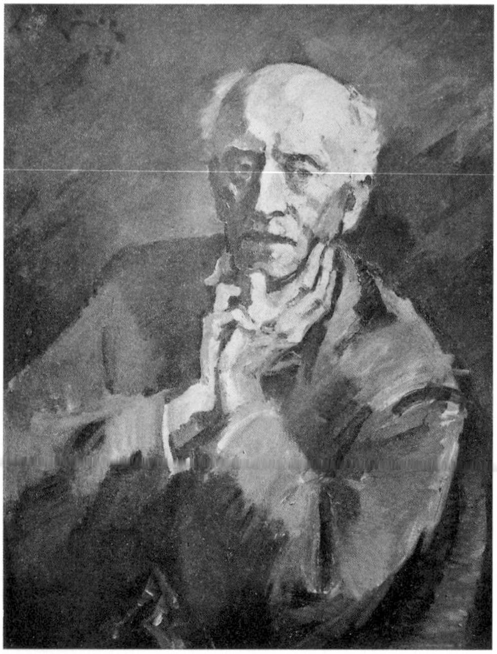

Leo von König: Bildnis Emil Nolde, 1937, Öl auf Leinwand, Maße und Ort unbekannt, aus: Bruno Kroll (Hrsg.), Leo von König, Berlin 1941.

Während sich das Œuvre von König durch technische und stilistische Beständigkeit auszeichnete, veränderte Strecker zwischen 1925 und 1939 den Stil seines Werkes häufig, im Gleichschritt mit den fast saisonartig wechselnden Moden der französischen Moderne: Bilder à la Picasso, Braque, Utrillo, Balthus und um 1936 «Les Forces Nouvelles». Michèle Cone hat dargestellt, daß solche ständigen Erneuerungen im Werk eines Künstlers typisch für Streckers Generation von Malern in Paris war, einer Generation, die sie auch als «juste milieu» charakterisiert. Das grundlegende Kunstkonzept, wie es von Strecker und vielen anderen seiner Generation geteilt wurde, unterscheidet sich wenig von Matisses l'art pour l'art-Definition und einer Funktion von Kunst, der die Metapher des bequemen Sessels entspricht, in den man sich vor den beunruhigenden Weltläuften zurückziehen kann.[9] Obwohl Streckers Kunst von modernistischen Tendenzen durchsetzt war, mußte er seine «juste milieu»-Malerei und sein eskapistisches Kunstkonzept kaum verändern, nachdem die deutschen Truppen Paris besetzt hatten.

Wirkt Streckers Interesse, künstlerische Praktiken politischen Zielen unterzuordnen, vor 1938 unbedeutend, gilt dies nicht für König im nationalsozialistischen Berlin. Schon 1930 konnte König auf eine außerordentlich erfolgreiche Karriere als einer der führenden Porträtmaler und künstlerischen Persönlichkeiten in Deutschland zurückblicken. Er hatte 1927 in Paris mit der Berliner Sezession ausgestellt und 1931 anläßlich seines sechzigsten Geburtstages widmete ihm die Berliner Nationalgalerie eine Retrospektive. In seinem bildnerischen Schaffen war König Frankreich tief verpflichtet, nicht nur was die impressionistische Technik und seine Pariser Ausbildung anbelangte. Er unterhielt auch enge Beziehungen zu Meier-Graefe, dem für Deutschland wichtigsten Vermittler der modernen französischen Malerei. Ihn porträtierte König 1930 und 1934, und anläßlich seines

Todes publizierte er 1935 einen Nachruf.[10] Obwohl einflußreiche Kreise in Deutschland schon seit der Jahrhundertwende französische Einflüsse auf die deutsche Kunst als nationalen Verrat auffaßten, und obwohl Hitler die impressionistische Faktur verteufelte, war Königs Kunst und Ansehen durchaus brauchbar für das neue Regime, als es zwischen 1933 und 1935 seine Machtstellung ausbaute. In diesen Jahren verhielt sich König politisch loyal, wie es sich nirgends offensichtlicher zeigt als in den offiziellen Auftragsporträts, die er für Goebbels und Rust ausführte. Obwohl Goebbels' kurzer und lakonischer Tagebucheintrag vom 22. November 1935 wenig Interesse für den Maler bekundet: «Professor von König malt mich. So lala»[11], dokumentieren die Porträts nichtsdestoweniger Königs Anstrengung, sich bei Goebbels und Rust als den beiden nationalsozialistischen Machthabern beliebt zu machen, deren Ministerien 1934 und 1935 um die Regierungskontrolle über die bildenden Künste wetteiferten. Diese schmeichlerischen Porträts trugen zweifellos zur bildlichen Legitimation des neuen Regimes bei. Sie suggerierten eine Kontinuität zur Weimarer Republik, weil König auch deren Machthaber porträtiert hatte.

Königs Anpassungsversuch war jedoch nicht auf die Versorgung des neuen Regimes mit schneidigen Porträts seiner Befehlshaber beschränkt. Zusammen mit Kolbe, Schmidt-Rottluff und anderen hatte er 1933 als Alternative zur sich langsam herausbildenden offiziellen Kunstpolitik den letzlich gescheiterten Versuch angeregt, die Mitglieder der Berliner Sezesssion wiederzuvereinigen.[12] Im folgenden Jahr (im gleichen Monat, in dem sich Goebbels vom ihm porträtieren ließ) berief der Reichspropagandaminister ihn in eine Jury, der auch Breker, Kolbe, Arthur Kampf, Franz Lenk, Karl Storch, Erich Feyerabend und Otto Roloff angehörten, um eine Ausstellung Berliner Künstler in München zu organisieren. Dort stieß die Auswahl der Jury jedoch auf Kritik und Ablehnung durch den Gauleiter Adolf Wagner, der noch vor der Ausstellungseröffnung 26 Arbeiten abhängen ließ, worauf die Jurymitglieder wutentbrannt abreisten.[13]

Auch wenn König seine moderate, gleichwohl französischstämmige Moderne durch das nationalsozialistische Regime anerkannt wissen wollte, förderte er andererseits in Mißkredit geratene Künstler. 1935 schickte er Käthe Kollwitz eine großzügige Spende, damit ihre Skulptur *Mutter und zwei Kinder* von 1922 in Stein gemeißelt werden konnte.[14] Der Aristokrat König machte Barlach, den er ebenso wie Kollwitz 1937 porträtierte, ein ähnliches Geschenk, und er zählte zu den zwei Dutzend Freunden, die zu Barlachs Begräbnis geladen wurden.[15] Königs Loyalität und Großzügigkeit Kollwitz und Barlach gegenüber ist so unbezweifelbar wie seine Freundschaft mit Meier-Graefe, dessen Schriften verpönt waren. Wenngleich es unwahrscheinlich ist, daß König auch Nolde mit Geld beschenkte, malte er doch 1937 ein Porträt dieses berühmt-berüchtigten expressionistischen Malers und Mitglieds der NSDAP.

Aber Königs Loyalität ist nicht nur durch seine Porträts und die aus der Reichskulturkammer und dem Reichsministerium für Volksaufklärung und Propaganda eingegangenen Überweisungen auf seinem Bankkonto belegbar.[16] 1936 diente er als letzter zweiter Vorsitzender des Deutschen Künstlerbundes, der zu diesem Zeitpunkt von Georg Kolbe geleitet wurde. Ein Protest Adolf Zieglers, des Präsidenten der Reichskammer der bildenden Künste, führte am 30. November 1936 trotz der Bittgesuche Kolbes und Königs gegenüber Goebbels zur Auflösung des Künstlerbundes.[17] Zur «Grossen Deutschen Kunstausstellung» 1937 schickte König ein Porträt der Töchter Goebbels, Helga und Hilda. Obwohl er zuerst gebeten worden war, weitere Arbeiten einzureichen[18], wurde das Porträt schließlich von Hitler, der insgesamt 80 Kunstwerke entfernen ließ, zurückgewiesen.[19] König erreichte damit 1937 die Grenze der nationalsozialistischen Toleranz gegenüber seinen aus der französischen Moderne hergeleiteten Bildern, die in Berlin eine beachtliche Anhängerschaft gefunden hatten. Ziegler, der immer schnell bereit war, Hitlers Meinungen wiederzugeben, lehnte die «unfertigen Bilder» ab und soll angeblich über König gesagt haben: «Von mir aus kann dieser elegante Gesellschaftsmaler Millionen verdienen, in mein Haus kommt er nicht.»[20] Es gibt keine Anhaltspunkte dafür, daß König nach 1937 noch ausgestellt hat; seine Auszeichnung mit der Goethe-Medaille im Januar 1941 anläßlich seines 70. Geburtstages, eine Ehrung, die durch die Hilfe von Martin Bormann abgesichert wurde[21], läßt jedoch vermuten, daß sein Rückzug vom Ausstellungsgeschehen nationalsozialistische Verbindungen und Freundschaften nicht abbrechen ließ. Seine öffentliche Reputation im Dritten Reich sah König überdies gefestigt und legitimiert durch zwei Monographien: Die erste wurde 1936 von Reinhold Schneider verfaßt und erhielt im *Völkischen Beobachter* positive Besprechungen, die zweite, eingeleitet von Bruno Kroll, wurde 1941 veröffentlicht.[22]

Im Gegensatz zu Königs berechnenden Versuchen, sich in Deutschland dem NS-Regime anzupassen, erscheinen Streckers Karriere und seine Kontakte in Paris vor 1938 eine künstlerische Laufbahn zu charakterisieren, die abseits von politischen Programmen oder Verbindungen verlief. Spätestens im Dezember 1938 hatte sich dies jedoch grundlegend geändert, und seine Vorbereitungen zur Kollaboration sind nicht zu übersehen.

Die ideologische Nähe der Malerei Streckers und besonders seiner Kunstkritik, die er nun zu veröffentlichen begann, zur offiziellen nationalsozialistischen Außenpolitik wurde mit der Publikation des Essays «Die Marne – unmilitärisch» in der *Deutschen Rundschau* (Berlin) offensichtlich. Der Artikel erschien fast zeitgleich mit der «Declaration franco-allemand», die am 6. Dezember 1938 mit der Absicht veröffentlicht wurde, die friedliche Beziehung zwischen den Nachbarstaaten zu verstärken.[23] «Die Marne – unmilitärisch» war mit vier Reproduktionen nach Streckers neuen Marnelandschaften illustriert, die den Lesern im nationalsozialistischen Deutschland ein idyllisches Bild des einfachen Lebens französischer Tagesausflügler bot, die Paris entflohen, um an dem langsam dahinströmenden Fluß inmitten einer Atmosphäre ungestörten und friedlichen Familienlebens ein Picknick an der frischen Luft zu genießen und sich an den Ufern der Marne zu lieben. Zu diesem Zeitpunkt erneuter Zusammenarbeit zwischen der französischen und deutschen Regierung vermied Strecker in seinen Bildern ausdrücklich die Erinnerung daran, daß «der obere Lauf dieses friedlichen Gewässers einmal Mittelpunkt kriegerischen Geschehens war.»[24] Streckers pastorale Modernisierung von Watteaus fêtes galantes zeigt zwei Liebende: Charlot und Choquette. Die Natürlichkeit ihrer französischen Körper wird jedoch dadurch gestört, daß sie sich einem fremden, englischen Tanz hingeben. Darüber hinaus lobt Strecker Choquettes Entscheidung für die Ehe mit Charlot, die er ihrer heimlichen Begeisterung für einen Filmstar vorzieht.[25] Mit seinen gemalten Marnelandschaften und seinem Essay bewies Strecker seine Fähigkeit, die Leser im nationalsozialistischen Deutschland mit detailgetreuen Mythen über die modernen Franzosen zu versorgen. Zum rechten Zeitpunkt kam er damit den Propagandabedürfnissen der NS-Regierung entgegen, welche die französische Bevölkerung als national und rassisch abgeschlossen, ländlich und friedfertig darstellte, ohne die Andeutung einer Erinnerung an den vergangenen Krieg.

Monate später, in seinem «Pariser Brief» in der *Neuen Rundschau* vom Mai 1939, berichtete Strecker von Pariser Kunstausstellungen und Salons. Aber der Artikel nimmt eine unerwartete Wende, indem Strecker gegen Ende seiner Besprechung der Kunstsammlung des Musée de Montpellier, die in Paris ausgestellt war, daran erinnert, wie Kaiser Napoleon III. Courbets «Badende Frauen» mit seiner Reitpeitsche attackiert hatte. Strecker schweift sodann vom Thema ab und kolportiert einen aktuellen Vorfall in Paris, bei dem «ein (übrigens ausgezeichnet gemalter) weiblicher Akt des Malers Camoin mit einem Messer durchbohrt» wurde. In den Augen Streckers bildet dieses Ereignis den Beweis dafür, daß das künstlerische Leben in der französischen Hauptstadt «so lebendig ist wie in Courbets Zeiten».[26] Durch die Erwähnung derartiger Bilderstürmerei in Frankreich sollten deutsche Leser Gemeinsamkeiten zwischen den beiden Kulturen feststellen, denn in Deutschland hatten sich ähnliche Zwischenfälle in letzter Zeit vermehrt. Streckers Artikel unterstützte ein deutsch-französisches Verständnis nur insoweit, als er der gemeinsamen Intoleranz gegenüber moderner Malerei Vorschub leistete, einer Intoleranz, die in diesen Fällen durch eine neuartige Wiedergabe des weiblichen Körpers provoziert worden war.

Aber wie loyal sich Strecker in seiner Kunstkritik den Zielen der deutschen Regierung gegenüber auch verhielt, er wurde nach der deutschen Besetzung dennoch festgenommen und in verschiedenen Lagern interniert. Nachdem er mehrere Monate mit Emigranten und Personen, die er in der Vergangenheit gemieden hatte, in südfranzösischen Internierungslagern zubringen hatte müssen, konnte Strecker in die französische

Hauptstadt zurückkehren. Dort zeichnete er für den Kulturteil des deutschen Propagandablattes *Pariser Zeitung* verantwortlich[27] und schrieb regelmäßig Berichte über die Pariser Kunstwelt in *Das XX. Jahrhundert,* dem Nachfolger der *Tat.* In seinen journalistischen Beiträgen der Kriegszeit pries er mehrfach nationalistische, traditionalistische, klassizistische und naturalistische Tendenzen in der französischen Kunst, wertete ausländische Künstler in Paris ab, schimpfte über moderne Stile wie Impressionismus, Kubismus, Abstraktion – Stile, denen er selbst zwischen 1924 und 1936 nahegestanden hatte. Er rühmte völkische Tugenden der Franzosen wie «bäuerliche Beharrlichkeit» und die Rückkehr zum «Boden».[28] Auf diese Weise paßte sich Strecker in seinen Schriften der kulturpolitischen Linie des *XX. Jahrhunderts* sowie der des Kreises um *Die Tat* an. Letzterer bestand aus Gefolgsleuten von Carl Schmitt, der ein romantisches Bild vom Volk entwarf, das organisch entstanden sei. Als Gegenleistung publizierten die Herausgeber wohlwollende Besprechungen der Landschaftsmalerei Streckers.[29]

Die Kunst und die künstlerischen Ambitionen von König und Strecker während des Dritten Reiches stecken auf je unterschiedliche Weise ein weites Spektrum ab, das die Vielfalt der Absichten andeutet, die innerhalb des Nationalsozialismus mit der modernen Malerei verbunden wurden. Beide Künstler versuchten, sich dem Reich anzupassen. Königs Versuche innerhalb Deutschlands schlugen fehl; sie scheiterten jedoch erst nachdem er seine Malerei mehrfach angeboten und sich bemüht hatte, seine eigene Vorstellung von künstlerischer Kultur durch offizielle Institutionen legitimieren zu lassen und sich selbst in die politische Führungsriege einzufügen. Nachdem es in der NS-Kunstpolitik 1937 eine radikale Wende gegeben hatte, zog er sich – mit siebzig Jahren – in eine Art selbstgewählten Ruhestand zurück. Der Pariskenner Strecker stellte lange vor dem Juni 1940, als äußere Zwänge ins Spiel kamen, seine Bereitschaft unter Beweis, die offizielle deutsche Kulturpolitik gegenüber Frankreich zu unterstützen. Auch wenn er 1938 eine Interpretation seiner neuen Marne-Landschaften vorlegte, die den NS-Propagandabedürfnissen der Zeit genau entsprach, so war es doch eher seine Pariser Tätigkeit als Redakteur und Journalist für das Reichspropagandaministerium, die ihm eine Beschäftigungsnische während des Krieges sicherte.

Die Überschneidungen und Widersprüchlichkeiten dieser beiden Fälle belegen die Unzulänglichkeit der üblichen Kategorisierung deutscher Kunst und Künstler der dreißiger Jahre in Nazikunst, innere Emigration und Exil. Königs Versuche, ein Nazikünstler zu sein, wurden wiederholt zurückgewiesen. Die ihm noch verbleibenden Jahre bis zu seinem Tod 1944, die er als öffentlich geehrter Künstler im Ruhestand am Starnberger See verbrachte, passen kaum in unser Bild der ‹inneren Emigration›. Strecker hingegen war kein Exilant, sondern ein im Ausland lebender Deutscher, der sich weniger durch seine Malerei als durch seine Essays der Kriegszeit in einem politischen, institutionellen und ideologischen Bereich situierte, der das genaue Gegenteil der linken und liberalen antinationalsozialistischen Programme der organisierten Exilkünstler war.[30] Strecker kehrte 1944 nach Deutschland zurück, allerdings erst nachdem ihn sein Vaterland in Paris heimgesucht hatte. Der deutschen Besatzungspolitik in Paris fügte sich Strecker mit seinem völkischen, rassistischen und ideologisch aufgeladenen Journalismus jedoch gut ein.

Weder Königs noch Streckers Fall ist mit den für die deutsche Kunst der dreißiger Jahre geläufigen Kategorien eindeutig zu erfassen. Als kulturelle Grenzgänger boten beide dem Regime etwas je Eigenes an. Gerade ihre französischen Erfahrungen und ihre von Frankreich hergeleitete Malerei machten sie jedoch angreifbar für die nationalistisch ausgerichteten Kunst- und Propagandaverwaltungen der deutschen Regierung. Die besondere Hybridität dieser beiden Künstler zeigt, daß es notwendig ist, neue Analysemethoden zu entwickeln, um die Konstellation komplexer individueller Identitäten innerhalb eines vielschichtigen und widersprüchlichen Systems wie dem der nationalsozialistischen Diktatur in Europa untersuchen zu können. Ansatzweise sind diese Komplexitäten skizziert worden.

Als Deutschland nach 1939 seine expansionistischen Absichten verwirklichte, wurde die Frage, wie deutsche Institutionen nationale Unterschiede innerhalb und außerhalb der deutschen Grenzen bewerten sollten, unausweichlich. Während diese Frage seit langem ein zentrales Forschungsgebiet der Historiker des Dritten Reiches bildet, steckt die kunstgeschichtliche Bearbeitung dieser Problematik noch in den Kinderschuhen.

Anmerkungen

1 Richard J. Golsan (Hrsg.), *Fascism, Aesthetics, and Culture,* Hanover/London 1992; Winfried Nerdinger (Hrsg.), *Bauhaus-Moderne im Nationalsozialismus. Zwischen Anbiederung und Verfolgung,* München 1993; Jan Tabor (Hrsg.), *Kunst und Diktatur,* 2 Bde., Baden 1994 (Ausst. Kat. Wien: Künstlerhaus); *Art and Power. Europe under the dictators 1930–45,* London 1995 (Ausst. Kat. London: Hayward Gallery).

2 Peter Gay, *Weimar Culture. The Outsider as Insider,* New York 1968; Detlev Peukert, *Die Weimarer Republik,* Frankfurt a. M. 1987.

3 Alan E. Steinweis, *Art, Ideology & Economics in Nazi Germany. The Reich Chambers of Music, Theater, and the Visual Arts,* Chapel Hill/London, 1993; Jonathan Petropoulos, *Art as Politics in the Third Reich,* Chapel Hill/London, 1996.

4 Hans Freytag, «Über deutsche Kulturpolitk im Ausland», in: *Deutsche Rundschau* (Berlin), 55(August 1929), S. 105–106; Gilbert Badia, «Fünf Jahre Hitlerregime – Eine Ausstellung des Pariser Thälmann-Komitees im Februar/März 1938», in: *Beiträge zur Geschichte der Arbeiterbewegung* (Berlin DDR), 4(1980), S. 552–567; Anthony Paul Adamthwaite, «The Franco-German Declaration of 6 December 1938», in: *Les Relations Franco-Allemands 1933–1939.* Colloques Internationaux Du Centre Nationale De La Recherche Scientifique, 563, Paris 1976, S. 395–409; Keith Holz, *Modern German Art and Its Public in Prague, Paris, and London, 1933–1940,* Diss., Evanston 1992, S. 9–47, 121–158, 177–207, 275–303; Karen Fiss, «The German Pavilion», in: *Art and Power* (wie Anm. 1), S. 108–110.

5 Petropoulos (wie Anm. 3), S. 123–139; Hector Feliciano, *The Lost Museum,* New York 1997.

6 Paul Strecker (Ausst. Kat. Berlin 1951: Haus am Waldsee); *Paul Strecker. Maler Bühnenbildner Schriftsteller,* Mainz 1978; *Paul Strecker. Ölbilder und Zeichnungen* (Ausst. Kat. Mainz 1978: Mittelrheinisches

Landesmuseum); Michèle C. Cone, *Artists under Vichy. A Case of Prejudice and Persecution,* Princeton 1992, S. 52–55.
7 Emile Szittya, *L'Art Allemand en France,* Paris o.J. [1933], S. 29 [Übersetzung des Autors].
8 Emil Szittya, *Leo von König,* Paris 1932, S. 17.
9 Cone (wie Anm. 6), S. 15–17.
10 Leo von König, «Julius Meier-Graefe», in: *Die Neue Rundschau,* 46(1935)8, S. 217.
11 Elke Fröhlich (Hrsg.), *Die Tagebücher von Joseph Goebbels. Teil 1, Aufzeichnungen 1924–1941,* München/New York/London/Paris 1987, S. 482.
12 Mortimer Davidson, *Kunst in Deutschland 1933–1945. Eine wissenschaftliche Enzyklopädie der Kunst im Dritten Reich, Bd. 2/2, Malerei,* Tübingen 1988, S. 341–342.
13 Davidson (wie Anm. 12).
14 Brief von König an Kollwitz, 1. August 1936, in: Jutta Bohnke-Kollwitz (Hrsg.), *Käthe Kollwitz, Die Tagebücher,* Berlin 1989, S. 922.
15 Ernst Piper, *Nationalsozialistische Kunstpolitik. Ernst Barlach und die ‹entartete Kunst›. Eine Dokumentation,* Frankfurt a. M. 1987, S. 21–22 und S. 207, Anm. 27.
16 Bundesarchiv Berlin, R55/20748, Bl. 1–3, 6. Ich danke Jonathan Petropoulos für seine Notizen über diese Dokumente.
17 Ursel Berger, «‹Ein verdienter Altmeister›. Die Rolle des Bildhauers Georg Kolbe während der Nazizeit», in: Maria Rüger (Hrsg.), *Kunst und Kunstkritik der dreißiger Jahre,* Dresden 1990, S. 133–134, Anm. 17 und S. 316.
18 Piper (wie Anm. 15), S. 200.
19 Paul Westheim, «Die janze Richtung paßt ihm nicht», in: *Pariser Tageszeitung,* 17.Juli 1937, Nr. 399, S. 4; Reinhold Schneider (Hrsg.), *Gestalt und Seele. Das Werk des Malers Leo von König,* Leipzig 1936, Kat.Nr. 59.
20 Westheim (wie Anm. 19).
21 Davidson (wie Anm. 12).
22 Schneider (wie Anm. 19); dazu: *Völkischer Beobachter,* 19. September 1937, vgl. auch Davidson (wie Anm. 12); Bruno Kroll (Hrsg.), *Leo von König,* Berlin 1941.
23 Adamthwaite (wie Anm. 4), S. 395–409.
24 Paul Strecker, «Die Marne – unmilitärisch», in: *Deutsche Rundschau,* 65(Dezember 1938), S. 195.
25 Ebd. S. 196–199.
26 Paul Strecker, «Pariser Brief», in: *Die Neue Rundschau* (Berlin), 50(Mai 1939)7, S. 94.
27 Laurence Bertrand Dorleac, *Histoire de l'Art – Paris 1940/1944,* Paris 1986, S. 88; vgl. Cone (wie Anm. 6), S. 52–55.
28 Paul Strecker, «Gedanken zu französischer Malerei», in: *Das XX. Jahrhundert* (Jena), 3(Juli 1941)4, S. 177.
29 Giselher Wirsing, «Paul Strecker. Ein deutscher Maler in Paris», in: *Das XX. Jahrhundert* (Jena), 2(November 1940), S. 328–331.
30 Paul Strecker, «Visage Français – considérations sur le Salon d'Automne», in: *Pariser Zeitung, 24.* Oktober 1943, wiederabgedruckt in Cone (wie Anm. 6), S. 54.

Otto Karl Werckmeister

Moderne Kunst, totalitäre Politik: Pawel Filonow, Oskar Schlemmer

Letzte Standpunkte

Am 19. Februar 1940 legt Pawel Filonow einem jungen Maler, der bei ihm studieren will, brieflich seine kommunistische Weltsicht dar. Er empfiehlt ihm die Lektüre folgender Autoren: «Darwin, Mendelew, Pawlow, Mitschurin und Pasteur, [...] Marx, Lenin, Stalin, Copernicus, Galilei». Das hypothetische Selbststudium eines enzyklopädischen Bildungsprogramms, das Renaissance-Kosmologie, moderne Naturwissenschaft und politische Theorie des Marxismus umfaßt, eine unbeirrte Alternative zu den kodifizierten Lehrplänen der sowjetischen Akademie, beinhaltet die hypothetische Idealbestimmung eines zugleich freien und wesenhaft kommunistischen Künstlers.[1]

Am 23. Mai 1942 bezeichnet Oskar Schlemmer in seinem Tagebuch die schemenhaften Gesichter, die er nach dem Vorbild Leonardo da Vincis in Mauerbewürfen ausmacht, als «– nach heutigen Begriffen – bolschewistische und nihilistische Figurisationen, wert, ihrer Wesenheit nachzugehen.»[2] Der Zugriff des Malers auf die Wand verkehrt sich in passives Starren auf einen Grund, der kein Malgrund mehr ist, ohne Aussicht auf Entwurf und Arbeit. Die polemischen Epitheta der nationalsozialistischen Propaganda gegen die moderne Kunst werden ihm zu Metaphern einer Kunst des Ungewissen.

Beide Texte bezeugen die subjektive ideologische Selbstbehauptung zweier ‹moderner› Künstler, die vergleichbare Entwürfe einer universalen, kosmisch begründeten Malerei in ein umfassendes Lehrprogramm überführt hatten, und die zwischen 1931 und 1936 von totalitären Regimes unterdrückt worden waren, obwohl sie versucht hatten, ihre ideologische Übereinstimmung mit diesen Regimes unter Beweis zu stellen. Während der sowjetische Maler an der kommunistischen Selbstbestimmung seiner Kunst festhielt, ließ der deutsche die nationalkonservative, wenn nicht nationalsozialistische Selbstbestimmung seiner Kunst fahren und machte sich deren subversive Qualifizierung durch das Regime zu eigen. Die Wechselfälle von politischer Unterdrückung und ideologischer Selbstbehauptung, die hier auszumachen sind, sind Beispiele eines Auseinandersetzungsprozesses zwischen modernen Künstlern und totalitären Regimes, der den Künstlern selbst politisch undurchsichtig blieb.

Die totalitäre Unterdrückung der modernen Kunst

Die politische Unterdrückung der modernen Kunst ist ein variabler Prozeß der europäischen Kunstgeschichte in zwei der drei totalitären Staaten während der Wirtschaftskrise 1929–1939: in der Sowjetunion und in Deutschland. Sie läßt sich nur in einem historisch synchronisierten politischen Systemvergleich verstehen. Gleich nach dem Ersten Weltkrieg hatten in Italien und Rußland führende moderne Künstler ihre ‹revolutionären› Ideen an faschistische und kommunistische Ideologien angeschlossen und waren deshalb in den künstlerischen Kulturen beider Regimes zum Zuge gekommen. In Deutschland dagegen hatten solche Künstler spätestens seit Ende der Inflation ihre ‹revolutionären› Ideen aufgegeben und sich an den technischen und sozialen Modernisierungsidealen des demokratischen Staatswesens orientiert. Daher gehörte hier die globale Ablehnung der modernen Kunst von Anfang an zur Propaganda der nationalsozialistischen Partei im politischen Kampf gegen das Regierungssystem der Weimarer Republik. Sie ließ nach der Machtübernahme keine differenzierenden Revisionen mehr zu.

Erst im Zuge einer politischen Mobilisierung der Kritik an der modernen Kunst seit dem Beginn der Wirtschaftskrise näherten sich die bolschewistische und nationalsozialistische Kunstpolitik einander an. Die sowjetische Denunzierung der modernen Kunst als ‹bourgeois› trug deren steigender Akzeptanz in der künstlerischen Kultur, wenn nicht der offiziellen Kunstpflege, der kapitalistischen Demokratien seit dem Ende des Ersten Weltkriegs historisch zutreffend Rechnung. Dagegen lag der nationalsozialistischen Denunziation der modernen Kunst als «Kulturbolschewismus» eine verspätete, bereits anachronistische Polemik gegen ihre offizielle Führungsstellung in der sowjetischen Kunstpolitik während der ersten fünf Jahre nach der Oktoberrevolution zu Grunde, die sie längst verloren hatte. Während die nationalsozialistische Kunstpolitik moderne Künstler kompromißlos als ungeeignet für jedwede Teilnahme an einer staatlich sanktionierten Kunst brandmarkte, ließ die sowjetische die Anpassung moderner Künstler an die konservative Neubestimmung einer solchen Kunst zu.

Berufspraxis

Pawel Filonow gehörte zusammen mit Mikhail Matjuschin und Kasimir Malewitsch zu den prominentesten und provokativsten modernen Künstlern der St. Petersburger Szene vor dem Ersten Weltkrieg. Als einziger der drei wurde er in der bolschewistischen Revolution politisch tätig.[3] Nach der Bildung der Sowjetregierung stellten alle drei Künstler ihre Arbeit unverzüglich in deren Dienst. Doch anders als seine beiden Freunde brachte es Filonow nie zu einer offiziellen Stellung, die ihm ein geregeltes Auskommen gesichert hätte. Um so entschiedener erklärte er sich als kommunistischer Künstler auf eigene Faust und trat in offene Opposition zur kulturpolitischen Orientierung der Petrograder Akademie. Als sich 1932 die parteipolitische Kontrolle der sowjetischen Kunstpolitik verschärfte, stellte sich Filonows institutionelle Außenseiterstellung in der Öffentlichkeit noch kontroverser dar als vorher. Da er jedoch von Nebentätigkeiten lebte, konnte ihm die parteipolitische Kontrolle von Ankäufen und Aufträgen, mit der seit 1929 die Anpassung der sowjetischen Kunst an die herrschende Kulturpolitik durchgesetzt wurde, materiell nichts anhaben.

Schlemmer hatte mit der deutschen Revolution von 1918–19 sympathisiert, ohne sich politisch festzulegen, vor allem wohl, weil sie ihm die Durchsetzung der modernen Kunst zu begünstigen schien. In der links orientierten Gründungsphase des Bauhauses stieg er schnell vom Akademiestudenten zum Meister auf. Am Bauhaus nahm er auf Grund seiner medienübergreifenden Interessen und seiner kooperativen Begabung bald eine führende Stellung ein. Zugleich entwickelte er ein stereotyp ausgeprägtes Erscheinungsbild seiner Malerei, das unabhängig von der Bauhauslehre auf dem freien Kunstmarkt Anklang fand. Diese Vereinbarung selbständiger Berufspraxis und institutioneller Lehre schien ihn vor kulturpolitischen Schwankungen zu sichern. Die Durchsetzung der nationalsozialistischen Kunstpolitik nach 1933 beraubte Schlemmer zunächst nur seiner Professorenstelle. Wie weit er von der eingeschränkten, halb verborgenen Tätigkeit des modernen Kunsthandels in Deutschland profitierte, ist unklar. Jedenfalls fand er sich erst seit Ende 1937 damit ab, seinen Lebenserwerb in einem Malergeschäft und in einer Lackfabrik zu verdienen und seine Kunst als Nebentätigkeit auszuüben.

Lehrtätigkeit

Wie für Matjuschin und Malewitsch war auch für Filonow die Schulbildung eine Konsequenz seines prinzipiell durchdachten Systems der Malerei. Doch während jene in den ersten Jahren der Sowjetregierung in institutionellen Führungspositionen lehren konnten, durfte er lediglich eine unbezahlte Meisterklasse in den Räumen der Leningrader Akademie abhalten. Von hier aus setzte er seine inoffizielle Lehrtätigkeit als Alternative zur Akademisierung der sowjetischen Kunst in Szene. Durch Vorträge, Debatten und Interventionen hielt er sich in der künstlerischen Öffentlichkeit präsent. Als schließlich die Akademie auf eine konservative Lehre zurückorientiert wurde, organisierte Filonow seine Malklasse als privates ‹Kollektiv› nach dem Vorbild vormoderner Malerwerkstätten. Das kam einer gesellschaftlich begründeten Herausforderung der staatlichen Kunstpraxis gleich. Seit 1932 entzog sich Filonows ‹Kollektiv› jeder Zusammenarbeit mit den Behörden und wurde daraufhin unter polizeiliche Aufsicht gestellt.

Schlemmer unterrichtete bis 1933 als festbestallter Professor im Rahmen akademisch sanktionierter Lehrpläne. Am Bauhaus wurde seit 1928 sein obligatorischer Grundkurs für das dritte Studienjahr über das Thema ‹Der Mensch› für den Lehrplan insgesamt maßgeblich. In seinen nachfolgenden Professuren an der Breslauer Akademie und an den Vereinigten Staatsschulen in Berlin war Schlemmer dann nur noch für bestimmte Fachgebiete zuständig, in Breslau für Bühnenbildnerei, in Berlin für Perspektive. An allen drei Institutionen bestand er auf dem unpolitischen Charakter seiner Lehre.

Während also Filonows Lehrtätigkeit aus seinem künstlerischen Führungsanspruch hervorging, sich keiner Institutionalisierung fügte und daher politische Konflikte herausforderte, beruhte Schlemmers Lehrtätigkeit auf einer akademischen Sanktionierung der modernen Kunst, die er als politisch indifferente Bildungsaufgabe gegen politische Eingriffe verteidigen zu können glaubte.

Pädagogischer Führungsanspruch

Filonow erklärte seine Pädagogik als wissenschaftliche Methode der Malerei, durch deren Anwendung jeder seine eigenen künstlerischen Bestrebungen verwirklichen und als selbständiger Meister wirken könne. Tatsächlich trug jedoch die formelle Selbstverpflichtung der Mitglieder seines ‹Kollektivs› auf die Prinzipien der Analytischen Kunst und auf Filonows persönliche Führungsstellung sektiererische Züge. Wenn Filonow seine Lehre, wie idiosynkratisch und hermetisch sie auch immer war, im Namen einer Diktatur des Proletariats zu legitimieren suchte, das er mit seiner Kunst zu repräsentieren behauptete[4], vertrat er den traditionellen Führungsanspruch herausragender Einzelner über Gruppierungen Gleichgesinnter, den Avantgarden der modernen Kunst und kommunistische Parteieliten gemeinsam haben. Beide Führungsansprüche waren politisch unvereinbar.

Obwohl Schlemmer am Bauhaus dazu tendierte, seine prinzipienschwere Kunstauffassung zur geistigen Autorität einer maßstabsetzenden künstlerischen Ethik zu verklären, beanspruchte er nie den Sozialstatus eines führenden Meisters. Hierin kam er mit dem nationalsozialistischen Regime nicht in Konflikt. Er war vielmehr davon überzeugt, seine Kunst lasse sich einer ideologisch kongenialen politischen Führung unterordnen, solange sie sich nach ihrer eigenen Logik entfalten durfte.

Bei beiden Künstlern führte also die der modernen Kunst eigene Dynamik von der Abweichung zur Autorität, von der Emanzipation zur Gesetzgebung, zu diametral entgegengesetzten Ausprägungen ihrer Selbsteinschätzung als Lehrer. Sie verleitete Filonow zur Konkurrenz und erleichterte Schlemmer den Versuch der Zusammenarbeit mit dem Regime.

Anthropozentrische Systematik

Filonows Grundbegriffe «Analytische Malerei» und «Gemachtheit» waren dialektisch aufeinander bezogen. Der minutiöse handwerkliche Arbeitsprozeß sollte die ‹kubo-futuristische› Auflösung des Bildfeldes in kaleidoskopisch voneinander abgesetzte, linear umrissene farbige Elemente durch eine dynamische Bildkomposition strukturieren. Diese systematische Formdialektik hatte Filonow bereits vor dem Kriege formuliert. Nach der Revolution empfahl er sie ohne große Änderungen als kommunistisches und proletarisches Lehrprogramm. Sie sollte jetzt die revolutionäre Rekonstruktion der Welt nachbilden. Die harte künstlerische Arbeit, die sie erforderte, sollte sowohl die geistige Selbstermächtigung des Individuums erbringen als auch die Bewältigung der Wirklichkeit. Damit hing Kunst nicht mehr von Begabung ab, sondern stand jedem offen. Die Idee einer proletarischen Kreativität, die Filonow hieraus ableitete, erinnert an die Projektion allgemeiner künstlerischer Tätigkeit in Marx' und Engels' *Deutscher Ideologie,* die Filonow allerdings noch nicht kennen konnte. Ihre anthropozentrische Begründung – «Das Studium des Menschen, seiner intellektuellen, klassenmäßigen und biodynamischen Gegebenheiten und Eigenschaften, seiner Denkprozesse [...]»[5] – klang zwar materialistisch, widersprach aber der historischen Determination des Menschen nach der revolutionären Ideologie des Bolschewismus und entzog künstlerische Tätigkeit der politischen Lenkung.

Schlemmers künstlerische Grundidee einer abstrakten Orientierung der Figur im Raum war nicht weniger anthropozentrisch und systematisch als die Filonows. Auch sie stellte den Menschen in eine mikrokosmische Weltordung, die historischen Wandlungen und damit politischen Einflüssen entrückt war. Schlemmer konnte sie wechselnden Idealvorstellungen gesellschaftlicher Kollektive anpassen, von der «Kathedrale des Sozialismus» von 1919 bis zur «Staatskomposition» von 1933. Wenn er in seinem Brief an Propagandaminister Goebbels vom 18. Mai 1933 versicherte, es sei immer «das Totale, mit dem [die Künstler] verbunden sein müssen», so empfahl er eine politisch unvermittelte Äquivalenz von totaler Kunst und totalem Staat. (Dies war keine «Kampfansage an den ‹totalen Staat›», wie Karin von Maur urteilt[6], sondern eine Selbstempfehlung.)

Die Selbsttäuschung beider Künstler über die ideologische Entsprechung ihrer totalisierten Positionsbestimmung des Menschen in der Welt mit den politischen Ordnungen des Kommunismus und des Nationalsozialismus bestand darin, daß sie sich selbst eine schöpferische Autorität über die Ausformulierung ihrer künstlerischen Systeme vorbehalten zu können glaubten.[7]

Auseinandersetzung

Filonows Gesamtausstellung im Leningrader Russischen Museum, zu der er spätestens Anfang 1929 eingeladen worden war und die dreihundert Werke zeigen sollte, wurde zwar gehängt, aber niemals eröffnet und schließlich abgesagt.[8] Die öffentliche Kontroverse darüber zog sich fast drei Jahre hin. Sie ist das spektakulärste, am besten dokumentierte Ereignis in der Geschichte der langfristig und unnachsichtig betriebenen institutionellen Zurückdrängung der modernen Kunst in der Sowjetunion. Der zugehörige Katalog wurde in zwei verschiedenenen Fassungen gedruckt und ausgeliefert, nicht um die Ausstellung zu begleiten, sondern um ihre Durchführung zur Diskussion zu stellen und zu verhindern. Die erste Fassung enthielt einen lobenden, die zweite einen ablehnenden Aufsatz über Filonows Kunst. Offizielle Arbeiterdelegationen und kulturpolitische Gremien besichtigten die bereits gehängten Bilder. Hier lieferten Filonows Anhänger und Gegner einander erbitterte Debatten.

Die Wandmalereien im Folkwang-Museum, die Schlemmer bereits 1930 auf Grund einer nationalkonservativen Bedeutungsvorgabe des Direktors Ernst Gosebruch, – «Die jungmännliche Bewegung unserer Zeit (Spiel und Sport)»[9] – entworfen und in nicht weniger als vier Fassungen immer weiter schematisiert hatte, konnten den Museumsdirektor nicht befriedigen, ohne daß dieser seine kritischen Einwände je eindeutig, geschweige denn mit Änderungsvorschlägen, dem Künstler dargelegt hätte. Als Ende 1933 Gosebruchs nationalsozialistischer Nachfolger Graf Baudissin die Tafeln abhing, protestierte Schlemmer unter Berufung darauf, seine Figuren seien «eindeutig deutsch in Haltung und Ausdruck».[10] In einer anschließenden Korrespondenz wies der neue Direktor Schlemmers ideologische Selbstverteidigung mit der politischen Begründung ab, der Künstler habe sich nie auf die nationalsozialistische Bewegung verpflichtet und sei auch jetzt noch nicht dazu imstande.[11]

In beiden Fällen wurde das prestigeträchtigste Museumsprojekt führender moderner Künstler, eine Anerkennung ihres Lebenswerkes, drei Jahre lang kritisch überprüft und schließlich zu Fall gebracht.

Anpassungsversuche

In der zweiten Hälfte des Jahres 1931, das heißt gegen Ende der Debatte über seine Leningrader Gesamtausstellung, arbeitete Filonow an zwei großen Gemälden einer Traktor- und einer Textilfabrik in Abstimmung mit deren politischer Leitung zur Massenveröffentlichung als farbige Drucke. Er suchte seine analytischen Kompositionsprinzipien mit einer annähernd realistischen Wiedergabe der gestellten Thematik zu vereinbaren und änderte beide Bilder nach Maßgabe der Kritik seiner Auftraggeber. Trotzdem wurden sie abgelehnt. Nachdem 1932 seine Ausstellung abgesagt worden war, nahm Filonow keine Aufträge mehr an. Vielleicht wollte er sich nur so lange als kulturpolitisch verantwortlicher Künstler ausweisen, als er sich noch Hoffnungen auf die Eröffnung seiner Ausstellung machte. Als er vier Jahre später eine Reihe von Bildnissen Stalins und anderer politischer Führer malte, stand der künstlerisch anspruchslose Realismus, dessen er sich dazu bediente, in keinem Zusammenhang mehr mit der Kunst, die er gleichzeitig privat betrieb.

Am 20. April 1934, kurz vor Schlemmers Teilnahme am Wettbewerb des Propagandaministeriums zur Gestaltung des Vortragssaals im Münchner Deutschen Museum, veröffentlichte *Die Basler Nationalzeitung* einen Vortrag des Basler Museumsdirektors Georg Schmidt, in dem dieser Schlemmer – wohl kaum ohne dessen Einverständnis – für «legitimiert und fähig» erklärte, «das Bild eines ständisch-vertikal gerichteten Gesellschaftskörpers zu malen», da es in seiner Kunst um das «Problem der Unter- und Überordnung der Einzelnen und der Vielen» gehe.[12] Die Kompositionsskizzen dichtgedrängter, eurhythmisch bewegter Menschenmassen, die Schlemmer für den Münchner Wettbewerb einreichte, zwei davon sogar mit Hitlergruß, sollten den Schlußchor von Beethovens Neunter Symphonie mit Schillers Text «Seid umschlungen Millionen» veranschaulichen. Sogar nach ihrer Ablehnung bestand Schlemmer darauf, er «habe als einziger die Volksgemeinschaft darzustellen versucht.»[13]

Beide Künstler hielten also in der ersten Zeit ihrer Auseinandersetzung mit dem Regime die subjektive ideologische Entsprechung ihrer Kunst für zureichend, um ihre Werke allein auf Grund der Thematik, mit relativ geringen stilistischen Anpassungen, zur kulturpolitischen Verwendung anzubieten. Sie glaubten den offiziell bevorzugten Stil als Index kulturpolitischer Kontrolle durch das Regime ignorieren zu können.

Vorwürfe

Morbid, wahnsinnig, dem Unbewußten verfallen, militanter Formalismus, metaphysische Hysterie, pathologischer Ausdruck – solche Vorwürfe wurden im Verlauf der Auseinandersetzungen über die Leningrader Ausstellung gegen Filonows Kunst erhoben.[14] Sie trafen Filonows Abweichung von der politisch funktionalen und formal disziplinierten Kunst, die seit 1924 in den Pressekampagnen und Debatten der sowjetischen Kulturpolitik gefordert und in den Jahren 1928–1932 für den Ersten Fünfjahresplan durchgesetzt wurde. Filonows Bedeutung als einer der führenden Maler Leningrads, wenn nicht Rußlands überhaupt, machte ihn mehr als jeden anderen zur Personifikation all dessen, wogegen sich diese Kulturpolitik richtete. Seit 1933, als die Bestimmung eines politisch verbindlichen Stils, des ‹Sozialistischen Realismus›, auf der Tagesordnung stand, wurden die Anwürfe gegen ihn noch aggressiver. 1936 prägte die Presse den Terminus «Filonowitis»[15], als sei Filonows subjektive Kunst eine Krankheit.

Die nationalsozialistischen Vorwürfe gegen Schlemmer betrafen dagegen keine spezifischen Züge seiner Kunst. Filonow war so prominent und hatte sich so exponiert, daß er in dem öffentlichen, wenngleich gelenkten Diskussionsprozeß über die moderne Kunst in der Sowjetunion als einzelner Künstler bekämpft werden mußte. Das ermöglichte ihm seinerseits, die Abweichung von der herrschenden Kunstpolitik für sich selbst zu klären. Im nationalsozialistischen Deutschland wurde eine vergleichbar spezifische Diskussion nur über den Expressionismus geführt, und zwar ebenfalls, weil dessen Vertreter mit der herrschenden Ideologie übereinzustimmen behaupteten. Schlemmer, der nicht zum Expressionismus gehörte, stand dagegen einer ihm undurchsichtigen, summarischen Ablehnung gegenüber, die ihm nicht einmal die Möglichkeit zur subjektiven Abgrenzung bot.

Selbstverteidigung

In privaten Äußerungen bekannte sich Filonow stets vorbehaltlos zum Kommunismus, ja zu Stalin persönlich. So konnte er sich während seiner gesamten Karriere seit 1917 in den kulturpolitischen und ideologischen Rahmenbedingungen des bolschewistischen Regimes bewegen, auch in der Opposition dagegen. Revolutionäre Kunst und proletarische Kreativität, proletarische Diktatur und klassenlose Kunst – das waren die Schlagworte seiner ideologischen Selbstverteidigung. Filonow brachte sie um so dringlicher vor, je schärfer man ihn als bürgerlichen Individualisten angriff. Die Bestimmung seines Malerkollektivs als «Gesellschaft proletarischer, kommunistischer (d.h. parteiloser) Meister»[16] war provokativ gemeint. Die Partei sollte politische Zielvorgaben machen, nicht dagegen künstlerische Arbeit anleiten. Eine solche funktionale Trennung von Politik und Kunst widersprach der Organisationsform sowjetischer Künstlerverbände spätestens seit dem Aprildekret. Hier hatten «Zellen» von Künstlern, die der Partei angehörten, die kulturpolitische Ausrichtung der Arbeit aller Mitglieder zu überwachen.

Schlemmer verhielt sich bis 1933 entschieden unpolitisch. Wenn er in einem privaten Brief vom Juni 1933 schrieb, «Ich fühle mich rein und meine Kunst streng den nat. soz. Grundsätzen entsprechend [...] aber wer sieht es?»[17], so bekannte er in letzter Minute eine ideologische Konformität mit dem Regime, die sich politisch nicht mehr auswirken konnte. «Volksgemeinschaft» und «Staatskomposition», die Schlagworte von Schlemmers Beteuerungen dieser Konformität[18], gehörten zur Ideologie einer korporativ organisierten Gesellschaftsverfassung, von der sich die nationalsozialistische Staatsführung nach vorübergehenden Annäherungsversuchen spätestens 1935 abwandte. Vor allem aber war die Verbundenheit mit der Volksgemeinschaft seit 1929 ein politisches Argument konservativer Künstlerverbände in ihrem Kampf gegen die moderne Kunst gewesen. Schlemmer nützte es nichts, sich auf dieselbe Ideologie zu berufen.

In ihrer ideologischen Selbstverteidigung ignorierten also beide Künstler die politischen Organisationsformen, vermittels derer die beiden totalitären Regimes 1932–1933 die künstlerische Kultur unter ihre Kontrolle brachten.

Unterdrückung

Filonow hatte sich seine Prominenz als publikumswirksamste Gegenfigur der offiziellen Kunstpolitik, die ihn beruflich und gesellschaftlich isolierte, durch sein aggressives Verhalten selbst geschaffen. Doch die akute Phase seiner Unterdrückung setzte erst nach dem Aprildekret von 1932 ein. Sie war kulturpolitisch folgerichtig. Die Suspendierung aller Künstlervereinigungen ohne Parteiaufsicht machte Filonows privates Malerkollektiv illegal. Er wurde polizeilich überwacht, weil er in seinem Atelier weiterhin Unterricht erteilte. Verhört und verhaftet wurden jedoch nur seine Mitarbeiter und Schüler. Filonow selbst blieb unbehelligt, wie übrigens alle anderen führenden modernen Künstler der Sowjetunion (mit der vorübergehenden Ausnahme Malewitschs) nach dem Verlust ihrer Stellungen.

Schlemmer begann erst im Sommer 1937, als seine Bilder auf der Ausstellung «Entartete Kunst» in München und auf der antibolschewistischen Ausstellung in Berlin gezeigt wurden, staatliche Sanktionen zu befürchten, blieb jedoch bis zu seinem Tod von polizeilicher Überwachung verschont.

Die politische Unterdrückung beider Künstler war auf ihre Berufsausübung beschränkt und ließ sie persönlich unbehelligt.

Weiterarbeit

Filonow konnte sich seine kunstpolitische Unnachgiebigkeit leisten, weil er seinen Lebensunterhalt nicht von seiner Kunst bestritt. Hierin unterschied er sich von anderen modernen sowjetischen Künstlern, die nach dem Aprildekret von 1932 unter verschärfter parteiamtlicher Kontrolle weiterzuarbeiten suchten und sich daher den neuen kulturpolitischen Anforderungen anpaßten. Die Absage seiner Leningrader Ausstellung sowie die polizeiliche Überwachung seines ‹Kollektivs› standen Filonows weiterer Teilnahme am öffentlichen Kunstleben Leningrads nicht im Wege. Bis 1934 verteidigte er seine Anschaungen in Vorträgen und Podiumsdiskussionen. Noch 1936 wurde er eingeladen, Bilder zu einem neuen Museum beizusteuern. Erst seit 1937 trat er nicht mehr öffentlich auf.

Schlemmer gehörte der Reichskammer der Bildenden Künste an, war also als frei schaffender Künstler berechtigt, am deutschen Kunstleben teilzunehmen.[19] Als sein Bild *Eingang zum Stadion* von 1930, mit einem Blauton übergangen, in die Ausstellung «Malerei und Plastik in Deutschland» anläßlich der Olympiade 1936 aufgenommen worden war, hoffte er, seine Kunst doch noch in der Öffentlichkeit des Dritten Reiches durchzusetzen. Er bat bei der Landesleitung der Reichskulturkammer um Beistand bei diesen Bemühungen.[20] Doch an seiner Erfolglosigkeit änderte sich nichts.

Bei beiden Künstlern führte der zwangsläufige Rückzug ihrer kreativen Tätigkeit aus der Öffentlichkeit in die Privatsphäre zu einer introspektiven Malerei als Reflexionsform ihrer anthropozentrischen und systematischen Prinzipien. Filonow arbeitete an großen Bildern mit gegenständlich deutlichen, doch thematisch rätselhaften Sujets, um sein Lebenswerk für ein hypothetisches Museum seiner Kunst zu vervollständigen. Schlemmer dagegen verkleinerte, verinnerlichte und verdichtete seine gewohnten Figurenkompositionen zu formelhaften oder experimentellen Exerzitien ohne öffentliche Bestimmung.

Selbstreflexion

Von Filonow sind keine Äußerungen bekannt, denen zu entnehmen wäre, seine Ablehnung durch das Regime habe ihn zu einer kritischen Revision seiner politischen oder künstlerischen Überzeugungen veranlaßt. Seine unbeirrt selbstsicheren Texte waren für die Öffentlichkeit verfaßt, an seine Anhänger gerichtet, oder gehörten zu einer für den Druck bestimmten Selbstbiographie.

Schlemmer dagegen hing seit 1933 in Briefen und Tagebüchern Zweifeln über seine künstlerische Stellung nach. Wenn er im Sommer 1935 die dunklere Farbgebung seiner Bilder als «sich ins Dunkel begeben aus innerer und äusserer Not» interpretierte und auf «politische Gründe» zurückführte[21], meinte er damit allerdings nur seine eigene Diffamierung. Erst im Sommer 1939, nach der Lektüre von Thomas Manns entschiedenen Äußerungen aus der Emigration, stellte Schlemmer moralische Überlegungen über die künstlerischen Auswirkungen seines Verbleibens in Deutschland an.[22] Jetzt erhoffte er sich, «da unterdrückt und verfemt», eine neue Ausdrucksfreiheit ohne Rücksichten auf die Öffentlichkeit, allerdings immer noch «in einem Zustand der Entselbstung». Im Dezember 1940 begann Schlemmer zu bereuen, 1933 nicht ebenfalls emigriert zu sein und beurteilte seine damalige Regimekonformität als «Fahnenflucht».[23] Ein zeitgeschichtliches Bewußtsein seiner Lage hatte er sich allerdings noch immer nicht gebildet, denn 1942 stellte er astrologische Spekulationen über die zahlensymbolische Regelmäßigkeit seiner Lebensphasen im Abstand von jeweils sieben Jahren an. Danach «wäre 1944 das hoffnungsvolle Jahr» gewesen.[24]

Während bei Filonow die wechselseitig folgerichtige Auseinandersetzung zwischen dem Künstler und dem bolschewistischen Regime bis zuletzt auf gemeinsamen ideologischen Voraussetzungen beruhte, über deren politische Konsequenzen der Künstler, wie zahlreiche andere Kommunisten, keine Klarheit gewann, fehlte Schlemmer sowohl ein ideologisches als auch ein politisches Verständnis des nationalsozialistischen Regimes, das ihm ein zumindest subjektiv tragfähiges politisches Selbstbewußtsein hätte vermitteln können.

Der Text ist ein Auschnitt aus meinem projektierten Buch *Die politische Konfrontation der Künste von der Weltwirtschaftskrise bis zum Zweiten Weltkrieg, 1929–1939,* das ich in meinem Aufsatz «Walter Benjamins Passagenwerk als Modell für eine kunstgeschichtliche Synthese», in: Andreas Berndt et al.(Hrsg.), *Frankfurter Schule und Kunstgeschichte,* Berlin 1992, S. 165–182, vorgestellt habe. Das Schema dieses Buches habe ich seither geändert. Ein anderer Ausschnitt erschien in: Gabi Dolff-Bonekämper und Hiltrud Kier (Hrsg.), *Städtebau und Staatsbau,* München 1996, S. 113–130 («Der Sowjetpalast in Moskau und die Große Kuppelhalle in Berlin als projektierte Bauten einer totalitären Volksrepräsentation»). Bibliographische Angaben sind auch hier auf Nachweise beschränkt. Für eine kritische Lektüre des Textes, die mich zu zahlreichen Korrekturen veranlaßt hat, danke ich Wolfgang Kersten, Karin von Maur und James Van Dyke.

Anmerkungen

1 «Letter To the Beginning Artist Vaskanich About Analytical Art», 19. Februar 1940, zit. n. Nicoletta Misler und John E. Bowlt (Hrsg.), *Pavel Filonov. A Hero and His Fate,* Austin, Texas, 1983, S. 291.
2 Tagebuch, 23. Mai 1942, zit. n. Karin von Maur, *Oskar Schlemmer. Monographie,* München 1979, S. 298.
3 Autobiographien (1929–32), vgl. Misler und Bowlt (wie Anm. 1), S. 117.
4 «Today's Meeting» (ca. 1923), ebd. S. 187 f.
5 «The Basic Tenets of Analytical Art» (ca. 1923), ebd. S. 148.
6 Karin von Maur, *Oskar Schlemmer. Der Folkwang-Zyklus. Malerei um 1930,* Stuttgart 1993, S. 41.
7 So auch von Maur, ebd.
8 Vgl. Misler und Bowlt, (wie Anm. 1), S. 39 ff.
9 Sauerlandts Brief in Vertretung von Ernst Gosebruch vom 5. März 1928 findet sich bei von Maur (wie Anm. 6), S. 10.
10 Schreiben an das Kunstdezernat der Stadt Essen, 21. Juni 1933, ebd. S. 25.
11 Schlemmer an Baudissin, 22. Mai 1934, Baudissins Antwortschreiben vom 1. Juni 1934, Schlemmers Antwort an Baudissin, 17. Juni 1934, ebd. S. 28 u. 40.
12 Georg Schmidt, «Otto-Meyer-Amden – Lichtbildervortrag von Professor Oskar Schlemmer», in: *Die National-Zeitung* (Basel), Nr. 180, 20. April 1934; Wulf Herzogenrath, «‹Die jungmännische Bewegung unserer Zeit›. Die Themenentfaltung der Wandbilder Oskar Schlemmers für den Brunnensaal des Museums Folkwang Essen, 1928», in: Hans-Jürgen Buderer (Hrsg.), *Oskar Schlemmer. Wand-Bild / Bild-Wand,* Mannheim 1988 (Ausst. Kat. Mannheim: Städtische Kunsthalle), S. 31–37, hier S. 33.
13 Von Maur (wie Anm. 2), S. 250.
14 Misler und Bowlt (wie Anm. 1), S. 42.
15 Ebd. S. 43.
16 «I Shall Speak. A Lecture» (ca. 1922–24), in: Misler und Bowlt (wie Anm. 1), S. 240.
17 Brief an Gunta Stölzl, 16. Juni 1933, zit. n. Winfried Nerdinger, «Modernisierung, Bauhaus, Nationalsozialismus», in: ders., *Bauhaus-Moderne im Nationalsozialismus. Zwischen Anbiederung und Verfolgung,* München 1993, S. 9–23, hier S. 19.
18 «Appell in Sachen Kunst», in: *Deutsche Allgemeine Zeitung,* 22. August 1933, zit. n. von Maur (wie Anm. 2), S. 242.
19 Magdalena Droste, «Bauhaus-Maler im Nationalsozialismus. Anpassung, Selbstentfremdung, Verweigerung», in: Nerdinger (wie Anm. 17), S. 113–141, hier S. 131 (Brief an Willi Baumeister, 12. Juni 1933).
20 Ebd. S. 131.
21 Tagebuch, 1. Juli 1935; Brief an Hans Molfenter, 15. Juli 1935, in: von Maur (wie Anm. 2), S. 271.
22 Brief an Moritz Heitmann, 23. Juli 1939, ebd. S. 261.
23 Tagebuch, 15. Dezember 1940, ebd. S. 284.
24 Jiri Svestka (Hrsg.), *Oskar Schlemmer: Das Lackkabinett,* Düsseldorf 1987 (Ausst. Kat. Düsseldorf: Kunstverein für die Rheinlande und Westfalen), S. 117.

VI. Ausstellungen: Lernziel «Entartung»

Christoph Zuschlag

Die Ausstellung «Kulturbolschewistische Bilder» in Mannheim 1933 – Inszenierung und Presseberichterstellung

Thema des vorliegenden Aufsatzes ist die Ausstellung «Kulturbolschewistische Bilder», die im Frühjahr 1933 in der Städtischen Kunsthalle Mannheim gezeigt wurde – die erste und zugleich bestdokumentierte einer ganzen Reihe von Vorläuferausstellungen der Münchner Schau «Entartete Kunst» von 1937. Das Hauptaugenmerk richtet sich dabei auf Inszenierung und Presseberichterstattung.[1]

I.

Die Städtische Kunsthalle Mannheim, im Jahre 1907 für die «Internationale Kunst- und Große Gartenbauausstellung» erbaut und 1909 als Museum wiedereröffnet, entwickelte sich unter der Ägide der beiden ersten Direktoren, Fritz Wichert und Gustav Friedrich Hartlaub, zu einem der fortschrittlichsten Kunstinstitute Deutschlands. Wichert leitete das Museum bis 1923. Seine Erwerbungen richteten sich sowohl auf die deutsche Malerei des 19. Jahrhunderts als auch auf die aktuellen Tendenzen der Gegenwartskunst in Deutschland und in Frankreich. Hartlaub, 1913 von Wichert nach Mannheim berufen, hatte die Direktion der Kunsthalle von 1923 bis 1933 inne. Er knüpfte an die Sammelpolitik seines Vorgängers an. Sein erklärtes Ziel war es, «in der städtischen Kunsthalle eine charakteristische Vertretung neuen und neuesten Kunst-Wollens zu bieten, und sie damit zu einer Stätte unmittelbar lebendiger Kunst zu machen».[2] Durch den Ankauf von Gemälden und Graphiken der Künstlergruppen *Fauves, Brücke* und *Blauer Reiter* sowie von Beckmann, Chagall, Delaunay, Dix, Ensor, Grosz, Hodler, Hofer, Munch, Nolde, Pechstein, Rohlfs, Schlemmer und Utrillo baute er die Sammlung nationaler und internationaler Avantgardekunst aus. Die Plastiksammlung wurde durch wichtige Arbeiten von Archipenko, Barlach, Lehmbruck, Kolbe, Scharff, de Fiori und Voll bereichert. Auch Hartlaubs epochemachende Ausstellungen wie «Neue Sachlichkeit – Deutsche Malerei seit dem Expressionismus» (1925) und «Wege und Richtungen der abstrakten Malerei in Europa» (1927) verschafften der Kunsthalle überregionales Ansehen. Hinzu kamen Einzelausstellungen bedeutender Protagonisten der Moderne wie etwa Munch (1926), Ensor, Beckmann, Hofer (alle 1928), Masereel (1929) und Kokoschka (1931). 1933 besaß Mannheim eine der bedeutendsten Sammlungen von Kunst des 19. und 20. Jahrhunderts in Deutschland.

II.

In diesem Jahr fiel auch in der Quadratestadt das freie politische und kulturelle Leben der Weimarer Jahre binnen kürzester Zeit der nationalsozialistischen «Gleichschaltung» zum Opfer. Am 11. März wurde Oberbürgermeister Hermann Heimerich mit einer Reihe führender Sozialdemokraten in «Schutzhaft» genommen. Am 18. März wurden Generalmusikdirektor Josef Rosenstock und Intendant Herbert Maisch sowie am 20. März Kunsthallendirektor Gustav Friedrich Hartlaub «beurlaubt». Zur Unterstützung der einzelnen Ämter und Bereiche der Stadtverwaltung bestellte man ehrenamtliche Hilfsreferenten, die den Vollzug von Beschlüssen des Stadtrats, der Bürgermeister oder anderer Organe der städtischen Verwaltung zu überwachen hatten. So wurde am 3. April 1933 Otto Gebele von Waldstein zum Hilfsreferenten für das Nationaltheater und die Kunsthalle ernannt. Von Waldstein war Leiter der NSDAP-Ortsgruppe Mannheim und von 1930 bis 1933 Stadtverordnetenvorstand im Mannheimer Stadtrat, als Stadtrat war er ferner Mitglied der Kunsthallenkommission. Mit der Vertretung des Direktors beauftragte man bis zum Beginn der Amtszeit Walter Passarges (1. Juli 1936) Edmund Strübing, Kustos der graphischen Abteilung der Kunsthalle seit 1920. Gebele von Waldstein, der dem nationalsozialistisch-reaktionären Kampfbund für deutsche Kultur nahestand und im 1931 gegründeten Parteiblatt *Hakenkreuzbanner* die Tätigkeit Hartlaubs immer wieder als «undeutsch» attackiert hatte, war mit einem konkreten Auftrag versehen worden, den er selbst wie folgt beschrieb:
«1.) Den bisherigen schwer belasteten Verwaltungsbetrieb der Kunsthalle zu prüfen und
2.) die systematisch betriebene bolschewistische Kunstpolitik und kommunistische Werbungsarbeit aufzudecken und abzustellen.
3.) Auf Anordnung des Oberbürgermeisters Pg. Renninger hatte ich eine Schau aufzustellen, in der a) die kulturbolschewistische Tendenz, b) die Verschleuderung von städtischen Geldern an den jüdischen Kunsthandel nachgewiesen werden sollte.»[3]

Zur Unterstützung ihrer Arbeit wurden den städtischen Hilfsreferenten Mitarbeiter bewilligt. Von Waldstein stellte einen «Sachverständigenausschuß» zusammen, dem drei

Männer angehörten: der Mannheimer Maler Karl Stohner, der Kustos und spätere Leiter des Mannheimer Schloßmuseums Gustav Jacob sowie der Kunsthistoriker Josef August Beringer, welcher der Deutschen Kunstgesellschaft und dem Kampfbund für deutsche Kultur nahestand. Beringer war mit Hans Adolf Bühler – dem Initiator der Karlsruher «Schreckenskammer»[4] – befreundet und hatte vermutlich den maßgeblichen Einfluß auf die Mannheimer Ausstellung.

Bereits einen Tag nach der Ernennung von Waldsteins zum Hilfsreferenten, am 4. April 1933, wurde in der Kunsthalle die Ausstellung «Kulturbolschewistische Bilder» eröffnet. Sie war in zwei Räumen des Obergeschosses der Kunsthalle untergebracht und ist durch das Verzeichnis der Exponate[5] und vier Fotografien dokumentiert (Abb. 1–4). Zu sehen waren 64 Gemälde, zwei Plastiken und 20 Graphiken von 55 Künstlern, darunter Adler, Baumeister, Beckmann, Chagall, Delaunay, Dix, Ensor, Grosz, Heckel, Hofer, Kanoldt, Klee, Marc, Munch, Nolde, Schlemmer und Schlichter. Der Schwerpunkt lag auf dem Expressionismus sowie auf den Künstlern, die Hartlaub 1925 in seiner Ausstellung «Neue Sachlichkeit» präsentiert hatte.

Schon der Titel der Ausstellung «Kulturbolschewistische Bilder» verdeutlicht ihr rein politisches Ziel: Die Kunstwerke wurden dem Publikum pauschal als «bolschewistische» Degenerationserscheinungen der Weimarer Republik vorgeführt, um diese zu diskreditieren und letztlich den Sieg der neuen Machthaber als «revolutionären Neubeginn» zu feiern. Dieses Ziel dürfte weitgehend erreicht worden sein. Dabei ist zu betonen, daß die Nationalsozialisten nahtlos an schon vorhandene Aversionen gegen die moderne Kunst anknüpfen konnten. In Mannheim zeigen dies nicht zuletzt die überregionalen Skandale, welche die Erwerbungen von Manets *Erschießung Kaiser Maximilians* (1910, aus Spendenmitteln finanziert) und Kokoschkas *Bildnis Professor Forel* (1913) – heute zwei Hauptwerke der Galerie – ausgelöst hatten.[6]

III.

Die Ausstellung «Kulturbolschewistische Bilder» zeichnete sich durch ein spezifisches Präsentationskonzept aus: Sämtliche Ölgemälde waren aus ihren Rahmen genommen, um sie als derer unwürdig zu brandmarken. Sie standen gleichsam «nackt» am Pranger. Die Hängung war äußerst dicht, ein Gliederungsprinzip, etwa nach Chronologie, Stil- oder Schulzusammenhängen, nicht erkennbar. Die Beschriftungen nannten neben Künstlername und Werktitel auch Ankaufsjahr und -preis sowie in einigen Fällen die Provenienz des Werks (Kunsthändler) und die «Rasse» des Künstlers. Bei diesen Angaben legte man offenbar keinen Wert auf Genauigkeit, oder man gab bewußt falsche Informationen.[7] Inflationär bedingte hohe Ankaufspreise wurden nicht in Reichs beziehungsweise Goldmark umgerechnet, so daß sie der Bevölkerung als sehr hoch erscheinen mußten. Der gewünschte Effekt wurde offenkundig erzielt: «Des größten ‹Publikumserfolges› sicher ist die Anführung der Preise, die für jedes Bild bezahlt worden sind».[8] Die Nennung der Preise und der Verkäufer implizierte zum einen den Vorwurf der gewissenlosen Verschwendung oder gar Veruntreuung von Steuergeldern, der sich gegen die ehemalige Museumsleitung und diese als Repräsentantin eines «überwundenen liberalistischen Zeitalters» richtete; zum anderen eine dezidiert antisemitische Komponente durch die Behauptung, die Händler, die pauschal als Juden bezeichnet wurden, hätten die Museumsleute in betrügerischer Absicht getäuscht. So schreibt das Partei-Organ *Hakenkreuzbanner* am 3. April 1933: «Beim Durchgehen der Schau wird dem deutschen Menschen erst so recht bewußt, daß es Juden und jüdische Kunsthandlungen (Flechtheim, Cassirer, Dr. Tannenbaum) waren, die einem [...] für die Kunsthalle als ungeeignet zu bezeichnenden Dr. Hartlaub ‹Werke› aufschwatzten, die Afterkunst darstellen und die Ästhetik eines gesunden Menschen in Harnisch bringen müssen.»

Durch die Gleichsetzung der «Aktivitäten der jüdischen Kunsthändler» mit dem «Eindringen des Marxismus» als Ursache des «Verfalls der Kunst» wurden antisemitische und antikommunistische Attacken geschickt verquickt, entsprechende Ressentiments in der Bevölkerung gleichermaßen geschürt.

Neben den zu Ausstellungszwecken erworbenen Werken wurden auch solche von Per Krohg, Willy Oeser, Wilfried Otto, Otto Scheffels und anderen Künstlern gezeigt, die aus einem besonderen Fonds zur sozialen Unterstützung unbemittelter Mannheimer Künstler angekauft worden und nie dazu bestimmt gewesen waren, in der Kunsthalle auch ausgestellt zu werden. In den Beschriftungen war dies nicht kenntlich gemacht. Kunstwerke unterschiedlichster Qualität und Bedeutung wurden also auf eine Ebene gestellt, Qualitätsunterschiede bewußt nivelliert. Zum ersten Mal wurden Blätter aus der insgesamt 84 Lithographien und 16 Aquarelle umfassenden, 1923 im Berliner Malik-Verlag erschienenen Graphikfolge *Ecce homo* von George Grosz öffentlich ausgestellt, die «bisher unter Verschluß gehalten [...] und nur auf besonders begründete Anforderung an Künstler oder wissenschaftlich arbeitende Menschen, d.h. im ganzen gewiß nicht mehr als fünf Mal ausgegeben wurde».[9]

Als Kontrast zu den «kulturbolschewistischen» Bildern wurde ein «Musterkabinett», auch «Kabinett der Vorbildlichen» genannt, eingerichtet, das gerahmte Gemälde von Mannheimer Künstlern enthielt: darunter ein Landschaftsbild des Mitglieds des «Sachverständigenausschusses» Karl Stohner, Werke von Theodor Schindler und Philipp Klein, ein mit einem Trauerflor umrahmtes Selbstbildnis des gerade verstorbenen Künstlers Wilhelm Oertel und bemerkenswerterweise ein Stilleben von Xaver Fuhr[10], der gleichzeitig mit drei Gemälden in der Femeschau[11] vertreten war! Auch der Mannheimer Maler Wilfried Otto war in beiden Abteilungen der Ausstellung vertreten. Die genaue Anzahl der im «Musterkabinett» versammelten Künstler und Werke ist nicht bekannt. Entsprechende Fotografien sind nicht überliefert, und auch in der Presse fand dieses Sonderkabinett kaum Beachtung. Dies hängt vermutlich damit zusammen, daß im Frühjahr 1933 in völkisch-nationalsozialistischen Kreisen das Feindbild der zu verdammenden Kunst sehr viel stärker ausgeprägt war als die Vorstellung von einer «guten», «deutschen» Kunst.

Die plakative, zum «Vergleich» aufrufende Gegenüberstellung von verfemten und vorbildlichen Werken von ausschließlich Mannheimer Künstlern beinhaltete den auch in der Presse immer wieder erhobenen Vorwurf, die bisherige Museumsleitung habe die heimischen Künstler zugunsten der auswärtigen vernachlässigt. Außerdem sollte den Besuchern durch das antithetische Ausstellungsprinzip Entscheidungsfreiheit in ihrem Urteil suggeriert und letztlich eine Identifikation mit der Aussage der Ausstellung erreicht werden. Tatsächlich erweist sich der Appell an das «gesunde Volksempfinden» («Die Bevölkerung hat hier Gelegenheit, selbst ein Urteil zu fällen»[12]) in Wirklichkeit als ein – die Anziehungskraft der Schau steigernder – Propagandatrick, da das Urteil des Publikums durch die Intention der Veranstalter und die Ausstellungsinszenierung bereits festgelegt war. Schon der Name der Schau, «Kulturbolschewistische Bilder», beinhaltete das Verdikt. Der Eintritt zu der Ausstellung war frei und Jugendlichen unter 20 Jahren der Zutritt untersagt, wodurch eine Aura des Verbotenen und ein Sensationscharakter erzeugt wurden.

Um die Ausstellung in der Öffentlichkeit zu propagieren, inszenierten die Veranstalter ein Spektakel, in dessen Mittelpunkt das Gemälde *Die Prise (Rabbiner)* von Chagall stand. In einer Prozession wurde das Bild vor das Wohnhaus der Familie Hartlaub geschleppt und anschließend in Schaufenstern von Mannheimer Geschäften mit einem Schild «Steuerzahler, Du sollst wissen, wo Dein Geld geblieben ist» ausgestellt. Auch in den späteren NS-Kampagnen spielte das Chagall-Bild eine exponierte Rolle: Ab 1937 war es Bestandteil der Münchner Wanderausstellung «Entartete Kunst» und erschien als Abbildung im dazugehörigen Ausstellungsführer. 1939 wurde es auf der Auktion der Galerie Fischer von Georg Schmidt für das Kunstmuseum Basel erworben, wo es noch heute hängt.[13]

IV.

Die Ausstellung «Kulturbolschewistische Bilder» erregte «beim Mannheimer Publikum ein Interesse, wie es kaum je einer Kunstschau entgegengebracht wurde».[14] Dies bestätigt die ungewöhnlich hohe Zahl von 20.141 Besuchern.[15] Breite Resonanz fand die Schau auch in der Mannheimer Tagespresse. Allein in den vier Mannheimer Tageszeitungen erschienen über 15 Artikel. Das *Hakenkreuzbanner,* das seit seiner Gründung am 3. Januar 1931 die Ankaufs- und Sammeltätigkeit der Kunsthalle immer wieder attackiert hatte, begrüßte die Schau euphorisch und sah ihren Zweck, «dem Volke gegenüber die Augen zu öffnen, wie mit seinen seelischen Werten Schindluder getrieben wurde» (3. April 1933), erfüllt. Die konservative *Neue Mannheimer Zeitung* stimmte der Ausstellung am 8. April 1933 grundsätzlich zu – «[man wird sich] mit Recht fragen, warum [...] die Schweinereien von Klee und George Grosz überhaupt angekauft wurden» – und empfahl den Verkauf der angeprangerten Werke zugunsten heimischer Künstler. Gleichzeitig setzte sie sich jedoch am Beispiel Ensors kritisch mit der Nennung der Ankaufspreise auseinander und beanstandete die Aufnahme von Munch, Beckmann und Modersohn-Becker in die Ausstellung:

«Aber es erscheint selbst einem Belgier wie Ensor gegenüber angebracht zu sagen, daß sein Maskenbild im Jahre 1929 dem an sich sehr hohen Preis von 15 000 Mark entsprach. Heute wird man für dieses Bild diese Summe nicht erzielen, aber das hängt nicht mit dem Wert oder Unwert gerade dieses Werkes allein, sondern mit der ganzen Bewegung am Kunstmarkt zusammen [...]. Die Kunsthalle wird sich solche Werke zweifellos ohne große Einbußen vom Halse schaffen können und diese Gelegenheit sicherlich gerne benutzen, die heimischen Künstler im gerechten Ausgleich zu unterstützen. Wie eine Landschaft von Munch, dem nordischen, einem Dichter wie Hamsun benachbarten Künstler in diese Reihe der Minderwertigen kommt, erscheint ebenfalls nicht ganz verständlich; man hätte noch eher sein Selbstbildnis zeigen können, das er seinerzeit der Kunsthalle geschenkt hat. Ähnlich könnte man bei dem Bild der alten Frau von Beckmann fragen oder bei dem ohne Halt des Rahmens ganz verloren dahängenden Kinderbild der Paula Modersohn-Becker, einer Künstlerin reinster deutscher Prägung, bei der die Empfindsamkeit das malerische Können so stark überwog, daß sie allein durch jene überzeugt. Ein Sonderfall, gewiß [...].»

Noch deutlicher artikuliert das liberale *Neue Mannheimer Volksblatt* am 5. April 1933 Kritik an der Ausstellung. Der Autor bezeichnet zwar das Gemälde *Zwei Mädchen (Mutter und Tochter)* von Jankel Adler als «abscheuliches Machwerk» und räumt ein, daß die bezahlten Preise in vielen Fällen «angesichts der herrschenden Not» als zu hoch anzusehen seien, stellt aber zugleich die Qualität vieler Werke außer Frage. Obzwar mit verhaltenem Ton, so doch unmißverständlich spricht er den Organisatoren jegliche Kompetenz ab:

«Aber hier wie bei manchen anderen Bildern zeigt sich nun das sehr Bedenkliche dieser Ausstellung, die unter Begutachtung eines «Sachverständigenausschusses» zusammengestellt wurde [...]. Sie verrät, daß dabei Kräfte am Werk sind, die uns für Sachlichkeit des Urteils keine Gewähr zu bieten scheinen. [...] Was soll man überhaupt dazu sagen, wenn gute Bilder von Rohlfs, Nolde, Marc, Heckel, Munch als ‹Kulturbolschewismus› abgetan werden sollen? [...] Wir würden unser öffentliches Amt vernachlässigen, wollten wir unsere ernstliche Sorge verschweigen, daß hier unzureichende Kräfte herangezogen worden sind.»

Weiterhin entlarvt der Rezensent den plebiszitären Appell als scheinheiligen Trick und kritisiert die Präsentationsweise:

«Und doch sollen nun dem Volk ‹die Augen geöffnet› werden, ‹das Volk soll aufgerufen werden, selbst Richter zu sein›. Aber man hat ja alles getan, es zu verwirren, ihm die Augen zu verbinden! Man hat die Bilder in rücksichtslosem Durcheinander dicht aufeinandergehängt, nachdem man sie aus dem Rahmen genommen hat. Es ist, als ob man ein Orchester auf jedem einzelnen Instrument ein anderes Stück spielen ließe, mag der einzelne noch so schön spielen, es wird eine greuliche Katzenmusik geben, und mag einer sein Ohr auch dicht an ein einzelnes Instrument halten, er wird keinen reinen Genuß und kein klares Urteil bekommen können.»

Dieser letzte Vergleich ist bedeutsam, weil er etwas von der Atmosphäre in der Ausstellung vermittelt und deutlich macht, wie das Präsentationskonzept die Wirkung der Kunstwerke bestimmte. Ferner beanstandet der Autor die fehlende Unterscheidung von Galerie- und Unterstützungsankäufen und bezeichnet es als «Gewalttätigkeit [...], einem Bild wie dem Kinderporträt der Modersohn oder dem Landschaftsbild Edvard Munchs den Rahmen zu nehmen». Obgleich er das Unternehmen der Ausstellung mit keinem Wort prinzipiell ablehnt, läßt die differenzierte Kritik im *Neuen Mannheimer Volksblatt* nichts an Deutlichkeit übrig.

V.

Die massive öffentliche Kritik an der Ausstellung in der Lokalpresse ging mit einer internen Kritik seitens einiger Mitarbeiter der Kunsthalle einher. Hier ist in erster Linie der schon genannte Edmund Strübing zu nennen, der sich entschieden von Gebele von Waldsteins Schau distanzierte, sie aber offensichtlich nicht verhindern konnte: «Ich möchte ausdrücklich betonen, daß die Ausstellung entgegen meiner Warnung und meinem wiederholten Einspruch ohne meine Beteiligung unter voller Verantwortung des der Kunsthalle beigegebenen Kommissars, Herrn Gebele von Waldstein, veranstaltet worden ist. [...] Es liegt mir viel daran, daß diese Tatsachen allgemein bekannt werden.»[16]

Aber auch ein Mitglied des «Sachverständigenausschusses», Gustav Jacob, rückte Wochen nach ihrer Eröffnung von der Femeschau ab. Am 21. Mai 1933 richtete er einen fünfseitigen Brief an von Waldstein, der einiges über die Hintergründe der Schau verrät.

«Die Tatsache, daß die ‹Bolschewistische Ausstellung› [...] noch nicht geschlossen ist und daß weiterhin, wie ich von verschiedener Seite höre, in Aussicht genommen sein soll, dieselbe nach auswärts zu schicken, hat in Kreisen, die [...] ein aufrichtiges Interesse an einer Erneuerung nehmen, vielerlei Bedenken ausgelöst. [...] Nachdem Sie die Freundlichkeit hatten, mich zur Beratung hinzuzuziehen, sah ich es als meine Aufgabe an, frei von jeder Voreingenommenheit und Gehässigkeit als wirklich neutraler Sachberater meine Kenntnisse zur Verfügung zu stellen, ich mußte aber [...] sehr bald einsehen, daß ich mit dieser meiner Einstellung in mancher prinzipiellen Frage alleine stand. [...] In einer persönlichen Aussprache erlaubte ich mir dann auf allerlei Gesichtspunkte hinzuweisen, um die Fehler dieser Ausstellung aufzuzeigen, worauf Sie davon sprachen, die Dauer der Ausstellung möglichst abzukürzen. Von allem Anfang setzte ich mich dafür ein, daß die Bilder in den Rahmen verbleiben sollten, und daß man die Mannheimer Künstler tunlichst ausscheiden möge. [...] Deutsche Künstler, wenn sie sich offen und ehrlich in reiner Gesinnung für eine künstlerische Anschauung eingesetzt haben, auch wenn sie ein Extrem darstellt, sind keine Bolschewisten und können nicht aus der Kunstgeschichte des 20. Jahrhunderts ausgestrichen werden. [...] Es wäre unsinnig und ungerecht, restlos alles auszulöschen, und etwa da wieder beginnen zu wollen, wo ein Thoma, ein Feuerbach oder die Maler der Romantik geendet haben. [...] Unter diesem Gesichtspunkt heißt es, den Mut aufzubringen, [...] sorgsam auszuwählen, was unter den Beständen der Deutschen Kunst der letzten zwei Jahrzehnte bleibenden oder mindestens geschichtlichen Wert hat. Bedenklich aber ist es, wenn man alle Äußerungen der Malerei aus dieser Zeit [...] ausnahmslos als bolschewistisch boykottiert. Es ist weiterhin notwendig, einen Maler nicht nur nach einem Einzelwerk, sondern nach seinem Gesamtschaffen [...] zu beurteilen. Man wird dann in zahlreichen Fällen zu ganz anderen Ergebnissen kommen.»[17]

Jacobs nachträgliche Kritik an der «Schreckenskammer» und an der ihr zugrundeliegenden pauschalen Verurteilung der modernen Stilrichtungen verdeutlicht, daß auch innerhalb des «Sachverständigenausschusses» Uneinigkeit über ihren Inhalt bestand.

Vermutlich als Reaktion auf die an verschiedenen Stellen laut gewordene Kritik an der Ausstellung trat von Waldstein am 5. April, 13. April und 9. Mai mit Presseerklärungen an die Öffentlichkeit, in denen er die Absichten der Schau zu erklären und ihre Auswahl zu rechtfertigen versuchte. Diese Erklärungen wurden in mehreren Mannheimer Tageszeitungen veröffentlicht.[18] Es ist nicht sicher, ob von Waldstein der Autor der Presseerklärungen war. So heißt es etwa in einer der Erklärung vorangestellten Bemerkung des *Mannheimer Tageblatts* vom 16. April 1933: «Von Herrn v. Waldstein [...] werden uns die folgenden Ausführungen zur Verfügung gestellt mit dem Bemerken, daß sie von sach- und fachkundiger Seite stammen». Als Autor ist wohl Beringer in Betracht zu ziehen. In der ersten Erklärung heißt es: «Der instruktive Charakter der Ausstellung bedingte es auch, daß der Sachverständigen-Ausschuß auch Grenzfälle berücksichtigen mußte, die an sich noch nicht in den Rahmen dieser Schau gehören, aber bereits die Irrwege aufzuzeigen geeignet sind.»[19]

In der zweiten Erklärung liest man: «Mit einem klaren Gestalten [...], einer künstlerischen Zielsetzung hat diese Kunst nichts mehr zu tun, das sieht man daran, daß von

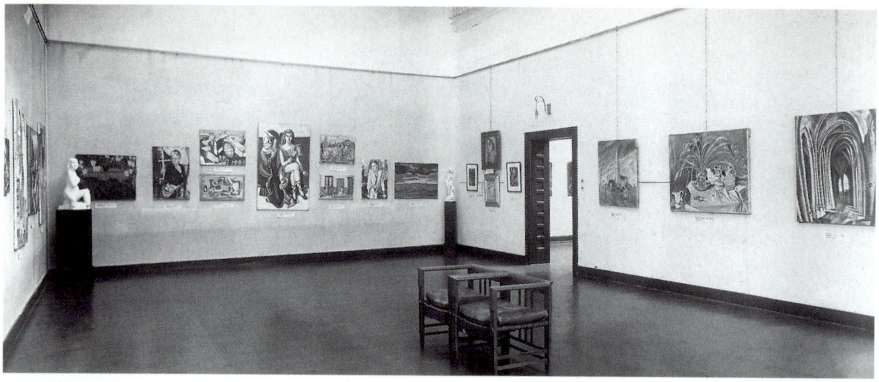

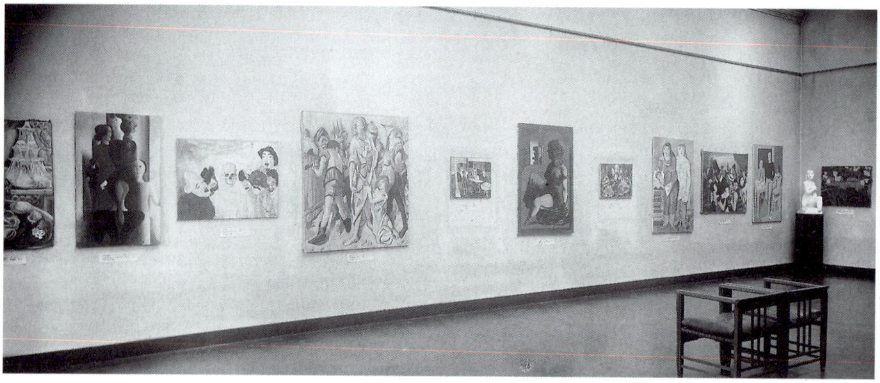

ein und demselben Künstler in der ‹bolschewistischen Abtlg.› Bilder hängen und in dem Saal der ‹Mannheimer›, z.B. Fuhr oder Otto. Diese Künstler können so und können auch anders. [...] Die Ausstellung soll den Abgrund zeigen, an den wir getrieben wurden. Sie soll erzieherisch wirken durch den Schrecken vor der Zerstörung unseres Kunstwesens und durch allmähliche Zurück- und Hinleitung zu den alten deutschen Kunstidealen [...]. [...] von all den ‹Meistern› der bolschewistischen Ausstellung ist und wird keiner der ‹Klassiker von morgen›. Sollte sich die Bilderkommission in einem oder dem anderen Fall doch irren, so wird sie dem Schicksal dankbar sein, daß seine Weisheit menschliche Unzulänglichkeit korrigierte.»[20]

Offenbar ebenfalls als Reaktion auf die Beanstandungen wurden in der Ausstellung «Kulturbolschewistische Bilder» nachträglich Veränderungen vorgenommen. Bereits am «Tage nach der Eröffnung wurden daraus entfernt die Bilder von W. Oeser, R. Stitzel, Eugen Knaus, Xaver Fuhr».[21] Der Grund dürfte in – teilweise dokumentierten – Protesten gegen die Diffamierung speziell dieser Mannheimer Künstler zu suchen sein sowie im Falle Fuhrs in dem Bestreben, eine Doppelpräsenz seiner Arbeiten in beiden Abteilungen der Schau doch zu vermeiden. Später heißt es, daß «auf Wunsch des Herrn Prälaten Bauer Bilder aus der Ausstellung entfernt [wurden] aus dem einzigen Grund,

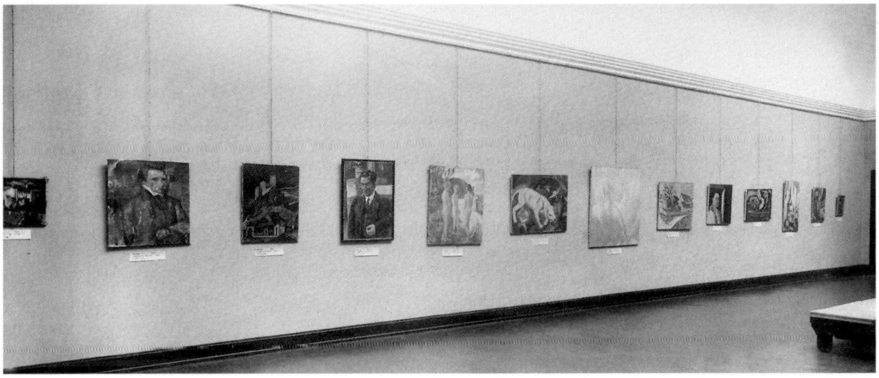

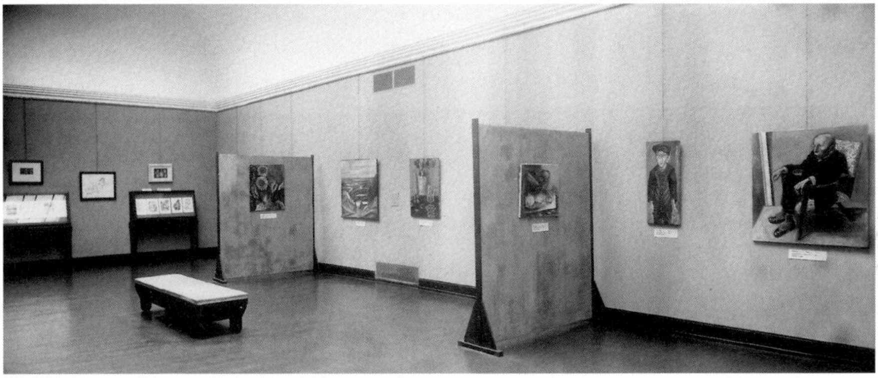

Ausstellung «Kulturbolschewistische Bilder», Städtische Kunsthalle Mannheim 1933.

weil sie religiöse Themen zum Inhalt hatten»[22], womit wohl Oesers Bilder *Abschied Christi von den Frauen* und *Madonna* gemeint waren. Zu einem nicht bekannten Zeitpunkt muß es zu weiteren «Korrekturen» gekommen sein, auf die wiederum ein Zeitungsbericht aufmerksam macht.[23] Danach wurde Franz Marcs Gemälde *Hund, Katze, Fuchs* ausgetauscht gegen «ein Bild von der ominösen Oberbürgermeistervilla, gemalt von einem ehemaligen Mitglied des [...] ‹Sachverständigenausschusses› und inzwischen im Keller aufgefunden». Damit kann nur Karl Stohner gemeint sein, von dem, wie oben beschrieben, anfangs ein Landschaftsbild im «Musterkabinett» gezeigt wurde. Offenbar war es zu Auseinandersetzungen zwischen von Waldstein und Stohner gekommen, wegen derer der Maler in Ungnade fiel. Dies könnte das immerhin bemerkenswerte Phänomen erklären, daß ein an der Zusammenstellung der Ausstellung «Kulturbolschewistische Bilder» Beteiligter später selbst in ihr angeprangert wurde. Ferner sei am Ende derselben Wand eines der beiden Gemälde Alexander Kanoldts und im zweiten Saal das *Kinderbildnis* von Paula Modersohn-Becker entfernt worden. Diese Entwicklung legt den Schluß nahe, daß von Waldstein durch diese «Korrekturen» einem fortgesetzten Druck nachgab. Schließlich scheint es nicht zuletzt wegen der Ausstellung gar zu einem Prozeß gegen von Waldstein vor dem Gaugericht Karlsruhe gekommen zu sein.[24]

Eine so massive öffentliche wie auch museumsinterne Kritik an einer Femeschau läßt sich nur im Zusammenhang mit der Mannheimer Vorläuferausstellung feststellen. Das hängt zum einen mit der zwei Monate nach der Machtergreifung noch relativ vielfältigen Mannheimer Presselandschaft zusammen; andernorts war die «Gleichschaltung» der Presse bereits rigoros durchgeführt worden, in Mannheim war ihr zum Zeitpunkt der Ausstellung lediglich die sozialdemokratische *Volksstimme* zum Opfer gefallen. Zum anderen spiegeln die Einwände die Debatten um den zukünftigen kunstpolitischen Kurs der Regierung, innerhalb derer die bekannten Macht- und Regierungskämpfe tobten, und um die Anerkennung des Expressionismus als «nordische» und «deutsche» Kunst wider.[25]

In dieser brisanten kulturpolitischen Situation des Frühjahres 1933 verfolgten auch die nationale und internationale Presse ebenso wie die Fachwelt das Geschehen in der süddeutschen Provinz mit erhöhter Aufmerksamkeit. Dafür einige wenige Beispiele: In seinem bekannten Artikel «Der Aufstieg der Kunst» bezog der Kunstkritiker Bruno E. Werner in der *Deutschen Allgemeinen Zeitung* am 12. Mai 1933 Stellung gegen die Entlassung von Museumsleuten, gegen die Schließung des Bauhauses und moderner Abteilungen in Museen sowie gegen die Femeschauen in verschiedenen Städten, wobei er explizit auch die Mannheimer anführt. Der Schweizer Historiker und Kunstkritiker Georg Schmidt reiste am 3. Juni 1933, also nur zwei Tage vor Schließung der Ausstellung «Kulturbolschewistische Bilder», im Auftrag der Basler *National-Zeitung* nach Mannheim. In seiner Rezension, erschienen in der National-Zeitung vom 9. Juni, verurteilte Schmidt die Ausstellung, ergriff Partei für Hartlaub und dessen Vorgänger Fritz Wichert und bemerkte am Ende, daß die Schau «in Deutschland selber nicht eitel Freude ausgelöst» habe. Diesen Satz wiederum zitierte das *Allgemeen Handelsblad* in Amsterdam am 20. Juni. Naturgemäß zeigten auch die Museumsleute Interesse an der Ausstellung. Alfred Hentzen, Nationalgalerie Berlin, erbat am 21. April 1933 ein Verzeichnis der Exponate und Alois J. Schardt noch im September 1933 – in seiner Zeit als Leiter der Neuen Abteilung der Berliner Nationalgalerie im ehemalige Kronprinzenpalais – Innenraumaufnahmen der Mannheimer Ausstellung.

Die Mannheimer Ausstellung «Kulturbolschewistische Bilder» vom Frühjahr 1933 weist in mancherlei Hinsicht auf die Münchner Ausstellung «Entartete Kunst» von 1937 voraus – und zwar im Hinblick auf ihre politische Zielsetzung, ideologische Stoßrichtung und propagandistische Inszenierung. Wie in München, wo die «Große Deutsche Kunstausstellung» diese Funktion erfüllte, so wurde auch in Mannheim in simplifizierender Weise die verfemte Kunst einem «Musterkabinett» gegenübergestellt – und mithin das für das NS-Ausstellungswesen signifikante antithetische Ausstellungsprinzip[26] bereits in der ersten Vorläuferausstellung angewandt. Wie die Münchner, die zwischen 1937 und 1941 in 13 Städten zu sehen war, so wurde auch die Mannheimer Schau auf Wanderschaft geschickt. Hierzu schrieb Gebele von Waldstein am 9. November 1934: «Die Ausstellung erfüllte ihren Zweck. Sie schlug derart ein, daß [...] München, Bamberg, Erlangen, Frankfurt (Main), Köln usw. die Ausstellung nach einer Besichtigung durch einen Vertreter ihrer Zweckmäßigkeit wegen anforderten».[27] Es kamen aber nur die Stationen München – im Kunstverein unter dem Titel «Mannheimer Galerieankäufe» vom 25. Juni bis 12. Juli 1933 – und Erlangen – in der Orangerie unter dem Titel «Mannheimer Schreckenskammer» vom 23. Juli bis 13. August 1933 – zustande, wo die Ausstellung jeweils in reduzierter Form (28 Gemälde, vier Aquarelle) gezeigt wurde. Wie in München, so wurden auch in Mannheim als Reaktion auf die Kritik an der Anprangerung einzelner Künstler und Werke nachträglich Korrekturen vorgenommen und mehrere Exponate wieder entfernt; interessanterweise waren in beiden Städten Werke von Franz Marc betroffen, in München der berühmte *Turm der blauen Pferde,* in Mannheim das Bild *Hund, Katze, Fuchs.*[28] Doch die Hoffnung, Teile der ästhetischen Moderne dadurch den Femekampagnen entziehen zu können, sollte sich als trügerisch erweisen.

Anmerkungen

1 Der Text basiert auf meinem Aufsatz «Das Schicksal von Chagalls ‹Rabbiner›. Zur Geschichte der Kunsthalle Mannheim im Nationalsozialismus», in: *Mannheim unter der Dikatur 1933–1939. Ein Bildband,* Mannheim 1997, S. 179–190 und S. 242 ff. sowie auf dem Kapitel über die Mannheimer Ausstellung in meinem Buch *«Entartete Kunst». Ausstellungsstrategien im Nazi-Deutschland,* Worms 1995, S. 58–77. Dort ist auch die einschlägige Literatur über die Ausstellung aufgeführt.

2 Gustav Friedrich Hartlaub, *Städtische Kunsthalle Mannheim. Vorläufiges Verzeichnis der Gemälde- und Skulpturen-Sammlung,* Mannheim o.J. [1928], S. 5. Vgl. auch Hartlaubs programmatischen Aufsatz «Das Kraftfeld der Mannheimer Kunsthalle», in: *Museum der Gegenwart,* 2(1931)3, S. 112–122. Vgl. ferner: Karoline Hille, «Mit heißem Herzen und kühlem Verstand. Gustav Friedrich Hartlaub und die Mannheimer Kunsthalle 1913–1933», in: Henrike Junge (Hrsg.), *Avantgarde und Publikum. Zur Rezeption avantgardistischer Kunst in Deutschland 1905–1933,* Köln/Weimar/Wien 1992, S. 129–138; dies., Spuren der Moderne. Die Mannheimer Kunsthalle von 1918 bis 1933, Berlin 1994.

3 Otto Gebele von Waldstein, «Bericht über Angelegenheit Kunsthalle und Dr. Kattermann», 9. November 1934, S. 1 (Durchschrift im Germanischen Nationalmuseum Nürnberg, Archiv für Bildende Kunst, Nachlaß des Barmener Malers Rolf Ludwig Fahrenkrog, 1 B 34). In diesem 42seitigen Rechtfertigungsbericht mit 14 Anlagen, auf den mich Andreas Hüneke aufmerksam machte, berichtet von Waldstein im Zusammenhang mit einem Rechtsstreit mit dem Hauptschriftleiter des *Hakenkreuzbanners,* Kattermann, über seine Tätigkeit an der Kunsthalle und über die Ausstellung «Kulturbolschewistische Bilder» (vgl. hierzu besonders S. 9–12).

4 Vgl. Zuschlag 1995 (wie Anm. 1), S. 78–86.

5 Das Original im Archiv der Städtischen Kunsthalle Mannheim ist reproduziert bei Zuschlag 1995, (wie Anm. 1), S. 60, Dok. 1.

6 Vgl. Heinz Fuchs, «Die Kunsthalle 1907–1983. Geschehnisse und Geschichte», in: *Kunsthalle Mannheim,* Mannheim 1983, S. 6–10. Vgl. auch Barbara Lange, «‹... Eine neue Art von Kunstgeschichte. Eine neue Art von Geschichte ...›. *Die Erschießung Kaiser Maximilians* von Edouard Manet in der Diskussion um Moderne in Deutschland», in: Manfred Fath und Stefan Germer (Hrsg.), *Edouard Manet. Augenblicke der Geschichte,* München 1992 (Ausst. Kat. Mannheim: Städtische Kunsthalle), S. 171–181.

7 Vgl. den Bericht im *Hakenkreuzbanner* vom 10. Mai 1933 und die Erwiderung darauf im *Neuen Mannheimer Volksblatt* vom 27. Mai 1933 sowie die Kritik von Georg Schmidt in der *National-Zeitung* (Basel) vom 9. Juni 1933.

8 *National-Zeitung,* 9. Juni 1933.
9 Brief Strübings an Alfred Hentzen, Nationalgalerie Berlin, vom 24. April 1933 im Archiv der Städtischen Kunsthalle Mannheim. Zur Präsenz der Mappe *Ecce homo* von Grosz auf den NS-Femeausstellungen vgl. Rosamunde Neugebauer Gräfin von der Schulenburg, *George Grosz. Macht und Ohnmacht satirischer Kunst. Die Graphikfolgen «Gott mit uns», «Ecce homo» und «Hintergrund»,* Berlin 1993, S. 177–179.
10 Dabei handelte es sich vermutlich um das 1926 aus Mitteln des Künstlerunterstützungsfonds angekaufte *Stilleben mit Gummibaum;* vgl. Hans-Jürgen Buderer, *Entartete Kunst. Beschlagnahmeaktionen in der Städtischen Kunsthalle Mannheim 1937,* Mannheim 1990, 2. überarbeitete Auflage, S. 51, Nr. 29.
11 Während des Kolloquiums wurde angemerkt, daß die Bezeichnung «Femeausstellung» für die NS-Ausstellungen «Entartete Kunst» und ihre Vorläufer nicht zutreffe, weil diese ja öffentlich gewesen seien, wohingegen «Feme» ein geheimes Gericht im Mittelalter meine. Ich verwende den Begriff, weil das vom Substantiv «Feme» abgeleitete Verb «verfemen» im Sinne von «verurteilen» bzw. «ächten» allgemein gebräuchlich ist und sich auch im Zusammenhang mit den NS-Kampagnen gegen die moderne Kunst eingebürgert hat; vgl. etwa: Werner Haftmann, *Verfemte Kunst. Bildende Künstler der inneren und äußeren Emigration in der Zeit des Nationalsozialismus,* Köln 1986; *Bildzyklen. Zeugnisse verfemter Kunst in Deutschland 1933–1945,* Stuttgart 1987 (Ausst. Kat. Stuttgart: Staatsgalerie); Gerhard Kolberg (Hrsg.), *Die Expressionisten vom Aufbruch bis zur Verfemung,* Ostfildern 1996 (Ausst. Kat. Köln: Museum Ludwig).
12 *Hakenkreuzbanner,* 3. April 1933.
13 Vgl. Zuschlag 1997 (wie Anm. 1). Immer wieder wird behauptet, daß 1933 in Mannheim auf Anordnung von Goebbels ein Autodafé von Chagalls Werken stattgefunden habe; vgl. etwa Susan Compton (Hrsg.), Chagall, London 1985 (Ausst. Kat. London: Royal Academy of Arts und Philadelphia: Museum of Art), S. 46; Ernst-Gerhard Güse (Hrsg.), *Marc Chagall. Druckgraphik,* Stuttgart 1985 (Ausst. Kat. Münster: Westfälisches Landesmuseum für Kunst und Kulturgeschichte und Mainz: Mittelrheinisches Landesmuseum), S. 261. Dies ist jedoch in den Bereich der Legende zu verweisen. Vielmehr fand die erste nachweisbare Bilderverbrennung während der NS-Zeit am 20. Mai 1936 in der Berliner Nationalgalerie statt; vgl. Andreas Hüneke, «Kunstbolschewismus? Kleinschmidts Werke als ‹entartete› Kunst», in: *Paul Kleinschmidt. Gemälde aus der Sammlung Deyle,* Ausstellungskatalog Ostfildern 1997 (Ausst. Kat. Tübingen: Kunsthalle), S. 34–40, hier S. 35 f.
14 *Neue Mannheimer Zeitung,* 8. April 1933.
15 Vgl. Buderer 1990 (wie Anm. 10), S. 25. Zum Vergleich die Besucherzahlen anderer Mannheimer Kunstausstellungen: «Neue Sachlichkeit» (14. Juni bis 13. September 1925): 4.405 Personen; «Max Beckmann» (19. Februar bis 1. April 1928): 6.709 Personen; «Oskar Kokoschka» (18. Januar bis 1. März 1931): 14.704 Personen; «Christbaumschmuck und Weihnachts-Tand aus alter und neuer Zeit» (26. November 1933 bis 7. Januar 1934): 22.396 Personen; alle Daten nach: Michael Koch, «Kulturkampf in Karlsruhe. Zur Ausstellung Regierungskunst 1919–1933», in: *Kunst in Karlsruhe 1900–1950,* Karlsruhe 1981 (Ausst. Kat. Karlsruhe: Badischer Kunstverein), S. 102–128, hier S. 123, Anm. 54.
16 Brief Strübings an Alfred Hentzen vom 24. April 1933 im Archiv der Städtischen Kunsthalle Mannheim. In dem Schreiben wendet sich Strübing speziell gegen die unterschiedslose Präsentation von Galerie- und Künstlerunterstützungsankäufen sowie gegen die Ausstellung der Graphiken von Grosz.
17 Abschrift des Briefes von Jacob an von Waldstein vom 21. Mai 1933 im Archiv der Städtischen Kunsthalle Mannheim. Ein Antwortschreiben von Waldsteins ist leider nicht überliefert.
18 Vgl. *Hakenkreuzbanner,* 6. April und 10. Mai 1933; *Neue Mannheimer Zeitung,* 5. und 13. April sowie 9. Mai 1933; *Mannheimer Tageblatt,* 16. April 1933.
19 *Neue Mannheimer Zeitung,* 5. April 1933.
20 *Neue Mannheimer Zeitung,* 13. April 1933.
21 Schreiben Strübings an Hentzen vom 24. April 1933 im Archiv der Städtischen Kunsthalle Mannheim. Vgl. auch *Neues Mannheimer Volksblatt* vom 27. Mai 1933: «Es fehlen schon lange einige Bilder von Mannheimer Malern, sie wurden bereits in den ersten Tagen wieder ‹begnadigt›».
22 *Hakenkreuzbanner,* 12. Juni 1933.
23 Vgl. zum folgenden *Neues Mannheimer Volksblatt,* 27. Mai 1933.
24 Im Zusammenhang mit diesem Prozeß entstand der in Anm. 3 zitierte Rechtfertigungsbericht von Waldsteins vom 9. November 1934. Darin heißt es, Kattermann habe sich bei Kreisleiter Wetzel über die Anprangerung einiger Künstler beschwert (S. 11) und von Waldstein wegen einer Fahrenkrog-Ausstellung im März 1934 «Vetterles-Wirtschaft» in der Ausstellungspolitik vorgeworfen (S. 19).
25 Vgl. Zuschlag 1995 (wie Anm. 1), S. 45–50.
26 Vgl. ebd. S. 321 f.
27 Zitiert aus dem in Anm. 3 angeführten Rechtfertigungsbericht von Waldsteins, S. 9.
28 Vgl. Zuschlag 1995 (wie Anm. 1), S. 196 u. 200.

Kathrin Hoffmann-Curtius

Die Inszenierung «Entarteter» Kunst

I.

Die Bezeichnung «entartete» Kunst ist im kunsthistorischen Diskurs seit den fünfziger Jahren ein Gütesiegel für die Moderne geworden. Inwiefern jedoch *die* moderne Kunst von den Nationalsozialisten als unvereinbar mit dem Nationalsozialismus angesehen wurde, bedarf besonders seit der neuerlichen Diskussion um Moderne und Gegenmoderne[1] einer genaueren Untersuchung. Einmal abgesehen von der Bestimmung und Aussonderung «des Jüdischen» im Nationalsozialismus ist die damalige Verurteilung als «entartet» für uns heute weder allein an dem politischen Verhalten der KunstproduzentInnen festzumachen noch ausschließlich an formalen Kriterien der Kunstwerke, noch an der im nachhinein sehr undifferenzierten Verwendung des berüchtigten «Malverbotes». Einzig das Zusammenspiel von Politik und Kunstpräsentation gibt genauen Aufschluß, was als «entartet» von den Nationalsozialisten gekennzeichnet wurde und solchermaßen die Ausgrenzung aus dem NS-Staat begründete. Notwendig hierfür ist eine Analyse der damaligen Kontextualisierung der Bildwerke, sei es in den Printmedien oder in den Kunstausstellungen.

Angesichts der Definitionsmacht, die heutige Museumsausstellungen für die Bedeutung, die Ranghöhe von Künstlern und Künstlerinnen und von ‹Großer Kunst› besitzen, sehe ich es als Aufgabe einer Kunstgeschichte, die sich als Wissenschaft versteht, bewußt zu machen, d.h. möglichst exakt auszusprechen, warum und wie die Exponate präsentiert wurden und werden. Die Orientierung auf das einzelne Werk entstellt einen historischen Zusammenhang zugunsten angeblich reiner Ästhetik, obwohl andererseits deren Wirkung und spezifische didaktische Funktion die Arbeiten erst zu ‹Großer Kunst› macht, beispielsweise auf der weißen Wand im Museum, die bekanntlich erst die Nationalsozialisten im Haus der Deutschen Kunst auf breiter Front durchsetzten.

Da die Ausstellung «entarteter» Kunst in München eine enorme Zahl an Besuchern anzog[2], scheint mir allein diese Tatsache Grund genug, zu fragen: Wie wurde moderne Kunst durch die spezifische Vermittlungsform einer Ausstellung[3] so erfolgreich als «entartet» dargestellt? Wie präsentierte man das häufig apostrophierte Durcheinander der Bildwerke und welche Methodik der NS-Propaganda läßt sich daran ablesen?

Otto Karl Werckmeister konnte im Vergleich der Kulturpolitik des nationalsozialistischen Deutschen Reiches mit der Sowjetunion aufzeigen: «Nur in Deutschland aber blieb die Unterdrückung der modernen Kunst nicht auf die Kulturpolitik beschränkt, sondern wurde zum Propagandamittel der Politik im allgemeinen.»[4] Diese spezifische Bilderpolitik möchte ich genauer untersuchen. Ich werde mich im folgenden auf die Münchner Ausstellung als das erfolgreichste Medium im Propagandafeldzug «Entartete Kunst» konzentrieren, nicht ohne noch einmal kurz den Zusammenhang zu umreißen, in dem dieses Ereignis stattfand.[5]

Die politisch-rassistische Ausgrenzung im Nationalsozialismus konnte auf einer längeren Tradition bei der Verwendung des Begriffes der «Entartung» aufbauen. Seit dem 19. Jahrhundert gab es das Bemühen, künstlerische Abweichungen von der Norm mit diesem Begriff aus der Biologie zu belegen. Gegen Ende des 19. Jahrhunderts, im Zuge der Naturalisierung von angeblich die Gesellschaft bedrohenden Phänomenen, diente «Entartung» der Fiktion einer ‹rassischen› und psychischen Normalität zur Abgrenzung. Wurden die Abweichungen um 1900 zunächst unter künstlerisch-medizinischen Gesichtspunkten abgewehrt, so wurden sie in der Weimarer Republik unter eugenischen und ‹rassischen› diffamiert. Die Gegenüberstellung, die Hermann Stratz 1898 in seinem Buch *Die Schönheit des weiblichen Körpers* zeigt[6], führt hin zu Paul Schultze-Naumburgs *Kunst und Rasse* (1928)[7] sowie zu den Vergleichen von Kunstwerken der (expressionistischen) Moderne mit denen der NS-Kunst in *Deutsche Kunst und entartete ‹Kunst›* (1938) von Adolf Dresler[8]; sie dient der Methode der Kontrastierung, wie sie auch in der Gleichzeitigkeit der Ausstellung «Entartete Kunst» mit der «Großen Deutschen Kunstausstellung» in München 1937 angewendet wurde.

Stratz, Schultze-Naumburg und Dresler arbeiten in Tendenz und System gleich: Kritisiert werden die Abweichungen vom ‹natürlichen› Kanon menschlicher Figuren, einem Kanon, der an den Körperbildern der Antike und Renaissance ausgerichtet und anthropometrisch begründet wurde. Wir stehen also vor der nicht länger zu verdrängenden Tatsache, daß im Nationalsozialismus Diskurse über normative Körperschönheit und deren Gegenbild, der ‹anormalen› Körper, fortgeführt wurden, die in der westeuropäischen Kultur seit geraumer Zeit verwurzelt sind. Im Nationalsozialismus wurde die Ausgrenzung dann verstärkt bis zur Vernichtung.

II.

Die Ausstellung «Entartete Kunst» war eingerahmt von landesweiten, ganzjährigen Festveranstaltungen. Die Schau öffnete ihre Tore am 19. Juli 1937, im Jahr der deutschen Festspiele für das ganze Reich, im Münchner Festsommer, am Montag nach dem Wochenende, das den «Tag der Deutschen Kunst» mit einem breiten Veranstaltungskalender feierte.[9] Die «Große Deutsche Kunstausstellung» war am Sonntagmittag eröffnet worden, daran schloß sich der Festzug «2000 Jahre Deutsche Kultur» an; der abschließende Programmpunkt war eine Ballnacht an den unterschiedlichsten Plätzen rund um die Stadt. Der Kommentar im Programm für den Festzug lautete: «Zwischen zyklopischen, schicksalsumwitterten Taten des Führers und des deutschen Volkes sind die neuen Feste erwachsen [...] Wir müssen darum den Mut haben, unsere Feste hart an den Kampf zu rücken, sie vom gesamten, deutschen Geschehen her zu begreifen und zu erleben.»[10]

Der Maler Hermann Kaspar und der Bildhauer Richard Knecht gestalteten den Festzug in deutlicher Verbindung von Macht und Kultur als einen staatlichen Triumphzug.[11] Die lebende weibliche Allegorie der Kunst in weißem Gewand trug unter einem Baldachin das Wappen der Reichskulturkammer. Sie war an der Spitze des Zuges postiert, den «schwarze Reiter» mit antikisch militärischen Siegeszeichen, den Plaketten der vier Reichsparteitage und dem Wappen der Kunst, bekrönt vom NS-Hoheitszeichen, einrahmten.[12] Die Bevölkerung sollte einer Staatsprozession beiwohnen, die als Siegeszug das Wappen der Selektionsmacht, der Reichskulturkammer, wie das Allerheiligste vor sich her trug. Henri Nannen hatte das 1937 folgendermaßen formuliert: «[...] aus dem Kreuzweg der Bewegung wird die Via triumphalis des neuen Reiches und der Tag des Opfers wird zum Tag der deutschen Auferstehung.»[13]

Im Kontext dieses Festzuges erhält die Ausstellung der «Entarteten Kunst» die sensationelle Funktion einer zum Triumphzug gehörenden Zurschaustellung der erbeuteten Kunstschätze der ‹Unterlegenen›, der Feinde, auch wenn die Objekte nicht im Triumphzug mit durch die Münchner Innenstadt geschleift, sondern nach ihrer Präsentation in den Hofgartenarkaden in verschiedenen Orten des Deutschen Reiches bis zum November 1941 öffentlich ausgestellt wurden.[14] Napoleon könnte hier eine gewisse vorbildliche Rolle gespielt haben mit seinen Triumphschauspielen und seinen Ausstellungen der tatsächlich eroberten Beutestücke um die Liberté auf dem Marsfeld.[15] Die Beute als faszinierendes Demonstrationsobjekt des ‹errungenen Sieges› zu zeigen, der *Säuberung des Kunsttempels,* so Wolfgang Willrich 1937[16], gelang auf eine ungewohnt attraktive Weise.

Willrich und die von Goebbels eingesetzte Kommission inszenierten mit der öffentlichen Präsentation von Kunstwerken in eigens dafür konzipierten «Schreckenskammern»eine sogenannte «Schandausstellung». Den bisherigen Feststellungen, daß hier

Verhöhnung der deutschen Frau
Ideal: Kretin und Hure

A E.L. Kirchner, Badende, 1905/10 (Holz, bemalt)
K. Hofer, Sitzender Akt, 1927
P. Kleinschmidt, Duett im Nord-Café, 1925
usw.

Bewußte Wehrsabotage
Beschimpfung der deutschen Helden des Weltkrieges

E.L. Kirchner, Soldat mit Dirne (Selbstportrait als Soldat), 1915
O. Dix, Kriegskrüppel, 1920
O. Dix, Der Krieg (Schützengraben), um 1923
usw.

Deutsche Bauern, jiddisch gesehen

K. Schmidt-Rottluff, Abend, 1922
E.L. Kirchner, Bauernmahlzeit, 1924
M. Pechstein, Fischerfamilie, 1922
usw.

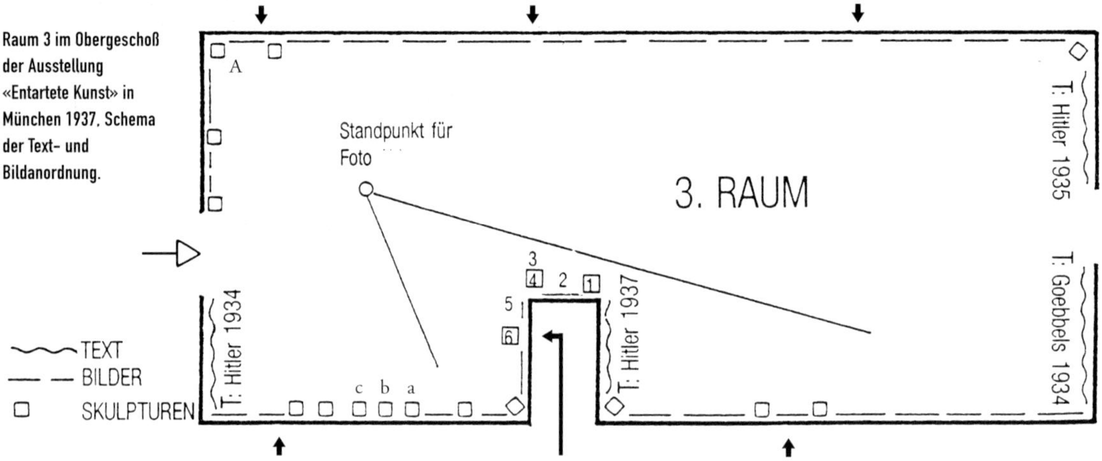

Raum 3 im Obergeschoß der Ausstellung «Entartete Kunst» in München 1937. Schema der Text- und Bildanordnung.

Sie sagen es selbst:
«Wir tun so, als ob wir Maler, Dichter oder sonst was wären. Aber wir sind nur nichts als Wollust frech. Wir setzen aus Frechheit einen riesigen Schwindel in die Welt und züchten Snobs, die uns die Stiefel abschlecken!»
(Manifest A. Udo, Aktion 1915 …)

a O. Baum, Mädchen (stehend), 1930/31 (Bronze)
b E. Hoffmann, Mädchen mit blauem Haar, vor 1919 (Gips, bemalt)
c R. Belling, Dreiklang, 1924 (Holz)
usw.

Nehmen Sie Dada ernst! es lohnt sich! (George Groß)

1 E.L. Kirchner, Das Paar, 1923/24 (Holz, bemalt)
2 George Grosz, Abenteurer, 1916, Kommentar zu Grosz
3 Jupp Rübsam, Ehrenmal des Füsilierregiments 39 General Ludendorff, Düsseldorf 1928 (geschleift im März 1933), Photographie
4 Chr. Voll, Stehendes Weib, 1921 (Holz)
5 K. Schwitters, Merzbild, 1919
6 R. Haizmann, Figur, 1928 (Marmor)
usw.

Jüdische Wüstensehnsucht macht sich Luft – der Neger wird in Deutschland zum Rasseideal einer entarteten Kunst

O. Mueller, Esel mit Kind, um 1927
E. Nolde, Stilleben mit Holzfigur, 1911
M. Pechstein, (Ehepaar) auf Palau, 1917
usw.

Das Schema fußt auf der Rekonstruktion von Mario-Andreas von Lüttichau (wie Anm. 18), S. 56 f.

Werke der Moderne durch die Hängung der Bilder dicht bei dicht, ohne Rahmen und mit den Angaben der Einkaufspreise, verunglimpft worden seien, möchte ich hinzufügen, daß auch die Auswahl der Objekte System hatte: Jeder Ausstellungsraum hatte in seiner gezielten Aufbereitung einen spezifischen Stellenwert innerhalb des Gesamtarrangements. An dieser Stelle soll nur das Prinzip der Anordnung im Hauptraum mit den dort ausgestellten 74 Kunstwerken exemplarisch erläutert werden.[17]

Betrat man diesen 9 Meter breiten Raum, folgten von links nach rechts drei große Themenblöcke: die «Verhöhnung der deutschen Frau», des «deutschen Helden» und des «deutschen Bauern», aufgezeigt besonders an Gemälden deutscher Expressionisten sowie an Max Beckmann, George Grosz, Otto Dix und Max Ernst.[18] Die Kommissionsmitglieder arbeiteten dabei mit den Mitteln der visuellen Argumentation und der schriftlichen Erläuterung einer modernen Lehrausstellung, wie sie in den zwanziger Jahren besonders im Gesundheitswesen anzutreffen war.[19] Nach Kategorien des nationalsozialistischen Ständestaates wurden Bilder der Moderne in drei Gruppen arrangiert: der klassenübergreifende ‹Lebensraum›[20] der deutschen Frau als «Verhöhnung der deutschen Frau – Ideal: Kretin und Hure», der (männliche) ‹Reichswehrstand› als «Bewußte Wehrsabotage – Beschimpfung der deutschen Helden des Weltkrieges» und der ‹Reichsnährstand› als «Deutsche Bauern – jiddisch gesehen». Schon diese durch Überschriften deutlich gemachte Ordnung ließ den Betrachter die Bilder der Moderne als Verhöhnung vorgeblicher deutscher Werte lesen. In den Wandtexten wurde die «Auflösung» der akademischen Norm des Bildaufbaus als «kulturelle Ergänzung der politischen Destruktion»[21] erläutert. In diesem wie in weiteren an den Wänden wiedergegebenen Zitaten aus Reden von Hitler und Goebbels wurden die ausgewählten Körperbilder der Moderne, die sich deutlich von dem kanonischen Schönheitsideal akademischer Tradition absetzten, mit Begriffen belegt, die das Urteil darüber vorgaben: «Verwesung», «Zersetzung», «Gestotter» und «Auflösung». Es sind Bezeichnungen, welche die verschiedenen Vorstellungen von «Entartung», die medizinische, die ästhetische und die staatspolitische, miteinander verknüpften.

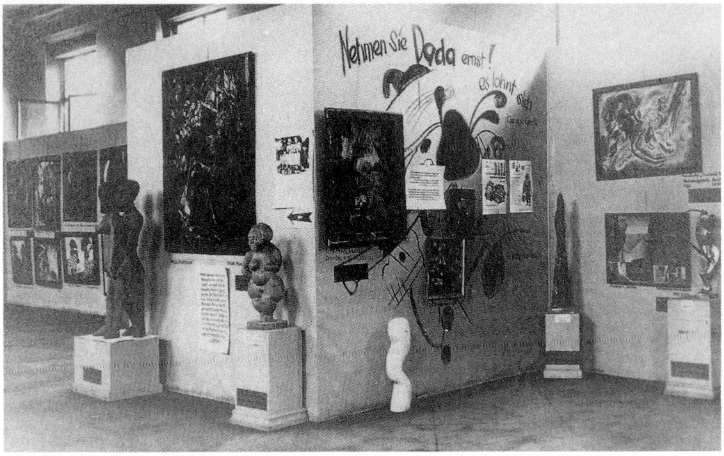

Raum 3 im Obergeschoß der Ausstellung «Entartete Kunst» in München 1937. Ansicht der Dada-Wand mit dem Gemälde Der Abenteurer von George Grosz auf der Stirnseite der vorspringenden Wand.

Den drei Gruppierungen der linken Wand korrespondierten auf der rechten Seite Bilder antibürgerlicher Lebensentwürfe derselben Stilrichtung. Der Bilderfolge «Kretin und Hure» wurden plastische weibliche Figuren gegenübergestellt und durch ein Zitat von A. Udo von 1915, das in großen, geschlängelten Zeilen auf die Wand darüber aufgemalt war, als Objekte der Wollust der Künstlerbohemiens beschrieben. Dix' *Schützengraben* trat der Großstadtindianer – ein männliches Wunschbild für Freiheit und Abenteuer – von George Grosz aus dem Jahr 1916 entgegen. Schließlich korrespondierten den vorgeblich verhöhnten Bauern und dem heimatlichen Boden auf der linken Seite im Raum rechts Emil Noldes und Max Pechsteins Bilder aus der Südsee, Karl Schmidt-Rottluffs Auseinandersetzung mit afrikanischer Stammeskunst, Otto Müllers Zigeuneridyllen und eine Kopfskulptur Otto Freundlichs, von dem eine vergleichbare Plastik mit dem Titel *Der Neue Mensch* auf dem Deckblatt des Ausstellungsführers zu sehen war. Das Motto zu den sogenannten Primitiven, die als (moderne) Flüchtlinge aus der Großstadtzivilisation galten, ließ die Faszination einer lustvollen Traumwelt aufscheinen, um sie gleichzeitig als Bedrohung zu apostrophieren: «Jüdische Wüstensehnsucht macht sich Luft – der Neger wird in Deutschland zum Rasseideal einer entarteten Kunst».

III.

Demgegenüber sollten die Bildwerke im neu erbauten Haus der Deutschen Kunst, dem Kunsttempel mit Säulenportikus, die ihnen von den Nationalsozialisten zugewiesene Vorbildfunktion aufzeigen. Sie sollten von der «erhabenen Mission»[22] einzelner auserwählter Künstler und ihrer Idealbilder körperlicher Schönheit künden. Das zentral arrangierte Ölbild *Das Erwachen* von Richard Klein[23] kontrastierte Grosz' *Abenteurer,* der als ein schematischer Schatten in das großstädtische Getriebe von ‹sex and crime› eingezeichnet war. Klein hingegen präsentierte das klar konturierte Körperbild eines wehrtüchtigen jungen Mannes in ‹sauberer› Nacktheit – im Typus von Michelangelos Adam (Sixtinische Kapelle im Vatikan).[24] Anders als bei den vermeintlich bedrohlichen Kunstwerken der Weimarer «Zerfallszeit» konnte der Betrachter sich in diesem «Körperpanzer» spiegeln.[25] Den Frauenbildern von «Kretin und Hure» stand auf der «Großen Deutschen Kunstausstellung» Adolf Zieglers Triptychon *Die vier Elemente* gegenüber, das von Hitler für die Eröffnung des Hauses der Deutschen Kunst in Auftrag gegeben worden war und gleichzeitig als gewebter Bildteppich im deutschen Pavillon auf der Weltausstellung in Paris zu sehen war.[26] Für das bäuerliche NS-Ideal konnte Constantin Gerhardingers *Bäuerlicher Brotsegen* figurieren.[27] Wie besonders bei den Bildergruppen zur Frau und zum Soldaten zu bemerken ist, nahmen in der Ausstellung «Entartete Kunst» nicht die sogenannten abstrakten, sondern immer wieder solche Bilder eine hervorgehobene Stellung ein, die Körperbilder zeigten, welche den

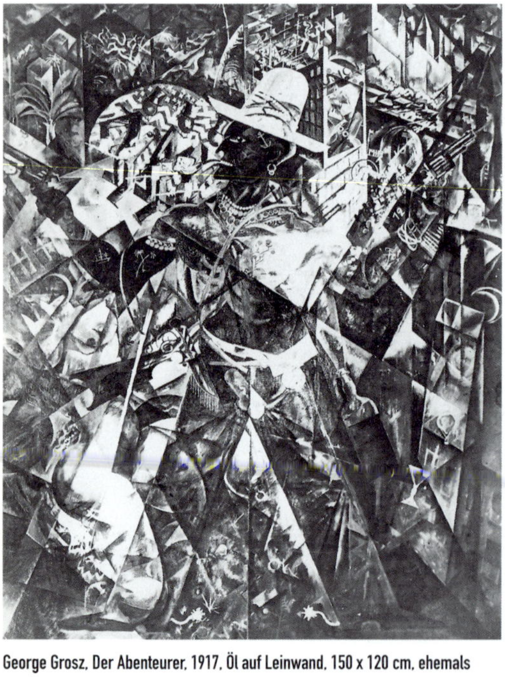

George Grosz, Der Abenteurer, 1917, Öl auf Leinwand, 150 x 120 cm, ehemals Stadtmuseum Dresden, verschollen seit der Ausstellung «Entartete Kunst».

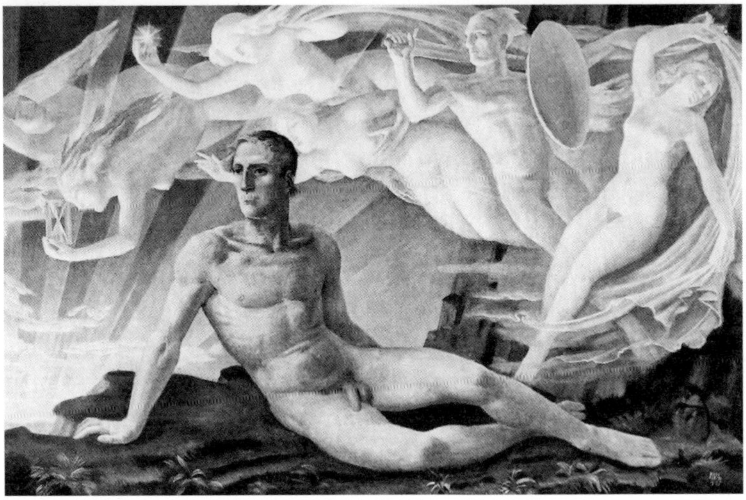

Richard Klein, Das Erwachen, 1937, Öl auf Leinwand. Ausgestellt auf der «Großen Deutschen Kunstausstellung» 1937.

‹klassischen› Figurenkanon mit einer möglichst anatomisch genauen Körperwiedergabe als fest umrissener Einheit aufgegeben hatten. Die künstlerisch neugeordneten Figurationen der Moderne präsentierten vielmehr zerstückelte Körper oder aufgelöste Körpersilhouetten als Kriegskrüppel, verwesenden Leichnam, Abenteurer und als weiblichen Akt oder Hure.

IV.

Die «entarteten» Künstler wurden von den Nationalsozialisten mit ihren Arbeiten, als seien es von ihnen gezeugte Lebewesen, identifiziert. So ‹deformiert› wie sein ‹Kind›, das Bild, so erschien auch der Künstler. Das biologistische Konzept frauenloser Vaterschaft, wie es im Künstlerkult der Weimarer Avantgarde vorbereitet war, ich erwähne hier Paul Klee und Oskar Kokoschka[28], wendeten die Nationalsozialisten gegen die Moderne. Dies illustriert die Karikatur Eduard Thönys im *Simplicissimus* vom 8. August 1937 mit dem Titel *Entartete Kunst*: «Wie kann bloß einer behaupten, meine Kinder seien aus der Art geschlagen?! – Jeder muß doch zugeben: ganz der Papa!»[29]

Am 19. August 1937 wurde in einer Karikatur im SS-Organ *Das Schwarze Korps* das rassebiologische Vexierspiel mit Kunst und Leben noch krasser. Der Karikaturist Waldl zeichnete als fünftes Bild in einer Reihe politischer Vorfälle, die er als abnorme Naturereignisse unter der Überschrift *Hundstage!* verulkte, eine fiktive Szene aus der Ausstellung «Entartete Kunst». «Neulich war auf der Schau ‹Entartete Kunst› eine Neuerwerbung zu sehen. Nachträglich stellte sich heraus, daß der Bürgermeister von Neuyork diese Schreckenskammer besichtigt hatte», lautet der Text unter der Darstellung überraschter Betrachter vor einer Figur auf einem Podest. Die moderne Skulptur, vermutlich eine Anspielung auf die monumentale Kopfplastik von Otto Freundlich, ist vom zeitgenössischen Bildstereotyp des jüdischen Schiebers[30] kaum zu unterscheiden. Der ‹Witz› ergab sich aus der Anwendung des akademischen Kunsturteiles sowohl auf skulpierte Körper der Moderne als auch auf das antisemitische Zerrbild ‹des Juden›. Die gesamte Bild- und Ausstellungsstrategie der Nationalsozialisten sollte die Betrachter dazu anleiten, weiter von der herkömmlichen Kunstdoktrin der Akademien und der eugenischen Handbücher Gebrauch zu machen. Die Fiktion von ‹klassischer Schönheit› wurde mit der von ‹Reinheit› und ‹Gesundheit› des Ariers amalgamiert.

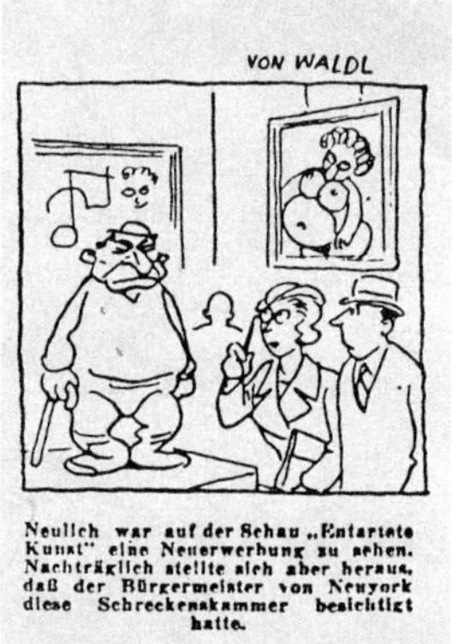

Waldl, Ausschnitt aus «Hundstage!». Karikatur aus «Das schwarze Korps», 19. August 1937, Folge 33, Seite 7.

V.

Die «Schreckenskammern» mit den «Spiegelbildern des Verfalls», wie sie in der Ausstellung «Entartete Kunst» inszeniert wurden, waren für alle Erwachsenen zur verlockenden Besichtigung und Beurteilung freigegeben, wobei der von den Initiatoren erwünschte Schauder als ‹erhaben› erlebt wurde, indem man sich mit der NS-Ideologie identifizierte. Die Besucher dieser Ausstellung der Kunst des 20. Jahrhunderts konnten sich in der Sicherheit bewegen, daß diese Kunst ‹überwunden› sei, und sich also mit einer gewissen Überlegenheit dem Spektakel der «Schandausstellung»[31] aussetzen. Man konnte sich hier, vom Staat eigens eingeladen, in den Gegenbildern zur NS-Ordnung ergehen, auf daß man sich der NS-Herrschaft umso williger einordnete und die Selektionsprinzipien als kulturelle Normen der Triumphatoren mitverbreitete.

Nach der Devise «Vom Verfall zur neuen Zeit» führte die Ausstellung «Entartete Kunst» als stimulierende Passage zur «Großen Deutschen Kunstausstellung» im Haus der Deutschen Kunst, die daraufhin umso glanzvoller erscheinen sollte.[32] Auf die hier ausgestellten Vor-Bilder eines unerreichbaren Ideals, bzw. einer gewaltsamen Norm, mußte die Bevölkerung erst eingestimmt werden. Die NS-Propaganda warb mit der Pervertierung eines aufklärend-didaktischen Ausstellungskonzeptes als anreizendem Kontrastprogramm in den dunklen Hofgartenarkaden, um gegenüber im Englischen Garten die Zustimmung für ihren Kunsttempel zu gewinnen, der damals deutlich weniger Besucher anzog als die Schau «entarteter» Kunst.

Didaktische Kunstausstellungen stehen, nicht zuletzt aufgrund dieser berühmt-berüchtigten Arrangements im Nationalsozialismus, bis auf den heutigen Tag in Verruf. Implizite Blick- und Besucherlenkung herrschen in Kunstmuseen vor, die jedoch keineswegs die intendierte Offenheit der Diskurse in Museums- und sonstigen Ausstellungsräumen garantieren. Auch wortlos präsentierte Kunstobjekte vermitteln in ihrer jeweiligen Anordnung spezifische Botschaften. Schon 1937 gaben die Auswahl der Bilder und deren besonderes Arrangement auch ohne Texte die nationalsozialistische Sichtweise vor. Zusammen mit den Gruppenüberschriften, Hitler- und Goebbelszitaten jedoch wurden die modernen Menschenbilder in ihrer Anordnung dann unmißverständlich zu «entarteter» Kunst gemacht. Welchen Bildern aber heute ohne den NS-Kontext das ‹Gütesiegel› «entartet» zuzusprechen wäre, d.h. welche Bilder in Opposition zum Nationalsozialismus konzipiert worden waren, ist nicht allein durch die Zugehörigkeit zur NS-Kollektion «Entartete Kunst» bestimmbar.

Anmerkungen

1 Grundsätzlich hierzu Herbert Mehrtens, *Moderne Sprache Mathematik,* Frankfurt a. M. 1990, besonders S. 561 f.

2 In zeitgenössischen Berichten ist von über zwei Millionen Besuchern die Rede, vgl. Zuschlag (wie Anm. 4), S. 204.

3 Messe-, Kultur- und Lehrausstellungen als «Mittel der Volksführung» hatten die NS-Behörden schon seit 1933 als besonders wirksames Propagandainstrument erkannt und eingesetzt, vgl. Hans Ulrich Thamer, «Geschichte und Propaganda. Kulturhistorische Ausstellungen in der NS-Zeit», in: *Geschichte und Gesellschaft,* 24(1998), S. 349–381, hier S. 363.

4 Otto Karl Werckmeister in der Besprechung der Publikationen: Stephanie Barron (Hrsg.), *«Degenerate Art». The Fate of the Avant-Garde in Nazi Germany.* Los Angeles/New York 1991 (Ausst. Kat. Los Angeles: County Museum of Art und Chicago: The Art Institute); Christoph Zuschlag, *«Entartete Kunst». Ausstellungsstrategien im Nazi-Deutschland,* Worms 1995, in: *Art Bulletin,* 79(Juni 1997), S. 337–341, hier S. 341 [Übersetzung der Autorin].

5 Ausführlicher hierzu Kathrin Hoffmann-Curtius, «Die Kampagne ‹Entartete Kunst›. Die Nationalsozialisten und die moderne Kunst», in: Monika Wagner (Hrsg.), *Moderne Kunst. Das Funkkolleg zum Verständnis der Gegenwartskunst,* Reinbek bei Hamburg 1991, Bd. 2, S. 467–490, hierzu S. 467–475.

6 Hermann Stratz, *Die Schönheit des weiblichen Körpers, den Müttern, Ärzten und Künstlern gewidmet,* Stuttgart 1898, 13. Aufl. 1902. Eine eingehende Untersuchung bei: Annegret Friedrich, *Das Urteil des Paris. Ein Bild und sein Kontext um die Jahrhundertwende,* Marburg 1997, S. 204–218.

7 Paul Schultze-Naumburg, *Kunst und Rasse,* München 1928.

8 Adolf Dresler, *Deutsche Kunst und entartete ‹Kunst›,* München 1938.

9 Vgl. *Das Programm der Festtage,* München 1937. Hier sind festliche Veranstaltungen vom 16. bis 20. Juli 1937 aufgeführt, nur für den Montag, den Eröffnungstag der Ausstellung «Entartete Kunst» finden sich keine Angaben.

10 Programm Festzug *«Zweitausend Jahre Deutsche Kultur»,* 1937, unpag., aus dem Archiv Karl-Heinz Meissner, München.

11 Wolfgang Hartmann, «Der historische Festzug zum ‹Tag der Deutschen Kunst›», in: Hans-Ernst Mittig, Wolfgang Schäche und Angela Schönberger (Hrsg.), *Die Dekoration der Gewalt. Kunst und Medien im Faschismus,* Giessen 1979, S. 87–99; *München – Hauptstadt der Bewegung,* München 1993 (Ausst. Kat. München: Stadtmuseum), S. 338–346, ohne Hartmann zu erwähnen.

12 Genauere Erläuterungen bei Benigna Schönhagen, *Vorbei und vergessen. Nationalsozialismus in Tübingen,* Tübingen 1992 (Ausst. Kat. Tübingen: Kulturamt), Nr. 43, S. 291. Farbabbildungen in *München – Hauptstadt der Bewegung* (wie Anm. 11), Nr. 21.16, S. 369. Die Beschreibung der «Schwarzen Reiter mit den Siegeszeichen: Plaketten der vier Reichsparteitage und das Wappen der Kunst, überragt vom Hoheitszeichen» mit Abb. in: *Das Bayerland,* 48(1937), S. 567.

13 Henri Nannen, «Tag der deutschen Kunst», in: *Die Kunst im Dritten Reich,* (1937)7/8, S.40.

14 Eine ausführliche Schilderung bei Zuschlag (wie Anm. 4). Es ist auch bemerkenswert, daß die moderne Kunst gegen Ende der Weimarer Republik einer breiteren Öffentlichkeit lange nicht so unbekannt gewesen ist, wie des öfteren angenommen. Ich

verweise auf das Album des Zigaretten-Bilderdienstes Altona-Bahrenfeld von 1933 mit dem Titel *Moderne Kunst vom Impressionismus bis zur Gegenwart,* in dem Bilder all derjenigen Künstler auftauchen, die bis heute zu den wichtigsten dieser Zeit gerechnet werden. Das Album wurde allerdings nach der Machtübernahme 1933 wieder aus dem Verkehr gezogen.

15 Georg Friedrich Koch, *Die Kunstausstellung,* Berlin 1967, S.194.

16 Wolfgang Willrich, *Säuberung des Kunsttempels. Eine kunstpolitische Kampfschrift zur Gesundung deutscher Kunst im Geiste nordischer Art,* München 1937.

17 Eine eingehende Analyse der Hängung habe ich schon andernorts publiziert, s. Kathrin Hoffmann-Curtius, «Die Kampagne ‹Entartete Kunst›. Die Nationalsozialisten und die Moderne Kunst», in: *Funkkolleg Moderne Kunst,* hrsg. vom Deutschen Institut für Fernstudien an der Universität Tübingen, Weinheim/Basel 1990, Studienbegleitbrief 9, S. 49–88. In der jüngsten Zusammenfassung der Literatur bei Zuschlag (wie Anm. 4), S. 169–204 wird diese Analyse der Anordnung nicht berücksichtigt.

18 Zu überprüfen bei Mario-Andreas von Lüttichau, «Die Ausstellung ‹Entartete Kunst› München 1937. Eine Rekonstruktion», in: Stephanie Barron, *«Entartete Kunst». Das Schicksal der Avantgarde im Nazi-Deutschland,* München 1992 (Ausst. Kat. Berlin: Deutsches Historisches Museum), S. 45–81, hier S. 56f.; ders., «‹Deutsche Kunst› und ‹Entartete Kunst›. Die Münchner Ausstellungen 1937», in: Peter-Klaus Schuster (Hrsg.), *Die ‹Kunststadt› München 1937. Nationalsozialismus und ‹Entartete Kunst›,* München 1987, 5. überarbeitete und aktualisierte Auflage 1998, S. 83–182b.

19 Hans-Ernst Mittig, «München, 50 Jahre nach der Ausstellung ‹Entartete Kunst›», in: *Kritische Berichte,* 16(1988)2, S. 76–88, hier S. 78.

20 Szilvia Horváth, «Reorganisation der Geschlechterverhältnisse. Familienpolitik im faschistischen Deutschland», in: *Inszenierung der Macht. Ästhetische Faszination im Faschismus,* Berlin 1987 (Ausst. Kat. Berlin: Neue Gesellschaft für bildende Kunst), S. 129–142.

21 Aus einem Zitat Adolf Hitlers von 1934, das auf der Ostseite des Raumes zu lesen war, vgl. Lüttichau (wie Anm. 18), S. 57.

22 Adolf Hitler zitiert bei: Willrich (wie Anm. 16), 2. Aufl. München/Berlin 1938, S.142.

23 Hauptwerke der «Großen Deutschen Kunstausstellung» waren als Gegenstücke zu allen drei genannten Themenblöcken des Raumes 3 der «Entarteten Kunst» in damals noch seltenen Farbreproduktionen publiziert in: *Die Kunst im Dritten Reich,* (1937)9, z.B. auf S. 12 Richard Klein, *Das Erwachen.*

24 Dies war ganz im Sinne der Militarisierung des Nationalsozialismus, wie sie zur gleichen Zeit (am 12. August 1937) *Das Schwarze Korps* unter der Parole «Wir sind jetzt eins» demonstrierte, vgl. die beispielhafte Analyse von Hitlers Rede auf dem Reichsparteitag 1936 unter derselben Parole: Hubert Cancik, «‹Wir sind jetzt eins› – Rhetorik und Mystik in einer Rede Hitlers (Nürnberg 11.9.1936)», in: Günter Kehrer (Hrsg.), *Zur Religionsgeschichte in der BRD,* Stuttgart 1980, 13–48.

25 Vgl. Klaus Theweleit, *Männerphantasien,* 2 Bde, Frankfurt a. M. 1978. Zu Vorstellung und Vorbild männlicher Skulpturen des Nationalsozialismus: Wolfgang Fritz Haug, *Faschisierung des Subjektes. Die Ideologie der gesunden Normalität und die Ausrottungspolitiken im deutschen Faschismus,* Berlin 1986, S. 146–179, und jüngst Daniel Wildmann, *Begehrte Körper. Konstruktion und Inszenierung des «arischen» Männerkörpers im «dritten Reich»,* Würzburg 1998.

26 Kathrin Hoffmann-Curtius, «Die Frau in ihrem Element. Adolf Zieglers Triptychon der ‹Naturgesetzlichkeit›», in: Berthold Hinz (Hrsg.), *NS-Kunst: 50 Jahre danach. Neue Beiträge,* Marburg 1989, S. 9–34.

27 Farbabbildung (wie Anm. 23).

28 Otto Karl Werckmeister, «Die Portraitphotographien der Züricher Agentur Photopress aus Anlaß des sechzigsten Geburtstages von Paul Klee am 18. Dezember 1939», in: Josef Helfenstein und Stefan Frey (Hrsg.), *Paul Klee. Das Schaffen im Todesjahr,* Stuttgart 1990 (Ausst. Kat. Bern: Kunstmuseum), S. 39–57. Henry I. Schwey, *Oskar Kokoschka, the Painter as Playwright,* Detroit 1982, S. 24.

29 Mit Schreiben vom 21. August 1998 teilte der Rechtsanwalt Dr. Justin von Kessel von der Münchener Kanzlei Heuking, Kühn, Lüer, Heussen und Wojtek «namens und im Auftrag der Urheberberechtigten nach Eduard Thöny» mit, «daß eine Reproduktionsgenehmigung für die Abbildung Eduard Thöny Simplicissimus vom 08. August 1937 nicht erteilt wird.» Vgl. daher Werckmeister (wie Anm. 28), S. 54.

30 Vgl. Eduard Fuchs, *Die Juden in der Karikatur,* München 1921, Abb. 289 u. 296.

31 Silke Wenk, «Aufgerichtete weibliche Körper. Zur allegorischen Skulptur im deutschen Faschismus», in: *Inszenierung der Macht* (wie Anm. 20), S. 103–119 vergleicht die Form der Ausgrenzung der Moderne «mit dem alten Ritual des An-den-Pranger-Stellens» (ebd. S. 112).

32 Zu einem dichotomischen Aufbau innerhalb des Nationalsozialismus s. *Kampf der NSDAP* von 1934 in Düsseldorf, «der Parteipropaganda entsprechend», wie Thamer (wie Anm. 3) S. 371 meint.

Josephine Gabler

«Deutsche Bildhauer der Gegenwart» Eine Ausstellung 1938 in Warschau und Krakau und ihre Vorgeschichte

Unabhängig von ihrer Zusammensetzung ist die Tatsache einer deutschen Kunstausstellung im Jahre 1938 in Polen an sich schon erstaunlich. Wie kam es 1 1/2 Jahre vor dem deutschen Überfall auf Polen zu dieser umfangreichen Staatsausstellung?

Arno Breker, der zuletzt verantwortliche Ausstellungskommissar schrieb dazu in seinen Memoiren: «Im Januar 1938 lud der polnische Staat die deutschen Bildhauer zu einer offiziellen Gesamtschau ihrer Arbeiten in die Hauptstadt Warschau ein. Zum Leiter des Unternehmens wurde ich gewählt. [...] Der Eröffnungstermin wurde auf den 1. März 1938 festgelegt. [...] Die Atmosphäre [der Eröffnung] blieb zunächst kühl. [...] Mir lag viel an einer Auflockerung, und so warf ich schließlich alle Hemmungen über Bord und erzählte nebenbei kleine Anekdoten aus der Pariser Boheme. [...] Schallendes Gelächter schuf eine neue aufgelockerte Stimmung. Die Besucherzahl wies Rekordhöhe auf, die gesamte polnische Presse war positiv, [...] ein Hauch von Freundlichkeit erwärmte plötzlich das kalte politische Klima, die Wirkung der Ausstellung auf die diplomatischen Beziehungen war nachhaltig.»[1]

Bis auf den Umstand, daß Breker tatsächlich Kommissar der Ausstellung «Deutsche Bildhauer der Gegenwart» in Warschau und Krakau war, stimmt an seinen Erinnerungen so gut wie gar nichts.

Im Januar 1934 schloßen Deutschland und Polen einen Nichtangriffspakt, der in beiden Ländern ungeliebt war und auch nicht als dauerhaft angesehen wurde, zunächst einmal aber die politische Situation zwischen beiden Staaten entspannte. Im Juni 1934 entwickelten sich dann auch erste kulturelle Kontakte: Die Akademie Krakau erkundigte sich bei der Preußischen Akademie in Berlin nach einer Möglichkeit, neuere polnische Kunst in Deutschland zu präsentieren.

Um «nachträgliche Mißhelligkeiten, unerwünschte Einsprüche» zu vermeiden, empfahl der Akademiesekretär Amersdorfer sich für eine derartige Ausstellung der Unterstützung staatlicher Stellen zu versichern.[2] Die peinlichen Vorgänge um die italienische Futurismus-Ausstellung «Aeropittura» vom März 1934 waren noch frisch im Gedächtnis. Trotz staatlicher Protektion durch Göring und Goebbels war diese Ausstellung des engsten politischen Verbündeten Deutschlands aus den völkischen Kreisen um Alfred Rosenberg als «Kulturbolschewismus» und «Einmischung in die inneren Angelegenheiten Deutschlands» beschimpft worden, woraufhin die Vertreter der deutschen Regierung der Eröffnungsfeier ferngeblieben waren und hohe italienische Würdenträger sich selbst überlassen hatten.[3] Eine Wiederholung derartiger Vorgänge – nun vielleicht weniger unter künstlerischem Vorzeichen als vielmehr zur Diffamierung eines ungeliebten politischen Partners – hätte das labile Verhältnis zwischen Deutschland und Polen in einer zu diesem Zeitpunkt auch von nationalsozialistischen Kreisen unerwünschten Weise belasten können.

Indes hatte sich das Propagandaministerium bis zum Frühjahr 1935 als Genehmigungsbehörde für ausländische Ausstellungen in Deutschland und deutsche Auslandsausstellungen so fest etabliert, daß am 29. März 1935 die Schau polnischer Kunst in Berlin im Beisein Adolf Hitlers vom polnischen Botschafter problemlos eröffnet werden konnte. In seiner Eröffnungsrede sprach Botschafter Lipski gleichzeitig offiziell die Einladung zu einer Gegenausstellung deutscher Kunst in Warschau aus. Kurz zuvor war bereits eine schriftliche Einladung des polnischen Staatskommissars für Ausstellungsangelegenheiten, Treter, an die Akademie ergangen.[4] Auch eine Gruppe polnischer Künstler, die sich auf Einladung in Deutschland aufhielten, unterstützten dieses Vorhaben. Gewünscht wurde eine Präsentation deutscher Kunst der letzten 70 Jahre, als Termin für diese Gegenausstellung wurde das Frühjahr 1936 anvisiert.[5]

Ausstellungsort sollte das Gebäude des Instituts für Kulturpflege, abgekürzt IPS, in Warschau sein. Dieses Institut war 1930 gegründet worden und hatte auf Grund politischer Verbindungen und der Subventionierung durch eine Staatspräsident Pilsudski nahestehende Kulturstiftung nahezu ein Monopol auf das Ausstellungswesen in Polen. Das Programm des IPS war deutlich auf die Beschäftigung mit neuerer Kunst der europäischen Nachbarländer ausgelegt. So wurde unter anderem zeitgenössische italienische Kunst im Januar 1935 gezeigt, gefolgt von zeitgenössischer französischer Plastik im März 1935, und später dann aktueller britischer Kunst im Januar 1939.[6] Eine Präsentation deutscher Kunst mußte in diesem Zusammenhang daher folgerichtig erscheinen.

Bereits im März 1935 fanden vorbereitende Gespräche zwischen dem Propagandaministerium, das für Ausstellungen mit Auslandskontakten die Genehmigungsstelle war, und dem Außenamt der Staatlichen Museen in Berlin über eine mögliche Ausstellung in Polen statt. An den weiteren Vorbereitungen sollte sich nach Möglichkeit der Direktor der Nationalgalerie, Eberhard Hanfstaengl, beteiligen.[7] Hanfstaengl schien auf Grund seiner erfolgreichen Arbeit bei der Biennale in Venedig 1934 der richtige Organisator für eine Ausstellung zu sein, die einerseits internationalem Standart genügen, anderseits aber auch Hitlers eigenem Kunstgeschmack standhalten konnte.

Noch aus seinem Amt als Leiter der Städtischen Galerie in München war Hanfstaengl im Jahr 1933 mit der Aufgabe in Venedig betraut worden. Die ersten Kontakte hatte, wie in den vergangenen Jahren, Johannes Sievers geknüpft, bis im Sommer 1933 das Auswärtige Amt seine Kulturabteilung an das Propagandaministerium abgeben mußte. Nach Ansicht des Präsidenten der Reichskammer der bildenden Künste, Eugen Hoenig sollten bei der Biennale «solche Künstler in den Vordergrund [gestellt werden], die, auf der Ehrfurcht der Tradition [...] fußend, mit starkem persönlichem Wollen Neues aufzubauen bestrebt sind und die in gesunder Weise die geistige Sprache unseres deutschen Volkes sprechen.»[8] Unbeirrt von solchen ideologischen Vorgaben setzte Hanfstaengl einen Schwerpunkt bei der Bildhauerei, wobei die Gegenüberstellung von Georg Kolbes *Zehnkämpfer* mit Ernst Barlachs *Lesenden Mönchen* einen Hauptakzent bildete. Die Malerei war vertreten durch die «neuromantische Richtung» eines Radziwill, Peiner und Schrimpf.[9] Im Juni 1934 konnte Hanfstaengl dem Generalsekretär der Biennale zum positiv verlaufenen Besuch von Mussolini und Hitler gratulieren: «Es ist mir eine aufrichtige Genugtuung zu lesen, daß der Reichskanzler mit unserer Arbeit im Deutschen Pavillon zufrieden war.»[10]

Der Dienstherr Hanfstaengls, Erziehungsminister Rust, verweigerte zunächst die Ernennung des Direktors der Nationalgalerie zum Kommissar der geplanten Ausstellung in Polen, um in dem heftig tobenden Kampf zwischen Rosenberg und Goebbels «die ihm wertvoll erscheinenden Beamten nicht unnütz herauszustellen und damit den unausbleiblichen, diffamierenden Anwürfen seitens Rosenberg auszusetzen.»[11] Einem Bericht des Ministerialrats Keudell zufolge, wollte Goebbels daher vorbeugend eine «Probeauslandsausstellung» zusammenstellen und diese von Hitler genehmigen lassen. Damit sollten, so Keudell, die beiden «im gemeinsamen Kampfe für die wirkliche deutsche Kultur» stehenden Ministerien Propaganda und Erziehung aus der «übelsten Drecklinie und den Beschimpfungen, gegen die zur Zeit noch kein Kraut gewachsen ist» befreit werden.[12]

Die für Polen geplante Staatsausstellung war also von Anfang an nicht nur Teil der deutschen Außenpolitik, sondern auch fest in den innerparteilichen Kampf um die «richtige» deutsche Kunst eingebunden. Die Idee einer Probeauslandsausstellung wurde jedoch nie verwirklicht, wie überhaupt die Vorbereitungen für die Ausstellung in Warschau im Laufe des Jahres 1936 fast zum Erliegen kamen. Offensichtlich gab es Devisenschwierigkeiten zwischen beiden Ländern, so daß auch der zunächst in Warschau diskutierte Eröffnungstermin vom 15. Oktober 1936 nicht eingehalten werden konnte.[13]

In Deutschland hatte sich in der Zwischenzeit ein erstaunlicher Wandel in den grundsätzlichen Vorstellungen zur Zusammensetzung von Auslandsausstellungen vollzogen. Hatte man für Warschau die Ausstellung deutscher Kunst der letzten 70 Jahre, also einschließlich zeitgenössischer – d.h. natürlich offiziell genehmer – Kunst, projektiert, so hieß es im Sommer 1936 aus dem Propagandaministerium, daß die Präsentation «neuzeitiger deutscher Kunst im Augenblick nicht ratsam» erscheine.[14] Zu einem Zeitpunkt, da das Propagandaministerium verstärkt eine eigene, NS-spezifische Kunst propagierte und mit der Eliminierung moderner, auch gemäßigt moderner Kunst aus der Öffentlichkeit begonnen hatte, ließ eine derartige Äußerung wenig Vertrauen in die eigene, bevorzugte Kunst spüren. Die Fachleute schlossen sich allerdings dieser Meinung an, und zogen die «Darstellung deutscher Kunst des vergangenen Jahrhunderts» im Ausland vor. Der Generaldirektor der Staatlichen Museen, Kümmel, war sogar der Meinung, mit neuzeitiger, offiziell genehmigter Kunst «einen ziemlich kläglichen Eindruck» zu hinterlassen.[15] Ende 1936 hatte man sich daher für Polen zu einer Präsentation deutscher Malerei des 19. Jahrhunderts entschlossen. Gleichzeitig wurde Hanfstaengl offiziell zum Ausstellungskommissar bestellt, als Termin kristallisierte sich im Lauf der Zeit der Herbst 1937 heraus.[16]

Bei aller Liebe Polens für die deutsche Malerei des 19. Jahrhunderts wollte das IPS gemäß seinem Ausstellungsprogramm aber doch auch einige Werke neuerer Kunst in die Ausstellung integriert wissen, zusätzlich dazu noch etwa 40 bis 50 plastische Arbeiten. Durch diesen von der deutschen Botschaft in Warschau im Januar 1937 übermittelten polnischen Wunsch[17] sollte Hanfstaengl zunehmend in Schwierigkeiten geraten, hatte sich der Kampf um die Moderne doch mittlerweile erheblich zugespitzt. Im November 1936 war das Kronprinzenpalais geschlossen worden, darüber hinaus hatte die Nationalgalerie einige Exponate für die Propaganda-Ausstellung «Anti-Komintern» abgeben müssen. Und gerade jetzt wollten die Polen eine sauber und problemlos zu inszenierende Ausstellung von Malerei des 19. Jahrhunderts um zeitgenössische Werke erweitert haben.

Hanfstaengls Reaktion war entsprechend zurückhaltend und vorsichtig: Eine Erweiterung um plastische Arbeiten lebender Künstler sei durchaus möglich, die Einfügung einiger weniger zeitgenössischer Maler, wie Leo von König, erwägenswert.[18] Bei seiner ersten Warschau-Reise im Mai 1937 wurde dem Direktor der Nationalgalerie von polnischer Seite noch einmal der Wunsch nach zeitgenössischer Kunst deutlich übermittelt, besonders für die deutsche Plastik der Gegenwart, so Hanfstaengl, habe man ein besonderes Interesse gezeigt.[19] Es ist allerdings möglich, daß Hanfstaengl in seinem Bericht an das Ministerium, auf den sich die Angaben zur Ausstellungsvorbereitung beziehen, den Wunsch nach der Präsentation von Plastik etwas stärker betonte. Denn die vorherrschend figürliche Bildhauerei der klassizistischen aber auch der archaisierenden Richtung stieß bei den NS-Kunstwächtern auf sehr viel weniger Kritik als die ambitionierte, qualitätvolle Malerei der Zeit. Als Plastiker schlug Hanfstaengl daher zunächst so allseits anerkannte Künstler wie Georg Kolbe, Richard Scheibe, Gerhard Marcks, Josef Wackerle und

Bernhard Bleeker zur Ausstellung vor. Bei den Malern sollte eine Gruppe um Leo von König und eine «Neuromantische Gruppe» um Radziwill und Schrimpf vertreten sein.[20]

Hanfstaengls weiteres, im zeitgenössischen Bereich verändertes Konzept für Warschau war recht detailliert ausgearbeitet. Er setzte Schwerpunkte bei der Malerei der Romantik und der Münchner Schule der 2. Hälfte des 19. Jahrhunderts, widmete Adolph von Menzel einen eigenen Saal und führte für die zeitgenössische Kunst etwas summarisch drei Werke von Slevogt, fünf von Corinth, zwei von Zügel und drei von Nolde an. Er hatte des weiteren etwa 20 Plastiken vorgesehen, die jedoch noch nicht genau festgelegt waren.[21]

Ende Juni 1937, kurz vor der Beschlagnahmeaktion, bat Hanfstaengl seinen Gesprächspartner in der deutschen Botschaft in Warschau, Seelos, um eine möglichst persönliche Unterredung, da sich «wegen der Warschauer Ausstellung einige Schwierigkeiten ergeben [haben], die sich hauptsächlich auf die lebende Kunst beziehen.»[22] Laut einer Reisekostenabrechnung muß Hanfstaengl noch einmal am 4. Juli in Warschau gewesen sein, drei Wochen später wurde er dann jedoch von seinem Amt als Direktor der Nationalgalerie wegen seiner Weigerung, die Beschlagnahmungen der Aktion «Entartete Kunst» zu unterstützen, beurlaubt.[23]

Damit scheinen vorerst auch die Vorbereitungen zu einer Ausstellung in Warschau beendet gewesen zu sein. Erst Anfang 1938 kam es wohl zu einer Wiederaufnahme der Planungen. Kurzfristig wurde die Ausstellungseröffnung auf den 23. April 1938 festgelegt – im Anschluß sollte die Ausstellung nach Krakau gehen. Der Ausstellungskommissar hieß nun Arno Breker und präsentiert wurde ausschließlich zeitgenössische Plastik. Wann und warum es zu diesem grundlegenden Wechsel in der Konzeption der Ausstellung kam, läßt sich wegen fehlender Dokumente nicht belegen. Es kann dafür verschiedene Gründe gegeben haben: Wie oben angedeutet hielten verschiedene Seiten die Präsentation offiziell genehmer, zeitgenössischer Malerei nicht für ratsam. Eine Ausstellung ambitionierter, avantgardistischer Malerei war dagegen im NS-Staat nicht zu realisieren. Die polnische Seite wünschte sich jedoch aktuelle Kunst in der Ausstellung. Hanfstaengl war schon bemüht gewesen, diesen Wunsch verstärkt in Richtung Plastik zu lenken. Im Januar 1937 hatte eine kleinere, weniger offizielle Skulpturenausstellung in Zürich eine recht gute Resonanz gefunden.[24] Außerdem schien Breker als Mitglied der Kunstjury auf der Weltausstellung in Paris ein gewisses internationales Renommee zu besitzen. Die Vertreter des Propagandaministeriums konnten also hoffen, mit der Plastik der vorherrschenden klassizistischen Richtung sowohl international bestehen, als auch Hitlers Vorlieben genügen zu können. Hatte Hanfstaengl noch aus kunsthistorischer Sicht – wenn auch mit der gebotenen Vorsicht – einen Überblick über die Kunst bis in die neuere Zeit mit Werken Noldes und Corinths versuchen wollen, so garantierte die Person Breker nun eine gänzlich opportune Künstlerauswahl – noch dazu auf einem Gebiet, das die Nationalsozialisten bevorzugten – der Plastik.

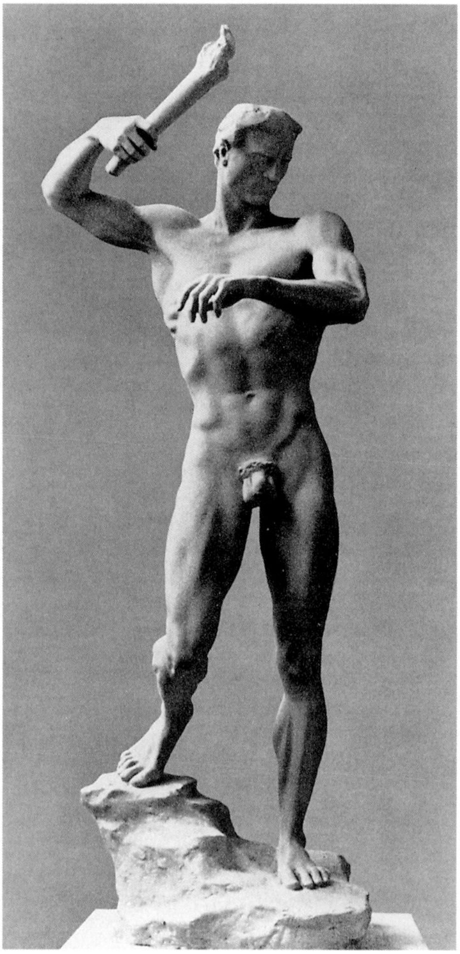

Arno Breker, Prometheus, 1935, Gips, aus: Kunst im Dritten Reich, (1938)4, S. 103.

Die Ausstellung wurde im Beisein des polnischen Staatspräsidenten vom deutschen Botschafter eröffnet, sie stand unter der Schirmherrschaft von Göring, Ribbentrop, Goebbels und Rust. Gezeigt wurden Werke von 37 Künstlern, bei denen die älteren, auch in den zurückliegenden Jahren erfolgreichen Bildhauer der Münchner und der Berliner Tradition dominierten, wie etwa Hermann Hahn, Bernhard Bleeker, Josef Wackerle, Fritz Klimsch und Georg Kolbe.

Auch unter den jüngeren Künstlern herrschten Werke der klassizistischen Richtung vor, etwa bei Anton Grauel oder Hermann Scheuernstuhl. Es waren aber auch sogenannte Archaiker vertreten, wie Heinrich Kirchner, Toni Stadler oder Hans Wimmer. Diese allerdings vornehmlich mit Porträtplastik. Unter den fast 120 ausgestellten Werken bildeten die Porträts mit ca. 50 Arbeiten einen deutlichen Schwerpunkt – wie im übrigen auch schon bei der ersten «Großen Deutschen Kunstausstellung» 1937 in München.

Die vom Staat mit reichlich Aufträgen bedachten Künstler, wie Kurt Schmid-Ehmen, Josef Thorak oder Adolf Wamper beschränkten sich ebenfalls auf die Präsentation von Porträts oder lieblichen Frauenakten. Einzig Arno Brekers *Prometheus* scheint die im Katalogvorwort von Werner Rittich angekündigte «neue» deutsche Plastik zu verkörpern. Nachdem nämlich unter Hitlers Führung die «volks- und wesensfremden Einflüsse» ausgeschaltet worden seien, werde als neues Ziel für die Plastik die Zusammenarbeit mit der Architektur als der «Mutter der Künste» angestrebt. Diese Auftragskunst gebe den Künstlern Sicherheit über den Sinn und die Aufgabe des Werkes, so daß nicht ins Ungewisse hinein geschaffen werde, «was oft der Anlaß zu problematischen Spielereien war».[25]

Trotz des Mankos, nicht die «neue» deutsche Auftrags- und Bauplastik sondern fast nur autonome Werke zu präsentieren, konnte sich Breker mit seiner Künstlerauswahl der Zustimmung seiner Auftraggeber sicher sein. Unter den 37 ausgestellten Künstlern befanden sich nämlich nur fünf, die nicht auf der ersten «Großen Deutschen Kunstausstellung» vertreten gewesen waren. Einer dieser fünf, Philip Harth war dafür «ersatzweise» auf der Weltausstellung in Paris ausgestellt gewesen. Die übrigen in München nicht vertretenen Künstler zeigten Porträtplastik oder arbeiteten wie Otto Placzek oder Theodor von Gosen in einem derart altertümlichen Stil, daß ihre Präsentation auch ohne vorherige Absicherung gefahrlos bleiben mußte.

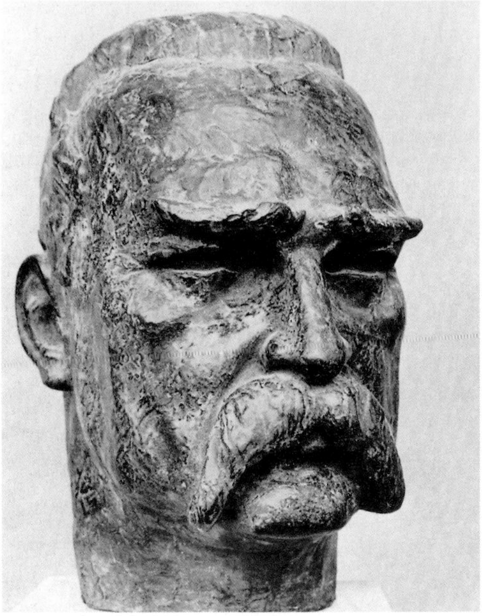

Josef Throrak, Büste Marschall Pilsudski, 1938, Bronze, aus: Kunst im Dritten Reich, (1938)4, S. 102.

Schaut man sich das Katalogverzeichnis an, so muß man den polnischen Ausstellungsbesprechungen recht geben, die die deutschen Plastiken als durchschnittliche, akademische Arbeiten, handwerklich gut, aber langweilig charakterisierten. Künstlerische Experimente und Spontaneität wurden vermißt.[26] Wie schon bei der Züricher Skulpturenausstellung 1937 schienen einzig die Werke Kolbes künstlerisch zu überzeugen. Die polnische Ausstellungskritik, die vom antisemitischen Lager bis zu liberalen Positionen ein weites Spektrum umfaßte, bemerkte in dieser Ausstellung keine Demonstration des NS-Regimes, sondern sprach immer von einer reinen Kunstausstellung. In der heutigen polnischen Literatur zu dieser Ausstellung wird gar das Fehlen der – eigentlich erst später entstandenen – monumentalen, martialischen Plastiken als eine Taktik angesehen, Polen vor dem Überfall von 1939 in Sicherheit zu wiegen.[27]

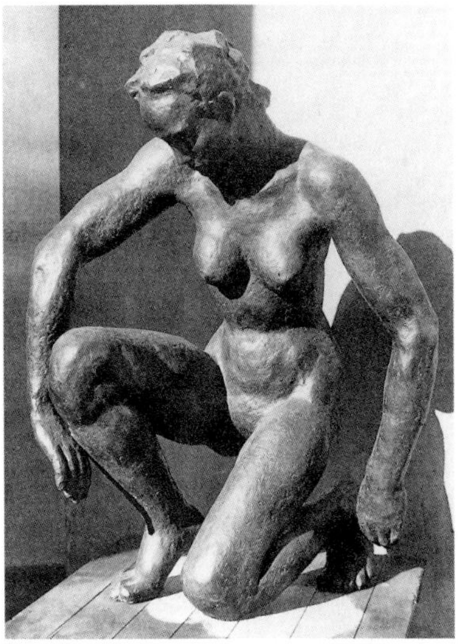

Georg Kolbe, Pieta, 1928/30, Bronze, Georg-Kolbe-Museum, Berlin.

Im großen und ganzen hatte Breker also um einige ältere, bekannte Künstler wie Klimsch und Kolbe Werke der vergangenen 10 Jahre gruppiert, die dem Niveau eines konservativen Kunstvereins entsprachen. Damit konnte weder der «neue» revolutionäre NS-Staat im Ausland propagiert werden, noch konnte das Regime auf künstlerischem Gebiet internationales Renommee erlangen. Nach der Anprangerung der Moderne auf der Ausstellung «Entartete Kunst» war es der nationalsozialistischen Politik offensichtlich nicht gelungen, eine überzeugende Gegenkunst zu präsentieren. Im Gegenteil, das «Dritte Reich» setzte sich mit dieser politisch hochkarätig unterstützten Ausstellung einer heftigen und ungewohnten Kritik aus. Etwas später, im Jahre 1940 erging daher auch die interne Anweisung, im Ausland deutsche Kunst zukünftig nur noch möglichst unauffällig von Kunstvereinen verbreiten zu lassen.[28]

Anmerkungen

1 Arno Breker, *Im Strahlungsfeld der Ereignisse,* Preußisch Oldendorf 1972, S. 115–117.

2 Vgl. Schreiben des Akademiesekretärs Amersdorffer an Fryderyk Pantsch, Professor an der Akademie Krakau, vom 13. Juni 1934, Akademie der Künste Archiv, PrAdK 751. Die Anfrage Pantschs vom 1. Juni 1934 ist leider nicht erhalten. Für die zu diesem Thema notwendigen Übersetzungen aus dem Polnischen danke ich Jakob Kurpik sehr herzlich.

3 Vgl. zu den Vorgängen um diese Ausstellung Hildegard Brenner, «Die Kunst im politischen Machtkampf der Jahre 1933/34», in: *Vierteljahreshefte für Zeitgeschichte* 10(1962), S. 17–42, hier bes. S. 30–32.

4 Bericht des stellvertretenden Akademiepräsidenten Schumann an seine vorgesetzte Behörde vom 5. März 1935, Zentralarchiv der Staatlichen Museen zu Berlin Preußischer Kulturbesitz (= SMBPK Zentralarchiv), Spec. 20, Bd. IV.

5 Entsprechend hatte sich Zygmunt Kaminski vom Instytut Propagandy Sztuki (Institut für Kulturpflege) geäußert. Vgl. die Notiz über die Veranstaltung am 22. März 1935 zu Ehren der polnischen Künstler, 23. März 1935, Bundesarchiv Berlin 50.01, 747.

6 Zur Geschichte des IPS vgl. Joanna Sosnowska, *Materialy do dziejow Instytutu Propagandy Sztuki (1930–1939),* Warschau 1992, S. 1–20 und S. 147–155. Für die Bereitstellung von Materialien zur Ausstellung «Deutsche Bildhauer der Gegenwart» sowie weitere polnische Literatur zum Thema danke ich dem Instytut Sztuki Polskiej Akademii Nauk und hier besonders Joanna Sosnowska.

7 Vgl. Gesprächsnotiz vom 27. März 1935, Bundesarchiv Berlin 50.01, 747.

8 Schreiben Hoenigs an Hanfstaengl vom 12. Januar 1934, SMBPK Zentralarchiv, ad. Spec. 20, Bd. 82/1.

9 Vgl. Bericht Hanfstaengls über die Biennale, undat., SMBPK Zentralarchiv, ad. Spec. 20, Bd. 82/3.

10 Schreiben Hanfstaengls vom 18. Juni 1934, ebd.

11 Interner Bericht Otto von Keudells an den Ministerialrat im Propagandaministerium, Schmidt-Leonhardt, vom 24. Juni 1935, Bundesarchiv Berlin 50.01, 747.

12 Ebd.

13 Vgl. Schreiben des IPS vom 11. Mai 1936. Polska Akademia Nauk, Instytut Sztuki, Archiwòw. Vgl. auch Abschrift des Schreibens vom Referenten Bieberach vom 25. August 1936, SMBPK, Zentralarchiv, ad Spec. 20, Bd.90.

14 Vgl. ebd.

15 Stellungnahme des Generaldirektors der Staatlichen Museen, Kümmel, vom 4. September 1936, ebd.

16 Vgl. Schreiben des Propagandaministeriums vom 7. Dezember 1936 und Schreiben des Erziehungsministeriums vom 18. Dezember 1936 sowie das Rundschreiben mit der Bekanntgabe der Ernennung Hanfstaengls vom 16. Januar 1937, ebd.

17 Abschrift eines Schreibens der Botschaft in Warschau vom 15. Januar 1937, ebd.

18 Schreiben Hanfstaengls an das Propagandaministerium vom 29. April 1937, ebd.

19 Schreiben Hanfstaengls an das Propagandaministerium vom 29. April 1937, ebd.

20 Ebd.

21 Vgl. den Ausstellungsplan mit Grundriß des IPS-Gebäudes, ebd.

22 Schreiben Hanfstaengls an die deutsche Botschaft in Warschau vom 28. Juni 1937, ebd.

23 Vgl. Annegret Janda und Jörn Grabowski (Hrsg.), *Kunst in Deutschland 1905–1937. Die verlorene Sammlung der Nationalgalerie im ehemaligen Kronprinzenpalais. Dokumentation,* Berlin 1992, S. 53.

24 Vgl. dazu Josephine Gabler, *Skulptur in Deutschland in den Ausstellungen zwischen 1933 und 1945,* Diss., Freie Universität Berlin 1996, S. 92–103.

25 Werner Rittich im Katalogvorwort der Ausstellung «Deutsche Bildhauer der Gegenwart».

26 Vgl. dazu die Presseübersicht in: Gabler (wie Anm. 24), S. 160–162.

27 Vgl. dazu Joanna Sosnowska, «Polski kontekst wystawy niemieckiej rzezby wspolczesnej w Instytucie Propagandy Sztuki w 1938 R», in: *Biuletyn Historu Sztuki, (*1994)1–2, S. 115–127, hier S. 122.

28 Otto Thomae, *Die Propaganda-Maschinerie. Bildende Kunst und Öffentlichkeitsarbeit im Dritten Reich,* Berlin 1978, S. 87.

VII. Händler: Ausverkauf der Moderne?

Jonathan Petropoulos

Karl Haberstock als Kunsthändler der Naziführer

Aus einer Analyse des Lebens und Wirkens von Karl Haberstock (1868–1956) lassen sich aufschlußreiche Erkenntnisse über den Kontext der Kunsthändler und Intellektuellen im Dritten Reich gewinnen. Besonders nach 1939 ist seine Tätigkeit als Hauptkunsthändler für Hans Posse und den Sonderauftrag Linz von Interesse. Hinzu kommt seine erfolgreiche Rehabilitierung nach dem Krieg, die nicht nur für die Zunft der Kunsthändler, sondern auch für die deutsche Kunstwelt im Allgemeinen repräsentativ ist.

Drei Aspekte der Karriere Karl Haberstocks vor 1937 finde ich besonders untersuchenswert. Erstens: das Milieu der Berliner Kunstwelt, in der er seit 1912 arbeitete, und wo er bis in die dreißiger Jahre einen rechtslastigen, antisemitischen Kundenstamm aufbauen konnte. Zweitens: wie Haberstock seine Beziehungen zu Hitler und anderen NS-Führern Mitte der dreißiger Jahre entwickelte. Drittens: die Frage nach seiner Rolle bei der Ausarbeitung und Einführung der NS-Kunstpolitik. War er nur ein Werkzeug der NS-Elite oder nahmen Haberstock und andere Kunsthändler aktiv an der Enwicklung der Kunstpolitik des Dritten Reiches teil?

Einschränkend möchte ich anmerken, daß trotz meiner seit fast fünfzehn Jahren andauernden Beschäftigung mit Haberstock, während der ich zu fast allen wichtigen Quellen Zugang hatte (zur Transkription des Verhörs der U.S. Art Looting Investigation Unit, zu den Akten im Bundesarchiv, zu seinen Briefen in den National Archives und in der National Gallery in Washington DC sowie in den Bayerischen Staatsgemäldesammlungen – die Korrespondenz mit Ernst Buchner –, zu seinem Nachlaß in der Berliner Staatsbibliothek, zu seiner Akte im ehemaligen Berlin Document Center, sowie zu seiner Spruchkammerentscheidung im Berliner Landesarchiv)[1], immer noch riesige Lücken im Bild dieses Mann bestehen. Die drei skizzierten Fragen – nach seiner Evolution zu einem rechtsgerichteten, völkischen Kunsthändler, nach seinen Beziehungen zu Hitler und zur NS-Elite und nach seiner Rolle bei der Entwicklung der Kunstpolitik des Dritten Reiches – diese Fragen können wir daher nicht endgültig beantworten.

Dieser Sachverhalt trifft für die erste Frage besonders zu. Haberstock wurde in Augsburg geboren und durchlief weder ein kunstgeschichtliches Studium noch eine praktische Ausbildung in diesem Bereich. Er begann seine Arbeitslaufbahn 1899 in Brüssel als Buchhalter. Sein erster Schritt ins Kunstgeschäft erfolgte 1905, als er in Würzburg ein eigenes Porzellangeschäft eröffnete. Neben Porzellan verkaufte er auch Bilder von bescheidener Qualität. Seine Geschäfte verliefen anfangs nicht sehr erfolgreich. Trotzdem entschied er sich, Kunsthändler zu werden. Eine erste Kunsthandlung eröffnete er in Bad Neuenaar, eine zweite bald darauf in Berlin. Jeden Sommer nahm er Bilder mit nach Westerland auf Sylt, wo er im Kontakt mit wohlhabenden Kunden eine an deren Geschmack ausgerichtete Geschäftsstrategie entwickelte, indem er sich auf deutsche Kunst des neunzehnten Jahrhunderts spezialisierte. Erfolgreich verkaufte er vor allem Werke von Leibl, Thoma, Böcklin, Feuerbach und Wilhelm Trübner, der zu Haberstocks Bekanntenkreis zählte. Besonders die Tatsache, daß Trübner ihn porträtiert hatte, erfüllte Haberstock sein Leben lang mit besonderem Stolz, und er erzählte gerne davon.[2] Die Galerie Haberstock eröffnete 1912 in der Bellevuestraße 15 und wurde bekannt als ein Mittelpunkt für die Kunst deutscher Meister des neunzehnten Jahrhunderts.

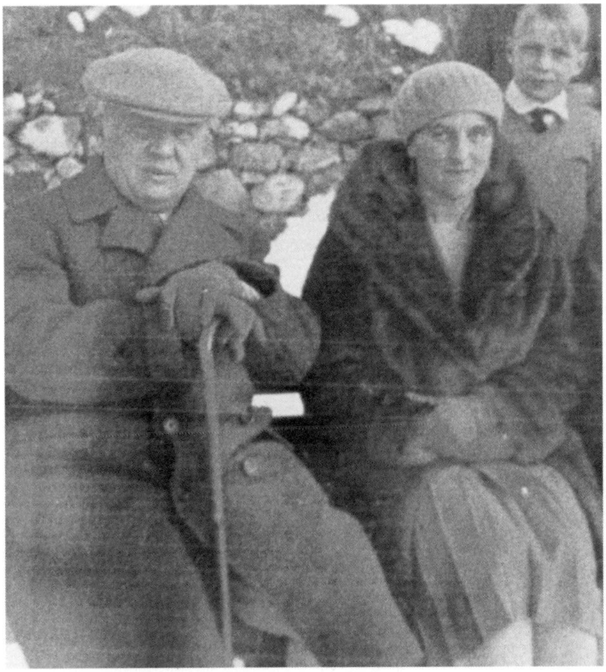

Karl und Magdalena Haberstock um 1930. Foto aus Privatbesitz.

Daß es häufig eine Verbindung zwischen der Vorliebe für deutsche Landschafts- und Genrebilder des neunzehnten Jahrhunderts und völkischen Ideen gab, ist bekannt. Die amerikanischen Untersuchungoffiziere, die für das Office of Strategic Services – Art Looting Investigation Unit arbeiteten, sagten diesbezüglich: «Haberstocks ganze Karriere beruhte auf zwei Grundprinzipien: Antisemitismus und germanischem Chauvinismus. Man sagt, er sei von Anfang an ein ausgesprochener Antisemit gewesen und er habe auch dadurch eine spezifische Kundschaft aufbauen können. Dies treffe besonders für seine Arbeit während der zwanziger Jahre in Berlin zu, als der Kunstmarkt und andere Teile der Finanz- und Geschäftswelt von Juden dominiert gewesen seien. Diese Kundschaft, die hauptsächlich aus reaktionären Kreisen stammte, hatte auch eine natürliche Vorliebe für deutsche Kunst des neunzehnten Jahrhunderts».[3] Haberstock war selbstverständlich nicht der einzige, der von dem herrschenden Antisemitismus zu profitieren versuchte.

Ein anderer Kunsthändler und späterer guter Freund Haberstocks, Theodor Fischer (1878 – 1957), ging auf ähnliche Weise vor, besonders nach seinem Umzug nach Luzern 1929.[4] Fischer arbeitete anfangs – eine tragische Ironie der Geschichte – für den bekannten jüdischen Kunsthändler Paul Cassirer in Berlin[5], was die Frage aufwirft, ob ein solcher Rassismus nur eine Fassade gewesen sein könnte, um Kunden anzulocken. Auf der Grundlage historischer Dokumente und Zeugenaussagen können wir behaupten, daß dies bei Fischer, der seine Beziehungen zu jüdischen Kollegen aufrecht erhielt, eher der Fall gewesen sein dürfte. Aber auch Haberstock handelte mit Bedacht, was für einen kalkulierten Antisemitismus spricht. Er verleugnete seine jüdischen Freunde keineswegs; so unterhielt er zum Beispiel einen regen Briefwechsel mit dem damaligen Leiter der graphischen Sammlung des Kaiser-Friedrich-Museums, Max J. Friedländer.[6] Anzumerken ist auch, daß Kollegen und Verwandte, die Haberstock sehr gut kannten, heute berichten, daß er kein Antisemit gewesen sei. Seine Nichte, Gabriele Seibt, sagt, er habe sich nur für «Geschäft, Geschäft und nicht als Geschäft» interessiert und dabei jüdische Kunsthändler lediglich als geschäftliche Rivalen betrachtet.[7] Nach dem Krieg sagte Haberstock, er sei aus rein geschäftlichen Gründen der Partei beigetreten. Haberstock scheint demnach, genau wie Theodor Fischer, ein Opportunist gewesen zu sein, der den Antisemitismus zu seinem eigenen geschäftlichen Vorteil ausgenutzt hat.

Im Fall Haberstock scheint der Erfolg bei einer reaktionären Kundschaft den Händler schrittweise in Richtung Nationalsozialismus getrieben zu haben. Ein genaues Datum für diese Verwandlung ist daher schwer zu bestimmen. Schon vor der Machtergreifung nahm er an Veranstaltungen des Kampfbundes für deutsche Kultur und anderer völkischer Gruppen teil, und im Frühjahr 1933 trat er der NSDAP bei. Dies waren zumindest die ersten nach außen sichtbaren Schritte seiner Verwandlung. Schauen wir uns seine Tätigkeit nach 1937 an, die er unter anderem 1938 als Referent in Wien ausübte, wo er für die Begutachtung der bei Juden beschlagnahmten Kunstwerke verantwortlich war, oder die bedeutende Rolle, die er bei der sogenannten Arisierung jüdischer Firmen, darunter der Kunsthandlung Wildenstein in Paris, spielte, so gibt es keinen Grund, an seiner antisemitischen Überzeugung spätestens seit dem Eintritt in die Partei zu zweifeln. Was als eine rational kalkulierte Geschäftsstrategie begonnen hatte, war zur festen Überzeugung geworden. Ein

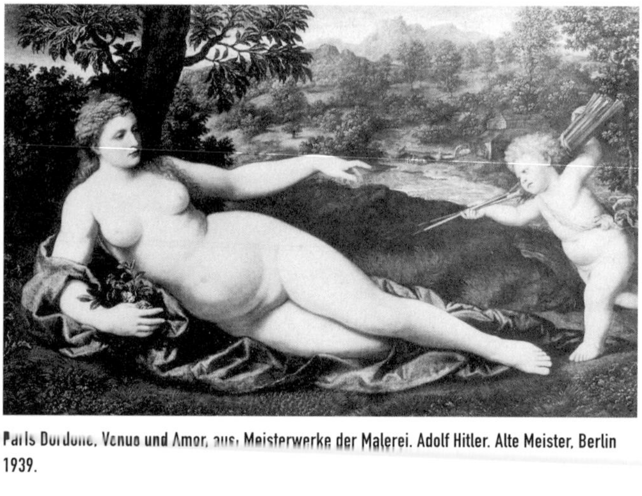

Paris Bordone, Venus und Amor, aus: Meisterwerke der Malerei. Adolf Hitler. Alte Meister, Berlin 1939.

Zeitzeuge hat schon Mitte der dreißiger Jahre bei Haberstock «einen ausgeprägten Antisemitismus, sehr wohl in Einklang mit den Nazis», festgestellt.[8]

Haberstocks Rolle als Kunsthändler der Naziführer – unsere zweite Frage – wirft ein erhellendes Schlaglicht auf die NS-Kunstpolitik. Wie kam er zu dieser Position? Die einfache Antwort ist Adolf Hitler. Obwohl Hitler schon in den späten zwanziger Jahren begonnen hatte, Kunstwerke zu sammeln, verfolgte er dieses Projekt erst ab 1935 systematischer. Haberstock verkaufte Hitler im Mai 1936 erstmals ein Gemälde: Paris Bordones *Venus und Amor*.[9] Dieses Datum ist wichtig, denn es markiert das erste richtige Bestreben Hitlers, eine Sammlung aufzubauen, auch wenn das Linzer Museumsprojekt bis 1939 nicht zustande kam. Hitlers Kauf bei Haberstock signalisierte den NS-Eliten, es sei nicht nur akzeptabel, sondern auch wünschenwert, daß der ‹nationalsozialistische Kulturmensch› eine Kunstsammlung besitze. Wie von mir andernorts beschrieben, folgten andere Hitler nach: Göring intensivierte sein schon 1936 begonnenes Sammeln; Goebbels, Himmler, Schirach, Ley, Speer und andere fingen ebenfalls an, Kunstwerke zu kaufen.[10] Wir sehen hier, wie Hitler eine Schlüsselrolle in der Kunstwelt des Nationalsozialismus spielte. Seinem Vorbild wurde nachgeeifert: Auch Göring und Goebbels kauften bei Karl Haberstock. Nichts deutet darauf hin, daß Haberstock vor Hitler andere Nazi-Größen als Kunden gehabt hätte. Hitler selbst ‹endeckte› Haberstock für die Nazi-Führer und ermöglichte damit seinen Aufstieg im Dritten Reich. Umgekehrt gewährte ihm Haberstock immer die erste Wahl. Hitlers Taktik, die er besonders in der Kunstpolitik verfolgte (wie wir durch den Fall Hans Posse wissen), war es, sich der Loyalität von Einzelpersonen durch gezielte Förderung oder Rehabilitierung zu versichern und diese so von sich abhängig zu machen.[11] Haberstock erkannte Hitlers Bedeutung für seine Karriere und war ihm immer außerordentlich treu. Außerdem schadete es auch nicht, daß Hitler hohe Preise zahlte und den Kunsthändler zu einem reichen Mann machte.

Die dritte Frage befaßte sich mit Haberstocks Rolle als Antreiber der NS-Kunstpolitik, nachdem er Beziehungen zu Hitler, Bormann, Goebbels und anderen NS-Funktionären aufgebaut hatte. Zu diesem Thema behauptete Robert Scholz 1977: «[...] die Initiatoren dieser Säuberungsaktionen [waren] die Handlanger einzelner Kunsthändler, die damit den eingefrorenen Besitz der Museen an bereits international anerkannten Werten, wie z.B. der französischen Moderne, in die Hände bekommen wollten.»[12] Nach Scholz wären die Kunsthändler die Verantwortlichen, ihr Handeln von Gier bestimmt. Es ist nun aber hinlänglich bekannt, daß Robert Scholz Alfred Rosenbergs Experte für ästhetische Fragen war und als Kunstkritiker für den *Völkischen Beobachter* sowie als Herausgeber der Zeitschrift *Die Kunst im Deutschen Reich* zu den maßgeblichen Lenkern der Kunstpolitik gehörte. Später arbeitete er im Einsatzstab Reichsleiter Rosenberg (ERR). Scholz war also tief in die Politik der Machthaber verstrickt und suchte nach dem Krieg einen Sündenbock für die Säuberungen und Diebstähle der NS-Zeit. Dennoch ist seine Behauptung bemerkenswert.

Ich selber sehe es so: Haberstock hat die Kunstpolitik der Regierung vor und während 1937 nicht vorangetrieben. Er erwiderte die Initiativen von Hitler, Goebbels, und – wenn auch weniger wichtig – von Bormann und Adolf Ziegler. Haberstocks Rolle war es bis 1938, der NS-Elite wichtiges Fachwissen im Bezug auf «entartete» Kunst zu vermitteln. Haberstock informierte Goebbels und Bormann beispielsweise darüber, daß eine gesetzliche Grundlage nötig sei, um beschlagnahmte moderne Kunstwerke im Ausland verkaufen zu können, und er war auch an den vorbereitenden Beratungen zum Gesetz vom 31. Mai 1938 beteiligt, das die Enteignungen «entarteter Kunst» nachträglich legitimierte.[13] Er war der Meinung, beschlagnahmter Besitz müßte erst verstaatlicht werden, um mögliche Prozesse zu umgehen – und damit hatte er auch recht. Haberstock betrieb also nur indirekt die Kunstpolitik der Nazis, indem er seine Kenntnisse in ihren Dienst stellt. Ähnliches läßt sich über die anderen Mitglieder der «Kommission zur Verwertung der Produkte entarteter Kunst» sagen. Als beteiligte Kunsthändler seien hier noch Carl Meder und Max Täuber genannt.[14] Ferdinand Möller, ebenfalls mit der «Verwertung entarteter Kunst» beauftragt, war nicht Mitglied dieser Kommission. Da die Kunst bereits aus den Museen entfernt worden war, hatten die Mitglieder dieser Fachkommission nur die Aufgabe, über den weiteren Verbleib der einzelnen Werke zu befinden.

Durch seine Mitarbeit in der Verwertungskommission unterstützte Haberstock ein eindeutig kriminelles Verfahren. Zwei Aspekte sind hier zu ergänzen. Erstens verlor Haberstock angesichts der über siebzehntausend aus den Museen entfernten Kunstwerke der Moderne den Sinn für den tatsächlichen Wert eines Kunstobjektes. Es waren einfach zu viele Werke und sie verloren ihren Wert nicht nur auf dem Kunstmarkt, sondern ganz besonders auch in den Augen der in der Kommission sitzenden Händler. In einer Sitzung der Verwertungskommission wurden Haberstock und andere Mitglieder am 27. Februar 1939 gefragt, welche Kunstwerke verkauft werden könnten; ihnen wurde auch gesagt, die übrigen Werke würden verbrannt. Trotzdem verhinderten sie nicht, daß Kunstwerke am 20. März 1939 in Berlin verbrannt wurden.[15] Allerdings muß man einschränkend dazu sagen, daß Haberstock und Scholz bereits am 20. Februar 1939 in der Verwertungskommission Bedenken gegen die Verbrennung geäußert hatten – und den Antrag stellten, von der Verantwortung für diese Maßnahme entbunden zu werden.[16]

Der zweite Weg, den Haberstock auf seinem Abstieg in die Kriminalität beschritt, führte über seine Mitarbeit an dem Programm «Entartete Kunst» zu immer engerem Kontakt mit führenden Nazis. Über seine Verbindungen zu Hitler, Bormann und Goebbels wurde er während des Krieges in kriminelle Aktionen verwickelt. Hier also –

im Jahre 1938 – ist die eigentliche Verwandlung anzusetzen. In den Behauptungen von Robert Scholz steckt durchaus ein wahrer Kern – Haberstock erhielt endlich einen, wenn auch begrenzten, Einfluß auf die Kunstpolitik –, aber der von Scholz beschriebene Ablauf und die Angaben zum Entscheidungsverfahren sind falsch. Haberstock war nicht Initiator der Säuberungen moderner Kunstwerke 1937, wie Scholz es gerne hätte. Zu dieser Zeit war er noch sehr reaktiv. Nach 1938 aber wurde Haberstock selbstsicherer, aggressiver und er machte konkrete Vorschläge. Der Plan einer Versteigerung in der Luzerner Galerie seines Freundes Theodor Fischer ist ein Beispiel, seine Rolle als Referent für sichergestellte Kunstwerke in der Wiener Hofburg ein zweites. Hier schlug er vor, die gestohlenen Kunstwerke zwischen Hitler und den Reichsmuseen zu teilen (und die nicht berücksichtigten Werke zu verkaufen).[17] Sein Nachfolger auf dieser Stelle, Hans Posse, arbeitete dieses Vorhaben genauer aus. Ebenfalls von Bedeutung ist, daß es Haberstock war, der Posse bei Hitler als geeigneten Direktor für das geplante Führermuseum empfahl.[18] Kurzum: Seit 1938 wurde Haberstocks Handeln immer entschiedener und er ging bei hohen Nazis ein und aus. So intervenierte er zum Beispiel bei Bormann im Dezember 1941 wegen einer geplanten Verordnung, die Preisgestaltung für Kunstwerke in den besetzten Gebieten zu kontrollieren, und war laut Bormann «ganz aufgeregt und aufgelöst bei mir und zwar wegen einer Verordnung.»[19] Bormann und Hitler beschlossen, die Verordnung nicht in Kraft treten zu lassen, denn sie wußten, daß sie angesichts ihrer eigenen erheblichen finanziellen Beteiligung am Kunstmarkt besser durch einen freien Markt bedient werden konnten. Trotz des hier dokumentierten Einflusses verkennt Scholz in seiner Beurteilung den grundlegenden Sachverhalt: Während Haberstock und andere Händler den führenden Nazis Vorschläge machten, unternahmen diese nichts, ohne es selber zu wollen. Haberstock begann als unabhängiger Kunsthändler und avancierte zu einer bedeutenden Figur der NS-Kulturpolitik. Aber das Dritte Reich war streng hierarchisch organisiert und Hitler behielt sich besonders im Bereich der Kulturpolitik die Entscheidungen vor. Haberstock blieb eher technischer Berater als Urheber einer Kunstpolitik.

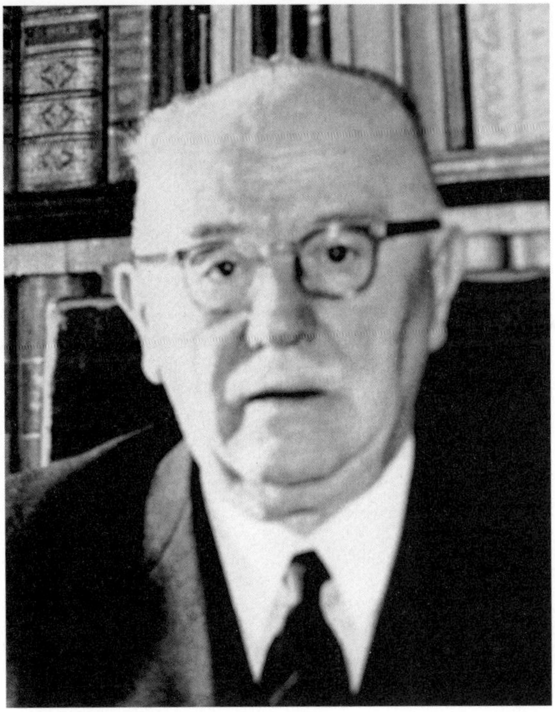

Karl Haberstock um 1951. Foto aus Privatbesitz.

Ich möchte an dieser Stelle auch Haberstocks Karriere während des Krieges und danach kurz umreissen. Während des Krieges war Haberstock wohl der wichtigste Kunst-

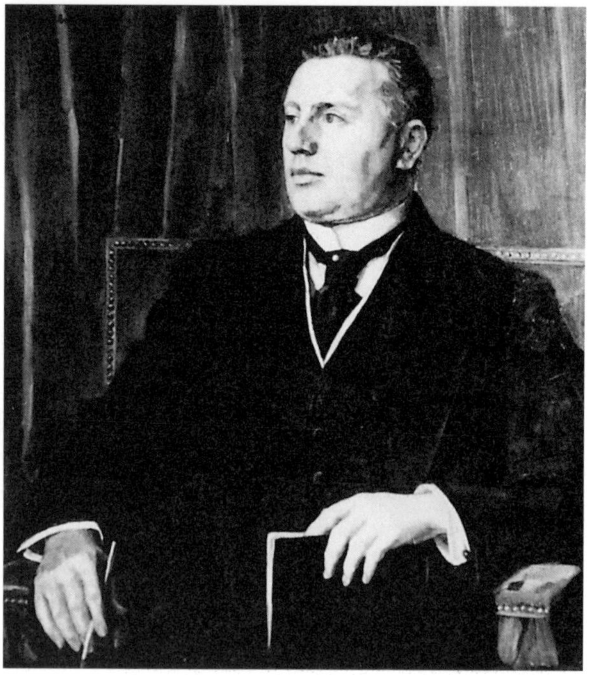

Wilhelm Trübner, Porträt Karl Haberstock, 1914, Öl auf Leinwand, Städtische Kunstsammlungen Augsburg.

händler in Deutschland, auch wenn Hans Lange oder Adolf Weinmüller (Vorsitzender des Bundes Deutscher Kunst- und Antiquitätenhändler) vielleicht ebenfalls Anspruch auf diesen Titel hätten.[20] Haberstock aber verkaufte leitenden Nazis mehr bedeutende Kunstwerke als jeder andere Händler. (Rein zahlenmäßig verkaufte Maria Almas Dietrich mehr Kunstwerke, aber viele davon waren nicht von hoher Qualität.)[21] Er besaß von Göring persönlich unterschriebene Passierscheine, mit denen er ungestört durch Westeuropa reisen konnte – einschließlich der vor 1943 unbesetzen Teile Frankreichs. Er war der erfolgreichste deutsche Händler in Paris, wo der Kunstmarkt während des Krieges blühte. Und er knüpfte besondere Beziehungen, zum Beispiel zu Roger Dequoy, dem Treuhänder der «arisierten» Kunsthandlung Wildenstein.[22] Haberstocks Geschäfte florierten während des Krieges, auch wenn sie nach dem Tod seines Freundes Hans Posse Ende 1942 zurückgingen.

Ich finde es außerordentlich problematisch, daß Haberstock nach dem Krieg trotz einer derartigen NS-Vergangenheit seine Karriere fortsetzen konnte. Zwar setzten ihm die Amerikaner Hürden: Sie verhörten ihn in Altaussee, steckten ihn in Nürnberg hinter Gitter und internierten ihn in einem zivilen Lager in Hersbruck; auch mußte er gegen die größten Kriegsverbrecher aussagen.[23] Im Mai 1946 wurde er aber entlassen und 1949 unterzog er sich dem Entnazifizierungsverfahren. Die Berufungskammerprozesse in Nürnberg-Ansbach waren – wie so viele andere – lächerlich; nach zwei Prozessen wurde er in Gruppe V (die Bezeichnung «Entlasteter») klassifiziert und damit formal rehabilitiert.[24] Haberstock erhielt große Teile seines Eigentums zurück und zog mit seinem Geschäft von Berlin nach München um, wo er nicht weit vom ehemaligen Haus der deutschen Kunst entfernt eine Galerie eröffnete.[25] In Sorge um seinen Ruf schrieb er Briefe an Journalisten, die über seinen Fall berichteten. In einem Brief an Janet Flanner von der Zeitschrift *The New Yorker* wollte er ein Mißverständnis korrigieren: Er habe während des Krieges keinen Mercedes, sondern einen Ford gefahren.[26] Haberstock und seine Frau schenkten ihre persönliche Sammlung – die größtenteils während des Dritten Reiches mit den Profiten aus seinen Geschäften mit den Nazibonzen erworben wurde – dem Stadtmuseum in Augsburg. Haberstock starb 1956 im Alter von 88 Jahren, und das Museum gründete eine Stiftung Karl und Magdalene Haberstock, die nach wie vor existiert. 1957 feierte man zusammen mit dem Oberbürgermeister der Stadt Augsburg einen Festakt zu Ehren Haberstocks, und die Sammlung Haberstock, die Werke von Van Dyck, Tiepolo und Hals enthält, ist auch heute noch in einem eigenen Flügel des Museums zu sehen. Einige Monographien haben die Sammlung behandelt, aber in keiner wurde Haberstocks Karriere im Dritten Reich diskutiert, geschweige denn kritisch analysiert.[27] Nach wie vor sind die im Augsburger Stadtmuseum befindlichen Unterlagen zu Karl und Magdalene Haberstock nicht für Forschungszwecke einsehbar. Karl Haberstock, der sich nach Reichtum und Ansehen sehnende Opportunist, war trotz seiner verwerflichen Taten während der Nazizeit auch im Nachkriegsdeutschland erfolgreich. Gerade deshalb bleibt es notwendig, seine Laufbahn genauer zu untersuchen und die Ergebnisse zu publizieren.

Anmerkungen

1 Auch im Nachlaß Ludwig Thormaehlens, der sich im Stefan-George-Archiv der Württembergischen Landesbibliothek in Stuttgart befindet, werden Dokumente von und zu Haberstock aufbewahrt.

2 *Wilhelm Trübner Gedächtnisausstellung,* Berlin 1927 (Ausst. Kat. Berlin: Galerie Haberstock).

3 Theodore Rousseau, «Detailed Interrogation Report No. 13: Karl Haberstock» (Office of Strategic Services, 1. Mai 1946), S.1.

4 Stephanie Barron, «Die Auktion in der Galerie Fischer», in: Stephanie Barron (Hrsg.), *«Entartete Kunst». Das Schicksal der Avantgarde im Nazi-Deutschland,* München 1992 (Ausst. Kat. Berlin: Deutsches Historisches Museum), S. 137.

5 Georg Brühl, *Die Cassirers. Streiter für den Impressionismus,* Leipzig 1991.

6 In der Staatsbibliothek zu Berlin, Haus 2, Haberstock Nachlaß 228, finden sich über 20 Briefe zwischen Friedländer und Haberstock aus den Jahren 1920 bis 1932.

7 Gespräch mit Gabriele Seibt am 8. August 1998 in München.

8 National Gallery, Washington DC, Parkhurst Papers, «Statement of Karl Haberstock», 4. Juni 1945; Lynn Nicholas, *The Rape of Europa. The Fate of Europe's Treasures in the Third Reich and the Second World War,* New York 1994, S. 32.

9 Bundesarchiv Berlin (BA), Außenstelle Zehlendorf, (ehemaliges Berlin Document Center), Akte Haberstock, Reichsleitung der NSDAP an Haberstock, 20. Mai 1936.

10 BA, R 50.01, 17b, «Erwerb von Gemälden und Kupferstichen für Reichsminister Goebbels».

11 Vgl. Ernst Kubin, *Sonderauftrag Linz. Die Kunstsammlung Adolf Hitler. Aufbau, Vernichtungsplan, Rettung. Ein Thriller der Kulturgeschichte,* Wien 1989, S. 14 u. 17.

12 Robert Scholz, *Architektur und bildende Kunst 1933–1945,* Preußisch Oldendorf 1977, S. 45 f.

13 BA, NS 10/339, Bl. 96, Haberstock an Brückner, 26. April 1938; und Bl. 95, Haberstock an Brückner, 20. Mai 1938.

14 Andreas Hüneke, «Spurensuche – Moderne Kunst aus deutschem Museumsbesitz», in: Barron (wie Anm. 4), S. 127.

15 Geheimes Staatsarchiv Preußischer Kulturbesitz, Berlin, I HA 92 Reutti Nachlaß, Kurt Reutti, «Erinnerungen», S. 236.

16 BA, R 50.01, Bl. 18, Verwertungskommission, Sitzungsprotokoll, 20. Februar 1939. Vgl. auch Andreas Hüneke, «‹Dubiose Händler operieren im Dunst der Macht›. Vom Handel mit ‹entarteter› Kunst», in: *Alfred Flechtheim. Sammler. Kunsthändler. Verleger,* Düsseldorf 1987 (Ausst. Kat. Düsseldorf: Kunstmuseum und Münster: Westfälisches Landesmuseum für Kunst und Kulturgeschichte), S. 103.

17 Zu Haberstock in Wien s. BA, R 43II/1269a, Bl. 167–68, Lammers an Himmler, 30. März 1939.

18 Kubin (wie Anm. 11), S. 15. Siehe auch die Tagebücher Posses im Germanischen Nationalmuseum Nürnberg.

19 BA, NS 18/291, Bormann an Tiessler, 15. Dezember 1941: «Heute war Herr Haberstock ganz auf-

geregt und aufgelöst bei mir und zwar wegen einer Verordnung, die bereits morgen in Kraft treten sollte. Diese vom Reichswirtschaftsministerium angeregte Verordnung will eine Steuerung der Preise für Bilder und andere Kunstwerke bezwecken.»

20 Für Günther Haase, *Kunstraub und Kunstschutz,* Hildesheim 1991, S. 47, ist Haberstock «der bedeutendste deutsche und internationale Kunsthändler dieser Zeit.»

21 Zu den mehr als einhundert Werken, die Haberstock Hitler verkaufte, s. National Gallery of Art, Washington DC, Faison Papers, «Supplement to Consolidated Interrogation Report No. 4, Attachement 48».

22 National Archives Washington DC, RG 239/79, Haberstock, «Beziehung zu Galerie Wildenstein», 2. September 1945.

23 Freedom of Information Act, Haberstock documents, Bruce Robbins, «Release Civilian Internment Camp», 13. Mai 1946.

24 Landesarchiv Berlin, Spruchkammerakten Nr. 2045, Karl Haberstock, Urteilsspruch der Berufungskammer Senat Nürnberg, Zweigstelle Ansbach, 16. Dezember 1949.

25 Nicholas, (wie Anm. 8), S. 436.

26 National Gallery of Art, Washington DC, Faison Papers, Box 2, Haberstock an Breitenbach, 13. August 1947.

27 *Gemälde der Stiftung Karl und Magdalene Haberstock,* Augsburg 1960 (Ausst. Kat. Augsburg: Städtische Kunstsammlungen); vgl. auch *Mythos und Bürgerliche Welt. Gemälde und Zeichnungen der Haberstock-Stiftung,* München 1991 (Ausst. Kat. Augsburg: Städtische Kunstsammlungen).

Andreas Hüneke

Bilanzen der «Verwertung» der «Entarteten Kunst»

Solchen Eiertanz auf schwankender Brücke, wenn wir Klees Zeichnung, die dem Kolloquium den Titel gab, einmal so interpretieren wollen, haben auch die Kunsthändler ausgeführt, die sich mit dem Verkauf der beschlagnahmten Werke «entarteter» Kunst befaßten. Ich will hier aber weniger auf ihre ideologischen Beweggründe eingehen, als vielmehr aus gegebenem Anlaß neue Bilanzen ihrer Tätigkeit ziehen und daraus einige Folgerungen ableiten. Vor zehn Jahren habe ich in dem Katalog der Düsseldorfer Flechtheim-Ausstellung erstmals genaueres über das Wirken dieser Händler mitgeteilt.[1] In den Katalogen *Stationen der Moderne,* Berlin 1988, und *Degenerate Art,* Los Angeles 1991, habe ich dann zusätzliche Aspekte und neue, auch berichtigende Erkenntnisse erörtert.[2] All das erfolgte hauptsächlich auf der Grundlage der unvollständigen Akten des Propagandaministeriums im seinerzeitigen Zentralen Staatsarchiv der DDR in Potsdam, die sich heute im Bundesarchiv Berlin befinden.

Dort gibt es für die wichtigsten beteiligten Händler jeweils ein Aktenstück: für Karl Buchholz in Berlin, Hildebrand Gurlitt in Hamburg und Bernhard A. Böhmer in Güstrow[3]; das vierte, für Ferdinand Möller in Berlin, fehlt. Diese Lücke konnte aber durch Einsicht in den Möller-Nachlaß in der Berlinischen Galerie ausgeglichen werden. Außer diesen Händlerakten und ein paar ergänzenden Aktenstücken gibt es im Archiv in zwei Exemplaren ein Inventar der beschlagnahmten Werke, nach Herkunftsorten geordnet.[4] Aber in beiden Fällen fehlt der zweite Band. Der vorhandene umfaßt die Museen in den Städten von Aachen bis Greifswald. Die Suche nach den fehlenden zweiten Bänden blieb bis heute ergebnislos. Da auch in den Händlerakten nicht alle Vorgänge verzeichnet sind, konnte kein umfassender Überblick gewonnen werden.

Anfang 1997 erhielt ich Nachricht von einem vollständigen Exemplar des Beschlagnahmeinventars, das sich in London im Victoria & Albert Museum befindet.[5] Ich war – mit Unterstützung durch die Ferdinand-Möller-Stiftung und die Kulturstiftung der Länder – dort und habe eine Kopie erhalten, bei deren Auswertung ich jetzt bin. Es handelt sich um eine spätere Fassung des Inventars, die nach Abschluß der Verkaufsaktion als Bilanz angefertigt wurde. Dieser Abschluß erfolgte offiziell am 30. Juni 1941. Die Abwicklung einiger Vorgänge zog sich nachweislich noch bis in den Herbst hin, so daß das Inventar wahrscheinlich im ersten Halbjahr 1942 entstand. Es enthält Rubriken über die Händler, die die sogenannte «Verwertung» vornahmen und die erzielten Preise, Kürzel für zerstörte Werke und für verschiedene Depots, in denen sich die Werke damals befanden. Eine erste, noch nicht optimale, aber doch bereits ziemlich genaue Übersicht ergibt zahlreiche aufschlußreiche Fakten und Umstände, die das Bild, das wir von dieser Aktion haben, genauer und lebendiger machen und die Akzente zum Teil erheblich verschieben.

Bevor ich darauf eingehe, möchte ich noch ein paar grundsätzliche Dinge wiederholen, um das Verständnis zu erleichtern und Mißverständnissen vorzubeugen. Es handelte sich nicht um Kunsthändler, die diesen Auftrag für ihre besondere Treue zum Nationalsozialismus erhielten. Sie hatten sich natürlich an irgendeiner Stelle arrangiert und hatten diese oder jene Verbindungen – Möller etwa zur Familie Ribbentrop[6], Buchholz zu Mitarbeitern des Auswärtigen Amtes.[7] Aber Böhmer war ein Schüler und Freund Ernst Barlachs, und die anderen drei haben bis 1937, und vereinzelt darüber hinaus, noch Ausstellungen der verfemten Künstler veranstaltet. Möller stand mit Wassily Kandinsky im französischen Exil in Verbindung. Sie suchten selbst den Kontakt zum Propagandaministerium, um das ungewisse Schicksal der beschlagnahmten Werke wenigstens teilweise beeinflussen zu können.[8]

Sie wurden verpflichtet, die Werke ins Ausland und ausschließlich gegen Devisen zu verkaufen, während sie ihre Provision von meist 10% – 20%, höchstens 25%, in Reichsmark erhielten.[9] Sie haben alle eine größere Anzahl der Werke in ihre eigenen Bestände übernommen und trotz des Verbots auch an deutsche Sammler weitergegeben. In den ersten Jahren des Krieges war dessen Ausgang nur für wenige Hellsichtige absehbar. Die Händler konnten also nicht wissen, ob im Inland in absehbarer Zeit wieder ein Markt für diese Kunst entstehen würde, und im Ausland war damals die deutsche Kunst kaum gefragt. Spekulative Motive können also nur in sehr vager Form eine Rolle gespielt haben.

Rolf Hetsch, der im Propagandaministerium für die praktische Durchführung der «Verwertung» zuständig war, wurde schon von Paul Ortwin Rave, der an der Nationalgalerie alles aus nächster Nähe miterlebt hatte, zugebilligt, daß er zur Rettung der Kunstwerke das Mögliche versuchte und deshalb mit den Händlern Hand in Hand arbeitete.[10] Hetschs Vorgesetzter, Franz Hofmann, betrieb die Verbrennung des «unverwertbaren Rests» der «entarteten Kunst» und ließ sie im März 1939 durchführen.[11] Man muß die Niedrigpreise, die für die Kunstwerke angesetzt wurden, auch im Schatten dieses Feuers sehen, das den Werken drohte, wenn sie sich als «unverwertbar» erwiesen. Und diese Drohung galt ja, selbst wenn diejenigen Recht haben sollten, die behaupten, es seien damals nur Rahmen und Passepartouts verbrannt worden, die Kunst habe man heimlich auf die Seite geschafft. Ich halte eine solche Aktion unter den wachsamen Augen Franz Hofmanns bei – laut Abschlußbericht – 4.829 Werken, darunter allein 1.004 Gemälden und Plastiken, für nicht wahrscheinlich. Ich habe jetzt – außer einigen Einzelfällen, bei denen es sich um Buchungsirrtümer handeln kann – erstmals 17 angeblich vernichtete Druckgrafiken nachweisen können, die sich in Böhmers Besitz befanden. Aber in solchen Größenordnungen habe ich die Möglichkeit von Abzweigungen aus dem zu verbrennenden Bestand nie bezweifelt.

In dem Inventar sind übrigens knapp 7.500 Werke als zerstört gekennzeichnet. Die Zahlendifferenz rührt daher, daß dazu auch die Werke gehören, die auf andere Weise – etwa bei den Transporten der Ausstellung «Entartete Kunst» – zerstört wurden. Die Differenz bei den Gemälden und Plastiken beträgt 43 Stück. Bei den Papierarbeiten kommt hinzu, daß ich die Blätter der grafischen Mappenwerke und anderer unter einer Inventarnummer verzeichneter Konvolute einzeln gezählt habe. Nur so kommt man ja zu verbindlichen Zahlen.

Obwohl die letzte Inventarnummer 16.558 lautet, habe ich deshalb schon immer von etwa 17.000 beschlagnahmten Werken gesprochen. Nach einer flüchtigen Durchsicht des vollständigen Inventars erhöhte ich meine Schätzung auf 18.000. Bei den Statistiken für dieses Referat mußte ich nun feststellen, daß die Anzahl sogar bei rund 19.500 liegt, darunter etwa 2.300 Gemälde, 300 Plastiken, 10 Textilarbeiten und 3 Mosaike, ferner 2.100 Aquarelle und Pastelle sowie 1.500 Zeichnungen. Außerdem ist zu berücksichtigen, daß offenbar eine größere Anzahl beschlagnahmter Werke nicht inventarisiert wurde (vielleicht versehentlich). Es gibt von verschiedenen Museen umfangreichere Listen als Einträge im Inventar. Dem Verdacht, daß die überzähligen Werke auf andere Weise abhanden kamen, steht die Tatsache gegenüber, daß zwei in der Ausstellung «Entartete Kunst» in München gezeigte Aquarelle – Paul Klees *Geisterzimmer mit der hohen Türe* aus Essen und *Zwitschermaschine* aus der Nationalgalerie – nicht im Inventar stehen. Im Nachlaß von Böhmer fanden sich eine Reihe von Heckel-Grafiken, die eindeutig aus dem Museum in Stettin stammen aber im Inventar nicht auftauchen. Man muß daher mit der Möglichkeit weiterer solcher Fälle rechnen.

«Verwertet», d.h. verkauft oder vertauscht wurden ca. 8.700 Kunstwerke, darunter 730 Gemälde, 90 Plastiken, 950 Aquarelle und 650 Zeichnungen. Ich habe vor zehn Jahren Karl Buchholz einen größeren Anteil an diesen Vorgängen zugeschrieben, als er tatsächlich hatte. Er übernahm – ebenso wie Böhmer – viele Werke in Kommission und rettete sie damit unmittelbar vor der Verbrennung 1939. Aber er gab die meisten davon unverkauft zurück. Erworben hat er nur 670 Werke von 41 Künstlern. Da er aber nur *einen* Tauschvertrag über 8 Beckmann-Gemälde abgeschlossen hat, liegt er bei den erzielten Devisen an erster Stelle. Er scheint auch die vielfältigsten internationalen Beziehungen gehabt zu haben, denn er zahlte wechselweise in Dollar, Pfund, Norwegischen Kronen und Schweizer Franken. Sein Hauptzahlungsmittel waren Amerikanische Dollar, da er ja seinen Partner Curt Valentin in New York hatte.

Obwohl Buchholz nur selten in Schweizer Franken zahlte, hat er dabei einen höheren Betrag erzielt als Gurlitt, der insgesamt sechsmal so viele Kunstwerke erwarb und ausschließlich diese Währung benutzte. Bei Gurlitt lag allerdings der Schwerpunkt auf grafischen Arbeiten mit verschwindend geringen Preisen. Von den nur 50 Gemälden, die er erwarb, liefen 28 über Tauschverträge. Gurlitt hat insgesamt 62 Künstler berücksichtigt. Diese Angaben stehen immer in einem Verhältnis zu etwa 1.400 von der Beschlagnahme betroffenen Künstlern.

Ferdinand Möller erwarb nur wenig mehr Werke als Buchholz, nämlich 720, darunter 78 Gemälde und 10 Plastiken, letztere von Gerhard Marcks, Ewald Mataré und Wilhelm Lehmbruck. Bei Lehmbruck beschränkte er sich bewußt auf die Exemplare, die er als Originalgüsse zu Lebzeiten des Künstlers erkannte.[12] An dieser Stelle zeigt sich besonders klar, daß sich Möller am professionellsten als Kunsthändler verhielt, wie es seinem traditionsreichen Hause entsprach.[13] Die anderen drei hatten sich ja erst viel später aus verschiedenen Gründen als Kunsthändler etabliert.[14] Möller achtete strengstens auf Qualität. Auf seinen Listen stehen 24 Künstler. Nur 80 Werke, darunter 6 Gemälde hat er gekauft, alles andere wurde getauscht. Entsprechend niedrig sind die Devisensummen: 100 Schweizer Franken und 1.600 Dollar. Den Vorwurf, die deutsche Rüstungswirtschaft unterstützt zu haben, wird man ihm also am wenigsten machen können.

Bevor ich zu dem interessantesten Fall, Bernhard A. Böhmer, komme, erwähne ich noch kurz die anderen an der «Verwertung» beteiligten Personen. Der in Rom lebende österreichische Maler Emanuel Fohn tauschte 1939 mit drei Verträgen einige Werke seiner Romantiker-Sammlung gegen 630 «Entartete». Er blieb also nur wenig hinter Möller und Buchholz zurück. In seinen Verträgen stehen 55 Künstlernamen. Die Galerie Fischer in Luzern versteigerte und verkaufte rund 100 Gemälde und Plastiken, erzielte damit aber – vor allem durch die Gemälde van Goghs und Picassos sowie einiger Franzosen – bei weitem die höchsten Deviseneinnahmen. Der Kunsthändler Harald H. Halvorsen in Oslo erhielt 75 Werke, den gesamten restlichen Munch-Bestand nach Görings Entnahme und einigen Rückgaben. Die Galerie Valentien in Stuttgart erwarb 19 Werke, Wolfgang Gurlitt in Berlin 2 Gemälde von Corinth, Karl Haberstock einen Gauguin, wobei es ihm gelang, einen Teil der Devisen sich selbst zuzuspielen. Aage Vilstrup in Kopenhagen, der Schwager Emil Noldes, kaufte 11 Nolde-Gemälde für 4.800 $, die Pariser Galerie Zak 4 Bilder von Braque und Rouault für 1.000 $. Und schließlich sind noch die 13 Gemälde von Cézanne, van Gogh, Marc, Munch und Signac zu nennen, die Göring gleich zu Beginn aus dem Bestand abgezogen hatte.

Böhmer hat zwar insgesamt nicht so viele Kunstwerke erworben wie Gurlitt, nämlich ‹nur› etwa 2.800 gegenüber 3.700, darunter befanden sich aber allein 300 Gemälde und 50 Plastiken. Auch mit ihm wurden umfangreiche Tauschhandlungen vorgenommen. Mit 170 Künstlernamen hatte er bei weitem das am breitesten gefächerte Betätigungsfeld. Nun kommt allerdings noch der Umstand hinzu, daß außer diesen Erwerbungen nachweislich noch weitere 800 Kunstwerke durch Böhmers Hände gingen, wozu nochmals 100 Gemälde und 10 Plastiken gehören. Diese Werke waren 1947 in Böhmers Nachlaß vorhanden oder schon an andere Besitzer weitergegangen und stammten aus den verschiedenen, im Inventar gekennzeichneten Beständen.[15] Das bedeutet, daß diese Bestände mindestens zum Teil nicht in Berlin sondern in Güstrow im Barlach-Haus lagerten. Von der sogenannten «Sammlung für Zeitgeschichte» hat das schon Rave berichtet[16], denn dabei handelte es sich ausschließlich und fast komplett um die ehemaligen Bestände des Berliner Kupferstichkabinetts, die laut einer inoffiziellen Absprache mit Rolf Hetsch für eine spätere Rückgabe zusammengehalten werden sollten. Ein Teil ist dann aus Böhmers Nachlaß tatsächlich zurückgegeben worden. Die Freundschaft und Zusammenarbeit zwischen Böhmer und Hetsch ist also offensichtlich enger gewesen, als das bisher in den Blick geriet. Hier herrscht noch großer Aufklärungsbedarf.

Zieht man die Werke ab, die nachweislich bei Böhmer gelandet waren, so müßten die verschiedenen Bestände am Kriegsende noch folgenden Umfang gehabt haben: die «Sammlung für Zeitgeschichte» 420 grafische Blätter, das Depot, aus dem die Ausstellung «Entartete Kunst» und andere Propagandaausstellungen bestückt wurden 400 Arbeiten, aus den Kommissionsbeständen gingen von Böhmer 160 Werke zurück, von Buchholz 410; und schließlich gab es eine Sammlung mit noch 1.200 Kunstwerken, die sich das Propagandaministerium vorbehielt. Für all das erheben sich die Fragen, ob diese Werke in Berlin oder Güstrow lagerten, ob sie dort durch Kriegs- oder Nachkriegshandlungen zerstört wurden, oder ob und von wem sie in östliche oder westliche Richtung abtransportiert wurden. Es gehören dazu so bedeutende Werke wie das große Strandbild von Beckmann oder das ganzfigurige Doppelbildnis von Otto Dix mit seiner Frau, die *Tänzerin mit erhobenem Rock* von Kirchner, der *Hamburger Hafen* von Heckel und andere.

Die Erforschung der «Verwertung» der «entarteten» Kunst und die Suche nach dem Verbleib der beschlagnahmten Werke sind mit der Kenntnis des Londoner Inventars in ein neues Stadium getreten. Dabei geht es in erster Linie darum, die tatsächlichen Vorgänge so weit wie möglich zu klären. Die Beurteilung der Tätigkeit der vier Kunsthändler erfolgt nach wie vor kontrovers, wobei die Argumente, die zu ihrer Verurteilung herangezogen werden, widersprüchlich sind. So wird ihnen einerseits vorgeworfen, die Kunstwerke zu Schleuderpreisen erworben zu haben, andererseits aber auch, durch ihre

Zahlungen die deutsche Kriegswirtschaft unterstützt zu haben, einerseits, mit den Nazis kooperiert zu haben, andererseits, ihren Anordnungen – z.B. bezüglich des ausschließlichen Verkaufs ins Ausland – zuwidergehandelt zu haben. Diese Vorwürfe wurden zuerst von Gerhard Strauß und Kurt Reutti geäußert[17], während diejenigen, die über eine intimere Kenntnis der Vorgänge aus eigenem Erleben verfügten, wie z.B. Paul Ortwin Rave und Carl Georg Heise, das Wirken der Händler positiv bewerteten.[18] Für eine Übernahme dieses Urteils im Grundsatz spricht der Umstand, daß sich nur unter der Voraussetzung, daß es den Händlern – natürlich im Rahmen ihrer Geschäftsinteressen – um die Rettung der Kunstwerke ging, die erwähnten Widersprüche auflösen. Eine differenziertere Behandlung dieser Fragen wird sich aus der weiteren Forschung ergeben. Zu betonen ist jedenfalls immer wieder, daß die durch die Verkäufe eingetretenen neuen Besitzverhältnisse wenige Jahre nach dem Krieg offiziell anerkannt wurden, so daß es heute nicht darum geht, irgendjemandem den Besitz solcher Werke streitig zu machen.

Auf einer anderen Ebene liegt die Frage, wie es überhaupt zu der Verkaufsaktion kam. Robert Scholz, seinerzeit führender Mitarbeiter im Amt Rosenberg und später maßgeblich am Kunstraub in Frankreich beteiligt, schrieb 1977 zur Aktion «Entartete Kunst»: «Wie sich später gezeigt hat, waren die Initiatoren dieser Säuberungsaktion die Handlanger einzelner Kunsthändler, die damit den eingefrorenen Besitz der Museen an bereits international anerkannten Werten, wie z.B. der französischen Moderne, in die Hände bekommen wollten.»[19] Ist diese Aussage auch als Ablenkungsmanöver von eigener Mitschuld leicht erkennbar, so wurde der Gedanke jüngst doch von ganz anderer Seite her wieder aufgegriffen. Ich stieß erst nach dem Kolloquium auf die entsprechende Passage in dem Buch *Kandinsky und Paris* von Georgia Illetschko.[20] Es ist ein sehr gründliches und fundiertes Buch, und deshalb ist ihre These ernst zu nehmen, die ich zunächst einmal referieren will.

1936 handelte Ferdinand Möller im Auftrag Solomon R. Guggenheims mit Klaus Graf Baudissin, dem Direktor des Folkwang-Museums in Essen den Kauf von Wassily Kandinskys *Improvisation 28* aus dem Museumsbestand für 9.000 Reichsmark aus. Baudissin verteidigte diese Ausnahme von der Regel, aus öffentlichen Sammlungen nichts zu verkaufen: Der erzielte hohe Preis könne einer Kunst zugute kommen, «für die wir uns einsetzen», und als Erinnerung an den «Russifizierungsversuch der deutschen Kunst» sei ein Foto ausreichend.[21] Nachdem der *Völkische Beobachter* vorgeschlagen hatte, die Museen sollten sich zusammentun und «ihre Bestände an diesen Kunstirrtümern [...] so gut wie möglich verkaufen»[22], ging Baudissin noch weiter und zog dafür auch die Privatsammlungen in Betracht.[23] In dieser Abfolge sieht Georgia Illetschko die «zielgerichtete Perfidie der NS-Propaganda», eine «Ausweitung der Werbekampagne für die Abverkäufe ins Ausland», bis schließlich die Ausstellung «Entartete Kunst» gezeigt wurde, «eine indirekte Verkaufsausstellung, die dem ausländischen Markt die demnächst angebotenen, ja sogar teils ausgepreisten Exponate spektakulär präsentierte.» Während also bis 1936 ‹nur›[24] von Magazinierung und Verbrennung die Rede gewesen sei, habe man durch Guggenheims Initiative die mögliche Lukrativität der «Säuberung» der Museen erkannt und unter diesem Aspekt sowohl die Ausstellung als auch die gesamte Beschlagnahme durchgeführt. Durch die Konzentration der Verkaufshandlungen habe man einen Preissturz verhindert und die Ware marktmäßig hochlizitiert. «Daß dieser Faktor bis heute noch kaum an- oder ausgesprochen wurde, zeugt von der wirksamen Camouflage, mit der das Regime die ursprünglich ökonomisch motivierten Strategien durch ideologische Attacken [...] zu überlagern vermochte.» Die Verkäufe, an denen anfangs auch Möller beteiligt gewesen sei, seien zunehmend auch über internationale Versteigerungen abgewickelt worden. So habe man im Sommer 1938 über 500 konfiszierte Werke über August Klipstein in Bern angeboten. Dieser Riesenposten sei dann in mehreren Auktionen bis 1939 von Gutekunst & Klipstein versteigert worden. Was die sechzig beschlagnahmten Werke von Kandinsky betreffe, so seien sie ein derartiger Exportschlager geworden, daß Kandinskys Name schon bald nicht mehr propagandistisch verwendet wurde. «Der letzte Kandinsky-Ausverkauf dürfte die Februar-Auktion 1939 bei Gutekunst & Klipstein in Bern gewesen sein.»

Soweit die Darstellung Georgia Illetschkos. Aufgrund ihrer genauen Recherchen zu den Aktivitäten Guggenheims und der für ihn tätigen Künstler und Händler war die Versuchung zu dieser These wohl zu groß, um auch die ihr widersprechenden Umstände genügend zu berücksichtigen. Es gab in verschiedenen Museen schon früher einzelne Verkäufe «entarteter» Kunst, die allerdings stillschweigend vollzogen wurden. Baudissin war mit seiner Absicht des Kandinsky-Verkaufs im Folkwang-Kuratorium auf Widerstand gestoßen und trat die Flucht nach vorn an, indem er mit seinem Zeitungsartikel auf Schützenhilfe von außen hoffte, die er auch prompt vom *Völkischen Beobachter* bekam. Das «westdeutsche Blatt», auf das sich schon dieser und dann auch Baudissin in seinem zweiten Artikel ironisch beziehen, war übrigens nicht – wie Georgia Illetschko annimmt – *Das Schwarze Korps* sondern die *Rheinisch Westfälische Zeitung.* Dort hatte eines der Kuratoriumsmitglieder seine Bedenken gegen den Verkauf geäußert, indem er nicht etwa zugunsten des Bildes sprach, sondern lediglich den Kaufvertrag mit den Osthaus-Erben, in dem ein Zusammenbleiben der Sammlung zur Bedingung gemacht worden war, eingehalten wissen wollte.[25]

Für die angeblich zielgerichtete Entwicklung, die von diesem Verkauf ausging, seien hier zwei markante Beispiele erwähnt. Wenig später und gewiß ermuntert von der Nachricht über den Kandinsky, fragte die Züricher Treuhandgesellschaft Fides in Essen wegen weiterer verfemter Gemälde an. Die *National-Zeitung* schrieb diesmal – sicher in Absprache mit Baudissin, wenn der ungezeichnete Artikel nicht überhaupt aus seiner Feder stammt –: «Die Verwechslung eines öffentlichen Museums mit einer Kunsthandlung dürfte nur auf den untersten Kulturstufen möglich sein», und berichtete zynisch: «Die Leitung des Folkwang-Museums hat sich bereit erklärt, einen Tausch etwa der ‹Contes barbares› von Gauguin gegen Holbeins Familienbildnis und einige Zeichnungen von Holbein aus dem Besitz des Baseler Museums seinem Kuratorium ernsthaft zu empfehlen.»[26] Der zweite Fall dürfte ebenfalls von dem Essener Verkauf angeregt gewesen sein, denn hier wandte sich der ehemalige Folkwang-Direktor Ernst Gosebruch mit einem Brief vom 15. Juni 1937 an die Stadt Halle und bot ihr für Emil Noldes Gemälde *Abendmahl* 30.000 Reichsmark an, mehr als das dreifache dessen, was Baudissin bei Kandinsky als günstige Gelegenheit gewertet hatte. Trotzdem sagte die Stadt ab, weil, wie ihr Robert Scholz vom Amt Rosenberg bestätigt hatte, «die materiellen Vorteile eines solchen Verkaufs hinter den höheren politischen Gesichtspunkten zurücktreten müssen.»[27] Eine Woche nach dieser Absage wurde das Bild für die Münchener Ausstellung «Entartete Kunst» beschlagnahmt.

In dieser Ausstellung wurden lediglich die Strategien, die in ähnlichen Veranstaltungen schon seit 1933 praktiziert wurden, gebündelt.[28] Es besteht kein Grund zu der Annahme, daß die Nennung der Ankaufssummen plötzlich eine «Auspreisung» im Blick auf potentielle Käufer gewesen sein soll. Goebbels war vor allem an dem propagandistischen Effekt interessiert. Aber darüber hinaus diente ihm die Ausstellung als Mittel in seinem Machtkampf mit dem Erziehungsminister Bernhard Rust, denn dieser hatte Ende 1936 die «Säuberung» der ihm unterstehenden Museen angekündigt. Goebbels kam ihm nun zuvor und zeigte Hitler, was Rust versäumt hatte. Dasselbe gilt für die anschließende Beschlagnahme. Rust wollte nun die «Säuberung» in die Hand nehmen und rief Anfang August 1937 die Museumsdirektoren zusammen. Aber er dachte immer noch nur an eine Magazinierung der «entarteten Kunst», und die Richtlinien zur Erfassung der Werke bezogen sich lediglich auf den Kreis der in der Münchener Ausstellung vertretenen Künstler. Goebbels dagegen hatte bereits eine «Führervollmacht» und schickte seine Beschlagnahmekommissionen los, die weit über diesen Kreis hinausgingen. Das ganze geschah immerhin unüberlegt genug, so daß man noch nicht wußte, was eigentlich mit dem riesigen Bestand, der in Berlin zusammengetragen worden war, geschehen sollte. Nach der Besichtigung des Depots mit Hitler am 13. Januar 1938 notierte Goebbels lediglich: «Einiges davon wollen wir im Ausland gegen gute Meister austauschen.»[29] Erstmals spricht er am 18. Mai von einem Vorschlag Görings zu Verkäufen, und erst am 29. Juli 1938 heißt es in seinen Tagebüchern: «Bilder aus der entarteten Kunst werden nun auf dem internationalen Kunstmarkt angeboten. Wir hoffen, dabei noch Geld mit dem Mist zu verdienen.»[30]

Die Verhandlungen mit Klipstein über eine Auktion gehören zu den folgenden Sondierungen, man entschied sich dann aber für Theodor Fischer in Luzern. Eine zunächst noch in Betracht gezogene Grafik-Auktion durch Gutekunst & Klipstein wurde schließlich abgesagt.[31] Die Kandinsky-Gemälde (und eines von Delaunay), die im Februar 1939 dort versteigert wurden, waren zuvor durch Gurlitt erworben worden. Das Propagandaministerium hatte mit dieser Versteigerung also nichts mehr zu tun. Es waren auch keineswegs die letzten beschlagnahmten Werke von Kandinsky (deren Zahl sich, berücksichtigt man die Blattzahl der Mappenwerke und rechnet auch die Blätter aus den Bauhaus-Mappen hinzu, auf etwa 180, darunter 11 Gemälde, 20 Aquarelle und eine Zeichnung, belief), die da verkauft wurden. In den Tauschverträgen mit Fohn vom Juni und Dezember 1939 sind ebenso noch Kandinsky-Aquarelle enthalten wie in dem Tauschvertrag mit Möller vom 2. Januar 1940 und den Kaufverträgen mit Gurlitt vom 22. Mai 1940 und vom 21. März 1941. Die Preise der Kandinsky-Gemälde lagen bei 200 $, das waren etwa 500 RM, die der Aquarelle bei 6 $ (Buchholz) oder 20 Sfr. (Gurlitt), d.h. bei 10 bis 15 RM. Der Preissturz hatte also stattgefunden, und wenn eine so raffinierte Marktstrategie vorgelegen hätte, müßte man ihr einen gründlichen Mißerfolg bescheinigen. Alles in allem ergibt sich als Bilanz, daß die These Georgia Illetschkos einer genaueren Betrachtung nicht standhält.

Anmerkungen

1 Andreas Hüneke, «‹Dubiose Händler operieren im Dunst der Macht›. Vom Handel mit ‹entarteter› Kunst», in: *Alfred Flechtheim. Sammler. Kunsthändler. Verleger.* Düsseldorf 1987 (Ausst. Kat. Düsseldorf: Kunstmuseum und Münster: Westfälisches Landesmuseum für Kunst und Kulturgeschichte), S. 101–105.
2 Andreas Hüneke, «Funktionen der Station ‹Entartete Kunst›», in: *Stationen der Moderne. Die bedeutenden Kunstausstellungen des 20. Jahrhunderts in Deutschland,* Berlin 1988 (Ausst. Kat. Berlin: Berlinische Galerie), S. 43–52; Andreas Hüneke, «On the Trail of Missing Masterpieces. Modern Art from German Galleries», in: *«Degenerate Art». The Fate of the Avant-Garde in Nazi Germany,* Los Angeles/New York 1991 (Ausst. Kat. Los Angeles: County Museum of Art und Chicago: The Art Institute), S. 121–133; dt.: «Spurensuche. Moderne Kunst aus deutschem Museumsbesitz», in: *«Entartete Kunst». Das Schicksal der Avantgarde im Nazi-Deutschland,* München 1992 (Ausst. Kat. Berlin: Deutsches Historisches Museum), S. 121–133.
3 Akten des Propagandaministeriums, Bundesarchiv Berlin (ehemaliges Berlin Document Center), BA, R 50.01, Nr. 1015 (Gurlitt), 1017 (Buchholz), 1019 (Böhmer).
4 Akten des Propagandaministeriums, BA, R 50.01. Nr. 744 und 745, wobei das zweite Exemplar mit handschriftlichen Bemerkungen versehen ist.
5 Das Inventar wurde dem Victoria & Albert Museum aus dem Nachlaß von Harry Fischer übergeben, der nicht mit Theodor Fischer in Luzern verwandt ist. Harry Fischer hatte es in den siebziger Jahren aus unbekannter Quelle erworben.
6 Z.B. Brief von Ferdinand Möller an Frau Ribbentrop vom 9. November 1938, Nachlaß Ferdinand Möller, Berlinische Galerie.
7 Bei einem Besuch bei Karl Buchholz in Bogota erzählte mir dieser 1990, er sei von Mitarbeitern des Auswärtigen Amtes bei der Gründung einer Filiale in Bukarest unterstützt worden, vgl. Andreas Hüneke, «Einer Legende begegnen. Besuch bei Karl Buchholz», in: *bildende kunst,* 42(1991)3, S. 54–55.
8 Zur Kontaktaufnahme durch Buchholz und Gurlitt vgl. Hüneke (wie Anm. 1), S. 101 f.; zu Möller vgl. Hüneke, Spurensuche (wie Anm. 2), S. 125 ff.
9 Das Verbot des Verkaufs im Inland z.B. in einem Brief des Propagandaministeriums an Karl Buchholz vom 18. Januar 1939, BA R 50.01, 1017, Bl. 276; über die Provisionshöhe vgl. den Brief von Karl Buchholz an das Propagandaministerium vom 18. Januar 1939, BA R 50.01, 1017, Bl. 80.
10 Paul Ortwin Rave, *Kunstdiktatur im Dritten Reich,* Hamburg 1949, S. 68.
11 Die Briefe von Franz Hofmann vom 28. November 1938 und 22. Februar 1939, in denen er bei

Goebbels um die Genehmigung der Verbrennung ersucht, wurden veröffentlicht von Diether Schmidt, *In letzter Stunde 1933–1945. Schriften deutscher Künstler des zwanzigsten Jahrhunderts,* Dresden 1964, Band 2, S. 227–230

12 Brief von Ferdinand Möller an Anita Lehmbruck vom 23. Juli 1947, Möller-Nachlaß, Berlinische Galerie.

13 Ferdinand Möller gründete seine Galerie 1917 in Breslau, seit 1918 war er in Berlin tätig.

14 Karl Buchholz führte eine bekannte Buchhandlung in Berlin, der er 1933 im ersten Stock eine Galerie angliederte, die bis 1937 von Curt Valentin geführt wurde. Hildebrand Gurlitt war 1930 als Museumsdirektor in Zwickau wegen seines Einsatzes für die Moderne entlassen worden, danach leitete er den Hamburger Kunstverein, bevor er sich 1933 in Hamburg als Kunsthändler niederließ. Bernhard A. Böhmer scheint erst in Zusammenhang mit der Aktion «Entartete Kunst» kunsthändlerisch tätig geworden zu sein.

15 Das ergibt sich aus einem Vergleich der von Kurt Reutti 1947 angelegten Listen der Bestände im Böhmer-Nachlaß (The Getty Center for the History of Arts and the Humanities, Los Angeles, Special Collections, Arntz Papers) mit dem Londoner Inventar.

16 Rave (wie Anm. 10), S. 72.

17 Gerhard Strauß, «Dokumente zur ‹Entarteten Kunst›», in: *Festgabe an Carl Hofer zum siebzigsten Geburtstag,* Potsdam 1948, S. 53–60; Kurt Reutti, «Vorbereitung zu einem Gutachten über die Rückführung von Kunstwerken in staatlichen und privaten Besitz, die während der nationalsozialistischen Regierung abhanden gekommen sind oder beschlagnahmt wurden», Arntz Papers (wie Anm. 15). Reutti hat seine Haltung später revidiert.

18 Rave (wie Anm. 10); Brief von Carl Georg Heise an Hans Kahns vom 4. März 1950, Archiv der Staatlichen Galerie Moritzburg Halle.

19 Robert Scholz, *Architektur und Bildende Kunst 1933–1945,* Preußisch Oldendorf 1977, S. 45.

20 Georgia Illetschko, *Kandinsky und Paris,* München 1997; die fraglichen Abschnitte «Kandinsky als Zentralfigur des Entarteten» und «Die ‹Verwertung der Verfallskunst› durch die Sammlung Guggenheim» S. 97–107.

21 Klaus Graf Baudissin, «Das Essener Folkwangmuseum stößt einen Fremdkörper ab», in: *National-Zeitung,* Essen, 18. August 1936.

22 Rudolf Ramlow, «Die Hauptfrage ... oder: Worum man heute noch streiten kann!», in: *Völkischer Beobachter,* 30. August 1936.

23 Klaus Graf Baudissin, «Kandinsky und Franz Moor», in: *National-Zeitung,* Essen, 24. September 1936.

24 An dieser Stelle kann ich mir die ironischen Anführungszeichen nicht verkneifen, ansonsten hoffe ich, die These objektiv darzustellen.

25 J. Cremers, «Folkwangmuseum verkaufte den Kandinsky», in: *Rheinisch Westfälische Zeitung,* 21. August 1936. Der Artikel ist zusammen mit den beiden Baudissin-Artikeln abgedruckt in: *Dokumentation zur Geschichte des Museum Folkwang 1912–1945.* Museum Folkwang Essen, o.J. [1983].

26 »Sensationelles Museumsprojekt», in: *National-Zeitung,* Essen, 30. Dezember 1936. Der Vorgang wurde von mir bereits in Zusammenhang mit dem Versuch des Abkaufs von Noldes *Abendmahl* aus Halle erwähnt: Andreas Hüneke, «Moritzburg Halle – Folkwang Hagen/Essen. Parallelen und Unterschiede von der Gründung bis 1937», in: *Museum und Gegenwart,* Verband Bildender Künstler der DDR, Bezirk Halle und Staatliche Galerie Moritzburg Halle 1986, S. 11.

27 »Rettungsversuch für Emil Noldes *Abendmahl.* Dok. 1–7», in: Andreas Hüneke, *Die faschistische Aktion «Entartete Kunst» 1937 in Halle,* Halle 1987 (Schriftenreihe zur Geschichte der Staatlichen Galerie Moritzburg Halle, Heft 1), S. 11 f.

28 Vgl. Christoph Zuschlag, *«Entartete Kunst». Ausstellungsstrategien im Nazi-Deutschland,* Worms 1995.

29 Elke Fröhlich (Hrsg.), *Die Tagebücher von Joseph Goebbels. Sämtliche Fragmente, Teil 1, Aufzeichnungen 1924–1941,* München/New York/London/Paris 1987, Bd. 3, S. 401.

30 Ebd. S. 445 u. 494.

31 Im Protokoll der Sitzung der «Verwertungskommission» vom 20. Februar 1939 heißt es: «Herr Haberstock regte an, nach dem Beispiel der Auktion Stinnes eine bezw. 2 Grafik-Auktionen bei der Firma Gutekunst & Klipstein in Bern in Erwägung zu ziehen [...]. Diesem Vorschlag wurde seitens der Kommissionsmitglieder zugestimmt.» Im Protokoll vom 6. Dezember 1939 steht dann: «Auf Grund der ablehnenden Antwort der Galerie Fischer entschloß sich die Kommission, von dem Plan einer Graphikauktion Abstand zu nehmen und sämtliche Graphiken im Einzelverkauf zu veräußern.» (Akten des Propagandaministerium, BA, R 50.01, 1020, Bl. 17, 12).

Stefan Frey

Die Auktion in der Galerie Fischer in Luzern am 30. Juni 1939 – ein Ausverkauf der Moderne aus Deutschland?

«Am 30. Juni 1939 fand in Luzern der Ausverkauf der Moderne aus Deutschland statt.»[1] Mit diesen Worten charakterisierte unlängst ein prominenter ehemaliger Museumsdirektor die Auktion *Gemälde und Plastiken moderner Meister aus deutschen Museen,* welche die Galerie Fischer im Auftrag des Reichsministeriums für Volksaufklärung und Propaganda[2], Berlin, kurz vor Kriegsausbruch durchgeführt hatte.[3] Keine andere Versteigerung im 20. Jahrhundert hat eine derart kontroverse Beurteilung erfahren wie die berühmt-berüchtigte Fischer-Auktion. Was die einen «als die wichtigste Rettungsaktion»[4] für die konfiszierten Bilder preisen, verurteilen andere als «Greuel Auktion».[5] In einem Punkt aber sind sich die meisten Kommentatoren einig: In Luzern sei ein Ausverkauf veranstaltet worden, der beispielsweise als «Ausverkauf ‹deutscher Verfallskunst›»[6] oder als «Ausverkauf bester moderner Kunst aus deutschen Museen»[7] bezeichnet worden ist. Ob die Fischer-Auktion tatsächlich ein solcher Ausverkauf war, gilt es im Folgenden zu untersuchen.

Die Auswahl des Auktionsguts

Theodor Fischer, der wichtigste international tätige Kunsthändler christlichen Glaubens in der Schweiz, bewarb sich in Konkurrenz mit je einer Firma aus Amsterdam, London und Paris[8] um die «Verwertung» einer grösseren Zahl beschlagnahmter Werke. Er wurde vom Berliner Galeristen und Mitglied der *Kommission zur Verwertung der Produkte entarteter Kunst*[9], Karl Haberstock[10], mit dem er geschäftlich verbunden war[11], beim Leiter der Abteilung IX (Bildende Kunst) im Propagandaministerium und Geschäftsführer der Verwertungskommission, Ministerialrat Franz Hofmann, eingeführt.[12] Nach Besichtigung des Bestandes der verwertbaren Werke in Schloß Niederschönhausen, Berlin, gab Theodor Fischer am 8. Oktober 1938 – noch von Berlin aus – in einem Empfehlungsschreiben an Franz Hofmann seiner Überzeugung Ausdruck, «dass der vorteilhafteste Weg der Liquidierung eine internationale Auktion wäre. Bei freibleibenden Verkäufen werden nur die hervorragenden Meister und zwar hauptsächlich französische Impressionisten Picasso, ferner Van Gogh gut verkauft und die Restbestände sind dann fast nicht mehr an den Mann zu bringen.»[13] Er legte seinem Brief eine Aufstellung von 90 Gemälden und Bildwerken bei, die zu einem guten Drittel Werke der französischen Moderne und zu knapp zwei Dritteln Werke der deutschen Moderne umfaßte.[14] Auf seine Wunschliste setzte er fast alle noch verfügbaren (Meister-)Werke von Paul Gauguin, Vincent van Gogh, Henri Matisse, Edvard Munch und Pablo Picasso[15] sowie hauptsächlich Arbeiten der international bekanntesten deutschen Künstler wie Ernst Barlach, Lovis Corinth, Oskar Kokoschka, Franz Marc und Emil Nolde.[16] Dem Propagandaministerium war diese Auswahl zu einseitig. Mit Gemälden und Plastiken vornehmlich expressionistischer Künstler unterschiedlichen Bekanntheitsgrades stockte es das Auktionsgut von 90 auf 125 Werke auf.[17] Darunter waren auch sieben Werke, die es kurz zuvor aus der Wanderausstellung *Entartete Kunst* nach deren Präsentation in Salzburg (4. September – 2. Oktober 1938) abgezogen hatte.[18] Franz Hofmann war überzeugt, für die «mittlere Ware» bessere Preise zu erzielen, wenn sie zusammen mit «Spitzenwerken» angeboten werde.[19] Diese Strategie, französische Meisterwerke als Zugnummern für deutsche «entartete» Kunst heterogener Qualität einzusetzen, wurde von einigen Kunstkritikern[20] und Kaufinteressenten sehr wohl durchschaut. Beispielsweise kommentierten zwei der wichtigsten Einkäufer in Luzern, Jules Bosmant, der Direktor des Musée des Beaux-Arts von Lüttich[21], und Georg Schmidt, der Konservator des Kunstmuseums Basel, die ambivalente Zusammenstellung des Auktionsgutes. Der Letztere urteilte: «als ich dann die liste der für die auktion ausgesuchten werke vor augen bekam, sah ich sofort, dass die auswahl nur für die ausserdeutsche kunst gut sei, dass die deutsche kunst jedoch mit nicht sehr grossem verständnis ausgewählt sei.»[22] Das Fehlen «wichtigste[r] werke» der deutschen Moderne in Luzern nahm Georg Schmidt zum Anlaß, außer bei der Galerie Fischer auch direkt in Berlin «entartete» Kunst für das Basler Kunstmuseum zu kaufen.[23]

In Bezug auf die eingangs zitierten Charakterisierungen der Fischer-Auktion kann hier schon festgehalten werden, daß in Luzern keineswegs nur «deutsche Verfallskunst» oder «beste moderne Kunst aus deutschen Museen» angeboten worden ist. Bleibt weiter abzuklären, ob die Fischer-Auktion die Kriterien eines Ausverkaufs erfüllt. Unter Ausverkauf wird in der Regel ein jeweils am Ende einer Saison stattfindender vollständiger verbilligter Verkauf von Waren zur Räumung des Lagers verstanden.[24]

Als Theodor Fischer im Herbst 1938 in die Verhandlungen mit dem Propagandaministerium eintrat, hatte Joseph Goebbels lediglich entschieden, daß die beschlagnahmten Werke gegen Devisen auf dem internationalen Kunstmarkt zu verkaufen seien.[25] Wie der Verkauf im Detail abgewickelt werden solle, hatte er noch nicht festgelegt. Neben dem freihändigen Verkauf von Einzelwerken[26] und dem geschlossenen Verkauf des Gesamtbestandes «entarteter» Kunst[27] stand die Veräußerung großer Werkgruppen zum Teil über Auktionshäuser[28] zur Diskussion. Bis zum Frühjahr 1939 hielt sich Joseph Goebbels möglichst viele Optionen offen und erteilte seine Zustimmung zu Verkäufen nur zögerlich. Er sanktionierte die für Anfang Januar 1939[29] in Aussicht genommene Vertragsunterzeichnung mit Theodor Fischer erst im März[30], nachdem sich ein noch attraktiveres Angebot aus Wien zerschlagen hatte. Darüber korrespondierte Franz Hofmann am 4. Februar 1939 mit einem nicht näher identifizierten Herrn M. Brunlechner aus Wien: «Bezugnehmend auf unsere fernmündliche Rücksprache bestätige ich Ihnen, dass ich das Angebot für den Ankauf von ca. 800 Werken aus deutschen Museen für Sie bis 31. Januar 1939 offen gehalten habe. Nachdem ein Abschluss bis dahin jedoch nicht erfolgt war, habe ich über einen darunter befindlichen Posten von 125 Werken anderweitig verfügt. Der Rest ist überwiegend noch verkäuflich. Ich bin jedoch nicht in der Lage, mich für die Freihaltung desselben länger zu binden.»[31]

Die Verwertungskommission plante im Anschluß an die Fischer-Auktion die Veranstaltung weiterer Versteigerungen mit «entarteter» Kunst. Sie ordnete bereits auf ihrer Sitzung vom 20. Februar 1939 – also noch vor dem Vertragsabschluß mit Theodor Fischer – die Aussonderung geeigneter Werke für eine zweite Gemäldeauktion in der Galerie Fischer sowie für mindestens eine Grafikauktion in der Schweiz an.[32] Der Sitzungsbericht hält dazu fest: «Herr Haberstock regte an, nach dem Beispiel der Auktion Stinnes eine bezw. 2 Grafik-Auktionen bei der Firma *Gutekunst & Klipstein* in Bern in Erwägung zu ziehen und beauftragte Dr. Hetsch und Herrn Ranft, die Auswahl von ca. je 1500 Blatt aus den Grafik-Beständen zu treffen. Diesem Vorschlag wurde seitens der Kommissionsmitglieder zugestimmt. [...] Auch auf eine zweite Auktion Fischer kam noch einmal die Sprache, für die weitere Werke aus den Schönhausener Beständen reserviert bleiben sollen. Mit Rücksicht auf das Zustandekommen der genannten Auktionen wurde beschlossen, keine weiteren Verkäufe, solange die Auswahl nicht vorgenommen ist, zu tätigen. Nur der Restbestand der Bestände in Schloß Niederschönhausen bleibt mithin künftig für Einzelverkäufe noch übrig.»[33] Als Karl Haberstock am 7. Juli Theodor Fischer mitteilte, dass er wegen der Durchführung einer Grafik-Auktion den Berner Auktionator August Klipstein kontaktieren möchte[34], meldete Fischer bei Haberstock und Franz Hofmann umgehend sein eigenes Interesse an einer solchen

Versteigerung an; er schlug vor, sie zusammen mit Frau Zelenka, der ehemaligen Mitarbeiterin der Firma H. Gilhofer & H. Ranschburg AG in Luzern, durchzuführen.[35] Infolge des Kriegsausbruchs und den damit verbundenen erschwerten Abschluß-Bedingungen für Verkäufe ins Ausland, gelangten die geplanten Versteigerungen jedoch nicht zur Ausführung.[36]

Die Limitpreise für das Auktionsgut

Die Festsetzung der Limiten für die einzelnen Werke des Auktionsguts stellte den schwierigsten Verhandlungspunkt zwischen Theodor Fischer und dem Propagandaministerium dar. Da der internationale Kunsthandel unter dem Druck der Weltwirtschaftskrise und der nationalsozialistischen Kulturpolitik einen drastischen Strukturwandel vollzogen und einen enormen Umsatzeinbruch erlitten hatte, lagen im Jahre 1939 für die Bewertung der 125 Objekte, namentlich für die Werke der deutschen Moderne, praktisch keine international gültigen Richtpreise vor. Auch ließ sich während der allgemeinen Krisenstimmung kurz vor Ausbruch des Zweiten Weltkriegs die internationale Nachfrage nach dem Auktionsgut kaum zuverlässig abschätzen, zumal die deutsche «entartete» Kunst ausserhalb ihres Ursprungslandes noch wenig bekannt und geschätzt und in privaten wie öffentlichen Sammlung nur schwach vertreten war.[37] Theodor Fischer wagte deshalb in seinem Empfehlungsschreiben an Franz Hofmann vom 8. Oktober 1938 nur für Werke der französischen Moderne eine optimistische Taxierung; die Werke der deutschen Moderne dagegen stufte er sehr vorsichtig ein.[38] Hofmann korrigierte Fischers Vorschlag in den folgenden Monaten nach Rücksprache mit Karl Haberstock und weiteren Mitgliedern der Verwertungskommission in mehreren Schritten sowohl für die französische als auch für die deutsche Kunst mehrheitlich nach unten und vereinzelt nach oben.[39] Daß er eine mindere Bewertung der deutschen «entarteten» Kunst aus ideologisch propagandistischen Gründen vorgenommen haben könnte, ist auszuschließen.[40] Franz Hofmann leitete die Verhandlung mit Theodor Fischer bereits nach dem wenig später dem Berliner Galeristen Ferdinand Möller gegenüber formulierten Grundsatz: «Bei den Verkäufen ins Ausland ist lediglich das kommerzielle Interesse ohne Rücksicht auf die anders geartete Einstellung auf deutscher Seite maßgebend.»[41]

Die Schätzpreise für das Auktionsgut

Die Schätzpreise setzte Theodor Fischer in eigener Verantwortung fest. Sie entsprachen in der Regel der doppelten Limite. Einzig bei den Spitzenlosen von Paul Gauguin und Vincent van Gogh sowie zwei Gemälden von Pablo Picasso lagen die Schätzpreise nur 33% beziehungsweise 40% über den Limiten. Kunstkritiker und Kaufinteressenten stuften die Schätzpreise für die französischen Werke als tendenziell zu hoch und diejenigen für die deutschen Werke als tendenziell zu niedrig ein.[42] Im Gegensatz zu Franz Hofmann liessen sich letztere bei ihrem Entscheid über einen allfälligen Erwerb «entarteter» Kunst aber nicht nur von wirtschaftlichen, sondern auch von moralischen Überlegungen leiten. Sie standen vor dem Dilemma, durch den Ankauf beschlagnahmter Werke dem Dritten Reich begehrte Devisen zuzuführen und damit möglicherweise dessen Kriegswirtschaft zu stärken oder aber mit einem Kaufverzicht der verfemten Kunst die moralische und wirtschaftliche Unterstützung zu versagen und sie damit einem unsicheren Schicksal auszuliefern.[43] Für den 1933 nach Paris emigrierten ehemaligen Herausgeber der renommierten Kunstzeitschrift *Das Kunstblatt,* Paul Westheim, und für einflußreiche Kunsthändler in Frankreich sowie für einige Galeristen und Sammler in Amerika gab es nur eine vertretbare Haltung in dieser Frage: sie riefen zum Boykott der Auktion auf[44], wogegen Theodor Fischer mit einem Rundschreiben an seine potentiellen Kunden Stellung bezog[45]. Obwohl der Boykottaufruf vor allem von Emigranten und einem beachtlichen Teil des internationalen jüdischen Kunsthandels sowie zumindest von den französischen Museen befolgt worden war, konnte er die Auktion nicht verhindern.[46] Er wird aber bestimmt einen Mindererertrag und einen größeren Rückgang der angebotenen Werke verursacht haben. Georg Schmidt war erleichtert, daß der totale Boykott nicht zustande gekommen war, denn er maß der Auktion und ihrem Ergebnis eine wichtige Bedeutung für «die internationale Geltung der modernen deutschen Kunst»[47] bei. An Paul Westheim schrieb er: «wären Sie in kuzern [sic] dabei gewesen, so wüssten Sie noch sehr viel deutlicher, *wie* wichtig es war, dass die dinge hoch gewertet wurden. die paar künstler die ganz oder zum grössten teil zurückgingen, d.h. keinen käufer fanden, sind nun auch in den augen der nazis völlig erledigt, während diejenigen, die preise gemacht haben, im stillen geachtet werden. Sie hätten erleben müssen, wie es wirkte, wenn ein künstler sitzen blieb: wie eine verurteilung zum tode. und umgekehrt, wie es wirkte, wenn einer hochging!»[48] Die Reaktionen einiger Künstler auf die Fischer-Auktion bestätigen Georg Schmidts Einschätzung. Oskar Kokoschka beispielsweise klagte: «Warum kaufen die Schweden und Dänen nicht wenigstens jetzt meine Bilder in Luzern? Um sie vor der Vernichtung und Negligierung zu schützen, nachdem in Berlin doch das einzige und letzte Argument nur die ausländische Münze ist.»[49]

Das Auktionsergebnis

Theodor Fischer setzte am 29. Juni 1939 einschließlich des fünfzehnprozentigen Aufgeldes[50] 627.000 Schweizerfranken (rund 350.000 Reichsmark) um. Nach Abzug seiner Spesen und der Überweisung von 518.327 Schweizerfranken (rund 290.000 Reichsmark)[51] an das Dritte Reich verblieb ihm als Nettogewinn der Betrag von 24.323 Schweizerfranken (rund 13.500 Reichsmark).[52] 60% der 125 ausgerufenen Werke wurden meist nur knapp über der Hälfte der Schätzung – das heißt also wenig über der Limite – zugeschlagen; lediglich 10% der Lose wurden zu einem Preis über der Schätzung verkauft.[53] Die restlichen 30% der Werke gingen zurück.[54] Das Gros der Rückgänge stellte jene expressionistische Kunst, die Theodor Fischer zur Aufstockung seiner ursprünglichen Auswahl auf Wunsch des Propagandaministeriums übernommen hatte. Wenn nun in der kommentierenden Literatur über die Luzerner Auktion deren Ergebnis «gemessen am Wert und Zahl der Objekte» als gering eingestuft wird[55], dann ist dem unter dem Vorbehalt beizupflichten, daß «gering» nicht mit «enttäuschend» gleichgesetzt werden darf. Das Resultat war in Anbetracht der schwierigen Rahmenbedingungen – den desolaten Verhältnissen auf dem internationalen Kunstmarkt einerseits und der Boykottparole andererseits – ein durchaus achtbarer Erfolg, der weitgehend mit marktkonformen Einzelpreisen erzielt worden ist.[56] Theodor Fischer selbst beurteilte den Auktionserlös gegenüber Karl Haberstock wie folgt: «Ich glaube, man darf ruhig sagen, dass die Auktion gut verlaufen ist. Bedenken Sie, sehr geehrter Herr Haberstock, dass Frankreich vollkommen versagte, dass die Juden einen Boykott machten. So stützte ich mich denn lediglich auf die Schweiz, auf Belgien und auf Amerika. [...] London hat fast ganz versagt genau wie Paris und wie Holland. Aus letzterem Lande waren einige da, die aber nichts bekamen, Schweden war ebenfalls vertreten.»[57] Sogar der Kritiker Paul Westheim relativierte in Kenntnis der erzielten Preise öffentlich seine ablehnende Haltung gegenüber der Fischer-Auktion, indem er sie – ähnlich wie Georg Schmidt – als bedeutsam für die deutsche Moderne einstufte: «Die Versteigerung Fischer in Luzern», schrieb er, «wird vielleicht dazu beitragen, der angeblich entarteten modernen deutschen Kunst das zu geben, was ihr aus mancherlei Gründen bisher gefehlt hat: einen internationalen Marktwert.»[58] Bleibt die Frage, ob und wieweit das «neuerdings» bestehende starke Interesse für «entartete» deutsche Kunst in Amerika, welches Paul Westheim im Juli 1939 feststellte, tatsächlich von der Fischer Auktion stimuliert worden war.[59]

Der Testfall für eine Marktanalyse

Mit der Fischer-Auktion hoffte das Propagandaministerium nicht nur möglichst hohe Deviseneinnahmen zu erzielen, sondern auch Anregungen für die Liquidation der restlichen, in Schloß Niederschönhausen versammelten Gemälde, Plastiken und druckgrafischen Blätter fast ausschließlich deutscher Kunst[60] zu erhalten. Insbesondere für die Preisgestaltung sollte die Versteigerung dringend benötigte Richtwerte liefern, wie aus einem Schreiben von Franz Hofmann an Joseph Goebbels hervorgeht: «Die Auktion Fischer – Luzern findet am 30. Juni 1939 in Luzern statt. Ich habe auf Anraten von Herrn Haberstock eine Anzahl Angebote bis dahin zurückgestellt, da wir durch die bei der Auktion erzielten Preise erst einen sicheren Wertmaßstab für schwer zu schätzende Werke gewinnen werden.»[61] Des weiteren suchte das Propagandaministerium, sich in Luzern einen Überblick über die internationale Nachfrage nach «entarteter» Kunst zu verschaffen. Karl Haberstock schrieb darüber an Theodor Fischer: «Herr Regierungsrat Dr. Hopf ist von seinem Ministerium beauftragt an der Versteigerung teilzunehmen und Bericht darüber zu erstatten. Ich wäre Ihnen daher sehr verbunden, wenn Sie Herrn Regierungsrat Dr. Hopf alle Auskünfte erteilen würden, die er wünscht. Besonders interessant wäre: 1. welche internationalen Händler bei der Auktion zugegen sind[,] 2. welche Galerie-Direktoren der Schweiz und des Auslandes anwesend sind. Vor Fertigstellung des Protokolls wollen Sie ihm bitte den Gesamterlös mitteilen und wieviele Bilder verkauft und wieviele zurückgegangen sind. Diese wollen Sie so einteilen, dass die französischen Bilder für sich und die deutschen ebenfalls für sich sind. In dem Bericht bitte ich Sie auch die Namen der Käufer wenigstens die der hauptsächlichsten Bilder, aufzugeben.»[62]

Der Ausverkauf

Bis zur Durchführung der Luzerner Auktion hielt das Propagandaministerium sowohl Theodor Fischer als auch den vier offiziell mit dem Verkauf der «Produkte entarteter Kunst» beauftragten Kunsthändlern Bernhard A. Boehmer aus Güstrow, Karl Buchholz und Ferdinand Möller aus Berlin sowie Hildebrand Gurlitt aus Hamburg[63] gegenüber an relativ hohen Preisvorstellungen fest.[64] Von dieser Strategie rückte es auch in den Wochen nach der Auktion nur ausnahmsweise ab: Es gestand zwar Bernhard A. Boehmer eine Senkung der Preise für schwer verkäufliche Kommissionsware zu;[65] Theodor Fischer dagegen hatte die 39 zurückgegangenen Werke im Nachverkauf zu dem vertraglich vereinbarten Limiten plus zehn Prozent Aufgeld anzubieten.[66] Erst unter dem Druck, «den Devisenverkauf des Restbestandes zu einem vollen Erfolg zu bringen», um dem Dritten Reich die seit Kriegsausbruch am 1. September 1939 dringender den je benötigten Devisen zuzuführen, modifizierte das Propagandaministerium das Konzept für die Abwicklung der in Schloß Niederschönhausen verbliebenen Bestände.[67] Weil die «international verwertbaren Objekte [...] in ihrer Gesamtheit noch einen erheblichen Devisenwert darstellen», sprach sich Franz Hofmann gegen ihre voreilige «Abstoßung oder Vernichtung» aus, zumal er trotz der Kriegslage eine Möglichkeit sah, «das für moderne Kunst interessierende neutrale Ausland als Käufer zu gewinnen».[68] Das Propagandaministerium suchte denn auch über Karl Buchholz und Bernhard A. Boehmer neue Absatzwege zu erschließen, indem die beiden Kunsthändler mit Theodor Fischers Museumskunden in Verbindung traten und in den an der Auktion vertretenen Ländern wie Amerika, Holland, Norwegen und der Schweiz neue Kontakte aufzubauen versuchten. Um den stockenden Nachverkauf zu stimulieren, senkte das Propagandaministerium auf Bitte von Theodor Fischer in der zweiten Septemberhälfte die Preise für die Werke der deutsche Moderne zum Teil massiv.[69] Bei einzelnen Künstlern rückte es sogar vom Prinzip der differenzierten Preisgestaltung ab und setzte für Werke unterschiedlicher Thematik und Größe Einheitspreise fest.[70] Diese Preiskorrektur stand am Anfang eines Preiszerfalls, der sich am deutlichsten in den zwischen November 1939 und März 1941 abgeschlossenen Tauschverträgen[71] des Propagandaministeriums mit den vier Kunsthändlern manifestierte.[72]

Die Fischer-Auktion ist zweifellos der bekannteste, nicht aber der bedeutendste Vorgang der «Verwertung der Produkte entarteter Kunst».[73] Im Verhältnis zu den rund 6.000 Gemälden, Plastiken und Arbeiten auf Papier, welche das Propagandaministerium im freihändigen Verkauf sowie über Kommissions-[74] und Tauschverträge vor allem mit Bernhard A. Boehmer, Karl Buchholz, Hildebrand Gurlitt und Ferdinand Möller veräußert hat[75], nimmt sich die Zahl der 125 in Luzern öffentlich angebotenen Werke recht bescheiden aus.[76] Als Auftakt zu weiteren großen Versteigerungen gedacht, wurde die Luzerner Auktion zwar bereits zur «Räumung des Lagers» in Schloß Niederschönhausen durchgeführt. Das Auktionsgut wurde aber noch nicht verbilligt, sondern zu marktgerechten Preisen abgegeben. Den «verbilligten Verkauf» vornehmlich von Werken der deutschen Moderne führte das Propagandaministerium teilweise zu «wahren Schleuderpreisen»[77] erst nach Kriegsbeginn durch, als die Abwicklung der Restbestände aus Schloß Niederschönhausen in gesteigertem Tempo und unter erschwerten Geschäftsbedingungen vorangetrieben wurde.[78] Die niedrigsten Preise wurden – höchstwahrscheinlich gemeinsam zwischen dem Ministerialreferenten Rolf Hetsch und den vier Kunsthändlern ausgehandelt – den in Kommissions- und Tauschverträge einbezogenen Werken zugrunde gelegt, um sie durch einen Verkauf vor der drohenden Vernichtung zu bewahren.[79] Der Ausverkauf der «entarteten» Kunst fand demnach nicht 1939 in der Galerie Fischer, sondern erst anschließend in der zweijährigen Schlußphase der «Liquidation der Verfallskunst» statt.

Mein besonderer Dank gilt der Inhaberin der Galerie Fischer in Luzern, Frau Trude Fischer, und dem ehemaligen Auktionator der Galerie Fischer, Herrn Marco Crameri. Sie haben mir 1990 in großzügiger Weise die Dokumente zur Auktion aus dem Firmenarchiv zugänglich gemacht. Ohne ihr Entgegenkommen und die Unterstützung weiterer Personen und Institutionen, hätte dieser Artikel nicht verfaßt werden können. Für Hinweise, Anregungen, Gespräche und Auskünfte danke ich namentlich Dr. Christian Geelhaar, Basel, Herrn Andreas Hüneke, Potsdam, Prof. Dr. Georg Kreis, Basel, Dr. Mario-Andreas von Lüttichau, Essen, Frau Gret Werneburg, Berlin, Dr. Christoph Zuschlag, Heidelberg, sowie den Mitarbeitern des Bundesarchivs, Abteilungen Potsdam und des Schweizerischen Bundesarchivs, Bern.

Abkürzungen für die Archive

ÖK/KB: A	Öffentliche Kunstsammlung / Kunstmuseum, Basel: Archiv
SBB	Schweizerisches Bundesarchiv, Bern
GFL: A	Galerie Fischer, Luzern: Archiv
GCHAHLA: AHA	The Getty Center for the History of Art and the Humanities, Los Angeles: Archives of the History of Art
BAP	Bundesarchiv, Abteilungen Potsdam

Anmerkungen

1 Werner Schmalenbach, Eröffnungsrede zur Ausstellung *Paul Klee – Spätwerk,* Wolfgang Wittrock Kunsthandel, Düsseldorf, 21. Juni – 5. Juli 1997.

2 Fortan als Propagandaministerium zitiert.

3 Die ausführlichste Darstellung der Geschichte der Luzerner Auktion in: Stephanie Barron, «Die Auktion in der Galerie Fischer», in: dies. (Hrsg.), *«Entartete Kunst». Das Schicksal der Avantgarde im Nazi-Deutschland,* München 1992 (Ausst. Kat. Berlin: Altes Museum), S. 134–169. Gestützt auf den von der Galerie Fischer 1939 publizierten Katalog, worin 60 der 125 Lose abgebildet sind, erstellte Barron im Anhang ihres Beitrags eine detaillierte, bebilderte Dokumentation über das Auktionsgut.

4 Camilla Blechen, «Amerikanische Sicht. Die Ausstellung ‹Entartete Kunst› im Berliner Alten Museum», in: *Frankfurter Allgemeine Zeitung,* (6. März 1992). Vgl. auch den Brief von Oskar Kokoschka, London, an Homer Saint Gaudens, 30. Juli 1939, in: Olda Kokoschka und Heinz Spielmann (Hrsg.), *Oskar Kokoschka. Briefe III. 1934–1953,* Düsseldorf 1986, S. 93.

5 Notiz von Max Beckmann zum Gemälde *Doppelbildnis Karneval, Max Beckmann und Quappi,* in: *Max Beckmann. Katalog der Gemälde,* bearb. von Erhard und Barbara Göpel, hrsg. von Hans Martin von Erffa, Bern 1976, Bd. 1, S. 176, Nr. 240.

6 Georg Kreis, «‹Entartete Kunst› in Basel», in: *Basler Magazin. Politisch-kulturelle Weekend-Beilage der Basler Zeitung,* (29. Oktober 1977)39, S. 1.

7 Gunther Thiem, «Dokumentation zu Leben und Werk», in: *Karl Schmidt-Rottluff Retrospektive,* hrsg. von dems. und Armin Zweite, München 1989 (Ausst.-Kat. Bremen: Kunsthalle und München: Städtische Galerie im Lenbachhaus), S. 99.

8 Vgl. Brief von Theodor Fischer an Georg Seibold, 24. Dezember 1947 (GCHAHLA: AHA, Arntz Papers, Box 870377). Fischer führte von den Mitbe-

werbern nur die Firma Frederik Muller & Cie. (Mensing & Sohn), Dollenstraat 16-18, Amsterdam, namentlich auf, vgl. ebd. Die in der Mitte des 19. Jahrhunderts gegründete Kunsthandlung war Ende der dreißiger Jahre das bedeutendste Auktionshaus in den Niederlanden (freundliche Mitteilung von Werner J. Schweiger, Wien).

9 Fortan als Verwertungskommission zitiert.

10 Zum Werdegang des Galeristen Haberstock siehe den Beitrag von Jonathan Petropoulos im vorliegenden Band sowie Magdalene Haberstock (Vorw.), *Hundert Bilder aus der Galerie Haberstock Berlin,* München 1967, unpag., diese jedoch ohne Erwähnung von Haberstocks Engagement während der NS-Zeit.

11 Haberstock stand mit Fischer beispielsweise im Herbst 1938 wegen des Weiterverkaufs des Vincent van Gogh-Gemäldes *Porträt von Armand Roulin* (1888, seit 1958 im Museum Boymans-van Beuningen, Rotterdam, Inv. Nr. 2608) in Kontakt. Fischer hatte dieses Gemälde aus der Sammlung des Wallraf-Richartz-Museums, Köln, im Tausch gegen das von ihm an die Stadt Köln gelieferte Tafelgemälde *Maria mit dem Kinde* (1518) von Lucas Cranach d. Ä. (seit 1968 im Wallraf-Richartz-Museum, Köln, Inv. Nr. WRM 3207) übernommen, vgl. Brief von Fischer an Haberstock, 6. September 1938 (SBB: SVST 7160 [B] a, 1968/28, Schachtel 371) und Brief von Fischer an Haberstock, 19. Oktober 1938 (Kopie: GFL: A). Der NS-Oberbürgermeister der Stadt Köln schenkte die Cranach-Madonna im Jahre 1938 dem preußischen Ministerpräsidenten Hermann Göring anläßlich der Taufe von dessen Tochter Edda, vgl. V. Sch., «Cranach-Madonna zurückgekehrt», in: *Die Kunst und das Schöne Heim,* 81(Februar 1969)2, S. II/5f.

12 Zu Hofmann und der *Kommission zur Verwertung der Produkte entarteter Kunst* vgl. Armin Zweite, «Franz Hofmann und die Städtische Galerie 1937», in: Peter-Klaus Schuster (Hrsg.), *Nationalsozialismus und ‹Entartete Kunst›. Die ‹Kunststadt› München 1937,* München 1987, S. 261–288, hier S. 283 und Andreas Hüneke, «Spurensuche – Moderne Kunst aus deutschem Museumsbesitz», in: Ausst.-Kat. Berlin 1992 (wie Anm. 3), S. 120–133, hier S. 124. Zur Einführung von Fischer bei Hofmann vgl. Brief von Fischer an Haberstock, 23. Juni 1939 (Kopie: GFL: A), Fischer an Seibold, (wie Anm. 8) und Zweite (ebd.), S. 284.

13 Brief von Fischer an Hofmann, 8. Oktober 1938 (Kopie: GFL: A). Barron (wie Anm. 3), S. 137 f. nahm irrtümlich an, Fischer habe sein Empfehlungsschreiben an Hofmann von Luzern aus geschickt und das Auktionsgut im Depot des Schlosses Niederschönhausen zum ersten Mal Mitte April 1939 besichtigt.

14 Vgl. Fischer an Hofmann (wie Anm. 13).

15 Eine grosse Zahl von Meisterwerken vor allem der französischen Kunst war bis zum Oktober 1938 bereits aus dem Depot des Schlosses Niederschönhausen herausgezogen worden: Hermann Göring hatte im Juni zuvor «dreizehn Gemälde [...] – je vier von Vincent van Gogh und Edvard Munch, drei von Franz Marc sowie je eines von Paul Cézanne und Paul Signac –, die er auf eigene Rechnung wahrscheinlich durch den Kunsthändler Angerer verkaufen ließ» (Hüneke [wie Anm. 12], S. 124 u. 132, Anm. 20, dort eine detaillierte Auflistung der dreizehn Gemälde), den beschlagnahmten Beständen entnommen. Haberstock hatte ebenfalls im Juni 1938 das Gemälde von Gauguin *Reiter am Strand von Tahiti* vom Propagandaministerium zum Verkauf übernommen, vgl. Andreas Hüneke, «‹Dubiose Händler operieren im Dunst der Macht›. Vom Handel mit ‹entarteter› Kunst», in: *Alfred Flechtheim. Sammler. Kunsthändler. Verleger,* Düsseldorf 1987 (Ausst.-Kat. Düsseldorf: Kunstmuseum und Münster: Westfälisches Landesmuseum für Kunst- und Kulturgeschichte, 1987/1988), S. 100–105, hier S. 104.

16 Fischer wählte Werke folgender Künstler aus: Amiet (1), Barlach (6), Barraud (1), Braque (1), Chagall (2), Corinth (16), Derain (1), Dix (1), Ensor (1), Gauguin (1), van Gogh (1), Hofer (6), Klee (2), Kokoschka (5), Laurencin (1), Lehmbruck (3), Liebermann (2), Marc (10), Matisse (3), Modigliani (1), Munch (4), Nolde (6), Pascin (2), Picasso (5), Rohlfs (3), Sintenis (2), Slevogt (1), de Vlaminck (2), vgl. die 90 Werke umfassende Beilage zum Brief von Fischer an Hofmann (wie Anm. 13).

17 Das Propagandaministerium änderte bis zur Vertragsunterzeichnung mit Fischer am 7. März 1939 mehrmals die Zusammenstellung des Auktionsgutes bezüglich der Künstler, der Werke und der Gesamtzahl der Lose. Es modifizierte vermutlich noch im Oktober, spätestens aber in der ersten Novemberhälfte 1938 Fischers erste Auswahl vom 8. Oktober durch das Entfernen, den Austausch und das Hinzufügen von Arbeiten folgender Künstler: Barlach (+1 / Austausch: 1), Chagall (+1), Corinth (-1 / Austausch: 1), Derain (+1), Dix (+3), Hofer (+1), Kokoschka (+1 / Austausch: 1), Lehmbruck (+1 / Austausch: 2), Marc (-2 / Austausch: 1), Matisse (+1), Nolde (+1). Mit 25 Arbeiten folgender neuer Künstler erhöhte es die Gesamtzahl der Auswahl auf 123 Werke: Archipenko (1), Beckmann (3), de Fiori (2), Grosz (2), Heckel (3), Kirchner (2), Macke (1), Marcks (1), Mataré (2), Modersohn-Becker (1), Müller (2), Pechstein (3) und Schmidt-Rottluff (2), vgl. undatierte, vermutlich vor dem 21. Oktober

1938 erstellte Liste mit 123 Werken (GFL: A) und Brief von Hofmann [an Goebbels], 21. Oktober 1938 « (BAP: ZStA 50.01-1020, Bl. 36–37). Mitte November 1938 zog das Propagandaministerium aus der zweiten Auswahl von 123 Werken die vier Gemälde von Munch, das Ölbild von Slevogt sowie je zwei Plastiken von Sintenis und de Fiori wieder heraus, vgl. Brief von Hofmann an Fischer, 18. November 1938 (GFL: A) und den Bericht der *Sitzung der Kommission zur Verwertung der Produkte entarteter Kunst im Schloß Niederschönhausen am 17. November 1938 vormittags 11 Uhr* (BAP: ZStA 50.01-1020, Bl. 31–33). Mit je zwei Gemälden von Feininger und Levy – zwei Künstler, die in der zweiten Auswahl noch nicht vertreten waren – sowie der Modifikation der Werkgruppen von Corinth (Austausch: 2), Derain (Austausch: 1), Hofer (+2), Kirchner (+1 / Austausch: 1), Kokoschka (+3), Macke (Austausch: 1), Marc (Austausch: 1), Müller (+1), Picasso (-1) und Schmidt-Rottluff (+1) hob es das Auktionsgut auf 125 Lose an, vgl. Vertrag zwischen dem Reichsministerium für Volksaufklärung und Propaganda und der Galerie Fischer, 7. März [1939] (GFL: A). Das Propagandaministerium nahm die Veränderungen des Auktionsgutes aus unterschiedlichen Gründen vor: Werke wurden ausgetauscht oder ersatzlos zurückgezogen, weil sie beispielsweise anderweitig verkauft oder aufgrund der «Mildeklausel» (§ 2, Absatz 2 im *Gesetz über Einziehung von Erzeugnissen entarteter Kunst* vom 31. Mai 1938, publizierte im *Reichsgesetzblatt* [1938]88, Teil 1, S. 612, wieder abgedruckt in: Christoph Zuschlag, *«Entartete Kunst». Ausstellungsstrategien im Nazi-Deutschland,* Worms 1995, S. 207, Dok. 30), «mit Rücksicht auf den bedeutsamen Wert als Zeitdokument der deutschen Kunst des XX. Jahrhunderts» als «zweifelsfreie Grenzfälle der beschlagnahmten Objekte» *(Bericht über die dritte Sitzung der «Kommission zur Verwertung der Produkte entarteter Kunst» vom 6. Dezember 1939 – vorm. 10 Uhr – in der Abteilung Bildende Kunst des Reichsministeriums für Volksaufklärung und Propaganda* [BAP: ZStA 50.01-1020, Bl. 10–12], zit. n. Diether Schmidt [Hrsg.], *In letzter Stunde. 1933–1945,* Dresden 1964, S. 231–233, hier S. 233), den Museen zurückgegeben werden sollten. Ersteres traf auf die vier Munch-Gemälde zu. Das Propagandaministerium verkaufte sie – zusammen mit zehn weiteren beschlagnahmten Ölbildern und 57 grafischen Blättern dieses Künstlers – Ende November 1938 durch Vermittlung des Berliner Galeristen Karl Buchholz für 6.375 £ an den Osloer Galeristen Harald Holst Halvorsen, der die Werke im Januar 1939 versteigerte, vgl. Hüneke (wie Anm. 15), S. 101 f., Brief von Hofmann [an Goebbels], 28. November 1938 (BAP: ZStA 50.01-1020, Bl. 19–21), zit. in: Schmidt (ebd.), S. 227 f. und *Katalog over Edv. Munchs malerier og grafiske arbeider fra tyske museer,* Harald Holst Halvorsen, Oslo, 23. Januar 1939. Zur Auktion siehe ferner: Ulrich Bischoff, «Die Rolle Edvard Munchs beim Einzug der Moderne in die deutschen Museen. Anmerkung zu acht Bildern aus einer norwegischen Privatsammlung», in: *Pantheon* 43(1985), S. 126–140, hier S. 126 und Cornelia Gerner, «Die Beschlagnahmung der Werke Munchs im Nationalsozialismus», in: *Edvard Munch. Sommernacht am Oslofjord, um 1900,* Mannheim 1988, S. 340–350, hier S. 344 f. Die aus dem Auktionsgut herausgezogenen Werke von Corinth, Marc und Sintenis stellte die Verwertungskommission 1939 resp. 1940 den Ursprungsmuseen wieder zur Verfügung, vgl. Bericht der Verwertungskommission, 6. Dezember 1939 (ebd.) und *Bericht über die Sitzung der «Kommission zur Verwertung der Produkte entarteter Kunst» am 11. Dezember 1941* (BAP: ZStA 50.01-1020, Bl. 2–5), zit. n. Schmidt (ebd.), S. 235–238, hier S. 237 f. Die Plastiken von de Fiori zog die Verwertungskommission aus außenpolitischen Gründen zurück, vgl. Bericht der Verwertungskommission, 17. November 1938 (ebd).

18 Beckmann (1), Chagall (1), Hofer (1), Müller (2), Nolde (1), Schmidt-Rottluff (1), vgl. Zuschlag (wie Anm. 17), S. 261, Anm. 19 u. S. 262, Dok. 50.

19 Vgl. Brief von Hofmann [an Goebbels], 22. Juli 1938 (BAP: ZStA 50.01-1020, Bl. 38–41), zit. in: Schmidt (wie Anm. 17), S. 223 f.

20 Beispielsweise von Paul Westheim, vgl. ders., «Die Ausplünderung der deutschen Museen», in: *Pariser Tageszeitung,* (7./8. Mai 1939), S. 3. Zu Westheim siehe weiter Anm. 44.

21 Vgl. [Jules Bosmant], *Note,* undat. [Mai oder Juni 1939], Typoskript, 2 S. (GCHAHLA: AHA, CJPV86-A884). Zu Bosmant siehe ferner Barron (wie Anm. 3), S. 141.

22 Brief von Schmidt an Westheim, 15. Juli 1939 (ÖK/KB: A, Entartete Kunst).

23 Vgl. ebd. Zu den Ankäufen «entarteter» Kunst für die Öffentliche Kunstsammlung Basel siehe Georg Kreis, *«Entartete» Kunst für Basel. Die Herausforderung von 1939,* Basel 1990.

24 Vgl. *Duden. Das große Wörterbuch der deutschen Sprache in sechs Bänden,* Mannheim/Wien/Zürich 1977, Bd. 1, S. 281.

25 Vgl. Andreas Hüneke, «Funktionen der Station ‹Entartete Kunst›», in: *Stationen der Moderne. Die bedeutendsten Kunstausstellungen des 20. Jahrhunderts in Deutschland,* Berlin 1988 (Ausst. Kat. Berlin: Berlini-

sche Galerie, 1988/1989), S. 43–52, hier S. 49.
26 Vgl. Brief von Hofmann [an Goebbels], 8. Juni 1938 (BAP: ZStA 50.01-1020, Bl. 49).
27 Ein Angebot für die Übernahme des Gesamtbestandes lag dem Propagandaministerium seitens der Zürcher Treuhandgesellschaft Fides vor (vgl. Briefentwurf von Haberstock an Reichsleiter Martin Bormann, 19. November 1938 [BAP: ZStA 50.01-1020, Bl. 30 r+v] und Kreis [wie Anm. 23], S. 26), das Adolf Hitler jedoch ablehnte, vgl Hofmann an Goebbels (wie Anm. 17). Ein weiteres Angebot unterbreitete die Kunsthandlung P. and D. Colnaghi & Co. aus London, vgl. Brief von P. u. D. Colnaghi an Hitler, 19. Oktober 1938, zit. in: Gerhard Strauss, «Dokumente zur ‹Entarteten Kunst›», in: *Festgabe an Carl Hofer. Zum siebzigsten Geburtstag. 11. Oktober 1948,* hrsg. von Gerhard Strauss u.a., Potsdam 1948, S. 54, wieder abgedruckt in: Hüneke (wie Anm. 12), S. 125.
28 Vgl. Hofmann an Goebbels (wie Anm. 19).
29 Vgl. Brief von Hofmann an Fischer, 21. Dezember 1938 (GFL: A).
30 Hofmann unterzeichnete den Vertrag am 7. März 1939, vgl. Vertrag (wie Anm. 17).
31 Brief von Hofmann an Brunlechner, 4. Februar 1939 (BAP: ZStA 50.01-1014, Bl. 60).
32 Vgl. *Sitzungsbericht über die Sitzung der «Kommission zur Abwicklung der entarteten Kunst» vom 20. Februar 1939 im Schloß Niederschönhausen* (BAP: ZStA 50.01-1020, Bl. 16–18) und Barron (wie Anm. 3), S. 145.
33 Bericht der Verwertungskommission, 20. Februar 1939 (ebd.). Zur Geschichte der Firma Gutekunst & Klipstein siehe Erhard Göpel, «Der Kupferstichhändler und Auktionator Dr. August Klipstein. 28. Juni 1885 – 4. April 1951», in: *Imprimatur,* (1952/1953)11, S. 107–133. Zum Referenten von Ministerialrat Hofmann, Rolf Hetsch, siehe Hüneke (wie Anm. 12), S. 124 f. u. 127 sowie Zuschlag (wie Anm. 17), S. 214 f. u. 376. Zum Depotverwalter Günther Ranft siehe Zuschlag (ebd.), S. 213.
34 Vgl. Brief von Haberstock an Fischer, 7. Juli 1939 (GFL: A).
35 Vgl. Brief von Fischer an Haberstock, 12. Juli 1939 und Brief von Fischer an Hofmann, 15. Juli 1939 (Durchschläge: GFL: A). Das 1923(?) als Filiale der Wiener Firma Gilhofer & Ranschburg gegründete Kunstantiquariat und Auktionsinstitut H. Gilhofer & H. Ranschburg AG, Haldenstrasse 33, später Alpenstrasse 6, Luzern war auf den Handel mit alter Grafik spezialisiert (freundliche Mitteilung von Werner J. Schweiger, Wien).
36 Vgl. Brief von [Hofmann?], an Regierungsrat Dr. Hopf, 21. September 1939 (BAP: ZStA 50.01-1020, Bl. 73 r+v) und Bericht der Verwertungskommission, 6. Dezember 1939 (wie Anm. 17).
37 Vgl. Brief von Westheim an Schmidt, 19. Juli 1939 (ÖK/KB: A, Entartete Kunst), auszugsweise zit. in: Georg Kreis, «‹Entartete Kunst› in Basel. Eine Chronik außerordentlicher Ankäufe im Jahre 1939», in: *Basler Zeitschrift für Geschichte und Altertumskunde,* 78(1978), S. 163–189, hier S. 172, Anm. 19 und Hüneke (wie Anm. 15), S. 103. Zur Stellung der deutschen «entarteten» Kunst in der Schweizer Kunstszene siehe beispielsweise die von Kreis (wie Anm. 23), S. 54–56 u. 58 wiedergegebene Grundsatzdiskussion, welche die Basler Museumskommission im Vorfeld der Ankäufe in Luzern und Berlin über die Wertschätzung der Künstler der französischen und der deutschen Moderne führte.
38 Vgl. Hofmann an Fischer (wie Anm. 13). Fischer wird die Taxierung mit Haberstock oder Hetsch abgesprochen haben.
39 Vgl. die vier erhaltenen Listen zum Auktionsgut: die 90 Werke umfassende Beilage zum Brief von Fischer an Hofmann (wie Anm. 16), die undatierte, vor dem 21. Oktober 1938 erstellte Liste mit 90 Werken (GFL: A), die Liste mit 123 Werken (wie Anm. 17) und die Liste mit 125 Werken im Vertrag (wie Anm. 17). Die Limiten wurden bei 5 Gemälden um ca. 30% bis 150% angehoben beziehungsweise bei 18 Gemälden und Plastiken um ca. 10% bis 75% gesenkt. Die stärkste Reduktion haben die Spitzenlose von Gauguin (Los 44: von 7.000 £ zu 2.000 £), van Gogh (Los 45: von 8.000 £ zu 7.000 £) und Picasso (Los 114: von 3.000 £ zu 1.750 £; Los 115: von 4.000 £ zu 2.000 £) erfahren, wobei eine grosse Unsicherheit bei der Taxierung des van Gogh-Gemäldes herrschte: Fischer schlug 8.000 £ vor (vgl. Fischer an Hofmann [wie Anm. 13]), die Verwertungskommission korrigierte diese Limite zuerst auf 7.000 £ (vgl. undatierte Liste mit 90 Werken [ebd.]) und erhöhte sie danach kurzfristig auf 10.000 £ (vgl. Hofmann an Fischer [wie Anm. 17]), bevor sie sie wiederum bei 7.000 £ fixierte (vgl. Hofmann an Goebbels, 28. November 1938 [wie Anm. 17] und Vertrag [wie Anm. 17]). 1 £ entsprach Mitte 1939 ca. 5 $ bzw. ca. 11,5 RM bzw. ca. 21 Sfr. Auf Fischers Vorschlag hin willigte Hofmann noch wenige Tage vor der Auktion in die Ermässigung der Limiten für die Gemälde von Amiet, Barraud und Braque ein, vgl. Brief von Fischer an Hofmann, 20. Juni 1939 (Kopie: GFL: A) und Brief von Hofmann an Fischer, 21. Juni 1939 (GFL: A).
40 Vgl. Hüneke (wie Anm. 15), S. 103.
41 Brief von Hofmann an Möller, 15. Dezember

1939, zit. n. Eberhard Roters, *Galerie Ferdinand Möller. Die Geschichte einer Galerie für Moderne Kunst in Deutschland 1917–1956,* Berlin 1984, S. 174.
42 Vgl. den Beschluß der Basler Museumskommission vom 26. Juni 1939, repr. in: Kreis (wie Anm. 23), S. 57 und Bosmant (wie Anm. 21). Westheim bezeichnete Fischers Taxationen als «unsinnig hohe Schaetzungspreise», Westheim an Schmidt (wie Anm. 37).
43 Vgl. Kreis (wie Anm. 23), S. 35–38.
44 Die vehementesten Boykottaufrufe verfaßte Westheim: «Bilderraub», in: *Die Neue Weltbühne,* 35(4. Mai 1939)18, S. 559–562, hier S. 562; «Versteigerung von deutschem Museumsbesitz im Ausland», in: *Freie Kunst und Literatur,* (April 1939)6, S. 6; Westheim (wie Anm. 20); «Auktion in Luzern», in: *Die Neue Weltbühne,* 35(15. Juni 1939)24, S. 758 f., wieder abgedruckt in: *Paul Westheim, Karton mit Säulen. Antifaschistische Kunstkritik,* Leipzig/ Weimar 1985, S. 93–96. Vgl. ferner Kreis (wie Anm. 23), S. 29–31.
45 Vgl. Barron (wie Anm. 3), S. 139.
46 Vgl. Brief von Fischer an Haberstock, 5. Juli 1939 (Kopie: GFL: A).
47 Brief von Schmidt an Fischer, 20. Juli 1939 (ÖK/KB: A, Entartete Kunst, Mappe II, Ankauf «Entarteter Kunstwerke» an der Auktion der Galerie Fischer, Luzern).
48 Schmidt an Westheim (wie Anm. 22).
49 Brief von Kokoschka an Hodin, Sommer 1939, zit. n. Kreis (wie Anm. 23), S. 30.
50 Kunsthändler hatten nur 10 % Aufgeld auf den Zuschlag zu entrichten, vgl. Rechnung der Galerie Fischer an Böhmer, 30. Juni 1939 (Kopie: GFL: A).
51 In zahlreichen Kommentaren zur Fischer-Auktion finden sich falsche Angaben zum Auktionserlös, vgl. beispielsweise Werner Haftmann, *Verfemte Kunst,* Köln 1986, S. 24: 516.397 Mark, und Barron (wie Anm. 3), S. 143: 500.000 Schweizer Franken.
52 Vgl. *Spesenaufstellung zu Handen der Schweiz. Verrechnungsstelle der Auktion vom 30. Juni, «Moderne Bilder aus deutschen Museen»,* undat. (SBB: SVST 7160 [B] a, 1968/28, Schachtel 371).
53 Vgl. Beilage II zum Brief von Fischer an die Schweizerische Verrechnungsstelle, Zürich, 11. Juli 1939: *Auszug aus dem amtlichen Steigerungsverbal betr. die Auktion der Galerie Fischer, Luzern, im Hotel National, den 30. Juni 1939* (Kopie: GFL: A).
54 Folgende 39 Lose gingen an der Auktion zurück und wurden danach von der Galerie Fischer zum Preis der Limite plus 10% Aufgeld im Nachverkauf angeboten: 6 & 7 Barlach; 12 & 13 Beckmann; 20, 22, 23, 26, 28, 30 & 31 Corinth; 35, 36 & 38 Dix; 40 & 41 Feininger; 46–48 Heckel; 49, 50, 55 & 56 Hofer; 64 Kokoschka; 76 Levy; 86 & 89 Marc; 99 & 101 Müller; 103 & 106 Nolde; 111 & 113 Pechstein; 116 Picasso; 118–120 Rohlfs; 121 & 122 Schmidt-Rottluff, vgl. *Liste der nicht verkauften Bilder und Plastiken von der Auktion vom 30. Juni 1939,* undat. [nach dem 13. Juli 1939] (Kunstmuseum Solothurn: Archiv [Exemplar von Gertrud Dübi-Müller]). Los 27 von Corinth wurde zwar zugeschlagen, wegen Zahlungsschwierigkeiten des Käufer aber nach der Auktion erneut zum Verkauf freigegeben, vgl. ebd. Fischer übernahm das Werk später privat, vgl. Rechnung der Galerie Fischer an Theodor Fischer, 30. Juni 1939 (Kopie: GFL: A).
55 Vgl. Haftmann (wie Anm. 51), S. 24.
56 Unter dem Titel «Die Versteigerung in Luzern. Grosser Erfolg der ‹Entarteten›» schrieb Westheim in der *Pariser Tageszeitung,* (4. Juli 1939)1039 zum Auktionsergebnis: «Seit Stuck, Lenbach oder den Düsseldorfer Genremalern wie Claus Meyer sind für deutsche Kunst im Ausland am offenen Markt nicht mehr solche Preise gezahlt worden wie für diese ‹Entarteten›.»
57 Fischer an Haberstock (wie Anm. 46). Gegenüber Schmidt nannte Fischer die Auktion sogar einen internationalen Erfolg, vgl. Brief vom 15. Juli 1939 (ÖK/KB: A, Entartete Kunst, Mappe II, Ankauf «Entarteter Kunstwerke» an der Auktion der Galerie Fischer, Luzern).
58 Paul Westheim, «Propaganda für ‹Entartete›», in: *Die Neue Weltbühne,* 35(13. Juli 1939)28, S. 872, zit. n. Westheim, 1985 (wie Anm. 44), S. 97. Vgl. dazu auch Kreis (wie Anm. 23), S. 31.
59 Vgl. Westheim, 1985 (wie Anm. 44) und Kreis (wie Anm. 23), S. 32 u. 44.
60 Praktisch sämtliche beschlagnahmten Werke der international sehr gefragten französischen Kunst waren, soweit sie nicht in Luzern zum Verkauf standen, bis Mitte 1939 bereits «liquidiert» worden: Zum Verkauf von Gemälden über Göring und Haberstock vgl. Anm. 15; August Klipstein hatte im Frühjahr 1939 ein Gemälde von Delaunay und sechs Gemälde von Kandinsky erworben (vgl. Joan M. Lukach, *Hilla Rebay. In search of the spirit in art,* New York 1983, S. 120–122 und Angelica Zander Rudenstine, *The Guggenheim Museum Collection. Paintings 1880–1945,* New York 1976, Bd. 1, Nrn. 32, 78, 79, 83, 84, 111, 114, 115).
61 Brief von Hofmann [an Goebbels], 26. Juni 1939 (BAP: ZStA 50.01-1020, Bl. 47). Bemerkenswerterweise war keiner der in die Verwertungskommission berufenen Kunsthändler in der Lage, den internationalen Marktwert von Werken der deutschen Moderne zu bestimmen. Von Hofmann zu einer Stellung-

nahme zu einem Gebot auf zehn Nolde-Bilder aufgefordert, mußte Haberstock den Galeristen Ferdinand Möller als sachverständigen Gutachter beiziehen, vgl. Brief von Haberstock an Hofmann, 20. März 1939 (BAP: ZStA 50.01-1020, Bl. 77). Daß ein gutachtender Kunsthändler aber leicht in einen Interessenkonflikt geraten kann, wird Hofmann bewußt gewesen sein. Die neuen Richtwerte aus Luzern waren deshalb auch geeignet, die problematische Abhängigkeit von externen Experten abzubauen.

62 Brief von Haberstock an Fischer, 26. Juni 1939 (GFL: A).

63 Zu den Aktivitäten der vier Kunsthändler vgl. Hüneke (wie Anm. 15), S. 101 f. und Hüneke (wie Anm. 12), S. 125 u. 127 f.

64 Vgl. die von der Verwertungskommission verabschiedeten Angebote von Boehmer, Buchholz und Möller im Bericht der Verwertungskommission, 20. Februar 1939 (wie Anm. 32). Vgl. weiter Hüneke (wie Anm. 15), S. 103 und Kreis (wie Anm. 23), S. 44–48. Eine Ausnahme machte das Propagandaministerium bei Bildern, die es in die ersten beiden Tauschverträge mit Emanuel Fohn vom 3. Februar 1939 und 14. Juni 1939 einbezog. Es setzte für sie meist viel tiefere Preise als für freihändig verkaufte Werke ein, vgl. Hans-Michael Herzog, «Die Sammlung Fohn – Dokumentation einer Sammlung», in: Carla Schulz-Hoffmann (Hrsg.), *Die Sammlung Sofie und Emanuel Fohn. Eine Dokumentation,* München 1990, S. 28 f.

65 Unter Bezugnahme auf das Ergebnis der Fischer-Auktion hatte Boehmer in einem Brief an das Reichministerium für Volksaufklärung und Propaganda schon am 31. Juli 1939 gebeten, «die in der Kommissionsliste vom 11. März 1939 gemachten Währungspreise herabzusetzen» (BAP: ZStA 50.01-1019, Bl. 248). Diesem Begehren war das Propagandaministerium mit einer Reduktion der Preise von teilweise 50% bis 70% nachgekommen, vgl. Hüneke (wie Anm. 15), S. 103.

66 Vgl. Liste der nicht verkauften Bilder (wie Anm. 54).

67 Vgl. dazu und zum Folgenden Hofmann an Hopf (wie Anm. 36).

68 Ebd.

69 Bis zur Preissenkung konnte Fischer nur zwei Werke zum Limitpreis verkaufen: Los 23 von Corinth für 8.085 Sfr. und Los 103 von Nolde für 1.617 Sfr., vgl. Brief von Fischer an Hofmann, 13. Juli 1939 (Kopie: GFL: A) und Liste der nicht verkauften Bilder (wie Anm. 54). Das an der Auktion zurückgegangene Gemälde *Absinthtrinkerin* von Picasso (Los 116) war vorerst durch eine Anspruchsklage der Erben der Vorbesitzer, welche das Bild der Hamburger Kunsthalle vermacht hatten, für den Verkauf blockiert; Fischer konnte das Werk erst 1941 zu einem Preis von 25.000 Sfr. (bei einer Auktionslimite inkl. Aufgeld von 48.300 Sfr. und einer Schätzung von 73.500 Sfr.) an Othmar Huber, Glarus, veräussern, vgl. Marcus Casutt, «Das Schicksal eines Bildes: Picassos ‹Buveuse› aus der Sammlung Othmar Huber, Glarus», in: *Die Kunst zu sammeln. Schweizer Kunstsammlungen seit 1848,* hrsg. vom Schweizerischen Institut für Kunstwissenschaft, Zürich 1998, S. 99–106, hier S. 102–104.
Die Verkaufslimiten wurde für 33 der 36 restlichen Werke um 10% bis 90% reduziert und für drei Gemälde von Corinth und Marc um 5% angehoben, vgl. Beilage zum Brief von Hofmann an Fischer, 21. November 1939: *Neue Limitpreise für Werke aus Schloß Schönhausen, die sich zwecks Nachverkauf in der Galerie Fischer – Luzern befinden* (GFL: A). Fischers Optimismus, «die Objekte zu den herabgesetzten Preisen nahezu vollständig verkaufen zu können» (Hofmann an Hopf [wie Anm. 36]), sollte enttäuscht werden. Belegt ist nur noch der Verkauf von drei Gemälden im Oktober 1938: Los 40 & 41 von Feininger zu je 1.250 Sfr. (bei einer Auktionslimite inkl. Aufgeld von 1.208 Sfr. und einer Schätzung von 2.100 Sfr.) und Los 113 von Pechstein zu 245 oder 310 Sfr. (bei einer Auktionslimite inkl. Aufgeld von 725 Sfr. und einer Schätzung von 1.200 Sfr.); vgl. Rechnung der Galerie Fischer an [Karl] Nierendorf, New York, undat. (Kopie: GFL: A) und Beilage zum Brief von Fischer an Hofmann, 27. November 1939: *Konto-Auszug für Herrn Ministerialrat Dr. Hofmann, zu Handen des Propagandaministeriums, Berlin* (Kopie: GFL: A). Das weitere Schicksal der unverkauften Werke ist nur fragmentarisch rekonstruierbar. Fischer behielt die Werke mindestens bis April 1941 in Luzern; zu diesem Zeitpunkt bat Hildebrandt Gurlitt um die Rücksendung von acht Gemälden, die er mittels Tauschvertag vom 12. März 1941 mit dem Propagandaministerium aus dem unverkauften Auktionsgut erworben hatte, vgl. Brief von Fischer an Boehmer, 24. April 1941 (Abschrift: SBB: SVST 7160 [B] a, 1968/28, Schachtel 371). Gurlitt kaufte Los 12 & 13 von Beckmann, Los 22 von Corinth, Los 99 & 101 von Müller und Los 118–120 von Rohlfs, vgl. Andreas Hüneke, «Max Beckmann und die faschistische Aktion ‹Entartete Kunst›», in: *Max Beckmann. Graphik, Malerei, Zeichnung,* Leipzig 1984 (Ausst. Kat. Leipzig: Museum der bildenden Künste), S. 51–58, hier S. 54 f. und Hüneke (wie Anm. 15), S. 104, Anm. 31. Die acht Gemälde dürfte Fischer im Juli 1941 zurückgeschickt haben, vgl. Brief von

Fischer an Boehmer, 21. Juli 1941 (Abschrift: SBB: SVST 7160 [B] a, 1968/28, Schachtel 371). Was mit den restlichen Werken geschah, ist unbekannt.

70 Einheitspreise wurden für die Gemälde von Beckmann, Müller und Rohlfs festgelegt, vgl. ebd. Die einheitliche Bewertung von Gemälde- und Druckgrafik-Konvoluten fand vor allem bei Tausch- und Kommissionsverträgen Anwendung, vgl. Anm. 71 u. 74.

71 Vgl. Hüneke (wie Anm. 15), S. 103 f. und Hüneke (wie Anm. 12), S. 128.

72 Eine detaillierte Untersuchung über die Preisentwicklung der «Produkte entarteter Kunst» zur Zeit ihrer «Verwertung» liegt nicht vor. Roters (wie Anm. 41), S. 288–297 und Hüneke (wie Anm. 12), S. 129 liefern aber summarische Zusammenstellungen von Verkaufspreisen der Jahre 1940 und 1941, die für die nachfolgenden Preisvergleiche dienlich sind. Die Gemälde von Heckel, Müller und Schmidt-Rottluff offerierte Fischer im Nachverkauf für 50 $ (Heckel und Müller) resp. 25 $ (Schmidt-Rottluff). Sie waren also etwa gleich taxiert wie die ab November 1939 in Tauschverträge einbezogen Werke dieser Künstler, vgl. Neue Limitpreise für Werke im Nachverkauf (wie Anm. 69) sowie Hüneke (ebd.) und Roters (ebd.). 1 $ war Mitte 1939 ca. 2,3 RM resp. ca. 4,2 Sfr. wert. Während expressionistische Werke bereits Ende 1939 sehr tief bewertet wurden, fielen die damals immer noch recht hohen Preise für Werke der international bekannteren deutschen Künstler zwischen 1939 und 1941 noch weiter. Beispielsweise erwarb der Partner von Karl Buchholz, Curt Valentin in New York im März 1941 vom Propagandaministerium aus Fischers unverkauftem Auktionsgut für insgesamt 700 $ (entsprach ca. 3.000 Sfr.) je ein Gemälde von Corinth (Los 28) und Kokoschka (Los 64) – Fischer hatte diese Werke am 30. Juni 1939 für 8.453 Sfr. (Limite inkl. Aufgeld, bei einem Schätzpreis von 14.700 Sfr.) resp. 2.415 Sfr. (Limite inkl. Aufgeld, bei einem Schätzpreis von 4.200 Sfr.) und nach dem 19. September 1939 zu einem Verkaufspreis von 6.133 Sfr. resp. 1.962 Sfr. angeboten, vgl. Hüneke (wie Anm. 12), S. 130, Liste der nicht verkauften Bilder (wie Anm. 54), die Beilage zum Auktionskatalog der Galerie Fischer: *Schätzungsliste* und Neue Limitpreise für Werke im Nachverkauf (ebd.).

73 Vgl. Hüneke (wie Anm. 25), S. 50, Mario-Andreas von Lüttichau, «‹Entartete Kunst›. Der Ausverkauf deutscher Expressionisten», in: Du, (Juli 1989)7, S. 38–41, 84, 87, 89, hier S. 87, Christine Hopfengart, *Klee. Vom Sonderfall zum Publikumsliebling. Stationen seiner öffentlichen Resonanz in Deutschland 1905–1960,* Mainz 1989, S. 110 und Kreis (wie Anm. 23), S. 26.

74 Vgl. Hüneke (wie Anm. 15), S. 102 f. und Hüneke (wie Anm. 12), S. 127 f.

75 Vgl. die Zahlen bei Lüttichau (wie Anm. 71), S. 87.

76 Vgl. Hüneke (wie Anm. 15), S. 104.

77 Hünekes Behauptung (wie Anm. 15), S. 103, daß die für sämtliche liquidierten Werke «angesetzten und erzielten Preise ‹wahre Schleuderpreise›» gewesen seien, ist angesichts der recht hohen Bewertung vieler vor Kriegsbeginn verkaufter Gemälde und Plastiken zu relativieren. Zwar wurden beispielsweise die beiden Klee-Gemälde (Los 58 & 59) in Luzern zu tieferen Preisen verkauft als vergleichbare Werke diese Künstlers in der zweiten Hälfte der zwanziger Jahre, vgl. Auszug aus dem Steigerungsverbal (wie Anm. 53) und die Preisangaben auf der von Paul Klee zusammengestellten Gemäldeliste für die Galerie Alfred Flechtheim in Berlin 1928, reproduziert in: Stefan Frey und Wolfgang Kersten, «Paul Klees geschäftliche Verbindung zur Galerie Alfred Flechtheim», in: Ausst.-Kat. Düsseldorf 1987 (wie Anm. 15), S. 79. Doch der Mindererlös ist nicht das Resultat einer vom Propagandaministerium gezielt organisierten Verschleuderungsaktion; er widerspiegelt nur die verhaltene Nachfrage auf dem stark veränderten Kunstmarkt.

78 Vgl. Hüneke (wie Anm. 15), S. 103.

79 Vgl. ebd. S. 103 f.

VIII. Epilog: Von der Verantwortung

Hans-Ernst Mittig

‹Ohn' Ursach ist das nicht getan›. Zur Sozial- und Berufspsychologie von Künstlern und Kunsthistorikern

I.

«On vrsach ist das nit gethan», bekennt ein Gelehrter bei Sebastian Brant 1494.[1] «Cognoscere causas»[2] ist ein Ziel jeder Wissenschaft. Aber auch ohne Zitate und allgemeine Postulate ließ sich die Hoffnung rechtfertigen, daß bei dem Kolloquium *Gründe* für die Mitarbeit von Künstlern und Kunsthistorikern im NS-Staat gesucht werden würden. Genannt wurden immer wieder ideengeschichtliche Kontinuitäten, vor allem ein mehr oder minder vergeistigter Nationalismus, dem das «Dritte Reich» den Sieg zu bereiten schien. Und das Wort «Opportunismus» fiel. Nur wenn solche, auch banale Ursachen geprüft werden, sind Mechanismen zu ermitteln, die das Verhalten damals bestimmten, deren gefährliche Wirkungsweise das Jahr 1945 überdauert haben kann und deren Erforschung deshalb zukunftsnotwendig ist.

Ein Versuch, sie als sozialpsychologische Mechanismen zu erfassen, ist auf den ersten Blick nicht besonders gewinnend. Denn nur ausnahmsweise kann bewiesen werden, was in einem einzelnen Anpasser, Mitläufer, Akteur damals vorgegangen ist. Schriftliche Selbstzeugnisse, wenn sie vorhanden, mündliche Äußerungen, wenn sie noch zu erlangen sind, bleiben apologetischer Zwecksetzung verdächtig, also nach Walter Boehlich (1949) einer «Wendung vom Faktischen zum Moralischen».[3]

Auf den Einwand, daß die Untersuchung keine strikte Beweisführung im Einzelfall, keinen Beweis für die Verhaltenskausalität beim einzelnen Künstler oder Kunsthistoriker ermögliche, ist zweierlei zu antworten. Ziel ist letztlich nicht, den Einzelnen noch posthum bloßzustellen, sondern eine Hypothese zu dem Verhalten von Gruppen zu prüfen, das die Entwicklung und Durchsetzung des deutschen Faschismus förderte. Dazu können auch Schlüsse beitragen, die durch Beobachtung hochwahrscheinlich erklärbaren Einzelverhaltens einen entsprechenden Wahrscheinlichkeitsgrad bekommen.

Welche Einzelbeobachtungen verallgemeinert werden können, ist bei dem gegenwärtigen Forschungsstand noch nicht quantitativ nachzuweisen. Aber Bewiesenes und Hypothetisches lassen sich ja – samt Zwischenstufen – sprachlich kennzeichnen. Werner Weisbach (1956) sprach – nachdem er Einzelfälle der Anpassung berichtet hatte – die Hypothese aus, «daß sich aus dem Verhalten und der Handlungsweise solcher Vertreter des Geistes mit erklärt, wie das Anwachsen und schließlich die totale Herrschaft des Nationalsozialismus in einem Volke wie dem deutschen möglich geworden».[4] Die zweite Antwort – keine Wortklauberei! – kann lauten: Was nicht erklärt wurde, kann durch die Untersuchung immerhin erklär*bar* werden. Dann ist auf unserem Wissenschaftsgebiet die irrationalistische Annahme widerlegt, das 1933 bis 1945 Geschehene bleibe *unerklärlich* oder – wie man noch stets lesen kann – unfaßbar, dem Begreifen entzogen, pseudomedizinisch als «Wahnsinn» qualifizierbar oder naturmetaphorisch zu umschreiben – zum Beispiel bei Carl Gustav Jung, der (1934) den Nationalsozialismus wie «eine Lawine» über die Gelehrtenwelt gekommen sah[5], und Franz Roh (1958), nach dessen Worten «die verheerenden Stürme des Nationalsozialismus» über eine «Fülle neuer Triebe in der deutschen Kunst hereinbrachen».[6]

Das NS-System war aber kein Naturphänomen, sondern ein von Kalkül bestimmter Apparat, in dem die Rollen der Führenden und der Mitläufer je nach Eignung und Leistungserwartung verteilt wurden. Zur Übernahme dieser Rollen haben persönliche Interessen und Gruppeninteressen zumindest beigetragen: «die Beweggründe des einzelnen Wissenschaftlers, seine sozialpsychologische Ausgangsposition [...]» (Robert Suckale 1986).[7] Wenn nationalsozialistisches Denken und entsprechendes Handeln bei Künstlern und Kunsthistorikern nur konstatiert statt auch – wenigstens hypothetisch – auf Ursachen zurückgeführt werden würden, könnte den vielen ermittelten Personalia keine Signifikanz beigemessen werden; sie würden bestenfalls die Aussagekraft von Anekdoten erreichen.[8]

II.

Wie schon Joachim Fest (1963) und Heinrich Dilly (1988) bemerkt haben, wäre es eine übermäßige Vereinfachung anzunehmen, nur «Opportunismus, bedingungsloser Ehrgeiz, Intrigantentum»[9] oder Sorge um die Geltung des eigenen Faches[10] hätten zur Mitarbeit in dem neuen Machtsystem gedrängt und könnten seine Durchsetzung bei Künstlern und Kunsthistorikern erklären.[11] Denn Zwang und Druck können auch willkommen sein, wenn sie von eigener Unschlüssigkeit und Ratlosigkeit entlasten; ein Wunsch der Geführten, sich der Autorität zu unterwerfen (Theodor W. Adorno 1951)[12], tritt auch ohne Nützlichkeitsdenken auf.[13] Gustav Friedrich Hartlaub schrieb nach einer Maßregelung 1934: «Wir haben geirrt [...]». Um «[...] durch Kunst erziehen zu können, hätten wir selber geführt werden müssen, wir und vor allem die Künstlerschaft».[14] Opportunismus kam zwar als Hauptmotiv vor, wenn es stimmt, daß zum Beispiel (nach dem Zeugnis von Weisbach und Hans Maria Wingler, zusammengestellt von Marlite Halbertsma 1985) Albert Erich «Brinckmann vor 1933 ein liberaler Mann war, der seine demokratische und pazifistische Haltung nicht verbarg», im März 1933 trotzdem in die NSDAP eintrat und «eine völlige Wendung» vollführte, «um sich bei den neuen Machthabern beliebt zu machen».[15]

Nötig ist aber auch eine Erklärung der Fälle, in denen Künstler wie Max Esser[16] und Kunsthistoriker wie Kurt Wilhelm-Kästner[17] aus neugewonnener Überzeugung und Begeisterung Werke und Texte verbreiteten, die für das Regime Partei ergriffen, NS-Ideologie an das Publikum, besonders die Lernenden, weitergaben. Künstler versuchten, «Deutsche» – zeitgenössische – Kunst zu schaffen, Kunsthistoriker ergänzten das, indem sie auch in Werke vorangegangener Zeiten «Deutsches» – ebenfalls oft mit großem «D» geschrieben – hineinredeten.[18] Das kann nicht in allen Fällen[19] Verstellung gewesen sein. Darum genügt es nicht, Anpassung und regimekonforme Aktivität im Bereich Kunst aus Opportunismus zu erklären. Opportunismus gebietet ja zunächst nur ein äußerlich angepaßtes Verhalten, nicht auch einen Wandel der inneren Einstellung.

Einen solchen Wandel könnten Thesen erklären, die einander überschneiden: Zuwendung zu Hitler als mehr oder minder ödipaler Identifikationsfigur und Identifikation mit dem Aggressor.[20] Oder – nicht so psychoanalytisch – dissonanztheoretische Erklärungen des Einstellungswandels.[21] Danach hätte zum Beispiel jemand, der wie Wilhelm Pinder den Chauvinismus der Machthaber teilte und für seine Karriere nutzte[22], eigene Vorbehalte gegen andere Seiten desselben Regimes aufzugeben gesucht, um seine innere Einstellung von einer «Dissonanz» zu befreien.

Die zugrunde liegenden psychologischen Theoreme sollen das Verhalten von Teilen der deutschen Bevölkerung erklären, gründen sich aber nicht auch auf Spezifika der Künstler- und der Kunsthistorikerpsyche. Solche Spezifika treten eher bei einem Erklärungsversuch ins Blickfeld, der sich auf die Abhandlung Peter Brückners «Zur Psychologie des Mitläufers» (1969) stützen kann. Aus den früher Indifferenten, ja selbst aus früher Ablehnenden wurden nach Brückner Anhänger «unter dem wachsenden Felddruck» einer «einmal installierten», in der Öffentlichkeit herrschenden «Ideologie»; einem Druck, der auch die «Nischen» erreichte, in denen indifferente oder ablehnende Meinungen hätten überdauern können.[23] «Felddruck» klingt nach einer Entlehnung aus der Physik, aber auch der besser vertraute Terminus «Meinungsdruck» ist nur eine generalisierende Metapher, die die Frage nach den Ursachen nicht ersetzt: den Ursachen, die das Handeln der realen Gesellschaftsglieder bestimmten und die nicht nur von Individuum zu Individuum verschieden sein konnten, sondern auch von Berufsgruppe zu Berufsgruppe. Insofern führte auch Frommholds 1978 erschienener Aufsatz über Widerstand und Anpassung in der Kunst[24] nicht weiter. Frommhold betonte mit Recht, daß sich mehr abgespielt hat als eine Summe individueller Anpassungsprozesse; «allgemeine Anpassung» sei vorrangig gewesen. Dieser Begriff weist auf einen Stimmungsumschwung hin[25], leistet aber nicht mehr, denn Frommhold ging trotz vielversprechender Einleitungsworte nicht auf sozialpsychologische Besonderheiten der mit Kunst befaßten Berufsgruppen ein. Dies jedoch scheint angebracht zu sein: *zwischen* Individualpsychologie und «Massenpsychologie» liegt ein vernachlässigtes Arbeitsfeld.[26] Deshalb wird im folgenden gefragt, aus welchen individuellen Verhaltensweisen sich das Ergebnis von «Felddruck», «Meinungsdruck», «allgemeiner Anpassung» zusammensetzte, und namentlich, aus welchen sozialpsychologisch erklärbaren Gruppenverhaltensweisen von Künstlern und Kunsthistorikern.

Wie wichtig diese Bezugnahme auf Berufsgruppen ist, zeigte sich besonders deutlich an der angeschnittenen Zentralfrage nach den Ursachen eines inneren, eines Meinungswandels. Brückners Erklärung muß betreffend Künstler und Kunsthistoriker ergänzt werden. Er schrieb – ich ergänze etwas: «Der [...] Rückzug auf (äußerliche) Unterwerfung wird dadurch verteidigt und legitimiert, daß das Ich die ihm [...] angebotenen Vorteile und Ideologien als *seine* Ideale anerkennt».[27] In der Tat ist dann ein Widerspruch zwischen Handeln und Denken oder Fühlen beigelegt, ein Widerspruch, den man nach dissonanztheoretischer Lehre beizulegen wünscht. Und zwar besonders dann, wenn das Handeln eine innere Beteiligung anzeigt, wie es von künstlerischem Tun angenommen wird. Im *Handbuch der Psychologie* (1972) ist zu lesen: «Je stärker (selbst bei einer unfreiwilligen Handlung) der eigene Einsatz, das ‹committment›, um so ausgeprägter der Einstellungswandel in Richtung auf die einmal vollzogene Festlegung».[28] Künstler haben besonderen Grund, den äußeren Anpassungsdruck als Beweggrund zu verdrängen, um sich nicht vor sich selbst zu genieren – wie Franz Roh 1948 in ähnlichem Zusammenhang schrieb[29] –, um sich nicht banaler Beweggründe schämen zu müssen. Es widerspricht nämlich einer Gruppennorm der Künstler, außersubjektiven Geboten ohne eigenen Antrieb zu folgen. Künstler haben insbesondere im 20. Jahrhundert oft betont, einem «Impuls von innen, nicht [...] von außen» zu folgen – so Karl Hofer 1948/49[30]; Max Pechstein hatte schon bei einem Radiovortrag in den zwanziger Jahren gesagt: «Es ist Notwendigkeit in uns. Diese zwingt uns, so und nicht anders zu arbeiten [...]».[31] Ob diese Kraft nun «schöpferisches Element»[32] oder «geistiges Müssen»[33] genannt, «Göttern»[34] oder «höheren Wesen»[35] gleichgesetzt wird: Sie ist etwas anderes als eine von Menschen ausgehende Beeinflussung; der Künstler erlebt sie in seinem Inneren. Eine den inneren Stimmen zuwiderlaufende Anpassung an Menschenmacht ist für Künstler nicht unmöglich, aber peinlicher als für Angehörige weisungsgewohnter, «pflichterfüllender» Berufsgruppen; sie erhält annehmbare Gründe erst, wenn parallel die subjektive Einstellung verändert wird. Das Wunschbild vom inneren Antrieb des Künstlers konnte sich so in einen Antrieb zur auch inneren Anpassung verkehren, von der «Anpassungskonformität» zur «Einstellungskonformität»[36] führen.

Die (positive) Utopie, selbstbestimmt, von innen bestimmt zu arbeiten, ist auch bei der Berufswahl von Kunsthistorikern ein wesentlicher Faktor, die Nähe zur Kunst macht Hoffnung darauf. Kunsthistoriker erleben die Kraft der inneren Stimme mit, wenn z.B. Carl Justi in seinem Michelangelo-Buch (1900/1909) «an die Quellen der schöpferischen Ströme im Inneren eines großen Menschen» heranleiten wollte[37] oder wenn Wilhelm Pinder 1924 betonte: «Denn die wirkliche Natur, aus der die Formen werden, ist nicht die um, sondern die in uns, das Blut [...]».[38] Von dort her soll auch die «nationalsozialistische Bewegung» das deutsche Volk ergriffen haben: «Wenn wir von der deutschen ‹Bewegung› sprechen, so meinen wir zunächst etwas Innerliches» (Werner Hager 1937).[39] Die Nähe[40] zwischen solchen Innerlichkeitsbekundungen von Künstlern und Kunsthistorikern kann nicht verwundern. Kunsthistoriker identifizieren sich mehr oder minder mit denen, deren Leben und Werk sie behandeln, sie übernehmen und unterstützen Wertvorstellungen von Künstlern, sind manchmal selbst künstlerisch tätig.

III.

Es genügt allerdings nicht, in der Nazifizierung der deutschen Kunstwissenschaft nur die äußere und innere Anpassung an Vorgegebenes zu sehen. Dies könnte in die Nähe der apologetischen Darstellungsweise führen, nach der die Nazis «von außen» in die Wissenschaften einbrachen.[41] Es ist darüber hinaus zu fragen, ob reaktionäre Kräfte wach wurden, die der Kunst[42] und der Kunstwissenschaft selbst bereits innewohnten.

Über die Schattierungen des Nationalismus führte dort zum Beispiel eine militante Metaphorik hinaus, in der konservative und progressive Kunstrichtungen einander nichts nachgaben. Als «Phalanx» symbolisierte sich verbal und bildlich eine Künstlergruppe um Wassily Kandinsky (1901).[43] In eine «Phalanx» stellten sich aber nach Bruno E. Werner (1937) auch die «Träger des nationalsozialistischen Kunstwillens».[44] «Sturm» war schon in den Kunstkämpfen des frühen 20. Jahrhunderts nicht nur eine metereologische Metapher. Auch Kunsthistoriker hatten sich 1911 angesichts «der großen Invasion französischer Kunst» an Carl Vinnens Aufruf «Ein Protest deutscher Künstler» beteiligt.[45] Max Sauerlandt sah bei einer Ausstellung in Oslo (1932) wiederum «Deutschland gegenüber Frankreich [...] in die Front gestellt».[46] Im Schwange waren nicht nur einzelne Ausdrücke, deren sich später die NS-Propaganda bediente[47], sondern auch soldatische Pathos-Motive wie das Durchhalten auf verlorenem Posten

(Pinder 1924; Sauerlandt 1935).[48] Die «eiserne», «straff zusammengerissene [...] Haltung» der Wachtposten bei der Feldherrnhalle in München sprach Pinder (1933) als «alten Soldaten» an und ließ ihn zugleich einen «neuen Stil» ahnen.[49]

Aber wir sehen eben nicht nur Kunsthistoriker, die sich rückhaltlos dem NS-Regime zur Verfügung stellten, ja teilweise zu den Machthabern gehörten. Komplizierter, schon in der Kolloquiumsplanung mit Recht hervorgehoben, sind die Fälle, in denen Kunsthistoriker wie auch Künstler unter Vorbehalt mitarbeiteten, begrenzte Konzessionen machten, begrenzte Bündnisse versuchten, *zwischen* begeisterter Hingabe und «unversöhnlicher Gegnerschaft»[50] manövrierten.

Dazu lud die Beschaffenheit des NS-Regimes selbst ein. Seine Ideologie war keine Einheit, sie läßt sich (in Anknüpfung an soziologisch/sozialpsychologische Definitionen) als ein System von Ide*en*, Meinung*en*, Einstellung*en* und Wertsetzung*en* bezeichnen, dem auch Flexibilität und Variationsbreite eignete.[51] Sie war ein nur graduell organisiertes Kompositum von Mentalitäten, nicht allein der soldatischen: ein teils widersprüchliches, teils verschwommenes Gemisch, aus dem sich die verschiedenen Angesprochenen Passendes heraussuchen oder herausfühlen konnten, indem sie Störendes bagatellisierten oder ignorierten.[52] Das war die Grundlage für die vielen vergeblichen Versuche, künstlerisch Modernes, Fortschrittliches in den neuen Staat hinüberzuretten, zu «retten, was zu retten ist» (so angeblich Wilhelm Hausenstein zu Arno Breker 1933).[53]

Victor Klemperer hat in seiner Untersuchung der Sprache des «Dritten Reiches», der «lingua tertii imperii», gezeigt, daß Inkonsistenz keineswegs nur ein *Mangel* der NS-Ideologie war, sondern ein *Instrument* ihrer Vermittlung und Verbreitung. Er erkannte es als Verfahren Hitlers und Goebbels', in ihren Reden die verschiedenen Zuhörer-Schichten, auch die Intellektuellen, in verschiedenem Ton und auf verschiedenen Assoziationsebenen anzusprechen.[54]

Sogar Kunsthistoriker konnten sich zu Fachdenken aufgerufen fühlen, zum Beispiel durch Hitlers Rede bei der Eröffnung des Hauses der Deutschen Kunst. Hitler trat dort nicht nur als kunstrichterlicher Machthaber auf, sondern berührte – in rassistischer Verzerrung – Grundfragen der Kunstgeschichtstheorie, namentlich die Fragen nach der Bedeutung der Zeit und der Rolle realer Subjekte für die Stilbildung.[55] Rasse war längst als eine überzeitliche Konstante dargestellt worden.[56] Herbert von Einem hatte 1936 vorsichtig zu bedenken gegeben, daß Rasse und Volkstum *keine* alterslosen Determinanten seien[57], und noch 1938 versuchte Wilhelm Waetzoldt, die Kluft zwischen Rassenlehre und kritikfähiger Kunstwissenschaft zu überbrücken. Er behandelte rassische Besonderheiten zwar als zeitüberdauernde Bestimmungsfaktoren der Kulturen, verwahrte sich aber beharrlich dagegen, sie ungleich zu bewerten.[58] Hitlers Kernsatz von 1937: «Denn in der Zeit liegt keine Kunst begründet, sondern nur in den Völkern»[59] berührte auch ohne Begründungsversuch eine Kunsthistoriker-Sehnsucht nach «Zeitlosigkeit»,

«Ewigkeitswerten» ihres Gegenstandes.[60] Zentrale Propagandaworte wie «nationalsozialistisch», «Blut und Boden», «entartet», «sachlich» und «erhaben» benutzten und verdrehten ebenfalls Begriffe, die in früherer Kunstlitaratur vorgekommen waren.

IV.

Ein Tenor von Hitlers Reden und ein Grundzug der NS-Politik auch im Bereich Kunst war anti-intellektuelle Einstellung[61] – notwendigerweise, denn nur sie ermöglichte den nötigen Glauben. Sie sollte auch zu seinen Wurzeln führen: «Irrationalität ist [...] überhaupt ein Wesenszug des germanischen Geistes», hatte Kurt Gerstenberg 1912/13 geschrieben.[62]

Mißtrauen, ja Verachtung gegen rationales Verstehenwollen der Welt ist im 20. Jahrhundert in zahlreichen Künstleräußerungen zu finden.[63] Wilhelm Hausenstein sekundierte 1923 mit den Worten: «Das Analphabetische ist das Wesen der Kunst».[64] Das wäre kein Grund, über Kunst wirr zu schreiben, und doch sah Brinckmann rückblickend Anlaß zu der Frage: «Warum stießen auch sehr wissenschaftliche Köpfe die Vernunft beiseite [...]?»[65] Die Vernunft hatte längst auch gutgemeinte Stöße bekommen, z.B. bei den Versuchen, die Moderne aus vergangener deutscher Kunst zu rechtfertigen.[66]

Eine irrationalistische Grundhaltung von Künstlern und Kunstliteraten konnte als Affinität zum Irrationalismus der NS-Ideologie empfunden werden und den Übertritt erleichtern. Sie konnte aber auch gegen die Argumentationsweise der Nazis hilflos machen. Max Beckmanns konfus-poetische Londoner Rede von 1938 gegen den «Kollektivismus» enthält – jedenfalls nach einer der überlieferten Mitschriften – eine direkte Absage an «intellektualistisches Arbeiten».[67] Pinders Gedankenführung ist schon in seiner Verteidigung der neuen deutschen Kunst (1924) sprunghaft, voll nicht begründeter Setzungen.[68] Mit solchen gedanklichen und sprachlichen Mitteln wäre ein Protest gegen die Kunstpolitik der Nazis möglich gewesen[69], aber keine Beweisführung gegen Hitlers oder Rosenbergs Texte.

Eine irrationalistische Künstlerattitüde allerdings wurde von Kunsthistorikern *nicht* übernommen: die Weigerung, die Welt nach Art von Erwachsenen zu betrachten und zu bereden, der auch von Hitler aufgegriffene[70] Vergleich von Künstlern mit Kindern, die Selbstverkindlichung durch Worte wie «Künstler sind Kinder» (Emil Nolde).[71] Demonstrativer Infantilismus von Kunst*historikern* wäre damals als Einbuße an professoraler und direktorialer Würde aufgefallen.[72]

Irrationalismus enthält den Verzicht auf einen Teil der vorhandenen Erkenntnismethoden. Benachbart ist der Verzicht auf einen Teil der vorhandenen Erkenntnis*gegenstände,* wenn ein Künstler bekennt: «[...] so bin ich blind an vielen Dingen vorübergegangen, die zum realen politischen Leben gehören».[73] Damit vereinfachte Max Beckmann stark.[74] Der Passus aus seiner Rede in London 1938 mag für etwa anwesende Spitzel bestimmt gewesen sein, konnte Glaubhaftigkeit jedenfalls aus einem allgemein verbreiteten Bild vom Künstler gewinnen und benennt, was viele Künstler praktiziert haben. In einem Brief von 11. März 1933 berichtete Sauerlandt nach einer Berliner Ausstellungseröffnung: «Noldes sitzen sicher in ihrem Turm und hören sich die Zeitereignisse und Weltuntergänge denn darauf wird es hinauslaufen – lächelnd durch das Radio an: Stengel – Bambergers – Noldes, alle drei – und sie sind doch Repräsentanten – scheinen kaum in der Wirklichkeit zu leben».[75] Beckmann erweiterte sein Bekenntnis sogar zu einer Art Zwei-Reiche-Lehre: «Ich nehme jedoch an, daß es zwei Welten gibt, die Welt des geistigen Lebens und die Welt der politischen Realität».[76]

Darin konnten Kunsthistoriker mit Künstlern nun wieder konform gehen. Ihre Arbeit erfordert eine «beruhigte»[77] Atmosphäre womöglich noch dringender als die der Künstler, fordert jedenfalls eine Konzentration, die ohne das zeitweilige Ausblenden anderweitigen Weltgetriebes nicht zu erreichen ist.[78] Und auch ihre Schreib-Mühen legen einen Verzicht auf andere, insbesondere politische Aktivitäten nahe, denn nicht nur das «Malen [...] verlangt den ganzen Menschen» (so Beckmann, ähnlich Kandinsky 1933).[79] Den Kunsthistorikern an Hochschulen konnte das Wegsehen noch leichter werden, weil sie – heute kaum vorstellbar – nur ältere Kunst als Gegenstand ihres wissenschaftlichen Denkens ansahen. Damit wurden Gegenstände von der professionellen Betrachtung ausgeschlossen, die bei gründlicher Analyse auch auf zeitgenössische Realität außerhalb der Kunst aufmerksam machen konnten. Das Ausblenden der zeitgenössischen Kunst unterstützte den Wunsch, über den Bereich Kunst nicht hinausblicken zu müssen.

Teile der umgebenden Wirklichkeit aus der Betrachtung und der Verantwortung auszuschließen, war aber eine Funktionsbedingung des NS-Systems.[80] Sie ist als «parzelliertes Bewußtsein», als «selektive Wahrnehmung» oder als «soziale Blindheit»[81] auch von Historikern und Psychologen untersucht worden. Für Fritz Stern «ist dieses ‹Wir wollten es nicht sehen› die Signatur unseres kurzen Jahrhunderts.»[82] Angehörige der verschiedensten Berufsgruppen, Träger verschiedenster Funktionen haben ihre Fähigkeit bewiesen – und vielfach noch nachträglich bekundet – ihr Bewußtsein gegen größere Zusammenhänge abzusperren, von Dingen wegzusehen[83], die außerhalb des beruflich zugewiesenen Blickfeldes lagen. Das gilt speziell für den Bereich der Kunstpolitik. Andreas Hüneke bemerkte (1978) wenig übertreibend zu dem «Versuch» der Expressionismus-Verfechter, «die staatliche Kunstrezeption in bestimmte Bahnen zu lenken»: «[...] alle Beteiligten machten den grundsätzlichen Fehler, den Bereich der Kunst losgelöst von anderen gesellschaftlichen Bereichen zu betrachten.»[84]

V.

Was blieb von alledem nach sechs Jahrzehnten aktuell? Droht Wiederholung?[85] Paßt Johannes Taulers Mahnung (1521): ‹Hütet euch vor den Ursachen›?[86]

In seiner Rede zum 11. Deutschen Kunsthistorikertag sagte der Vorsitzende von Einem: «Der Mensch aber ist immer derselbe».[87] Auf das Verhalten von Künstlern und Kunsthistorikern im NS-Staat und heute bezogen klänge dieses konservative Credo wie ein Menetekel, denn das Wort «Mensch» gälte auch für Künstler und Kunsthistoriker als berufsgeprägte Spezies; in der Welt der Kunstberufe sind Ansätze zur Entstehung eines «neuen Menschen» nicht sichtbar geworden. Es bliebe also spekulativ, auf innere Wandlung der deutschen Kunstschaffenden und -deutenden zu setzen und eine Wiederholung ihres Beitrages zu einem deutschen Faschismus schon aus subjektiven Gründen auszuschließen. Die Probe ist glücklicherweise nicht möglich, weil ein autoritäres politisches System, dem Künstler und Kunsthistoriker dienen könnten, in Deutschland nicht besteht und derzeit auch nicht bevorsteht.

Einen Hauch davon spürt die Kunstwelt dennoch, wenn regierende Politiker persönlich Ergebnisse künstlerischer Wettbewerbe kassieren[88], Denkmäler ohne Wettbewerb aufstellen lassen[89] oder ohne Rücksicht auf den Denkmalschutz zu zerstören heißen.[90] Dann fallen Tadelsworte wie «undemokratisch» und «politische Willkür».[91] Im Medienalltag fällt auf, daß die Ausdrücke «Chefsache» und «Machtwort» auch in den Berichten zu Kultur und Bildung immer beliebter werden.[92]

Beispielfälle autoritären Verordnens *und Hinnehmens* drängen zu der Frage nach fortdauernden Strukturen und Mentalitäten der Kunstberufswelt, die noch Unheil fördern können, also zu der Frage nach der Basis künftiger Gefahren und nach Vorübungen für künftiges Anpassen oder Wegsehen. Lehren aus der Erinnerung können nicht nur der Defensive gegenüber einem neuen Faschismus dienen, sondern auch dem Widerstand gegen Entwicklungen, die weniger schlimm sind, aber von einer Unabhängigkeit der Kunst und der Kunstwissenschaft wegführen.

Wo bisher von Kunst und Kunstwissenschaft im «Dritten Reich» gehandelt wurde, war «Anpassung» ein Zentralbegriff. Aktuelle Anpassungsvorgänge wurden erst vor drei Jahrzehnten fachöffentlich kritisiert: als schädliche Folgen einer Wissenschaftorganisation, an der kein «faschistisches» Erbe auffiel[93], wohl aber – damals ebenso kurz benannt – ein «wilhelminisches». Im April 1970 gab der Verband Deutscher Kunsthistoriker eine «Dokumentation» zur Vorbereitung seines 12. Kongresses heraus. Eine Zuschrift wandte sich gegen «Abhängigkeit und Anpassung im Fach Kunstgeschichte» – so der Titel.[94] Berücksichtigt war, daß *freiwillige* Anpassung eine Grundlage des Lernens und des Kooperierens ist. Der Text begann aber mit den Worten: «Die Personalstruktur und die Organisationsformen im Bereich des Faches Kunstgeschichte entsprechen vordemokratischem Denken. Innerhalb eines etwa kegelförmigen Systems miteinander verketteter Abhängigkeitsbereiche wird die Basis von der Spitze beherrscht, ohne diese kontrollieren zu können». Dem Nachwuchs werde, so hieß es, Anpassung an die bestehende Herrschaftsstruktur, die bestehenden Verhaltensweisen und die bestehenden Überzeugungen aufgezwungen. Inzwischen läßt sich hinzufügen: «Der Zwang zur Anpassung erhöht sich noch durch die Gefahr der Arbeitslosigkeit».[95]

Es gibt zwar längst Anzeichen dafür, daß diese Lage für den Kunst-Bereich nicht spezifisch ist, mit spezifischer Berufsmentalität darum vielleicht nicht zu tun hat. Auch über andere Wissenschaftsbereiche ist heute Entsprechendes zu lesen, z.B. aus der Medizin: «[...] an den Verhältnissen in den Forschungsinstituten mit all den Abhängigkeiten und Gefälligkeiten wird sich nichts ändern».[96] Und doch: Im Unterschied zu Bereichen wie der medizinischen Forschung scheint die Kunstwissenschaft ein besonderes Vertrauen auf die Wirkungsmacht großer Einzelner weiterzuschleppen, weil sie ein traditionell enges Verhältnis zum Herrscherlob und zum Geniekult pflegt.[97]

Um so mehr Grund hat sie, von neuem über Anpassung zu diskutieren, z.B. über Bazon Brocks Entwurf einer «Strategie der Affirmation», mit der «man die Zustimmung zum Machtanspruch auf die Spitze treibt, [...] bis er sich gegen sich selbst wenden muß».[98] Wirkt solche exzessive Anpassung subversiv, selbstzerstörerisch oder nur kurios? Versuche dazu gibt es anscheinend schon in der Kunstpublizistik der NS-Zeit[99] – und neuerdings.[100]

Daß zwischen Abhängigkeit und Anpassung kein unproduktives Junctim bestehen muß, lehren aber auch sozialpsychologische Standardwerke. Selbst im *Lexikon der Psychologie* eines katholisch orientierten Verlages findet sich der Hinweis, daß Anpassung nicht nur passiv «durch Lernen situationsgerechten Handelns» erfolge, sondern auch aktiv «durch Veränderung der Umgebung».[101] Mit solcher Veränderung befaßt sich eine Theorie des «nichtinstitutionalisierten Verhaltens», die das auf Wandel ausgerichtete Verhalten aufwertet, ein Verhalten, das «im Gegensatz zu den Prozessen sozialer Neuanpassung» steht, «oft das Frühstadium eines sozialen Umbruchs» bildet (Neil J. Smelser 1972).[102]

Als Lenker der Anpassung galten um 1970 noch die Instituts- und Museumsdirektoren. Im Falle des Kunsthistorischen Instituts in Florenz wurde darüber hinaus eine nicht fachinterne Macht deutlicher sichtbar: «Der Verein zur Erhaltung des Kunsthistorischen Instituts in Florenz erhält bei der Umwandlung des Instituts in eine Bundesanstalt eine neue Satzung, die die Rechte der Mitgliederversammlung und der gewählten Vereinsorgane reduziert».[103] In der *Frankfurter Allgemeinen Zeitung* vom 22. Oktober 1997 erwähnt ein ausführlicher Bericht über das 100-Jahres-Jubiläum dieses Institutes den Staat kaum noch implizit, nennt aber sieben Großfirmen und zwei Industrie-Stiftungen als Förderer der erfreulichen baulichen Erweiterung. Darin spiegelt sich nur eine allgemeine Entwicklung (neuerdings «Staatsverminderung» genannt): Der Staat gibt Aufgaben der Kulturpflege wie ja auch der Daseinsvorsorge an andere Mächte ab, die ihre Legitimation nicht auf demokratische Voten gründen. Ziel der Sponsoren ist – so steht es in einer Presseinformation der Hugo Boss AG 1997 – «Kunst zu vermitteln und in die Unternehmenskultur zu integrieren». Die alte Forderung nach mehr Mitbestimmung *innerhalb* der Institute, der Museen und nicht zuletzt der Hochschulen mutet in dieser Gesamtsituation als noch richtig, aber mittlerweile beschränkt an. Die Abhängigkeit staatlicher Kulturinstitutionen von Privaten, die ja gerade zur Einweihung des Hamburger Bahnhofs in Berlin diskutiert worden ist[104], erzeugt Anpassungsgründe neuer Art, die den Blick über die Grenzen unserer Berufsparzelle hinauslenken.

Aber sogar der Topos vom kindlich-weltunkundigen Künstler lebt fort. Ein Beispiel ist der Titel, unter dem zwei Absolventinnen der Hochschule der Künste Berlin zum 28. Juni 1997 in ihre gemeinsame Ausstellung luden: «Vom Leben verstehe ich nichts».[105] Zum Aufbau von Ich-Identität gehört zwar auch Abgrenzung, aber nicht flächendeckende Blickverengung, sondern soziale Interaktion.[106]

Statt an solche Mitteilungen psychologischer Nachschlagewerke anzuknüpfen, bekräftigen viele Künstlermonografien weiterhin das Leitbild vom weltabgewandten Künstler – besonders dann, wenn sich «das Künstlerische [...] außerhalb des politischen und sozialen Raums» vollzogen zu haben scheint (so z.B. Werner Haftmann – auch 1991 wieder – zu Ernst Wilhelm Nay).[107] Oft merkt man, daß der Abscheu gegen schlechte Politik schlecht nachwirkt.[108] An Beckmann 1938 erinnernd und Hitler 1937 zitierend lehnte es Günter Busch 1968 ab, zwischen «vorgeblich neuer völkischer oder vorgeblich neuer marxistischer Aufmachung» zu differenzieren. Felder außerhalb der Kunst überließ er den «Universalhistorikern».[109] Wo über offenkundig politische Kunst verhandelt wird, nehmen zu wenige Kunsthistoriker das Mandat wahr, das sie aus ihrer beruflichen Kompetenz ableiten können. Das fiel zum Beispiel schon auf, als 1979 beim Wettbewerb um ein Berliner Stadtwahrzeichen vor dem Internationalen Kongreßzentrum ICC die Plätze mehrerer eingeladener Kunsthistoriker in der Jury leer blieben.

Gegen die «Parzellierung des Bewußtseins» entstand allerdings inzwischen eine Gegenbewegung auch innerhalb der Kunstwissenschaft, erkennbar an gründlicher Geschichtsdokumentation bei manchen großen Ausstellungen, am Vorrücken funktionsgeschichtlicher Fragestellungen und an der entschiedenen Einbeziehung von Gegenwartskunst, denn diese erleichtert ja eine Hinwendung zur Gegenwart[110] im ganzen.

Ein Signal für Weltzugewandtheit ist es vielleicht, daß der Hamburger Bahnhof nicht «Museum für Gegenwarts*kunst*» heißt, sondern «Museum für Gegenwart» (analog zur Hamburger «Galerie der Gegenwart»); ein Transparent an der Neuen Nationalgalerie meldete vor einiger Zeit sogar: «Neuordnung des 20. Jahrhunderts». Damit war ‹natürlich› der Bestand an *Kunstwerken* des 20. Jahrhunderts gemeint, aber doch die Frage provoziert, ob die draußen triumphierenden Neubauten und Feste[111] der «Unternehmenskultur» *im* Museum, bei der Präsentation der Sammlungsbestände, Antwort oder Anpassung finden würden.

Anmerkungen

1 Sebastian Brant, *Das Narrenschiff.* Faksimile der Erstausgabe von 1494 mit einem Nachwort von Franz Schultz, Straßburg 1913, S. 8.
2 Vgl. die Devise der Berliner Morgenzeitung *Der Tagesspiegel* nach Vergil, *Georgica,* Buch 2, Vers 490.
3 Walter Boehlich, «Eine Duplik», in: *Hamburger Akademische Rundschau,* 2(1948), S. 543.
4 Werner Weisbach, *Geist und Gewalt,* Wien/ München 1956, S. 335.
5 Zit. n. Alex von Muralt, «C.G. Jungs Stellung zum Nationalsozialismus», in: *Hamburger Akademische Rundschau,* 3(1949), S. 553.
6 Franz Roh, *Geschichte der deutschen Kunst von 1900 bis zur Gegenwart,* München 1958, S. 151.
7 Robert Suckale, «Wilhelm Pinder und die deutsche Kunstwissenschaft nach 1945», in: *Kritische Berichte,* 14(1986)4, S. 6.
8 Vgl. Heinrich Dilly, «Kunsthistorische Gedenktage des Jahres 1934», in: Wolfgang Kersten (Hrsg.), *Radical Art History ... Subject: O.K. Werckmeister,* Zürich 1997, S. 110–132.
9 Joachim C. Fest, *Das Gesicht des Dritten Reiches. Profile einer totalitären Herrschaft,* München 1963, S. 350.
10 Heinrich Dilly, *Deutsche Kunsthistoriker 1933–45,* München 1988, S. 45.
11 Allzu simpel insofern George Grosz' *Der Mächtige ...* von 1942, in: *Exil. Flucht und Emigration europäischer Künstler 1933–1945,* Berlin 1987 (Ausst. Kat. Berlin: Neue Nationalgalerie), Abb. 282.
12 Zitiert und diskutiert bei Gerhard Vinnai, «Sozialpsychologie des Faschismus», in: Annelise Heigl-Evers und Ulrich Streeck (Hrsg.), *Die Psychologie des 20. Jahrhunderts,* Bd. 8, Zürich 1979, S. 598 f.
13 Vgl. z.B. Rainer Geißler, «Öffentliche Meinung und Meinungsbildungsprozesse», in: ebd. S. 522 f.
14 Franz Roh, *«Entartete» Kunst. Kunstbarbarei im Dritten Reich,* Hannover 1962, S. 113 f.
15 Marlite Halbertsma, *Wilhelm Pinder und die deutsche Kunstgeschichte,* Worms 1992, S. 211, Anm. 169; gründlicher Helmut Heiber, *Universität unter dem Hakenkreuz,* Teil 1, München u.a. 1991, S. 297 f.
16 Max Esser, «Tiere aus Porzellan», in: *Die Völkische Kunst,* 1(1935), S. 135–138; ders., Titelbild «Adlerhorst» als «Denkmal der nationalen Erhebung», in: *Kunst und Volk,* 4(1936)10, vgl. Gunther Jahn, *Die Bauwerke und Kunstdenkmale von Berlin. Stadt und Bezirk Spandau,* Berlin 1971, S. 356 ohne Wiedergabe der bezeichnenden Inschrift; Wolfgang Schäche, «Nur ‹historisch› muß es sein ...», in: *Bauwelt,* 78(1987)28/29, S. 1057 f. u. 1062; Heike Drummer, «Der ‹Brunnen des Deutschen Handwerks› – Ein Beitrag zum Selbstverständnis der Stadt Frankfurt am Main im Nationalsozialismus», in: *Kritische Berichte,* 23(1995)2, S. 58–65.
17 Heiber (wie Anm. 15), Teil 2, Bd. 2, 1994, S. 375–377.; zu Fritz Kriegbaum und Kurt Eberlein s. Weisbach (wie Anm. 4), S. 332: «tausende».
18 Z.B. Hans Weigert, «Die Bedeutung des germanischen Ornaments», in: *Festschrift Wilhelm Pinder zum sechzigsten Geburtstage,* Leipzig 1938, S. 113; Adolf Behne, *In Stein und Erz,* Berlin 1940, S. 8 f. u. 33 f. Programmatisch schon Oskar Hagen, *Deutsches Sehen,* München 1920, besonders S. 15. Zu Weigert vgl. Barbara Preiß, «Eine Wissenschaft wird zur Dienstleistung», in: Bazon Brock und Achim Preiß (Hrsg.), *Kunst auf Befehl? Dreiunddreißig bis Fünfundvierzig,* München 1990, S. 41–58.
19 Zu Alexander Dorner vgl. den Beitrag von Ulrike Wendland in diesem Band.
20 Vgl. Jochen Gerstenmaier, «Identifikation», in: Siegfried und Günter Rexilius (Hrsg.), *Psychologische Grundbegriffe,* Neuausgabe, Reinbek bei Hamburg 1994, S. 473. Grundlegend Sigmund Freud, «Massenpsychologie und Ich-Analyse» (1940), in: ders., *Gesammelte Werke,* Bd. 13, Frankfurt a.M. 1963 (4. Aufl.), S. 115–118 bzw. Anna Freud, «Das Ich und die Abwehrmechanismen» (1936), in: *Die Schriften der Anna Freud,* Bd. 1, München 1980, S. 293–355. Beides aktualisiert bei Alexander und Margarete Mitscherlich, *Die Unfähigkeit zu trauern. Grundlagen kollektiven Verhaltens* (1967), München 1968 (2. Aufl.), S. 71–74, 334, 341 u. 162.
21 Klaus Eyferth und Kurt Kreppner, «Entstehung, Wandel und Konstanz von Einstellungen», in: Carl-Friedrich Graumann (Hrsg.), *Handbuch der Psychologie,* Bd. 7,2, Göttingen 1972, S. 1354–1358. Zur Ergänzung des folgenden auch Hans-Ernst Mittig, «Künstler auf der Seite des NS-Regimes», in: Constanze Peres u.a. (Hrsg.), *Erneuerung als Tradition. 100 Jahre Dresdner Kunst,* Dresden 1997, S. 142 f.
22 Marlite Halbertsma, «Wilhelm Pinder (1878–1947)», in: Heinrich Dilly (Hrsg.), *Altmeister moderner Kunstgeschichte,* Berlin 1990, S. 244 meint, Pinder habe sich zur Übernahme des Berliner Lehrstuhls gezwungen gesehen; vgl. aber Suckale (wie Anm. 7), S. 12 f.
23 Peter Brückner, «Zur Psychologie des Mitläufers», in: ders., *Zerstörung des Gehorsams. Aufsätze zur politischen Psychologie,* Berlin 1983, S. 57–65.
24 Erhard Frommhold, «Zwischen Widerstand und

Anpassung. Kunst in Deutschland 1933–1945», in: *Zwischen Widerstand und Anpassung. Kunst in Deutschland 1933–1945,* Berlin 1978 (Ausst. Kat. Berlin: Akademie der Künste), S. 7–17. Treffender ist der Buchtitel von Henryk Olszewski, *Zwischen Begeisterung und Widerstand. Deutsche Hochschullehrer und der Nationalsozialismus,* Posen 1989.

25 Auf S. 7 scheint Frommhold (wie Anm. 24) das Allgemeine sogar zu einer Determinante des jeweiligen Handelns zu hypostasieren; konkreter ebd. S. 11.

26 Vgl. z.B. Geißler (wie Anm. 13), S. 523.

27 Brückner (wie Anm. 23), S. 61. Georg Krawietz, *Peter Behrens im Dritten Reich,* Weimar 1995, S. 22 deutet an, daß Künstler sich selbst beeinflussen können. Zu den Phasen eines solchen Verlaufes vgl. z.B. Peter Faßheber, «Einstellungstheorien», in: Heigl-Evers und Streeck (wie Anm. 12), S. 215.

28 Eyferth und Kreppner (wie Anm. 21), S. 1357.

29 Franz Roh, *Der verkannte Künstler,* München 1948, S. 315.

30 Zit. n. Freya Mülhaupt, «Bildende Kunst», in: Bernhard Schulz (Hrsg.), *Grauzonen Farbwelten. Kunst und Zeitbilder 1945–1955,* Berlin 1983 (Ausst. Kat. Berlin: Neue Gesellschaft für Bildende Kunst), S. 218.

31 Sendung *Zeitzeichen* des Westdeutschen Rundfunks über Max Pechstein am 29. Juni 1989.

32 Oskar Schlemmer (1942) laut Karin von Maur, «Im Schatten der Diktatur. Zum Beispiel Oskar Schlemmer», in: *Zwischen Widerstand und Anpassung* (wie Anm. 24), S. 30.

33 Max Sauerlandt, *Die Kunst der letzten 30 Jahre,* hrsg. von Harald Busch, Berlin 1935, S. 208.

34 So in Franz Kuglers Losungswort laut Wilhelm Waetzoldt, *Deutsche Kunsthistoriker* (1924), Bd. 2, Berlin 1986, 3. Aufl., S. 153.

35 So in einem mehrdeutigen Bildtitel bei Sigmar Polke, *Höhere Wesen befehlen: rechte obere Ecke schwarz malen!* (1969) und einem 1966 vorausgegangenen *Vitrinenstück,* vgl. Sigmar Polke. *Die drei Lügen der Malerei,* Ostfildern 1997 (Ausst. Kat. Bonn: Kunst- und Ausstellungshalle der Bundesrepublik Deutschland und Berlin: Nationalgalerie im Hamburger Bahnhof – Museum für Gegenwart), S. 152–156.

36 Peter Steck, «Konformität», in: Ekkehard Lippert und Roland Wakenhut (Hrsg.), *Handwörterbuch der Politischen Psychologie,* Opladen 1983, S. 131.

37 Zit. n. Waetzoldt (wie Anm. 34), S. 276.

38 Wilhelm Pinder, *Die deutsche Plastik des fünfzehnten Jahrhunderts,* München 1924, S. 2 f.

39 Zit. n. Joseph Wulf, *Die bildenden Künste im Dritten Reich* (1963), Frankfurt a.M. u.a. 1983, S. 241.

40 Betont von Suckale (wie Anm. 7), S. 6.

41 Wolfgang Fritz Haug, *Der hilflose Antifaschismus* (1967), Frankfurt a.M. 1970, 3. Aufl., S. 88–90.

42 Dazu Hans-Ernst Mittig, «Kunst und Propaganda im NS-System», in: Monika Wagner u.a. (Hrsg.), *Funkkolleg moderne Kunst.* Studienbegleitbrief 9, Weinheim/Basel 1990, S. 26–34 mit Rückbezug auf verinnerlichte Konkurrenz.

43 Jelena Hahl-Koch, *Kandinsky,* Stuttgart 1993, S. 79 ohne Blick auf die kriegerischen Motive des Plakates Abb. 83.

44 Bruno E. Werner (1937), zit. n. Wulf (wie Anm. 39), S. 212.

45 Vgl. Ron Manheim, *‹Im Kampf um die Kunst›,* Hamburg 1987, S. 228 f.

46 Max Sauerlandt, *Im Kampf um die moderne Kunst. Briefe 1902–1933,* hrsg. von Kurt Dingelstedt, München 1957, S. 389.

47 Victor Klemperer, *LTI. Notizbuch eines Philologen* (1975), Leipzig 1990, S. 25 und passim.

48 Pinder (wie Anm. 38), S. 1; Sauerlandt, (wie Anm. 33), S. 208.

49 Zit. n. Halbertsma (wie Anm. 15), S. 220, Anm. 118; vgl. Roh (wie Anm. 14), S. 112.

50 Texttafel im ersten Raum der Ausstellung «Nationalsozialismus und ‹Entartete Kunst›» im Haus der Kunst, München 1987; ähnlich noch Texte in der Ausstellung «‹Entartete Kunst›. Das Schicksal der Avantgarde im Nazi-Deutschland», Deutsches Historisches Museum, Berlin 1992. Gegen Pauschalisierung Hans-Ernst Mittig, «München, 50 Jahre nach der Ausstellung ‹Entartete Kunst›», in: *Kritische Berichte,* 16(1988)2, S. 84.

51 Ulrich Dierse, «Ideologie III», in: Joachim Ritter und Karlfried Gründer (Hrsg.), *Historisches Wörterbuch der Philosophie,* Bd. 4, Darmstadt 1976, Sp. 178.

52 Ein Beispiel bei Weisbach (wie Anm. 4), S. 341. Vgl. Pinder zu philosophischen Zügen bei Hitler, zit. bei Roh (wie Anm. 14), S. 112. Ferner Fest (wie Anm. 9), S. 351 f.

53 Arno Breker, *Im Strahlungsfeld der Ereignisse,* Preußisch Oldendorf 1972, S. 79 u. 141; fast wortgleich Fritz Stern zur Haltung Max Plancks 1933, vgl. *Frankfurter Allgemeine Zeitung,* 15. November 1997.

54 Vgl. Klemperer (wie Anm. 47), S. 268–272 auch zu der Wirkung, die der Wechsel als solcher hat.

55 Mit dieser rangen die Kunsthistoriker noch lange, vgl. Albert Erich Brinckmann, *Geist im Wandel,* Hamburg 1946, S. 111 und Hans Sedlmayr, «Die Quintessenz der Lehren Riegls», in: ders., *Gesammelte Aufsätze,* Augsburg/Wien 1929, S. VII; auch in: ders., *Kunst und Wahrheit,* Hamburg 1958, S. 19 f. u. 30.

56 Kurt Gerstenberg, *Deutsche Sondergotik,* München 1913, S. 5.
57 Herbert von Einem, «Aufgaben der Kunstgeschichte in der Zukunft», in: *Zeitschrift für Kunstgeschichte,* 5(1936), S. 4 f. Diese Auffassung wurde unterdrückt (Karl Saller, *Die Rassenlehre des Nationalsozialismus in Wissenschaft und Propaganda,* Darmstadt 1961, S. 43–49).
58 Wilhelm Waetzoldt, *Du und die Kunst,* Berlin 1938, S. 256–268 mit Bezugnahme auf Brinckmann.
59 Zit. n. Berthold Hinz, *Die Malerei im deutschen Faschismus. Kunst und Konterrevolution,* München 1974, S. 159.
60 Vgl. z.B. Hermann Beenken (1944) laut Roh (wie Anm. 14), S. 113; Alfred Hentzen (1950) laut Klaus Herding, «Humanismus und Primitivismus. Probleme früher Nachkriegskunst in Deutschland», in: *Jahrbuch des Zentralinstituts für Kunstgeschichte,* 4(1988), S. 299; Herbert von Einem, «Stil und Überlieferung in der Kunst des Abendlandes», in: *Akten des 21. Internationalen Kongresses für Kunstgeschichte in Bonn 1964,* Berlin 1967, S. 4 mit entsprechend widersprüchlichen Überlegungen.
61 Brinckmann (wie Anm. 55), S. 110 u. 117.
62 Gerstenberg (wie Anm. 56), S. 111 mit Dilthey-Zitat.
63 Hans-Ernst Mittig, «‹Man handelt nur vollkommen, sofern man instinktiv handelt›?», in: Dietrich Grünewald u.a. (Hrsg.), *Ästhetische Erfahrung. Eine Festschrift für Gunther Otto zum 70. Geburtstag,* Velber 1997, S. 45–48.
64 Wilhelm Hausenstein, *Barbaren und Klassiker,* München 1923, S. 10.
65 Brinckmann (wie Anm. 55), S. 163.
66 Hinz (wie Anm. 59), S. 28.
67 Benno Reifenberg und Wilhelm Hausenstein, *Max Beckmann,* München 1949, S. 48. Nicht so bei Stephan Lackner, *Ich erinnere mich gut an Max Beckmann,* Mainz 1967, S. 46 und Peter Beckmann (Hrsg.) und Peter Selz (Einführung), *Max Beckmann – Sichtbares und Unsichtbares,* Stuttgart 1965, S. 26.
68 Treffend zu Pinders Sprache Heiber (wie Anm. 15), Teil 2, Band 1, 1992, S. 29; anders Halbertsma (wie Anm. 15), S. 13, und schon Suckale (wie Anm. 7), S. 5.
69 Auf diese Möglichkeit hat schon Herding (wie Anm. 60), S. 301 f. hingewiesen.
70 Breker (wie Anm. 53), S. 140.
71 So Emil Nolde zitierend/zustimmend vor 1956 laut Helmut Reuter, *Betrachtungen zur Sozialpsychologie der bildenden Kunst am Beispiel Emil Noldes und seiner Zeit,* München 1984, S. 248; Wilhelm Hausenstein, *Kunstgeschichte,* Berlin 1928, S. 492 zu Henri Rousseau; Wassily Kandinsky 1912 laut Otto Karl Werckmeister, *Versuche über Paul Klee,* Frankfurt a.M. 1981, S. 126.
72 So schon Wilhelm Vöges jugendliches Aussehen, seine «kindliche Unschuld», vgl. Erwin Panofsky, «Vorwort», in: Wilhelm Vöge, *Bildhauer des Mittelalters. Gesammelte Studien,* Berlin 1958, S. XXIV.
73 Max Beckmann (1938) laut Reifenberg und Hausenstein (wie Anm. 67), S. 47; sinngleich Beckmann und Selz (wie Anm. 67), S. 20; nicht bei Lackner (wie Anm. 67), S. 41.
74 Vgl. den Beitrag von Barbara Copeland Buenger in diesem Band.
75 Sauerlandt (wie Anm. 46), S. 415 f.
76 Reifenberg und Hausenstein (wie Anm. 67), S. 47; kaum abweichend bei Beckmann und Selz (wie Anm. 67), S. 20; nicht bei Lackner (wie Anm. 67), S. 41 f.
77 Ludwig Grauert (1933), zit. n. Dilly (wie Anm. 10), S. 35.
78 Zur praktischen Seite z.B. Sauerlandt (wie Anm. 46), S. 407 und Joseph Beuys in: Rainer E. Klemke (Red.), *1984 – Überleben durch Kunst? Karl-Hofer-Symposion 1980,* Berlin 1981, S. 37.
79 Zit. n. Reifenberg und Hausenstein (wie Anm. 67), S. 47.
80 «Unbedingt sozialtreue, psychisch infantile Spezialisten» waren schon damals ausgebildet, vgl. Klaus Horn, «Formierte Demokratie als kollektive Infantilität», in: *Das Argument,* (1967)42, S. 31.
81 Vgl. z.B. Hans-Ernst Mittig, «Art and oppression in fascist Germany», in: Irit Rogoff (Hrsg.), *The divided heritage,* Cambridge u.a. 1991, S. 214 f.; Hans-Ulrich Thamer, «Faszination und Gewalt. Zur Herrschaftstechnik des Nationalsozialismus», in: Klaus Wolbert (Hrsg.), *Kunst und Faschismus,* Darmstadt 1995, S. 235 u. 238; Michael Winter in: *Süddeutsche Zeitung,* 25./26. Oktober 1997.
82 Fritz Stern in: *Frankfurter Allgemeine Zeitung,* 15. November 1997.
83 Günter Busch, *Entartete Kunst, Geschichte und Moral,* Frankfurt a.M. 1969, S. 37 erwähnt untätiges Zusehen als Zwischenstufe.
84 Andreas Hüneke, «Der Versuch der Ehrenrettung des Expressionismus als ‹deutscher Kunst› 1933», in: *Zwischen Widerstand und Anpassung* (wie Anm. 24), S. 53; anderer Ansicht Halbertsma (wie Anm. 15), S. 143; vgl. Mittig (wie Anm. 81), S. 215.
85 Dazu Busch (wie Anm. 83), S. 38 u. 17; vgl. Vinnai (wie Anm. 12), S. 600.
86 Zit. n. Jacob und Wilhelm Grimm, *Deutsches Wörterbuch,* Bd. 11, bearb. von Karl Euling, Bd. 24 des Neudrucks, München 1984, Sp. 2506.

87 In der gedruckten Fassung bei Herbert von Einem, «Eröffnungsansprache», in: *Kunstchronik,* 21(1968), S. 367 enthält der Satz einen Einschub. Ebenso schon von Einem (wie Anm. 60), S. 4.

88 Bauausstellung Berlin GmbH (Hrsg.), *Dokumentation. Offener Wettbewerb Berlin, Südliche Friedrichstadt. Gestaltung des Geländes des ehemaligen Prinz-Albrecht-Palais,* Berlin 1995, S. 25 f.

89 Hans-Ernst Mittig, «Indienststellung der Toten», in: Daniela Büchten und Anja Frey (Hrsg.), *Im Irrgarten deutscher Geschichte. Die Neue Wache 1818 bis 1993,* Berlin 1994 (Ausst. Kat. Berlin: Kleine Humboldt-Galerie), S. 58.

90 Sitzungsprotokoll des Berliner Abgeordnetenhauses vom 14. November 1991, zit. n. Hans-Ernst Mittig, «Gegen den Abriß des Berliner Lenin-Denkmals», in: Bernd Kramer (Hrsg.), *Demontage ... revolutionärer oder restaurativer Bildersturm?,* Berlin 1992, S. 44.

91 Stefanie Endlich in: Akademie der Künste (Hrsg.), *Zum Umgang mit dem Gestapo-Gelände. Gutachten,* Berlin 1988, S. 1.

92 «Chefsache» z.B. wieder bei mmw in: *Der Tagesspiegel,* 13. Februar 1998. «Machtwort zur Bildung» war Schlagzeile im Teletext von SAT.1 am 5. November 1997. Als sachliche Angabe kann dies wegen der staatsrechtlichen Machtlosigkeit des Bundespräsidenten und angesichts des so betitelten Textes nicht gelten. Zum Warten auf ein Machtwort vgl. Walter Grasskamp in: *Süddeutsche Zeitung,* 28. Januar 1998 und Heinrich Wefing in *Frankfurter Allgemeine Zeitung,* 28. Januar 1998.

93 Aus der Kritik der Diktion im Bereich der Popularwissenschaft – vgl. Martin Warnke, «Erklärung», in: *Kunstchronik,* 23(1970), S. 310 – wurde dagegen ein «Faschismusvorwurf» herausgelesen.

94 Hans-Ernst Mittig und Christine und Volker Plagemann, «Abhängigkeit und Anpassung im Fach Kunstgeschichte», in: Verband Deutscher Kunsthistoriker e.V. (Hrsg.), *Dokumentation. XII Deutscher Kunsthistorikertag,* Köln 1970, S. 12–15.

95 Martin Resch und Walter Volpert, «Computer», in: Roland Asanger und Gerd Wenninger (Hrsg.), *Handwörterbuch der Psychologie,* München/Weinheim 1988, 4. Aufl., S. 94; verallgemeinerbar.

96 R.F. in: *Frankfurter Allgemeine Zeitung,* 22. Oktober 1997.

97 Otto Karl Werckmeister, *Ende der Ästhetik,* Frankfurt a. M. 1971, S. 75; Heinrich Dilly, *Kunstgeschichte als Institution,* Frankfurt a. M. 1979, S. 254.

98 Bazon Brock, *Ästhetik gegen erzwungene Unmittelbarkeit. Schriften 1978–1986,* Köln 1986, S. 290; ohne Auseinandersetzung mit den vielen möglichen Einwänden.

99 Ein zweifelhafter Fall von Ironie ist erwähnt bei Mittig (wie Anm. 81), S. 209. Verkannt wurde Bruno E. Werner (1937) bei Wulf (wie Anm. 39), S. 210–212 und Max Sauerlandt (ed. 1935), in: *Kunst in Deutschland 1873–1973,* Hamburg 1973 (Ausst. Kat. Hamburg: Kunsthalle), unter 1933; Sauerlandt (wie Anm. 33), S. 17 f. hatte selbst angekündigt, daß er doppelsinnig reden werde. Vgl. die Hinweise bei Rudolf Pechel, *Zwischen den Zeilen. Der Kampf einer Zeitschrift für Freiheit und Recht,* Wiesentheid 1948, S. 8 und neuerdings Andreas Hüneke und Carl Linfert, *«Entartete Kunst». Kommentar,* Köln 1997.

100 Ein Beispiel ist g.r., «Nachruf auf Hermann J. Abs», in: *Der Tagesspiegel,* 8. Februar 1994, verglichen mit Deutsche Bank AG (Hrsg.), *Geschäftsbericht 1994* (Kurzfassung), Frankfurt a.M. 1994, S. 4.

101 Rolf M. Hänni, «Anpassung», in: Wilhelm Arnold u.a. (Hrsg.), *Lexikon der Psychologie,* Neuausgabe, Bd. 1, Freiburg i.Br. 1980, Sp. 113.

102 Neil J. Smelser, *Theorie des kollektiven Verhaltens,* Köln 1972, S. 87.

103 Mittig und Plagemann (wie Anm. 94), S. 13.

104 Z.B. Nicola Kuhn in: *Der Tagesspiegel,* 1. November 1996; tw: «Unterwürfig», in: *Frankfurter Allgemeine Zeitung,* 1. November 1997.

105 Eine Ausstellung von Hanna Lentz und Dörte Meyer, Berlin-Mitte 1997.

106 Lothar Krappmann, «Die problematische Wahrung der Identität», in: Heigl-Evers und Streeck (wie Anm. 12), S. 415–420 mit Bezugnahme auf Erik Erikson (1950) u.a.

107 Werner Haftmann, *E.W. Nay,* Köln 1991, S. 38.

108 Brief Karl Hofers an Hermann Hesse, zit. n. Mülhaupt (wie Anm. 30), S. 220. Vgl. Jost Hermand, «Neuordnung oder Restauration? Zur Beurteilung der ‹Faschistischen Kunstdiktatur› in der unmittelbaren Nachkriegszeit – Teil II», in: *Kritische Berichte,* 12(1984)2, S. 69 f.

109 Busch (wie Anm. 83), S. 23 u. 29.

110 Vgl. den terminologischen Balanceakt bei von Einem (wie Anm. 60), S. 14 f.

111 Ein Beispiel war das «Ballett der tanzenden Kräne» beim Richtfest der Firma debis am 26. Oktober 1997, vgl. Lothar Heinke in: *Der Tagesspiegel,* 27. Oktober 1997.

Autoren

Andrea Bärnreuther, Berlin

1989 Promotion mit einer Arbeit über *NS-Architektur und Stadtplanung.* Seit 1990 zunächst als wissenschaftliche Museumsassistentin, dann als freie Mitarbeiterin bei den Staatlichen Museen zu Berlin, insbesondere im Ausstellungsbereich tätig. 1993 DFG-Stipendium zur Konzeption und Organisation eines internationalen Symposiums zum Thema «Das Museum für zeitgenössische Kunst zwischen Ost und West», das im Januar 1994 im Forum der Kunst- und Ausstellungshalle der Bundesrepublik Deutschland in Bonn veranstaltet wurde. Arbeitsschwerpunkte: Architektur, Kunst und Kunstpolitik im 20. Jahrhundert sowie museologische Fragestellungen.

Friedrich Balke, Siegen

Geboren 1961. Studium der Philosophie, Germanistik und Pädagogik in Bochum. Promotion ebendort 1995 in Philosophie mit einer Arbeit über die Kultur- und Zeitdiagnostik Carl Schmitts: *Der Staat nach seinem Ende. Die Versuchung Carl Schmitts* (München 1996). Seit 1996 wissenschaftlicher Koordinator des Graduiertenkollegs «Intermedialität» der Universität-Gesamthochschule Siegen. Lehrtätigkeit in Siegen und Bochum. Publikationen zur politischen Philosophie, zur intellektuellen Gemengelage der Weimarer Zeit, zur Kulturtheorie und französischen Gegenwartsphilosophie, zuletzt zu Gilles Deleuze. Arbeitet an einem Habilitationsprojekt zur Rolle Spinozas für eine Theorie der Moderne.

Eugen Blume, Berlin

Geboren 1951. Studium der Kunstgeschichte an der Humboldt-Universität zu Berlin. Arbeit über Joseph Beuys. Seit 1981 wissenschaftlicher Mitarbeiter bei den Staatlichen Museen zu Berlin, zunächst im Kupferstichkabinett, dann in der Nationalgalerie, seit 1995 beim Hamburger Bahnhof. 1993 Promotion über Ludwig Justi. Zahlreiche Veröffentlichungen zu Kunst und Kunstpolitik des 20. Jahrhunderts.

Barbara Copeland Buenger, Madison / Wisconsin

Geboren 1948. Studium am Vassar College, Poughkeepsie, und an der Columbia University, New York, sowie an der Ludwig-Maximilian-Universität München. 1979 Ph.D. über *Max Beckmann's Artistic Sources – The Artist's Relation to Older and Modern Traditions.* 1979 Assistant Professor, 1983 Associate Professor, 1997 Professor an der University of Wisconsin in Madison. Zahlreiche Forschungsstipendien und Veröffentlichungen zur Klassischen Moderne, zuletzt einer bei der University of Chicago Press erschienenen kommentierten Ausgabe der Gesammelten Schriften Max Beckmanns.

Uwe Fleckner, Paris

Geboren 1961. Promotion 1991 mit einer Arbeit über das Porträtwerk Ingres'. Seit 1993 wissenschaftlicher Assistent am Kunsthistorischen Institut der FU Berlin. Seit 1997 zusätzlich Stellvertreter des Direktors am Deutschen Forum für Kunstgeschichte in Paris. Arbeitsschwerpunkte: Kunstgeschichte des 18. bis 20. Jahrhunderts, insbesondere Probleme der politischen Ikonographie und der Kunsttheorie. Mitherausgeber der Gesammelten Werke Aby Warburgs und Carl Einsteins.

Stefan Frey, Bern

Geboren 1957. Studium der Kunstgeschichte, Schweizergeschichte und Neueren deutschen Literatur. 1981–86 und 1988–96 wissenschaftlicher Mitarbeiter der Paul-Klee-Stiftung im Kunstmuseum Bern. Seit 1996 Kurator / Sekretär der Sammlung und des Nachlasses Felix Klee, Bern. Publikationen zu Johannes Itten, Wassily Kandinsky und Paul Klee.

Josephine Gabler, Berlin

Geboren 1961. Studium der Kunstgeschichte, Geschichte und Bibliothekswissenschaften an der FU Berlin mit Magisterabschluß 1988. Tätigkeit im Landesarchiv Berlin und bei der Verwaltung Schlösser und Gärten Berlin. Promotion 1996, zur Zeit Mitarbeiterin des Georg-Kolbe-Museums, Berlin. Schwerpunktthema: Skulptur in der NS-Zeit.

Eckhart Gillen, Berlin

Geboren 1947. Studium der Kunstgeschichte, Germanistik, Anglistik und Soziologie in Heidelberg. 1972–83 Lehraufträge an der Fachhochschule Bielefeld und an der Hochschule der Künste Berlin. Seit 1986 wissenschaftlicher Angestellter beim Museumspädagogischen Dienst Berlin. Zahlreiche Ausstellungen und Publikationen, darunter *Kunstdokumentation SBZ/DDR 1945–1990* (Köln 1996). Zuletzt Konzept und Ausstellungsleitung für *Deutschlandbilder* im Auftrag der Berliner Festspiele im Martin-Gropins-Bau.

Kathrin Hoffmann-Curtius, Berlin

Geboren 1937. Freiberufliche Kunsthistorikerin in Tübingen und Berlin. Zwei erwachsene Söhne, hauptberuflich Familienarbeit bis 1980. Danach Lehraufträge an verschiedenen Universitäten, einjährige Vertretungsprofessur an der Universität Hamburg. Landeslehrpreis Baden-Württemberg 1997. Stipendium des Landes Baden-Württemberg zum Thema «Frauenmord in der Kunst von Delacroix und George Grosz». Gastkuratorin in Tübingen, Trier und Hamburg. Schwerpunkte: Denkmalpolitik, Kunst in der Weimarer Republik und im Nationalsozialismus. Mitherausgeberin der Zeitschrift *metis*. Mitherausgeberin des Bandes *Mythen von Autorschaft und Weiblichkeit im 20. Jahrhundert* (Marburg 1997).

Keith Holz, Tulsa / Oklahoma

Assistant Professor of Art History an der University of Tulsa. Mehrere Forschungsstipendien, u.a. vom Getty Center for the History of Arts and Humanities (1989–90) und vom DAAD (1996). Zahlreiche Veröffentlichungen, vor allem zu exilierten deutschen Künstlern in Prag, Paris und London, zuletzt im Katalog zur Ausstellung *Exil – Flucht und Emigration europäischer Künstler 1933–1945* (Los Angeles und Berlin 1997). Demnächst erscheint *Modern German Art for Thirties Paris, Prague and London – Resistance and Acquiescence in a Democratic Public Sphere.*

Andreas Hüneke, Potsdam

Geboren 1944. Studium der Theologie in Halle 1965–70, nebenbei kunstgeschichtliche Studien. 1971–77 wissenschaftlicher Mitarbeiter an der Staatlichen Galerie Moritzburg Halle. Vom Staatssicherheitsdienst zur Aufgabe der Stelle gedrängt. Seit 1978 freiberuflich als Kunsthistoriker, Kritiker und Ausstellungskurator tätig. Seit 1995 Vizepräsident der deutschen AICA. Zahlreiche Publikationen zur Gegenwartskunst, zu Expressionismus, Bauhaus und zur Aktion «Entartete Kunst», u.a. *Angriff auf die Kunst – Der faschistische Bildersturm vor 50 Jahren* (Kunstsammlungen Weimar 1988).

Hans-Ernst Mittig, Berlin

Geboren 1933. Studium der Rechtswissenschaft, 1961 juristischer Assessor in Hamburg. Studium der Kunstgeschichte in Hamburg und Wien, 1967 Promotion. Bis 1970 Assistent am Zentralinstitut für Kunstgeschichte in München, danach am Institut für Kunstwissenschaft der TU Berlin. 1974 Professor für Kunstgeschichte an der Pädagogischen Hochschule Berlin, zuletzt an der Hochschule der Künste Berlin. Zahlreiche Veröffentlichungen zu wissenschaftspolitischen Fragen, über Denkmäler und – seit 1972 – zu NS-Kunst. Seit 1985 Untersuchungen zu den sozialpsychologischen Prämissen damaligen Künstlerverhaltens.

Olaf Peters, Dortmund

Geboren 1964. Studium der Kunstgeschichte, Philosophie und Neueren Geschichte in Bochum. Magisterabschluß 1992 mit einer Arbeit zu dem Maler und Graphiker Carl Grossberg, der u.a. am Weimarer Bauhaus wirkte. Promotion 1996 über *Neue Sachlichkeit und Nationalsozialismus – Affirmation und Kritik 1931–1947* (Berlin 1998). 1996–97 wissenschaftlicher Mitarbeiter der Galerie Utermann, Dortmund. 1997

Forschungsstipendium der DFG zum Thema «Max Beckmann 1937–1950». Seit WS 97/98 wissenschaftlicher Assistent am Kunsthistorischen Institut der Rheinischen Friedrich-Wilhelms-Universität Bonn.

Jonathan Petropoulos, Baltimore / Maryland

Studium in Los Angeles, London und Harvard. 1990 Ph.D. in Modern European History. 1990–93 Lecturer on History and Literature an der Harvard University. 1993 Assistant Professor, seit 1997 Associate Professor am Loyola College in Maryland. Mehrere Forschungsstipendien, u.a. durch den DAAD. 1989–91 Assistent am Los Angeles County Museum of Art zur Vorbereitung der Ausstellung *Entartete Kunst – Das Schicksal der Avantgarde im Nazi-Deutschland.* 1993–94 wissenschaftlicher Mitarbeiter am Künstlerhaus Wien für die Ausstellung *Kunst und Diktatur.* Zahlreiche Veröffentlichungen zur deutschen Kulturpolitik von 1870 bis 1945 und zum Holocaust, zuletzt *Art as Politics in the Third Reich.*

Peter Reichel, Hamburg

Geboren 1942. Studium der Politischen Wissenschaft, Neueren Geschichte und Philosophie. Promotion an der Universität Hamburg. Habilitation an der FU Berlin. Seit 1983 Professor am Institut für Politische Wissenschaft der Universität Hamburg, seit 1986 mit dem Arbeitsbereich Historische Grundlagen der Politik. Zahlreiche Veröffentlichungen zur politischen Kultur- und Zeitgeschichte Deutschlands im 20. Jahrhundert, u.a. *Der schöne Schein des Dritten Reiches – Faszination und Gewalt des Faschismus* (2. Aufl. Frankfurt am Main 1993), *Politik mit der Erinnerung – Gedächtnisorte im Streit um die nationalsozialistische Vergangenheit* (München/Wien 1995, Neuausgabe Frankfurt am Main 1999).

Dieter Scholz, Berlin

Geboren 1960. Studium der Kunstgeschichte und Soziologie in Tübingen und Hamburg. Dort Teilnahme am Graduiertenkolleg «Politische Ikonographie». 1994 Promotion in Frankfurt am Main über *Anarchistische Ideen in Kunst und Kunsttheorie 1840–1920.* Seit 1995 zunächst als wissenschaftlicher Museumsassistent, dann als freier Mitarbeiter bei den Staatlichen Museen zu Berlin, insbesondere im Ausstellungsbereich tätig.

Peter-Klaus Schuster, München

Geboren 1943. Studium der Kunstgeschichte, Germanistik und Philosophie in Tübingen, Zürich, Frankfurt am Main und Göttingen 1962–1975. Anschließend Museumstätigkeit an der Hamburger Kunsthalle, am Germanischen Nationalmuseum in Nürnberg und an den Bayerischen Staatsgemäldesammlungen in München sowie

1988–1998 an der Nationalgalerie in Berlin, zuletzt als Direktor. Seit August 1998 Generaldirektor der Bayerischen Staatsgemäldesammlungen. Zahlreiche Veröffentlichungen zur Kunst- und Geistesgeschichte von der Dürer-Zeit bis zur Moderne. Seit 1994 stellvertretender Vorsitzender des Deutschen Vereins für Kunstwissenschaft.

Bernhard H. F. Taureck, Hamburg

Privatdozent für Philosophie an der Universität Hamburg. Zahlreiche Veröffentlichungen mit dem Schwerpunkt einer philosophischen Theorie der Moderne: Untersuchungen zu Nietzsche und der französischen Philosophie des 20. Jahrhunderts, aber auch zur Vorgeschichte der Moderne bei den griechischen Sophisten in der Zeit des Perikles und neuerdings philosophische Analysen von Shakespeares Dramen unter dem Gesichtspunkt ihrer Modernität.

James A. Van Dyke, Hannover

Studium der Kunstgeschichte und Deutschen Literaturgeschichte am College of Wooster und an der Northwestern University in Evanston / Illinois. 1996 Ph.D. über *Franz Radziwill, the Art Politics of the National Socialist Regime and the Question of Resistance in Germany, 1930–1939.* Mehrere Veröffentlichungen zu Franz Radziwill, zuletzt im *Georges-Bloch-Jahrbuch des kunstgeschichtlichen Seminars der Universität Zürich.* Lebt derzeit mit einem J. Paul Getty Postdoctoral Fellowship in Hannover.

Ulrike Wendland, Berlin

Kunstgeschichtsstudium in Hamburg, Aufbaustudium Denkmalpflege in Bamberg. Mitarbeit im Forschungsprojekt «Emigration der deutschsprachigen Kunsthistoriker» am Kunstgeschichtlichen Seminar in Hamburg. Dissertation: *Verfolgung und Vertreibung der deutschsprachigen Kunsthistoriker – Ein biographisches Handbuch.* Postdoktorantin am Graduiertenkolleg «Kunstwissenschaft – Bauforschung – Denkmalpflege» der TU Berlin und Universität Bamberg in Berlin, seit 1998 am Institut für Stadt- und Regionalplanung der TU Berlin tätig.

Otto Karl Werckmeister, Evanston / Illinois

Geboren 1934 in Berlin. Studium der Kunstgeschichte, Philosophie und Neueren Deutschen Literaturgeschichte an der FU Berlin. Promotion ebendort 1958 mit einer Dissertation über spätkarolingische Goldschmiedekunst. Forschungsaufträge am Warburg Institute (University of London) und am Deutschen Archäologischen Institut, Abteilung Madrid. 1965 Associate Professor, 1971 Professor an der University of California, Los Angeles. Seit 1984 an der Northwestern University in Evanston / Illinois als Mary Jane Crowe Distinguished Professor in Art History. Gastprofessuren und Fellowships in den USA und Deutschland, u.a. 1986–87 am Wissenschaftskolleg in Berlin. Zahlreiche Publikationen, zuletzt *Linke Ikonen* (München 1997).

Kurt Winkler, Berlin

Geboren 1956. Studium der Kunstgeschichte und Philosophie in Würzburg und an der FU Berlin. Nach dem Studienabschluß 1984 Volontariat am Berlin Museum, dann freiberufliche Tätigkeit als Ausstellungskurator. 1992–94 Projektmanagement für den von Daniel Libeskind errichteten Erweiterungsbau des Berlin Museums mit Jüdischem Museum. Seit 1995 Abteilungsleiter des Bereichs Industrie- und Gewerbegeschichte an der Stiftung Stadtmuseum Berlin. 1995 Promotion über die von Ludwig Justi herausgegebenen Zeitschrift *Museum der Gegenwart* und die Integration des Expressionismus in die deutschen Gegenwartsmuseen während der Weimarer Republik. Seit 1995 Arbeit an der Erstedition der Memoiren von Ludwig Justi.

Monika Wucher, Hamburg

Geboren 1960. Studium der Kunstgeschichte und Ethnologie in Tübingen, Budapest und Hamburg. Magisterarbeit über *Roma-Kulturen: Ideologische und wissenschaftsgeschichtliche Hintergründe ethnologischer Kategorien.* Seit 1990 Konzipierung und Organisation von Ausstellungen zeitgenössischer Kunst im internationalen Kulturaustausch. Veröffentlichungen über konstruktivistische Kunst und Kunsttheorie sowie über kulturelle Identität in der Kunst der zwanziger Jahre und der Gegenwart. Derzeit Promotion an der Universität Hamburg über die Beziehungen konstruktivistischer Kunsttheorie zur Biologie zwischen den beiden Weltkriegen.

Christoph Zuschlag, Heidelberg

Geboren 1964. Studium der Kunstgeschichte, Geschichte, Klassischen und Christlichen Archäologie in Heidelberg und Wien. Mitarbeit an der Ausstellung *«Entartete Kunst». Das Schicksal der Avantgarde im Nazi-Deutschland* (USA 1991, Berlin 1992). 1991 Promotion über *«Entartete Kunst». Ausstellungsstrategien im Nazi-Deutschland* (als Buch: Wernersche Verlagsgesellschaft Worms 1995). 1991 bis 1998 Assistent am Kunsthistorischen Institut der Universität Heidelberg. Co-Kurator der Ausstellung *Brennpunkt Informel. Quellen – Strömungen – Reaktionen* (Kurpfälzisches Museum der Stadt Heidelberg/Heidelberger Kunstverein 1998/99). Arbeit an der Habilitationsschrift *«Die Zukunft gehört der Erinnerung». Kunst in der Kunst seit 1960* mit einem Habilitationsstipendium der Deutschen Forschungsgemeinschaft. Publikationen zur Kunstpolitik im Nationalsozialismus und zur Kunst des 20. Jahrhunderts.

Namensregister

Dokumentation zur Aktion «Entartete Kunst»

Das endlich aufgetauchte vollständige Inventar der 1937 aus deutschen Museen und öffentlichen Sammlungen beschlagnahmten Werke der «entarteten» Kunst, das aus dem Nachlaß des Kunsthändlers Harry Fischer in das Victoria & Albert Museum in London gelangte, hat ein Projekt reifen lassen, das die Erforschung der damaligen Vorgänge und ihrer Folgen auf eine neue Basis stellen soll. Die Bedeutung dieser Forschungen für die Sammlungsgeschichte der Museen, für die monographische Beschäftigung mit den betroffenen Künstlern einschließlich der Erstellung von Werkverzeichnissen sowie für differenzierte Erkenntnisse über die Kunstpolitik der Nationalsozialisten liegt auf der Hand. Deshalb wurde unter der Obhut der Kulturstiftung der Länder und unterstützt von der Ferdinand-Möller-Stiftung gemeinsam mit mehreren Wissenschaftlern, die sich seit Jahren mit der Aktion «Entartete Kunst» befassen – Stefan Frey, Bern, Andreas Hüneke, Potsdam, Mario-Andreas von Lüttichau, Essen, und Christoph Zuschlag, Heidelberg – und mit Jörn Grabowski vom Zentralarchiv der Staatlichen Museen Preussischer Kulturbesitz in Berlin das folgende Projekt erarbeitet.

1. Bearbeitung des Beschlagnahme-Inventars

Das Inventar enthält nur die Nachnamen der Künstler, oft ungenaue Werktitel, keine Maße etc. und darüber hinaus auch etliche Irrtümer. Es ist also notwendig, diese Angaben so weit wie möglich zu präzisieren und zu berichtigen, sie außerdem nach Möglichkeit mit Angaben zum weiteren Verbleib der Werke und mit fotografischen Aufnahmen zu ergänzen. Daraus soll eine Computer-Datei entstehen, die in verschiedensten Zusammenhängen genutzt werden kann. Das System wird von Gidata, Berlin, erarbeitet. Die wissenschaftliche Bearbeitung liegt in den Händen von Andreas Hüneke. Der Erfolg ist wesentlich von einer breiten Mitwirkung abhängig. Die Kulturstiftung der Länder hat die betroffenen Museen bereits um Berichtigung des derzeitigen Standes und um Ergänzungen dazu gebeten. Aber auch die Hinweise von Kunsthändlern und Sammlern sind gefragt. Wer von ehemals beschlagnahmten Werken weiß oder sie besitzt, wird gebeten, die entsprechenden Angaben mitzuteilen, um das Verzeichnis ergänzen zu können. Angaben über Privatbesitz werden auf Wunsch selbstverständlich diskret behandelt. Es ist nochmals ausdrücklich zu betonen, daß es nicht darum geht, die gegenwärtigen Besitzverhältnisse in Frage zu stellen. Hinzuweisen ist auch auf die Beschlagnahme-Nummern von 1 bis 16558, die sich manchmal noch auf Klebezetteln gedruckt oder mit Blaustift geschrieben auf den Keilrahmen von Gemälden bzw. mit Blei- oder Blaustift geschrieben auf den Rückseiten oder Passepartouts von Papierarbeiten befinden. Wer solche Nummern entdeckt, kann rasch Auskunft erhalten, ob es sich um ein Werk aus der Aktion «Entartete Kunst» handelt und aus welchem Museum es stammt. Alle Hinweise und Anfragen werden erbeten an:

Andreas Hüneke
Gutenbergstraße 61-I
D 14467 Potsdam

Die Datei soll nach ihrer weitgehenden Bearbeitung im Zentralarchiv der Berliner Museen zugänglich sein und darüber hinaus in geeigneter Form – und mit den entsprechenden Sicherheiten – veröffentlicht werden.

2. Dokumentationsstelle zur «Entarteten Kunst»

Im Zentralarchiv der Staatlichen Museen Preußischer Kulturbesitz in Berlin wird eine Dokumentationsstelle eingerichtet, in der die erwähnte Computerdatei mit Dokumenten zur «Entarteten Kunst» in Originalen oder in Kopien und mit der entsprechenden Literatur zusammengeführt wird. Dazu gehören auch Abzüge der zeitgenössischen Fotografien aus den verschiedenen «Schandausstellungen» und von den beschlagnahmten Werken. Die in den Beschlagnahme-Depots angefertigten Aufnahmen liegen – von der Kulturstiftung der Länder und der Ferdinand-Möller-Stiftung finanziert – bereits vor und wurden zum größten Teil identifiziert, wobei sich Ergänzungen und Berichtigungen zu verschiedenen Werkverzeichnissen ergaben. Die beteiligten Wissenschaftler haben sich bereit erklärt, Kopien der von ihnen gesammelten Dokumente zur Verfügung zu stellen. Sammler, Kunsthändler, Institutionen und Bearbeiter von Nachlässen, die auf relevante Dokumente stoßen, werden gebeten, diese ebenfalls im Original oder in Kopien der Dokumentationsstelle zu übereignen bzw. wenigstens ein Verzeichnis der Dokumente mit Standortangabe einzureichen. Die Rechte anderer Archive werden von der Verwaltung des Zentralarchivs der Berliner Museen gewahrt. Nach und nach wird auf diese Weise eine Möglichkeit geschaffen, an zentraler Stelle auf möglichst viele Tatsachen im Zusammenhang mit der Aktion «Entartete Kunst» zuzugreifen, so daß jeder Forscher ohne weiteres auf dem bereits Vorhandenen aufbauen kann. Die Effektivität dieser Dokumentationsstelle wird mit ihrer Akzeptanz und mit der Anzahl derer, von denen die Sammlung bereichert wird, wachsen. Alle an dem Projekt Beteiligten hoffen auf solche Mithilfe.

Andreas Hüneke

Staatliche Museen zu Berlin
Peußischer Kulturbesitz
Zentralarchiv
Dr. Jörn Grabowski
Bodenstraße 1–3
D-10178 Berlin

Ferdinand-Möller-Stiftung

Die Ferdinand-Möller-Stiftung wurde 1995 gegründet, in Erinnerung an den Kunsthändler Ferdinand Möller (1882–1956) und seine Verdienste um die Rettung und Durchsetzung expressionistischer Kunst. Die Stiftung fördert die Forschung auf dem Gebiet des Expressionismus und unterstützt die Dokumentation der als «entartet» aus den Museen entfernten Kunstgegenstände.

«Die Geschichte der expressionistischen Kunst mahnt uns und nachfolgende Generationen zu Offenheit und Toleranz. Waren doch Werke expressionistischer Künstler einer der Hauptangriffspunkte nationalsozialistischer Kulturpolitik, die die geistige Elite und die Andersdenkenden ins Exil oder in den Tod trieb. Diesem immer noch latenten kleinbürgerlich-bürokratischen Mittelmaß entgegenzuwirken, für neue Entwicklungen Verständnis zu wecken und sie zu fördern, ist eine wesentliche Aufgabe der Ferdinand-Möller-Stiftung.» (aus der Informationsbroschüre der Ferdinand-Möller-Stiftung)

Präsidentin der Stiftung ist die Tochter Ferdinand Möllers, Frau Angelika Fessler-Möller, Schweiz. Gemeinsam mit Wolfgang Wittrock, Düsseldorf, bildet sie den Stiftungsvorstand. Ein wissenschaftlicher Beirat, dem ausgewiesene Museumsfachleute angehören, unterstützt die Ferdinand-Möller-Stiftung in ihren Förderentscheidungen.

Kontaktadresse:
Ferdinand-Möller-Stiftung
Sternstraße 42
40479 Düsseldorf